분황원효불교사상사

프라즈냐 총서
65

분황원효
불교사상사

| 철학자 원효로 보는 불교철학사 |

고영섭 저

운주사

분황 원효(617~686)는 한국이 배출한 세계적인 철학자이자 사상가이다. 그는 불교의 전 사상 위에서도 특히 대승불교의 주요 교학인 유식학과 기신학과 화엄학과 선법학을 아우르면서 일심의 철학을 구축하였다. 원효는 『대승기신론』의 일심, 이문, 삼대의 이론체계와 사신, 오행, 육자법문의 실천체계를 중심으로 전 불교를 재구성하였다. 그 결과 그는 '한국의 붓다'라는 이름으로 불리어 왔고 그의 철학사상은 오늘날 세계성을 획득해 가고 있다.

원효의 법호인 '분황芬皇'은 '엠페러 오브 푼다리카', 즉 '연꽃 중의 황제'를 의미한다. 마찬가지로 분황의 법명인 '원효元曉' 또한 하루의 시작을 알리는 '첫새벽'을 가리킨다. 그는 '연꽃 중의 연꽃'을 통해 한국철학의 새벽을 일구었고 '새벽 중의 새벽'을 통해 한국사상의 연꽃을 일구었다. 그리하여 원효는 붓다의 중도연기를 일심, 일(본)각 내지 중도일심의 지형으로 펼쳐나갔다.

원효는 일심이 지니고 있는 '해맑고 깨끗한 마음'과 '물들고 더러운 마음'의 지형을 원용하여 수행의 체계를 계층화시켰다. 그는 일심 이해의 지형을 유식학의 아뢰야식으로서 일심, 기신학의 여래장/적멸로서 일심, 화엄학의 진심으로서 일심, 선법학의 본법으로서 일심으로 심화시켰다. 일찍이 붓다가 "마음은 청정하지만 번뇌에 물들어 있다"고 한 것처럼 원효 또한 그렇게 이해하였다. 붓다가 '물들은 마음을 전환시

켜 깨끗한 마음으로 돌아가는' 길을 제시한 것처럼 원효 또한 전미개오
轉迷開悟, 즉 미혹을 전환시켜 깨침의 통로를 열었고, 전식득지轉識得
智, 즉 번뇌 있는 의식을 전환시켜 번뇌 없는 지혜를 획득한 삶으로
살았다.

불교사상사는 붓다가 펼친 중도연기가 만나는 지점과 원효가 펼친
일심, 일(본)각 내지 중도일심과 소통하는 지점에서 크게 발전하였다.
일심의 이문과 본각의 이각은 중도의 이제와 연기의 공성, 심층마음과
표층의식을 해명하는 지점에서 깊게 만나고 있다. 원효가 일심과
일(본)각 내지 중도와 연기로 존재자들의 본래 마음과 수행체계에
치중해 설했다면, 붓다는 중도와 연기로 존재자들의 존재법칙과 실천
체계에 집중해 설하였다. 그리하여 붓다와 원효는 존재법칙과 본래
마음 사이의 통로를 열어주었다.

제1부 분황 원효와 불교사상: 제1장의 「동아시아 불교의 보편성과
특수성 – 원효의 유식·기신·화엄·선법 일심 인식을 중심으로」에서
는, 원효는 유식의 망식인 아뢰야식으로서 일심, 기신의 진망화합식인
적멸/여래장으로서 일심, 화엄의 진심으로서 일심, 선법의 본법으로
서 일심 이해를 통해 자신의 철학적 전환 과정과 사상적 성숙 과정을
보여주었다고 보았다.

제2장의 「한국불교의 전통과 원효 불학의 고유성 – 원효의 화쟁회통
논법과 관련하여」에서는, 원효는 '다양한 주장'에 대한 해명(이해)의
과정을 거쳐 다시 '경문의 회석會釋'에 대한 조화(융화)의 과정으로
나아갔다. 먼저 그는 앞의 두 가지 '해(異諍)의 과정'을 거쳐 뒤의

세 가지 '화(會文)의 과정'으로 전개하였다. 이어 불교의 '다양한 주장을 해명'하고 다시 '경문의 회석會釋을 조화'시켜 나갔다. 특히 마지막의 불성의 체상을 밝히는 부분에서 화쟁의 논법은 비교적 정연하게 드러나고 있다. 원효는 이어 회통을 통해 글이 서로 다른 것에 통하는 '통(文異)의 과정'과 뜻이 서로 같은 것에 맞추는 '회(義同)의 과정'으로 나아갔다. 이것이 '통(문이)의 과정' 위에서 이루어지는 '회(의동)의 과정'이다. 여기에서 화쟁은 '해(이쟁)의 과정'과 '화(회문)의 과정'을 통해 그리고 회통은 '통(문이)의 과정'과 '회(의동)의 과정'을 통해 완성되는 것이라고 밝히고 있다.

　　제2부 분황 원효와 동아시아 불교사상: 제3장의 「분황 원효와 진제 삼장의 섭론학 이해−'삼무성론'과 '아마라식관'을 중심으로」에서는, 원효가 그의 대표작인 『금강삼매경론』에서 본각의 결정성이자 법신불의 입장에서 제시한 아마라식을 수용하고 있는 것은 구역 유식인 섭론학의 맥락에서 이해할 수 있다고 보았다. 반면 진제는 분별성을 대상, 의타성을 대상을 파악하는 의식작용, 그리고 진실성을 양자의 비존재로 해석하면서, 의식과 그 대상은 서로 구별될 수 없을 정도로 연관되어 있기 때문에 의타성과 분별성의 관계는 비일비이非一非二라고 강조한다고 보았다. 특히 그는 진실성은 이런 의식과 대상 양자를 여읜 상태로서, 이들 두 자성의 비존재가 바로 진여라고 역설하였다. 진제는 삼무성과 아마라식 개념의 창안에 기초한 새로운 해석을 통해 진실성은 아마라식의 다른 이름이라고 말하고 있다고 보았다.

　　제4장의 「분황 원효와 자은 현장의 인명학 이해−현량과 비량 이해를 중심으로」에서는, 원효는 현장이 고안한 유식비량唯識比量을 비판

하기 위해 다음과 같은 상위결정相違決定, 즉 대립된 주장을 성립시키는 이유문을 갖는 논증식을 창안해 내었다. 규기의 『인명입정리론소』에 실린 현장의 논증식에는 이유문에 '자허극성自許極成', 즉 '자기(우리) 쪽에서 인정(허용)하고, 양쪽 모두가 인정하는'이라는 전제가 덧붙여져 있다. 이와 달리 원효는 『판비량론』에서 현장의 논증식을 비판하면서 승군의 논증식에서 이유문에 '자기 쪽에서 허용하는', 즉 '우리 쪽에서 인정하는(自許)'이라는 전제만 덧붙이고 있다.

원효의 인명학 중 특히 비량에 대한 인식은 논증식에 부가한 '자허'와 '극성'의 관계로 집약된다. 원효가 소개한 현장의 논증식에서 '우리 쪽에서 인정하는(自許)'이라는 단서는 '우리 쪽에서 인정하거나(自許) 양쪽 모두가 인정하는(極成)'이라는 말과 등치가 된다. 또 '양측 모두가 인정한다'는 의미는 '우리 쪽에서 인정한다'는 말 속에 내포되어 있다. 그리고 '우리 쪽에서 인정하는 '불어가 아닌 것에 포함되지 않는 것' 역시 '소승경과 대승경'뿐이다. 그리하여 원효는 대승 불설에 대한 승군과 현장의 교증敎證을 비판하고 자신이 고안한 이증理證의 논증식을 제시한다.

제5장의 「분황 원효와 문아 원측의 유식학 이해─불성론과 종성론을 중심으로」에서는, 원측과 원효는 불설佛說의 핵심인 중도中道의 다른 표현인 일승一乘과 일심一心의 관점 아래 회석會釋하고 화회하였다고 보았다. 원측은 자신의 불성론과 종성론을 일승一乘과 진여眞如의 입장에서 일심으로 회석하였다. 그는 일승을 불승과 법신으로 파악하고 1) 진실일승/방편삼승의 관점에서 진제의 일체개성설, 2) 방편일승/진실삼승의 입장에서 현장의 오성각별설을 정리한 뒤 3) 진실일승/

방편삼승과 방편일승/진실삼승의 관점을 종합하여 일심으로 회석을 시도하였다. 그는 진여眞如를 불성으로 보고 불성을 다시 이(불)성과 행(불)성의 측면으로 나누어 보았다. 1) 이불성은 진실일승/방편삼승의 측면으로, 2) 행불성은 방편일승/진실삼승의 측면으로 파악한 뒤 『해심밀경』의 경설을 위배하지 않으면서 일승과 진여, 즉 불성의 입장에서 원리상의 불성인 이불성과 수행상의 불성인 행불성을 일심으로 회석하여 일체중생의 성불 가능성을 열어 두었다.

원효는 자신의 불성론과 종성론을 일심一心과 불성佛性의 입장에서 화회和會하였다. 그는 종래 동아시아의 불성론을 미래의 결과(當有之果)와 지금의 원인(今有之因), 궁극적 관점(眞諦)과 세속적 관점(俗諦), 독자의 자아(人說)와 마음의 현상(法說), 일어난 마음(上心, 起)과 잠복한 마음(種子, 伏) 등의 범주로 총설하고 구분(分別)하여 시비를 가려 간다. 특히 앞의 다섯 법사는 '불염이염', 즉 (본연은) 오염되어 있지 않지만 (현실은) 오염되어 있는 입장인 반면, 여섯 번째 법사는 '염이불염', 즉 (현실은) 오염되어 있지만 (본연은) 오염되어 있지 않다고 보고 1) 일체개성설의 진여불성과 2) 오성각별설의 법이종자 등 여러 법사들의 불성 담론을 소개하면서 오염을 따르는 마음과 오염을 따르지 않는 마음의 측면에서 화쟁하고 회통하였다고 보았다.

제6장의 「분황 원효와 현수 법장의 기신학 이해—심식설 인식과 삼세 육추 배대를 중심으로」에서는, 원효의 시각 사위의 사상 배대와 삼세 육추상의 배대에는 그의 인간관이 잘 투영되어 있다. 그는 망식으로서 아뢰야식을 지닌 인간상은 아직 불완전한 인간상이며, 진심으로서 화엄 일심을 지닌 인간상은 이미 완성된 인간상으로서 더 이상

수행이 필요 없는 존재로 보았다.

그 결과 원효는 진망화합식인 '적멸로서 일심을 지닌 인간(심진여문)'과 '여래장으로서 일심을 지닌 인간(심생멸문)'이어야 수행을 완성한 존재로서 이상적 인간과 수행할 것이 남아 있는 존재로서 현실적 인간 모두를 아우른 '일심을 지닌 인간상'이라고 보았다. 그리하여 그는 적멸로서 일심과 여래장으로서 일심을 아우른 '본법으로서 일심'을 시설함으로써 완성된 인간상인 붓다상을 제시하였다.

제3부 분황 원효와 고려·조선 불교사상: 제7장의 「분황 원효와 인각 일연의 화엄학과 선학 이해 — 각승角乘 가풍과 경초莖草 선풍을 중심으로」에서는, 분황 원효(芬皇元曉, 617~686)와 인각 일연(麟角一然, 1206~1289)의 화엄학과 선학 이해를 통해 두 사람의 살림살이와 사고방식을 구명해 보았다. 통일신라 전후기의 원효와 고려 후기 몽골 간섭기의 일연은 어떻게 살았고 어떤 생각을 하고 살았을까? 원효는 철학자이자 사상가로서 고구려와 백제와 신라 삼국의 통일 전후기에 한민족의 고통과 갈등을 체감하면서 저술하고 강론하며 대중교화의 삶을 살았다. 일연은 역사가이자 사상가로서 몽골 침입으로 위기에 직면한 고려 후기의 시대적 상황 속에서 한민족의 고통과 갈등을 체감하면서 수행하고 저술하며 사서를 편찬하는 삶을 살았다.

이들 두 사람은 시대를 달리했지만 1) 출생지가 같고, 2) 출가자임에도 불구하고 충성과 효도를 소홀히 하지 않았으며, 3) 화엄사상과 선사상 중심으로 자신의 살림살이와 사고방식을 펼쳤고, 4) 한국의 가장 대표적인 고승들이자 국사였기에 서로 만나 대화하고 소통할 수 있었다. 원효와 일연은 각기 화엄과 선법의 가풍으로 자신의 살림살이를 온축하고 사고방식을 구축하였다.

원효는 『금강삼매경론』을 찬술하여 시각과 본각의 이각을 원만히 아우르는 각승 가풍을 보여주었다. 그는 지관쌍운의 기신학과 무장무애의 화엄학, 감분불이龕墳不二의 기신학과 무이중도無二中道의 선법 및 '나무불타'의 이름을 일컫게 하여 대중교화에 크게 기여하였다. 이와 달리 일연은 대승 보살의 일승 화엄과 생계불감生界不減 불계부증佛界不增의 선법으로 경초 선풍을 보여주었다. 그는 몽골의 침탈로 무너져가는 민족혼을 수립하기 위해 민족의 사서인 『삼국유사』를 간행하여 한민족의 정체성 수립과정에 크게 공헌하였다.

원효는 '일미관행一味觀行의 요체'를 반야 중관에 상응시키고, '십중법문十重法門의 종지'를 유가 유식에 상응시켜 중관학의 이제설과 유식학의 삼성설을 통섭하고자 하였다. 또한 그는 김유신의 군사고문으로서 전쟁의 현실에도 참여하여 지혜를 보탰다. 일연은 대승 보살의 일승 화엄과 생계불감 불계부증의 선법을 피모대각被毛戴角의 이류중행異類中行으로 펼쳐 보살 선풍을 보여주었다. 또 그는 『삼국유사』 찬술을 통해 효행을 선행으로 결합한 효선孝善사상을 보여주었다. 그리하여 원효의 각승 가풍과 일연의 경초 선풍으로 계승된 보살 선풍은 이후 한민족의 정신적 성숙과 문화적 성숙의 자양분이 되었다.

제8장의 「분황 원효와 경허 성우의 구도 정신—원효 일심과 경허 조심의 점점과 통로」에서는, 원효와 경허는 '비승비속非僧非俗', 즉 승도 아니고 속도 아니었으며, 혹은 '역승역속亦僧亦俗', 즉 승이기도 하고 속이기도 한 자유인이었다. 이들은 출가승만도 아니고 재가자만도 아니었지만 한편으로는 출가승이기도 하고 한편으로는 재가자이기

도 하였다. 원효와 경허는 수행이 일정한 궤도에 오르자 출가자로서
자신의 생명과도 같은 '계율의 사다리'를 차버리고 '구제의 사다리'를
높이 세운 이들이다. 이들은 자기와의 싸움에서 승리하여 각기 일심지
원—心之源과 조료심원照了心源을 체득하고 대중교화大衆敎化와 이류
중행異類中行을 실천하였다.

원효와 경허 두 사람이 터득한 일심—心과 조심照心은 구도 정신과
나눔 정신이 만나는 지점에서 이루어졌으며 그것은 요익중생饒益衆生
과 이류중행異類中行으로 드러났다. 원효와 경허의 구도 정신은 부처와
중생, 홍법弘法과 화생化生, 청산과 세속, 열반과 생사가 둘이 없는
무이無二의 중도中道 세계로 표출되었다. 이들은 중생을 풍요롭고
이익되게 하려고 했으며 인간을 넘어 모든 생명체까지 구제하려고
하였다. 원효와 경허 두 사람이 터득한 일심—心과 조심照心은 구도
정신과 나눔 정신이 만나는 지점에서 이루어졌으며 그것은 요익중생과
이류중행으로 드러났다.

제9장의 「분황 원효와 만해 봉완의 깨침과 나눔―철학적 삶과 종교
적 삶의 소통」에서는, 원효는 무덤 속에서 일심을 발견했고, 만해는
암자에서 고향을 발견했다고 보았다. 원효의 오도송에 나오는 '심',
즉 '일심'(지원)은 '본래 마음'이며, 만해의 오도송에 나오는 '고향'은
'님', 즉 '심'이자 '유심'인 '본래 자리'이다. 원효는 '일심=적멸'과 '일심
=여래장'의 구도를 통해 진여와 생멸의 불상리성과 불상잡성으로
일심의 철학을 구축했다면, 만해는 '심=유심'과 '님=당신'의 구도를
통해 일공(하늘 전체)과 만유(우주만물)의 불상리성과 불상잡성으로
유심의 철학을 입론하였다.

원효가 화회론을 통해서 다양한 쟁론의 통합을 시도했다면 만해는 개혁론을 통해 다양한 병폐를 해소하고자 추진하였다. 이들은 '세간적 삶'을 벗어나 '출세간의 삶'에 들어서 깨침과 깨달음을 얻은 이후 다시 '출출세간의 삶', 즉 '입세간의 삶'을 통해 일심법과 유심법, 화회론과 혁신론, 무애행과 심우행을 중심으로 철학적 삶과 종교적 삶의 소통을 모색하였다. 그리하여 이들은 자신의 일심이문(진여/생멸)과 유심이문(일공/만유)의 철학적 구조를 종교적 실천으로 연결시켰다고 보았다.

제10장의 「춘원 이광수의 분황 원효 인식―신라는 역사이고 신라의 삼국통일도 역사적 사실이다」에서는, 『신라의 발견』 프로젝트의 팀장인 엮은이가 마지막 결론의 문장으로 "신라는 한국 민족주의가 보유한 가장 강력한 상징으로 남아 있는 동시에 그 이데올로기 자체의 애매성에 대한 역사적 증거로 남아 있다"라고 보았다. 이 프로젝트에 참여한 이들은 이러한 결론을 도출하고 선언하기 위해 열 명의 구성원들 모두가 하나의 목소리로 합창하였다.

그리하여 『신라의 발견』 팀이 주장하고자 했던 것은 '신라'는 본질적으로 창안된 형상이며, 낭만주의로서의 '신라 천년'은 한국 민족주의에 가장 유용한 것으로 판명된 상징, 설화, 교훈의 저장소라고 하였다. 하지만 이러한 인식은 '자신의 정체성을 부정'하고 '자기 역사를 무책임하게 타자화시킨 것'이다. 뿐만 아니라 '이광수, 『원효대사』의 일면적 해석'과 '고신도와 원효 불교의 왜곡된 인식'이라고 하지 않을 수 없다. 따라서 『신라의 발견』의 프로젝트를 주도하고 있는 엮은이와 그의 의견에 동참한 이들의 자기 정체성의 부정과 자기 역사의 타자화로

14

일관된 논구들은 모두 일제가 만들어낸 담론의 발견이자 재승인이라고 할 수밖에 없다고 저자는 보았다.

제4부 분황 원효와 대한 불교사상: 제11장의 「분황 원효의 중도일심과 퇴옹 성철의 중도무심 ─ 붓다·원효·성철의 연속과 불연속」에서는, 붓다(기원전 624~544)의 '중도연기'를 이어 철학하고 사상했던 분황 원효(617~686)의 '중도일심'과 퇴옹 성철(1912~1993)의 '중도무심' 개념의 연속과 불연속에 대해 살펴보았다. 고티마 싯다르타는 '중도'를 깨쳐 각자覺者가 되었고 '연기'를 발견해 견자見者가 되었다. 이 때문에 고타마 붓다의 깨침은 '중도연기'라고 할 수 있다. 붓다의 중도는 모든 존재자의 '치우침이 없는 본래 마음'(일심지원)이며, 연기는 모든 존재자의 '치우침이 없는 존재원리'이다.

분황 원효는 중도 개념을 풀어내면서 일중도관, 중도제일의제, 중도제일의제관, 중도일미, 무이중도, 중도법, 중도일실, 중도정혜명 등 다양한 용어를 제시하고 있다. 원효는 '진금을 녹여서 장엄구를 만들고'(속제, 진제), '장엄구를 녹여서 금단지를 만들며'(속제중도), 이제를 녹여 일법계/일심을 나타낸(진제중도) 일련의 비유를 통해 속제(소집상), 진제(시각의 원성실성), 속제중도(의타상), 진제중도(본각의 원성실성)를 아우르면서 비진비속무변무중지중도, 즉 무이중도를 제시하고 있다. 원효가 보여주는 중도는 양극단에 치우침이 없는 존재자의 본래 마음인 일심(지원)의 다른 표현이었다. 그리고 이것은 반야 중관의 이제설과 유가 유식의 삼성설의 무이적 통섭이라고 할 수 있다. 이러한 통섭은 일법계, 즉 일심(지원)을 나타낸 것이며 이 일심(지원)은 중도와 아울러 '중도일심'이라고 할 수 있을 것이다.

퇴옹 성철은 『열반경』의 쌍비쌍역을 근거로 하여 유무의 양변을 넘어서는 중도의 원리인 쌍차쌍조의 시원을 밝히고 있다. 쌍비(非有非無)는 양변을 모두 부정하는 것이고 쌍역(亦有亦無)은 양변을 모두 긍정하는 것이다. 쌍차는 양변을 막는다는 것이니 양변을 떠나는 것이다. 쌍조는 양변을 비춘다는 것이니 양변이 완전히 융합하는 것이다. 성철은 중도의 근본원리인 바른 이치(正理)에서 보면 일체의 차별 망견이 스스로 없어진다고 하였다. 그렇게 되면 모든 것을 융합하는 쌍조의 중도원리에서 보게 되어 일체의 차별 망견이 스스로 없어진다고 하였다. 그는 양변을 버리는 쌍차와 양변을 완전히 융합하는 쌍조를 넘어 차조동시의 진공묘유가 된다고 하였다. 성철은 무심을 가짜 무심과 진짜 무심으로 구분하였는데 이것은 그가 창안한 독자적인 용어이다. 이 용어는 의식 속에 아직 티끌이 남아 있는 무심無心과 제8식의 삼세상까지 넘어선 구경무심究竟無心을 거론하기 위함으로 이해된다. 그는 중도와 무심의 통섭인 '중도무심'의 개념을 통해 자신의 철학사상을 구성하였다.

원효와 성철은 중도의 연속성을 표방하면서도 각기 일심과 무심의 기호를 통해 불연속의 층위를 개척해 감으로써 저마다의 독자성을 보여주었다. 만일 붓다의 중도사상을 원효와 성철이 계승하기만 했다면 이들을 철학자이자 사상가라고 부를 수는 없을 것이다. 원효와 성철은 붓다를 계승하면서도 각기 일심과 무심을 통해 철학하고 사상함으로써 붓다의 중도연기를 이어 중도일심과 중도무심의 세계를 열어갈 수 있었다. 그리하여 이들은 불교사상사를 더욱 풍요롭게 하였다.

제12장의 「분황 원효의 일심과 묘공 대행의 한마음」에서는, 원효의 일심학이 일심지원과 일심, 일(각)미와 일심, 본각과 진여 등의 구도로 이루어지듯이 대행선의 가풍도 한마음 주인공과 한마음으로 이루어지는 일원상으로 구체화된다고 보았다. 한마음 주인공이 일원상의 구심화라면, 한마음은 일원상의 원심화라고 할 수 있다. 그런데 원효와 대행은 본래 마음인 '한 점'의 일심지원 및 '한 뿌리'인 한마음 주인공과 우주적 마음인 '한 원'의 일심과 '한 줄기'의 한마음은 상통하기도 하고 상이하기도 한다. 그 상통의 지점에서는 법신설에 입각한 일심 본각의 결정성의 측면이 드러나고 있으며, 상이의 지점에서는 보신설에 입각한 일심 진여의 신해성의 측면이 드러나고 있다. 대행의 한마음 주인공과 한마음은 각기 이 두 측면에 입각한 표현이라고 할 수 있다. 그는 '한마음 주인공'과 '한마음'의 관계를 동일시하면서도 이들과 '주인공'을 차이시하는 면을 보여주기 때문이다. 이것은 '한마음과 주인공', '한마음(주인공)과 오공'의 관계를 해명할 때 드러나고 있다고 보았다.

제13장의 「분황 원효의 염불관과 무주 청화의 염불선」에서는, 원효는 『아미타경소』와 『무량수경종요』에서 정토왕생을 위한 보조적인 수행법으로서 십념十念의 염불念佛, 즉 『미륵발문경』에 설해진 범부와 이승이 들어가지 않는 초지 이상의 보살만이 순정토純淨土를 구족할 수 있는 은밀隱密의 십념과 『관무량수경』의 하품하생에 설한 임종 이후의 왕생보다는 임종 이전의 지심 염불을 강조하는 현료顯了의 십념을 주장하였다. 그의 십념관은 중국 정토사상가들의 칭명염불에 지성심至誠心을 더한 것이다. 원효는 왕생은 자신의 업으로 이뤄지는 것이 아니며 오직 여래의 대비원력大悲願力에 의지할 수밖에 없다며

타력他力에 의한 왕생인往生因을 제시하였다. 그는 선근은 연緣이 작용하여 이루어지는 것이지 자신이 닦는 것이 아니며, 중생은 여래의 선근을 이어받기 위해 발보리심하고 지성심으로 염불함으로써 부처의 본원력으로 정토에 왕생할 수 있다고 하였다.

청화의 '안심', 즉 편안한 마음은 '깨침'에 상응하는 개념이다. 그의 '안심安心'은 '순선純禪'과 만나 '순선안심純禪安心'으로 나아갔다. 여기서 '순선'은 달마 때부터 육조 혜능 때까지의 순수한 선을 가리킨다. 청화는 종파적 색채가 없는 초기 선종, 즉 보리 달마로부터 마조 도일 제자들의 활동기까지를 선종의 성립기로 주목하였다. 그러면서도 그는 달마에서 혜능까지의 순선純禪시대의 '안심'에 집중하였다. 청화의 궁극적 목표는 정토의 구현이었으며 이것은 대중들이 안심에 이르게 됨으로써 가능하다고 하였다. 그는 일상一相삼매와 일행一行삼매의 실천을 통해 안심, 즉 편안한 마음으로 돌아가고자 하였다.

제14장의 「분황 원효 연구 논저 목록」에서는 지난 100여 년 동안의 원효 저술의 편서 및 역서, 원효 관련 단행본, 논문, 박사논문, 석사논문 순으로 정리하였다. 이들 논저 목록을 일별해 보면 분황 원효에 대한 연구사 자체가 곧 새로운 불교철학사를 써가는 과정임을 알 수 있을 것이다.

이 책은 분황 원효의 사상적 지형을 기반으로 하여 구심으로서 원효와 원심으로서 동아시아 불교사상가 및 한국사상가를 조명해 본 것이다. 분황 원효를 동아시아 불교사상사의 구심에 두고 동아시아 사상가와 한국사상가를 원심에 두어 대비함으로써 동아시아불교와

18

한국불교의 지위와 위상을 구명해 보고자 하였다. 그리하여 원효불학의 품과 격에 맞추어 동아시아불교와 한국불교를 살펴봄으로써 아시아불교의 내포를 단단히 하고 외연을 넉넉히 하고자 하였다.

이 책의 출간을 승낙해 준 도서출판 운주사 김시열 대표와 편집장께 감사를 드린다. 아울러 이 책 전체를 꼼꼼하게 교정해 준 동국대 외래교수 오지연 박사와 최근까지의 「분황 원효 연구 논저 목록」을 조사해 보충해 준 동국대 대학원 불교학과 박사과정 박경미 원생, 그리고 이 책의 색인을 만들어준 같은 학교 대학원 불교학과 박사과정 강은행 원생에게 감사를 드린다.

2024년 11월 15일
동국대학교 만해관 321호 서굴암書窟庵에서
환정還淨거사 고영섭 근지謹識

일러두기

1. 이 책은 분황 원효와 동아시아 불교사상가들의 만남과 대화를 '철학자 원효로 보는 불교철학사'로 구성한 것이다.
2. 제8식의 표기에 대해 구역 경론은 '아리(라)야식', 신역 경론은 '아뢰야식'으로 표기하였다.
3. 「한국불학의 전통과 원효불학의 고유성」(『한국불교사탐구』 수록) 및 「분황 원효와 무주 청화의 염불관과 염불선」(『분황 원효의 생애와 사상』 수록)은 원효불학의 전통과 고유성을 살펴보기 위해, 그리고 원효 염불관과 청화 염불선의 연속면과 불연속면을 알 수 있게 이 책에 다시 수록하였다.
4. 「분황 원효 연구 논저 목록」은 종래에 집성한 목록에다 이후 연구된 논저를 조사하여 증보하였다.

제4부 분황 원효와 대한 불교사상 495

제1부

분황 원효와 불교사상

제1장 동아시아 불교의 보편성과 특수성

─원효의 유식·기신·화엄·선법 일심 인식을 중심으로─

1. 보편과 특수

철학사에서 '특수' 또는 '개별'이란 개념은 '보편' 혹은 '일반'이란 용어와 맞물려 정의해 왔다. 특수가 보편이 차별로 지닌 속성이라면, 보편은 특수가 공통으로 지닌 속성이라고 할 수 있다. 나아가 '특수성'이 공간의 차이와 시간의 지연을 이어서 변화하는 특성이라면, '보편성'은 지역의 차이와 시대의 변화를 넘어서 불변하는 특성을 가리킨다. 따라서 특수성과 보편성은 공간의 차이와 시간의 지연에 따라 나타나는 일반성과 개별성 혹은 공통성과 고유성을 가리키는 것이다. 동아시아 한중일 불교사상사는 인도불교를 수용하면서 시간적 보편성과 공간적 특수성에 의해 중국화 혹은 한국화 또는 일본화한 불교라고 할 수 있다.

불교가 심층마음과 표층의식의 구조를 통해 마음의 철학을 구축해 왔듯이 동아시아 대승불교 또한 마음과 의식의 구조 속에서 다양하게 변주되어 왔다. 동아시아 불교사상가들은 주체와 대상 사이에서 이루어지는 심의 활동을 심의식心意識 구조에 기반하여 자신의 불교 인식을 기술해 왔다. 근본불교 이래 불학자들은 본성청정本性清淨과 객진소염客塵所染의 구도 위에서 둘 사이의 평등성과 차이성의 관점으로 불교사상사를 기술해 왔다. 특히 한국 신라의 분황 원효(芬皇元曉, 617~686)는 본성청정보다는 객진소염을 강조하는 유식의 '아뢰야식으로서 일심'과 객진소염보다는 본성청정을 역설해온 '여래장으로서 일심', 그리고 생의生義가 없는 적멸과 생의가 있는 여래장 둘 사이의 차이성을 강조하는 '적멸로서 일심', 다시 화엄의 진심으로서 일심, 진여문과 생멸문의 둘 바깥에서 일심과 진여문의 차이성을 역설하는 선법의 '본법으로서 일심'으로 불교의 일심을 이해해 왔다.

이를 위해 먼저 원효는 동아시아불교를 일심과 일심지원의 개념으로 통섭을 시도하였다. 그는 자신의 철학적 언어인 '일심一心'의 기호를 통해 불교의 보편성을 상징하는 마음(心)의 지형도를 보여주었다. 그 위에서 원효는 『대승기신론』과 『화엄경』 그리고 『금강삼매경』을 중심으로 아뢰야식으로서 일심, 적멸/여래장으로서 일심, 진심으로서 일심, 본법으로서 일심의 지형을 그려내었다. 원효는 유식학의 망식인 아뢰야식으로서 일심, 기신학의 불성/여래장을 '적멸로서 일심'과 '여래장으로서 일심', 화엄의 일심을 '진심으로서 일심', 선법의 일심을 '본법으로서 일심'으로 해명해 왔다.[1] 이것은 그의 일심의 수행론과 해탈론의 심화 확장 과정으로 이해된다.

---

1 여기서 화엄의 '진심으로서 일심'과 선법의 '본법으로서 일심'에는 상통성과 상이성이 투영되어 있다.

원효는『대승기신론별기』에서 중관학과 유식학을 통섭하고자 하였고,『(대승기신론)이장의』[2]에서 현료문과 은밀문의 구도 아래 유식학(아뢰야식)과 기신학(여래장)을 통섭하고자 하였다.『대승기신론소』에서는 기신학이 지니고 있는 적멸/여래장으로서 일심을 통해 진망화합식으로서 일심을 탐구하였으며,『화엄경소』에서는 진심으로서 일심을,『금강삼매경론』에서는 본법으로서 일심(지원)을 궁구하였다. 원효는 이와 같은 일련의 일심 이해의 지형을 통해 그의 사상적 역정을 보여주고 있으며 그의 일심관은『대승기신론별기』,『대승기신론이장의』,『대승기신론소』와『화엄경소』및『금강삼매경론』으로 이어지면서 집대성된다고 할 수 있다. 이 글에서는 유식의 아뢰야식으로서 일심, 기신의 적멸/여래장으로서 일심, 화엄의 진심으로서 일심, 선법의 본법으로서 일심의 인식을 통해 인도불교와 동아시아불교의 보편성과 특수성을 구명해 보고자 한다.

2. 유식학: 아뢰야식으로서 일심

붓다는 자기의 궁극을 아트만이라고 파악한 종래의 아트만설을 부정하였다. 동시에 자기 행위의 선악에 의해 수많은 세계가 태어나고

---

2 원효의 저술 곳곳에서 인용하고 있는『二障義』는『大乘起信論二障義』로 추정되고 있다. 石田茂作 편,『寫經より見たる奈良朝佛敎の硏究』의 附錄에 실린『奈良朝現在一切經目錄』(『東洋文庫論叢』제11집, 1930, p.126)에서는『일도장』을『기신론일도장』으로,『이장장』을『기신론이장장』으로 기록하고 있다; 金煐泰,『원효연구사료총록』(원효학연구원 장경각, 1996), p.88 재인용.

죽는다는 종래의 윤회사상을 주체적으로 수용하여 자기 교리 해명의
중심축으로 삼았다. 그는 특히 연기설 위에서 업설의 방편에 입각하여
윤회사상을 자내화하였다. 그런데 붓다는 무아설의 기반 위에서 윤회
사상을 받아들이면서 윤회의 주체는 누구인가라는 새로운 문제에
직면하였다.

이에 붓다는 무아설과 윤회설의 양립 문제를 눈에 보이지 않고
손에 잡히지 않는, 변하지 않는 실체의 연속이 아니라 행위의 영향이
계속해서 상속한다고 해명하였다. 붓다의 제자들 또한 이러한 인식
위에서 업의 상속을 통해 무아 윤회설의 양립 문제를 해결해 나갔다.
그런데 행위의 영향은 어느 곳에 보존되는 것인가라는 의문이 생겼다.
이러한 문제를 해명하기 위해 부파불교의 사상가들은 행위를 쌓아서
상속하는 어떤 실체, 즉 윤회의 주체를 상정하기에 이르렀다.

이들은 에너지인 동시에 입자로서 어느 정도 물질성을 가지고 있는
'빛'과 같이 신체와 안·이·비·설·신·의식의 육식 안에 정신도 물질도
아닌 행위의 영향을 짊어진 무언가의 잠재적인 윤회의 주체인 기체基體
를 상정하였다. 무엇보다도 윤회의 현상을 설명하기 위해서는 어떠한
실체성 혹은 사물성을 부여하는 것이 보다 용이하였다. 그리하여
당시 대표적인 부파들이었던 상좌부와 설가부(分別論者)는 욕계의
생존인 욕유, 색계의 생존인 색유, 무색계의 생존인 무색유의 삼유에
있어서 생사윤회의 원인이 되는 유분식有分識, 화지부는 무한의 생사
를 다하여 금강유정에 이르기까지 연속적으로 존재하는 근본온으로서
6식 이상의 것인 미세한 의식인 궁생사온窮生死蘊, 독자부는 오온,
십이처, 십팔계가 화합하여 있는 임시적 개인 존재인 푸드갈라와

같은 것도 아니고 다른 것도 아닌 존재인 비즉비리온아非卽非離蘊我, 경량부는 미혹한 세계에 유전하는 주체로서 끝없는 옛적부터 단멸하지 않고 동일류의 상속하는 미세한 심식인 세의식細意識, 대중부는 모든 식의 근본이 되는 식인 아뢰야식으로서 근본식(根本識, 微細意識)을 상정하였다. 이러한 윤회의 주체로서 식識의 시설은 무아를 주장하는 불교계 안팎으로부터 비판을 피할 수 없었고 이 과정에서 '존재에 대한' 아비달마(對法), 즉 '존재의 분석'은 본격화되었다.

한편 대승아비달마로 자리한 유가행 유식학파의 사상가들은 이러한 윤회의 주체 문제를 '유식唯識', 즉 '오직 식뿐'이라는 뜻으로 풀어나갔다. 여기서 '식'은 우리의 정신활동 일반을 가리키며 표층의식인 6식과 제7식 그리고 심층마음인 제8아뢰야식까지를 총괄한다. 이들은 외계의 사물들을 실재한다고 파악하지 않고 그것들을 우리들의 마음이 만들어낸 마음 작용의 소산으로 해명하였다. 이들이 발견한 아뢰야식은 자기 존재의 궁극체이며 윤회의 주체로서 상정된 것이었다.

유식의 소의경전인 『해심밀경』에 의거한 아뢰야식은 반야공사상과 만나면서 새로운 사상적 변화를 보이기 시작하였다. 가유假有에 입각한 유식사상과 공성空性에 입각한 반야공사상은 현실적 관점인 현료상과 근본적 관점인 은밀상의 측면으로 대비되지만 기본적인 차이는 크게 없다. 유식의 주요 담론인 삼성설과 삼무성설은 반야사상을 새롭게 해석하던 일군의 사상가들에 의해 전개되었다. 이 과정에서 『해심밀경』과 『대승아비달마경』에 기초한 미륵-무착-세친의 유식학은 진나-무성-호법-계현-현장의 유상유식(법상종)과 덕혜-안혜-진제의 무상유식(섭론종)의 사상적 전개로 이어졌다. 이들은 아뢰야식과 말라식과 전6식의 관계를 오직 인식주체인 식만 있을 뿐 의식 바깥의 객관적 대상은 없다는 유식무경唯識無境과 의식 속에서 인식대상과 인식주체는 모두 사라진다는 경식구민境識俱泯의 담론으로 해명하였다.

한편 북위 선무제의 영평 원년(508)에 세친의 『십지경론』을 번역한 보리류지(菩提流支, 508~535)와 늑나마제(勒那摩堤, 508?~)에 의해 형성된 지론종은 도총道寵의 북도파와 혜광(慧光, 468~537)의 남도파로 분기되었다. 북도파는 아리야식을 염오생멸染汚生滅의 망식妄識으로 파악하고 모든 존재가 아리야식으로부터 생긴다는 리야의지梨耶依持설을 주장하였다. 이와 달리 남도파는 그것을 무구순정無垢純淨의 진식眞識으로 간주하고 모든 존재가 법성과 진여로부터 생긴다는 진여의지眞如依持설을 주장하였다.

아리야식 의지설과 진여 의지설을 주장하던 이들 두 파는 자기의 입장을 견지하면서 격렬한 논쟁을 펼쳤다. 결국 오래지 않아 북도파는 세력을 잃고 그 뒤에 일어난 섭론종에 흡수되었다. 반면 남도파는 지론종의 전통을 이어받아 육조시대와 수나라에 걸쳐 번영하였다. 하지만 남도파 또한 수나라 말 당나라 초에 이르러서는 섭론종과 화엄종에 흡수되었다. 진제(眞諦, 499~569)에 의해 형성된 섭론종은 구역 유식으로서 확고하게 자리를 잡았으며 제9아마라식의 존재를 해명하였다. 그는 아리야식을 진망화합의 식으로 보았으며, 제8아리야식 위에 순정하고 무구한 제9아마라식을 시설하였다.

이후 섭론종은 지론종 북도파를 흡수하여 한때 번영했지만 당대에 이르러 법상종이 흥륭하자 급격히 쇠퇴하였다. 진나陳那-무성無性-

호법護法-계현戒賢-현장玄奘으로 계승된 유상유식은 현장의 제자인 규기(窺基, 632~682)가 6경 11론에 기초해 법상종을 창종하면서 한동안 계승되었다. 종래의 지론종과 섭론종은 모두 인도 유식의 일면밖에 전하지 않았고, 양 종파 모두 인도의 정통적 유식설을 바르게 이해하지 못하면서 주로 말초적인 문제의 고찰에 전념한 측면이 있다.[3]

이와 달리 법상종은 현장의 위대한 노력에 의하여 미륵彌勒·무착無著·세친世親부터 호법에 이르기까지 인도 유식의 전통설을 직접 계승하였다. 그리고 그 자부심을 토대로 그 당시 불교계에 큰 세력을 떨치게 되었다. 그 결과 지론종, 섭론종은 법상종의 압박을 받아 없어지거나 법상종에 융합될 운명에 처하게 되었다.[4] 끝내 지론종과 섭론종은 법상종과 화엄종에 흡수되었다. 그러나 법상종 또한 현장을 이은 규기窺基-혜소慧沼-지주智周 이래 사변적이고 번쇄한 논의를 지속하다가 대중들로부터 멀어지면서 세력을 잃고 법장의 화엄종에 흡수되었다.

원효는 구역 유식 경론을 기초로 자신의 철학체계를 수립하였다. 이후 그는 현장의 신역 유식 경론을 접하면서 신역 유식의 체계를 자신의 철학체계 속에서 수용하였다. 이것은 원효가 아리야식으로서 일심을 접하는 계기가 되었다. 점차 그는 『능가경』과 『대승기신론』에 주목하여 '아리야식으로서 일심'과 '여래장으로서 일심'에 대해 독자적 해석을 제시하였다. 종래에 유식의 아뢰야식을 망식으로 파악하는

---

3 요코야마 고이츠, 『불교의 마음사상: 유식사상입문』, 김용환·유리(산지니, 2013), pp.70~71.
4 요코야마 고이츠, 위의 책, p.71.

관점은 동아시아 사상가들의 보편적 이해로 드러나 있었다. 이와 달리 원효는 중관과 유식, 아리야식과 여래장의 통섭을 통해 시도하여 종래에 개별적 관점으로만 존재하던 사유체계를 자신의 일심의 체계 속에서 통섭해 보임으로써 동아시아 불교에서 특수한 이해의 지평을 보여주었다.

먼저 원효는『대승기신론별기』대의문에서 보이는 것처럼 중관학과 유식학의 통섭을 시도하였다. 그는 중관학과 유식학의 특징을 적출하여 대비한 뒤에 다시 이 둘의 통합을 시도하였다. 그 통합의 근거는『능가경』의 주석서라고 할 수 있는『대승기신론』이다. 원효는 일심이문(심진여문/심생멸문)의 구도 아래 존재를 연기–무자성–공(성)관에 입각해 보는 중관학의 '깨뜨리기만 하고 세우지는 못하는 담론'(破而不立, 往而不徧論)과 존재를 가유–연기성–유(성)관에 의거해 보는 유식학의 '세우기만 하고 깨뜨리지 못하는 담론'(立而不破, 與而不奪論)으로 정리하였다. 이것은 그가 이들 중관학과 유식학의 주요 논서를 근거로 한 총체적 평가였다.

이어 원효는 기신학의 일심이문, 즉 심진여문과 심생멸문에 의거하여 '깨뜨리지 아니함이 없이 도리어 허용하고(無不破而還許)', '세우지 아니함이 없이 스스로 부정하여(無不立而自遣)', 저 가는 자가 '가는 것이 다하여 두루 세우며(往極而徧立)', 이 주는 자가 '주는 것을 다하여 앗아 깨뜨리는(窮與而奪(破)[5])' 기신起信학으로 통섭하였다.[6] 여기서 한 걸음 더 나아가 그는『대승기신론소』에서는『대승기신론』을 '전개

---

5 문장 구조상 '奪'자 뒤에는 '破'자가 빠진 것으로 추정된다.

6 元曉,『大乘起信論別記』(『대정장』제44책, p.226중).

와 통합이 자유자재하고(開合自在) 수립과 타파에 걸림이 없다(立破無礙)'고 하였다.[7] 그가 수립/타파 혹은 정립/논파, 수여/탈취 또는 부여/취탈의 기호로서 정립한 철학적 수사학은 이후 한국철학의 주요한 개념으로 원용되어 왔다.

이처럼 원효는 『대승기신론소』 대의문에서는 유식학의 망식으로서 아뢰야식과 기신학의 진망화합식으로서 여래장의 구도로 옮겨 논의를 전개시켰다. 이것은 자신이 『대승기신론별기』 대의문에서 전개한 중관학과 유식학의 통섭으로서 『대승기신론』의 위상을 파악한 종래의 논지를 수정한 것으로 이해된다.[8] 원효의 저술인 『대승기신론이장의』의 현료문(煩惱障/所知障)과 은밀문(煩惱礙/智礙)의 구도는 그의 철학적 전환 과정 혹은 사상적 성숙 과정을 보여주고 있기 때문이다.

원효는 『대승기신론별기』에서 이 논서가 이문을 일심에 열어서(開二門於一心) 여러 경전의 간심(衆典肝心)을 하나로 꿰뚫고 있다(一以貫之)고 하면서[9] 『대승기신론』에 입각하여 중관학과 유식학을 통섭하였지만, 『(대승기신론)이장의』에서는 망식으로서 아뢰야식과 진망화합식으로서 여래장을 통섭하고자 하였다. 즉 그는 현상적 관점인 현료문과 근본적 관점인 은밀문의 두 문을 통해 유식과 기신, 즉 아뢰야식과 여래장의 통섭을 시도하였다. 원효의 이와 같은 사상적 전환은 『대승기신론소』에서 『능가경』에 의거하여 일심을 '여래장으

---

7 元曉, 『大乘起信論疏』(『대정장』 제44책, p.202중).

8 박태원, 『대승기신론사상연구』(I)(민족사, 1994). 이러한 '논지의 수정' 혹은 '인식적 전환'은 그의 공부의 심화 확장에 기반한 것으로 이해할 수 있다.

9 元曉, 『大乘起信論別記』 본(『한불전』 제1책, p.678상중).

로서 일심'과 '적멸로서 일심'으로 구분하는 지점에서도 잘 드러나고
있다.

원효는 일심의 두 측면인 심진여문과 심생멸문을 설명하는 대목에서
『능가경』의 이 구절을 자주 원용하고 있다. 그는 『대승기신론』에서
심진여문이라고 한 것은 곧 『능가경』에서 "적멸이란 일심이라 부른다"
는 구절을 해석한 것으로 보았으며, 심생멸문이라고 한 것은 "일심이란
여래장이라 부른다"는 구절을 해석한 것으로 보았다. 일심을 두 측면으
로 나눠보는 이러한 원효의 인식은 『대승기신론소』[10]와 『금강삼매경
론』[11] 모두에서 이 문구를 인용하는 데서도 나타나고 있다.

원효가 일심을 '적멸＝일심'(심진여문)이라는 것과 '일심＝여래장'
(심생멸문)이라는 것으로 구분해 보는 것은 『기신론』에 대한 그의
주요한 인식 기반이라고 할 수 있다. 전자가 청정한 진여眞如로서
일심을 말한다면, 후자는 염오된 생멸生滅로서 일심을 말한다. 이것은
일심이 지니고 있는 두 가지 측면을 진여와 생멸의 교문으로 바라보는
관점이다. 이 부분은 다음의 장에서 좀 더 구체적으로 논의할 것이다.

3. 기신학: 적멸/여래장으로서 일심

붓다는 "마음이 모든 존재의 근본이다(心爲法本)"고 설하였다. 동시에
"중생의 마음은 맑고 깨끗하지만 번뇌에 물들어 있다"[12]고 하였다.

---

10 元曉, 『大乘起信論疏』 권상(『韓佛全』 제1책, p.704하).

11 元曉, 『金剛三昧經論』 권1(『韓佛全』 제1책, p.610상).

12 경전 성립사에서 가장 앞선 『담마빠다』의 한역본 『法句經』 제1장, 제1구에는

또 "마음이 괴로우므로 중생이 괴로우며(心惱故衆生惱), 마음이 깨끗하므로 중생이 깨끗하다(心淨故衆生淨)"[13]고 하였다. 나아가 "세간은 마음에 의하여 이끌려지고, 마음에 의하여 뇌란되나니, 마음의 한 법이 모든 것을 종속시킨다"[14]고 하였다.

다시 또 붓다는 "인간의 마음은 본래 청정하지만(自性淸淨心)과 우연적 요소인 번뇌에 의해 더럽혀졌다(客塵煩惱染)"[15]고 하였다. 여기서 '일시적'(āgantuka) 혹은 '우연적'이란 '번뇌가 손님(客)처럼 잠시 왔다 감'을 뜻한다. 이 번뇌는 '거울에 잠시 내려앉은 먼지(塵)'와 같기에 '객진客塵'이라고도 한다. 이처럼 불교의 여러 경론에서는 우리의 "자성은 맑고 깨끗하지만 일시적 번뇌로 물들어 있다"고 하였다. 이 때문에 중생은 자성청정심自性淸淨을 지니고 있지만 손님처럼 오는 번뇌에 덮여(客塵所染) 있으므로 어떠한 인식의 전환 없이 위없는 깨달음을 얻을 수 없다고 보았다.[16]

"心爲法本", 즉 "마음이 모든 존재의 근본이다" 또는 "마음에 따라 행이 이루어진다"고 하였다. Juan Mascaro, *The Dhammapada*, England Books Ltd, 1973. 후앙 마스카로는 이 구절을 "삶은 이 마음이 만들어내는 것이니"로 옮기고 있다. 석지현 역, 『법구경: 불멸의 언어』(민족사, 1994; 1997), p.12 참고. 또『增一阿含經』제51권(『대정장』제2책, p.827중)에도 "心爲法本"이라고 하였다.

13 『雜阿含經』제10권(『대정장』제2책, p.69하). "心惱故衆生惱, 心淨故衆生淨."

14 『相應部經典』제1권 56경.

15 Anguttara Nikāya I-6, F. L. Woodward 번역, *The Book of the gradual Sayings*(London: Pali Text Society, 1979), p.5. "비구들이여, 이 마음은 밝게 빛나고 있다. 단지 일시적인 번뇌에 더럽혀져 있다.";『增支部經典』I-10, 11-13. "自性淸淨心, 客塵煩惱染"

16 高榮燮,「분황 원효의 여래장 인식과 불성 이해」,『열상고전연구』제61집, 열상고

그러므로 불교사상사에서 "중생의 본성은 부처나 여래의 본성과 같이 평등하지만(本性淸淨) 현실에 있어서 인간의 본성은 갖가지 번뇌로 뒤덮여 있다(客塵所染)"는 명제는 대전제가 된다. 이 본성청정과 객진소염의 구도는 인도불교에서만이 아니라 동아시아불교에서도 주요한 전제가 되어 왔다. 특히 유식학과 기신학은 이 두 명제 중에서 어느 쪽에 더 치중하느냐를 통해 자신의 사상적 특징을 보여 왔다.

유식학의 아뢰야식과 기신학의 여래장 개념은 염오染汚의 측면과 청정淸淨의 측면에서 근본적으로 차이를 보이고 있다. 유식의 아뢰야식은 생사와 윤회의 기반으로서 번뇌에 물들은(染汚) 것으로 간주되고 있다. 이와 달리 기신의 여래장은 중생 속의 여래로서 성불의 근거가 되며, 여래와 본질적으로 다르지 않은 지극히 맑고 깨끗한(淸淨) 것으로 간주되고 있다. 이들 두 개념 사이의 차이는 『섭대승론』과 『보성론』에서 잘 보이고 있다.

〈가〉 또 어떠한 인연으로 이 식을 아뢰야식阿賴耶識이라고 하는가? 모든 생명체의 물들은 존재(一切有生 雜染品法)가 아뢰야식에 간직(攝藏)되어 결과적인 것(果性)이 되며, 또 이 아뢰야식이 그 염오된 존재에 간직되어 원인적인 것(因性)이 되기 때문에 아뢰야식이라 부른다. 또는 중생들이 이 아뢰야식을 간직하여 자아로 여기기 때문에 아뢰야식이라 부른다.[17]

전연구회, 2018.2.

17 無著 著, 玄奘 譯, 『攝大乘論本』(『大正藏』 제31책, p.133중). "復何緣故此識說名阿
賴耶識? 一切有生雜染品法, 於此攝藏爲果性故. 又卽此識於彼攝藏爲因性故, 是

〈나-1〉 여래의 법신이 번뇌의 외피를 벗어나 있지 않은 것을 여래장如來藏이라 한다. … 〈나-2〉 마음은 무한한 번뇌와 괴로움이 수반되고 있음에도 불구하고 본성적으로 빛난다. 그러므로 변이한다고 이야기하지 않는다. 이 때문에 상서로운 금과 같이 (전후의) 다름없음의 의미를 지니므로 진여眞如라 부른다. (마찬가지로) 모든 중생에게, 사정취邪定聚로 상속하는 (중생에게도) 본성적으로 차별 없는 그것(眞如)이 (존재한다. 그리고 그것이) 일체 객진의 티끌로부터 정화되었을 때 여래라는 이름을 얻는다.[18]

〈가〉에서처럼 무착無著보살의 『섭대승론』에서 설명하는 아뢰야식은 초기 유식학통의 논서에 공통적으로 나타나는 정의라고 할 수 있다. 이 논서에서는 모든 생명체의 염오된 존재가 아뢰야식에 간직되어 결과적인 것이 되고, 또 이 식이 그 염오된 존재에 간직되어 원인적인 것이 되기 때문에 아뢰야식이라고 부른다. 그리고 중생들이 이 아뢰야식을 자아로 여기기 때문에 그렇게 부른다고 하였다. 이처럼 아뢰야식은 염오된 존재의 인식의 주체이자 윤회의 주체라고 할 수 있다.

반면 〈나-1〉에서처럼 견혜堅慧보살의 『구경일승보성론』에서 여래장은 여래의 법신이 번뇌에서 둘러싸여 있는 것을 일컫는다. 여기에서 '외피'는 번뇌의 비본래성, 외래성을 의미한다. 본래성이란 본래의 성질이지만 '손님'처럼 일시적으로 다가온 번뇌이므로 비본래성인

故說名阿賴耶識. 或諸有情攝藏此識爲自我故, 是故說名阿賴耶識."

18 堅慧 著, RGV(Ratna Gotra Vibhāga) p.139; 玄奘 譯, 『究竟一乘寶性論』(『大正藏』 제31책, p.838하).

것이다. 외래성은 객진客塵, 즉 '손님처럼 우연히 건너온 번뇌'의 속성을 가리킨다. 이 때문에 여래장은 청정한 여래의 법신과 다른 것이 아니며, 현실의 오염된 상황, 즉 번뇌의 현존은 여래장의 본질과는 근본적으로 무관한 것이다.[19]

그런데 〈나-2〉에서처럼 이 여래장은 상서로운 금과 같이 본성적으로 빛난다. 뿐만 아니라 전후가 '참으로 그러하여' 다르지 않음을 뜻하므로 '진여眞如'라고 부른다. 그러므로 모든 중생에게, 심지어 '삿된 지옥에 떨어지게 정해져 있는' 사정취邪定聚로 상속하는 중생에게도 차별없는 진여가 존재한다. 그리고 이것이 모든 객진 번뇌로부터 정화되었을 때를 '여래如來'라고 한다고 하였다. 이처럼 아뢰야식과 여래장은 결국 수행관 혹은 해탈관에 의해서 생겨난 이름임을 알 수 있다.

원효는 일심은 '본래 고요하고 평정한 것(本來寂靜)'이어서 '언설로는 닿을 수 없는 것'이며, 그 어디에도 '머무름이 없는 마음(無住之心)'이므로 '있는 것도 아니고 없는 것도 아니다(不有不無)'고 하였다. 이 때문에 그는 마명이 "일체법이 언설상言說相을 여의었으며, 명자상名字相을 여의었으며, 심연상心緣相을 여의어서 결국 평등하게 되고, 변하거나 달라지는 것이 없으며, 파괴할 수도 없는 것이어서 오직 일심일 뿐인 것이니, 이 때문에 진여라고 부르는 것이다"[20]는 구절에 대해 자세히 풀이하고 있다. 그는 일심의 정의가 쉽지 않다고 말하면서 일심에 대해 해명하고 있다.

---

19 정호영, 「알라야식과 여래장의 교섭-『능가경』의 경우」, 『인문학지』 제40집, 충북대학교 인문과학연구소, 2008, p.51.

20 馬鳴/元曉, 『大乘起信論疏記會本』(『한불전』 제1책, p.743중).

원효는 '일심一心'의 '일'과 '심'의 의미를 구분해 보여주고 있다.
즉 "염오와 청정染淨의 모든 법은 그 자성이 둘이 없어서 진여와 생멸(眞
妄)의 두 문은 다름이 있을 수 없기 때문에 '일一'이라고 한다"[21]고
하였으며, "이 둘이 없는 것이 모든 법 중의 실체여서 허공과 같지
아니하여 본성이 스스로 신해하기 때문에 '심心'이라고 부른다"고 하였
다[22]. 여기서 일심의 '일'은 '이'가 아니라 '일'이며 일심의 '심'은 마음이
아니라 '심'이다.[23]

그러면서도 원효는 "이미 두나[24]가 없는데 어떻게 하나가 될 수
있으며, 하나도 있는 바가 없는데 무엇을 심이라 말하는가? 이러한
도리는 말을 여의고 생각을 끊은 것(離言絶慮)이니 무엇이라고 지목할
지를 알지 못해서(不知何以目之) 억지로 불러서 일심이라 하는 것(强號
爲一心也)이다"[25]고 하였다. 그는 굳이 '일심'이라고 말할 것조차도
없지만 일심이라고도 말하지 않고는 전달할 길이 없다는 것이다.
이러한 표현에서 우리는 일심이 실체가 아님을 해명하기 위한 원효의
노력을 엿볼 수 있다.

원효는 『대승기신론』의 현시정의顯示正義에서 '일심법에 의하여

---

21 馬鳴/元曉, 『大乘起信論疏記會本』(『한불전』 제1책, p.741상).

22 馬鳴/元曉, 『大乘起信論疏記會本』(『한불전』 제1책, p.741상).

23 여기에는 한자음 '일'과 '심'과 한글음 '하나'와 '마음' 사이의 미묘한 느낌 차이가
존재한다.

24 우리말 '하나'에 상응하는 '두나(二)', '세나(三)', '네나(四)'는 신라지역이었던 영남
에서 지금도 '두 음절'로 쓰고 있다. 여기서는 '하나'의 '두 음절' 수에 맞추기
위해 '두나'를 원용하였다.

25 馬鳴/元曉, 『大乘起信論疏記會本』(『韓佛全』 제1책, p.741상중).

두 가지 문이 있다'는 구절을 해석하는 대목에서 보리류지菩提流支 번역의 『입능가경』(10권)을 원용하여 자신의 일심관을 전개하고 있다. 여기서 그는 『능가경』에서처럼 일심을 '적멸로서 일심'과 '여래장으로 서 일심'으로 구분하여 『대승기신론』의 심진여문과 심생멸문에 배대 하고 있다.

> '일심법에 두 가지 문이 있다'는 것은, 『능가경』에서 '적멸이란 일심이라 부르는 것이며, 일심이란 여래장이라 부르는 것이다'[26]고 말한 것과 같다. 이 『대승기신론』에서 심진여문이라고 한 것은 곧 저 『능가경』에서 '적멸이란 일심이라 부른다' 함을 풀이한 것이 며, 심생멸문이라고 한 것은 『능가경』에서 '일심이란 여래장이라 부른다' 함을 풀이한 것이다. 어째서 그러한가 하면 일체법은 생동 함도 없고 적멸함도 없으며 본래 적정하여 오직 일심이니 이러한 것을 심진여문이라 부르기 때문에 '적멸이란 일심이라 부른다'고 한 것이다.[27]

원효가 일심을 '적멸로서 일심'과 '여래장으로서 일심'으로 구분한 것은 『대승기신론』의 본의를 충실하게 이해하기 위해서 『능가경』의 교설을 원용하여 해석하였기 때문이다. 일심을 두 가지 측면으로 나누어 보는 지점에는 그의 인간이해와 세계인식이 투영되어 있다.

---

26 菩提流支 譯, 『入楞伽經』 「請佛品」(『大正藏』 제16책, p.519상). "寂滅者名爲一心, 一心者名爲如來藏. 入自內身智慧境界, 得無生法忍三昧."

27 元曉, 『大乘起信論疏』(『韓佛全』 제1책, p.610상).

원효가 적멸로서 일심을 '생의生義가 없는 심진여문'에 배대하고, 여래
장으로서 일심을 '생의生義가 있는 심생멸문'에 배대한 것은 아직 수행
의 길에 있는 수행자가 완성된 부처의 길과 미완성된 범부의 길의
긴장 속에서 갈등하며 정진해야 할 명분을 남겨두기 위함으로 읽을
수 있다.[28] 생의는 삶의 원동력일 뿐만 아니라 적멸로서 일심에 이르는
수행관 혹은 해탈관의 기반이기 때문이다.

 이렇게 원효는 인간을 적멸로서 일심을 지닌 존재일 뿐만 아니라
여래장으로서 일심을 지닌 존재로 파악하였다. 적멸로서 일심을 지닌
존재는 이미 수행을 완성한 상태이기 때문에 더 이상 수행의 길에
나설 필요가 없는 완성된 인간이다. 이렇게 되면 그는 부처로서 중생에
대한 자비심을 일으키는 존재로서 살아가야 한다. 하지만 그는 아직
온전한 부처가 되지 못한 존재임을 자각하고 있다. 그는 '선과 불선의
원인으로서 일체의 육취六趣 사생四生을 두루 잘 일으키는 여래장을
지닌 존재'이기 때문이다. 이 때문에 적멸로서 일심을 지닌 완성된
인간만이 아니라 여래장으로서 일심을 지닌 미완성된 인간의 동거가
요청되는 것이다.[29]

 원효는 "일심의 몸체가 본각이지만 무명을 따라 생멸의 움직임이
일어나므로, 이 생멸문에서 여래의 본성(如來之性)이 숨어서 드러나지
않는 것(隱而不顯)이 여래장이라 한 것이다"고 하였다. 이것은 『능가

28 高榮燮, 「분황 원효와 현수 법장의 기신학 이해」, 『불교철학』 제1집, 동국대학교
  세계불교학연구소, 2017. 10.
29 高榮燮, 「분황 원효의 일심사상」, 『선문화연구』 제23집, 한국선리연구원, 2017.
  12.

경』에서 말하기를, "여래장이란 선과 불선의 원인으로서(善不善因) 일체 육취의 사생(趣生)을 두루 잘 일으켜 만든다(能徧興造一切趣生). 비유하면 환술사가 여러 가지 취를 변화시켜 나타내는 것과 같다"[30]고 하였다. 이것은 불생불멸의 진여문의 적멸에 상응하는 찰라생멸의 생멸문의 여래장에 대한 구체적인 표현이다.

원효는 또 "이러한 뜻이 생멸문에 있기 때문에 '일심이란 여래장이라 부른다'고 하였다. 이것은 일심의 생멸문을 나타낸 것이며, 아래 글에서 '심생멸이란 여래장에 의하기 때문에 생멸심이 있으며'라고 한 것과 같다[31]고 하였다. 이것은 '일체법은 생함도 없고 멸함도 없으며 본래 적정하여 오직 일심'이라는 적멸로서 일심과 다른 '선과 불선의 원인으로서 일체의 육취 사생을 두루 잘 일으키는' 여래장으로서 일심을 지닌 인간에 대한 그의 해명이다.

원효는 이러한 인식에 의해 평등의 일심이 지니고 있는 총체적인 일심의 법을 나타내고, 차별의 이문이 지니고 있는 개별적인 이문의 뜻을 밝혀낸다. 이 때문에 그는 '선과 불선의 원인'이자 '일체의 지옥·아귀·축생·수라·인간·천상의 육취六趣, 태생·난생·습생·화생의 사생四生을 두루 잘 일으키는 '여래장으로서 일심'의 존재 이유를 해명하고 있다. 그리하여 원효는 생멸문이 있기 때문에 '일심이란 여래장이라 부른다'며 일심의 생멸문을 설명하고 있다. 이처럼 그는 생멸을 일으키는 여래장으로서 일심을 지닌 존재에 대해 구체적으로 해명하였다. 마명 또한 생멸문의 생멸인연에 대해 자세히 설명하고 있다.

---

30 元曉, 『大乘起信論疏』(『韓佛全』 제1책, p.610상).
31 馬鳴/元曉, 『大乘起信論疏記』會本 권상(『韓佛全』 제1책, pp.704하~705상).

또 생멸인연이란 이를테면 중생이 심心에 의하여 의意와 의식意識이 전환하기 때문이다. 이 뜻은 무엇인가? 아리야식을 의지하여 무명이 있다고 설하니, 불각不覺으로 일어나 능히 보며 능히 나타나며 능히 경계를 취하여 염念을 일으켜 상속하므로 의意가 된다고 설한다. 이 뜻에 다섯 가지 이름이 있으니 어떤 것이 다섯인가? 첫째는 업식業識이니 무명의 힘으로 불각에 의해 심이 움직임을 말하기 때문이다. 둘째는 전식轉識이니 마음의 움직임에 의하여 능히 상을 보기 때문이다. 셋째는 현식現識이니 능히 일체 경계를 나타냄이 마치 밝은 거울이 색상을 나타냄과 같으니, 현식도 그러하여 다섯 경계를 따라서 상대를 이르름에 바로 나타내어 전후가 없으니 일체시一切時로써 뜻에 따라 일어나서 늘 앞에 있기 때문이다. 넷째는 지식智識이니 대상을 깨끗함과 때묻음으로 분별하기 때문이다. 다섯째는 상속식相續識이니 염念이 상응하여 끊어지지 않기 때문이다. (중략)

그러므로 삼계는 허위虛僞이며 유심唯心으로 지은 것이다. 마음을 여의면 여섯 대상 경계가 없다. 이 뜻은 무엇인가? 일체법이 모두 마음으로부터 일어나서 망념으로 생겨난 것이니 일체 분별은 곧 자기 마음을 분별함이니 마음이 마음을 보지 못하여 모양을 얻을 게 없다. 마땅히 알라. 세간의 일체 경계가 모두 중생의 무명 망심에 의하여 머물고 지니게 되는 것이다. 그러므로 일체법은 거울 속의 모양과 같아서 몸체를 얻을 수 없다. 오직 마음일 뿐(唯心) (모두) 허망한 것(虛僞)이니 마음이 생겨나면 갖가지 존재가 생겨나고(心生則種種法生), 마음이 사라지면 갖가지 존재가 사라진다

(心滅則種種法滅).[32]

여기서 알 수 있는 것은 심心인 아리야식이 생멸의 원인(因)이고, 아리야식에 있는 무명이 생멸의 인연(緣)이 되어 의意가 있다는 사실이다. 그리고 이 의意에는 업식, 전식, 현식, 지식, 상속식의 오의五意가 있다. 그리고 이 속에 업식과 전식과 현식이 나타나고 사라짐이 아리야식과 아리야식에 있는 무명에 의한 것이다. 『대승기신론』도 심을 "불생불멸이 생멸과 더불어 화합하여 하나도 아니고 다른 것도 아님을 아리야식이라 한다"[33]고 하였다.

이어 마명은 "이 식에 두 가지 뜻이 있으니, 능히 일체법을 섭수하고, 능히 일체법을 생성한다. 무엇이 두 가지인가. 첫째는 각覺의 뜻이고, 둘째는 불각不覺의 뜻이다"[34]라고 말한 것과 같다고 하였다. 그런 뒤에 "다만 생멸심만을 취해서 생멸문을 삼는 것이 아니라, 생멸 자체와 생멸상을 통틀어 취하여 모두 생멸문 안에 둔다는 뜻임을 알아야 할 것"이라고 부연하고 있다.

이에 원효 또한 『대승기신론별기』에서 생멸심은 소의所依의 여래장과 능의能依의 생멸심을 함께 취하여 합해서 생멸문이 된 것이니, 심생멸이란 여래장에 의하기 때문에 생멸심이 있으며, 여래장을 버리고 생멸심을 취하여 생멸문을 삼은 것은 아니다"[35]고 하였다. 능의의

---

32 馬鳴, 『大乘起信論』(『大正藏』 제32책, p.577중).

33 馬鳴, 『大乘起信論』(『大正藏』 제32책, p.576중).

34 馬鳴, 『大乘起信論』(『大正藏』 제32책, p.576중).

35 元曉, 『大乘起信論別記』(『韓佛全』 제1책, p.610상).

생멸심과 소의의 여래장은 곧 유식사상과 여래장사상의 관계를 보여준다. 원효는 『대승기신론이장의』에서 은밀문에 현료문을 내속內屬시키고 있다.[36] 이것은 원효가 기신학의 진망화합식으로서 여래장을 유식학의 망식으로서 아뢰야식보다 우위로 보고 있는 것이다. 동시에 그의 사상적 전환 혹은 성숙의 과정을 시사해 주는 것이다.

여기서 우리는 기신학의 일심이 진망화합심으로서 일심으로 자리하고 있을 뿐만 아니라 진여문에 배속된 적멸로서 일심과 생멸문에 배속된 여래장으로서 일심의 구조를 알 수 있다. 이것은 원효가 유식의 망식으로서 아뢰야식을 받아들이면서도 진망화합심으로서 여래장을 전개해 나가는 사상적 전환의 과정을 보여주는 대목이라고 할 수 있다. 동시에 인도불교의 보편성을 수용하면서도 동아시아불교의 특수성을 반영해 나가는 원효의 일심관을 보여주는 지점이다.

4. 화엄학: 진심으로서 일심

원효는 『화엄경』 관련 주석서를 5종 내외로 저술한 것으로 알려져 있다.[37] 그런데 현존하는 저술은 『화엄경소』뿐이다. 일연의 『삼국유

---

36 이평래, 『新羅佛敎如來藏思想硏究』(민족사, 1996), pp.344~355.
37 高榮燮, 『분황 원효의 생애와 사상』(운주사, 2016). 원효의 화엄 관련 주석서는 『華嚴經疏』(8권), 『華嚴經宗要』(1권), 『入法界品抄』(2권), 『華嚴綱目』(1권), 『普法記』(1권) 등이 있으며, 종래 거론되어온 『一道章』과 『大乘觀行』이 화엄 계통 주석인지는 단정하기는 아직 어렵다. 『一道章』은 『대승기신론일도장』일 가능성이 있으며, 『대승관행』은 화엄교학에만 한정되지 않는 저술명으로 보인다. 澄觀이 지은 『新譯華嚴經七處九會頌釋章』(『大正藏』 제36책, p.712하)에 보이는 "元曉

사』 권4의 '원효불기' 조목에 의하면 "일찍이 분황사에 머물면서 『화엄
경소』를 찬술했는데 '제4 「십회향품十廻向品」에서 절필하였다"[38]고
전한다. 현존하는 『화엄경소』 또한 의천의 「신편제종교장총록新編諸
宗敎藏總錄」 권제1에 의하면 "『화엄경소』는 원래 8권이었는데 제5권을
둘로 나누고 『화엄경종요』 1권을 합하여 10권으로 새로이 편집하였
다"[39]고 전한다. 현존하는 것은 서문과 권제3의 「광명각품소」에 지나지
않는다.

불타발타라 번역의 『진역화엄경』(60권) 제5품인 「여래광명각품」[40]
은 실차난타 번역의 『당역화엄경』(80권) 편제로 보면 제9품에 해당한
다. 『화엄경』의 본론은 진역에 의하면 제3품의 「여래명호품」에서
시작한다. 여기에서는 시방세계에 있는 붓다의 이름을 들어 붓다의
몸이 여러 근기의 요청에 맞춰 수없이 다양한 모습으로 현현하는
응화의 자재를 밝히고 있다. 제4품인 「사성제품」은 중생의 기질과
성품이 서로 다름에 따라 교법도 달라질 수밖에 없으니 진시방법계盡十
方法界의 일체세계一切世界에서 그가 설하는 진리(四諦)의 명칭을 열거
하여 진리를 설하는 붓다의 능력(語業)이 불가사의함을 밝히고 있다.

원효는 이 진역 제5의 「광명각품소」에서 붓다가 온 누리의 온 중생에

法師華嚴關脈義云"이라는 표현을 통해 『華嚴經關脈義』라는 원효의 화엄 계열
주석서를 확인할 수 있다. 법장은 『華嚴經關脈義記』(1권, 『대정장』 제45책)라는
저술을 남기고 있다.

38 一然, '元曉不羈', 「義解」, 『三國遺事』.

39 義天, 「新編諸宗敎藏總錄」 권제1.

40 佛陀跋陀羅 역, 『화엄경』 권5, 「如來光明覺品」 제6(『대정장』 제9책, p.422하).

게 현현해서 진리를 설한다는 교설을 믿지 못하고 의심하는 중생들의 장애를 걷어내어 믿음을 내게 하고 있다. 왜냐하면 이 믿음이야말로 고통에서 벗어나 열반에 들어가는 초위初位, 즉 첫 단계이기 때문이다. 그는 십신十信−십주十住/해해解−십행十行−십회향十廻向−십지十地−등각等覺−묘각妙覺으로 이어지는 보살의 계위 중 특히 붓다의 빛(佛光)으로서 진리에 대한 의혹들을 걷어내고(滅諸疑惑) 재난들을 뿌리 뽑게 (拔衆災難) 하고 있다.

두루 알다시피 원효는 『화엄경소』의 제4 「십회향품」의 주석에 이르러 절필하였다. 그는 문자향과 서권기가 가득 찬 분황사 서실(골방)에서 보살의 회향은 골방(서실)에서 이루어질 수 없다는 인식의 전회, 즉 사회적 깨달음[41]을 얻고 대중교화의 길에 들어섰다. 당시 그가 외친 "일체에 걸림 없는 사람(一切無礙人)이 한 길로 생사를 벗어난다(一道出生死)"는 『화엄경』「보살명난품」의 구절이었다.[42] 원효는 무애박을 두드리면서 무애가를 부르고 무애무를 추면서 천촌만락을 누비며 대중교화의 보살행을 널리 펼쳤다.[43]

화엄에서는 진성현기眞性現起, 즉 성기性起를 말하고 인연생기因緣生起, 즉 연기緣起를 말한다. 화엄 2조인 지엄은 "연기는 연을 떠나서는 성립되지 않지만, 성기는 연을 떠나서도 손괴되지 않는다"고 하였다. 이렇게 보면 연기는 연의 취산聚散에 의존하는 삼승연기三乘緣起에

41 高榮燮, 「원효의 화엄학: 廣嚴과 普法의 긴장과 탄력」, 『원효탐색』(연기사, 2001; 2009).

42 佛陀跋陀羅 역, 『화엄경』 권5, 「菩薩明難品」 제6(『대정장』 제9책, p.429중).

43 一然, '元曉不羈', 「義解」, 『三國遺事』.

대해 이것을 초월하는 일승연기—乘緣起의 입장이 성기이다. 이처럼 성기는 곧 연기의 궁극이자 법계연기의 극치이며 여래출현을 상징한다.

중생계로 뛰어들어 일승 화엄의 무애정신을 몸소 실천한 원효의 실천행은 화엄보살행이며 그것은 바로 여래출현 그 자체라고 할 수 있다. 여래출현은 여래성기이니 원효의 일심은 화엄의 여래성기심이라고 볼 수 있다.[44] 원효의 화쟁사상은 일심사상에 근거되고 있는데, 그의 일심관은 두세 번 변화가 있게 된다. 또 원효가 당나라로 떠날 때 관심을 가졌던 일심은 현장이 폈던 유식의 일심이라면, 그가 깨달음을 얻고 입당을 포기한 일심은『기신론』에서 담고 있는 여래장 일심이다. 그런데 원효의 일심관은 다시 화엄의 성기일심으로 펼쳐지게 된다. 즉 원효의 일심관은 망식에서 진망화합심으로, 진망화합심에서 다시 여래성의 진여일심으로까지 전환되었음을 의미한다.[45] 이러한 일심 인식의 일련의 전환은 그의『화엄경』인식에서도 확인할 수 있다.

현존하는 저술에서는 그의 화엄의 진심, 즉 진심으로서 일심에 대해 자세히 드러나 있지 않다. 하지만 원효는『화엄경소』의 서문에서 자신의 화엄관을 명쾌하게 보여주고 있다.

대방광불화엄大方廣佛華嚴이라 한 것은 법계法界의 끝없음(無限)

---

44 全好蓮(海住),「元曉의 和諍과 華嚴思想」,『한국불교학』제24집, 한국불교학회, 1998, p.164.
45 全好蓮(海住), 위의 글, 위의 책, p.172.

이 대방광大方廣이며, 행덕行德의 가없음(無邊)이 불화엄佛華嚴이
므로 대방大方이 아니고서는 불화佛華를 넓힐 수 없고, 불화가
아니고서는 대방을 장엄할 수 없다. 그러므로 방方과 화華를 아울러
들어 광엄廣嚴한 뜻(宗)을 밝힌 것이다. 경經이라 한 것은, 원만한
진리의 바퀴(圓滿法輪)가 시방세계에 두루 들리게 하며, 남김 없는
세계(無餘世界)가 삼세의 끝없는 중생들을 두루 교화케 하는 지극한
법도(極軌)와 궁극의 표준(窮常)이 되는 까닭이다. 이제 그 근본
뜻을 들어 표제로 삼아 '대방광불화엄경'이라 한다.[46]

원효는 대방광을 법계의 끝없음이라 하고, 불화엄을 행덕의 가없음
이라 하였다. 그는 대방이기에 불화를 넓힐 수 있고, 불화이기에 대방을
장엄할 수 있다고 하였다. 이처럼 총체성인 법계가 행덕의 바탕이기에
행덕은 법계를 수놓는 무늬가 된다. 그러므로 정보正報인 행덕에 의해
의보依報인 법계가 장엄되는 것이다. 따라서 원효는 이 경을 주체의
행덕과 객체의 법계가 함께 어우러져 있음을 나타내기 위해서 '대방광
불화엄경'이라 이름을 지었다고 풀이한다. 이 총체성의 세계는 상호동
일성(相卽)과 상호투영성(相入)으로 이루어져 있다.[47]

'상입相入'이란 원효가 "모든 세계가 한 티끌에 들어가고, 한 티끌이
모든 세계에 들어가며, 삼세三世의 모든 겁이 한 찰나에 들어가고,

---

46 元曉, 「晋譯華嚴經疏序」(『한불전』 제1책, p.495상).
47 高榮燮, 「분단시대 극복을 위한 화엄학적 조망」, 『동아시아불교문화』 제21집,
2014.

한 찰나가 삼세의 모든 겁에 들어가서, 크고 작음(大小)과 (빠르고)
느림(促奢)이 서로 침투하듯이 나머지 일체의 문이 서로 삼투하는
것도 그러하다"고 하였다. 이와 같은 설은 '상시相是'도 마찬가지여
서 일체의 법(一切法)과 일체의 문(一切門)에서 하나가 곧 전체요(一
卽一切), 전체가 하나(一切卽一)이다. 이와 같이 넓고 넓은 것을
보법普法이라 한다.[48]

표원의 저술에 인용되어 있는 원효의 화엄관은 이 세계를 한 티끌과
모든 세계, 즉 부분과 전체가 곧 하나이며 그것은 곧 보법이라고
해명하고 있다. 그의 화엄을 '보법화엄'이라고 별칭하는 이유는 '화엄보
법'을 여래성기심인 진심으로서 일심으로 해명하기 때문이다.

'보普'란 '두루 미치다'는 뜻이니 이를테면 '두루하다'의 의미가 곧
'보'이다. '법法'이란 자체의 뜻이 궤칙軌則이라는 의미이니 일체법
이 서로 투영되고(相入) 서로 교섭하는(相是, 相卽) 것을 일컫는다.[49]

'보법'은 '광엄'과 함께 원효가 화엄을 바라보는 주요 관점이다. 보법
은 상즉상입의 다른 표현이며 일정한 궤칙에 의해 두루 미치는 것이다.
여기서 일정한 궤칙이란 붓다의 무한한 경계이자 법계인 총체성이라고
할 수 있다. 총체성은 부분과 전체, 상호동일성과 상호투영성, 드러남
과 숨겨짐을 아우르며 펼쳐진다.[50]

---

48 表員, 『華嚴經文義要決問答』 권2(『韓佛全』 제2책, p.366상).
49 表員, 위의 책, p.366.

그리고 이 총체성이 바로 유식의 망식인 아뢰야식으로서 일심, 기신의 적멸/여래장으로서 일심, 화엄의 진심으로서 일심, 선법의 본법으로서 일심으로 아우름이다. 따라서 그의 진심으로서 일심은 화엄의 여래성기심이며 여래출현을 상징하는 화엄의 성기일심이라고 할 수 있다. 이것은 그의 교판설에 일승만교로 입론된 보현교로서 화엄과 상통하는 대목이다.

5. 선법학: 본법本法으로서 일심

원효는 선경인『금강삼매경』을 주석한『금강삼매경론』에서 일체중생이 본래부터 가지고 있는 자성청정심인 일본각—本覺, 즉 일각—覺으로서 선법학의 일심 이해를 보여주고 있다. 그가 해명해온 유식학의 아뢰야식으로서 일심, 기신학의 적멸/여래장으로서 일심, 화엄의 진심으로서 일심은 궁극적으로 본법으로서 일심인 일본각—本覺, 즉 일각—覺으로 귀결된다. 그것은 자성청정심이자 일(본)각인 일심지원, 즉 제9아마라식을 가리킨다. 유식학, 기신학, 화엄학에서는 일심으로 설명했지만 선법, 즉 선학의『금강삼매경』에서는 일심을 일(본)각 혹은 일각미 또는 일미로 표현하고 있다. 원효의 선법에서 일각, 즉 일각미는 일심지원을 의미한다.

대안 편집의『금강삼매경』에서는 "일각의 궁극의 뜻은 알기도 어렵고 들어가기도 어려우니, 모든 이승들이 알 수 있는 것이 아니며,

---

50 高榮燮,「분단시대 극복을 위한 화엄학적 조망」,『동아시아불교문화』제21집, 2014.

오직 부처와 보살이라야 알 수 있다"[51]고 하였다. 이에 대해 원효는 "'일각의 궁극의 뜻'이란 것은 일심·본각·여래장의 뜻이니 이것을 지나서는 끝내 다른 심오한 법이 없다"고 하였다. 그러면서 "이제 이 글에서 '진실한 법상'이라고 한 것은 적멸의 뜻이고, '일각의 궁극의 뜻'이라 한 것은 곧 여래장·일심의 뜻"이라면서 "이제 이 경에서 일각이라고 한 것은, 일체의 모든 법은 오직 일심일 뿐이고, 모든 중생은 하나의 본각이니 이런 뜻에서 일각이라고 한 것이다"[52]고 해명하고 있다.

원효는 자신의 불교인식을 일심의 철학으로 구축하였다. 그에서 있어 일심은 그의 핵심적인 사상적 기호라고 할 수 있다. 그런데 그는 다시 본법本法으로서의 일심을 시설하여 진여와 생멸의 이문 위에 자리매김시키고 있다.[53] 원효의 『대승기신론소』에서는 진망화합심으로서 '일심'을 논하고 있지만 『금강삼매경론』에서는 아마라식으로서의 '일심지원'으로까지 깊어지고 있다.

"무릇 일심의 근원(一心之源)은 유무有無를 떠나서도 홀로 맑아 있고, 삼공의 바다(三空之海)는 진속眞俗을 원융하여 깊고 고요하다. 깊고 고요해 두나(二)를 원융하니 하나가 아니요, 홀로 맑아서 양변兩邊을

---

51 大安 편집, 『金剛三昧經』 권상(『韓佛全』 제1책, p.609하).

52 元曉, 『金剛三昧經論』 「眞性空品」(『韓佛全』 제1책, p.610상).

53 원효가 진여문(果)과 생멸문(因) 이외에 진여문(果)과 생멸문(因)이 아닌 非因非果, 즉 本法으로서 일심을 시설한 것은 그가 舊譯唯識에 의거하여 제9菴摩羅識을 인정하고 있기 때문으로 이해된다.

떠났지만 환중環中이 아니다. 환중이 아니지만 양변을 떠났기에 있지 아니한 법(無有之法)이 곧 무無에 머무르지 않으며, 없지 아니한 상(不無之相)이 곧 유有에 머무르지 않는다. 하나가 아니지만 두나(二)를 원융하기에 참되지 않은 사태(事)가 곧 속되지 아니하고, 속되지 아니한 이치(理)가 곧 참되지 아니하다. 두나(二)를 원융하되 하나가 아니기에 진실과 속됨의 성(眞俗之性)이 세워지지 않는 것이 없고, 물듦과 맑음의 상(染淨之相)이 갖춰지지 않는 것이 없다. 양변(邊)을 떠났지만 환중(中)이 아니기에 있음과 없음의 법(有無之法)이 이루어지지 않는 바가 없고, 옳음과 그름의 뜻(是非之義)이 미치어지지 않는 바가 없다. 그러니 깨뜨림이 없으되 깨뜨려지지 않음이 없고, 세워냄이 없으되 세워내지지 않음이 없으니, 이치가 없음의 지극한 이치(無理之至理)요, 그렇지 아니한 커다란 그러함(不然之大然)이라고 이를 만하다. 이것이 이 경의 큰 뜻이다. 진실로 그렇지 아니한 커다란 그러함이므로 설명하는 언어로 오묘히 환중環中에 계합하고, 이치가 없음의 지극한 이치이므로 설명되는 종지宗旨의 방외를 더 멀리 넘어선다."[54]

일심의 근원은 존재론적인 유무를 떠나 홀로 맑아 있고, 삼공의 바다는 인식론적인 진속을 원융하여 깊고 고요하다. 그런데 삼공의 바다는 깊고 고요해 두나(二)를 원융하니 하나가 아니고, 일심의 근원은 홀로 맑아서 주변을 떠나가되 환중이 아니다. 환중이 아니지만 양변을 떠났기에 있지 아니한 법(無有之法)이 곧 무에 머무르지 않으며,

---

54 元曉,『金剛三昧經論』「眞性空品」(『韓佛全』제1책, p.604중).

없지 아니한 상(不無之相)이 곧 유에 머무르지 않는다. 이처럼 일심의 근원과 삼공의 바다는 환중과 주변, 무유지법無有之法과 불무지상不無之相, 진속지성眞俗之性과 염정지상染淨之相, 유무지법有無之法과 시비지의是非之義 등으로 서로 대비되고 서로 보완되고 있다.[55] 여기에는 존재론과 인식론을 아우르는 가치론적인 일심과 일심지원의 인식이 투영되어 있다.

　이러한 원효의 인식은 일심지원과 삼공지해가 떨어질 수 없는 관계에 있음을 분명히 하고자 함으로 이해된다. 그는 "모든 중생이 본래 일각이지만 단지 무명 때문에 몽상을 따라 유전하다가 모두 여래의 일미의 설법을 따라서 마침내 일심의 근원에 돌아가지 않음이 없음을 밝히려 한 것이다. 일심의 근원에 돌아갈 때에는 모두 얻는 바가 없기 때문에 일미라고 말한 것이니, 이것이 곧 일승이다"[56]고 하였다. 일심은 일심지원, 일미, 일승으로 연속되고 확장된다.

　원효가 『금강삼매경론』에서 속제(一切分別相인 변계소집성), 진제(始覺의 원성실성), 속제중도(의타기성), 진제중도(本覺의 원성실성), 무이중도(진제중도와 속제중도의 둘이 없음)의 다섯 단계로서 사용하는 무이중도無二中道[57]의 개념은 공의 허무함과 유에 집착함을 보완하여

---

55 高榮燮,「분황 원효와 만해 봉완의 깨침과 나눔」,『불교문예』제78호, 불교문예작가회, 2017. 9.

56 元曉,『金剛三昧經論』「眞性空品」(『韓佛全』제1책, p.610상중).

57 원효는『금강삼매경론』의 '無二中道'라는 개념을「무상법품」(『대정장』제34책, 965중)에서 1번과「여래장품」(『대정장』제34책, p.999상)에서 2번을 사용하고 있다.

『경론』에서 독특한 체계로 상정한 것은 공만을 집착하는 악취공惡取空을 지양하기 위해 만든 것[58]으로 이해된다. 이 무이중도는 본법으로서 일심과 같이 보다 철저하고 궁극적인 지향을 담고 있다.

> "일심의 법은 또한 하나를 고수하지 아니하고, 생사와 열반은 공적하여 두나가 없다. 두나가 없는 곳이 바로 일심의 법이고, 일심의 법에 의하여 두 가지 문이 있다. 그러나 두 문을 모두 취하면 곧 일심을 얻지 못하니, 두나는 하나가 아니기 때문이다. 만일 두 가지 문을 폐하여 함께 취하지 않으면 또한 일심을 얻을 수 없으니 무는 일심이 아니기 때문이다. 이러한 뜻으로 말미암아 두나가 없는 마음의 법은 함께 취하는 것과 함께 취하지 않는 것에 또한 마땅히 적멸하다."[59]

그런데 이 일심은 진여와 생멸, 진제와 속제, 평등과 차별의 이문으로서 어느 하나를 고수하기 않는다. 동시에 생사와 열반이 공적하므로 두나가 있을 수가 없다. 이 때문에 일심은 일체의 불법을 통섭하고 있다.

---

58 김영미, 「삼론학의 불이중도와 원효의 무이중도 고찰」, 『신라문화』 제50집 특집호, 동국대학교 신라문화연구소, 2017. 8, pp.41~42. 논자는 "삼론학은 진제인 '무'와 속제인 '유'를 상정하여 무도 아니고 유도 아님을 '不二中道'라고 한다"고 파악하고 있다.

59 元曉, 『金剛三昧經論』 「摠持品」(『韓佛全』 제1책, p.668중).

"이처럼 일심과 이문 안에는 일체의 불법이 포섭되지 않음이 없다. 이 뜻이 무엇인가? 앞의 두 구절은 속제를 융합하여 진제로 삼아서 평등의 뜻을 드러내고, 아래 두 구절은 진제를 융합하여 속제로 삼아서 차별의 문을 드러냈다. 총괄해서 말하면 진제와 속제가 두나가 아니지만(眞俗無二) 하나를 고수하지 않기 때문에(而不守一) 둘이 없음으로 말미암아(有無二故) 곧 일심이고(卽是一心), 하나를 고수하지 않기 때문에(不守一故) 전체가 두나가 된다(擧體爲二). 이와 같은 것(如是名爲)을 일심이문一心二門이라고 한다."[60]

'일심이 곧 적멸'이라고 한 『능가경』에 대한 원효의 해명은 일심과 적멸의 관계를 잘 보여주고 있다. '두나가 없는 곳이 곧 일심의 법'이고 '일심의 법에 의해 두 가지 문이 있다.' 이것은 일심과 이문, 즉 하나와 두나의 관계를 불일不一과 불이不二의 관계 속에서 해명하는 것이다. 이것을 마명과 원효는 불상리성不相離性과 불상잡성不相雜性, 즉 '서로 떨어질 수도 없고', '서로 섞일 수도 없는 특성'이라고 불렀다. 이처럼 원효의 일심의 정의는 일심지원, 일미, 일승으로 확장되면서 그의 의미는 매우 깊어지고 있다고 할 수 있다.

그런데 원효는 법장이 '적멸로서 일심'과 '여래장으로서 일심'을 동위同位로 파악함으로써 일심과 심진여의 동일성을 제시하는 이제설二諦說을 주장한 것과 달리 '적멸로서 일심'과 '여래장으로서 일심'을 별위別位로 파악함으로써 일심과 심진여의 차이성을 제시하며 삼제설三諦說을 주장하였다. 삼제설은 원효의 저술을 다수 인용했던 균여均如

60 元曉, 『金剛三昧經論』(『한불전』 제1책, p.658하).

의 저술(해석)에 의거한 것이지만 그는 법장法藏의 설을 따르면서도
원효元曉를 원용한 그의 입장을 분명히 보여주고 있다.[61]

　이것은 일심을 이문 내의 진여문과 구분함으로써 여래장의 상위개념
으로서 일심을 분명히 하고 있으며 그의 핵심사상을 일심사상에 두고
있음을 보여주는 지점이다.[62] 원효는 일심에 심진여문과 심생멸문의
이문, 즉 '적멸로서 일심'과 '여래장으로서 일심'을 구분한 뒤에 심진여
문(果)과 심생멸문(因) 이외에 비인비과非因非果로서의 일심을 설정하
여 일심과 심진여문을 별개로 보아 삼제설三諦說을 시설하였다. 이와
달리 법장은 일심에 이문을 열면서도 적멸로서 일심과 여래장으로서
일심을 동위로 보고 일심과 심진여문을 동일시하여 이제설二諦說을
건립하였다.[63]

―――――

61 高榮燮, 「분황 원효의 일심사상」, 『선문화연구』 제23집, 한국선리연구원, 2018.
　12. 均如의 저술에 인용된 '本法 一心'을 '균여가 원효의 논지를 해석한 것일
　뿐이라고만 볼 수는 없다. 균여는 많은 부분에서 원효의 논지를 수용하고 있으며
　자신의 다른 저술에서 元曉와 法藏과의 차별성을 밝힘으로써 자신의 입장을
　분명히 하고 있기 때문이다.

62 均如, 『釋華嚴敎分記圓通鈔』 권제3(『韓佛全』 제4책, p.324하). "言有異者, 曉公意,
　非因非果, 是本法一心, 章主(法藏)意, 非因非果, 是眞如門故, 有不同也. 何者,
　章主意者, 眞如生滅外, 更無一心故, 非因非果, 是眞如門, 曉公意者, 眞如生滅外,
　別立本法一心故, 非因非果者, 是本法一心也. 是故章主唯立二諦, 曉師卽三諦
　也." 원효의 저술을 다수 인용했던 均如는 法藏의 설을 따르면서도 元曉를 원용한
　그의 입장을 보여주고 있다. 이 구절에 의하면 법장은 '진여와 생멸 이외에
　따로 일심이 없다'(一心=眞如, 生滅)는 二諦說을 주장한 반면 원효는 '진여와
　생멸 이외에 본법으로서 일심을 별립한다'(一心, 眞如, 生滅)는 三諦說을 주장하
　였다.

여기에서 주목되는 것은 원효는 진여문과 생멸문 이외에 비인비과非 因非果를 '본법으로서 일심'으로 시설하여 삼제설을 주장한 반면 법장 은 진여문과 생멸문 이외에 별도의 일심을 시설하지 않고 비인비과를 곧 진여문으로 건립하여 '일심(=진여문)-생멸문'의 이제설을 주장한 지점이다. 이것은 『능가경』을 원용하여 적멸로서 일심과 여래장으로 서 일심의 구분이라는 기신학의 본의에 충실하면서도 '일심(非因非 果)-진여문(果)-생멸문(因)'의 삼제설을 제시한 원효와 화엄학으로 의 지향을 의식해 기신학의 본의를 '일심(非因非果)=진여문(非因非 果)-생멸문(因)'의 이제설의 관점 아래 자의적으로 해석한 법장이 갈라지는 지점이다.[64]

원효는 이 일심이문에 대해 『능가경』과 『십지경』에 의거하여 해명 하고 있으며, 이러한 그의 인식은 『대승기신론별기』, 『대승기신론이 장의』, 『대승기신론소』, 『화엄경소』, 『금강삼매경』의 일심 해석에서 잘 드러나고 있다. 살펴본 것처럼 원효는 『능가경』(10권)의 이문 일심 의 구조를 통해 일심을 해명하는 대목을 인용하는 지점에서 자신의 일심관을 잘 보여주고 있다. 여기서 그는 일심을 적멸로서 일심과 여래장으로서 일심의 두 측면으로 설명하고 있다. 그런 뒤에 그는 궁극적으로 진여와 생멸 이외에 '본법으로서 일심'을 상위개념으로 시설하여 '일심-진여-생멸'의 삼제설을 견지하고 있다.[65]

---

63 高榮燮, 「일심지원 혹은 일심이란 무엇인가: 분황 원효 깨침 사상의 구심과 원심」, 『불교철학』 제2집, 동국대학교 세계불교학연구소, 2018. 4.

64 高榮燮, 「분황 원효의 일심사상」, 『선문화연구』 제23집, 한국선리연구원, 2017. 12.

이처럼 원효는 '적멸로서 일심'(심진여, 果)과 '여래장으로서 일심'(심생멸, 因) 이외에 '비인비과非因非果'를 '본법으로서 일심'으로 시설하여 삼제설의 관점에서 여래장 개념과 구분되는 상위개념으로서 일심사상을 분명히 보여주었다. 이러한 원효의 일심 정의는 유식의 망식인 아뢰야식으로서 일심, 기신의 적멸/여래장으로서 일심, 화엄의 진심으로서 일심에 이어 선법의 본법으로서 일심의 갈래로 나눠볼 수 있는 것처럼 다양하며 그 의미는 독특하다고 할 수 있다.[66] 특히 선경인 『금강삼매경』의 해석에 나타난 일심지원, 즉 자성청정심은 그의 일(본)각 혹은 일(각)미 또는 일승 이해와도 연결되고 있다는 점에서 그러하다고 할 수 있다.

원효를 비롯해 구역 경론에 입각해 논구한 불학자들의 성취는 단편적 지식만으로는 이해하기 어렵다. 이들의 성취는 아뢰야식으로서 일심, 적멸/여래장으로서 일심, 진심으로서 일심, 본법으로서 일심에 입각한 수행론과 해탈론을 통해 이루어질 수 있었다. 그리고 불학자 대부분은 수행자들로서 불학을 궁구해 왔기에 이들 연구에는 동아시아 불교가 지녀온 보편성과 특수성이 깊이 투영되어 있다. 이들은 인도불교의 보편적 지향을 받아들이면서도 동아시아 불교가 취해온 종학적 관점에 입각하여 특수적 이해를 전개하였다. 그 결과 이들의 불교 이해는 동아시아불교의 고유성 혹은 특수성으로 자리해 왔다.

이와 달리 원효는 인도불교의 보편적 지향을 받아들이면서 중국불교

---

65 高榮燮, 위의 글, 위의 책.

66 高榮燮, 「일심지원 혹은 일심이란 무엇인가: 분황 원효 깨침 사상의 구심과 원심」, 『불교철학』 제2집, 동국대학교 세계불교학연구소, 2018. 4.

의 종학적 특수성에 휘둘리지 않고 동아시아불교의 보편성을 견지하였다. 그의 일심에 입각한 보편적 불교 이해는 한국 신라불교라는 특수성을 넘어 동아시아불교와 인도불교의 보편성과 긴밀하게 상응하고 있다. 원효는 불설의 핵심인 중도에 입각하여 불학을 이해하였고 일심에 의거하여 불교를 인식하였다. 그가 보여준 유식, 기신, 화엄, 선법의 일심 이해는 붓다 교설의 보편성과 상통할 뿐만 아니라 불학자들의 특수성과도 상통하는 지점을 형성하고 있다. 우리는 그 연속성 위에서 보편성을 발견할 수 있으며 그 불연속성 위에서 특수성을 발견할 수 있다.

6. 공통성과 독특성

한국 신라의 원효는 한 사람의 사상가였지만 그는 유식, 기신, 화엄, 선법의 일심에 대한 독자적 인식을 보여주었다. 그의 일심 인식에는 인도불교와 상통하는 보편성과 한국불교의 특수성이 반영되어 있으며, 동아시아불교와 상통하는 공통성을 지니면서도 한국불교가 지속해온 개별성이 투영되어 있다. 원효의 일심 인식에는 인도불교와의 연속성과 불연속성 및 동아시아불교와의 연속성과 불연속성을 동시에 지니고 있다. 원효의 일심 불학이 지닌 보편성 속에서는 유식, 기신, 화엄, 선법 일심의 중도적 계승을 볼 수 있으며, 그의 불학의 특수성 속에서는 일심의 역동적 이해를 볼 수 있다.

원효는 유식의 망식인 아뢰야식으로서 일심, 기신의 적멸/여래장으로서 일심, 화엄의 진심으로서 일심, 선법의 본법으로서 일심 이해를 통해 자신의 철학적 전환 과정과 사상적 성숙 과정을 보여주었다. 그는 붓다의 지혜로 들어간 진실한 법상法相이 바로 일심, 본각, 여래장임을 역설하였다. 이러한 원효의 중도적 일심 이해는 불설에 부합하고 있으며, 그의 역동적 일심 이해는 깨달음의 너비와 깨침의 깊이를 보여주었다. 그리하여 그는 일심과 일심지원, 진여와 본각, 일심과 일승, 일(본)각과 일(각)미, 아리야식과 여래장, 여래성기심과 아마라식 사이의 관계를 탄력적으로 보여주었다. 이것은 원효의 일심 수행론과 해탈론의 심화 확장 과정으로 이해된다.

원효는 인도불교의 보편적 지향을 받아들이면서 중국불교의 종학적 특수성에 휘둘리지 않고 동아시아불교의 보편성을 견지해 나갔다. 그의 일심에 입각한 보편적 불교 이해는 한국 신라불교라는 특수성을 넘어 동아시아불교와 인도불교의 보편성과 긴밀하게 상응하고 있다. 그가 수행론과 해탈론에 입각해 일심을 해명해 나간 점은 동아시아불교와 한국불교가 지닌 보편성이자 특수성이라 할 수 있다. 이것은 동아시아불교와 한국불교의 보편성과 특수성이 수행론과 해탈론에 있음을 의미한다. 원효는 불설의 핵심인 중도에 입각하여 불학을 이해하였고 일심을 인식하였다. 그가 보여준 유식, 기신, 화엄, 선법의 일심 이해는 붓다 교설의 보편성과 상통할 뿐만 아니라 불학자들 담론의 특수성과도 상통하는 지점을 형성하고 있다.

원효의 일심 이해는 인도불교와 상통하는 보편성을 지니면서도 한국불교의 고유성을 지니고 있으며, 동아시아불교와 상통하는 보편성을 지니면서도 한국불교의 독특성을 지니고 있다. 그가 보여준 일심지원과 일심, 본각과 진여, 일승과 일심, 일(각)미와 일(본)각,

여래장과 아뢰야식, 아마라식과 여래성기심의 탄력적 이해에는 인도 불교와의 공유성과 특유성이 담겨져 있으며, 동아시아불교와의 상통성과 상이성이 채워져 있다. 따라서 원효의 일심 이해 지형도가 지닌 보편성과 특수성, 공유성과 특유성, 상통성과 상이성은 동아시아불교에서 원효가 지닌 지위이자 위상이라고 할 수 있다. 그가 수립한 일심 수행론과 해탈론의 촘촘하고 정치한 구조의 시설은 동아시아불교의 공통성과 보편성 위에서 확보한 독자성이자 독특성이라고 할 수 있기 때문이다.

참고문헌

『法句經』제1장, 제1구.

Juan Mascaro, *The Dhammapada*, England Books Ltd, 1973.

석지현 역, 『법구경: 불멸의 언어』(민족사, 1994; 1997), p.12.

Aṅguttara Nikāya I-6, F. L. Woodward 번역, *The Book of the gradual Sayings*(London: Pali Text Society, 1979), p.5.

『增支部經典』 I-10, 11-13.

『雜阿含經』 2(『大正藏』제2책).

菩提流支 譯, 『入楞伽經』「請佛品」(『大正藏』제16책, p.519상).

馬鳴, 『大乘起信論』(『大正藏』제25책).

馬鳴/元曉, 『大乘起信論疏記會本』(『韓佛全』제1책, p.741상).

元曉, 『本業經疏』권下(『韓佛全』제1책, p.511상).

元曉, 『涅槃宗要』(『韓國佛敎全書』제1책, p.538하).

元曉, 『金剛三昧經論』「無相法品」(『韓佛全』제1책, p.610상).

元曉, 『大乘起信論別記』本(『韓佛全』제1책, p.679중)

元曉, 『大乘起信論疏』권上 (『韓佛全』제1책, p.707하).

遁倫, 『瑜伽論記』권1상(『한불전』제2책, p.410중하).

均如, 『釋華嚴敎分記圓通鈔』권제3(『韓佛全』제4책, p.324하).

贊寧, 「唐新羅國義湘傳」, 『宋高僧傳』권4(북경: 중화서국, 1987), p.76.

요코야마 고우이츠, 『유식사상입문』, 묘주(경서원, 2004), pp.72~73.

요코야마 고이츠, 『불교의 마음사상: 유식사상입문』, 김용환·유리(산지니, 2013), pp.70~71.

金東華, 『唯識哲學』(보련각, 1973; 1980), p.11.

金煐泰, 『원효연구사료총록』(원효학연구원 장경각, 1996).

김형효, 『원효의 대승철학』(소나무, 2006).

박성배, 『깨침과 깨달음』, 윤원철(예문서원, 2002), p.27.

김형효, 『원효의 대승철학』(소나무, 2006), p.96.

박태원, 『대승기신론사상연구』(I)(민족사, 1994).

高榮燮, 『분황 원효의 생애와 사상』(운주사, 2016), p.223.

石田茂作 편, 『寫經より見たる奈良朝佛敎の硏究』(동양문고) 附錄, 『奈良朝現在一
　　切經目錄』(『東洋文庫論叢』 제11집, 1930.

정호영, 「알라야식과 여래장의 교섭－『능가경』의 경우」, 『인문학지』 제40집, 충북
　　대학교 인문과학연구소, 2008.

박태원, 「고타마 싯닷타는 어떻게 붓다가 되었나?」, 『철학논총』 제88집, 새한철학
　　회, 2017년 제1권, pp.87~112.

남동신, 「원효의 기신론관과 일심사상」, 『한국사상사학』 제22집, 한국사상사학회,
　　2004.

김천학, 「종밀의 『대승기신론소』와 원효」, 『불교학보』 제69집, 동국대학교 불교문
　　화연구원, 2014.

김천학, 「종밀에 미친 원효의 사상적 영향－『대승기신론소』를 중심으로」, 『불교학
　　보』 제70집, 동국대학교 불교문화연구원, 2015.

高榮燮, 「마음에 대한 고찰」, 『문학 사학 철학』 제15호, 대발해동양학한국학연구원
　　한국불교사연구소, 2010.

高榮燮, 「원효 일심의 神解性 분석」, 『불교학연구』 제20호, 불교학연구회, 2009.

高榮燮, 「분황 원효 本覺의 決定性 탐구」, 『불교학보』 제67집, 동국대학교 불교문화
　　연구원, 2014. 4.

高榮燮, 「분황 원효의 和會 論法 탐구」, 『한국불교학』 제71집, 한국불교학회,
　　2014.

高榮燮, 「분황 원효와 만해 봉완의 깨침과 나눔」, 『불교문예』 제78호, 현대불교문인
　　협회 불교문예작가회, 2017. 9.

高榮燮, 「분황 원효의 和諍 會通 인식」, 『불교학보』 제81집, 동국대학교 불교문화연
　　구원, 2017.

高榮燮, 「분황 원효의 일심사상」, 『선문화연구』 제23집, 한국선리연구원, 2017. 12.

高榮燮, 「분황 원효의 여래장 인식과 불성 이해」, 『열상고전연구』 제61집, 열상고전연구회, 2018. 2.

高榮燮, 「분황 원효와 현수 법장의 기신학 이해」, 『불교철학』 제1집, 동국대 세계불교학연구소, 2017. 10.

高榮燮, 「일심지원 혹은 일심이란 무엇인가?: 분황 원효 깨침 사상의 구심과 원심」, 『불교철학』 제2집, 동국대 세계불교학연구소, 2018. 4.

제2장 한국불교의 전통과 원효 불학의 고유성

─원효의 '화쟁회통' 논법과 관련하여─

1. 전통과 근대

사상사에서 '전통傳統'이란 개념은 '근대近代'라는 개념과 맞물려 정의해 왔다. 전통은 "어떤 집단이나 공동체에서 과거로부터 이어 내려오는 바람직한 사상이나 관습, 또는 행동 따위가 계통을 이루어 현재까지 전해진 것"을 가리킨다. 이에 대응하는 '근대'는 역사서술에서 전제되는 시대구분의 하나로서 '전통'에 맞서는 개념으로 통용되고 있다. 근대는 봉건시대 혹은 봉건사회 단계가 끝난 뒤에 전개되는 시대를 일컫는다. 이 때문에 전통은 근대의 이전시대를 가리키는 개념일 뿐만 아니라 근대 이전의 사상과 관습 및 행동의 계통이 현재까지 전해지는 것을 의미한다.

반면 세계사에서 '전통'에 대응하는 '근대'란 개념은 "공동체에 대한

'나'라는 개인의식의 성립이나 개인 존중 등의 '개인우월 사상'이 이루어
지는 15~16세기 유럽의 르네상스나 종교개혁의 시기 이후"를 일컫는
다. 동시에 "자본주의의 형성과 시민사회의 성립이 이루어지는 17~18
세기 이후의 유럽사회"를 가리킨다. 다시 말해서 전통이란 사농공상士
農工商과 같은 신분적 구분에 의해 지배되지 않는 '근대 이전의 사회'를
일컫는 표현이라고 할 수 있다.[67]

고조선의 해체 이후 삼한을 거쳐 삼(사)국시대로 전개된 이래 한민족
의식이 회복된 것은 신라의 삼(사)국통일이었다. 한국인들은 당唐이라
는 타자(외세)의 개입을 통해 비로소 주체성과 자내성을 지니게 되었
다. 동시에 불교 전래 이후 인도불교와 중국불교 및 일본불교와 변별되
는 한국불교의 전통[68]을 주체화하고 자내화할 수 있게 되었다. 나아가

---

67 '당대' 혹은 '동시대'를 나타내는 '현대'의 시점 이전을 '근대'라고 한다면 100년
   또는 200년 이후의 사람들은 자기시대인 '현대' 이전을 일반명사로서 '근대'라고
   할 것이다. 이 때문에 최근 아시아권에서는 '전통'에 상응하는 '근대'는 일반명사
   혹은 보통명사일 수밖에 없지 않느냐고 반문한다. 그러나 개념의 적절성에
   대해 문제제기를 하면서도 별다른 대안 없이 원용해 쓰고 있다.

68 한국불교의 '특성' 혹은 '성격'을 '통불교'로 파악하는 선행연구(최남선, 조명기,
   김동화, 이기영, 안계현, 우정상, 김영태, 고익진, 이봉춘, 김상현 등)에 대한 비판적
   입장(유동식, 심재룡, 길희성, 오지섭, 로버트 버스웰, 존 요르겐센, 조은수 등)과
   '호국불교'로 파악하는 기존연구(김동화, 홍정식, 이기영, 이재창, 김영태, 고익진,
   목정배, 서윤길 등)에 대한 비판적 시각(심재룡, 최병헌, 김종명, 김종만, 헨릭 소렌슨
   등)이 제기되어 있다. 반면 '통불교론'과 '호국불교론'의 순기능과 역기능에 대한
   전관적 성찰에 대한 논구는 매우 적다. 이봉춘, 「회통불교론은 허구의 맹종인가─
   한국불교의 긍정적 자기인식을 위하여」, 『불교평론』 제5호, 2004년 겨울; 高榮燮,
   「한국불교사 기술의 방법과 문법」, 『한국불교사연구』 제1호, 한국불교사학회/한

한국유교와 한국도교와 구분되는 한국불교의 고유성도 확보하였다. 해서 반만년의 유구한 역사를 이어온 한국인의 모국어인 국어가 인도말과 중국말 및 일본말과 서로 다르듯이, 한국인의 사유체계 또는 관념체계 혹은 가치체계는 인도인과 중국인 및 일본인의 것과 다를 것이다. 그렇다면 '근대'에 대응하는 한국불교의 '전통'은 무엇이며 한국불교의 '고유성'에는 어떤 것이 있을까? 세계 여러 나라들은 서로 다른 전통과 고유성이 분명히 있을 것이다. 한국인들은 전법승들에 의해 '전래'된 불교를 어떻게 '수용'하였을까? 황(왕)실은 어떠한 맥락에서 불교를 '공인'하였을까? 그리고 한국불교인들은 불교를 어떻게 '유통'시켜 나갔을까? 아마도 그 유통과정 속에는 한국불교가 오랫동안 자연스럽게 온축해온 전통과 고유성이 있을 것이다.

새로운 문명인 불교가 전래되자 고구려와 백제 및 가야와 달리 신라인들은 종래의 무속(神敎)사상에 입각하여 배타와 공격을 거듭하였다. 한동안 그들은 두 사상 사이에서 갈등하다가 점차 보편적 진리를 주장하는 불교를 자신들의 신념체계로 받아들였다. 동시에 그들은 불교를 변용하여 자신의 세계관과 가치관으로 만들어 나갔다. 이 때문에 한국불교 속에는 대륙과 반도와 열도에 걸친 한국이라는 지리적, 문화적, 정치적, 사회적 토양 속에서 이루어진 특유의 성장과정과 독특한 성취결과가 어우러져 있다.[69] 이 글에서는 화쟁회통의 논리를

국불교사연구소, 2012년 봄·여름; 高榮燮, 「국가불교의 '호법'과 참여불교의 '호국'—호국불교의 전개와 의미」, 『불교학보』 제64집, 동국대학교 불교문화연구원, 2013.

[69] 高榮燮, 「한국불교의 보편성과 특수성」, 『대학원연구논집』 제6집, 중앙승가대학

통해 인도불교와 중국불교 및 일본불교와 변별되는 한국불교의 전통과 고유성[70]을 확보하여 종파성을 초월하고 통합불교를 지향해 간 분황 원효(芬皇元曉, 617~686)의 사유체계와 인식방법에 대해 살펴보고자 한다.[71]

2. 인도·중국불교의 주체적 수용

고타마 붓다에 의해 천축에서 탄생한 가르침, 즉 불교는 서역과 동방으

교 대학원, 2013, p.13.

[70] 한국불교의 보편성과 특수성의 구명 맥락에서 이루어진 선행연구들은 다음과 같은 것들이 있다. 권상로, 「조선불교사의 이합관」, 『불교』, 제62호, 불교사, 1929. 4; 최남선, 「조선불교-동방문화사상에 있는 그 지위」, 『불교』 제74호, 불교사, 1930; 조명기, 『신라불교의 이념과 역사』(신태양사, 1960); 이기영, 「한국 불교의 근본사상과 새로운 과제」, 『한국불교연구』(한국불교연구원, 1982); 심재 룡, 「한국불교 연구의 한 반성」, 「동양의 智慧와 禪」(세계사, 1990); 김영호 엮음, 『한국불교의 보편성과 특수성』(한국학술정보(주), 2008); 고영섭, 「한국불교의 보편성과 특수성-생태관, 평등관, 여성관」, 『한국불교사연구』(한국학술정보 (주), 2012); 최병헌, 「한국불교사의 체계적 인식과 이해방법론」, 『한국불교사연 구입문』 상(지식산업사, 2013); 김상영, 「한국불교의 보편성과 특수성」, 한국불교 연구원, 『2013년 불교학술세미나자료집: 불교의 특수성과 보편성』(한국불교연 구원).

[71] 한국불교사에서 원효는 회통會通과 화쟁和諍의 기호로 一心의 철학을 펼쳤다. 高榮燮, 「원효 一心의 神解性 연구」, 「불교학연구」 제20호, 불교학연구회, 2008; 高榮燮, 「분황 원효 本覺의 決定性 탐구」, 『불교학보』 제67집, 동국대학교 불교문 화연구원, 2014. 4; 高榮燮, 「분황 원효의 和諍會通 논법 탐구」, 『한국불교학』 제71집, 한국불교학회, 2014. 9.

로 널리 전해졌다. 그의 가르침은 실크로드, 즉 초원과 오아시스(사막) 및 해양의 세 갈래 비단길을 통해서 동아시아로 퍼져 나갔다. 전한前漢 애제哀帝 때 전래된(기원전 2년) 불교는 전법승들인 위진남북조시대의 축법호(竺法護, 231~308?)와 불도징(佛圖澄, 232~348) 및 구마라집(鳩摩羅什, 350~409)과 불타발타라(佛馱跋陀羅, 覺賢, 359~429) 등의 수많은 경전 번역과 '격의格義불교의 터널을 오고간 상인들에 의해 대중화되었다. 그들 중 일부는 한국으로 건너와 '아도(我道/阿道)' 혹은 '묵/흑호자(墨/黑胡子)'라는 이름으로 불렸다.[72]

고구려는 북조의 전진前秦왕 부견符堅이 파견한 순도順道에 의해 교학敎學불교를 받아들였다(372). 불상과 경문을 가지고 온 순도는 고구려인들에게 '인과로 교시하고(示以因果) 화복으로 설유(誘以禍福)' 하였다. 하지만 '당시 사람들이 질박했기에 그가 교학적인 온축이 깊고 학해가 넓었지만 그 교화를 많이 펴지 못했다.'[73] 또 고구려는 남조의 동진(東晉/魏)에서 건너온 아도 계통의 인과화복因果禍福의

---

72 한편 중국의 東晉의 法顯(339~420?), 唐의 玄奘(602~664)과 義淨(635~713)과 한국 고구려의 阿離耶跋摩와 백제의 謙益(~526~531~) 및 신라의 慧超(704~?) 등은 佛典과 佛法의 입수를 위해 天竺으로 구법을 떠난 뒤 돌아와 格義를 넘어 本義로 경전을 한역함으로써 漢譯大藏經의 기초를 다졌다. 중국 隋唐시대에는 天台 智顗(538~597)와 嘉祥 吉藏(549~623) 및 慈恩 窺基(632~682)와 賢首 法藏(643~712) 등이 세운 '敎判'에 의해 많은 종파가 형성되었다. 達摩(?~529) 이래 大鑑 慧能(638~713)과 그의 법자 법손들은 인도의 요가 명상 등의 수행법을 정비하여 '禪法'의 수행체계를 완성시켰다.

73 覺訓, 「釋順道」, 『海東高僧傳』(『韓國佛敎全書』 제6책, p.90중). "示以因果, 誘以禍福."

교설에 입각한 업설業說 중심의 신행神行불교도 받아들였다(374).

순도와 달리 아도는 신승神僧이어서 질박한 세인들에게 신이한 현상과 영험의 교화를 적극적으로 폈다. 그 결과 고구려 초기불교는 순도 계통의 교학불교와 아도 계통의 신행불교 두 갈래를 모두 수용하여 널리 연구하고 신행하였다. 이윽고 중대 이후에 들어서자 승랑僧朗과 의연義淵 및 보덕普德 등이 삼론학과 지론학 및 열반학과 방등교를 받아들여 주체적으로 소화하면서 자생적인 불교로 정착하였다.

백제는 남조의 동진에서 건너온 인도 서역승 마라난타摩羅難陀에 의해 교학불교를 받아들였다. 이후 겸익謙益[74]의 계율학과 비담학, 현광玄光과 혜현慧顯의 법화학과 연광(緣光, 신라인)의 천태학, 혜총惠聰과 관륵觀勒 및 혜균慧均과 도장道藏 등의 삼론학과 성실학을 받아들여 주체적으로 소화하고 능동적으로 변용하였다. 그리고 전기 가야연맹을 이끌었던 금관가야는 허황옥의 오빠인 장유長遊화상을 통해서 인도의 부파불교를 수용하였고, 후기 가야연맹을 이끌었던 대가야는 백제를 통해 중국 남조의 대승불교를 수용하였다.[75]

---

74 역사학계에서는 李能和가『朝鮮佛敎通史』(1918) 내의 「彌勒佛光寺史蹟」에서 謙益의 印度 유학(526~531)을 기술하고 있지만 100여 년도 안 된 이 저술 이외에 다른 어떤 기록에도 겸익의 인도 유학에 대해 기술하고 있지 않기 때문에 그의 인도 유학을 인정할 수 없다고 주장하고 있다. 하지만 당대 일급의 한국학자인 이능화가 사료에도 없는 기록을 마치 역사적 사실인 것처럼 견강부회하여 기술하였다고만 볼 수는 없다. 논자는『논어』의 '(부정하는) 증거가 없는 한 믿지 않는다(無證不信)'는 것과 『史記』의 '(오랫동안) 많이 들어왔던 것은 의심하지 않는다(多聞闕疑)'는 동양적 역사관을 따라 이능화의『조선불교통사』의 기록에 실린 겸익의 인도 유학을 역사적 사실로서 보고자 한다.

인도 서역 및 중국의 전법승이 전래하고 백성들이 수용하자 고구려와 백제 왕실은 '불법을 높이 받들어 믿고 복을 구하라(崇信佛法求福)'는 교지를 내려 불교를 공인하였다. 이에 당시 사람들은 불교 사찰을 '복을 닦고 죄를 멸하는 곳(修福滅罪之處)'으로 인식하였고,[76] 불법을 믿으면 복을 구할 수 있다는 소박한 믿음을 지니게 되었다. 동시에 백성들은 불교를 '이익(求福)'과 '평안(修福)' 및 '해탈(滅罪)'을 주는 가르침으로 이해하였다.

반면 신라는 미추왕 대에 입국(263)한 아도我道와 눌지왕 대(訥祗王, 417~458)의 묵호자墨胡子 그리고 비처(毗處/炤知王, 479~499)왕 대의 아도화상阿道和尙 외 시자 3인과 법흥왕法興王 대의 아도阿道를 통해[77]로 불교를 수용하였다. 이어 이차돈의 순교殉敎와 원종(原宗, 법흥)의 멸신滅身에 의해 불교를 공인[78]한 뒤 비로소 고대국가로서 공고히 설 수 있었다.

이와 맞물려 진흥왕 대인 천가天嘉 6년(565)에 진陳나라 사신 유사劉思와 명관明觀이 불경과 논장 1천 7백여 권을 실어왔다. 또 정관貞觀 17년(643)에는 자장慈藏이 삼장 4백여 상자를 싣고 와서 통도사에 안치하였다. 이후에도 중국으로부터 전해온 여러 경교經敎 서적을

75 高榮燮, 「부파불교의 전래와 전통 한국불교」, 『한국선학』 제24집, 한국선학회, 2008.

76 一然, 「興法」, 『三國遺事』(『韓佛全』 제6책).

77 一然, 『三國遺事』 「興法」, '阿道基羅'條. 高榮燮, 『三國遺事』 「興法」편 '阿道基羅' 조 고찰」, 『신라문화제학술논문집』 제35집, 경주시 신라문화선양회, 2014.

78 一然, 『三國遺事』 「興法」, '原宗興法 猒髑滅身'條.

기반으로 하여 불교연구에 더욱 집중할 수 있었다.[79]

이처럼 고구려는 요동 출신으로서 남경 일대를 중심으로 활동한 승랑僧朗의 삼론학과 재상 왕고덕의 후원으로 후연에 유학하고 돌아온 의연義淵의 지론학 및 보덕普德의 열반학과 방등교로 열어갔다. 백제는 겸익謙益의 비담율학 사상과 현광玄光의 법화삼매 사상 및 요서백제에서 활동한 혜균慧均의 삼론학과 일본에서 활동한 도장道藏의 성실학으로 이어갔다. 신라는 원광圓光의 성실학과 섭론학, 안함安含의 참서사상 및 자장慈藏의 여래장학과 계율사상 등에 의해 그 길이 다져졌다. 이들이 확립한 불교학적 토대 위에서 비로소 신라 원효의 일심법一心法과 화회론和會論이 창출될 수 있었다.

이처럼 원효의 화회和會,[80] 즉 화쟁회통 논법은 인도 용수龍樹의 회쟁廻諍, 중국 길장吉藏/혜사慧思의 무쟁無諍과 변별되는 독특한 사유 체계라고 할 수 있다.[81] 그것은 이론 중심의 틀에 서서 쟁론을 전회시키는 용수의 '회쟁'과 쟁론 자체를 인정하지 않으려는 길장/혜사의 '무쟁'과 달리 쟁론을 인정하면서 화회시켜 가는 '화쟁회통'은 원효의 독자적인 방법론이라고 할 수 있다. 그의 이러한 방법론은 널리 확장되어 한국불교의 보편적인 방법론으로 자리를 잡았다. 따라서 한국불교의 고유성은 곧 원효가 확립한 전통에 영향 받아 '물리적 비빔'으로 '발효'되

79 一然, 『三國遺事』「興法」,「塔像」,「義解」.

80 金烘泰, 「『열반경종요』에 나타난 和會의 세계」, 高榮燮 編, 『한국의 사상가 원효』(예문서원, 2002).

81 김영호, 「원효 和諍 사상의 독특성－廻諍(인도) 및 無諍(중국)과의 대조」, 앞의 책, pp.47~79.

고 '화학적 달임'(고움)으로 '숙성'되어[82] 한국불교의 특성 혹은 성격으로 나타났다.

3. 통일성과 개체성의 화쟁

한국불교는 원효를 기점으로 이전의 수용기와 이후의 자생기로 나눠볼 수 있다. 원효는 붓다의 중관中觀, 용수의 공관空觀, 승랑의 정관正觀,[83] 천태의 묘관妙觀[84]에 이어 두 극단에 치우치지 않는 화관和觀을 제시하였다. 즉 그는 존재에 대한 두 극단의 인식을 넘어 '바른 관찰'을 의미하는 인도의 '중관'과 '공관' 및 중국의 '정관'과 '묘관'에 상응하는 '화관'을 역설하였다.[85] 당시 원효는 구마라집鳩摩羅什–진제眞諦 삼장 등의 구역

---

82 高榮燮, 「한국불교의 보편성과 특수성」, 앞의 글, pp.11~14.

83 高榮燮, 「섭령 승랑의 無得正觀 사상」, 『문학 사학 철학』 제30호, 대발해동양학한 국학연구원/한국불교사연구소, 2012년 가을. 승랑의 철학적 입장은 '約敎二諦 說', '中道爲體說', '二諦合明中道說', '橫竪並觀說' 등 여러 가지로 정의되고 있지만 이들은 '無得正觀' 사상으로 총괄할 수 있다.

84 南嶽 慧思의 三種止觀을 전한 天台 智顗의 사상은 여러 가지로 정의되고 있지만 龍樹의 空觀에 대응하여 天台의 '妙觀'으로 총괄할 수 있다. 그의 三種止觀, 즉 점차적으로 단계를 올려가는 漸次지관을 설하는 『석선바라밀차제법문』, 낮은 단계의 지관에서 높은 단계의 無生法忍을 깨달아 들어가는 不定지관을 설하는 『六妙法門』, 처음부터 실상을 관조하는 圓頓지관을 설하는 『마하지관』을 통해서 도 알 수 있는 것처럼, 『묘법연화경』을 '妙經', 천태종을 '妙宗', 천태학을 '妙學', 천태 수행관을 '妙觀'이라 하는 이유도 바로 여기에 있다.

85 二邊, 즉 待對인 팽팽함/느슨함을 넘어서는 中觀, 無/有를 넘어서는 空觀, 無所得/ 有所得을 넘어서는 正觀, 空/假 또는 單/兼을 넘어서는 妙觀, 破/立 혹은 奪/與를

舊譯 이후 현장玄奘 삼장의 신역新譯과 함께 중국에서 새롭게 제기된 여러 불교 이론들이 전해져 오자 이들 사유체계를 정리할 필요성을 느끼고 있었다.

해서 그는 당시 유행해온 삼론三論과 유가(瑜伽/唯識), 법화法華와 화엄華嚴, 계율戒律과 정토淨土 등의 다양한 주장들을 전체적으로 통섭하여 불설佛說의 핵심인 중도에 입각하여 '일심一心'과 '일미一味'의 틀 위에서 종합과 통합을 시도하였다. 법장(643~712)의 화엄에서 강조하는 것처럼 전체(一)와 부분(多), 본체(一)와 현상(多)이 모두 유기적인 관계를 지니고 있지만, 원효는 전체가 아니면서도 부분이 아니고(不一而不二), 부분이 아니면서도 전체가 아닌(不二而不(守)一) 유기적인 관계를 보여주고 있다. 이것은 통일성과 개체성을 모두 살려나가는 대긍정의 화쟁 과정이라고 할 수 있다.

원효는 거울이 온갖 형태를 다 받아들이고, 바다가 온갖 물줄기들을 다 받아들이듯, 붓다의 올바른 진리에 근거하여 화쟁회통의 논법이라는 독특한 방법론을 제시하였다. 이를 통해 그는 동아시아 불교사상사에서 이루어진 삼론학과 열반학, 비담학과 성실학, 지론학과 섭론학, 밀학과 율학 및 법상학, 천태학과 화엄학, 정토학과 선(법)학 등의 다양한 사유들을 '일심一心'의 철학으로 꿰어내었다.[86] 특히 그의 『열반경종요』는 당시 동아시아 지론학통의 맹주였던 정영사 혜원慧遠의

―――――――
넘어서는 和觀이다.

86 元曉에 앞서 고구려의 僧朗, (요서)백제의 慧均, 신라의 圓測 등의 성취가 있었다. 하지만 그들의 활동무대가 중국과 遼西百濟였다는 점을 고려하면 국내에서 활동한 元曉의 존재감은 한층 더 부각된다.

이해를 주체적으로 활용하고 있다.[87]

원효는 화쟁회통의 논법을 통해 붓다의 근본 가르침을 올곧게 이해할 수 있도록 하였다. 그리고 붓다의 근본 가르침에 근거하여 온갖 주장들(異諍)을 화쟁회통시켜 내고자 하였다.

불교경전의 부분적 이해를 통합하여
온갖 흐름의 한맛(一味)으로 돌아가게 하고,
부처의 뜻의 지극히 공정함(至公)을 전개하여
백가百家의 뭇 주장을 화회和會시킨다.[88]

원효의 '화회게'는 『열반경』이 그렇다는 것이지만 그 함의는 『열반경』에만 제한되지 않는다. 이 경전이 부처가 가장 나중 설한 경전이라는 점, 이전에 시설한 수많은 경전의 지공至公적 관점을 제시하는 점, 그리고 그가 대립과 갈등을 화쟁하고 회통하기 위해 일미一味로 화회和會시키는 점 등에서 이 게송의 함의는 모든 경전에게로 확장되고 있다.[89]

---

87 금강대학교 불교문화연구소 편, 『지론사상의 형성과 변용』(씨아이알, 2010). 여기에는 서장(1편)을 비롯하여 제1장 지론사상의 형성과 그 주변(5편), 제2장 지론종 관련 문헌의 제문제(5편), 제3장 지론사상과 여타 교학(3편), 제4장 지론사상에서 화엄사상으로의 변용(3편) 등 17편의 논문이 수록되어 있다. 아울러 『藏外地論宗文獻』(씨아이알, 2012); 『藏外地論宗文獻續集』(2013)을 간행하여 이 분야 연구에 크게 도움을 주고 있다.

88 元曉, 『涅槃經宗要』 『韓國佛敎全書』 제1책, p.524상. "統衆典之部分, 歸萬流之一味, 開佛意之至公, 和百家之異諍."

원효의 화회 논법은 일심사상을 이해할 수 있는 중심축이다. 그의 화회 논리는 인도불교와 중국불교 및 일본불교에서 찾아볼 수 없는 독특한 논법이다. 이 때문에 원효는 '화쟁국사和諍國師'[90] 또는 '화회논사和會論師'로 일컬어졌고 화쟁회통의 논법은 그 이후의 한국불교의 전통과 고유성이 되었다. 그러므로 원효에게 화쟁과 회통은 '일심의 근원으로 돌아가게 하는(歸一心源) 논법이자 '중생을 풍요롭고 이익되게 하는(饒益衆生)' 논리였다. 「고선사서당화상비高仙寺誓幢和上碑」 잔편殘片에는 『십문화쟁론』의 내용이 실려 있다.

부처님이 세상에 있었을 때는 온전한 가르침(圓音)에 힘입어 중생들이 한결같이 이해했으나 … 쓸데없는 이론들이 구름 일어나듯 하여 혹은 말하기를 '나는 옳고 남은 그르다' 하며, 혹은 '나는 그러하나 남들은 그렇지 않다'고 주장하여 드디어 하천과 강을 이룬다. … 유有를 싫어하고 공空을 좋아함은 나무를 버리고 큰 숲에 다다름과 같다. 비유컨대 청靑과 남藍이 같은 바탕이고, 얼음과 물이 같은 원천이고, 거울이 만 가지 형태를 다 용납함과 같다.[91]

---

89 高榮燮, 「분황 원효의 和會論法 탐구」, 『한국불교학』 제71집, 한국불교학회, 2014. 9.

90 義天, 「祭芬皇寺曉聖文」, "和百家之異諍, 得一代至公之論."; 河千旦, 「海東宗乘統官誥」, "曉公, 挺生羅代, 和百家之異諍, 合二門之同歸."

91 元曉, 『十門和諍論』 『韓國佛敎全書』 제1책, p.838상. "十門論者, 如來在世, 已賴圓音, 衆生等 … 雨驟, 空空之論雲奔. 或言我是, 或他不是, 或說我然, 說他不然, 遂成河漢矣. 大 … 山而投廻谷, 憎有愛空, 猶捨樹以赴長林. 譬如靑藍共體, 氷水同源, 鏡納萬形."

붓다가 살아있을 때는 온전한 가르침(圓音)이 진리임을 확고히 믿었
으므로 교단 내에는 이설異說이 없었다. 그러나 붓다가 열반에 든
뒤로는 많은 이설이 횡행하였다. 해서 각기 자신만이 옳고 남은 그르다
고 주장하였다. 계율의 해석 문제에 의해 교단이 분열되었듯이, 원효
시대에도 이미 정립된 다양한 불교학파들이 자신의 주장만이 옳고
다른 학파의 주장들은 잘못되었다고 하였다. 여기서 화쟁과 회통이
요청되었다.

원효는 현존하는 『열반경종요』[92]에서는 '화쟁문'[93]과 '회통문'[94]의
작은 항목을 통해 화회 논리에 대해 보여주고 있다. 그의 다른 저술인
『금강삼매경론』, 『대승기신론소』, 『십문화쟁론』(斷簡本[95]), 『본업경
소』, 『미륵상생경소』 등에서는 '화회和會'의 용례를 볼 수 있다.

화쟁에서 '화和'는 '회통會通', '화합和合', '화해和解', '화회和會', '화통
和通'의 뜻이다. '쟁諍'은 '주장'이며 '이쟁異諍'은 상이한 혹은 다양한

---

92 元曉는 慧嚴과 慧觀 및 謝靈運 등이 6권 『大般泥洹經』(法顯譯)과 北本 『大般涅槃
  經』(曇無讖譯)을 손질하여 완성시킨 南本 36권 『열반경』을 저본으로 삼아 저술하
  였다.

93 元曉는 『涅槃經宗要』를 저술하면서 전체 4문 중 II. 廣開分別門, 2. 明敎宗,
  1) 涅槃門, (6) 四德門, ④和諍門으로 科文을 펼치고 있다. 화쟁문은 다시 '次第4.
  明和相諍論'으로 시설하여 풀고 있다.

94 元曉는 『涅槃經宗要』를 저술하면서 전체 4문 중 II. 廣開分別門, 2. 明敎宗,
  2) 佛性(義)門, (6) 會通門으로 科文을 펼치고 있다. 會通門은 다시 ①通文異와
  ②會義同으로 나누어 풀고 있다.

95 현존하는 『十門和諍論』 단간본에는 '空有異執화쟁문'과 '佛性有無화쟁문' 및
  '我法異執화쟁문' 3문 밖에 남아 있지 않다. 李鐘益과 崔凡述 및 李晚容은 10문으
  로 복원하고 있다.

주장을 가리킨다. 때문에 화쟁은 '상이한 주장'을 해명(이해)하고 '경문을 모아' 조화(융화)시키는 것이다. 그런데 모든 주장들은 그 나름대로 도리道理를 지니고 있다. 이 때문에 모든 주장들은 모두 화쟁의 대상이 될 수 있다.[96] 그런데 불학자들은 논사들이 보여주는 주제나 쟁점이 경전들의 내용과 서로 충돌된다고 이따금씩 지적해 왔다. 하지만 원효는 이러한 지적에 대해 경론들이 의도하는 뜻이나 관점이 다를 뿐 '그렇지 않다'고 말하였다.

여기서 화쟁과 회통은 시작된다. 원효의 저술 속에서 만나는 화쟁과 회통의 표현은 몇 가지 특징을 지니고 있다. 즉 '유시(차)도리(由是(此)道理)', '유시의고(개/리)불상위(배)(由是義故(皆/理)不相違(背))', '불위도리不違道理 고무과실故無過失 고무취사故無取捨', '개(구)도리(皆(具)道理)' 등으로 정형화해서 나타난다. 여기서 도리道理는 인식방법(量) 상 추리(比量)와 깨친 성인의 증언(聖言量), 즉 경전 속에 내재되어 있다. 원효의 일관된 주장과 논리는 그 자신의 진리와 실상에 대한 직접지각(現量)이 뒷받침 되어 있다고 추정할 수 있다. 그리고 이 도리에 상응하는 말은 "무량한 경문과 법문은 오직 한 가지 맛을 가지고 있다"[97] 혹은 "마치 수많은 냇물이 큰 바다로 들어가서 한 가지 맛이 되는 것과 같다"[98]는 것이다.

이렇게 본다면 화쟁의 대상은 '두 가지(二說, 二義, 二師所說)', '세 가지(三義)' 혹은 여러 가지(諸難, 諸師所說) 또는 무량한 법문들의

---

96 元曉, 『大乘起信論別記』(『韓佛全』 제1책, p.621하). "百家之諍, 無所不和也."
97 元曉, 『涅槃經宗要』(『韓佛全』 제1책, p.545상하).
98 元曉, 『金剛三昧經論』(『韓佛全』 제1책, p.638중).

주장 혹은 개념 또는 의취(義趣, 義, 意)라고 할 수 있다. 원효는 그의
저술에서 '문'과 '논'을 시설하여 다양한 주장들을 화쟁회통하고 있다.[99]
여기서 '문'은 '교문' 혹은 '법문' 또는 '양상'을 가리킨다. '측면' 또는
'계통' 혹은 '계열'[100]을 가리키기도 한다. 그는 『대승기신론』의 이문
일심의 구조에 의해 『대승기신론소』에서 일심을 생멸연기적 전개(開)
와 환멸연기적 수렴(合)으로 갈라서 설명한다. 『이장의』에서는 현료
문과 은밀문으로, 『열반경종요』[101]에서는 '화쟁문'[102]과 '회통문'[103]으
로, 그리고 그 하위에서는 취심론就心論과 약연론約緣論 등으로 나누어
해명하고 있다.[104]

---

99 高榮燮, 「분황 원효의 화쟁회통 논법 탐구」, 『한국불교학』 제71집, 한국불교학회,
   2014. 9.

100 박태원, 『원효의 十門和諍論』』(세창출판사, 2013), p.21. 저자는 '門'의 개념을
   '견해/관점/이해를 성립시키는 조건들의 인과 계열', '견해 계열의 의미 맥락'이라
   고 풀고 있다.

101 元曉는 慧嚴과 慧觀 및 謝靈運 등이 6권 『大般泥洹經』(法顯譯)과 北本 『大般涅槃
   經』(曇無讖譯)을 손질하여 완성시킨 南本 36권 『열반경』을 底本으로 삼아 저술하
   였다.

102 元曉는 『涅槃經宗要』를 저술하면서 전체 4문 중 II. 廣開分別門, 2. 明敎宗,
   1) 涅槃門, (6) 四德門, ④和諍門으로 科文을 펼치고 있다. 화쟁문은 다시
   '次第4. 明和相諍論'으로 시설하여 풀고 있다.

103 元曉는 『涅槃經宗要』를 저술하면서 전체 4문 중 II. 廣開分別門, 2. 明敎宗,
   2) 佛性(義)門, (6) 會通門으로 科文을 펼치고 있다. 會通門은 다시 ①通文異와
   ②會義同으로 나누어 풀고 있다.

104 김영일, 「원효의 和諍論法 연구」, 동국대학교 박사논문, 2008, p.138. 논자는
   원효 저술의 宗要類(47개), 註疏類(16개), 創作類(4개)의 전수조사를 통하여
   〈주장〉, 〈논란〉, 〈회통〉의 3가지 부분으로 나누고 원효의 각 저술에 나타난

원효가 이렇게 두 문으로 범주화해서 나눠 보는 것은 화회, 즉 화쟁하고 회통하기 위해서이다. 그의 다른 저술인『금강삼매경론』, 『대승기신론소』,『십문화쟁론』(斷簡本[105]),『본업경소』,『미륵상생경소』등에서는 각 '문'을 통해 화쟁하고 회통하는 '화회和會'의 용례를 볼 수 있다.[106] 원효의『십문화쟁론』이 온전히 남아 있지 않아 '문'의 용례를 자세히 알 수는 없다.[107] 하지만 이 저술을 인용하고 있는 후대 불학자들의 '문'의 사용례에서도 그가 사용한 교문의 모습을 그려볼 수 있다.

신라의 견등은『대승기신론동이약집』에서 원효, 즉 구룡丘龍이 불지佛智의 만덕萬德을 '원인에 따라서 생겨나고 일어나는 교문'(從因生起之門)과 '(생멸하는) 조건을 그치고 근원으로 돌아가는 교문'(息緣歸原之門)으로 풀이했음을 전해주고 있다.[108] 이처럼 원효는 '문'의 시설을

화쟁 사례를 67개로 정리하였다. 이 중 26개 사례에서 이러한 二門을 설정하여 회통하였다고 하였다.

105 현존하는『十門和諍論』단간본에는 '空有異執화쟁문'과 '佛性有無화쟁문' 및 '我法異執화쟁문' 3문 밖에 남아 있지 않다. 하지만 崔凡述의 제3문의 복원에 대해서는 이정희의 문제제기가 있다. 이정희,「『십문화쟁론』과 관련된 몇 가지 문제점」,『제4차 한국불교학결집대회논집』별집, 2008.5, pp.329~332; 한편 李鐘益과 崔凡述 및 李晚容은 10문으로 복원해 놓았다.

106 高榮燮, 앞의 논문.

107『十門和諍論』에서 '門'의 함의에 대해 '열 가지 部門' 정도의 의미로 볼 수도 있을 것이다. 하지만 원효의 글에 나타난 '門'의 의미와 관련시켜 해석해 보면 '門'은 '部門'의 의미를 넘어 '教門' 혹은 '法門' 등의 의미로도 확장되고 있어 '부문' 정도의 제한적 의미보다는 '方式'의 의미가 더 가까울 것으로 생각된다.

108 見登,「大乘起信論同異略集」本(『韓佛全』제3책, p.695상).

통해 불지의 만덕을 '생겨나고 일어나는 관점'과 '근원으로 돌아가는 관점'의 두 계열로 나누어 두 주장을 화회하고 있다.[109]

또 견등은 원효, 즉 구룡화상丘龍和尙이 신훈新熏/성종자成種子와 본유本有/성종자性種子의 관계를 '원인을 지어서 과보를 받는 교문'(作因受果之門)과 '본성에 따라 과보를 이루는 교문'(從性成果之門) 그리고 '과보를 받는 교문'과 '과보를 이루는 교문'의 둘을 '종합해서 보는 교문'(和合生果門)으로 시설했음을 알려주고 있다.[110] 이것은 원효가 신훈종자와 본유종자의 관계에 대한 쟁론을 각기 신훈(生)과 본유(果)와 이 둘을 아우르는 합생과(生果)의 교문으로 화회했음을 알려주는 것이다.[111]

뿐만 아니라 고려의 균여는 『석화엄교분기원통초』에서 효공曉公, 즉 효사曉師의 『십문화쟁론』에서 오성차별설과 개유불성설의 두 가지 교문을 시설하여 화회하였음을 전해주고 있다. 여기에 따르면 원효는 '다섯 가지 성품이 차별되는 가르침(五性差別之敎)'은 '차이가 의존하는 관계로 수립되는 교문(依持門)'과 '모두 불성이 있다는 주장(皆有佛性之說)'은 '연기의 통찰에 의해 하나로 보는 교문(緣起門)'[112]으로 파악하면서 이들 두 가지 쟁론(兩家之諍)을 '이와 같이 모아서 통하게(如是會通)' 하고 있다.[113]

─────────

109 高榮燮, 앞의 논문.

110 見登, 「大乘起信論同異略集」本(『韓佛全』 제3책, p.709상); 균여, 『釋華嚴教分記 圓通鈔』 권3(『韓佛全』 제4책, p.315상).

111 高榮燮, 앞의 논문.

112 均如, 『釋華嚴教分記圓通鈔』 권3(『韓佛全』 제4책, p.3 11하; p.325중하; p.326상).

원효는 『열반경종요』의 열반문에서는 화쟁문和諍門 항목을 시설하여 열반의 사덕四德에 대한 서로 쟁론을 화쟁하고, 불성문에서는 회통문會通門 항목을 시설하여 불성佛性의 문의文意가 다른 것을 회통하고 있다. 따라서 그의 화쟁회통 논리에서 화쟁和諍은 회통會通을 성립시키는 근본 원리가 된다. 화쟁의 논법에는 '해(異諍)의 과정'과 '화(會文)의 과정'이 전제되어 있다. 그리고 회통의 논법에도 '통(文異)'의 과정과 '회(義同)의 과정'이 전제되어 있다.

1) 해解(異諍)의 과정

원효의 『열반경종요』에 나타난 이쟁異諍의 대표적 사례는 다음과 같다. (1) 경교의 종지에 대한 두 설, (2) 열반의 성품에 대한 두 설, (3) 왕복결택의 두 설, (4) 불신의 상주와 무상에 대한 두 설, (5) 불성의 몸체에 대한 두 설이 있다. 특히 다섯 번째의 불성의 몸체에 대한 두 설에서 ①백마사 애愛 법사의 도생공道生公의 설, ②장엄사 승민僧旻 법사의 설, ③광택사 법운法雲 법사의 설, ④양무제 소연천자蕭衍天子의 설, ⑤신사新師 현장玄奘의 설, ⑥진제眞諦 삼장의 설을 제시한다. 그리고 이들 이설異說들에 대해 해명(이해)한 뒤 이들을 조화(융화)시키고 있다.[114] 원효는 먼저 앞의 두 설의 차이에 대한 '해명(이해)의 마당'을 연 뒤의 세 설의 소통을 위한 '조화(융화)의 지평'을 열어나간다.

(1) '경교의 이설에 대한 해명'에서는 '그 견해가 주장하는 이마다

---

113 高榮燮, 앞의 논문.

114 元曉, 『涅槃經宗要』(『韓佛全』 제1책, p.538상중).

다르다(諸說不同)'고 전제한 뒤 곧 '유사설언有師說言'과 '혹유설자或有
說者'로 해명해 간다. 원효는 여섯 법사(六師)의 주장을 제시하면서
'여섯 법사의 견해 중 어떤 주장이 옳은가'라고 반문하며 질문에 대한
대답의 형식으로 이쟁異諍을 해명해 나간다.

"어떤 이는 '여러 설이 다 옳다. 부처님의 뜻은 특정한 방소方所가
없어서 해당되지 않음이 없기 때문이다'라고 하였다. 어떤 이는 '나중에
말한 것이 옳다. 여래는 방소方所가 없다는 뜻에 잘 들어맞았기 때문이
다. 그러므로 두 설이 또한 틀리지 않음을 알 수 있다'"고 하였다.
여기에서 원효는 『열반경』의 종지에 대한 여러 법사들의 견해를 판명
한 뒤 두 가지 설을 원용하여 두 설이 서로 틀리지 않음을 밝혀내고
있다.

(2) '열반의 체성 두 설에 대한 해명'에서는 앞의 두 가지 설을
옮긴 다음에 그 두 견해를 화해시키고 있다. "그러한 설에는 두 가지가
있다. 그 까닭은 열반과 보리는 공통됨이 있고 구별됨이 있다. 구별되는
부문에서 말하자면 보리는 곧 과위로 (열반을) 능히 증득하는 덕德에
있으므로 도제道諦에 섭수된다. 열반은 과위의 증득될 바의 법法이므
로 멸제滅諦에 섭수된다. 공통되는 부문에서 말하자면 과지果地의
도제 또한 열반이며, 증득될 진여眞如 또한 보리菩提인 것이다"[115]고
하였다. 그런 뒤에 원효는 문답형식으로 서술해 나가고 있다.

"'만일에 시각始覺이 갖는 공덕 또한 열반이라고 한다면 이것은
곧 열반에도 생인生因이 있게 된다'며 「가섭품」의 '삼해탈문三解脫門과

115 元曉, 위의 글, 위의 책, p.528상.

삼십칠조도품三十七助道品은 능히 일체의 번뇌를 다시 내지 않는 생인生因이 되지만, 또한 열반에서는 요인了因이 된다. 선남자여, 번뇌를 멀리 여의면 곧 또렷또렷(了了)하게 열반이 드러남을 얻게 된다. 그러므로 열반에는 오직 요인만 있고 생인은 없다'는 설을 원용하여 '위아래의 여러 경문에는 오직 요인만 있음을 말씀하셨을 뿐 또한 생인이 있다고 말씀하시지 않았는가?'"[116]라고 원효는 질문한다.

"시각始覺에 있는 공덕이 비록 열반이지만 열반의 뜻은 적멸寂滅에 있다. 적멸의 덕은 요달了達하는 바에 따라 계합되는데, 그러므로 말씀하시기를 오직 요인了因만 있다고 하는 것이다. 마치 보리는 생인에서 나왔지만 또한 요인으로 요달한 바라고 하는 것과 같다. 곧 이러한 뜻에 준하여 마땅히 열반은 요인으로 나타난 것임을 알 수가 있다. 그러나 또한 생인에서 일어난 것이라고도 말할 수가 있다. 이러한 도리道理이기 때문에 서로 틀리지 않는 것이다"[117]라고 원효는 대답한다.

이처럼 원효는 두 설 모두 도리가 있으며 생인에서 나왔지만 요인으로 요달하고 바라는 것이라며, 생인이라 해도 도리가 있고 요인이라고 해도 도리가 있다고 해명한다. 이러한 '다양한 주장'에 대한 해명(이해)의 과정을 거쳐 원효는 다시 '경문의 회석會釋'에 대한 조화(융화)의 과정으로 나아간다.

---

116 元曉, 앞의 글, 앞의 책, p.533상.
117 元曉, 앞의 글, 앞의 책, p.533중.

2) 화和(會文)의 과정

원효는 이러한 '이쟁'에 대한 해명(이해)의 과정(解異諍)을 거쳐 다시 '회문'에 대한 조화(융화)의 과정(和會文)으로 이어간다. 여기서는 '왕복결택往復決擇 두 설의 개실구득의 조화', '불신佛身의 상주와 무상 두 설의 조화', '불성佛性의 몸체에 대한 제설의 옳고 그름의 조화'로 제시된다.

"이들 법사들의 주장은 다 옳고도 다 그르다. 그러한 까닭은 불성은 그렇지 않으면서도 그렇지 않음이 없는 것이기 때문이다. 그렇지 않기 때문에 모든 주장이 모두 그릇되며, 그렇지 않음이 없기 때문에 모든 주장이 모두 옳은 것이다.[118] 때문에 "불성은 있는 것도 아니고 없는 것도 아니며, 있기도 하고 없기도 하다."[119] 이것은 불성의 존재 유무를 존재론적으로 해명하는 대목에서 제기되는 문제이다.

(1) '왕복결택 두 설의 개실구득의 조화'에서는 '두 법사의 견해 중에 누가 그르고 누가 옳은가'를 물으며, 왕복 결택의 두 가지 설에 대한 득실得失 판단을 문답 형식으로 풀이한다. "결정적으로 한쪽 가장자리만 취하면 두 설이 모두 틀린 것이다. 만일 실다운 것으로 집착하지 않는다면 두 주장이 모두 옳다. 어째서 그러한가 하면 불지佛地의 만덕萬德은 대략 두 부분이 있다. 만일 상相을 버리고 일심으로 돌아가는 문門에 나아간다면, 일체의 덕상德相은 같은 법계이기 때문에 오직 제일의신第一義身이라 색상色相의 차별된 경계는 없다고 말하

---

118 元曉, 『涅槃宗要』(『韓佛全』 제1책, p.538중). "此諸師說皆是非, 所以然者, 佛性非 不然非不然故, 以非然故諸說悉非, 非不然故諸說悉是."

119 元曉, 위의 글, 위의 책, p.542하.

게 된다.

만일 성성性을 따라 만덕을 이루는 문門에 의한다면 색상과 심법心法의 공덕을 갖추지 아니한 것이 없기 때문에 무량한 상호相好 장엄을 말하게 되는 것이다. 비록 그러한 두 가지 문이 있으나 다른 모양(異相)은 없다. 그러므로 제설이 모두 장애가 없으며, 이러한 무애의 법문을 드러나게 한다."[120] 여기에서 원효는 상대되는 두 설을 모두 틀리고 모두 옳다라고 하여 불의佛意의 진실에 의거하여 조화시켜 간다.

(2) '불신의 상주와 무상의 이쟁에 대한 조화'에서는 '두 법사가 설한 것 중 누가 옳고 누가 그런가?'라고 물으며 문답의 형식으로 이해해 간다. 원효는 '혹유설자或有說者'라고 하여 두 법사(二師 혹은 二家)의 주장에 대한 득과 실을 서술한다. 또 "모두 옳고 모두 틀렸다. 그 까닭은 만일 결정적으로 한쪽 가장자리만을 고집한다면 모두 과실이 있다. 마치 그 무장애설과 같이 그 도리가 있는 것이다"[121]고 하였다.

원효는 "쟁론이 일어남에는 많은 사단事端이 있다"고 전제하고 "여기에 법신法身이 상주常住하고 화신化身이 기멸起滅한다는 이쟁이 치우쳐 일어난다. 이 두 가지 불신(二身)에 대한 제설이 동일하지 않다. 오직 보신報身에 대해서 두 가지 집론執論이 일어났으며 그 따로 일어난 쟁론은 두 갈래에 지나지 않는다. 이를테면 첫 번째의 보신불은 상주常住한다고 고집하는 설과 두 번째의 무상無常하다고 고집하는 설이다. 두 번째의 주장은 보신불의 무상이라는 두 가지 고집이 따로 일어난다

---

120 元曉, 앞의 글, 앞의 책, p.533상.

121 元曉, 앞의 글, 앞의 책, p.537중. "若決定執一邊, 皆有過失. 如其無障碍說, 俱有道理."

고 언표한다. 그리고 상주를 고집하는 데에도 두 가지의 주장이 있다"[122]고 전제한다. 첫 번째의 주장은 "보신불의 공덕은 생生은 있으나 멸滅은 없다. 그것은 생인生因이 멸한 것이기 때문에 생이 없음을 얻을 수 없다. 그리고 이치를 증득한 것이 구경究竟이기 때문에 모양을 벗어났고 모양을 벗어났기 때문에 상주하여 변하지 않는다"[123]고 한다.

두 번째의 주장은 "'보신불'의 공덕은 비록 생인으로 얻었지마는 그러나 생의 모양을 벗어난다. 그러기에 비록 '본래 없었던 것이 비로소 있는 듯'하지만 그러나 '본래 없었던 것이 지금에 있는 것'이 아니다. 이미 '지금에 있는 것'이 아니라면 또한 '뒤에 없어지는 것'도 아닐 것이다. 이러한 도리로 말미암아 삼제(三際, 三世)를 멀리 초월하는 것이요, '삼제를 초월'하기 때문에 응연凝然히 상주하는 것이다."[124]

또 "그러나 도를 성취한 뒤에야 비로소 '보신의 공덕'이 성취되는 것이므로 본디 시초가 있는 것이 아니며, 삼제三際를 초월하였으므로 생이 있는 것이 아니며, 생이 있는 것이 아니기 때문에 또한 멸이 없다. 생도 멸도 없으므로 결정코 이는 무위無爲이어서 상주하여 변하지 않는다. 만일 이와 같은 정견正見을 얻지 못하면 결정코 '유위有爲니 무위니 하는 말을 할 수 없다'고 하였다."[125] 이렇게 전제한 원효는 '붓다의 보신이 무상하다고 고집하는 이들'의 관점을 소개하면서 옳지 못한 것들에 대해서 비판한다.

---

122 元曉, 앞의 글, 앞의 책, p.531하.
123 元曉, 앞의 글, 앞의 책, p.532상.
124 元曉, 앞의 글, 앞의 책, p.532중.
125 元曉, 앞의 글, 앞의 책, p.532중.

그런 뒤에 "'무상'을 고집하는 사람들(執無常家)의 주장에는 미진한 뜻이 있다. 이를테면 '법신을 결정코 상주'라고 말하는 것이다. '법신'을 결정코 상주로만 주장하면 이는 곧 작위하는 법이 안 될 것이다. 작위하는 법이 아니고서는 '보신과 화신'의 두 몸을 지을 수가 없다. 그러기에 법신이 또한 무위인 것만은 아니다"[126]라고 조화시킨다. 원효는 『능가경』의 경증經證과 『섭대승론』의 해석을 원용하여 논증論證을 삼는다. 그런 뒤에 다시 "'상주'를 고집하는 이들이 비록 상주를 좋아하지마는 '상주'의 정의에 부족한 것이 있다"[127]고 하였다.

"또 '상주'를 고집하는 사람들(執常家)은 비록 상주를 좋아하기는 하지만 그 상주의 주장 또한 부족한 뜻이 있다. 말하자면 비로소 간직된 공덕은 그 앞의 위계에 두루하지 못하기 때문이다. 만일 이 공덕이 두루하지 못한 바가 있다면 곧 법계를 증득하지 못한 것이 있게 된다. 법계에 있어서 증득하지 못한 것이 없어야만 곧 평등한 법성法性이 두루하지 못하는 바가 없는 것이다."[128] 다시 원효는 『화엄경』의 교설을 덧붙이고 있다.

원효는 "여래께서 정각하시어 보리를 성취하셨을 때에 불방편佛方便에 머물러서 '일체중생등신一切衆生等身'을 얻고, '일체법등신一切法等身'을 얻으며, '일체찰등신一切刹等身'을 얻고, '일체삼세등신一切三世等身'을 얻으며, '일체법계등신一切法界等身'을 얻고, '허공계등신虛空界等身'을 얻으며 내지 '적정열반계등신寂靜涅槃界等身'을 얻으셨다.

126 元曉, 앞의 글, 앞의 책, p.537중.
127 元曉, 앞의 글, 앞의 책, p.537중.
128 元曉, 앞의 글, 앞의 책, p.537중.

불자여, 여래의 얻으신 몸을 따라서 마땅히 음성音聲과 무애의 마음(無
碍心) 또한 이와 같은 줄을 알아야 한다. 여래는 이러한 세 가지의
청정무량함을 다 갖추셨다"[129]고 하였다.

따라서 원효는 "이것은 '여래께서 성도하신 뒤에 얻으신 색신과
음성 및 무애심이 평등하지 못한 것이 없고 두루하지 못한 데가 없음'을
밝힌 것이다. 이미 '일체삼세에 평등하다'고 말씀하셨는데 어찌 금강金
剛 이전의 지위에는 두루하지 못하였겠는가? 그러나 이 도리는 제불의
비장秘藏이어서 사량하는 것으로 능히 헤아릴 수가 없다. 다만 여래의
말씀에 의하여 우러러 믿음을 일으킬 뿐이다"[130]라고 조화시켜 낸다.

(3) '불성의 몸체에 대한 제설의 옳고 그름의 조화'에서 앞에서
불성의 몸체에 대한 여러 이설을 보았다고 언급한다. 그런 뒤에 그
다양한 주장들(異諍)에 대해 옳고 그름을 가려서(判是非) 화해和解하고
있다. 이어 '옳고 그름을 가려서'라는 항목 아래에서 "이들 법사의
주장은 모두 옳기도 하고 모두 그르기도 하다"[131]고 총괄적인 평가를
하고 다음과 같이 서술하고 있다.

"그 까닭은 불성佛性이 그러한 것도 아니고 그러하지 않은 것도
아니기 때문이다. 그러하지 않음으로써 여러 주장이 모두 옳지 않으
며, 그러하지 않은 것도 아닌 까닭으로 여러 견해가 다 옳은 것이다.
그 의미가 무엇인가 하면, 여섯 법사의 주장은 두 갈래에서 벗어나지
않는다. 처음의 하나는 당래에 있을 불과(當有之果)를 가리킨 것이고,

---

129 元曉, 앞의 글, 앞의 책, p.537하.
130 元曉, 앞의 글, 앞의 책, p.537하.
131 元曉, 앞의 글, 앞의 책, p.538중. "此諸師說, 皆是皆非."

나중의 다섯은 지금에 있는 원인(今有之因)을 근거로 하였다. 이들 다섯 주장 중에서도 또한 두 갈래가 되는데, 맨 나중의 하나는 진제眞諦에 머물렀고, 그 앞의 네 가지는 속제俗諦에 따른 것이다. 속제에 따른 4설은 인人과 법法을 벗어나지 않았다. 앞의 1설은 인人을 들었고, 나중의 3설은 법을 근거하였다. 법을 근거로 하는 세 주장도 기起와 복伏에 지나지 않는다. 뒤의 1설은 종자種子(伏)요, 앞의 2설은 상심上心(起)으로서, 상심을 의거한 것에도 주장(義)을 따라 설을 달리한다."[132] 이처럼 원효는 여섯 법사의 주장을 평석한 뒤 자신의 견해를 총설로 덧붙이고 있다.

"불성의 몸체는 곧 일심이다. 일심의 바탕은 여러 가장자리(諸邊)를 멀리 여읜다. 여러 가장자리를 멀리 여의기 때문에 도무지 해당하는 것이 없고, 해당하는 것이 없기 때문에 해당되지 않는 것도 없다. 이를 마음에 의거하여 논한다면(就心論), 일심은 인因도 아니고 과果도 아니며, 진眞도 아니고 속俗도 아니다. 따라서 인人도 아니고 법法도 아니며, 기起도 아니고 복伏도 아니다. 그러나 조건(緣)에 결부시켜 논한다면(約緣論), 마음은 기起도 되고 복伏도 되며, 법法도 되고 인人도 되며, 속俗도 되고 진眞도 되며, 인因도 짓고 과果도 짓는다. 그래서 그러한 것도 아니고 그러하지 않은 것도 아니라는 뜻(義)이므로 여러 주장(諸說)이 모두 옳지 않기도 하고 옳기도 하다는 것이다."[133] 이어 원효는 각론으로 자신의 생각을 마무리하고 있다.

"일심법에는 두 가지의 뜻이 있으니 하나는 더럽히지 않아도 더럽혀

---

132 元曉, 앞의 글, 앞의 책, p.538중.
133 元曉, 앞의 글, 앞의 책, p.538중하.

지는 것(不染而染)이고, 하나는 더럽혀도 더럽혀지지 않는 것(染而不染)이다. 뒤의 것, 즉 '염이불염'은 일미一味의 적정寂靜이며, 앞의 것, 즉 '불염이염'은 육도六道의 유전流轉이다. 이 경의 아래 글에 이르시기를 '한맛(一味)의 약은 그 흐름의 처소에 따라 갖가지의 맛이 있으나, 그 참맛(眞味)은 산에 머무르고 있다"고 하셨다. 『부인경』에서는 '자성의 청정한 마음은 확실하게 알기가 어렵다. 그 마음이 번뇌에 더럽히는 것도 또한 확실하게 알기가 어렵다'라고 말했으며, 『기신론』 가운데서도 이 뜻을 자세히 드러내었다. 이것은 진제眞諦 삼장의 주장으로 여섯 번째 법사가 설한 진여불성眞如佛性이니 염이불염染而不染의 문門에 해당한다."[134]

"앞의 다섯 주장은 모두 염문染門에 있게 된다. 왜냐하면 염染을 따르는 마음은 하나의 성품을 지키지 못하고, 연緣을 상대하여 과果를 바라보면 반드시 생함이 있게 된다. 가히 생하게 되는 성품은 훈습으로 인하여 이루어지는 것이 아니므로 이름을 법이종자法爾種子라고 말하는 것이니 다섯 번째 법사의 주장이 이 문에 해당한다. 또 이와 같은 염을 따르는 마음이 변전하여 생멸하는 식위識位를 짓는 데까지 이르게 되지만, 언제나 신해神解하는 성품은 잃지 않는다. 잃지 않음으로 말미암기 때문에 끝내는 심원心原으로 돌아가게 되니, 네 번째 법사의 주장이 또한 여기에 해당한다."[135]

"또 염染을 따르는 생멸의 마음이 안에서 훈습하는 힘에 의해 두 가지의 업業을 일으키게 된다. 이를테면 염고厭苦와 구락求樂의 능인能

---

134 元曉, 앞의 글, 앞의 책, p.538하.
135 元曉, 앞의 글, 앞의 책, p.538하.

因이다. 이를 근본으로 하여 당래의 극과極果에 이르게 되니 세 번째 법사의 주장이 여기에 해당한다. 그와 같은 일심一心이 염染을 따라 변전할 때 이르는 곳을 따라 제법을 모두 부려서 곳곳에 생을 받으니 이를 일컬어 중생이라고 한다. 두 번째 법사의 설이 여기에 부합한다. 그러한 중생은 본각本覺이 변전한 것이므로 반드시 대각大覺의 과果에 이르게 된다. 하지만 지금은 나타나지 않았으므로 당과當果라고 일컫는데 첫 번째 법사의 주장이 여기에 해당한다."[136] 이처럼 원효는 여섯 법사의 설을 각기 따로 논하여 자리매김을 시킨다. 그런 뒤에 불성의 체상에 대해 마무리하며 전체를 화해시킨다.

"이러한 의미로 말미암기 때문에 여섯 법사의 주장은 비록 불성의 실체에는 모두 미진하나 각기 그 부문에서 설명한다면 모두 그 뜻에 부합한다. 때문에 경설에서 마치 장님들의 코끼리에 대한 설명이 비록 그 실체를 적중하지는 못하였으나 코끼리를 설명하지 않은 것은 아니듯이, 불성을 설명한 것도 또한 그와 같아서 여섯 법사의 주장 그대로도 아니고 그 여섯 가지를 벗어난 것도 아님을 알아야 할 것이다."[137]

위에서 살펴온 것처럼 화쟁의 사례는 '이쟁의 해명' 위에서 '회문의 조화'가 이루어지고 있다. 앞의 두 가지 '해(이쟁)의 과정'을 거쳐 뒤의 세 가지 '화(회문)의 과정'으로 전개되는 화쟁의 사례는 불교의 '다양한

---

136 元曉, 앞의 글, 앞의 책, pp.538하~539상.
137 元曉, 앞의 글, 앞의 책, p.539상.

주장을 해명'하고 다시 '경문의 회석會釋을 조화'시키는 과정 속에서
화쟁의 실제를 보여주고 있다. 즉 장님들의 코끼리에 대한 설명과
여섯 법사의 불성에 대한 설명 모두가 적중한 것도 아니지만 그것을
벗어난 것도 아니듯이 말이다. 이처럼 마지막의 불성의 체상을 밝히는
부분에서 화쟁의 논법은 비교적 정연하게 드러나고 있다. 원효는
이러한 화쟁의 기반 위에서 다시 회통의 활로를 열어가고 있다.

4. 공통성과 유사성의 회통

원효는 '불성의 뜻(佛性之義)'을 설명하는 대목에서 종래 백가百家의
해석을 여섯 가지로 축약하고 대표적인 여섯 법사(六師)의 주장을
요약하여 시비是非를 가리고 있다. 그러면서 하나하나의 주장들이
나온 근거를 경전을 인용하여 화쟁하고 회통하여 간다. 화쟁의 논법에
이은 회통會通의 논리에서 '회會'는 '뜻이 서로 같은 것에 맞추는 것(會義
同)'이며, '통通'은 '글이 서로 다른 것에 통하는 것(通文異)'이다. 그러니
까 회통의 논법은 '글이 서로 다른 것을 통해서' '뜻이 서로 같은 것에
맞추는' 것이라고 할 수 있다.

1) 통通(文異)의 과정

원효는 경전을 분석하면서 먼저 다양한 방편적인 언교들을 모아내고
(先會權敎) 뒤에 실제적인 도리들과 소통한다(後通實理)[138]고 풀이한

---

[138] 元曉, 『本業經疏』(『韓佛全』 제1책, pp.511하~512상). "先會權敎, 後通實理, 此是
　　　會敎, 次通道理."

다. 그러면서도 그는 언교와 도리가 회통하여 어긋나지 않는다[139]고 말한다. 때문에 원효의 논의 과정에서 '언교(敎)'와 '도리(理)' 대신에 '글(文)'과 '뜻(義)'을 대응시키면 글은 '통'의 대상이 되고, 뜻은 '회'의 대상이 된다.[140] 때문에 논리 전개 방식은 '서로 다른 글'을 '통합하는 과정'(通文異)을 거쳐 '서로 같은 뜻'을 '회합하는 과정'(會義同) 순으로 이루어진다.

'문의文意가 다른 것을 회통한다는 것'은 1) 글의 서로 다른 것을 통합하고, 뒤에는 2) 뜻이 공통되는 것을 회합한다는 것이다. 경문을 보면 '아직 가장 높은 보리菩提를 얻지 못하였을 때의 일체의 선善과 불선不善과 무기無記의 법을 들어서 다 부처의 성품이라 한다'고 하였다. 만일 이 경문에 의하여 보면 보리의 마음과 육바라밀의 행이 모두 '부처의 성품'이라 하리라"[141]고 하였다. 이에 대해 원효는 이 경문은 "성性으로서는 포섭되지만 행行에서는 포섭되지 않음을 나타낸 것이다. 그것은 '성으로 보아 일체를 다 부처의 성품'이라 이름한다는 것이다"[142]고 하였다.

원효는 "일체를 깨달으신 분을 '부처의 성품'이라 이름한다. 보살은 아직 '일체를 깨달은 분'이라 이름할 수 없다. 그러기에 '부처의 성품'을 보지마는 밝고 뚜렷하지 못하다"[143]고 하였다. 또 그는 경문에서 "보살

---

139 元曉, 위의 글, 위의 책, p.511중. "會通敎理不違."
140 元曉, 『涅槃宗要』(『韓佛全』 제1책, p.543하). "初通文異, 後會義同."
141 元曉, 앞의 글, p.538하.
142 元曉, 앞의 글, p.539하.
143 元曉, 앞의 글, p.540상.

은 아직 일체를 깨달은 부처라 할 수 없다. 그러하기에 비록 '부처의 성품'을 보기는 하였지마는 밝고 뚜렷하지는 못하다'고 하였다. 그 나머지의 다른 경문들이 서로 맞지 않는 것도 이를 기준하여서 통합해야 한다"[144]고 하였다.

원효는 "'십지보살이 비록 일승一乘은 보지마는 부처의 상주하는 법을 알지 못한다' 함은 이는 인위因位와 과위果位를 들어서 어렵고 쉬움을 나타낸 것이다. '일승'이라 말한 것은 주기 되는 정인正因의 불성佛性을 말씀한 것이요, '부처의 상주常住하는 법'이라 말한 것은 과위果位의 불성을 말씀한 것이다. 십지의 보살은 인행因行의 지위가 원만히 성취되었다. 그러기에 인위의 불성을 보는 것이다. 그러나 아직 부처의 원만한 과위는 얻지 못하였다. 그러기에 과위의 불성을 보지 못한다고 말한 것이다"[145]고 하였다.

이처럼 원효는 불성에 대하여 왜 두 경문의 주장이 다른가에 대하여 서로 가리키는 측면이 다르기 때문이며, 이러한 도리(道理, 實理)로 말미암아 서로 어긋나지 않는다[146]고 답하고 있다. 다만 나머지 글은 서로 어긋나지만 자신이 제시한 기준에 의거하면 통할 수 있다[147]고 하였다. 여러 경전은 글은 다르지만 취지는 같다[148]고 하였다. 이것은 원효의 회통의 논법 중 '통(文異)의 과정'을 보여주는 것이다.

---

144 元曉, 앞의 글, p.540중.

145 元曉, 앞의 글, p.540하.

146 元曉, 위의 글, p.543하. "由是道理, 故不相違故也."

147 元曉, 앞의 글, p.544중. "餘文相違, 準此可通."

148 元曉, 앞의 글, 위의 책, p.511중. "諸經異文同旨."

2) 회會(義同)의 과정

'회(의동)의 과정'은 서로 같은 뜻을 회통하여 서로 다른 글을 통합하는 과정에서 이루어지는 논리의 단계이다. 즉 같은 종류의 뜻을 가졌으면서도 표현된 문구가 서로 다른 것들은 뜻이 같은 종류대로 묶어서 여러 경문들을 회통하려는 것이다. 이를테면 '부처의 성품'이라는 뜻에는 헬 수 없는 부문이 있지마는 그것을 뜻이 같은 종류로 묶어보면 5종을 벗어나지 않는다. 다시 말해서 수많은 시냇물이 큰 바다로 모여드는 '통(文異)의 과정' 이후에 한 가지 짠 맛으로 전개되는 '회(義同)의 과정'이 이루어진다고 할 수 있다.

즉 '뜻이 서로 같은 것에 맞추는 것'의 근거는 "같은 류의 뜻인데도 다른 문구가 있고, 뜻의 동류성으로 인하여 여러 문구의 만남이 있다."[149] 이것은 언교(教)와 취지(義)가 회통의 근거와 매개체가 된다는 사실을 보여준다. "'부처의 성품'이라는 뜻에는 헬 수 없는 부문이 있지만 그것을 뜻이 같은 종류로 묶어보면 다섯 가지를 벗어나지 않는다. 첫째는 자성이 청정한 부문이요, 둘째는 물듦을 따르는 부문의 무상한 불성이다. 셋째는 현재의 과위果位이니 이는 모든 부처가 얻은 것이다. 넷째는 당래當來에 있을 부처의 과위이니 이것은 중생들이 머금고 있는 것이다. 다섯째는 부처의 성품은 바로 일심一心이어서 인위도 아니요 과위도 아닌 것이다."[150] 앞의 첫째와 둘째 부문은 인위의 불성을, 셋째와 넷째의 두 부문은 당래에 있을 붓다의 과위를 말한다.

---

149 元曉, 앞의 글, 앞의 책, p.544하. "會義同者, 於同類義有移文句, 以義類而會諸文."

150 元曉, 앞의 글, 앞의 책, p.545중.

원효는 이와 같은 5종의 부문에 의하여 여러 경문들에 의거하여 논증하고 있다. 이어 첫 번째와 두 번째 부문의 2종의 인因과 세 번째와 네 번째 부문의 2종의 과果는 그 성품이 둘이 아니어서 오직 일심이라고 회통한다. 뒤 이어 "'일심의 성품은 오직 부처만이 몸소 증득한다'며 이 마음을 일러 '부처의 성품(佛性)'이라 한다. 다만 여러 부문을 의지하여 일심의 성품을 나타낸 것이어서 다른 부문을 따라 따로 성품이 있는 것은 아니다"고 하였다.

원효는 염染/정淨 2인因과 당當/현現 2과果의 "'4종 부문'이 다른 것이 아니라면 무엇 때문에 새삼 '일심'이라고 하는가, 일심이라 할 것이 따로 없다면 능히 여러 부문에 해당하는 것이며, 다른 것이 아니기 때문에 여러 부문이 모두 일미평등一味平等한 것"이라고 회통한다. 이것은 '통(文異)의 과정' 위에서 이루어지는 '회(義同)의 과정'이다. 이처럼 화쟁, 즉 '해(이쟁)의 과정'과 '화(회문)의 과정'을 통해 회통, 즉 '통(문이)의 과정'과 '회(의동)의 과정'이 완성된다. 원효가 모색한 화쟁회통의 논리는 해당 주제나 쟁점의 부분성, 해당 교학과 종학의 국부성을 뛰어넘어 불교 전체의 맥락에서 통합 지향과 초종파 지향의 성격을 지니고 있다.

5. 초종파성과 통합불교 지향

한국인, 즉 한국불교인들은 인도불교와 중국불교를 원용하고 변용하여 한국불교의 전통과 고유성을 만들어내었다. 그 과정에서 인도의 교학과 중국의 종학을 아우르며 한국의 불학으로 자리매김 시켰다.

때문에 한국불교는 인도불교를 종학적으로 받아들인 중국불교와 강렬한 종파성을 유지해 오면서 정치사회적 구조와 긴밀하였던 일본불교와 달리 종파성이 없으며 있어도 종파적 성격이 매우 엷다. 왜냐하면 교학의 제약과 종파의 구애에서 벗어나려고 해왔기 때문이다. 이러한 선학(禪學教)과 교학教學의 팽팽한 '긴장'과 종파宗派의 '탄력'이 한국불교의 원동력이 되었다. 그리하여 한국불교는 인도와 서역의 '교학'과 중국에서 열반, 삼론, 비담, 성실, 지론, 섭론, 율, 밀, 법상, 천태, 화엄, 정토, 선법 등으로 꽃을 피운 '종학'을 받아들여 한국의 '불학'으로 열매를 맺었다.[151]

한국불교는 원효가 보여준 것처럼 종파를 넘어서는 초종파성과 부분을 넘어서 통합성을 지향하고 있다. 원효가 보여준 화회和會와 보법普法에서처럼 초종파성과 통합지향은 원효 이전 고구려 승랑僧朗의 진제와 속제를 '통합하여 (중도를) 밝히는 합명合明'과 횡관橫觀과 수관竪觀을 '나란히 살피는 병관倂觀', 신라 원측(文雅圓測)의 공空이면서도 또한 유有를 이루면 이제二諦를 '수순하여 이루는 순성順成'과 비공非空이면서도 또한 비유非有를 이루며 중도中道와 '계합하여 만나는 계회契會' 등의 이론적 논법과 실천적 관법에서도 확인된다. 또 원효가 의상이 전해온 화엄학 텍스트의 입수와 화엄학 연구의 지형에 일정한 영향을 받았지만 그 나름대로의 독자성은 분명히 존재한다. 원효 이후의 의상義湘과 균여均如의 주인과 손님이 '서로 (다라니법을) 이루는 상성相成'과 횡진법계橫盡法界와 수진법계竪盡法界를 '원만히

---

151 高榮燮, 「한국불교의 보편성과 특수성」, 앞의 책, pp.73~74.

통섭하는 원통(周側)', 지눌과 휴정의 선과 교를 '겸하여 닦는 겸수兼修'
와 불도유 삼교를 '모아서 통합하는 회통會通' 등에서도 확인된다.[152]
유교를 숭상하고 불교를 억제했던 조선 정부가 교단을 통폐합하고
승과僧科와 도승度僧 조목까지 폐지하여 형식적으로 개별 종파는 단절
되었지만, 내용적으로 참선-간경-염불-주력 등을 겸수하는 통합
사상은 계승되어 지금까지 이어지고 있다.

  이처럼 한국불교사상가들은 부분적인 종파성보다는 전체적인 통합
성을 선호했음을 보여준다. 그리고 이러한 관점은 한국불교사상가들
이 해당 명제에 대한 논의의 양극단을 넘어서서 전체를 종합적으로
인식하려는 사상적 노력이자 통합적으로 이해하려는 학문적 태도에서
비롯된 것이라고 할 수 있다. 이것은 곧 다양한 이질적 개물들에
대한 물리적 비빔을 통한 발효와 화학적 달임을 통한 숙성의 과정과
상통한다.[153] 다양한 이질적 개물들을 비비고 달이는(고는) 노력은
대륙과 열도를 잇는 '반도半島'라는 지리적 특성도 있겠지만 그보다는
원효의 화쟁회통의 논법과 긴밀하게 이어진다고 보아야 할 것이다.

  일심의 철학을 구축한 원효의 최종적 교판인 4교판은 삼승과 일승의
구도로 조직되었다. 즉 그는 성문과 연각과 보살, 즉 삼승이 함께
배우는 것인 '삼승교三乘敎'와 이승과 함께하지 않는 수분교(隨分敎,
瓔珞經/ 梵網經) 및 보법普法을 완전히 밝힌 원만교(圓滿敎, 華嚴敎,
普賢敎)를 아우르는 '일승교一乘敎'로 분류하였다. 그는 이들을 다시
연기된 제법의 공성을 밝히지 못한 삼승의 별別(상相)교敎(四諦經/

---

152 高榮燮, 위의 글, 위의 책, pp.74~75.
153 高榮燮, 위의 글, 위의 책, p.75.

緣起經)와 제법의 공성을 두루 설하는 삼승의 통교(通敎, 般若經/ 解深密經)로 구분하였다.[154] 원효는 이승과 함께하지는 않지만 보법이 드러나지 않은 것을 수분교라 하고, 보법을 밝게 궁구한 것을 원만교라하였다. 여기서 주목되는 것은 '보법을 완전히 밝혔다'는 기준에서처럼원효의 화엄 이해는 매우 구체적인 관점이 있었다는 것이다. 원효는일승을 설정하는 기준에 별상으로서의 '보법'뿐만 아니라 총상으로서의 '광엄廣嚴'을 제시하였다.[155]

이러한 교판 아래서 원효는 화쟁과 회통의 논법을 통해 동아시아불교사상사의 얽힌 난맥을 풀고자 하였다. 그는 먼저 동아시아 불교사상사의 주요한 쟁점인 1) 경교의 종지에 대한 두 설, 2) 열반의 성품에대한 두 설, 3) 왕복 결택에 대한 두 설, 4) 불신의 상주와 무상에대한 두 설, 5) 불성의 몸체에 대한 여러 설의 옳고 그름에 대해'해명'(이해)과 '조화'(융화)를 모색하였다. 원효는 '소통하여 풀이함(通解)'과 '회합하여 밝혀냄(會明)'을 '통(文異)의 과정'과 '회(義同)의 과정'으로 파악하였다. 그리하여 글이 서로 다른 것을 통합하여(通文異)뜻이 서로 같은 것으로 회합했다(會義同). 이 과정을 통해 원효의화쟁과 회통의 논리는 단지『열반경종요』의 주석에 나타난 논법을넘어 불교사상사에서 가장 중요한 주제인 열반과 불성에 대한 깊은

---

154 表員,『華嚴經文義要決問答』권4(『韓佛全』제2책, p.385중); 法藏,『華嚴經探玄記』권1(『大正藏』제35책, p.11); 靜法寺 慧苑,『華嚴經刊定記』권1(『卍續藏經』1輯 5套 제9冊 p.18상); 澄觀,『華嚴經疏』권2(『大正藏』제35책, p.51).

155 高榮燮,「원효의 화엄학」,『한국의 사상가 10인: 원효』(예문서원, 2002), pp.515~517.

천착으로 자리매김 되었다.

원효의 이러한 사상적 편력과 성취는 고스란히 한국불교사상가들의
성취로 계승되어 왔다. 즉 한국불교는 인도불교의 공유空有체계와
중국불교의 이사理事체계의 종합적 인식 위에서 성상性相체계 또는
선교禪敎체계의 통합적 이해를 도모해 왔다. 한국불교사상가들의 사
유체계와 인식방법에 보이는 중국불교 13종 등의 다양한 종학들에
대한 물리적 비빔과 화학적 달임이 지속되는 것은 바로 이러한 학문적
태도에서 비롯된 것이었다. 그리고 그러한 결과가 곧 무종파성과
통불교성 다시 말해서 초종파성과 통합불교 지향으로 나타난 것이라
할 수 있다. 따라서 원효의 일심법에 기초한 화쟁회통의 논리는 이러한
한국불교의 전통과 고유성을 보여주는 구체적인 사례이자 실제적인
기제라고 할 수 있다.

6. 물리적 비빔의 발효와 화학적 달임의 숙성

한 나라의 전통은 "어떤 집단이나 공동체에서 과거로부터 이어 내려오
는 바람직한 사상이나 관습, 또는 행동 따위가 계통을 이루어 현재까지
전해진 것"을 가리킨다. 해서 한국의 역사문화 나아가 한국불교의
전통은 한국불교인들의 사상과 관습 및 행동 따위 계통이 지금까지
실마리(統)로 전해져 오는(傳) 역사이자 문화이다. 한국에 불교가
처음 전래되자 종래의 한국인들은 종래의 무속(神敎)사상에 입각하여
배타와 공격을 더하였다. 한동안 그들은 두 사상 사이에서 갈등하다가
점차 불교를 자신들의 신념체계로 받아들였다. 동시에 그들은 불교를

변용하여 자신의 세계관과 가치관으로 만들어 나갔다.

이 때문에 한국불교 속에는 대륙과 반도와 열도에 걸친 한국이라는 지리적, 문화적, 정치적, 사회적 토양 속에서 이루어진 특유의 성장과정과 독특한 성취결과가 어우러져 있다. 그렇다면 인도불교와 중국불교 및 일본불교와 변별되는 한국불교의 전통은 무엇인가? 또 여타의 불교와 변별되는 한국불교의 고유성은 어떤 것인가? 종래의 선학들은 한국불교의 특성 혹은 성격을 '호국불교론'과 '통불교론'으로 제시하였다. 그런데 '호국불교는 국가불교 시절의 호법護法에 대응하는 참여불교 내지 실천불교의 기제였다. 때문에 호국불교'는 한국의 전통과 고유성을 온전히 담보하고 있다고 보기는 어렵다. 반면 무종파성과 통합불교를 지향하는 통불교론은 호국불교론과 달리 한국불교의 전통이자 고유성이 되어 왔다. 이러한 전통은 동아시아 불교사상사를 화쟁회통의 논리로 종합과 통합을 시도한 분황 원효를 기점으로 본격화되어 왔다.

원효는 화쟁을 통해 '다양한 주장'에 대한 해명(이해)의 과정을 거쳐 다시 '경문의 회석會釋'에 대한 조화(융화)의 과정으로 나아갔다. 먼저 앞의 두 가지 '해(異諍)의 과정'을 거쳐 뒤의 세 가지 '화(會文)의 과정'으로 전개하였다. 그리하여 불교의 '다양한 주장을 해명'하고 다시 '경문의 회석會釋'을 조화'시켜 나갔다. 특히 마지막의 불성의 체상을 밝히는 부분에서 화쟁의 논법은 비교적 정연하게 드러나고 있다. 원효는 이어 회통을 통해 글이 서로 다른 것에 통하는 '통(文異)의 과정'과 뜻이 서로 같은 것에 맞추는 '회(義同)의 과정'으로 나아갔다. 그는 염染/정淨 2인因과 당當/현現 2과果의 '4종 부문'이 다른 것이 아니라면 무엇 때문에 새삼 '일심一心'이라고 하는가. 일심이라 할 것이 따로 없다면 능히 여러 부문에 해당하는 것이다. 다른 것이 아니기 때문에 여러 부문이 모두 일미평등一味平等한 것이라며 회통한다. 이것이 '통(文異)의 과정' 위에서 이루어지는 '회(義同)의 과정'이다. 여기에서 화쟁, 즉 '해(이쟁)의 과정'과 '화(회문)의 과정'을 통해 회통, 즉 '통(문이)의 과정'과 '회(의동)의 과정이 완성되는 것이다.

  원효의 화회和會, 즉 화쟁회통 논법은 인도 용수龍樹의 회쟁廻諍, 중국 길장吉藏/혜사慧思의 무쟁無諍과 변별되는 독특한 사유체계라고 할 수 있다. 따라서 한국불교의 고유성은 곧 원효가 확립한 전통에 영향 받아 '물리적 비빔'으로 '발효'되고 화학적 '달임'(고움)으로 '숙성'되어 한국불교의 특성 혹은 성격으로 나타났다. 원효는 화쟁회통의 논리를 통해 해당 주제나 쟁점의 부분성, 해당 교학과 종학의 국부성을 뛰어넘고자 하였다. 그리하여 불교 전체의 맥락에서 통합 지향과 무종파 지향의 성격을 보여주었다. 그것은 교학의 제약을 넘어서고 종파의 구애를 뛰어넘는 초종파성과 선교禪教를 종합하고 제종諸宗을 통합하여 이해하려는 통합불교 지향으로 나타났다. 이처럼 초종파성과 통합불교 지향은 분황 원효의 화쟁회통의 논리를 통해 보다 구체화되어 왔다. 그리고 그것은 한국불교의 전통과 고유성으로 자리매김되었다.

참고문헌

元曉, 『涅槃經宗要』(『韓國佛教全書』 제1책).

元曉, 『十門和諍論』(『韓國佛教全書』 제1책).

元曉, 『本業經疏』(『韓國佛教全書』 제1책).

義天, 「祭芬皇寺曉聖文」, 『大覺國師文集』.

河千旦, 「海東宗乘統官誥」.

覺訓, 「釋順道」, 『海東高僧傳』(『韓國佛教全書』 제6책).

一然, 『三國遺事』(『韓國佛教全書』 제6책).

권상로, 「조선불교사의 이합관」, 『불교』, 제62호, 불교사, 1929.4.

최남선, 「조선불교-동방문화사상에 있는 그 지위」, 『불교』 제74호, 불교사, 1930.

조명기, 『신라불교의 이념과 역사』(신태양사, 1960).

이기영, 「한국불교의 근본사상과 새로운 과제」, 『한국불교연구』(한국불교연구원, 1982).

심재룡, 「한국불교 연구의 한 반성」, 『동양의 智慧와 禪』(세계사, 1990).

金暎泰, 「『열반경종요』에 나타난 和會의 세계」, 高榮燮 編, 『한국의 사상가 원효』 (예문서원, 2002).

김영호 엮음, 「원효 화쟁 사상의 독특성-廻諍(인도) 및 無諍(중국)과의 대조」, 『한국불교의 보편성과 특수성』(한국학술정보(주), 2008).

최병헌, 「한국불교사의 체계적 인식과 이해방법론」, 『한국불교사연구입문』 상(지 식산업사, 2013).

김상영, 「한국불교의 보편성과 특수성」, 한국불교연구원, 『2013년 불교학술세미 나자료집: 불교의 특수성과 보편성』(한국불교연구원).

高榮燮, 「한국불교의 보편성과 특수성-생태관, 평등관, 여성관」, 『한국불교사연 구』(한국학술정보(주), 2012).

高榮燮, 「『三國遺事』 「興法」편과 「塔像」편의 성격과 특징」, 『신라문화제학술논문 집』 제35집, 경주시 신라문화선양회, 2014.

高榮燮, 「한국불교의 보편성과 특수성」, 『대학원연구논집』 제6집, 중앙승가대학교
　　대학원, 2013.

高榮燮, 「효성 조명기의 불교사상사 연구」, 『한국불교사연구』 제4호, 한국불교사
　　연구소, 2014. 2.

高榮燮, 「육당 최남선의 『삼국유사』 인식과 「삼국유사해제」」, 『한국불교사연구』
　　제5호, 한국불교사연구소, 2014. 8.

高榮燮, 「원효 一心의 神解性 연구」, 「불교학연구」 제20호, 불교학연구회, 2008.

高榮燮, 「분황 원효 本覺의 決定性 탐구」, 『불교학보』 제67집, 동국대학교 불교문화
　　연구원, 2014. 4.

高榮燮, 「분황 원효의 和諍會通 논법 탐구」, 『한국불교학』 제71집, 한국불교학회,
　　2014. 9.

제2부

분황 원효와 동아시아 불교사상

제3장 분황 원효와 진제 삼장의 섭론학 이해
─'삼무성三無性'론과 '아마라식阿摩羅識'관을 중심으로─

1. 객진번뇌염과 자성청정심

불교는 깨침과 깨달음을 실현하는 종교이자 철학이다. 그리고 불자는 깨침과 깨달음을 실현하는 존재이자 존재자이다. 여기서 '추구하는'이 아니라 '실현하는'이라는 것은 오늘 이곳에서 '그렇게 하려는 것'이며, '그렇게 살려는 것'을 뜻한다. 그러면 '그렇게 하려는 것'과 '그렇게 살려는 것'은 무엇을 의미하는가. 그것은 무명(迷惑)에 의해 악업을 짓게 되고 악업에 의해 고통을 받게 된 중생이 이고득락離苦得樂, 즉 '괴로움을 여의고 즐거움을 얻어서' 부처가 되는 것을 가리킨다. 우리의 심층마음인 제8아라야식[156] 속의 '객진번뇌염客塵煩惱染'을 정

---

156 眞諦는 자신이 550년에 한역한 『決定藏論』(『대정장』 제30책, p.1020중)에서 '阿羅耶識'이라는 표현을 쓰고 있다. 이 논서는 현장 역의 『瑜伽師地論』 제51~54 권에 수록된 「攝決擇分」에 상응하는 부분이다. 여기서는 알라야식 논증이 이루

화하여 부처 마음인 제9아마라식의 '자성청정심自性淸淨心'을 회복하
는 것이다. 즉 우연히 손님처럼 온 번뇌를 세탁하여 맑고 깨끗한
본래의 성품을 되찾는 것이다. 이것은 현장(玄奘, 602~664)의 번역에
의하면 '전의轉依', 즉 지금 여기에 살고 있는 이들의 '삶의 질적 전환'을
의미한다.

번뇌에 붙들려 있는 중생이 부처가 되기 위해서는 번뇌를 지혜로
탈바꿈시켜야 한다. 즉 채움이라는 분별의 지식을 여의고 비움이라는
무분별의 지혜를 얻는 것이다. 유식학에서는 이것을 전식득지轉識得
智 또는 '전식성지轉識成智' 혹은 '전염성정轉染成淨', 즉 '번뇌가 있는
유루식을 전환시켜 번뇌가 없는 무루지를 얻는 것'으로 표현한다.
이러한 탈바꿈을 위해 불교사상사에서는 깨침 혹은 깨달음을 실현
하려는 무수한 담론들이 제시되었다. 특히 미륵과 세친과 무착 등
유가행 유식학파는 이 부분에 집중하여 철학적 이론의 깊이를 확립하
였고 종교적 실천의 넓이를 확보하였다. 인도의 진제(眞諦, Paramārtha,
499~569)[157]는 미륵-무착-세친(世親, 420~480) 등 유가행파의 이론과
실천을 통섭하기 위해 '삼무성三無性' 개념을 심화하고 아라야식(阿羅
耶識, ālaya-vijñāna)과 '여래장/불성' 개념을 매개하여 '아마라식'(阿摩
羅識, amala-vijñāna)이라는 개념을 창안[158]하였다.[159] 그의 주장은 『결정

어지고 있다.

157 탕용동, 『漢魏兩晉南北朝佛教史』(북경출판부, 1938; 1975), 장순용 『한위양진남
북조 불교사』 4(학고방, 2014), pp.1540~1566. 그의 또 다른 불교사 강의노트는
『隋唐佛教史』가 있으며 그의 아들 탕이제가 강의노트 내용을 정리하여 『隋唐佛
教史原稿』라는 이름으로 출판하였다.

장론』[160] 및 『삼무성론』, 『전식론』, 『십팔공론』 등 여러 곳에 담겨 있지만 여러 부 중에서도 특히 '언사가 풍부하고 이치가 현묘한'『섭대 승론』과 『유가론』에 수록됨으로써 남북조시대 중국불교의 발전에 지대한 역할을 하였다. 대개 그가 번역한 『섭대승론』을 중심으로 전개된 학문적 노력을 '섭론학攝論學'이라 한다.[161] 구역 유식의 기반을 다진 삼장 진제와 구역을 중심으로 불학을 한 분황 원효(芬皇元曉, 617~686)는 만난 적이 없었다. 구마라집과 불타발타라 및 보리유지와 늑나마제 등과 함께 구역 삼장을 대표하는 진제와 구역 경론에 의거해 불학을 시작하였던 원효는 유식학의 주요 담론인 '삼성'/'삼무성'과 '아라야식', 기신학起信學의 '여래장/불성' 그리고 섭론학의 '아마라식'

---

158 眞諦의 阿摩羅識 개념 창안에 대해서는 몇몇 주장들이 있으나 文雅 圓測(613~ 696)의 저작에 인용된 진제의 『九識章』에 담긴 내용을 근거로 보더라도 9식설은 진제설로 귀속될 수 있다고 보는 것이 대체적인 입장이다. 안성두(a), 「眞諦의 삼성설 해석과 阿摩羅識」, 『불교연구』 제42집, 한국불교연구원, 2015, p.103 참조.

159 無著菩薩 造·波羅頗蜜多羅 譯, 『大乘莊嚴經論』(『大正藏』 제31책 p.623상.上). "此中應知. 說心眞如名之爲心. 卽說此心爲自性淸淨. 此心卽是阿摩羅識." 전13 권으로 된 이 경론은 4세기 후반 경에 마이트레야의 偈頌을 전해 받은 아상가 (310~390)가 세상에 알리고, 5세기경의 바수반두가 게송에 주석한 長行 부분을 저술했으며, 프라바카라미트라(627~633년 중국 거주)가 660~663년에 漢譯하였 다. 이것으로 미루어볼 때 '阿摩羅識'이란 용어는 진제(499~569)가 처음으로 번역 표기한 것으로 추정된다.

160 眞諦 譯, 『決定藏論』(『대정장』 제30책, pp.1018중~1035중).

161 인도 유식학을 계승한 지론학과 이로부터 분기한 지론종 남도파와 북도파로 이어지며 북도파는 섭론종에 흡수되고 남도파는 수말당초에 섭론종과 화엄종에 흡수되었다.

의 개념을 통해 그와 사상적으로 만날 수 있었다. 삼장 진제는 유가행 유식학의 경론들에 대한 '단순 번역'으로서 논서들뿐만 아니라 '해설 문헌'으로서 논서들을 펴내었다. 특히 진제가 '번역 해설'한『결정장론』및『삼무성론』,『전식론』과『십팔공론』은 진제와 원효가 만날 수 있는 주요한 논제들을 제시하고 있다. 이들 논서들을 근거로 하여 인도의 진제와 신라의 원효는 시대를 뛰어넘어 만날 수 있었으며 그 결과 불교사상사의 내포를 단단히 하고 외연을 넉넉히 할 수 있었다.

진제는 불경번역사에서 축법호竺法護, 불도징佛圖澄, 안세고安世高 등의 '고역古譯' 시대를 마감하고 구마라집(鳩摩羅什, 344~413/350~409)과 불타발타라(佛陀跋陀羅, 359~429), 보리류지(菩提流支, 508~535) 삼장 등과 함께 구역舊譯 시대를 열었던 주역 중의 한 사람이었다. 이후 현장(玄奘, 602~664), 의정(義淨, 635~713), 실차난타(實叉難陀, 652~710), 반야(般若, ~695~) 등에 의해 신역新譯 시대가 열리기 전까지 진제는 구역의 대표적인 삼장이자 논사였다. 원효 또한 구마라집, 불타발타라, 보리류지, 늑나마제, 진제 등이 번역한 구역 경론에 입각하여 불학을 하면서도 현장, 의정 등 삼장의 신역 경론까지 구해 숙독하면서 자신의 사상적 지형도를 그려나갔다. 진제와 원효, 원효와 진제의 사상적 만남은 이들 두 사람이 집중하였던 유식학과 지론학의 '삼성'/'삼무성'과 '아라야식', 기신학의 '여래장/불성' 나아가 섭론학의 '아마라식' 담론을 통해 깊어질 수 있었다. 이 글에서는 원효를 구심으로 진제를 원심으로 논의를 진행하되 경우에 따라서는 진제를 구심으로 하면서 원효를 원심으로 유식학의 아리야식과 섭론학의 아마라식이라는 논제들을 살펴보기로 한다.

2. 유식학의 아리야식과 섭론학의 아마라식

대승아비달마로 자리한 미륵—무착—세친 등의 유가행 유식학파의
사상가들은 윤회의 주체 문제를 '유식唯識', 즉 '오직 식뿐'이라는 뜻으
로 풀어나갔다. 여기서 '식'은 우리의 정신활동 일반을 가리키며 표층의
식인 6식과 제7식 그리고 심층마음인 제8아뢰야식까지를 총괄한다.
이들은 외계의 사물들을 실재한다고 파악하지 않고 그것들을 우리들의
마음이 만들어낸 마음 작용의 소산으로 해명하였다. 이들이 발견한
'아리야식(舊譯)', 즉 '아뢰야식(新譯)'은 자기 존재의 궁극체이며 윤회
의 주체로서 상정된 것이었다.[162]

유식의 소의경전인 『해심밀경』에 의거한 아리야식은 반야공사상과
만나면서 새로운 사상적 변화를 보이기 시작하였다. 가유假有에 입각
한 유식사상과 공성空性에 입각한 반야공사상은 현실적 관점인 현료상
과 근본적 관점인 은밀상의 측면으로 대비되지만 기본적인 차이는
크게 없다. 유식의 주요 담론인 삼성설과 삼무성설은 반야사상을
해롭게 해석하던 일군의 사상가들에 의해 전개되었다. 이 과정에서
『해심밀경』과 『대승아비달마경』에 기초한 미륵—무착—세친의 유식
학은 진나陳那—무성無性—호법護法—계현戒賢—현장玄奘의 유상유식
(법상종)과 덕혜德慧—안혜安慧—진제眞諦의 무상유식(섭론종)의 사상
적 전개로 이어졌다. 이들은 아뢰야식과 말라식과 전6식의 관계를
오직 인식주체인 식만 있을 뿐 의식 바깥의 객관적 대상은 없다는

---

162 高榮燮(e), 「동아시아 불교의 보편성과 특수성」, 『문학 사학 철학』 제52–53호,
대발해동양학한국학연구원 한국불교사연구소, 2018년 6월 참조.

유식무경唯識無境과 의식 속에서 인식대상과 인식주체는 모두 사라진다는 경식구민境識俱泯의 담론으로 해명하였다.

한편 북위 선무제의 영평 원년(508)에 세친의 『십지경론』을 번역한 보리류지(菩提流支, 508~535)와 늑나마제(勒那摩堤, ~508~)에 의해 형성된 지론종은 도총道寵의 북도파와 혜광(慧光, 468~537)의 남도파로 분기되었다. 북도파는 아리야식을 염오생멸染汚生滅의 망식妄識으로 파악하고 모든 존재가 아리야식으로부터 생긴다는 리아의지梨耶依持설을 주장하였다.[163] 이와 달리 남도파는 그것을 무구순정無垢純淨의 진식眞識으로 간주하고 모든 존재가 법성과 진여로부터 생긴다는 진여의지眞如依持설을 주장하였다.[164]

아리야식 의지설과 진여 의지설을 주장하던 이들 두 파는 자기의 입장을 견지하면서 격렬한 논쟁을 펼쳤다. 결국 오래지 않아 북도파는 세력을 잃고 그 뒤에 일어난 섭론종에 흡수되었다. 반면 남도파는 지론종의 전통을 이어받아 육조시대와 수나라에 걸쳐 번영하였다. 하지만 남도파 또한 수나라 말 당나라 초에 이르러서는 섭론종과 화엄종에 흡수되었다. 진제(眞諦, 499~569)와 그의 제자들에 의해 형성된 섭론종은 구역 유식으로서 확고하게 자리를 잡았으며 제9아마라식의 존재를 해명하였다. 그는 제8아리야식을 진망화합의 식으로 보았으며, 이 아리야식 위에 순정하고 무구한 제9아마라식을 시설하였다.

163 요코야마 고이츠, 『불교의 마음사상: 유식사상입문』, 김용환·유리(산지니, 2013), pp.70~71.
164 高榮燮(e), 위의 글, 위의 책.

이후 섭론종은 지론종 북도파를 흡수하여 한때 번영했지만 당대에 이르러 법상종이 흥륭하자 급격히 쇠퇴하였다. 진나陳那-무성無性-호법護法-계현戒賢-현장玄奘으로 계승된 유상유식은 현장의 제자인 규기(窺基, 632~682)가 6경 11론에 기초해 법상종을 창종하면서 한동안 계승되었다. 하지만 지론종과 섭론종은 오랫동안 지속되지 못하고 화엄종과 법상종에 흡수되었다.

한편 삼장 진제는 서인도 우자인(Ujain, 優禪尼) 출신으로 세친世親의 유식학에 특히 정통하였다. 그는 중국 남조의 양나라 때 부남扶南, 즉 현 캄보디아를 거쳐 중국 남해에 도착(546)하였다.[165] 진제는 남쪽의 항구로부터 양나라 수도 건업建業에 이르러(548) 무제로부터 환영을 받았다.[166] 양무제는 진제를 역경소의 수장으로 삼아 역경사업에 본격적으로 착수하고자 하였다. 하지만 진제는 후경侯景의 난을 만나 경읍京邑이 파괴되고 훼손되자 마침내 남쪽 광동지역으로 내려가 광주廣州 제지사制旨寺[167] 등에서 잠행하며 상당한 분량의 경전을 번역하였다.

남북조의 전란시대에 양나라로 건너온 진제는 한곳에 정착하지 못하였다. 그는 전란을 피해 유랑하는 삶이 결코 행복하지 않았다. 이 때문에 진제는 여러 번 고국 인도로 돌아가고자 하였다. 하지만 그때마다 그는 문도들에게 설득되어 간절한 염원을 이루지 못하였다. 562년에 진제는 인도로 가는 배에 올랐으나 태풍이 올라와 배를 남해에 멈추게 하였다. 당시 남해의 지방관과 그의 아들이 진제에게 그 도시에

---

165 道宣, '拘那羅陀'조, 『續高僧傳』(『大正藏』 제50책, pp.429~431상).

166 K.S. 케네쓰 첸, 『중국불교(상)』, 박해당(민족사, 1991), p.151.

167 진제는 이곳에서 『顯識論』과 『三無性論』 등을 번역하였다.

남아 있기를 강력하게 권하였다. 그는 그들의 호의와 열성에 감화되어 그곳에 머무르기로 하였다. 그러나 몇 해가 지난 568년 진제에게 또 다른 시련이 다가왔다. 그는 자살을 시도하려 했으나 제자들의 만류로 실행하지 못하였다.[168]

이후 진제의 제자들이 환경의 변화가 스승의 사고방식을 더 낫게 해 줄 수 있을 것으로 기대하고 그에게 수도 건업建業으로 돌아가기를 권하였다. 하지만 이 계획은 그의 명성과 학식을 시기한 수도의 승려들에 의해 방해를 받아 이루지 못하였다. 이듬해 그는 병이 들어 71세의 나이로 입적하였다. 이러한 역경 속에서도 진제는『유식이십론』등과 같은 유식계 주요 논서의 한역을 통해 인도의 무착無著, 세친世親의 유식학을 중국불교계에 소개하는 중요한 역할을 담당하였다. 그는 중국에 머무는 동안 경론 번역에 집중하여 약 300권이 넘는 번역서를 남겼다. 그와 그의 제자들의 노력으로 당대에는 현장玄奘과 규기窺基에 의해 법상종이 성립되고 혜소慧沼와 지주智周로까지 이어지면서 발전할 수 있었다. 이러한 사상적 변환은 원효의 사상적 지형에도 일정한 영향을 미쳤다.

원효는 출가 이후 구마라집, 불타발타라, 보리류지, 늑나마제, 진제 등의 구역 삼장들이 번역한 경론을 입수해 숙독하였다. 그는 진흥왕 때 명관明觀이 가져온 1,700여 권의 구역 경론과 선덕여왕 때 자장慈藏이 가져온 400함의 구역 경론들을 황룡사와 분황사에서 숙독하면서 연찬할 수 있었다.[169] 때마침 원효는 인도 유학을 다녀온 현장이 장안의

168 K.S. 케네쓰 첸, 위의 책, p.151.
169 慈藏이 가져와 보관한 분황사 소장의 舊譯 經論들은 주로 元曉가 이용했을

자은사慈恩寺에 머물며 많은 신역 경론들을 번역한다는 소문을 듣고 있었다. 그는 현장의 문하에서 공부하기 위해 의상과 함께 두 차례의 유학을 시도하였다. 원효는 의상과 함께 무덤에서 자던 중 일어나 깨침을 얻은 이후 많은 변화를 경험하였다.[170] 그 뒤 그는 구역 경론에 입각하여 불학을 연구하면서도 막 신라에 전해진 신역 경론까지 검토하면서 많은 저술들을 펴내었다.

원효는 구역과 신역 경론을 접하면서 일심의 지형도를 그려나갔다. 그는 일심, 즉 중생심을 유식학의 망식인 아뢰야식으로서 일심, 기신학의 '적멸/여래장으로서 일심', 화엄의 진심으로서 일심', 선법의 '본법으로서 일심'으로 해명하였다.[171] 이처럼 원효는 교학의 단계와 수행의 차제를 통해 일심의 수행론과 해탈론을 심화 확장하였다. 원효가 그의 만년작인 『금강삼매경론』에서 본각의 결정성이자 법신불의 입장에서 제시한 아마라식, 즉 암마라식菴摩羅識을 수용하고 있는 것도 구역 유식인 섭론학의 맥락에서 이해할 수 있다.

것으로 추정된다. 이후 자장에 의해 通度寺가 창건되면서 이들 경론은 통도사로 옮긴 것으로 추정된다. 김복순, 「자장의 분황사 주석과 구황동 園池」, 『원효학연구』 제21집, 원효학연구원, 2016. 12 참조.

170 贊寧, 「唐新羅國黃龍寺元曉傳大安」, 『宋高僧傳』(『대정장』 제50책, p.730).

171 여기서 화엄의 '眞心으로서 一心'과 선법의 '本法으로서 一心'에는 상통성과 상이성이 투영되어 있다.

3. 진제의 삼무성론과 아마라식관

유식사상의 기반에는 반야의 공사상이 자리하고 있다. 유식학의 삼성
론은 『반야경』에 설해진 3종의 존재형태를 유가행 유식가들이 학설화
한 것이다. 『섭대승론』 등 구역 경론에서는 분별성分別性, 의타성依他
性, 진실성眞實性 3종으로 '존재형태'를 해명한다. 이와 달리 신역 경론
인 『해심밀경』과 『중변분별론』 등에서는 3종의 존재형태인 삼성三性
을 변계소집상, 의타기상, 원성실상의 삼상三相으로 부르고 있다.[172]
이들은 가립된 존재형태(분별성), 다른 것에 의존하는 존재형태(의타
성), 완성된 존재형태(진실성)로 설명되었다. 이들 3종의 존재형태는
오염된 세계에 대한 부정不淨과 청정한 세계에 대한 증득證得과 관련되
어 설해지고 있다.[173]

갖가지 사유에 의해서 갖가지 물질이 사유되지만, 그 사유된 것은
가립된 존재형태이다. 그것은 실재하지 않는다.[174] (20송)

분별성(parikalpita-svabhāva, 遍計所執性)은 '가립된 존재형태', 즉
변치 않는 형태로 인식된 '자아와 세계'라는 범부의 인식내용의 허망함

---

172 현장은 三性을 遍計所執性, 依他起性, 圓成實性으로 번역하였다. 또 三性에
　　대응하여 三無性을 相無自性性, 生無自性性, 勝義無自性性으로 번역하였다.
173 핫도리 마사키, 『인식과 초월』, 이만(민족사, 1991), pp.130~141.
174 世親, 『唯識三十頌』, 玄奘(『대정장』 제31책, p.61상). "由彼彼遍計, 遍計種種物,
　　此遍計所執, 自性無所有."

을 의미한다. 즉 변계소집성은 허망분별에 의해 망령되게 분별된
것이다. 가립된 존재형태는 구상된 존재형태, 즉 명칭에 의해서 표현되
어진 갖가지 물질 또는 그 특질을 일컫는다.

> 다른 것에 의존하는 존재형태는 연緣에 의해서 생기는 구상작용이
> 다.[175] (21송 전반)

의타성(paratantra-svabhāva, 依他起性)은 '비실재의 가립'(abhuta-pa-rikalpita)인 '구상작용', 즉 다른 것에 의존하는 존재형태이다. 의타기는
연기緣起와 같으며 식은 많은 연이 모여서 이루어진 것이다. 서로
의존해서 생기하고 있는 일체의 현상적인 존재는 '다른 것에 의존하는
존재형태'를 지니고 나타내어져 있는 것이다.[176] 이 때문에 연이 흩어지
면 식도 없어진다. 그러므로 식은 끊임없이 변화해 간다. 이러한 변화를
'찰라멸'이라고 한다. 찰나멸은 식을 생기게 하는 인연인 명언종자와
업종자로 이루어진다. 즉 식이 생기는 원인이기에 '인으로서의 연'이란
뜻의 ①인연因緣, 전 찰나의 식의 멸이 다음 찰나의 식이 생기기
위한 조연助演이 되는 ②등무간연等無間緣, ③인식의 대상인 소연연所
緣緣, 사물의 성립을 돕는 일체의 힘이자 자기를 위해 자기를 제외한
일체의 것인 ④증상연增上緣의 4연으로 구분되고 있다.

완성된 것이란 '다른 것에 의존하는 존재형태'가 '가립된 존재형태'

---

175 世親, 『唯識三十頌』, 玄奘(『대정장』 제31책, p.61상). "依他起自性, 分別緣所生."
176 핫도리 마사키, 『인식과 초월』, 이만(민족사, 1991), p.132.

를 항상 여읜 것이다.[177] (21송 후반)

진실성(paraniṣpanna-svabhāva, 圓成實性)이란 의타기의 식으로부터 허망분별이 제거된 상태를 의미한다. 이것은 모든 것의 있는 그대로의 모습, 즉 진여를 가리킨다. 보살들은 '근원적인 사유'에 의해서 진여를 상하가 뒤바뀌어 서로 어긋나지 않게 이해하고, 이해한 내용을 명상에 의해서 완전한 깨달음에 도달한다.[178] 여기서 유식관을 수행하여 식으로부터 허망분별이 제거되면 진실성이 나타난다. 이것은 곧 전의轉依를 가리킨다. 전의는 식에서 아집과 법집이 없어지는 것이다. 그래서 소연연所緣緣으로서 외계로부터의 자극에 따라 있는 그대로의 세계가 이뤄지는 것이다. 이것을 아공과 법공에 의해 실현되는 '이공소현二空所顯의 진여'라고 한다. '있는 그대로의 인식의 실재성'이라 할 수 있는 진여는 '공성'을 본성으로 하고 있다는 점에서 불교의 지향이 어디에 있는지를 잘 엿볼 수 있는 것이다.

그런데 후대에 저술된 논서에서 3종의 존재형태는 각기 자기 존재성을 가진 것으로 나열된다. '오염을 끊고서 깨끗함을 얻는다'는 실천적인 관심에서 설해지고 있는 것이다. 바꾸어 말하면 3종의 존재형태에 관한 고찰은 유가행의 일환에서 이루어져 왔다. 『해심밀경』 제5장인 「무자성상품」에서 3종의 존재형태 각각은 '무본성無本性'인 것으로 서술될 때 한층 명료하게 나타난다. 그런데 붓다는 5온, 12영역, 18요소를 위시해서 갖가지 현상적인 존재가 있는 것을 인정하면서 가르침을

---

177 世親, 『唯識三十頌』, 玄奘(『대정장』 제31책, p.61상). "圓成實於彼, 常遠離前性."
178 핫도리 마사키, 앞의 책, p.132.

설하고 있다.[179]

『해심밀경』은 사람들이 3종의 존재형태를 각각 다른 존재성을 가진 것으로 생각하기 때문에 3종의 무본성을 명확히 하고 있다. 한편으로는 모든 현상적인 존재는 자기 동일적인 본성을 갖지 않고 발생되지도 않으며 소재는 모두 '무본성'이라고 하였다. 그리고 '가립된 것'은 명칭에 의한 규정에 대응하는 것이므로 본성을 갖지 않는 것(相無自性), '다른 것에 의존하는 것'은 생성되는 것이므로 본성을 갖지 않는 것(生無自性)인 '완성된 것'은 최고의 진실로서 무본성인 것(勝義無自性)을 보이고 있다.[180]

그런데 진제의 아마라식 개념의 도입은 그의 삼성설 이해와 불가분의 관련성을 맺고 있다. 그는 아마라식 개념을 인도 유식학의 핵심 주제인 삼성설에서 진실성의 해석과 관련시키기 때문에, 이 개념의 사상사적 의의를 이해하기 위해서는 삼성설의 맥락을 고려해야 한다. 하지만 진제의 아말라식 개념의 도입은 그의 삼성설 이해와 불가분의 관련성을 가지고 있다고 여겨지지만, 삼성설과 관련해서 아마라식을 어떻게 해설할 수 있는가의 문제는 아직 본격적으로 연구되지 못하고 있다.[181] 진제는 『삼무성론』에서 삼성의 정의를 다음과 같이하고 있다.

일체의 제법은 이 세 가지를 벗어나지 않는다. 첫째는 분별성이요,

---

179 핫도리 마사키, 앞의 책, p.133.

180 핫도리 마사키, 앞의 책, p.133.

181 안성두(a), 「眞諦의 삼성설 해석과 阿摩羅識」, 『불교연구』 제42집, 한국불교연구원, 2015, p.105.

둘째는 의타성이며, 셋째는 진실성이다. 분별성이란 명언에 의해
드러나는 제법의 자성이니 곧 대상으로 현현하는 식의 부분(似塵識
分)이다. 의타성이란 인연에 의존하여 법의 자성을 드러내는 것이
니 곧 난식분亂識分이 원인인 내적 감각능력과 조건인 내적 감각대
상에 의존해서 일어나기 때문이다. 진실성이란 제법의 진여이다.
법이란 곧 분별성과 의타성 두 자성이며, 진여란 곧 이들 두 자성의
비존재이다. 분별성은 자체의 특징이 없기 때문에 존재하지 않는
것이다. 의타성은 생함이 없기 때문에 존재하지 않는 것이다.
이들 두 (자성의) 비존재는 모두 변이가 없기 때문에 진여라고
한다. 이 때문에 이 진여를 진실성이라 부르는 것이다.[182]

밑줄을 친 부분은『현양성교론』과 겹치고 있지만 그 나머지는『삼무
성론』에만 보이는 부분이다. 아마도『삼무성론』에서만 보이는 이
부분은 진제에 의해 보충된 것이거나 또는 진제가 속한 학파의 해석일
것[183]으로 추정된다. 여기서 주목되는 정의는 바로 '분별성'이다.
　진제는 분별성이란 '대상으로 현현하는 식의 부분(似塵識分, artha-
pratibhāso vijñānabhaāgaḥ)'이며, 의타성은 '원인인 내적 감각능력(根)
과 조건인 내적 감각대상(塵)에 의존해서 일어나는 난식분亂識分'이고,
진실성은 제법의 진여로서 '법이란 곧 분별성과 의타성의 양자이며,

---

182 眞諦 譯,『三無性論』(『대정장』제31책, 867중). 밑줄을 친 대목은 玄奘 譯『顯揚聖
　　教論』의 내용과 부분적으로 겹친다.
183 안성두(b),「진제의『삼무성론』에 나타난 삼성설 해석의 특색」(I),「인도철학」
　　제41집, 인도철학회, 2014. 8, p.337.

진여란 곧 이들 두 자성의 비존재'이다[184]고 하였다. 여기의 '사진似塵'
에서 '사似'가 '현현' 혹은 '사현'(pratibhāsa)을 가리키고, '진塵'은 '대
상'(artha)을 가리킨다는 것은 진제 번역『중변분별론』과『섭대승론석』
에서도 확인할 수 있다.

또 진제가 쓴 '식분識分', 즉 '대상으로 현현하는 식의 부분'에서
주목되는 것은 의타기가 '대상으로 현현하는 식 내부의 사태'이지
식 외부의 사태가 아님을 보여주는 지점이다. 여기서 식은 그가 '아라야
식'을 '본식本識'으로 번역해온 것처럼 제8아라야식을 가리킬 것이다.

진제는 분별성을 대상, 의타성을 대상을 파악하는 의식작용, 그리고
진실성을 양자의 비존재로 해석하면서, 의식과 그 대상은 서로 구별될
수 없을 정도로 연관되어 있기 때문에 의타성과 분별성의 관계는
비일비이非一非二라고 강조한다. 특히 그는 의타성을 '난식분亂識分'이
라는 개념으로의 번역을 통해 독자적 이해를 보여준다. 여기서 진제는
'난식'이 '원인인 내적 감각능력과 조건인 내적 감각대상에 의존해서
일어나기 때문'이라고 정의하고 있다.

이것은 그가 의타성으로서의 난亂이 바로 이런 식의 대상인 근과
경의 결합을 통해 생겨난 표상을 가리킨다고 보는 점에서 그는 전통적
인 〈근+경→ 식〉이란 불교 지각론의 맥락에 의거하고 있다. 그 점에
서 이 설명은 난식분의 의타적 성격을 반복해서 설명하는 것으로
보이지만, 여기서 차이는 난식의 성립을 모두 내적인 근根과 진塵에

---

184 *Triṃśikavijñaptibhāṣya*, Ed. Hartmut Buescher. Wien: 2007; 안성두(c), 「『삼
무성론』에 나타난 진제의 삼성설 해석의 특징(II)」, 『인도철학』 제42집, 인도철
학회, p.262 재인용.

의존하는 것으로 설명하는 점이다.[185]

동시에 이것은 진제가 인으로서의 근과 연으로서의 색 등의 대상을 모두 내재적인 것, 다시 말해서 내부적 사태로 파악함으로써 인－연 자체를 분별성으로 파악하고 있는 점이다. 이것은 『삼무성론』의 기술 처럼 "분별된 대로 존재하는 것이 아니기에 존재한다고 말할 수도 없고, 한결같이 존재하지 않는 것도 아니기에 존재하지 않는다고 말할 수도 없는"[186] 사물의 존재방식에 대한 해명으로 이헤된다.

반면 진실성은 이런 의식과 대상 양자를 여읜 상태로서, 이들 두 자성의 비존재가 바로 진여라는 것이다. 그리고 이런 진실성의 초월적 성격은 유식의 도리로 설명된다.[187] 이처럼 진제는 진실성을 바라보는 관점에서 독자적인 해석을 보여주고 있다. 『해심밀경』에서 진실성은 '제법의 진여'라고 정의하고 있지만, 진제는 제법은 분별성과 의타성이고, 진실성이란 이들 두 자성의 비존재로서 진여라고 하였다.

이것은 『유식삼십송』에서 "진실성이란 의타성이 분별성을 항시 여읜 것"이라는 정의와 분명히 구분되는 것이다. 진제는 의타성에서 분별성인 대상을 제외하면 남아 있는 것은 능연/소연이지 진실성이 아니기 때문이라고 보았다. 나아가 진제는 분별성이란 상相의 비존재 이기 때문에 비존재하며, 의타성도 생生의 비존재이기 때문에 비존재 라고 설명하면서, 진실성이란 바로 이들 분별성과 의타성 양자의

---

185 안성두(b), 위의 논문, p.340.

186 眞諦 譯, 『三無性論』(『대정장』 제31책, p.871상). "此性如所分別, 不如是有, 故不 可言有. 不一向是無亦不可說無. 不如是有故非有. 不一向無故非無."

187 안성두(c), 위의 논문, p.262.

비존재를 통해 무변이無變異한 진여를 증득하는 것[188]이라고 해명한다.

이 설명은 『해심밀경』에서와 같이 삼성을 삼무성과 관련시키고 있다고 보이지만, 그 차이는 후자가 의타성을 허망성으로 규정하면서 제거대상이라고 간주하는 반면, 진여를 무변이성과 관련시키면서 이것만이 진실성이라고 설하는 점에 있다. 진제는 이것을 『삼무성론』의 '식여여識如如' 항에서 진여를 무전도와 무변이성으로서 구분하면서 명확히 제시하고 있다.[189] 이것은 진제가 아마라식만이 무전도無顚倒이고, 무변이無變異이며, '진정한 진여(眞如如)'[190]의 성격을 지니고 있으므로 진여의 진정한 성격은 진여 개념 자체가 함축하고 있는 존재의 본연성에서 찾아야 한다고 본 것으로 이해할 수 있다.

또 진제는 삼무성을 명칭과 대상 및 분별의 관계 속에서 해명하고 있다. 그는 삼성이 자성을 여의고 있는 것으로서 삼무성을 이해하면서 분별성인 대상을 상무성相無性으로, 의타성인 대상을 파악하는 의식 주체를 생무성生無性으로, 진실성인 양자의 비존재를 승의무성(眞實/勝義無性)으로 해석하고 있다. 이것은 존재의 가유성假有性에 의거한 삼성론을 존재의 공무성空無性에 의거한 삼무성론으로 전환한 것이다. 세친의 삼성론에 의하면 의타성을 끝내 부정하지 않지만, 진제는

---

188 眞諦 譯, 『轉識論』(『대정장』 제31책, p.62하).

189 안성두(b), 앞의 논문, pp.343~344.

190 眞諦, 譯, 『三無性論』(『대정장』 제31책, pp.871하~872상). "無變異者 明此亂識 卽是分別依他似塵識所顯 由分別性永無故 依他性亦不有 此二無所有 卽是阿摩羅識 唯有此識獨無變異故稱如如 … 唯阿摩羅識是無顚倒 是無變異 是眞如如也 前唯識義中亦應作此識說 先以唯一亂識遣於外境 次阿摩羅識遣於亂識故 究竟唯一淨識也."

삼무성론에서 의타성을 한정하거나 부정하고자 한다. 이것은 진제의 인식이 반야공관 위에서 시설되고 있기 때문이 아닌가 한다.

대개 분별성이 의타성에 속하는 분별을 통해 설명되는 데에서 나타나듯이 진제 또한 『삼무성론』에서 분별성과 의타성을 실질적으로 하나의 쌍으로 다루고 있다. 그리하여 의타성은 존재하는 것으로 간주되지만, 그 존재성은 유-무, 실유-가유, 승의유-세속유의 구분을 통해 한정하고 있다. 의타성은 분별성처럼 세속유이며 승의유가 아니다. 따라서 그것은 제거될 수 있다는 함의이다. 반면에 진실성은 분별성과 의타성의 제거를 통해 얻어지는 것으로, 궁극적으로 존재하는 것으로 간주하고 있다.[191]

진제는 생생生生, 상相, 식識, 의지依止, 사행邪行, 청정淸淨, 정행正行 등 7종의 여여如如에 삼성의 방식을 적용시켜 세 측면에서 재해석하고 있다.[192] 특히 그는 인도의 유식가들의 논지에 의존하면서도 직역을 하지 않고 자신의 이해에 근거한 독자적 해석도 서슴지 않았다. 이것은 진제가 인도 문헌에 대한 단순한 직역의 역경가가 아니라 오랫동안 중국 지역에 살았던 독자적 사상가로서 면모를 보여주는 지점이다. 바로 이 지점이 인도 유식학과 중국 섭론학이 연속되는 지점과 불연속되는 지점이라고 할 수 있다. 그 경계에 진제 유식이 자리하고 있다.

그런데 진제는 분별성과 의타성이 사라진 '진실성'을 후대의 현장이 번역하는 '전의(轉依, āśrayaparivṛtti)'와 달리 아마라식으로 이해한다. 이것은 '인식의 질적 전환'인 전의轉依와 아마라식의 관계를 시사해

---

191 안성두(a), 앞의 논문, p.292.

192 眞諦 譯, 『三無性論』(『대정장』 제31책, p.871중).

주는 대목이다.[193] 『성유식론』 주석서에 의하면 전의는 "능히 의타기상의 변계소집을 전사轉捨하고, 능히 의타기 가운데의 원성실성을 전득轉得한다"[194]고 하였다.

그런데 현장은 『유가사지론』 「섭결택분」에서 환멸문으로 아라야식, 즉 아뢰야식을 대치하고서 '전의'를 얻는다고 하였다. 이와 달리 진제는 『결정장론』에서 아라야식을 대치하고서 아마라식을 증득한다고 하였다. 진제가 '아마라식의 증득'이라고 보았던 부분을 현장은 '전의'라는 술어로 번역한 까닭은 어디에 있을까? 즉 현장이 아라야식을 대치하고 '전의'를 얻는다고 한 것과 진제가 아라야식을 대치하고서

---

193 眞諦 譯, 『決定藏論』(『大正藏』 제30책 p.1020중). "阿羅耶識對治故 證阿摩羅識 阿羅耶識是無常 是有漏法 阿摩羅識是常 是無漏法 得眞如境道故證阿摩羅識 阿羅耶識爲麤惡苦果之所追逐 阿摩羅識無有一切麤苦果 阿羅耶識而是一切煩惱根本 不爲聖道而作根本 阿摩羅識亦復不爲煩惱根本 但爲聖道得道得作根本 阿摩羅識作聖道依因 不作生因 阿羅耶識於善無記不得自在 阿羅耶識滅時有異相貌 謂來世煩惱不善因滅 以因滅故則於來世五盛陰苦不復得生 現在世中一切煩惱惡因滅故 則凡夫陰滅 此身自在卽便如化 捨離一切麤惡果報 得阿摩羅識之因緣故 此身壽命便得自在." 彌勒菩薩造 玄奘譯, 『瑜伽師地論』(『大正藏』 제30책 p.581하). "當知轉依由相違義 能永對治阿賴耶識 又阿賴耶識體是無常 有取受性 轉依是常 無取受性 緣眞如境聖道方能轉依故 又阿賴耶識 恒爲一切麤重所隨 轉依究竟遠離一切所有麤重 又阿賴耶識 煩惱轉因 聖道不轉因 轉依是煩惱不轉因 聖道轉因 應知但是建立因性 非生因性 又阿賴耶識 令於善淨無記法中不得自在 轉依令於一切善淨無記法中得大自在 又阿賴耶識斷滅相者 謂由此識正斷滅故捨二種取 其身雖住猶如變化 所以者何 當來後有苦因斷故 便捨當來後有之取 於現法中一切煩惱因永斷故 便捨現法一切雜染所依之取 一切麤重永遠離故 唯有命緣暫時得住."

194 『唯識三十論要釋』(『대정장』 제85책, p.977하).

'아마라식'을 증득한다고 한 것의 차이는 무엇일까?[195] 진제는 아라야식
은 무상하고 유루법이지만 아마라식은 항상하고 무루법이어서 진여
경계의 도를 얻기 때문에 아마라식을 증득할 수 있다고 하였다.

또 현장은 아뢰야식과 전의의 관계를 논의하면서 아뢰야식은 무상無
常하므로 취가 있어야 성性을 받지만, 전의轉依는 항상恒常해서 취取가
없어도 성性을 받을 수 있으며, 진여 경계를 인연하여 성스러운 도가
비로소 전의할 수 있기 때문이라고 하였다. 반면 『섭대승론』에서는
"전의란, 즉 의타성이 잡염분雜染分을 전사하고, 청정분淸淨分을 전득
함을 일컫는다"고 하였다. 또 "의타성 가운데서 분별성은 잡염분이며,
진실성은 청정분이다"고 하였다. 여기에 준해 보면 분별성과 진실성이
란 의타성에서 미망의 측면과 깨달음의 측면을 이루고 있으며, 미망의
측면인 분별성을 버리고 깨달음의 측면인 진실성을 증득하는 것이
전의라는 것이다.

이것은 진여眞如 연기설을 주장하는 진제와 아뢰야阿賴耶 연기설을
주장하는 현장의 불성관의 차이라고 볼 수 있다. 현장은 오성각별설五
性各別說을 주장하면서 특히 일분무성설一分無性說, 즉 성문정성, 연각
정성, 무성종성과 같은 한 부류의 사람들은 불성이 없다고 보았다.
이것은 본유종자설本有種子說에 입각한 관점이다. 이와 달리 진제는

195 圓測, 『解深密經疏』(『대정장』 제16책, p.694상). "一切諸法, 法無我性, 名爲勝義,
亦得名爲無自性性. 是一切法, 勝義諦故, 無自性性之所顯故." 文雅 圓測은 삼성
설의 맥락에서 眞諦의 삼성과 삼무자성에 대한 이해를 비판한다. "일체 제법의
법무아성을 勝義라고 하며, 또한 無自性性이라고 한다. 이 一切法은 勝義諦이기
때문이고 無自性性의 所顯이기 때문이다.

성불은 본래적인 것이 아니라 후천적인 수행을 통해 해탈하여 열반에 들지 못하는 사람들은 없다는 일체개성설—切皆成說, 즉 신훈설新熏說의 입장을 견지하였다.

신훈설은 여러 가지 수행을 통해 아라야식 중의 무루종자를 점차 생장시킬 수 있다는 것을 의미한다. 이것은 수행의 훈습을 통해 무루종자를 생산할 수 있다면 무루종자는 새롭게 훈습된 것이 된다. 그러므로 무루종자가 신훈으로 획득될 수 있다면 영원히 성불하지 못하는 사람은 있을 수 없게 된다. 여기서 진제와 현장의 차이는 진여를 불성으로 볼 것인가, 무루종자를 불성으로 볼 것인가 하는 것이다.[196] 진여에 불변과 수연의 측면이 있듯이 본체는 절대로 변하지 않지만 현상은 인연을 따라 생멸하는 것이다. 그러므로 현장이 주장하는 불성의 본유성과 달리 진제는 불성의 신훈성을 강조하는 입장에서 중생의 성불가능성을 열어두려 하였다. 그리하여 그는 진여 연기설에 입각하여 '단공單空'만이 아니라 묘유妙有를 강조하는 방향으로 나아갔던 것이다.

이러한 일련의 해석 과정은 진제를 단순한 주석가가 아니라 독자적 사상가로 자리매김하는 전기가 되었다. 원효 또한 이러한 진제의 구유식과 현장의 신유식 사이의 경계에서 독자적 해석의 지평을 열었다. 진제가 후대의 현장이 '전의轉依'로 번역한, 즉 삼무성의 '승의무성 勝義無性'을 아마라식 개념으로 독립시켜 사상가로서의 면모를 보여준 것처럼 원효 역시 일심지원과 일심, 본각과 진여, 일(각)미와 일심의

---

196 김제란, 「眞諦 유식과 玄奘 유식, 熊十力『신유식론』의 유식사상 비교」, 『철학연구』 제23권, 고려대 철학연구소, 2000, pp.42~44.

개념의 창안과 새로운 해석을 통해 사상가로서의 면모를 보여주었다. 진제와 원효, 원효와 진제가 만날 수 있는 것도 바로 이러한 '사상가로서의 접점과 통로'를 통해서라고 할 수 있을 것이다.

4. 원효의 삼무성관과 아마라식관

원효의 삼성과 삼무성관을 볼 수 있는 저술은 현전하지 않는다. 다만 『십문화쟁론』의 삼성일이화쟁문三性一異和諍門,[197] 즉 분별성, 의타성, 진실성 삼성과 상무자성, 생무자성, 진실/승의무자성 삼무성의 동일성과 차이성을 화쟁하고 회통하는 교문에서 확인해 볼 수 있을 것이다. 하지만 아쉽게도 이 화쟁문은 결락되어 전해지지 않는다. 그러면 원효의 삼무성관과 아말라식관은 어디에서 찾아볼 수 있을까? 먼저 삼성과 삼무성에 대해서는 단편적인 편린들이지만 『대승기신론별기』와 『대승기신론소』에서 찾아볼 수 있으며, 진실성, 즉 전의轉依에 상응하는 암마라식은 『금강삼매경론』에서 살펴볼 수 있다.

먼저 원효는 일심을 여래장이라 하고 아라야식이라고 하였다. 다시 이것을 일심의 생멸문을 나타낸 것이라고 하였다. 그리고 이 생멸문에는 두 가지 뜻이 있으니 하나는 각覺의 뜻이요 다른 하나는 불각不覺의 뜻이라고 하였다. 그러면서 이 식은 생멸심만을 취해서 생멸문을 삼는 것이 아니라, 생멸 자체와 및 생멸상을 통틀어 취하여 모두 생멸문 안에 둔다는 뜻을 밝히고 있음을 알아야 한다고 역설한다.

---

197 원효의 『대승기신론별기』에 의해 추정해 볼 수 있다.

처음 중에 '일심법에 의하여 두 가지 문이 있다'는 것은, 『능가경』에서 "적멸이라는 것은 일심이라 하며, 일심이란 여래장이라 한다"고 말한 것과 같다. 이 『기신론』에서 심진여문이라고 한 것은 곧 저 『능가경』의 '적멸이라는 것은 일심이라 한다' 함을 해석한 것이며, 심생멸문이란 『능가경』 중의 '일심이란 여래장이라 한다'고 한 것을 해석한 것이다. 왜냐하면 일체법은 생함도 없고 멸함도 없으며 본래 적정하여 오직 일심일 뿐인데, 이러한 것을 심진여문이라고 하기 때문에, '적멸이란 일심이라 한다'고 한 것이다. 또 이 일심의 체가 본각이지만 무명에 따라서 움직여 생멸을 일으키기 때문에, 이 생멸문에서 여래의 본성이 숨어 있어 나타나지 않는 것을 여래장이라 한 것이다. 이는 『능가경』에서 말하기를 "여래장이란 선과 악의 원인으로서 일체의 취생趣生을 두루 잘 일으켜 만든다. 비유하자면 환술사가 여러 가지 취를 변화시켜 나타내는 것과 같다"고 한 것과 같다. 이러한 뜻이 생멸문에 있기 때문에 그래서 '일심이란 여래장이라 한다'고 하였다. 이는 일심의 생멸문을 나타낸 것으로, 아래 글에서 '심생멸이란 여래장에 의하기 때문에 생멸심이 있으며…'라고 하고, 이어 '이 식에 두 가지 뜻이 있으니, 첫째는 각의 뜻이고, 둘째는 불각의 뜻이다'라고 말한 것과 같다. 그러니 다만 생멸심만을 취해서 생멸문을 삼는 것이 아니라, 생멸자체와 및 생멸상을 통틀어 취하여 모두 생멸문 안에 둔다는 뜻임을 알아야 할 것이다. 두 문이 이러한데 어떻게 일심이 되는가? 더러움과 깨끗함(染淨)의 모든 법은 그 본성이 둘이 없어, 진실함과 망령됨(眞妄)의 두 문이 다름이 있을 수 없기 때문에

'일'이라 하며, 이 둘이 없는 곳이 모든 법 중의 실체인지라 허공과
같지 아니하여 본성이 스스로 신해神解하기 때문에 '심'이라고 함을
말한 것이다.[198]

　　그러면서 원효는 일심이 지니고 있는 더러움과 깨끗함은 본성이
다르지 않고 진실함과 망령됨이 다를 수 없기 때문에 '일'이라고 한다고
전제한다. 그러면서 이 둘이 없는 곳이 모든 법 중의 실체인지라
허공과 같지 아니하여 본성이 스스로 신해하기 때문에 '심'이라고
한다고 역설한다. 그는 또『본업경소』에서도 일심의 신해성에 대해
언급하고 있다.

　　마음이라고 말하는 것은 자기 본성(自相)의 마음이 스스로 신해神解
　　하기 때문에 '심'이라고 일컫는다.[199]

　　여기서 원효가 일심의 '본성이 스스로 신해하다'고 한 것은 '심'의
신해성을 절묘하게 드러내는 표현이다. 그러면 '신묘하게 이해하는
'심'의 속성은 '일심인 본성'인가 아니면 '일심의 원천'인가. 원효는
이 일심을 진여의 불변의 의미보다는 오히려 생멸심의 불변의 의미로
환원시킨다.[200] 그리하여 생멸의 상이 신묘한 이해(神解)가 아닌 것이

198　元曉,『大乘起信論別記』本(『韓國佛教全書』제1책, p.679중);『大乘起信論疏記會
　　本』권1(『韓國佛教全書』제1책, p.741상중).

199　元曉,『本業經疏』권下(『韓國佛教全書』제1책, p.511상). "所言心者, 謂自相心(心
　　想), 神解爲性."

없기 때문에 생멸이 심상을 여의지 않는 것이라고 말한다.

불생불멸不生不滅이란 위에서의 여래장을 말하며, 이 생멸하지 않는 마음이 움직여서 생멸을 일으켜 서로 버리거나 여의지 않음을 '더불어 화합한다'고 하니, 이는 아래의 글에서 '마치 큰 바닷물이 바람에 의하여 물결이 일어나지만 물의 모양(水相)과 바람의 모양(風相)이 서로 버리거나 여의지 아니함과 같다'고 하고 내지 널리 설한 설과 같다. 이 중에서 바닷물의 움직임은 풍상風相이요, 움직일 때의 젖어 있는 것은 수상水相이다. 바닷물 전체가 움직이므로 바닷물이 풍상風相을 여의지 않았고, 움직이는 것마다 젖어 있지 않음이 없기 때문에 움직이는 물결이 수상水相을 여의지 않는다. 마음도 이와 같아서 생멸하지 않는 마음 전체가 움직이기 때문에 마음이 생멸상을 여의지 않고, 생멸의 상이 신묘한 이해(神解)가 아닌 것이 없기 때문에 생멸이 심상心相을 여의지 아니하는 것이니, 이와 같이 서로 여의지 않기 때문에 '더불어 화합한다'고 하는 것이다.[201]

또한 이렇게 물듦을 따르는 마음이 내지 유전하여 생멸하는 의식의 상태를 짓지만 신묘하게 이해(神解)하는 성품은 결코 잃지 않는다.[202]

---

200 高榮燮(a), 「원효 一心의 神解性 분석」, 『불교학연구』 제20호, 불교학연구회, 2009 참조.
201 元曉, 『大乘起信論』 권上(『韓國佛敎全書』 제1책, p.707하).

물듦을 따라 동요하는 마음이 비록 세 가지 속성에 통하긴 하여도
신묘하게 이해(神解)하는 성품은 또한 잃지 않나니, 그래서 이를
보신불의 속성이라 말하는 것이다. 단지 법신불의 속성이 일체
유정 무정에 두루한 것과 구별하기 위함이니, 이 때문에 보신불의
속성에서는 무정물을 취하지 않는 것이다.[203]

원효는 무정물을 취하지 않는 보신불報身佛의 속성 위에서 신해성을
설명하고 있다. 이것은 일체 유정 무정에 두루하는 법신불의 속성과
구분하기 위함이다. 이것은 원효의 일심이 진여의 변화의 의미를
드러낸 것이면서도 한편으로는 생멸심의 불변의 의미를 드러낸 것이라
는 점을 보여주는 대목이다. 그는 일심, 즉 진여의 불변의 측면이
아닌 진여의 변화의 측면과 생멸의 변화의 측면이 아닌 생멸의 불변의
측면을 설명하기 위해 신해성의 개념을 원용하였다. 이것은 우리의
현실을 결정성의 개념을 통해 절대적 차원에서 해명하고자 하는 점과
상대성의 개념을 통해 상대적 차원에서 설명하고자 하는 신해성의
측면을 아우르며 우리의 현실을 해석하고자 하는 것이다.
　결정성은 일심과 일심지원에 걸쳐 있는 개념이며, 신해성은 일심과
여래장에 걸쳐 있는 개념이다. 이들 두 개념은 뒤섞일 수 없는 것이지만
그렇다고 해서 떨어질 수만은 없는 것이다. 이 때문에 원효는 생멸의
불변의 측면을 소홀히 하지 않았다. 원효는 생멸 자체와 생멸상을
아우르고 있는 생멸심의 변화와 생멸심의 불변의 측면 모두가 당시

---

202 元曉, 『涅槃宗要』(『韓國佛教全書』 제1책, p.538하).
203 元曉, 『涅槃宗要』(『韓國佛教全書』 제1책, p.539중).

사상계에 필요한 개념으로 보았다. 그가 보기에 진망화합식인 일심의 진여문의 변화의 측면만이 아니라 일심의 생멸문의 불변의 측면을 부각시킬 필요가 있기 때문이었다. 이러한 대비와 부각은 통일 전후의 신라불교의 지형과 방법이 어떠하였는지를 잘 보여주고 있다.

원효 사상에 있어 아라야식과 암마라식은 매우 주요한 식으로 다뤄지고 있다. 진망화합식인 아라야식과 자성청정심인 암마라식은 신유식과 구유식을 대표하는 개념이다. 원효는 이 둘 사이의 상관성을 해명하기 위해 '신해성'이란 개념을 원용하고 있다. 반면 상이성을 해명하기 위해서는 '결정성'이란 개념을 원용하고 있다. 만약 이 두 식이 구분되기만 한다면 더 이상 논의의 아무런 진전을 꾀하기 어렵게 된다. 그렇게 되면 부처와 범부의 측면이 상통될 가능성이 사라지기 때문이다. 그러므로 이 두 의식 사이를 매개하는 노력이 요청되는 것이다.

원효가 제시한 일심 본성의 신해성은 바로 이 대목에 대한 고민의 소산에서 비롯된 것으로 보인다. 중생심인 일심을 어떻게 해명하여야 팔식이면서도 구식과 상응하고 구식이면서 팔식과 상응할 수 있는가. 이러한 물음으로부터 이 두 의식 사이를 관통하는 지름길이 열릴 수 있게 될 것이다. 마치『대승기신론』의 심생멸문과 심진여문이 보여주는 이문 일심의 구도에서처럼 원효는 일심을 역동적이고 영묘하게 해명하고 있다.

이 식이란 다만 일심의 수연문 내에 원리(理)와 사태(事)가 둘이 아니고 오직 하나의 신려神慮인 점에서 일식一識이라고 한 것이니 이 아라야식의 몸체에 각覺과 불각不覺의 두 뜻이 함유되어 있기 때문에 '이 식에 두 가지 뜻이 있다'고 한 것이다. 이리하여 심心은 넓고 식識은 좁은 것이니 이문二門 내의 식을 포함하고 있기 때문이다.[204]

그런데 원효는 이 식은 일심의 수연문 안에서 이사가 둘이 아니고 오직 하나의 신려神慮인 점에서 일식─識이라고 한 것이다고 하였다. 또 아라야식 몸체에 각의와 불각의가 있기에 식에는 두 가지 뜻이 있으며, 일심이 이문 안에 식을 포함하고 있는 것처럼 이 식은 넓은 '심'과 좁은 '식'의 의미를 포함한다고 보았다. 알다시피 불교의 유식학에서는 '번뇌가 있는 의식을 전환시켜 번뇌가 없는 지혜를 얻는 것(轉識得智)'을 구극의 가르침으로 한다. 이 때문에 우리의 번뇌가 있는 '식識'은 유가행을 통해 '심心', 즉 번뇌가 없는 '지智'로 전환한다.

이것은 유식학의 근본적 지향처럼 '염오를 전환하여 청정을 완성함(轉染成淨)'을 보여주는 것이다. 여기서 식은 전5식과 제6식과 제7식과 제8식을 의미한다. 이들 4식은 수행을 통해 전5식前五識은 성소작지成所作智로, 제6식은 묘관찰지妙觀察智로, 제7식은 평등성지平等成智로, 제8식은 대원경지大圓鏡智로 전환하는 것이 유식唯識의 수행위이다. 여기서 대원경지는 진식으로서 불지佛智이자 불심佛心이 된다. 이 때문에 '식'은 의미가 좁고 '심'은 의미가 넓은 것이다. 제8아라야식과 여래장인 진망화합식이 제9아마라식인 자성청정심으로 전환하는 것

---

204 元曉,『大乘起信論疏記會本』권2(『韓國佛教全書』제1책, p.747하).

도 같은 맥락이다.[205]

이것은 『십권능가경』에서 "여래장이 바로 아라야식이니 칠식과
함께 나는 것을 전멸상이라 한다"는 말과 같다. 따라서 전상轉相이
아라야식에 있음을 알 수 있다. 자진상自眞相이란 『십권능가경』에
서 "중진中眞을 자상自相이라 이름한다" 하였으니 본각심本覺心이
허망한 연緣에 의뢰하지 않고 본성이 스스로 신해神解함을 자진상
自眞相이라 하는 것이며, 이는 불일의문不一義門에 의하여 말한
것이다. 또 무명의 바람에 따라 생멸을 일으킬 때 신해神解한 성질이
본심과 다르지 않기 때문에 또한 자진상이라 하게 된 것이니,
이는 불이의문不異義門에 의하여 말한 것이다.[206]

『능가경』에서는 여래장과 아라야식을 동일시하면서 칠식과 함께
나기에 전멸상이라고 하였다. 원효 또한 동일하지 않은 문(不一義門)에
의거하여 본각심이 허망한 인연에 의하지 않고 본성이 스스로 신해하
기에 자진상이라 하였고, 차이나지 않은 문(不異義門)에 입각하여
무명풍에 의해 생멸을 일으킬 때 신해함이 본심과 다르지 않기에
자진상이라고 하였다.

---

205 유식의 수행계위에 의하면 묘관찰지와 평등성지는 見道位, 즉 通達位에서
    처음으로 생겨나며, 대원경지와 성소작지는 究竟位, 즉 佛位에서 처음으로
    생겨난다고 한다. 대원경지는 佛智이자 佛心이듯이 전5식의 전환인 성소작지와
    제6식의 전환인 묘관찰지 그리고 제7식의 전환인 평등성지도 佛智이며 佛心이
    된다. 4식 모두 有漏識의 전환을 통해 無漏智를 얻기 때문이다.
206 元曉, 『大乘起信論疏』 권上(『韓國佛教全書』 제1책, p.70하중).

'심지心智가 멸한 것이 아니다'라는 것은 신해神解의 성질을 심지라
고 하는 것이며, 위의 글에서 지성智性은 무너지지 않는다고 한
것과 같으니, 이는 자상自相의 멸하지 않는 뜻을 밝힌 것으로 나머지
글도 알 수 있을 것이다.[207]

원효가 주로 의지한 『십권능가경』에 따르면 본각의 마음이 허망한
인연에 의지하지 않고 본성이 스스로 신해함을 자진상이라고 한다.
원효는 이 '자진상自眞相'을 '심지心智'라고 규정하며 이것을 지성智性과
연결시킨다. 그러면서 신해하는 성품은 사라지지 않는다고 말한다.[208]
이처럼 원효는 사라지지 않는 신해성의 의미를 일심에 부여함으로써
일심과 일심지원 사이를 유연하게 이어가고 있다.

또 원효는 『금강삼매경』에는 '결정성'[209]이란 개념으로 제9아마라식
의 본성을 해명하고 있다. 경전에서는 '결정성', '결정성지決定性地',[210]
'결정처決定處',[211] '결정요의決定了義',[212] '결정실제決定實際'[213] 등등의
개념을 사용하고 있다. 경전에서 거듭 사용하고 있는 '결정성'이란
'결정의 본성'을 뜻한다.[214] 경전에서는 "진실한 법상(實法相)은 부처가

---

207 元曉, 『大乘起信論疏記會本』 권4(『韓國佛敎全書』 제1책, p.767중).

208 高榮燮(a), 앞의 글, 앞의 책 참조.

209 元曉, 『金剛三昧經論』 권중(『한불전』 제1책, p.614상; p.623상; p.625상중).

210 元曉, 『金剛三昧經論』 권중(『한불전』 제1책, p.633상).

211 元曉, 『金剛三昧經論』 권중(『한불전』 제1책, p.623상).

212 元曉, 『金剛三昧經論』 권중(『한불전』 제1책, p.675중).

213 元曉, 『金剛三昧經論』 권중(『한불전』 제1책, p.607중하).

214 高榮燮(b), 「분황 원효 本覺의 決定性 탐구」, 『불교학보』 제67집, 동국대학교

지은 것도 아니고(非佛所作), 부처가 있거나 부처가 없거나(有佛無佛) 그 성질이 스스로 그러한 것(性自爾)"이라고 설하고 있다.[215]

원효는 『경』에서 "각覺의 이익(利)을 얻은 것은 불가사의하다"고 한 것에 대해 『논』에서 "이미 오는 것도 없고 이르는 것도 없어서 본래 적정하기 때문"이라고 하였다. 동시에 "이미 본각의 이익을 얻어서 자신을 이롭게 하고 남을 이롭게 하기 때문에 큰 보살마하살이다"고 하였다. 그는 다시 『경』에서 "모든 각은 결정성을 훼손하지도 않고 무너뜨리지도 않으니, 공도 아니고 공이 아닌 것도 아니어서 공함도 공하지 아니함도 없다"고 한 것에 대해 『논』에서 "'결정성'이라는 것은, 진여의 자성은 파괴될 수 없는 것으로서 자성이 스스로 그러함을 말한 것이다. '훼손하지 않는다'고 한 것은 유有의 상을 취하여 공空을 손상하지 않는 것이고, '무너지지 않는다'고 한 것은 무無의 자성을 계탁하여 진眞을 손상하지 않는 것이니, 결정성을 훼손하거나 무너뜨리지 않는 것을 말한다"[216]고 하였다.

원효는 또 『경』에서 "저 모든 경계는 자성이 본래 결정성이니, 결정성의 근본은 처하는 곳이 없다"고 한 구절에 대해 "'자성이 본래 결정성'이라고 한 것은 본래 있지 않기 때문에 공의 상이 아님을 밝힌 것이며, '처하는 곳이 없다(無有處所)'고 한 것은 공이 있는 것이 아니기 때문에 공이 없는 것이 아님을 밝힌 것이다"[217]고 하였다. 이처럼 원효는 '공의

불교문화연구원, 2014.4 참조.

215 高榮燮, 앞의 글.

216 元曉, 『金剛三昧經論』 권중(『한불전』 제1책, p.631중하).

217 元曉, 『金剛三昧經論』 권중(『한불전』 제1책, p.631하).

상이 아님(非空相)'과 '공이 없는 것이 아님(非無空)'을 통해 본각의
이익에 대해 암마라식의 결정성과 관련시켜 해명해 가고 있다.[218]
이것은 보신불報身佛의 속성인 신해성과 구분되는 법신불法身佛의
속성인 결정성을 보여주는 지점이다.

  그러면 원효는 본각의 결정성과 일심의 신해성과도 긴밀한 관련성
속에 있는 삼무성관에 대해 어떻게 생각했는지에 대해 살펴보기로
하자.

> 진여문 중에서 포괄한 사법事法은 분별성이니 모든 법이 생기지도
> 않고 멸하지도 아니하여 본래 적정寂靜하지만 단지 망념妄念에
> 의하여 차별이 있다고 설명하기 때문이며, 심생멸문에서 설명한
> 사법事法의 의타성이니 모든 법이 인연으로 화합하여 생멸이 있음
> 을 설명하기 때문이다. 그러나 이 분별성과 의타성이 다시 같지는
> 않지만 또한 다르지도 아니하니 어째서인가? 인연으로 인해 생긴
> 생멸하는 모든 법이 망념을 여의고서 차별이 있는 것은 아니다.
> 그러므로 분별성은 의타성과 다르지 아니하며, 또한 생멸문에
> 있는 것이다.[219]

  원효는 삼성 중 심진여문 중에서 포괄한 사법事法인 분별성과 심생멸
문에서 설명한 사법인 의타성은 같지는 않지만 다르지 않다고 하였다.
왜냐하면 인연에 의해 생겨난 것들은 모두 망념을 여의면 같다는

---

218 高榮燮, 『분황 원효의 생애와 사상』(운주사, 2016), p.223.
219 元曉, 『大乘起信論別記』(『한불전』 제1책, p.680상).

것이다. 이 때문에 분별성과 의타성은 생멸문에 있으며 다르지 않다고
하였다. 또 원효는 '진여의 몸체를 나타내는 부분'을 세 가지로 구분하여
"첫째는 진실성으로 진여를 나타내며, 둘째는 분별성에 대하여 진여의
절상節相을 밝히며, 셋째는 의타성에 나아가 진여의 이언離言을 나타내
는 것"[220]이라고 해명하고 있다.

다시 원효는 여섯 가지 물든 마음(六種染心)이란 두 번째인 부단상응
염不斷相應染을 다섯 가지 의(五意) 가운데에서 법집과 상응하여 상속
하여 생겨나는 것인 상속식을 설명하는 대목에서 삼무성에 대해 해명
하고 있다. 그는 "십해위十解位로부터 유위의 일체 제법을 명名, 의義,
자성自性, 차별差別의 4법으로 총섭하여 이 4법을 자기 마음(自心)이
변화해 만든 임시적 존재(假有)이자 실제적 비존재(實無)라는 유식관
의 심구尋求 사찰思察하는 방편을 닦고, 초지初地에 이르러 삼무성三無
性을 증득하여 법집法執 분별이 현행하게 되지 못하기 때문에 '정심지淨
心地'에 이르러서 끝내 여의기 때문이다"[221]고 하였다.

또 원효는 "다른 곳에서는 삼무성관이 있다고 말하였는데 무슨
까닭으로 여기서는 이무(無相과 無生)만을 말하였는가?"라는 물음에
대해 "무상無相과 무생無生은 합하여 한 변이 되니, 버려야 할 대상인
상과 생이 다 같이 유有이기 때문이다. 또한 이 두 관에는 모두 심사尋思
가 있으나, 무성(즉 三無性)을 버릴 때에는 심사가 없기 때문이다.
그러므로 혹은 전개하기도 하고 혹은 통합하기도 하는 것이 모두
도리가 있다"[222]고 하였다. 그는 이것을 정관에 들어가기 위한 과정인

220 元曉, 『大乘起信論疏』(『한불전』 제1책, p.705하).
221 元曉, 『大乘起信論疏』(『한불전』 제1책, p.717상).

방편관方便觀이라 하고, 다시 진여문에 들어가는 정관正觀[223]에 대해 밝히고 있다.

원효가 일심지원과 일심을 상통하면서도 상이한 것으로 파악한 것은 바로 이 지점이다. 그는 『(대승기신론)이장의』에서 유식唯識의 아뢰야식과 기신起信의 여래장 사이의 통합을 시도하였다. 『대승기신론소』에서는 다시 『능가경』에 의거하여 적멸과 여래장의 구분을 통해 일심과 여래장의 차이성을 분명히 보여주었다. 여기서 한 걸음 더 나아가 일심과 일심지원, 즉 진여와 본각의 관계를 해명하는 부분에서 그는 심생멸문에 상응하는 심진여문은 일심과 다름을 분명히 하고 있다. 이것은 수행의 단계에 대한 원효의 마음 인식의 차제관을 보여주는 지점이다. 그는 일심지원인 법신불의 속성과 일심인 보신불의 속성을 구분하고 있기 때문이다.

이를테면 '수행을 하지 않는 중생이 부처'라고 하면 범부는 더 이상 수행을 하지 않을 것이다. 반면 '부처와 중생은 분명히 다르다'고만 하면 범부는 더 이상 수행을 하지 않을 것이다. 이 때문에 '수행을 하여 부처가 될 수 있다'고 말하면서도, 일정한 단계에 오른 이에게는 '부처와 중생은 경계가 다르다'고 함으로써 수행의 질적 전환을 촉구하였다.[224]

---

222 元曉, 『金剛三昧經論』 권중(『한불전』 제1책, p.611중).

223 元曉, 『大乘起信論疏』(『한불전』 제1책, p.723상). 여기서 원효는 "곧 수순하게 된다"는 것은 方便觀이고, "진여문에 들어간다"는 것은 正觀이라고 하고 있다.

224 高榮燮(d), 「일심지원 혹은 일심이란 무엇인가?-분황 원효 깨침 사상의 구심과 원심」, 『불교철학』 제2집, 동국대학교 세계불교학연구소, 2018. 4.

원효는 오늘 이곳에서 중생과 부처가 만나고 소통하기 위해서는 수행을 통한 깨달음의 필요성을 환기하면서도, 일정한 수행에 도달한 이에게는 부처와 중생의 경계는 다르다는 일깨움을 통해 더 높은 단계의 깨침으로 나아가는 통로를 제시하였다. 그리하여 그는 이러한 차제를 보신불의 측면과 법신불의 측면으로 구분해 해명하고 있다. 그가 '일심지원', 즉 '본각'과 일심 사이의 상이성을 보여주는 '결정성'은 원효의 깨침 혹은 깨달음에 대한 이해를 보여주는 주요 개념이라고 할 수 있다. 또 '일심', 즉 '진여'와 여래장 사이의 상관성을 보여주는 '신해성' 또한 그의 깨침 혹은 깨달음을 이해하는 주요 개념이라고 할 수 있다.

이처럼 원효는 일심지원과 일심의 관계를 법신불의 속성인 결정성으로, 일심과 여래장의 관계를 보신불의 속성인 신해성의 입장에서 해명하고 있다. 그는 일심의 절대성의 차원에서 해명하는 결정성과 일심의 상대성의 차원에서 설명하는 신해성을 통해 일심지원과 일심, 즉 일심과 심진여문과 심생멸문의 관계를 보여주고 있다. 그리하여 원효는 아마라식과 아라야식, 본각과 진여, 진여와 생멸, 적멸과 여래장, 여래장과 아뢰야식 등의 관계로 이루어지는 수행의 차제를 보여주고 있다.

따라서 원효가 말하는 일심 본성의 신해성은 본각의 마음 본성이 스스로 신해하며 그 신해의 의미가 제8아라야식에만 한정되지 않고 제9아마라식까지 지향하고 있음을 보여주고 있다. 그리하여 원효는 본각의 결정성과 일심의 신해성을 통해 『대승기신론』의 8식설과 『금강삼매경』의 9식설을 윤활시키고 있다. 그 결과 원효는 종래의 해석과 달리 일심에 본각의 결정성과 진여의 신해성의 의미를 부여함으로써 일심 이해의 외연을 심화 확장시켰다고 할 수 있다.[225] 나아가 적멸/여래 장으로서의 일심과 본법으로서 일심의 구도를 확립시켰다고 할 수 있다.

5. 진제와 원효의 연속과 불연속

진제는 인도의 유식학을 계승하면서도 그 나름의 독특한 삼무성관과 아마라식관을 보여주었다. 이것은 그가 단순한 역경가가 아니라 독자적 사상가로 자리매김하는 지점이라고 할 수 있다. 원효 역시 진제의 구유식과 현장의 신유식 사이의 경계에서 독자적 해석의 지평을 열었다. 이들은 유식학의 아라야식과 섭론학의 아마라식의 개념의 시설 위에서 독자적인 해석의 지평을 통해 서로 만날 수 있었다. 이 두 사람의 만남은 동아시아 불교사상사에서 깨침과 깨달음 담론을 심화시키고 확장시켰다.

진제는 당시 중국 유식학의 난제였던 진망화합식으로서 여래장이 지니고 있는 문제점을 해결하기 위해 철학적인 사유를 더하였다. 그는 아라야식의 청정분과 잡염분의 동거로서의 지위를 지니는 여래장으로서는 진여의 수연의 측면을 드러낼 수 있으나 진여의 불변의 측면을 드러낼 수 없다고 보았다. 결국 진제는 진망화합식으로서 여래장과 구분되는 제9아마라식 개념을 창안하여 진여의 불변적 측면

을 드러내고자 하였다. 그는 후대의 현장이 현상계의 모습을 드러내는
진여의 수연적 측면에서 제8아라야식의 잡염분과 화합하고 동거하는
청정분을 '전의轉依'라고 번역한 것과 달리 제8아라야식과 확연히 구분
하여 제9아마라식으로 독립시킨 것이다.

한편 신라의 유식학자였던 둔륜의 『유가론기』의 인용에 의하면
"원효는 자성청정심을 아마라식이라 하였으며, 제8아뢰야식과 몸체는
같지만 의미는 다르다고 하였다"며, "지금 이 해석은 『해심밀경』의
경설을 잘 따르고 있다"[226]고 하였다. 『능가경』(10권)에서 밝히고 있는
것처럼, 적멸은 '열반의 성취'를 뜻한다. 적멸은 일심이문의 구도 아래
에 자리하는 우리 마음의 해맑고 깨끗한 일심이다. 동시에 적멸은
법신이고 진여이다. 진여는 연기의 세계에 있지 않으므로 모든 존재자
들은 생겨남도 없고 사라짐도 없으며 본래 열반이며 오로지 해맑고
깨끗한 일심일 뿐이다.

원효는 『금강삼매경론』에서 다시 적멸로서 일심과 여래장으로서
일심에 대해 이렇게 말하고 있다.

적멸寂滅이라는 것은 일심을 말한 것이고, 일심은 여래장如來藏을
말한다. … 일체의 모든 법은 오직 일심이고, 일체一切의 중생衆生은
곧 하나(一)의 본각本覺이다. 이러한 뜻으로 말미암아 일각一覺이
라 부른다. … 여래가 교화하는 바 일체중생은 일심의 유전流轉이
아님이 없기 때문이며, … 일체중생이 본디 일각一覺임을 밝히고자

---

226 遁倫, 『瑜伽論記』(『한불전』제13책, p.21상). "新羅元曉法師云, 自性淸淨心, 與
第八阿賴耶識, 體同義別, 今存此釋, 善順彼經."

한다. 다만 무명으로 말미암아 꿈을 따라 유전하는 것이기에 모두 여래의 일미설一味說에 따라서 결국은 일심의 근원(一心之源)으로 돌아가지 않음이 없으니, 일심의 근원(心源)으로 돌아갔을 때 다 얻는 바가 없으므로 일미一味라고 한 것이다.[227]

원효는 일체의 모든 법은 오직 일심이며, 일심은 중생과 여래의 구분 이전의 일심이고 그것은 일각을 가리킨다고 하였다. 여기서 일각一覺은 본각本覺, 즉 일본각一本覺이며 일체중생이 본래부터 가지고 있는 자성청정심自性淸淨心이다. 그리고 일미는 모든 현상과 본체가 두루 평등하여 차별이 없는 부처의 교법을 가리킨다. 이것은 부처의 교설이 여러 가지로 다양해 보이지만 그 의미(味)는 하나(一)라는 뜻이다. 그러므로 중생과 여래가 모두 일미一味의 뜻으로 수렴되는 것이다.[228]

이처럼 일심은 '적멸로서 일심'과 '여래장으로서 일심'으로 구성된다. 그리고 이 일심은 '일체의 모든 법'이고, '하나(一)의 중생衆生'은 곧 '하나(一)의 본각本覺'인 일각一覺이다. 이 때문에 "제도할 수 있는 중생에게 '모두 일미를 설하였다'는 것은 여래가 설한 일체의 교법은 (중생으로) 하여금 일각의 맛(一覺味)에 들어가게 하지 않음이 없기 때문이다"[229]고 하였다. 여기서 우리는 '일미'는 '일각미'의 약칭이며 '일미'는 '일각'의 비유적 표현임을 알 수 있다.[230]

---

227 元曉, 『金剛三昧經論』 「無相法品」(『韓佛全』 제1책, p.610상).

228 高榮燮(d), 앞의 글, 앞의 책, p.128 참조.

229 元曉, 『金剛三昧經論』 「無相法品」(『韓佛全』 제1책, p.610상).

이 때문에 원효는 "지금 이 경문에서 말한 '일각'이라는 것은 일체의 제법이 오직 일심일 뿐이고, 일체의 중생은 곧 하나의 본각이다. 이런 뜻으로 말미암아 일각이라 한 것이다"[231]고 하였다. 다시 말하면 일체중생이 본디 일각一覺이듯이 여래의 일미一味설에 따라서 결국은 일심의 근원으로 돌아가며, 일심의 근원으로 돌아갔을 때 비로소 얻는 바가 없는 '일미'라는 것이다. 여기서 '일심의 근원', 즉 '일심지원'은 '일미', 즉 '일각미'이며, '일미'는 '일각'의 비유적 표현이자 원효가 수립한 '본법으로서 일심'을 일컫는다고 할 수 있다.[232]

그런데 원효는 법장이 '적멸로서 일심'과 '여래장으로서 일심'을 동위同位로 파악함으로써 일심과 심진여의 동일성을 제시하는 이제설二諦說을 주장한 것과 달리 '적멸로서 일심'과 '여래장으로서 일심'을 별위別位로 파악함으로써 일심과 심진여의 차이성을 제시하며 삼제설三諦說을 주장하였다. 삼제설은 원효의 저술을 다수 인용했던 균여均如의 저술(해석)에 의거한 것이지만 그는 법장法藏의 설을 따르면서도 원효元曉를 원용한 그의 입장을 분명히 보여주고 있다.[233]

이것은 일심을 이문 내의 진여문과 구분함으로써 여래장의 상위개념으로서 일심을 분명히 하고 있으며 그의 핵심사상을 일심사상에 두고

---

230 高榮燮(d), 앞의 글, 앞의 책 참조.

231 元曉, 위의 글, p.610상.

232 高榮燮(d), 앞의 글, 앞의 책 참조.

233 均如의 저술에 인용된 '本法 一心'을 '균여가 원효의 논지를 해석한 것일 뿐'이라고만 볼 수는 없을 것이다. 오히려 균여는 많은 부분에서 원효의 논지를 수용하고 있으며 자신의 다른 저술에서 元曉와 法藏과의 차별성을 밝힘으로써 자신의 입장을 분명히 하고 있기 때문이다.

있음을 보여주는 지점이다.[234] 원효는 일심에 심진여문과 심생멸문의
이문, 즉 '적멸로서 일심'과 '여래장으로서 일심'을 구분한 뒤에 심진여
문(果)과 심생멸문(因) 이외에 비인비과非因非果로서의 일심을 설정하
여 일심과 심진여문을 별개로 보아 삼제설三諦說을 시설하였다. 이와
달리 법장은 일심에 이문을 열면서도 적멸로서 일심과 여래장으로서
일심을 동위로 보고 일심과 심진여문을 동일시하여 이제설二諦說을
건립하였다.[235]

여기에서 주목되는 것은 원효는 진여문과 생멸문 이외에 비인비과를
'본법으로서 일심'으로 시설하여 삼제설을 주장한 반면, 법장은 진여문
과 생멸문 이외에 별도의 일심을 시설하지 않고 비인비과를 곧 진여문
으로 건립하여 '일심(=진여문)-생멸문'의 이제설을 주장한 지점이다.
이것은 『능가경』을 원용하여 적멸로서 일심과 여래장으로서 일심의
구분이라는 기신학의 본의에 충실하면서도 '일심(非因非果)-진여문
(果)-생멸문(因)'의 삼제설을 제시한 원효와 화엄학으로의 지향을

---

234 均如, 『釋華嚴教分記圓通鈔』 권제3(『韓佛全』 제4책, p.324하). "言有異者, 曉公
　　意, 非因非果, 是本法一心, 章主(法藏)意, 非因非果, 是眞如門故, 有不同也.
　　何者, 章主意者, 眞如生滅外, 更無一心故, 非因非果, 是眞如門, 曉公意者, 眞如
　　生滅外, 別立本法一心故, 非因非果者, 是本法一心也. 是故章主唯立二諦, 曉師
　　卽三諦也." 원효의 저술을 다수 인용했던 均如는 法藏의 설을 따르면서도 元曉를
　　원용한 그의 입장을 보여주고 있다. 이 구절에 의하면 법장은 '진여와 생멸
　　이외에 따로 일심이 없다'(一心=眞如, 生滅)는 二諦說을 주장한 반면 원효는
　　'진여와 생멸 이외에 본법으로서 일심을 별립한다'(一心, 眞如, 生滅)는 三諦說을
　　주장하였다.
235 高榮燮(d), 앞의 글, 앞의 책 참조.

의식해 기신학의 본의를 '일심(非因非果)＝진여문(非因非果)−생멸문(因)'의 이제설의 관점 아래 자의적으로 해석한 법장이 갈라지는 지점이다.[236]

원효는 이 일심이문에 대해『능가경』과『십지경』에 의거하여 해명하고 있으며, 이러한 그의 인식은『대승기신론』,『화엄경』,『금강삼매경』의 일심 해석에서 잘 드러나고 있다. 살펴본 것처럼 원효는『능가경』(10권)의 이문 일심의 구조를 통해 일심을 해명하는 대목을 인용하는 지점에서 자신의 일심관을 잘 보여주고 있다. 여기서 그는 일심을 적멸과 여래장의 두 측면으로 설명하고 있다. 그런 뒤에 그는 궁극적으로 진여와 생멸 이외에 '본법으로서 일심'을 상위개념으로 시설하여 '일심−진여−생멸'의 삼제설을 견지하고 있다.[237]

이처럼 원효는 '적멸로서 일심'(심진여, 果)과 '여래장으로서 일심'(심생멸, 因) 이외에 '비인비과非因非果'를 '본법으로서 일심'으로 시설하여 삼제설의 관점에서 여래장 개념과 구분되는 상위개념으로서 일심사상을 분명히 보여주었다. 따라서 원효의 일심 정의는 세 갈래로 나눠볼 수 있는 것처럼 다양하며 그 의미는 독특하다고 할 수 있다.[238] 그가 이렇게 삼제설을 제시한 것은 보신의 입장과 구분되는 법신의 입장에서 일심(지원)을 분명히 하기 위해서였다.

반면 진제가 아리야식과 구분되는 아마라식 개념을 도입한 것은

---

236 高榮燮(c), 「분황 원효의 일심사상」, 『선문화연구』 제23집, 한국선리연구원, 2017. 12.

237 高榮燮(c), 위의 글, 위의 책 참조.

238 高榮燮(c), 앞의 글, 앞의 책 참조.

그의 삼성설 이해의 새로운 전개라고 할 수 있다. 그는 아마라식 개념을 인도 유식학의 핵심 주제인 삼성설에서 진실성의 해석과 관련시키기 때문에, 아마라식 개념의 사상사적 의의를 이해하기 위해서는 세 가지 존재형태, 즉 가립된 존재형태(분별성), 다른 것에 의존하는 존재형태(의타성), 완성된 존재형태(진실성)의 삼성설의 맥락을 고려해야 한다. 진제는 아마라식 개념의 도입을 통해 그의 삼성설 이해에 새로운 기원을 열고 있기 때문이다.

앞에서 살펴본 것처럼 진제는 분별성을 대상, 의타성을 대상을 파악하는 의식작용, 그리고 진실성을 양자의 비존재로 해석하고 있다. 그리고 그는 의식과 그 대상은 서로 구별될 수 없을 정도로 연관되어 있기 때문에 의타성과 분별성의 관계는 비일비이非一非二라고 강조한다. 특히 진제는 의타성을 '난식분亂識分'이라는 개념으로의 번역을 통해 독자적 이해를 보여준다. 여기서 진제는 '난식'이 '원인인 내적 감각능력과 조건인 내적 감각대상에 의존해서 일어나기 때문'이라고 정의하고 있다.

나아가 진제는 진실성은 이런 의식과 대상 양자를 여읜 상태로서, 이들 두 자성의 비존재가 바로 진여라고 하였다. 그리고 이런 진실성의 초월적 성격은 유식의 도리로 설명한다.[239] 여기서 진제는 진실성을 바라보는 관점에서 독자적인 해석을 보여주고 있다. 『해심밀경』에서 진실성은 '제법의 진여'라고 정의하고 있지만, 진제는 제법은 분별성과 의타성이고, 진실성이란 이들 두 자성의 비존재로서 진여라고 하였다.

---

239 안성두(c), 위의 논문, p.262.

여기서 진실성 혹은 진실/승의무자성성은 제9아마라식과 상응한다.

진제는 진실성을 『삼무성론』의 '식여여識如如' 항에서 진여를 무전도無顚倒와 무변이無變異로서 구분하면서 명확히 제시하고 있다.[240] 이것은 진제가 아마라식만이 무전도이고, 무변이이며, '진정한 진여(眞如如)'[241]의 성격을 지니고 있으므로 진여의 진정한 성격은 진여 개념 자체가 함축하고 있는 존재의 본연성에서 찾아야 한다고 본 것으로 이해할 수 있다. 여기서 존재의 본연성은 무전도이고 무변이이며 진정한 진여의 성격을 지니는 것이다.

진제가 분별성과 의타성의 비존재로서 진실성을 제시하여 제9아라마식과 연결시킨 것은 삼성 혹은 삼무성이 무구식 또는 청정식 혹은 자성청점심이 삼성의 진실성이자 삼무성의 진실/승의무자성성임을 강조하기 위한 것으로 이해된다. 그리고 진제가 창안한 제9아마라식은 원효가 선경禪經인 『금강삼매경』에서 제시한 것으로 이해되는 '본법으로서 일심'에 상응하는 것이다. 그리고 이것은 원효가 아리야식 내지 진망화합식과 구별되는 제9아마라식인 자성청정심으로서 일심을 분명히 하고자 함과 상통하고 있다.

진제 또한 아리야식 내지 진망화합식과 구별되는 제9아마라식의

---

240 안성두(b), 앞의 논문, pp.343~344.

241 眞諦, 譯, 『三無性論』(『대정장』 제31책, pp.871하~872상). "無變異者 明此亂識 卽是分別依他似塵識所顯 由分別性永無故 依他性亦不有 此二無所有 卽是阿摩羅識 唯有此識獨無變異故稱如如 … 唯阿摩羅識是無顚倒 是無變異 是眞如如也 前唯識義中亦應作此識說 先以唯一亂識遣於外境 次阿摩羅識遣於亂識故 究竟唯一淨識也."

시설을 통하여 삼성설의 진실성이 자성청정심을 분명히 하고자 하였다. 바로 이러한 점에서 진제와 원효와 삼성/삼무성 이해와 아마라식 인식은 연속되고 있다. 그런데 원효의 '일심(非因非果)-심진여(果)-심생멸(因)'의 삼제설의 구도 아래 펼쳐지는 '일심지원' 혹은 '일심'관에서는 법신의 입장에서 시설한 상이성과 보신의 입장에서 시설한 상관성이 '중층적 구도'로 펼쳐져 있다. 이와 달리 진제의 아마라식관에서는 분별성과 의타성의 비존재로서 진실성만을 강조하고 그것만이 무변이와 무전도와 진정한 진여라고 역설하는 '단선적 구도'로 제시되어 있다. 즉 법신과 보신의 측면에서 해명되는 원효의 일심지원과 일심, 본각과 진여, 적멸과 여래장, 여래장과 아라야식 사이에서 확보된 일심-심진여-심생멸 사이의 중층적 구도와 진제의 분별성-의타성-진실성과 상무성-생무성-승의무성 사이에서 확립된 분별성과 의타성의 비존재인 진실성/진실무성이 곧 아마라식이라는 단선적 구도는 연속되기도 하지만 불연속되기도 한다. 그리하여 삼성/삼무성과 아마라식의 관계에 대한 두 사람의 상통성에도 불구하고 원효의 중층적 인식과 진제의 단선적 인식이라는 상이성을 보여주고 있다. 아마도 이러한 인식의 차이는 원효와 진제의 인간 이해의 차이뿐만 아니라 인도불교와 한국불교의 특수성에 근거하는 것으로 보아야 것이다.

이처럼 원효와 진제의 삼성/삼무성 인식의 연속성에도 불구하고 두 사람의 아마라식관은 불연속되고 있다. 바로 이 연속점에서 삼성/삼무성에 대한 원효와 진제의 보편적 이해를 볼 수 있으며, 불연속점에서 아마라식에 대한 진제와 원효의 독자적 인식을 볼 수 있다. 따라서 일심(지원) 본각의 결정성과 일심 진여의 신해성의 역동성 위에서

비인비과로서의 일심(지원)과 심진여(果)와 심생멸(因)의 삼제설을
제시한 원효와 분별성과 의타성의 비존재로서 진실성/진실무성을
아마라식으로 인식하고 진실성/진실무성의 속성을 무변이와 무전도
와 진정한 진여로 파악하는 진제의 섭론학 이해는 연속면과 불연속면
을 함께 공유하고 있다고 할 수 있다.

6. 본각의 결정성과 일심의 신해성

분황 원효와 진제(三藏眞諦, 499~569)는 역사적 사실로서 만난 적은
없었다. 그러나 구마라집(鳩摩羅什, 344~413/350~409), 불타발타라
(佛陀跋陀羅, 359~429), 보리유지(菩提流/留支, ~508~535), 늑나마제
(勒那摩堤, ~508~) 등과 함께 구역 삼장을 대표하는 진제와 구역 경론
에 의거하여 불학을 시작하였던 원효는 유식학의 주요 담론인 '삼성'/
'삼무성'과 '아라야식', 기신학起信學의 '여래장/불성' 그리고 섭론학의
'아마라식'의 개념을 통해 그와 사상적으로 만날 수 있었다. 세친의
『십지경론』을 번역한 보리류지와 늑나마제에 의해 형성된 지론종에
이어 진제와 그 제자들에 의해 형성된 섭론종은 구역 유식으로서
확고하게 자리를 잡았으며 제9아마라식의 존재를 해명하였다. 그는
제8아리야식과 여래장을 진망화합식으로 보았으며, 이 아리야식 위에
순정하고 무구한 제9아마라식을 시설하였다.

진제는 당시 중국 유식학의 난제였던 망식으로서 아라야식과 진망화
합식으로서 여래장이 지니고 있는 각각의 문제점을 해결하기 위해
철학적인 사유를 더하였다. 그리하여 그는 아라야식의 청정분과 잡염

분의 동거로서의 지위를 지니는 여래장으로서는 진여의 수연의 측면을
드러낼 수 있으나 진여의 불변의 측면을 드러낼 수 없다고 보았다.
결국 진제는 진망화합식으로서 여래장과 구분되는 제9아마라식 개념
을 창안하여 진여의 불변적 측면을 드러내고자 하였다. 그는 후대의
현장玄奘이 현상계의 모습을 드러내는 진여의 수연적 측면에서 제8아
라야식의 잡염분과 화합하고 동거하는 청정분을 '전의轉義'라고 번역
한 것과 달리 제8아라야식과 확연히 구분하여 제9아마라식으로 독립
시킨 것이다.

원효가 그의 만년작인 『금강삼매경론』에서 본각의 결정성이자 법신
불의 입장에서 제시한 아마라식, 즉 암마라식菴摩羅識을 수용하고
있는 것은 구역 유식인 섭론학의 맥락에서 이해할 수 있다. 이것은
그가 『대승기신론소』 등에서 지속적으로 보여준 일심의 수행론과
해탈론의 심화 확장 과정으로 이해된다. 그는 일심지원과 일심, 본각과
진여 사이의 관계를 설명해 주는 결정성을 기반으로 다시 일심과
여래장의 관계를 해명해주는 '신해성' 개념을 원용하고 있다. 원효는
진여의 불변의 측면이 아닌 진여의 변화의 측면과 생멸의 변화의
측면이 아닌 생멸의 불변의 측면을 설명하기 위해 신해성의 개념을
활용하였다. 여기서 알 수 있는 것은 자성청정심인 암마라식은 진망화
합식인 아라야식과 서로 구분되는 의식이라는 사실이다. 원효는 이
둘 사이의 상관성을 해명하기 위해 신해성이란 개념을 활용하고 있으
며, 상이성을 해명하기 위해서는 결정성이란 개념을 원용하고 있다.
여기서 원효가 말하는 일심 본성의 신해성은 본각의 마음 본성이
스스로 신해하며 그 신해의 의미가 제8아라야식에만 한정되지 않고

제9아마라식으로까지 지향하고 있음을 보여주고 있다. 그리하여 원효는 본각의 결정성과 일심의 신해성을 통해 『대승기신론』의 8식설과 『금강삼매경』의 9식설을 윤활시키고 있다. 반면 진제는 분별성을 대상, 의타성을 대상을 파악하는 의식작용, 그리고 진실성을 양자의 비존재로 해석하면서, 의식과 그 대상은 서로 구별될 수 없을 정도로 연관되어 있기 때문에 의타성과 분별성의 관계는 비일비이非一非二라고 강조한다. 특히 그는 진실성은 이런 의식과 대상 양자를 여읜 상태로서, 이들 두 자성의 비존재가 바로 진여라고 역설하였다. 진제는 삼무성과 아마라식 개념의 창안에 기초한 새로운 해석을 통해 진실성은 아마라식의 다른 이름이라고 말하고 있다.

원효는 '적멸로서 일심'(심진여, 果)과 '여래장으로서 일심'(심생멸, 因) 이외에 '비인비과非因非果'를 '본법으로서 일심'으로 시설하여 삼제설의 관점에서 여래장 개념과 구분되는 상위개념으로서 일심사상을 보여주고 있다. 또한 진제는 인도의 유식학을 계승하면서도 삼무성관에 입각하여 아마라식관을 보여주고 있으며, 이것은 그가 단순한 역경가가 아니라 독자적 사상가로 자리매김하는 지점이라고 할 수 있다. 마찬가지로 원효 역시 진제의 구유식과 현장의 신유식 사이의 경계에서 독자적 해석의 지평을 열고 있으며, 이들은 유식학의 아라야식과 섭론학의 아마라식의 개념의 시설 위에서 서로 만날 수 있었다. 그런데 삼성/삼무성과 아마라식의 관계에 대한 두 사람의 상통성에도 불구하고 둘 사이에는 원효의 중층적 인식과 진제의 단선적 인식이라는 상이성을 보여주고 있다. 아마도 이러한 인식의 차이는 원효와 진제의 인간 이해의 차이뿐만 아니라 인도불교와 한국불교의 특수성에

근거하는 것으로 보아야 것이다. 그럼에도 불구하고 이 두 사람의
사상적인 만남은 동아시아 불교사상사에서 깨침과 깨달음 담론을
심화시키고 확장해 내었다.

참고문헌

世親, 『唯識三十頌』, 玄奘(『대정장』 제31책, p.61상).

眞諦 譯, 『三無性論』(『대정장』 제31책, p.871상).

眞諦 譯, 『轉識論』(『대정장』 제31책, p.62하).

元曉, 『本業經疏』 권下(『韓國佛敎全書』 제1책, p.511상).

元曉, 『涅槃宗要』(『韓國佛敎全書』 제1책, p.538하).

元曉, 『金剛三昧經論』 「無相法品」(『韓佛全』 제1책, p.610상).

元曉, 『大乘起信論』 권上(『韓國佛敎全書』 제1책, p.70하중).

元曉, 『大乘起信論疏記會本』 권4(『韓國佛敎全書』 제1책, p.767중).

均如, 『釋華嚴敎分記圓通鈔』 권제3(『韓佛全』 제4책, p.324하).

탕용동, 『漢魏兩晉南北朝佛敎史』(북경출판부, 1938; 1975), 장순용 『한위양진남북
    조 불교사』 4(학고방, 2014), pp.1540~1566.

핫도리 마사키, 『인식과 초월』, 이만(민족사, 1991), pp.130~141.

K.S. 케네쓰 첸, 『중국불교(상)』, 박해당(민족사, 1991), p.151.

요코야마 고이츠, 『불교의 마음사상: 유식사상입문』, 김용환·유리(산지니, 2013),
    pp.70~71.

핫도리 마사키, 『인식과 초월』, 이만(민족사, 1991), pp.130~141.

高榮燮, 『분황 원효의 생애와 사상』(운주사, 2016), p.223.

김제란, 「眞諦 유식과 玄奘 유식, 熊十力 『신유식론』의 유식사상 비교」, 『철학연구』
    제23권, 고려대 철학연구소, 2000, pp.17~46.

장규언, 「眞諦의 三性, 三無性論에 대한 圓測의 이해와 비판」, 『불교학보』 제55집,
    동국대학교 불교문화연구원, 2010. 8, pp.181~217.

최은영(a), 「아려야식과 관련된 용어와 심식설로 보는 진제의 사유체계」, 『중국학
    보』 제61집, 한국중국학회, 2010. 5, pp.489~508.

최은영(b), 「9식설과 여래장에 대한 진제의 사유 一考」, 『불교학연구』 제26호, 불교학연구회, 2010. 8, pp.141~172.

안성두(a), 「眞諦의 삼성설 해석과 阿摩羅識」, 『불교연구』 제42집, 한국불교연구원, 2015, pp.101~150.

안성두(b), 「『三無性論』에 나타난 진제의 삼성설 해석의 특징(I)」, 『인도철학』 제41집, 인도철학회, pp.327~364.

안성두(c), 「『三無性論』에 나타난 진제의 삼성설 해석의 특징(II)」, 『인도철학』 제42집, 2014. 12, 인도철학회, pp.261~299.

안성두(d), 「원측의 『해심밀경소』에 나타난 알라야식의 해석과 그 특색」, 『불교연구』 제35집, 한국불교연구원, 2011, pp.43~78.

김복순, 「자장의 분황사 주석과 구황동 원지」, 『원효학연구』 제21집, 원효학연구원, 2016. 12.

高榮燮(a), 「원효 일심의 神解性 분석」, 『불교학연구』 제20호, 불교학연구회, 2009.

高榮燮(b), 「분황 원효 本覺의 決定性 탐구」, 『불교학보』 제67집, 동국대학교 불교문화연구원, 2014. 4.

高榮燮(c), 「분황 원효의 일심사상」, 『선문화연구』 제23집, 한국선리연구원, 2017. 12.

高榮燮(d), 「일심지원 혹은 일심이란 무엇인가?－원효 깨침 사상의 구심과 원심」, 『불교철학』 제2집, 동국대학교 세계불교학연구소, 2018. 4.

高榮燮(e), 「동아시아 불교의 보편성과 특수성」, 『문학 사학 철학』 제52-53호, 대발해동양학한국학연구원 한국불교사연구소, 2018년 6월.

제4장 분황 원효와 자은 현장의 인명학 이해

―현량現量과 비량比量 이해를 중심으로―

1. '대승불설 논증'과 '유식비량 논증'

샤카무니 붓다(기원전 624~544)의 가르침은 인도로부터 아시아를 넘어 세계로 뻗어가고 있다. 인도에서는 붓다의 교설을 대승의 언어로 재천명한 용맹 용수(龍猛龍樹, 150~250)를 제2의 붓다로 명명해 오고 있다. 마찬가지로 중국에서는 인도의 불교를 중국의 불교로 재조직한 자은 현장(慈恩玄奘, 602~664)을 제2의 붓다로 추앙해 오고 있다.[242] 우리나라 또한 분황 원효(芬皇元曉, 617~686)를 제2의 붓다, 즉 한국의

---

242 2006년 10월 20일에 중국 泗川省 成都에서 열린 玄奘국제학술회의에는 세계의 불교학자 500여 명이 모였다. 논자도 이 회의에 참석하였는데, 진행 사회자는 인도에서 불교가 사라진 것과 달리 중국에서 불교가 본격화되는 계기를 마련해 준 玄奘을 각 섹션 진행 말미마다 '제2의 붓다'(The Second Buddha)라고 역설하였다.

붓다로 호명해 오고 있다. 중국의 현장과 한국의 원효는 7세기 당시 동아시아를 대표한 학승이자 사상가였다.

이들은 인간의 심연과 세계의 본질에 대한 호기심을 넘은 호학심好學心으로 인도 서역과 당나라로 유학을 시도한 인물들이다. 현장은 인도 서역으로 유학을 떠나 공부한 뒤 경전 입수와 불적 순례를 완수하고 138개국[243]의 기행 끝에 17년(629~645) 만에 돌아왔다. 현장은 인도 유학을 마치고 당나라로 돌아와 가상嘉尙, 보광普光, 신방神昉, 규기(窺基, 632~682) 등의 제자들과 수많은 번역을 하였지만 저술은 몇 가지[244] 밖에 남기지 못했다. 한편 원효는 현장을 흠모하여[245] 의상과 함께 두 차례(650; 661)나 당나라 유학을 시도했지만 두 번째의 유학 도중 어젯밤의 땅막과 오늘밤의 무덤이란 대비 속에서 '일심의 발견'이란 깨침을 얻고 서라벌로 되돌아왔다. 결국 두 사람은 서로 만날 수가 없었다.

원효는 현륭玄隆[246] 등의 제자들을 기르며 대중교화를 하면서도 수많

---

243 현장은 138개국 중 126개국은 직접 답사하였고 나머지 12개국은 자료들과 인근에서 전해들은 것으로 『대당서역기』(12권)를 제자 변기와 함께 편찬해 내었다.

244 玄奘의 저술은 『續高僧傳』 제4 「譯經編」 4의 「경대자은사석현장전」에 실린 것처럼 外道와의 논쟁을 담은 『三身論』(300송, 『大正藏』 제50책, 453상), 大乘과 小乘의 是非를 담은 『制惡見論』(1,600송, 『大正藏』 제50책, 452하~453상), 空有쟁론을 담은 『會宗論』(3,000송, 『大正藏』 제50책, 452하) 등이 있었다고 하나 현존하지 않아 그의 인식은 제자 窺基의 인용을 통해 알 수 있을 뿐이다. 이 때문에 제자 辯機에게 구술한 『大唐西域記』(12권) 정도만 알려져 있다.

245 贊寧, 「新羅國黃龍寺元曉傳」, 『宋高僧傳』(『대정장』 제50책, p.730상). "慕藏三藏之門, 厥緣旣差, 息心遊往."

은 저술을 펴냈다. 현장과 원효의 접점은 유학이 계기가 되었지만 그들의 통로는 현장의 유식학에 대한 원효의 비판으로 이루어졌다. 현장을 통해 신역新譯 유식唯識을 흡수하려 했던 원효는 유학 도중의 깨침 이후 신라로 돌아와 구역과 신역 경론을 통섭하여 103부 208여 권의 저술을 펴내었다.[247] 특히 원효의 논리사상을 담고 있는『판비량론』단간본은 현장과 원효의 인식과 논리를 엿볼 수 있는 통로적 저술이다. 여기서 원효는 '대승불설 논증'과 '유식비량 논증'을 통해 두 사람의 사상적 차이를 보여주고 있다.

이 글에서는 구역 유식 논서의 한계를 극복하기 위해 인도로 유학을 떠난 현장과 그에게 신역 유식을 공부하러 중국으로 유학을 두 차례 시도했던 원효가 사상적으로 어떻게 만나고 어떻게 소통할 수 있었는지에 대해 검토해 볼 것이다. 이들은 직접 만나지는 못했지만 대승불설 논증과 유식학의 현량現量, 즉 지각(인식)에 대응하는 비량比量, 즉 추론(논리) 논증에서 차이를 보였다는 점은 주목되는 지점이다. 무엇보다도 깨침 이후 10년 뒤(671)에 간행한 원효의『판비량론』[248]은 이전

---

246 晉里火 三千幢主 級湌 高金□ 鐫, 「高仙寺誓幢和上碑」. 이 비의 단간에는 원효의 제자가 玄隆 등 9인이 있었다고 기술되어 있다.

247 高榮燮,『분황 원효의 생애와 사상』(운주사, 2016).

248 神田喜一郎,『判比量論』(동경: 편리당, 1967); 富貴原章信,「判比量論の研究」, 『日本佛敎』제29호, 일본불교연구회, 1969; 이영무,「원효대사 저『판비량론』에 대한 고찰」,『건국대학교학술지』제15집, 건국대학교출판부, 1973; 원의범, 「판비량론의 인명논리적 분석」,『불교학보』제21집, 동국대학교불교문화연구원, 1984; 신현숙,『원효의 인식과 논리』(민족사, 1988; 1990); 金星喆(a),『원효의 판비량론 기초 연구』(지식산업사, 2003); 김성철(b),「원효 저『판비량론』의

의 인식논리학인 고인명古因明과 변별되는 진나의 새로운 논리학인
신인명新因明의 구조[249]를 보여준다는 점에서 불교논리사상사에서 이

<hr>

대승불설 논증」,『불교학연구』제6호, 불교학연구회, 2003. 6; 김성철(c), 「원효
저『판비량론』의 산일부 연구 I」,『한국불교학』제33집, 한국불교학회, 2006;
김성철(d), 「오치아이 소장『판비량론』필사본의 교정과 분석」,『불교학보』
제74집, 동국대학교 불교문화연구원, 2016. 3; 高榮燮, 「분황 원효의『십문화쟁
론』과『판비량론』의 내용과 사상사적 의의」,『동악미술사학』제19호, 동악미술
사학회, 2016. 6; 김성철(e), 「불교논리학의 흐름과『판비량론』의 논쟁사」,『불교
학보』제80집, 동국대학교 불교문화연구원, 2017. 9; 岡本一平, 「新出資料 梅溪
旧藏本·元曉撰『判比量論』斷簡について」,『원효탄생1400년기념공동학술대
회 元曉新羅佛教私本』, 神奈川縣立金澤文庫·동국대불교문화연구원HK연구
단, 2017. 6; 김영석, 「원효『判比量論』의 새로운 발굴」,『한국불교문헌의 정본화
와 확장성』, 동국대 불교학술원 ABC사업단, 불교문화연구원·토대연구사업단,
2017. 10; 김영석, 「원효『判比量論』의 새로운 발굴」,『불교학보』제81집, 동국대
학교 불교문화연구원, 2017. 12.

[249] 진나의 인명학에서는 3지 작법의 논증식이라는 3가지 판단, 즉 3가지 오류를
각각 잘못된 주장문인 1) '사립종似立宗' 혹은 '사종似宗', 2) 잘못된 이유문인
'사인似因', 3) 잘못된 예시문인 '사유似喩'라고 부른다. 그의『인명입정리론』에서
는 총 33가지 논리적 오류(過)를 들고 있다. 먼저 1) 잘못된 주장문인 '사립종'에
9가지(①現量相違, ②比量相違, ③自教相違, ④世間相違, ⑤自語相違, ⑥能別不極
成, ⑦所別不極成, ⑧俱不極成, ⑨相符極成)를 들고 있다. 또 2) 잘못된 이유문인
'사인'에 불성인不成因 4가지(⑩兩俱不成, ⑪隨一不成, ⑫猶豫不成, ⑬所依不成),
부정인不定因 6가지(⑭共不定, ⑮不共不定, ⑯同品一分轉異品遍轉－共不定, ⑰異
品一分轉同品遍轉－共不定, ⑱俱品一分轉－共不定, ⑲相違決定), 상위인相違因 4가
지(⑳法自相相違因, ㉑法差別相違因, ㉒有法自相相違因, ㉓有法差別相違因)를 들
고 있다. 이어 3) 잘못된 예시문인 '사유似喩'에 사동법유似同法喩 5가지(㉔能立法
不成, ㉕所立法不成, ㉖俱不成, ㉗無合, ㉘倒合), 사이법유似異法喩 5가지(㉙所立
不遣, ㉚能立不遣, ㉛俱不遣, ㉜不離, ㉝倒離)를 들고 있다.

저술의 간행 의미가 적지 않다. 『판비량론』은 아직까지 일본 등지에서 단간본만이 유통되고 있지만 이들 단간을 중심으로 두 사람의 인명학 이해의 상통점과 상이점에 대해 살펴보고자 한다.

2. 현장과 원효의 접점과 『판비량론』

현장의 전기는 대략 세 가지가 전해오지만 전기마다 일정한 출입이 있다. 이들 전기는 『대당서역기』(12권), 『속고승전』권4 「현장전」, 그리고 「자은전」의 순서로 기술되었다. 이들은 대략 20년의 시차를 두고 편찬되었으며, 이들 중 특히 두 번째의 「현장전」 초고본이 일본의 홍성사에서 발견되면서 일본 학계에서는 현장 전기에 대한 전면적인 재검토가 이루어졌다.[250]

이 초고본의 발견 이후 이루어진 재검토의 결과 현장 전기의 사실과 진실 사이에는 일정한 거리가 있음이 밝혀졌다. 현장은 인도 유학 기간 중 1) 불교와 외도外道 사이의 논쟁을 담은 『삼신론三身論』(300

---

250 이들 3대 문헌 이외에도 현장 입적 직후에 冥祥이 지은 『大唐故三藏玄奘法師行狀』(1권)과 劉軻가 찬술한 「大唐三藏大遍覺法師塔銘」 그리고 정매靖邁가 쓴 『고금역경도기古今譯經圖紀』 권4의 「현장전」이 있다. 그런데 근래에 일본의 興聖寺에서 발견된 647년 하반기 무렵 성립되었을 것으로 추정되는 「玄奘傳」의 초고본이 발견되어 재검토가 이루어져 있다. 藤善眞澄, 『續高僧傳』「玄奘傳」の成立-新發見の興聖寺本をめぐて-」, 『鷹陵史學』 5, pp.65~90. 이 논문은 필자의 『道宣傳の研究』 제6장에 『續高僧傳』「玄奘傳」の成立(pp.179~244)으로 재수록되어 있다. 남동신, 「玄奘의 印度求法과 玄奘像의 추이-西域記, 玄奘傳, 慈恩傳의 비교검토를 중심으로」, 『불교학연구』 제20호, 2010. 6, p.219 참조.

송), 2) 같은 불교 안의 대승과 소승의 시비是非를 담은『제악견논制惡見論』(1,600송), 3) 같은 대승불교 안의 공유空有쟁론을 담은『회종론會宗論』(3,000송) 등을 지었다고 하지만 이들 저술은 현재 모두 전하지 않는다.

이 때문에 연구자들은 현장이 지은 것으로 알려진 세 권의 저술도 사실이 아니라 영웅적인 현장상像을 만들어내는 과정에서 이루어진 것으로 파악하고 있다. 현장 전기에 실린 세 차례의 논쟁과 현장의 눈부신 승리가 역사적 사실이기보다는 나중에 그의 문도들에 의해 만들어진 신화로 논구되고 있다. 그리하여 명상冥祥의 「현장 행장」과 정매靖邁의『고금역경도기古今譯經圖紀』권4의 「현장전」도 이들 논쟁을 사실로 받아들여 영웅적인 현장상像을 부각시키고자 한 것[251]으로 인식되고 있다.

하지만 일본 선주의『유식분량결』에 인용되어 있는 「현장삼장유식비량쟁과결」[252]에 의하면 그렇게 볼 수만은 없을 것이다. 동시에 원효의『판비량론』과 규기의『인명입정리론소』등에 실려 있는 승군의 대승불설 논증과 유식비량 및 현장의 개작 그리고 원효의 비판 등 일련의 과정을 살펴보면 현장의 세 저술들이 그를 영웅으로 만들기 위해서 이루어졌다는 주장은 지나친 속단이라고 할 수밖에 없다. 이것은 사료에만 매몰되어 불교 저작에 대한 이해를 도외시한 역사학자들의 한계가 빚어낸 단정으로 보아야 할 것이다. 대개 새로운 전기를 기술할

---

251 남동신, 위의 논문, p.193 참조.

252 善珠, 「玄奘三藏唯識比量諍果決」 제2,『唯識分量決』(『대정장』제71책, pp.451 중~454중).

때는 앞의 전기에서 과장된 부분을 덜어내기도 하지만, 반면 빠진 주요 부분을 뒤의 전기에서 보충하기도 하는데 이것을 영웅 만들기로만 볼 수는 없기 때문이다.

우리는 현장의 본격 저술이 현존하지 않는 현실에서 그의 인명학, 즉 그의 인식과 논리에 대한 탐구는 원효 전후의 신라계 학승들과 현장의 제자들 그리고 일본계 학승들의 저술에 실린 인용문을 통해 추론해 갈 수밖에 없다. 『판비량론』은 불교의 인식과 논리 중 특히 논리의 구조와 형식을 보여주는 원효의 논리학을 보여주는 대표적인 저술이다. 현재 『판비량론』은 단간본으로 존재하고 있지만 원효가 671년 행명사行名寺에서 붓을 잡고(着筆) 거칠게 마무리했다(粗訖)[253]고 적고 있다.

이 저술은 원효 입적 이후 필사된 이래 오래지 않아 신라 문궤(文軌, 600년대)의 『인명입정리론소』[254]와 『인명논리문십사과류소』, 태현(680?~760?)의 『성유식론학기』[255]에 인용되었고, 중국에도 전해져 규기의 제자인 혜소(650~714)의 『성유식론요의등』[256]에 인용되었다. 또 일본에서 제작된 『사경소계寫經所啓』[257](740년 4월)에 『판비량론』의 이름이 적혀 있으며, 선주(善珠, 724~797)의 『유식분량결』[258]과 『인명

---

253 元曉, 『判比量論』(『한불전』 제1책, p.817상).

254 文軌, 『因明入正理論疏』(『卍續藏經』 제86책, p.686중). 원효의 저술에서 문궤의 문장과 동일한 내용이 인용되고 있어 동시대에 살았던 두 사람 사이의 상호 소통 관계를 엿볼 수 있다.

255 太賢, 『成唯識論學記』(『한불전』 제2책, p.500상; 『대일본속장경』 제50책, p.34중).

256 慧沼, 『成唯識論了義燈』(『대정장』 제43책, pp.731하~732상).

257 『正倉院文書』 7, 488.

론소명등초』, 장준(藏俊, 1104~1180)의 『인명대소초』[259] 등에도 인용되어 있다.

이렇게 본다면 원효의 탈고 직후이자 선주의 생몰년인 672~714년 사이에 일본에 전해졌을 것[260]으로 추측되고[261] 있다. 원효의 『판비량론』은 일본의 에도시대 초기까지만 해도 온전히 열람할 수 있었다고 전한다. 하지만 에도시대 말기에 호사가들의 손에 조각조각 나뉘어져, 홍법대사의 동사절(東寺切, 대사의 초서체 단간본)로 분류되어 소장되거나 다도용 족자로 만들어져 산일되고 말았다.[262]

다행히 최근에 원효의 『판비량론』의 단간본들이 일본에서 속속 발견되고 있다. 현재 확인된 단간은 약 7종에 이르고 있다. 이들 단간을 한 곳에 모으고 빠진 부분도 더 발견해 빈틈을 채워가게 되면 조만간 『판비량론』의 단간들을 집성하여 정본을 확정할 수 있을 것으로 기대된다. 그렇게 되면 원효의 논리사상을 집성해 현장과 원효의

---

258 善珠, 『唯識分量決』(『대정장』 제71책, pp.451중~454중).

259 藏俊, 『因明大疏抄』(『대정장』 제68책, pp.449하~450상).

260 小林芳規, 「大谷大學藏新出角筆文獻について」, 『大谷大學圖書館學報 - 新圖書館開館記念特別號』, 2002. 6. 28, pp.4~6. 각필 연구의 권위자인 고바야시 요시노리는 현존 『판비량론』이 신라의 審祥(=신조)이 가져와 740년 고묘(光明, 701~760) 황후에게 기증한 것이라 주장하고 있다. 설득력이 있는 주장이지만 그가 審祥을 신라 유학 뒤 귀국한 일본 승려로 본 것은 잘못이다.

261 富貴原章信, 「判比量論の研究」, 『判比量論』(동경: 便利堂, 1967), p.5; 김성철, 앞의 책, p.29.

262 高橋正隆, 「本朝目錄史考 - 紫微中台遺品 『判比量論』の研究」, 『대곡대학연구연보』 제38호, 경도: 대곡대학교, 1985, p.192. 김성철, 앞의 책, pp.31~32 참조.

인명학 이해의 차이를 온전히 파악할 수 있게 될 것이다.

아직까지 단간들이 모두 발견되지 않아 온전한 연구가 이루어질 수 없는 점을 감안하면서 우리는 현존하는 단간본들을 통해서나마 연구를 진행하지 않을 수 없다. 모두 얼마만한 분량으로 구성[263]되었을 지는 정확히 알 수 없지만 『판비량론』의 현존 발견 단간본들은 아래와 같다.[264]

①大谷本-오타니(大谷)대학 박물관 소장본[265]-총 105행 2,100자

제7절 8행(후반부 일부): 정토의 본질의 조망에 대한 논의

제8절 14행: 호법의 식識의 4분설에 대한 논의

제9절 9행: 제8식의 존재 증명에 대한 논의

제10절 20행: 알라야식의 구유소의俱有所依와 구유소의근俱有所依
　　　　　　根에 대한 논의

제11절 26행: 9구인句因 중 제5구인의 부정인 논증

제12절 9행: 상위결정인의 부정인 논증

---

263 正倉院 문서인 「寫了律論疏章集傳等帳」(743년, 24-452)과 「紫微中台錄」(753년, 12-534) 등에 『判比量論』 분량이 '1卷 25張'으로 적혀 있다. 이 분량을 행수로 환산하여 富貴原章信(후키하라 쇼유신)은 58절 867행, 金星喆은 873행으로 추정하고 있다. 김영석, 앞의 글, p.163 참조.

264 김성철(b), 앞의 논문, p.6 참조; 岡本一平, 앞의 글, p.135 참조; 김영석, 앞의 글, pp.162~163 참조.

265 神田喜一郎所藏 古寫本은 『한국불교전서』(제1책, pp.814하~817상)에 실린 『判比量論』의 底本이다. 약 56.0×27.4cm의 다비지 3장 분량을 이어 만든 두루마리 형태로 되어 있다. 제7절 후반부부터 제14절 전반부까지의 105행 글이다.

제13절 12행: 오성평등론자에 대한 비판

제14절 7행(전반부 일부): 아집과 법집의 논파에 대한 논의

*회향게 단간 5행: 회향게와 원효의 지어識語

② 三井本-미츠이(三井)기념관 소장본-총 15행 300자

제6절 5행: 인식수단(現比二量)에 대한 외도 비판 논의

제○절 4행: 삼세실유에 대한 설일체유부와 경량부의 논쟁 논의

③ 五島本-고토(五島)기념미술관 소장본-총 7행 140자

제○절 5행: 현장의 유식비량 논파

제○절 2행: 정토비량에 대한 공부정과 지적

④ 東博本-도쿄(東京)국립박물관 소장본

제○절 5행: 자타비량과 공동 인정(共許)의 관계에 대한 논의

⑤ 酒井宇吉本-사카이 우키치(酒井宇吉) 소장본-총 11행

제○절 11행: 쌍근雙根은 유類는 같지만 상相은 다르다는 논의

⑥ 落合博志本-오치아이 히로시(落合博志) 소장본-총 9행 180자

제6절 5행: 인식수단(現比二量)에 대한 외도 비판 논의

제○절 4행: 삼세실유에 대한 설일체유부와 경량부의 논쟁 논의

⑦ 梅溪旧藏本-바이케이구장(梅溪旧藏)본-총 5행 100자

(선주 인용 29자+71자)[266]

제○절 5행: 현장의 유식비량 논파

1912년에『판비량론』은 논서의 말미에 적힌 초서체의 '회향게廻向偈'와 '지어識語'를 통해 일본에 알려졌다. 이후 1967년에 간다 기이치로가 집안에 전해오던 것을 공개한 두루마리 형태의 3장 분량이 영인 출판되었다. 이후 1969년에는 사카이 우키치 소장의 11행 단간이 학계에 소개되었다. 오타니대학 박물관 소장본은 간다 기이치로가 발견해 1967년에 대학에 기증한 판본이다.『한국불교전서』는 이 판본을 저본으로 삼고 싣고 있다.[267] 미츠이본과 고토본은 최근에 공개되어 연구 진행 중이며, 동박본은 아직 본격적으로 공개되어 있지 않다.

오치아이 히로시 소장본은 2005년에 학계에 소개된 이래 오치아이와 김성철에 의해 학계에 연구되었다.[268] 또 바이케이 구장본은 2017년에 오카모토 잇페이에 의해 발견되어 가나자와문고 학술발표회에서 소개되었다.[269] 오카모토는 규기窺基의 저술로 알려져 있는『인명논리

---

266 자료가 들어 있던 상자에 "昭和 44년(1969) 가을, 西鄕산장에서 바이케이가 기록한다"고 붉은 도장(朱印)으로 적혀 있어 바이케이(梅溪) 구장본이라고 부른다. 초서체 한자로 된 필사본 낱장은 세로 25.7cm, 가로 7.7cm, 1행 20자로 구성.

267 神奈川縣立金澤文庫·동국대불교문화연구원HK연구단,『アンニョンハセヨ! 元曉法師』(2017. 6). 오타니본과 같이 전체의 약 8분의 1에 해당하는 3지 105행으로 된 개인 소장본도 있다.

268 김성철(b), 앞의 글, pp.1~25.

269 岡本一平, 앞의 글, pp.133~142 참조.

문십사과류소』(약칭 『十四過類疏』)가 신라 문궤文軌의 저술이며 원효
는 문궤의 문장을 인용하고 있다고 하였다. 이에 근거하여 그는 신라
인의 인명 연구가 문궤 → 원효에로 전개되었을 가능성을 제기하고
있다.

현재 이들 7종의 단간본들 속에서 승군과 현장과 원효의 대승불설
논증과 유식비량 인식을 엿볼 수 있는 것은 오타니본과 미츠이본
및 고토본과 바이케이 구장본이다. 여기서는 총 9행 180자의 분량이
소략한 오치아이본을 참고하면서도 인식수단(現比二量)에 대한 외도
비판에 대해 '보다 자세히 알 수 있는' 총 15행 300자의 미츠이본
단간본을 중심으로 논의를 전개시켜 보고자 한다.

3. 승군과 현장의 비량 인식

1) 승군의 비량 인식

승군(勝軍, Jayasena)은 소랄타국蘇剌佗國 출신이다. 그는 당시 10대
논사의 한 명으로 알려진 안혜(安慧, Sthiramati)로부터 언어, 문자,
음운音韻, 문법 등에 관한 학문인 성명聲明과 대소승의 논서를 배웠다.
이후 승군은 호법護法의 제자인 계현(戒賢, Silabhadra)으로부터 『유가
론』과 『베다』와 천문과 지리와 의술 등을 배웠다.[270]

그런데 승군이 불교논리학의 논증식을 고안하게 된 것에 대해서는
그의 저작이 현존하지 않기 때문에 자세히 알 수 없다. 이 때문에

---

270 『大唐慈恩寺三藏法師傳』(『대정장』 제50책, p.244상).

무착(無著, Asaṅga, 395~470)의『섭대승론』에 대한 주석인 무성(無性, Asvabhāva)의『섭대승론석』과 원효의『판비량론』, 그리고 규기의『인명입정리론소』등을 통해 현장이 승군의 논증식이 지닌 논리적 오류를 개작한 것을 통해 재구성해 볼 수밖에 없다. 먼저 무성의『섭대승론석』에 실린 대승불설의 논증식에 대해 살펴보자.

- 주장문(宗): 대승의 교리는 진정한 불어佛語이다(大乘敎眞是 佛語).
- 이유문(因1): 일체의 보특가라(pudgala)가 무아의 본성(無我性) 에 위배되지 않기 때문에(一切不違補特伽羅, 無我性故).
- 주장문(宗): 아뢰야식은 능전能詮의 언교言敎이다(阿賴耶識能詮 之敎).
- 이유문(因2): 일컫는 소전所詮의 교의敎義가 붓다가 설한 것이기 때문에(稱所詮義, 佛所說故).
- 예시문(喩1): 마치 찰라적으로 신속히 소멸한다고 설하는 말씀 과 같이(如餘刹那速滅等言).
- 예시문(喩2): 마치 붓다의 다른 언설과 같이(如佛餘言).[271]

규기는 무착의『섭대승론』에 주석한 무성의『섭대승론석』을 통해 대승불설 논증식을 다음과 같이 재구성하여 이것을『섭대승론』의 학설로 간주하고 있다.

---

271 無性,『攝大乘論釋』(『대정장』제31책, p.361하).

- 주장문(宗): 대승의 경전들은 모두 불설佛說이다(諸大乘經, 皆是 佛說).
- 이유문(因): 일체의 보특가라(人我)가 무아의 이치에 위배되지 않기 때문에(一切不違補特伽羅, 無我理故).
- 예시문(喩): 마치 『증일』 등의 아함경과 같이(如增一等).[272]

이 논증식에서 무성의 '대승의 교리'는 '대승의 경전들'로, '불어'는 '불설'로 바뀌었을 뿐이다. 여기서 이 논증식은 잘못된 이유문(似因)의 불성인不成因 4가지 중 하나인 수일불성隨一不成, 즉 입론자나 적대자의 '어느 한쪽에 대해 성립하지 않는 것'에 해당된다.

소승의 교리에서는 '대승에서는 상주하는 자아가 있다고 설한다'고 보기 때문에 '대승의 교리는 무아의 이치에 위배된다'고 지적한다. 설사 대승의 교리가 무아의 이치에 위배되지 않는다고 해도 상기한 논증식은 부정인不定因의 오류를 범하게 된다.[273] 이 논증식은 부정인의 6가지 중 하나인 공부정인共不定因, 즉 능증能證이 주제와 같은 부류인 동품에만 존재하는 동품정유성(同品有)과 능증이 주제와 다른 부류인 이품에도 결코 존재하지 않는 이품정유성(異品有)의 오류를 범하고 있기 때문이다.

- 동품정유성: 불설(同品) 중에 보특가라가 무아의 이치에 위배되지 않는 것이 있는가? – 있다(有). 『증일아함경』과 같이.

---

272 窺基, 『因明入正理論疏』(『만속장경』 제86책, p.756상).
273 김성철(b), 앞의 글, p.10 참조.

• 이품정유성: 불설이 아닌 것(異品) 중에 보특가라가 무아의 이치
에 위배되지 않는 것이 있는가? – 있다(有). 『육족론』과 같이.

설일체유부의 근본소의 논장으로 삼는 여섯 가지 논서로서 발(足)이
붙어 있는 『품류족론』, 『식신족론』, 『법온족론』, 『시설족론』, 『계신
족론』, 『집이문족론』의 집성인 『육족론』은 논사들에 의해 저술된
것이기에 불설이 아니다. 그들의 주장도 보특가라가 무아의 이치에
위배되지 않기 때문이다. 이처럼 승군은 이러한 논증식이 지닌 오류를
극복하기 위해 새로운 논증식을 고안하였다.
　먼저 승군은 독특한 이유문(因)을 고안하여 외도나 『육족론六足論』
등의 가르침을 배제하고자 하였다. 그리하여 그는 '입론자와 적대자
양자가 공통으로 허용하는'(兩俱極成),[274] 즉 '양자 모두에게서 궁극적
으로 성립하는'(至極成就, 極成) 논증식을 아래와 같이 제시하였다.

• 주장문(宗): 대승경전들은 모두 불설이다(諸大乘經, 皆佛說).
• 이유문(因): 양쪽 모두가 인정하는 '불어佛語들이 아닌 것'에
　포함되지 않기 때문에(兩俱極成, 非諸佛語所不攝故).
• 예시문(喩): 마치 『증일』 등의 아함경과 같이(如增一等阿笈摩).[275]

---

274 窺基, 『因明入正理論疏』 권상(『大正藏』 제44책, p.98상); 窺基, 『因明入正理論疏』
　　(『卍續藏經』 제86책, 香港佛書出版公司, p.98상). "極者至也. 成者就也. 至極成就
　　故名極成. … 共許名爲至極成就, … 若許有法能別二種非兩共許."
275 窺基, 앞의 글, 앞의 책, p.756상.

이 논증식에서 이유문인 '양쪽 모두가 인정하는 불어가 아닌 것에 포함되지 않기 때문에'라는 명제는 입론자와 적대자 모두가 인정하는 불어가 아닌 것에 포함되지 않는다는 것이다. 승군이 이렇게 '양쪽 모두가 인정하는 불어가 아닌 것'이라는 전제를 단 것은 소승과 외도들의 교리를 배제하기 위한 것으로 이해된다.[276]

승군은 무성의 『섭대승론석』에 실린 논증식의 경우 『육족론』 등의 실례가 있어 이품유異品有가 되어 공부정인共不定因의 오류를 범하고 있다고 판단하였다. 그래서 그는 위의 논증식으로 이품인 『육족론』이 이유문을 충족시키지 못하므로 이품무異品無가 되어 부정인의 오류를 벗어날 수 있다고 생각하였다.[277] 이렇게 되면 승군의 논증에서 이유문의 이품변무성은 이렇게 정리될 것이다.

● 이품변무성: 불설이 아닌 것 중에서 양쪽 모두가 인정하는 '불어가 아닌 것에 포함되지 않는 것'이 있는가? – 없다.

이러한 '대승불설 논증'에 대한 승군의 논증식에 대해 현장이 비판하고 원효는 현장이 개작한 논증식을 비판하고 다시 개작하여 논리를 보충하였다. 현장을 스승 삼아 공부하고자 두 차례 유학을 시도했고 현장이 번역한 저술로 인명학을 공부한 원효였지만 중도 지혜의 활로를 여는 일에는 친소親疏의 양보가 있을 수 없었다. 그 결과 '성스런 교리(聖敎)' 중심의 논증식이 아니라 '올바른 이치(正理)' 중심의 탁월한

---

276 窺基, 앞의 글, 앞의 책, p.756상.
277 김성철(b), 앞의 글, p.12 참조.

논증식이 탄생될 수 있었다.

2) 현장의 비량 인식

현장은 수나라 때 산서성 낙양 출신으로서 어릴 때 출가하였다. 그는 27세 때에 인도로 유학을 떠난 뒤 약 4년 즈음에 마가다국의 나란타사에 머물며 대략 5년간 범어와 인명학因明學을 공부하였다. 그 뒤 현장은 마가다국에서 반야발타라에게 인명학을 배운 뒤 승군의 문하에서 『유식결택론唯識決擇論』, 『무외론無畏論』, 『부주열반론不住涅槃論』, 『십이인연론十二因緣論』, 『장엄경론莊嚴經論』 등을 배웠고 유식과 인명 등에 대한 의문점을 묻고 해소하여 이들 논서에 통달해 있었다.[278]

범어와 유식학에 통달했던 현장이 유학을 마치고 귀국할 즈음 당시 오천축을 다스리던 계일(戒日, Śīlāditya) 왕이 18일 동안 무차대회無遮大會, 즉 누구나 가림 없이 참여할 수 있는 법회를 열었다. 인도 전역의 뛰어난 논사들이 모여 논쟁을 벌였을 때 현장은 만법萬法이 유식唯識임을 증명하는 '유식비량唯識比量'의 논증식을 고안하여 발표하였다. 하지만 그곳에서는 아무도 그를 비판하지 못했다고 전한다. 현장은 다음과 같은 이유문을 부가하였다.

- 이유문(因): '자기 쪽에서 허용하는, 즉 우리 쪽에서 인정하는 붓다의 언설 아닌 것에 포함되지 않기 때문에.' 이렇게 되면 부정인의 과실에서 벗어날 수 있다.[279]

---

278 武邑尙邦, 『불교학세미나 2·인식론 논리학』, 심봉석(불교시대사, 2003), p.310.
279 藏俊, 『因明大疏抄』(『대정장 제68책, p.450상).

그러면 승군의 대승불설 논증에 대해 비판한 현장의 논증식에 살펴
보기로 하자. 현장은 승군이 제시한 비량의 논증식에 대해 비판하고
그 논증식을 보완하고자 하였다. 현장의 논증식은 규기의 『인명입정리
론소』에 의거하면 아래와 같이 제시되고 있다.[280]

- 주장문(宗) : 대승의 경전들은 모두 불설이다(諸大乘經, 是佛
  所說).
- 이유문(因) : 〈자기(우리) 쪽에서 허용하고(自許)〉 양쪽 모두가
  인정하는, '불어들이 아닌 것'에 포함되지 않기 때문에(〈自許〉[281]
  極成,[282] 非佛語之所不攝故).
- 예시문(喩) : 마치 아함경과 같이(如阿含經).[283]

이처럼 규기가 소개하는 '현장이 개량한 논증식'의 이유문에는 '자허
극성自許極成', 즉 '자기(우리) 쪽에서 허용하고(自許) '양쪽 모두가
인정하는'이라는 전제가 있는 반면, 원효가 『판비량론』에서 소개한
현장의 논증식에 '자허'라는 전제만 추가되어 있는 까닭은 어디에
있을까? 그리고 현장의 논증식은 어떤 것이었을까?

아마도 규기가 소개한 승군 비량勝軍比量에 따른다면 '자허극성自許

---

280 窺基, 위의 책, p.756상. 한편 원효는 『判比量論』에서 이 구절을 "諸大乘經,
   是佛所說. 極成非佛語之所不攝故. 如阿含經."으로 적고 있다.
281 여기에서 '自許'는 玄奘이 부가한 것이다.
282 여기에서 '自許極成'은 窺基가 부가한 것이다.
283 藏俊, 『因明大疏抄』(『대정장』 제68책, pp.449하~450상).

極成'은 '자허이면서 극성인 것' 또는 '자허이거나 극성인 것'으로 파악할
수 있을 것이다. 즉 "'〈대승이 인정하는 불어〉'이면서 〈소승이 인정하는
불어〉'가 아닌 것이 아니라(~(M∩H)) '〈대승이 인정하는 불어〉'이거나
'〈소승이 인정하는 불어〉'"가 아닌 것(~(M∪H))을 의미한다. 다시
말해서 '〈대승이 인정하는 불어가 아닌 것〉'이면서 '〈소승이 인정하는
불어가 아닌 것〉'(~M∩~H)을 의미한다.[284]

그러면 현장의 유식비량에 대한 논증식에 대해 검토해 보기로 하자.
현장이 고안한 제1량의 논증식은 다음과 같다.

- 주장문(宗): 승의에 의거하기 때문에, 양쪽 모두가 인정하는
  (極成, 兩共許)[285] 색은 안식을 벗어나 있지 않다(眞故極成色,
  不離於眼識).

- 이유문(因): 자기(우리) 쪽에서 인정하는, 초삼初三[286]에는 포함
  되지만 안근(眼根, 眼界)에는 포함되지 않기 때문에(自許初三攝,
  眼所不攝故).

- 예시문(喩): 마치 안식과 같이(猶如眼識).

---

284 김성철(b), 앞의 글, p.13.

285 窺基, 『因明入正理論疏』 권상(『大正藏』 제44책, p.98상); 窺基, 『因明入正理論疏』
   (『卍續藏經』 제86책, 香港佛書出版公司, p.98상). "極者至也. 成者就也. 至極成就
   故名極成. … 共許名爲至極成就, … 若許有法能別二種非兩共許."

286 제1량의 初三은 十八界 가운데 처음의 셋인 眼根, 色境, 眼識을 가리킨다.
   현장은 제2량(二三), 제3량(三三), 제4량(四三), 제5량(五三), 제6량(後三)의 차례
   로 논증식을 작성하고 있다.

위의 논증식에서 현장은 소승 쪽에서 색경色境, 즉 외계에 실재하는 대상으로 간주하는 형상(色)이 안식에서 벗어난 것이 아님을 논증하고 있다. 이어 그는 이식, 비식, 설식, 신식, 의식 등에 이르는 논증식들을 차례대로 작성하려 했다고 전한다.[287]

현장은 주장문(宗)에는 1) '승의에 의거하기 때문에'라는 단서를, 2) 주장문의 주어인 유법有法에는 '양쪽 모두가 인정하는(極成)'이라는 전제를, 3) 그에 대한 이유문(因)에는 '자기 쪽에서 허용하는', 즉 '우리 쪽에서 인정하는(自許)'이라는 전제를 부가하여 만법이 유식임을 증명하면서 외도나 소승의 비판을 피할 수 있는 절묘한 논증식을 고안해 내었다.

4. 승군과 현장의 비량非量 인식에 대한 원효의 비판

1) 원효의 대승불설 논증

원효는 결정상위, 즉 대립된 주장을 성립시키는 이유문을 갖는 논증식을 통해 현장을 비판하였다. 그는 현장이 『발지경』, 즉 『발지(身)론』의 존재로 인해 부정인의 오류를 범하는 승군의 비량을 개량하여 대승불설을 논증하려고 한 논증식에 대해 아래와 같이 비판하고 있다.

이제 이것에 대해 설명해 본다.
① 이러한 이유문은 다시 결정상위(決違/違決)의 오류를 지니게 된

---

287 善珠, 『因明論疏明燈抄』 권제3말(『大正藏』 제68책, p.319하).

다. 저들 입론자들은 논증식을 세워 말할 것이다.

- 주장문(宗): 대승의 경전들은 궁극적인 가르침(至敎量)이 아니다.
- 이유문(因): 우리 쪽에서 인정하는 불어에 포함되지 않기 때문에.
- 예시문(喩): 마치 승론勝論 등과 같이.

②또 여기에 새롭게 제시한 이유문에는 부정인이 있기도 하다. 마치 『증일아함경』 등과 같이 자기 쪽에서 허용하는, 즉 우리 쪽에서 인정하는 불경(佛經/佛語)이 아닌 것 중에 포함되지 않기 때문에 대승의 경전들은 궁극적인 가르침에 포함되는가? 마치 색과 향 등과 같이 자기 쪽에서 허용하는, 즉 우리 쪽에서 인정하는 불어가 아닌 것 중에 포함되지 않기 때문에 대승의 경전들은 궁극적인 가르침(至敎量)이 아닌가?[288]

여기에 근거해 원효의 논증식은 다음과 같이 다시 구성할 수 있을 것이다.

- 주장문(宗): 대승의 경전들은 궁극적인 가르침(至敎量)이 아니다.
- 이유문(因): 우리(소승) 쪽에서 인정하는 불어佛語에 포함되지 않기 때문에.

288 善住, 『因明論疏明燈抄』(『대정장』 제68책, p.346중); 藏俊, 『因明大疏抄』(『대정장』 제68책, p.550중). 선주본의 '決違'와 '佛經'은 장준본에서는 '違決'과 '佛語'로 되어 있다.

● 예시문(喩): 마치 승론勝論 등과 같이.

원효는 위의 현장의 논증식을 상위결정, 즉 대립된 주장을 성립시키는 이유문을 갖춘 논증식을 구성함으로써 대승불설을 논증하려는 현장의 논증식을 비판하였다. '상위'는 주장문이 상반된다는 뜻이고, '결정'은 이유문이 확실하다는 뜻이다.[289] 따라서 '소승 쪽에서 인정하는 불어에 포함되지 않기 때문에' 대승의 경전들과 승론 같은 외전들은 궁극의 가르침이 될 수 없기 때문이다.

또 원효는 현장의 논증식이 부정인의 오류를 범한다고 비판하였다. 즉 이유문에서 언급한 '불어'라는 개념을 '지교량', 즉 궁극적인 가르침으로 바꾼 현장의 논증식이 부정인을 범한다고 보았다. 여기에 대해 살펴보기로 하자.

● 주장문(宗): 대승의 경전들은 모두 '궁극적인 가르침(至教量)' 이다.
● 이유문(因): 우리 쪽에서 인정하는 '불어가 아닌 것'에 포함되지 않기 때문에.
● 예시문(喩): 마치 『증일』 등 아함경과 같이.

원효는 위의 현장의 논증식에 대해 아래와 같이 비판하면서 부정인의 과실을 지적하고 있다.

---

289 善珠, 앞의 글, 앞의 책, p.362중.

마치 『증일』 등의 아함경과 같이 우리 쪽에서 인정하는 불어가
아닌 것 중에 포함되지 않기 때문에 대승의 경전들은 모두 궁극적인
가르침에 포함되는 것인가? 마치 색과 향 등과 같이 우리 쪽에서
인정하는 불어가 아닌 것 중에 포함되지 않기 때문에 대승의 경전들
은 궁극적인 가르침이 아닌가?[290]

이러한 원효의 지적을 근거로 동품정유성과 이품정유성을 도출해
보기로 하자.

- 동품정유성: 궁극적인 가르침 중에 우리 쪽에서 인정하는 불어
  가 아닌 것에 포함되지 않는 것이 있는가? – 있다. 『증일』 등
  아함경.

- 이품정유성: 궁극적인 가르침이 아닌 것 중에 우리 쪽에서 인정
  하는 불어가 아닌 것에 포함되지 않는 것이 있는가? – 있다.
  색과 향 등.

이렇게 본다면 색, 성, 향, 미, 촉, 법 등과 같은 제법은 '궁극적인
가르침이 아닌 것'에 속하는 이품이지만 '대승 쪽에서 인정하는 불어가
아닌 것에 포함되지 않는 것'들이다. 따라서 이품유가 된다. 이러한
이품유의 존재가 되므로 현장의 논증식에는 부정인의 과실이 있다.
이처럼 현장의 논증식은 상반된 주장을 담은 상위결정의 논증식일

---

290 元曉, 『判比量論』(『한불전』 제1책, p.815상).

뿐만 아니라 제법의 존재로 인해 동품유同品有와 이품유異品有인 공부
정인共不定因의 오류를 범하게 된다.[291]

따라서 현장의 논증식은 부정인과 공부정인의 오류를 범하는 논증식
이어서 원효로부터 비판을 면할 수 없었다.

2) 원효의 유식비량 논증

원효는 현장이 고안한 유식비량唯識比量을 비판하기 위해 다음과 같은
상위결정相違決定, 즉 대립된 주장을 성립시키는 이유문을 갖는 논증식
을 창안해 내었다.[292] 현장이 고안한 유식비량과 이를 비판하는 상위결
정의 논증식 모두 인因의 3상을 갖춘 타당한 논증식이다. 그런데
이 주장은 상반된다. 이렇게 되면 하나의 세계관 내에서 상반된 주장이
담긴 논증식이 작성되게 되고 결국 두 논증식 중 어느 것이 옳다고
확정할 수 없게 되어 이 두 논증식에서 사용된 각각의 인因은 상위결정
의 부정인이 되게 된다.[293]

그런데 위의 논증식을 작성한 이는 순경 법사가 아니라 신라의
원효 법사이며 순경 법사는 이를 당나라에 널리 알린 인물[294]이라고
전한다. 나아가 원효는 『판비량론』에서 소승논사의 유법차별상위에

---

291 김성철(b), 앞의 글, p.23.

292 窺基, 『因明入正理論疏』(『만속장경』 제86책, p.744상중).

293 김성철(c), 앞의 글, 앞의 책, p.144.

294 善珠, 앞의 글, 앞의 책, p.321상. 相違決定의 작성자가 順璟이라는 기록도
  있으나 元曉라는 기록이 훨씬 더 많다. 여기서는 원효의 작성으로 보기로
  한다.

대해 비판하기도 하였다. 그는 소승 쪽의 유법차별상위의 비판을
다음과 같은 논증식으로 구성하였다.[295] 유식비량에 관한 현장의 논증
식을 비판한 원효의 논증식은 다음과 같다.

- 주장문(宗): 승의에 의거하기 때문에, 양쪽 모두가 인정하는
  색은 결정코 안식에서 벗어나 있다(眞故極成色, 定離於眼識).
- 이유문(因): 자기(우리) 쪽에서 인정하는, 초삼(眼根, 色境, 眼識)
  에는 포함되지만 안식에는 포함되지 않기 때문에(自許初三攝,
  眼識不攝故).
- 예시문(喩): 마치 안근과 같이(猶如眼根).

원효는 이러한 논증식을 작성한 뒤 문궤의 글을 인용하고 있다.
이것은 문궤와 원효 사이의 소통을 보여주는 근거문이 된다. 다만
현전『판비량론』이 단간뿐이어서 문궤의 글을 인용한 것인지 아니면
문궤가 원효의 글을 인용한 것인지는 자세히 확정할 수 없다.

[원효 법사의『판비량론』에서는 소승논사의 유법차별상위의 비판
을 기술해 말한다.] (입론자와 대론자) 양쪽 모두가 인정하는
색은 즉식의 색이 아니어야 한다. 이유문과 예시문은 앞과 같다.[296]

이것은 상위를 차단하기 위한 것이다. 이 때문에 '자기(우리) 쪽에서

---

295 善珠, 앞의 글, 앞의 책, p.318상.
296 善珠, 앞의 글, 앞의 책, p.318하,

인정하는'이라는 말이 필요한 것이다. 이를테면 다른 논사(학파)에게
상위의 비판을 지어 말한다.

- 주장문(宗): 양쪽 모두가 인정하는 색은 즉식의 색이 아니어야
  한다(極成之色, 應非卽識之色).
- 이유문(因): 자기(우리) 쪽에서 인정하는, 초삼에 포함되면서
  안근에는 포함되지 않기 때문에(自許初三攝, 眼所不攝故).
- 예시문(喩): 마치 안식과 같이(如眼識).

이제 이러한 비판을 차단하면서 말한다. 이렇게 양쪽 모두가 인정하
는 색은 마치 안식과 같이 자기(우리) 쪽에서 인정하는 초삼에 포함되면
서 안근에 포함되지 않기 때문에 즉식卽識의 색이 아닌 것인가. 마치
우리 종파에서 인정하는 타방불他方佛의 색과 같이 우리 쪽에서 인정하
는 초삼에 포함되면서 안근에는 포함되지 않기 때문에 즉식卽識의
색인 것인가? 만일 '우리 쪽에서 인정하는'이라고 말하지 않는다면
곧 다른 논사(학파)에 대해 부정인의 오류를 지어 상위의 비판을 차단할
수가 없다.[297]

원효의 『판비량론』 제12절[298]과 장준의 『인명론대소초』[299]에서 알

---

297 文軌, 『因明入正理論疏』(『卍續藏經』 제86책 p.686중).
298 元曉, 『判比量論』, 제12절. 문궤는 "인의 삼상의 갖추고 있으면 定因이어야
   하는데 왜 不定因이라고 했을까?"라고 반문하면서 이 의미가 소통되게 해설할
   수 있는 사람이 있으면 나는 그를 따르며 臣下가 되겠다고 하였다.

수 있듯이 원효와 문궤는 동시대에 살면서 서로를 잘 알고 있었던 사이로 보인다. 문궤가 말하는 '다른 학파가 지은 상위의 비판'은 원효의 『판비량론』에서 취했을 수도 있다. 그렇다면 원효가 유식비량 논증에서 사용해온 '자기(우리) 쪽에서 인정하는'이라는 전제에 대한 해명이 어느 정도 가능할 것이다.

여기서 문궤가 들고 있는 '상위의 비판'은 무엇이었을까? 아마도 선주가 전하고 있는 것처럼 '유법차별상위의 비판'이 아니었을까? 여기에 근거해 소승 쪽의 '유법차별상위의 비판'을 논증식으로 구성해 보자.

- 주장문(宗): 양쪽 모두가 인정하는 색은 즉식의 식이 아니어야 한다.
- 이유문(因): 초삼에 포함되면서 안근에는 포함되지 않기 때문에.
- 예시문(喩): 마치 안식과 같이.

여기의 이유문에서는 '자기(우리) 쪽에서 인정하는(自許)'이라는 전제를 부가하지 않고 유식비량을 작성하게 되면 소승 쪽에서 이러한 유법차별상위의 논증식을 제시하며 유식비량을 비판하게 될 것이라는 원효의 설명 일부일 것으로 추측된다.[300] 이와 달리 선주의 글에 실려 있는 것과 달리 문궤의 예시문에서는 아래와 같이 '이유문(因)'과 '예시문(喩)'이 앞과 같다고 되어 있다.[301]

299 藏俊, 『因明大疏抄』(『대정장』 제68책, p.525중하).
300 김성철(d), 앞의 글, p.97.

- 주장문(宗): 양쪽 모두가 인정하는 색은 식을 떠난(離識)의 색이 아니어야 한다(極成之色, 應非離識[302]之色).
- 이유문(因): (우리 쪽에서 인정하는, 초삼에는 포함되지만 안식에는 포함되지 않기 때문에)(自許初三攝, 眼識不攝故).[303]
- 예시문(喩): 마치 안식과 같이(因喩同根).[304]

위의 이유문(因)에 '우리 쪽에서 인정하는(自許)'이라는 단서를 부가하지 않고 유식비량을 작성할 경우, 소승 쪽에서는 위와 같은 논증식을 제시하며 유식비량을 비판하게 될 것이라고 하였다. 이에 대해서는 원효가 밝힌 논증식이 일부나마 남아 있어 위와 같이 짐작해 볼 수 있다. 따라서 동시대를 살면서 소통하였을 원효와 문궤의 비량 인식에 대해서는 좀 더 깊은 연구가 요청된다.

---

301 김상현, 『원효연구』(민족사, 2002), p.242. 문궤는 당나라 인명학에 대한 異說을 제창하여 정계로부터 비난을 받았다고 전한다. 이것은 오히려 문궤의 인명학이 지닌 독자성으로 이해할 수도 있다.
302 善珠는 '離識'으로 적고 있고 文軌는 '卽色'으로 적고 있다. 아마도 字形이 유사해서 解讀이 그렇게 된 것으로 짐작되지만 논자는 내용상으로 보아 善珠의 '離色'이 부합된다고 보아 여기서는 善珠의 표기를 따랐다.
303 文軌, 『因明入正理論疏』(『卍續藏經』 제86책 p.686중). 善珠의 글에서는 이유문이 빠져 있어 文軌의 저술에서 인용하였고, 유식비량에 대한 원효의 논의 중에는 유식비량에 사용된 '우리 쪽에서 인정하는(自許)'이라는 단서의 구실에 대한 설명이 있었을 것으로 이해된다.
304 善珠의 글에서 예시문은 '마치 안식과 같이'로 되어 있으나 文軌의 예시문에서는 '因과 喩는 앞과 같다(因喩同前)'고 되어 있다.

5. 원효 인명론의 독자성

원효는 많은 저술을 하면서도 특히 인명학의 인식과 논리에 대해서도 주목을 하였다. 현존하는 저술은 『판비량론』의 단간뿐이지만 이 저술이 인용된 여러 저술들을 통해서 원효의 논리사상을 어느 정도나마 재구성할 수 있다. 이미 선행연구[305]에 의해 일부가 밝혀져 있지만 단간본이 더 발견되어 정본이 구축된다면 원효의 논리사상에 대한 종합적인 견해를 이끌어 올 수 있을 것이다.

원효의 인명학 중 특히 비량에 대한 인식은 논증식에 부가한 '자허'와 '극성'의 관계로 집약된다. 원효가 소개한 현장의 논증식에서 '우리 쪽에서 인정하는(自許)'이라는 단서는 '우리 쪽에서 인정하거나(自許) 양쪽 모두가 인정하는(極成)'이라는 말과 등치가 된다. 또 '양측 모두가 인정한다'는 의미는 '우리 쪽에서 인정한다'는 말 속에 내포되어 있다. 그리고 '우리 쪽에서 인정하는 '불어가 아닌 것에 포함되지 않는 것' 역시 '소승경과 대승경'뿐이다.

원효는 현장이 고안했던 논증식을 소개하면서 이유문(因)에 전제된 불필요한 단서인 '양쪽 모두가 인정하는'이라는 말을 제거했다고 볼 수 있다.[306] 그리하여 원효는 현장이 개량한 상위결정의 논증식에 대해 비판하면서 대승불설 논증을 위해 논증식을 다음과 같이 개작한다.

---

305 김성철(a), 앞의 책, 2003.

306 김성철(a), 앞의 책, p.202.

- 주장문(宗): 대승경전들은 궁극적인 가르침(至教量)이 아니다.
- 이유문(因): 우리 쪽에서 인정하는, 불어佛語에 포함되지 않기 때문에.
- 예시문(喩): 마치 승론勝論 등과 같이.[307]

승군과 현장의 논증식에서는 '주장문의 술어'를 모두 '불설'이다고 한 반면 원효는 이것을 '궁극적인 가르침(至教量)'이라고 하였다. 이것은 아마도 『성유식론』의 논증에서 원용한 술어[308]로 이해된다. 이어서 원효는 '불어'라는 술어를 '궁극적인 가르침'으로 대체하여 현장의 논증식을 다시 기술한 뒤 자신의 논증식을 제시하고 있다.

- 주장문(宗): 대승경전들은 모두 궁극적인 가르침(至教量＝佛說) 이다(諸大乘經, 非至教量).
- 이유문(因): 우리 쪽에서 인정하는, '불어가 아닌 것'에 포함되지 않기 때문에(自許佛經(語)所不攝故).
- 예시문(喩): 마치 승론 등과 같이(如勝論等).[309]

나아가 원효는 승군 비량을 다음과 같이 개작한다. 선주와 장준의

---

307 元曉, 『判比量論』(『한불전』제1책, pp.814하~817상); 善珠, 『因明論疏明燈抄』(『대정장』제44책, p.346중).

308 護法等菩薩造, 『成唯識論』(『대정장』제31책, p.14하).

309 元曉, 『判比量論』(『한불전』제1책, pp.814하~817상); 善珠, 『因明論疏明燈抄』권제5말(『大正藏』제68책, p.346중); 藏俊, 『因明大疏抄』(『대정장』제68책, p.550중).

저술에 실린 개작된 승군 비량은 아래와 같다.

● 주장문(宗): 대승경전들은 올바른 이치에 부합한다(諸大乘經,

   契當正理).

● 이유문(因): 양쪽 모두가 인정하는 〈불어가 아닌 것〉에 포함되지

   않는 가르침이기 때문에(極成非佛語(所)不攝之教故).

● 예시문(喩): 마치 『증일아함경』 등과 같이(如增一等).[310]

원효는 승군이 서술했던 '불설이다'는 용어를 '올바른 이치에 부합한
다(契當正理)'라는 말로 바꾸고, '양쪽 모두가 인정하는 '불어들이 아닌
것'에 포함되지 않는 가르침이기 때문에'를 '양쪽 모두가 인정하는
'불어가 아닌 것'에 포함되지 않는 가르침이기 때문에'로 바꾸었다.
이렇게 되면 상위결정의 오류도 범하지 않고, 부정인의 오류도 범하지
않는다고 원효는 주장한다.[311] 그리하여 원효는 대승불설에 대한 승군
과 현장의 교증敎證을 비판하고 자신이 고안한 리증理證의 논증식을
제시한다.

  그 결과 승군 비량을 부분적으로 수정하여 대승이 '올바른 이치'에
부합된 가르침임을 논증하는 '공비량共比量', 즉 '대소승 모두 인정할
수 있는 논증식'을 고안하였다. 원효는 대승의 '불설' 여부는 그 경전이
'부처의 교설(佛說)', 즉 성스런 교리(聖敎)에 속한다는 것을 논증함으

---

310 善珠, 위의 책, p.346중; 藏俊, 위의 책, pp.549~550중). 善珠의 저술에는 '所'가
   누락되어 있다.

311 김성철(a), 앞의 책, p.207.

로써 확인할 수 있는 것이 아니라, 그 가르침이 '올바른 이치(正理)'에 부합하는지 여부를 논증함으로써 확인할 수 있는 것[312]이라고 밝히고 있다.

그리하여 원효는 '불설' 혹은 '성교', 즉 '성스런 교리(聖敎)'라는 종래의 경전관인 교증敎證을 넘어 '정리', 즉 '올바른 이치(正理)'에 의한 논증이라는 '리증理證'의 논증식을 창안하였다. 이것은 새로운 경전관의 활로를 제시한 것이었다는 점에서 그 독자성을 찾아볼 수 있다. 『판비량론』 말미의 회향게 역시 그의 진리, 즉 올바른 이치에 대한 논증을 잘 보여주고 있다.

證成道理甚難思　증성의 도리는 생각키도 꽤 어려워
自非笑却未易言　내 웃으며 밀치잖고 쉽게 풀지 못했네
今依聖典擧一隅　이제 성전 의지해 한 모퉁이 들었으니
願通佛道流三世　불도가 삼세 흘러 통하게 하소서.[313]

여기서 증성의 도리는 원효가 평생 펼쳐온 보편성과 타당성을 지닌 '진리'—일반적 타당성을 지닌 '도리'—부분적 타당성을 지닌 '일리'로

---

312 김성철(a), 앞의 책, p.209.

313 『判比量論』 跋文(『續藏經』 제1編95套4冊). 후키하라는 이 회향게를 誤寫된 것이라고 추정하면서 이대로는 도저히 의미가 통하지 않는다고 토로한다. 그리고 이와 유사한 善珠의 『因明論所疏明燈抄』 말미의 회향게만을 소개하고 있다. "因明道理深難思, 非一切智誰能解, 故蒙篤請採百家, 爲始學徒授近慧, 述而不作爲妙意, 披覽後生勿疑解, 今依先迹擧一隅, 願通佛道流三世."(『大正藏』 제68책, p.435중).

보여준 것[314]과 같은 맥락에서 이해할 수 있다. 그는 진리–도리–일리의 핵어를 통해 화쟁하고 회통하고 통섭하였다. 그것은 '중도中道', 즉 '올바른 이치'에 의한 논증'을 통해 모든 이들을 자유롭게 해 줌으로써 '인식'과 '논리'에서 벗어나 본래 마음(一心/一心之源)으로 돌아가게 하고자 위함이었다.

6. 리증의 논증식으로 교증의 논증식 비판

현장과 원효는 삶에 대한 호기심을 넘어 학문에 대한 호학심으로 인도 서역과 당나라로 유학을 시도하였다. 현장은 17년의 인도 서역 유학을 마치고 당나라로 돌아와 많은 경론을 번역하였다. 반면 원효는 두 번째의 유학 도중 깨침을 얻은 뒤 신라로 돌아와 많은 저술과 대중 교화를 하면서 살았다. 다수의 경론 번역만을 남기고 있는 현장과 달리 원효의 『판비량론』은 비록 단간으로만 남아 있지만 두 사람 사이의 인식과 논리를 엿볼 수 있는 통로적 저술이라 할 수 있다.

원효는 현장이 고안한 유식비량唯識比量을 비판하기 위해 다음과 같은 상위결정相違決定, 즉 대립된 주장을 성립시키는 이유문을 갖는 논증식을 창안해 내었다. 규기의 『인명입정리론소』에 실린 현장의 논증식에는 이유문에 '자허극성自許極成', 즉 '자기(우리) 쪽에서 인정 (허용)하고, 양쪽 모두가 인정하는'이라는 전제가 덧붙여져 있다. 이와 달리 원효는 『판비량론』에서 현장의 논증식을 승군의 논증식에서

---

314 高榮燮, 「분황 원효의 화쟁과 회통 인식」, 『원효탄생 1400주년 기념 학술회의 자료집』, 동국대학교 불교문화연구원, 2017.5.

이유문에 '자기 쪽에서 허용하는', 즉 '우리 쪽에서 인정하는'(自許)이라는 전제만 덧붙이고 있다.

원효의 인명학 중 특히 비량에 대한 인식은 논증식에 부가한 '자허'와 '극성'의 관계로 집약된다. 원효가 소개한 현장의 논증식에서 '우리 쪽에서 인정하는(自許)'이라는 단서는 '우리 쪽에서 인정하거나(自許) 양쪽 모두가 인정하는(極成)'이라는 말과 등치가 된다. 또 '양측 모두가 인정한다'는 의미는 '우리 쪽에서 인정한다'는 말 속에 내포되어 있다. 그리고 '우리 쪽에서 인정하는 '불어가 아닌 것에 포함되지 않는 것' 역시 '소승경과 대승경'뿐이다. 그리하여 원효는 대승불설에 대한 승군과 현장의 교증敎證을 비판하고 자신이 고안한 리증理證의 논증식을 제시한다.

원효가 70평생의 삶을 통해 중생들을 풍요롭게 이익되게 하고자 보편성과 타당성을 지닌 '진리'—일반적 타당성을 지닌 '도리'—부분적 (제한적) 타당성을 지닌 '일리'의 기호로 보여준[315] 보살적 삶은 부처와 범부가 소통할 수 있는 길을 궁구하기 위한 것이었다. 그는 진리—도리—일리의 핵어를 통해 삼국 전쟁 전후를 살았던 한민족의 갈등을 화쟁하고 회통하고 통섭하였다. 그리하여 원효는 '중도中道', 즉 '올바른 이치'에 의한 논증을 통해 모든 이들을 자유롭게 해 줌으로써 '인식'과 '논리'에서 벗어나 본래 마음(一心/一心之源)으로 돌아가게 하고자 하였다.

---

315 高榮燮, 「분황 원효의 화쟁과 회통 인식」, 『원효탄생 1400주년 기념 학술회의 자료집』, 동국대학교 불교문화연구원, 2017. 5.

참고문헌

無性, 『攝大乘論釋』(『대정장』 제31책, p.361하).

玄奘, 『三身論』(300송, 『大正藏』 제50책, 453상).

玄奘, 『制惡見論』(1,600송, 『大正藏』 제50책, 452하~453상).

玄奘, 『會宗論』(3,000송, 『大正藏』 제50책, 452하).

玄奘·辯機, 『大唐西域記』(12권, 『대정장』 제50책).

晉里火 三千幢主 級湌 高金□ 鐫, 「高仙寺誓幢和上碑」.

元曉, 『判比量論』(『한불전』 제1책, pp.814하~817상).

文軌, 『因明入正理論疏』(『卍續藏經』 제86책 p.686중).

窺基, 『因明入正理論疏』 권상(『大正藏』 제44책, p.98상).

窺基, 『因明入正理論疏』(『卍續藏經』 제86책, 香港佛書出版公司, p.98상).

慧沼, 『成唯識論了義燈』(『대정장』 제43책, pp.731하~732상).

太賢, 『成唯識論學記』(『한불전』 제2책, p.500상; 『대일본속장경』 제50책, p.34중).

善珠, 『因明論疏明燈抄』(『대정장』 제44책, p.346중).

藏俊, 『因明大疏抄』(『대정장』 제68책, p.550중).

贊寧, 「新羅國黃龍寺元曉傳」, 『宋高僧傳』(『대정장』 제50책, p.730상).

神田喜一郎, 『判比量論』(동경: 편리당, 1967).

富貴原章信, 「判比量論の硏究」, 『日本佛敎』 제29호, 일본불교연구회, 1969.

高橋正隆, 「本朝目錄史考－紫微中台遺品 『判比量論』の硏究」, 『대곡대학연구연
    보』 제38호, 경도: 대곡대학교, 1985, p.192.

小林芳規, 「大谷大學藏新出角筆文獻について」, 『大谷大學圖書館學報－新圖書館
    開館記念特別號』, 2002. 6. 28, pp.4~6.

이영무, 「원효대사 저 『판비량론』에 대한 고찰」, 『건국대학교학술지』 제15집,
    건국대학교출판부, 1973.

원의범, 「판비량론의 인명논리적 분석」, 『불교학보』 제21집, 동국대학교 불교문화

연구원, 1984.

신현숙, 『원효의 인식과 논리』(민족사, 1988; 1990).

김상현, 『원효연구』(민족사, 2002), p.242.

金星喆(a), 『원효의 판비량론 기초 연구』(지식산업사, 2003).

남동신, 「玄奘의 印度求法과 玄奘像의 추이－西域記, 玄奘傳, 慈恩傳의 비교검토를 중심으로」, 『불교학연구』 제20호, 2010. 6, p.219 참조.

김성철(b), 「원효 저 『판비량론』의 대승불설 논증」, 『불교학연구』 제6호, 불교학연구회, 2003. 6.

김성철(c), 「원효 저 『판비량론』의 산일부 연구 I」, 『한국불교학』 제33집, 한국불교학회, 2006.

김성철(d), 「오치아이 소장 『판비량론』 필사본의 교정과 분석」, 『불교학보』 제74집, 동국대학교 불교문화연구원, 2016. 3.

김성철(e), 「불교논리학의 흐름과 『판비량론』의 논쟁학」, 『불교학보』 제80집, 동국대 불교문화연구원, 2017. 9.

김성철(f), 「『판비량론』 신출 필사본의 해독과 유식비량 관련 단편의 내용 분석」, 『한국불교학』 제84집, (사)한국불교학회, 2017. 12.

高榮燮, 「분황 원효의 『십문화쟁론』과 『판비량론』의 내용과 사상사적 의의」, 『동악미술사학』 제19호, 동악미술사학회, 2016. 6.

高榮燮, 「분황 원효의 화쟁과 회통 인식」, 『원효탄생 1400주년 기념 학술회의 자료집』, 동국대학교 불교문화연구원, 2017. 5.

高榮燮, 「분황 원효의 화쟁과 회통 인식」, 『불교학보』 제81집, 동국대학교 불교문화연구원, 2017. 12.

神奈川縣立金澤文庫・동국대불교문화연구원HK연구단, 『アンニョンハセヨ! 元曉法師』(2017. 6).

岡本一平, 「新出資料 梅溪旧藏本・元曉撰 『判比量論』 斷簡について」, 『원효탄생 1400년 기념 공동학술대회 元曉新羅佛敎私本』, 神奈川縣立金澤文庫・동국대불교문화연구원HK연구단, 2017. 6.

岡本一平, 「元曉撰 『判比量論』 の三種の斷簡」, 『불교학보』 제89집, 동국대학교 불

교문화연구원, 2019. 12.

落合博志,「元曉撰『判比量論』と古筆手鑑」,『불교학보』제89집, 동국대학교 불교 문화연구원, 2019. 12.

김영석,「원효『判比量論』의 새로운 발굴」,『한국불교문헌의 정본화와 확장성』, 동국대 불교학술원 ABC사업단, 불교문화연구원·토대연구사업단, 2017. 10.

김영석,「원효『判比量論』의 새로운 발굴」,『불교학보』제81집, 동국대학교 불교문 화연구원, 2017. 12.

김천학,「원효『판비량론』의 발굴과 연구사 고찰」,『불교학보』제89집, 동국대학교 불교문화연구원, 2019. 12.

제5장 분황 원효와 문아 원측의 유식학 이해
―불성론과 종성론을 중심으로―

1. 성불과 수행

인도 초기 불교사상사에서 자아와 무아 개념은 인도불교의 주요 담론을 형성해 왔다. 붓다는 실체로서의 자아와 업보로서의 자아의 대비를 통해 무아와 윤회가 양립할 수 있음을 제시해 주었다. 중국 초기 불교사상사에서 신멸神滅과 신불멸神不滅 개념, 중기 불교사상사에서 여래장如來藏과 불성佛性 개념은 중국불교의 주요한 담론을 형성해 왔다. 중국불교인들은 도가(도교)의 기일원론氣一元論과 유교의 인성론人性論과 대응한 불교의 심신론心身論을 해명해 내었다. 그 결과 정신과 육체의 일원(신멸)과 이원(신불멸) 논변이 중국 초기 불교사상사의 주요 담론이었다면, 여래장과 불성 논변은 성불론과 수행론으로 이어지면서 중국 중후기 불교사상사의 주요 담론이 되었다.

중생 모두가 여래의 성품을 지니고 있다는 여래장설과 중생 모두가

부처의 본성을 지니고 있다는 불성론은 사람들에게 구원과 희망의
가르침으로 다가갔다. '누구나가 부처가 될 수 있다'는 경설은 계급과
신분을 뛰어넘어 인간의 평등성을 전해주었다. 한편 인도의 유식학은
서역과 중국으로 전해오면서 지론학과 섭론학 및 법상학으로 전개되었
다. 경량부 논사에서 유식가로 전향한 세친(世親, 天親)은 마음의 철학
인 유식학을 집대성한 이래 다시 『화엄경』의 「십지품」에 주석을 덧붙
여 『십지경론』을 펴냈다. 이 논서에 의거하여 형성된 지론학은 특히
서역과 중국 초기 유식학의 기반을 형성하였다. 지론학의 주요 논제는
중생이 부처가 될 수 있는 가능성인 '여래장'과 '불성'에 대한 담론들이
다. 이 여래장 담론은 중국의 인성론에 영향을 받아 불성론으로 재편되
었고[316], 불성 담론은 지론학, 섭론학, 법상학뿐만 아니라 천태종,
화엄종, 정토종, 선종에 이르기까지 중국 중후기 불교사상사에서 폭넓
은 주제로 자리를 잡아 왔다.

　신라 출신으로서 당나라로 유학을 떠나 불학을 펼친 문아 원측(文雅
圓測, 613~196)은 교체론, 교판론, 심식론, 불성론, 수행론 등을 통해
현장(602~664)-규기(632~682)-혜소-지주 등으로 이어진 자은학통
과 대비되는 독자적인 서명학통을 형성하였다. 원측으로부터 시작된
신라 유식학의 학통은 도증/승장-태현 등으로 이어졌고, 티베트의
법성(최둡)과 담광, 일본의 선주 등으로 이어졌다. 분황 원효(芬皇元曉,
617~686)는 진제 이래의 구역 유식 경론을 통해 자신의 불학을 구축한
뒤, 다시 현장 이래의 신역 유식 경론을 통섭하여 유식학과 기신학,

316 高榮燮, 「분황 원효의 여래장 인식과 불성 이해」, 『열상고전연구』 제61집,
　열상고전연구회, 2018. 2.

화엄학과 선학을 아우르는 학문적 지형도를 그려나갔다. 특히 원효는 원측과 함께 기신학과 유식학을 대표하는 철학자이자 사상가로서 자리매김하였다.

7세기 동아시아의 대표적 두 사상가였던 원효와 원측은 교체론, 교판론, 심식론, 불성론, 수행론 등을 통해 만날 수 있을 것이다. 여기에서는 이들이 모색했던 불성론과 종성론의 연속성과 불연속성에 대해 살펴보고자 한다. 이들 두 담론은 성불론과 수행론으로 이어지면서 불교의 대표적 논제로 자리를 잡아왔다. 이들은 종래의 이론들을 흡수하면서도 진제와 현장의 불성론과 종성론과 변별되는 관점을 제시하였다. 무엇보다도 이들은 중생이 부처가 되고 부처가 중생을 버리지 않는 길을 탐구하려고 하였다. 선행연구에서는 원측과 원효의 불성론과 종성론에 대해 각각 살펴보았지만[317] 상호 대화를 통해 비교

---

[317] 문아 원측에 대한 선행연구는 적지 않지만 여기서는 불성론과 종성론에 관련된 것들만 소개한다. 橘川智昭, 「圓測의 五性各別思想」, 동양대학 박사논문, 2001. 3; 橘川智昭, 「원측사상의 재검토와 과제」, 『보조사상연구원 재41차 학술발표회 자료집』, 2001. 9. 22; 정영근, 「일체중생의 성불에 대한 원측의 입장」, 『불교학연구』 제5호, 불교학연구회, 2002), pp.151~181; 고영섭. 「동아시아 불교에서 유식 법상의 지형도」, 『불교학보』 제55집, 동국대학교 불교문화연구원, 2012. 3, pp.101~130; 장규언 역주, 『원측 『해심밀경소』 「무자성상품」 종성론 부분 역주』(씨아이알, 2013), pp.11~79; 백진순, 「원측교학에서의 일승의 요의」, 『한국사상사학』 제50집, 한국사상사학회, 2015. 8, pp.288~319. 분황 원효에 대한 선행연구 또한 많지만 여기서는 불성론과 종성론에 관련된 것만 소개한다. 金煐泰, 「원효의 불성론고」, 『효성조명기박사추모 불교사학논집』(동국대출판부, 1988); 박태원, 「십문화쟁론 불성 유무 화쟁의 해석학적 번역과 논지 분석」, 『철학논총』 제72집, 새한철학회, 2013, pp.87~120; 고영섭,

를 시도한 적은 없었다. 여기에서는 일승과 일심의 기호로 자신의
철학을 구축한 원측과 원효의 유식학 지형도를 그려보고자 한다.

2. 유식학에서 불성론과 종성론: 일승과 일심

유식에서 불성, 즉 부처의 본성에 대한 논의는 불교사상사의 주요
담론이라고 할 수 있다. 불성론은 종성론과 함께 성불론과 수행론과
직결되는 주제가 되어왔기 때문이다. 불교가 일체중생의 성불 가능성
에 대해 대답을 제시해 주고 있다는 점에서 보면 불성론과 종성론은
삼승과 일승의 정의와 의미에서부터 가장 주요한 이슈가 되기에 충분
하다. 불교의 시간관인 삼세관과 공간관인 십계관은 성불로 향해
가는 공간과 수행이 진행되는 시간의 문제이기 때문이다.

불교에서는 시간적으로 과거, 현재, 미래의 삼세와 공간적으로
지옥, 아귀, 축생, 수라, 인간, 천인의 육도 윤회의 세계를 넘어서는
성문과 연각 및 보살과 부처의 단계로 성불의 길을 제시한다. 인간이
육도 윤회하는 삼계와 달리 특히 소승의 성문과 독각, 대승의 보살과
일승의 부처의 단계는 삼승의 길에서 일승의 길로 탈바꿈하는 성불론
으로 이어지기 때문이다.

불교사상사에서 '자성自性', 즉 '종성種性'에 대해서는 여러 경전을
통해 살펴볼 수 있다. 유식학의 소의경전인 『해심밀경』에서는 「무자성
상품」과 「지바라밀다품」에서 집중적으로 논의되고 있다. 이 경전에

「분황 원효의 화쟁회통 인식」, 『불교학보』 제81집, 동국대학교 불교문화연구원, 2017. 12, pp.59~92.

대한 원측의 방대한 주석서인 『해심밀경소』 「무자성상품」에는 주로
일승과 삼승의 구도 아래 일승의 의미에 대해 주로 논의되고 있으며,
「지바라밀다품」에서는 일승가와 삼승가를 화회시키는 원측의 종성관
이 잘 드러나 있다.

먼저 「무자성상품」에 나타난 원측의 불성론과 종성론에 대해 살펴보
기로 하자. 이 품은 보살청문분菩薩請問分, 여래정설분如來正說分, 영해
수지분領解受持分, 교량탄승분校量歎勝分, 의교봉행분依敎奉行分의 5
분으로 구성되어 있다. 여기서 본론에 해당하는 '여래정설분'[318]에서는
공성空性이 지니고 있는 은밀한 세 가지 의미인 상무자성성相無自性性,
생무자성성生無自性性, 승의무자성성勝義無自性性의 삼무자성성三無
自性性 교설을 집중적으로 설하고 있다.

> 다시 승의생이여! 뭇 성문승聲聞乘 부류(種姓)의 중생도 이 길(道)
> 과 이 자취(行迹)를 통해 위없는 평온한 열반(無上安隱涅槃)을 얻으
> 며, 뭇 독각승獨覺乘 부류의 중생과 뭇 여래승如來乘 부류의 중생도
> 이 길과 발자취를 통해 위없는 평온한 열반을 얻는다.[319]

---

318 원측은 여래정설분을 다시 ①約三無性釋經諸句, ②約三性觀辨立三無性, ③約
   位辨立三無性, ④約三無性觀辨一乘義, ⑤約無性敎辨取解不同의 5개 과목으
   로 나누어 풀이하고 있다. 여기서 네 번째는 三無性觀에 의거하여 一乘의
   의미를 밝히고 있다.

319 圓測, 『解深密經疏』 권4(『한국불교전서』 제1책, p.255중). 서양학자(David Seyfort
   Ruegg, 1976, p.342)나 일본학자(小川一乘, 1974, pp.51~54)는 '種性'(gotra)을
   '부류'로 번역했으며 여기서는 '부류(種性)'를 원용하고자 한다. 장규언, 앞의
   책, p.24의 주38) 참조.

일체의 성문, 독각, 보살 모두 이 하나의 미묘한 청정한 길(一妙淸淨道)을 같이하고, 이 궁극적인 청정함(究竟淸淨)을 같이할 뿐 다시 제2의 길은 없으며, 이것에 의거하여 은밀한 의미(密意)로서 오직 일승一乘만이 있을 뿐이라고 설한 것이다.[320]

모든 중생의 세 가지 종류의 중생의 부류, 즉 '열등한 근기의 부류'(鈍根性)거나, '중간 근기의 부류'(中根性)거나, '뛰어난 근기의 부류'(利根性) 등 중생 사이의 차별이 없는 것이 아니다.[321]

원측은 유식의 소의경전인 『해심밀경』의 「무자성상품」에서 '성자의 길에 의거하여 일승의 의미를 밝힘(約聖道辨一乘義)' 과단에서 세 가지 종성(三種性)에 대해 해명하고 있다. 그는 여래가 밀의, 즉 은밀한 의미의 방편으로 일승一乘을 설했지만 사실은 삼승三乘이 모두 있으며, 삼승 각각이 남김 없는 궁극적 열반을 깨달아 얻을 수 있다(無餘依究竟涅槃)는 경증으로서 『승만경』을 들고 있다. 붓다는 승의생에게 밀의로서 일승이라고 설했지만 실제로는 삼승에 차별이 있음을 설하고 있다. 여기서 주목되는 것은 이 경전에서 붓다가 방편 일승과 진실 방편을 설하고 있는 지점이다.

훌륭한 집안의 아들이여! 만일 '한결같이 고요함만 추구하는 성문의 부류(一向聚寂聲聞種性)'에 속한 사람이 있다면 (그는) 비록 뭇 붓다의 여러 가지 용맹한 실천의 방편을 통한 교화를 입는다 해도

---

320 圓測, 『解深密經疏』 권4(『한국불교전서』 제1책, p.255하).
321 圓測, 『解深密經疏』 권4(『한국불교전서』 제1책, p.261하).

(붓다가) 끝내 (그로 하여금 붓다들이 계시는) 도량에 앉아 위없이 올바르고 평등하고 완전한 깨달음을 얻게 만들 수는 없다.[322]

원측은 경전에서 '한결같이 고요함만 추구하는 성문의 부류'는 결정코 성불할 수 없다는 구절에 대해 이렇게 풀이하였다. 이들 종성, 즉 "부류가 확정된 성문과 독각의 이승 중생들은 오직 이승들의 남김 없는 열반만 깨달아 얻을 뿐 그 이후에 결코 성불할 수 없다"는 것이다. 그러면서도 원측은 『유가사지론』에 의거하여 "성문과 독각의 이승이 깨달아 얻는 남김 없는 열반에는 오직 진여의 청정한 법계만이 있을 뿐이다"[323]고 하였다.

이것은 정성이승 즉 성문과 독각의 이승에게는 리불성 즉 순수한 가능성으로서의 불성은 있지만, 행불성 즉 실질적 수행을 위한 불성은 없음을 의미하는 것이다. 다시 말하면 종성이 확정된 성문과 독각의 이승은 리불성 즉 '원리상의 불성'은 있지만 행불성 즉 '수행상의 불성'은 없다는 것이다. 원측은 리성과 행성의 구분을 통해 삼승과 일승의 구도 아래 일승의 뜻에 입각하여 회석會釋해 가고 있다.

'깨달음을 되돌리는 성문의 부류(廻向菩提聲聞)'에 속한 사람의 경우 나는 또한 다른 관점에서 보살이라고 부른다. 어째서 그러한가? 그는 이미 번뇌의 장애(煩惱障)를 벗어났기에 만일 뭇 붓다의 평등

---

322 圓測, 『解深密經疏』 권4(『한국불교전서』 제1책, p.262상).

323 圓測, 『解深密經疏』 권4(『한국불교전서』 제1책, p.255중). "故『瑜伽』云, 二乘所證 無餘涅槃, 唯有眞如淸淨法界."

한 깨달음을 만나게 될 때 앎의 대상의 장애(所知障)에 대해서도 그 마음이 해탈을 얻을 수 있을 것이기 때문이다.[324]

원측은 종성, 즉 부류가 확정되지 않은(不定) '깨달음을 되돌리는 성문의 부류'는 반드시 성불할 수 있다고 하였다.[325] 원측은 이 구절을 논증하기 위해 『법화경』「방편품」을 경증으로 원용하고 있다.

이 때문에 『법화경』「방편품」에서 "(성문과 독각의) 이승의 종성은 실제로는 반드시 성불의 과위를 얻을 것이다"라고 하였다. 만일 이 설에 의거한다면 (붓다는) 방편으론 세나를 설했지만(方便說三) 진실로는 하나이다(就實爲一). 그러므로 『법화경』에서 "시방의 불 토 중에는 오직 일승의 진리만 있을 뿐 두나(二)도 세나(三)도 없는 것이다. (붓다는) 방편으로 설한 것을 제외하고는"이라고 하였다.[326]

원측은 부류가 확정되지 않은 부정종성, 즉 삼승부정성 중 '깨달음을 되돌리는 성문의 부류'는 반드시 성불할 수 있으며, 그의 근거를 『법화 경』「방편품」의 성문과 독각의 이승의 부류도 반드시 성불의 과위를

---

324 圓測, 『解深密經疏』권4(『한국불교전서』제1책, p.262하).

325 圓測, 『解深密經疏』권4(『한국불교전서』제1책, p.2552중). "第三段意, 不定種性 廻向聲聞必當成佛."

326 圓測, 『解深密經疏』권4(『한국불교전서』제1책, p.262하). "是故『法華經』「方便 品」說, '爲二乘種性, 理實決定得成佛果.' 若依此說, 方便說三, 就實爲一. 故法 華云, '十方佛土中, 唯有一乘法, 無二亦無三, 諸佛方便說.'"

얻을 것이라는 경설에 의거하고 있다. 나아가 그는『법화경』에 의거하여 시방의 불토에는 오직 일승법만 있지 이승과 삼승은 없음을 분명히 하고 있다.『법화경』은 진실일승/방편삼승의 입장을 제시하고 있다.

원측은『해심밀경』에서 방편일승/진실삼승에 의거하여 성문과 독각의 이승과 무성종성의 성불을 인정하지 않고 있음을 알고 있다. 그리고 그것은 방편일승/진실삼승에 의거하면 일리一理가 있다고 언급하고 있다. 하지만 그는『법화경』과 같이 진실일승/방편삼승에 의거하면 이들 성문과 독각과 무성종성 모두가 성불할 수 있음을 분명히 하고 있다. 그는『해심밀경』의 경설을 위배하지 않으면서 그 경전의 상황과 맥락 속에서 일리가 있다고 본다.

구역 유식을 대표하는 진제는 성불은 본래적인 것이 아니라 후천적인 수행을 통해 해탈하여 열반에 들지 못하는 사람들은 없다는 일체개성설一切皆成說, 즉 신훈설新熏說의 입장을 견지하였다. 이와 달리 신역 유식을 대표하는 현장은 오성각별설五性各別說을 주장하면서 특히 일분무성설一分無性說, 즉 성문정성, 연각정성, 무성종성과 같은 한 부류의 사람들은 불성이 없다고 보았다. 이것은 진리 그대로의 종자인 법이종자를 본래부터 구유하고 있다는 본유종자설本有種子說에 입각한 관점이다.

신훈설은 여러 가지 수행을 통해 아리야식 중의 무루종자를 점차 생장시킬 수 있다는 것을 의미한다. 이것은 수행의 훈습을 통해 무루종자를 생산할 수 있다면 무루종자는 새롭게 훈습된 것이 된다. 그러므로 무루종자가 신훈으로 획득될 수 있다면 영원히 성불하지 못하는 사람은 있을 수 없게 된다. 여기서 진제와 현장의 차이는 진여를 불성으로

볼 것인가, 무루종자를 불성으로 볼 것인가 하는 것이다.[327]

진여에 불변과 수연의 측면이 있듯이 본체는 절대로 변하지 않지만 현상은 인연을 따라 생멸하는 것이다. 그러므로 현장이 주장하는 불성의 본유성과 달리 진제는 불성의 신훈성을 강조하는 입장에서 중생의 성불가능성을 열어두려 하였다. 그리하여 그는 진여 연기설에 입각하여 '단공單空'만이 아니라 묘유妙有를 강조하는 방향으로 나아갔던 것이다.[328] 중생의 성불가능성을 열어두려는 진제의 방향은 원효에게서도 확인되고 있다.

뒤에서 논하겠지만 원효는 개성설과 각별설 중에서 어느 하나만 옳고 나머지 하나는 틀리다고 보지 않는다. 그는 신훈설의 주장과 본유설의 주장을 각각 제시한다. 그런 뒤에 원효는 새롭게 훈습한 종자와 본래부터 지니고 있는 종자 모두를 아우르는 합생과종자를 시설해 이 둘을 모두 화회하고 있다. 그가 이 두 주장을 통합하기 위해 새로운 교문을 시설한 것은 주목할 만한 것이다.[329] 이처럼 원측과 원효는 일성개성설과 오성각별설, 리불성과 행불성의 취지와 지향을 제시한 뒤에 궁극적으로 붓다 교설의 핵심인 중도의 다른 표현인 일승사상과 일심사상 아래서 일체중생의 성불 가능성을 열어두고 있다.

---

327 김제란, 「眞諦 유식과 玄奘 유식, 熊十力 『신유식론』의 유식사상 비교」, 『철학연구』 제23권, 고려대 철학연구소, 2000, pp.42~44.

328 高榮燮, 「분황 원효와 삼장 진제의 섭론학 이해」, 『불교철학』 제4집, 동국대학교 세계불교학연구소, 2019. 4, p.101.

329 高榮燮, 「분황 원효의 화쟁회통 인식」, 앞의 책, p.81.

3. 원측의 불성론과 종자론 이해: 일승과 불성의 회석

원측은 불성론에서 일승과 불성, 즉 진여의 관계를 통해 해명해 간다. 그는 일승은 불승 혹은 법신으로 이해하고, 진여 즉 불성은 리불성 혹은 행불성에 의거하여 회석해 간다. 그리하여 원측은 일승의 기호를 통해 자신의 철학을 구축해 나갔다.

1) 일승, 불승과 법신

원측은 일승을 불승 혹은 법신으로 보는 지점에서 그의 일승가적 면모가 보여주고 있다. 성문, 독각의 이승의 소승과 여기에 보살을 더한 삼승의 대승은 다시 일불승, 즉 일승으로 나아간다. 대다수의 경전에서 일승의 우위를 설하지만 유식의 소의경전인『해심밀경』에서만 삼승 진실, 일승 방편을 설하고 있다. 하지만 이러한 경설도 사실은 방편과 진실의 구도 아래서 보게 되면 방편으로는 삼승이 우위이지만 진실으로는 일승이 우위임을 알 수 있다.

그런데 원측은 유식가로서 '진실'과 '방편'의 구도를 중층적으로 원용한다. 그는 '진실'에도 '일승'과 '삼승'의 이문을 시설하고, '방편'에도 '일승'과 '삼승'의 이문을 시설한다. 이러한 중층적 구도의 시설은 그가 어느 진실과 방편, 일승과 삼승 어느 한쪽에 서지 않음을 보여주는 대목이다.

실實/가假−실설實說일승/가설假說삼승−진실일승/방편삼승−진 제의 일성개성설

가假/실實-가설假說일승/실설實說삼승-방편일승/진실삼승-현
장의 오성각별설

『해심밀경』과 원측의 주석에서는 진실일승/방편삼승과 방편일승/
진실삼승의 두 범주를 통해 진제의 일성개성설과 현장의 오성각별설을
살펴볼 수 있다. 원측은 진제의 진실일승/방편삼승의 일체개성론만을
지지하거나 현장의 방편일승/진실삼승의 오성각별설만을 지지하지
않는다. 그는 진제와 현장의 주장 모두가 이치 구명에 있어서 일리가
있으며, 경설은 상황과 맥락에 따라 시설한 것임을 논증함으로써
불설의 핵심인 중도를 재천명하고 있기 때문이다.

원측은 진제를 지지하면서도 따르지 않는 대목이 있고, 현장을
지지하면서도 따르지 않는 대목을 보여주고 있다. 그가 따르지 않는
부분은 진제와 현장의 종파성과 국부성이며, 따르는 부분은 이들의
전체성과 개방성이다. 원측은 불설의 핵심인 중도를 구현하려는 구도
아래 그는 취할 것은 취하고 버릴 것은 버리며, 상찬할 것은 상찬하고
비판할 것은 비판하고 있다.

(1) 진실일승/방편삼승 - 진제의 일체개성설

원측은 "일승一乘의 성교聖敎는 매우 다양하고 역자譯者도 한 사람이
아니며, (일승을 설하는) 의취도 깊고 아득하다. 이 때문에 신구의
학자들이 다투어 논쟁을 일으켰다"[330]고 하였다. 이 때문에 그는 진제의

---

330 圓測, 『解深密經疏』 권4(『한국불교전서』 제1책, p.256상). "然此一乘聖敎甚多,
譯者非一, 意趣深遠, 是故新舊競興諍論."

일성개성설一切皆成說과 현장의 오성각별설을 소개하면서 이들의 주
장을 정리해 제시하였다.

삼승의 차별을 방편과 진실로 분별함에 있어서는 여러 학설이
같지 않다. 어떤 곳에서는 진실을 일승이라고 하고, 방편을 삼승이
라고 한다. 이것은 저 『법화경』에서 "시방의 불토에 오직 일승법만
있다. 부처의 방편설을 제외하고는 둘도 없고 셋도 없다"고 하고,
또 "오직 하나가 진실이고 나머지 둘은 진실이 아니다"고 말한
것과 같다. … 어느 곳에서는 진실을 삼승이라 하고, 방편을 일승이
라고 하였다. 이 『해심밀경』 2권에서 "일체의 성문과 독각과 보살은
모두 이 하나의 묘하고 청정한 도(一妙淸淨道) 등과 함께 한다"고
하고, 또 4권에서 "세존의 말씀과 같이 성문승이거나 대승이 오직
일승이라고 말한 것은 어떤 은밀한 의미가 있는가?"라고 말한
것과 같다. 또 『출생보살심경』에서 "그때 가섭바라문이 '부처에게
세존이시여! 해탈과 해탈에 차별이 있습니까?'라고 묻자, 부처가
'해탈과 해탈에 차별이 없고, 도道와 도에 차별이 없으며, 승乘과
승에 차별이 있다. 마치 왕의 길에 코끼리 수레와 말 수레와 나귀
수레가 있는 것과 같은 것처럼 차례로 그 길을 따라서 다 같이
하나의 성에 도달하는 것과 같다"고 했다. 이와 같이 여러 가르침은
진실로 그 증거가 하나가 아니다.[331]

위의 글에서처럼 삼승의 차별에도 방편과 진실의 층위가 있다.

───────────

331 圓測, 『解深密經疏』 권4(『한국불교전서』 제1책, p.260중).

진실일승/방편삼승이 있듯이 방편일승/진실삼승도 있다.『법화경』
은 진실일승/방편삼승을 설하지만,『해심밀경』은 방편일승/진실삼
승을 설한다. 이 때문에 같은 불설임에도 불구하고『법화경』설은
옳고『해심밀경』은 틀렸다고 할 수 없다.『법화경』설의 상황과 맥락이
있듯이『해심밀경』의 상황과 맥락도 있다. 이들 경전의 설해지는
상황과 맥락에 따라 읽어야 불설이 지향하는 중도의 맥락을 간파할
수 있다.

여기서 '하나의 묘한 청정의 길'은 공성의 은밀한 의미인 삼무성관으
로 이해된다. 그리고 그것은 대승이자 일승이라고 할 수 있다.『출생보
살심경』에서 붓다는 본디 "해탈과 해탈에는 차별이 없고, 도와 도에는
차별이 없지만 승과 승에는 차별이 있다"고 하였다. 소승과 대승,
삼승과 일승은 같지 않다. 이 일승은 대승이자 상무자성성, 생무자성
성, 승의무자성성인 삼무성관이라고 할 수 있다. 이처럼 진제의 일체개
성설은 일승, 즉 삼무성관을 지향하고 있다.

(2) 방편일승/진실삼승 - 현장의 오성각별설

진제의 일체개성설과 달리 현장은 오성각별설五性各別說을 주장하였
다. 오성각별설은 모든 중생은 태어날 때부터 무성종성, 성문종성,
연각종성, 부정종성, 보살종성의 5종성의 차별을 지니고 태어난다는
주장이다. 유식의 소의경전인『해심밀경』에서 방편설로 제시되었으
나 자은 법상종은 이 주장을 자종의 주요 담론으로 채택하였다. 이
경전은 방편일승/진실삼승의 입장에서 설해져 있다.

근래에 일본의 기츠가와 토모아키에 의해 원측의 주장으로 인용된

둔륜의 『유가론기』의 오성각별설이 마치 그의 주장인 것처럼 오해되어 왔다.[332] 하지만 『유가론기』에 보이는 것처럼 원측이 '실유불성'을 얘기하거나 '무종성'을 얘기하는 것은 모든 경전에 근거가 있는 정설을 맥락에 따라서 쓰이고 있는 것[333]이라고 보아야 할 것이다. 이것은 현장의 오성각별설을 인용하는 원측의 의도에서 잘 알 수 있다.

원측은 말한다. 어떤 사람이 『열반경』에 있는 "일체중생이 모두 불성을 가지고 있다"는 등의 문장을 증거로 삼아 (현장의) 신역 경론을 정설이 아니라고 비방하지만, 이것은 옳지 않다. 왜냐하면 『구선계경』과 『지지론』에서 모두 "무종성인無種性人은 인간계와 천상계에서 성숙될 수 있다"고 하였다. 또 『구舊대장엄론』 제1에서도 "이 무성위無性位를 분별한다. 게송에 '한결같이 악행만을 행하고, 모든 착한 일을 두루 끊으니 해탈의 가능성이 없고 작은 선행의 싹도 없다'고 하였다. 그 해석에서 '반열반할 수 없는 사람은 무성위라고 한다. 여기에는 대략 두 종류가 있다. 하나는 때가 지나면 반열반할 수 있는 경우이고, 다른 하나는 끝내 반열반을 할 수 없는 경우이다. 첫 번째에는 네 종류의 사람이 있다. 첫째는 한결같이 악행만을 행하는 사람, 둘째는 모든 착한 일을 두루 끊은 사람, 셋째는 해탈할 수 있는 선근이 없는 사람, 넷째는 선을 갖추고 있지 못한 사람이다. 끝내 반열반을 할 수 없는 사람은 싹이 없으므로 반열반할 수 있는 가능성이 없는 것이다. 이 사람들에 대해서

---

332 橘川智昭, 앞의 글, 앞의 책, p.37.
333 정영근, 앞의 글, 앞의 책, p.162.

다만 생사만을 구하고 열반을 좋아하지 않는 사람이라고 말한다'
(此謂但求生死, 不樂涅槃人)고 하였다. 이와 같은 문장은 모두 이
(유가사지)론에서 무종성을 얘기한 것과 같으니, 어찌 유독(獨)
신역만을 비방할 수 있겠는가?"[334]

이 인용문의 마지막 부분은 원측의 주장이라기보다는 불설의 핵심인
중도를 구현하기 위해 그가 보여주는 가치중립적 태도로 이해해야만
그의 의도를 정확히 읽어낼 수 있다. 이것은 신역의 입장에 전적으로
동의해서 일체개성을 부정하는 것이 아니라, 『열반경』에 나오는 실유
불성설만을 정설이라고 하고, 신역 경전에서 무종성을 설하는 것에
대해서는 정설이 아니라고 비난하는 당대인들의 경전 해석의 편협한
태도에 대한 비판이라고 할 수 있다.[335] 이러한 부분을 앞뒤 맥락 없이
보게 되면 기츠가와 토모아키와 같이 원측의 주장이라고 오해하게
된다.

다만 『능가경』 등에서는 일천제에 두 가지가 있다고 설한다. 하나
는 단선천제斷善闡提요, 둘째는 보살천제菩薩闡提이다. 단선천제
는 선지식을 만나면 곧 성불할 수 있고, 보살천제는 끝끝내 무상보
리를 취하지 않는다.[336]

334 遁倫, 『瑜伽論記』(『한불전』 제2책, p.708; 『대정장』 제42책, p.520하).
335 정영근, 앞의 글, 앞의 책, p.162.
336 遁倫, 『瑜伽論記』(『한불전』 제2책, p.708: 『대정장』 제42책, p.520하).

규기는 일천제를 생사를 즐기는 단선근斷善根천제와 열반을 즐기지 않는 대비大悲천제, 결국에는 열반의 성품조차 없는 무성無性천제의 셋으로 나눠보고 있다. 그는 이들의 성불의 가능성을 원인과 결과의 측면에서 분석하여 각기 '결과는 되지만 원인이 되지 못하거나'(果成因不成), '원인은 되지만 결과는 되지 못하거나'(因成果不成), '원인과 결과가 모두 되지 못하는 것'(因果具不成)으로 살펴보았다. 그리하여 규기는 마치 볶은 씨앗은 아무리 단비를 맞으며 오랜 기간을 지내도 싹이 나지 못하며, 수명이 다한 이는 아무리 좋은 약과 의원을 만나도 쾌차할 수 없는 것과 같이 무성천제는 성불의 가능성이 전혀 없음을 역설하고 있다.[337]

원측은 규기와 달리 선근을 끊어버린 단선천제도 선지식을 만나면 곧 성불할 수 있다고 보았다. 뿐만 아니라 보살천제는 성불을 할 수 없는 것이 아니라 중생구제를 위한 자비심 때문에 스스로 성불을 하지 않고 끝끝내 무상보리를 취하지 않는 것일 뿐이다. 이렇게 본다면 위의 인용문은 모든 중생은 성불할 수 있다는 것을 말하기 위한 경전적 전거라고 할 수 있다.

이러한 전거를 통해 오히려 원효는 불설의 핵심인 중도를 구현하기 위해 양극단에 치우침 없이 지혜의 활로를 열어나갔음을 알 수 있다. 이와 달리 현장은 『해심밀경』의 방편일승/진실삼승에 의거하여 오성각별설을 주장하였다. 그는 인간의 평등성보다는 차별성에 입각하여 종성을 해명하고자 하였다. 이러한 담론은 제자인 규기에 의해 더

---

337 窺基, 『成唯識論掌中樞要』(『대정장』 제43책, pp.610~611).

조술하고 지지되었다.

(3) 진실일승/방편삼승과 방편일승/진실삼승의 회석

원측은 유식학의 소의경전인 『해심밀경』의 방편일승/진실삼승을 설하는 신역 경론의 주장을 위배하지 않으면서 현장이 주장하는 오성각별설이 상황과 맥락에 따라서 제시된 것이므로 일리가 있다고 동의하기도 한다. 그는 신역 경론에서 주장하는 무종성無種姓설은 정설이 아니라고 비난하는 이들의 편협한 경전 해석 태도를 비판함으로써 오히려 신역 경전의 권위를 유지시키고자 하였다.

이것은 거꾸로 당시 원측이 신역 경론의 오성각별설에 입각해 방편일승/진실삼승을 주장한 당시의 불학자들의 주장을 인정해 준 사례를 환기해 주고 있다. 동시에 그는 구역 경론의 일체개성설에 입각해 진실일승/방편삼승을 주장한 당시의 불학자들의 주장을 인정해 준 사실을 시사해 주고 있다.

이처럼 원측은 불설의 핵심인 중도에 입각해 어느 한쪽을 취하지 않는다. 그는 경전이 설해진 상황과 맥락에 따라 일리가 있으며 진리는 하나가 아님을 역설하고 있다. 그리하여 원측은 진제의 일체개성설이 주장하는 진실일승/방편삼승과 현장의 오성각별설이 주장하는 방편일승/진실삼승의 관점을 회석會釋하고자 한다. 그 회석의 근거는 불설의 핵심인 중도가 된다.

이와 같은 그의 회석의 방법론은 일승과 진여, 즉 불성과 일체개성설과 오성각별설의 관계를 다시 리성, 즉 원리상의 불성과 행성, 즉 수행상의 불성의 측면으로 파악하고자 하는 지점에서도 확인되고

있다. 그는 진제와 현장의 주장 모두를 인정하면서 두 사람의 주장을
일승의 구도 아래 회석해 가고 있다.

2) 진여, 리(불)성과 행(불)성

진여는 우리의 개념적 분별이 개입하기 이전의 존재가 지니고 있는
참다운 모습을 가리킨다. 진여는 참으로 그러함(眞如)이자, 한결같이
그러함(一如)이며, 그렇고 그러함(如如)이기도 하다. 이 때문에 진여는
불성佛性이라고도 하고 제일의제第一義諦라고도 불려진다. 그런데 원
측의 종성론에서 이 진여, 즉 불성은 리성과 행성을 포괄한다. 규기의
제자 혜소에 의하면 리성은 리불성, 행성은 행불성의 약칭으로 읽을
수 있다.[338] 여기에서는 진여, 즉 불성은 리불성과 행불성을 아우르는
개념으로 이해할 수 있다.

(1) 리불성: 진실일승/방편삼승

원측은 진여, 즉 불성을 무성유정을 포함하는 모든 중생이 지니고
있는 리불성과 중생들의 근기에 따라 차별적으로 존재하는 행불성으로
나누어 보고 있다.

---

338 慧沼, 『能顯中邊慧日論정』(『대정장』 제45책, p.436하; p.440하). "行佛性… 理佛
性…." 정영근은 '理性'을 '논리적 가능성'으로, '行性'을 '현실적 가능성'으로
풀고 있다. 반면 장규완은 '理性'(=理佛性)은 '이치로서의 불성', '行性'(=行佛性)은
'수행을 위한 불성'으로 옮기고 있다. 이와 달리 박태원은 원효의 『십문화쟁론』
번역에서 '理性'을 '진리의 측면', '行性'을 '행위의 측면'으로 옮기고 있다. 논자는
'원리상의 불성'과 '수행상의 불성'으로 옮기고자 한다.

또 (경문에서는) 이른다. 하나(一)라는 말에는 본디 세 종류의
의미가 있다. 첫째는 길이 하나(道一)이기 때문에 하나라고 하며,
둘째는 결과가 하나(果一)이기 때문에 하나라고 하며, 셋째는 이치
가 하나(理一)이기 때문에 하나라고 한다. 지금 이 문장에 의하면
그 셋 중에는 두 가지 의미가 있다. 미묘하고 청정한 길(妙淸淨道)이
하나이며, 궁극의 청정함(究竟淸淨)은 곧 결과의 하나이다. 이
두 가지에 의거해 보면 하나(의 乘만 있을)뿐 다시 제2(의 乘)는
없다. 이 때문에 깊고 은밀한 의미(深密意)로 오직 일승一乘만이
있을 뿐이라고 말한 것이며, 뒤의 제4권에서는 이치에 차별이
없는(理無別) 까닭에 일승一乘이라고 설한 것과는 같지 않다.[339]

여기서 '하나'는 하나라는 고유한 본성이 없음을 살피는 길(一妙無性
道)이 하나이며, 수행 방도가 하나(道一)라는 의미이다. 이것은 수행의
결과로서 얻는 미묘하고 청정한 길이 하나이며, 궁극의 청정함이
하나라는 의미이다. 나아가 이것은 곧 일승이자 삼무성관이라고 할
수 있다. 이 때문에 여기서 '하나'의 의미는 뒤의 제4권의 「지바라밀다
품」에서 말하는 이치에 차이가 없는(理無別) 까닭에 설한 일승의 하나
라는 의미와는 다르다고 말한다.

"모든 중생이 불성을 가지고 있다(이것은 리성을 말한 것이다)"는
것은 진여법신불성을 말한 것이다.[340]

---

339 圓測, 『解深密經疏』 권4(『한국불교전서』 제1책, p.256상).
340 圓測, 『解深密經疏』 권4(『한국불교전서』 제1책, pp.258하~259상).

이 때문에 원측은 수행 방도가 하나이고, 수행 결과가 하나라고 보았으며, 그 결과는 미묘하고 청정한 길이 하나이고, 궁극의 청정함이 하나라는 것이다. 이것은 모든 중생이 불성을 가지고 있는 것이 리성이며 그것은 진여법신불성을 가지고 있는 것이라고 하였다. 그리고 『지바라밀다』의 '리무별', 즉 '이치에 차이가 없다'고 한 것은 그 경문에서 말하는 진여가 '동일법계'이자 '동일이취'이기 때문이다.

그렇다면 원측이 말하는 진여, 즉 불성은 리불성에서는 차별이 없으나 행불성에서는 차별이 있음을 인정하는 것으로 이해된다. 그는 주석에서 "저 성문승이 설하는 오온 등은 이러한 이취로 말미암아 제승諸乘의 차별이 있지만, 내가 이 대승교에서 동일성이라고 설한 것은 진여와 같기 때문이며, 동일이취라고 설한 것은 동일한 도이기 때문이며, 일승이라고 설한 것은 제승과 차별이 있기 때문이다"[341]고 말하고 있다.

이처럼 원측은 '동일성'과 '동일이취'와 '동일한 도'를 통해 '법계'와 이취'를 진여로 파악하고 있다. 그리하여 진여는 불성이며 불성은 이불성과 행불성으로 이루어져 있음을 환기시켜 준다. 그런 뒤에 그는 이불성의 진실일승/방편삼승과 행불성의 방편일승/진실삼승의 맥락에서 자신의 논의를 진행시켜 가고 있다.

(2) 행불성: 방편일승/진실삼승

오성각별설은 정성이승인 성문과 독각과 무성종성의 성불을 부정하고

---

341 圓測, 『解深密經疏』 권9(『한국불교전서』 제1책, p.434하).

있다. 이것은 방편의 일승과 진실의 삼승의 대비를 통해서 진실은 삼승에 있음을 역설하는 구도로 이해된다. 그런데 대부분의 경론에서는 일체의 중생은 불성을 지니고 있어 성불할 수 있다고 설한다. 반면『해심밀경』에서만 방편설로서 성불에 예외를 두고 있다. 하지만 이 예외조차도 사실은 방편의 입장에서 설한 것임을 알게 되면 진실의 모습은 자연스럽게 실현되게 된다.

"결정코 성불할 수 있다"는 것은 부정성만의 일부에 대하여 행성의 입장에서 말한 것이다.[342]

원측은『열반경』을 경증으로 결정코 성불할 수 없는 중생은 없다고 역설한다. 다만『해심밀경』의 경설에 의거하여 이불성에 의해서는 성불할 수 없지만 행불성에 의해서는 결정코 성불할 수 있다고 해명해 간다. 즉 원리상의 불성은 없지만 수행상의 불성은 있기에 결정코 성불할 수 있다는 것이다.

원측은『해심밀경』의 경설을 위배하지 않으면서 불설의 핵심인 중도의 가르침을 전달하려고 한다. 정승이승과 무성종성은 이불성 즉 원리상의 불성은 없지만 행불성 즉 수행상의 불성은 있기 때문에 언젠가는 결정코 성불할 수 있다는 것이다. 원측이 '부정성의 일부'를 행성의 입장에서라고 밝힌 것도 바로 이 때문이다.『해심밀경』의 경설을 따르면서도 행불성의 입장에서나마 정성이승과 무성종성의

---

342 圓測,『解深密經疏』권4(『한국불교전서』제1책, pp.258하~259상). "定當得故, 約不定性少分而說."

성불 가능성을 열어두고자 했던 것이다.

이처럼 원측은 『열반경』과 『법화경』의 경증을 통해서 이불성 즉 이성의 측면에서는 정성이승과 무성종성은 성불할 수 없지만, 행불성 즉 행성의 측면에서는 이들도 성불할 수 있다고 하였다. 그는 원리상의 불성과 수행상의 불성을 나누어 해명함으로써 일체중생의 성불 가능성을 열어두었던 것이다.

(3) 리불성과 행불성의 회석

원측은 리불성과 행불성의 회석을 일승과 진여, 즉 불성의 입장에서 시도하고 있다. 그는 진제의 일체개성설과 현장의 오성각별설을 원리 상의 불성인 리불성과 수행상의 불성인 행불성을 통해 회석하고자 하였다. 원측이 주로 쓰는 '회석會釋'은 어려운 법문을 '잘 통하도록 해석하는 것'이다. 이를 위해 그는 다양한 주장들을 '모아서(會)' '풀이 하고(釋)' 있다.

> "모든 중생은 다 같은 불성이 있어서, 다 같이 일승이며, 다 같이 해탈하고, 다 같은 원인이고, 다 같은 결과이며, 다 같은 감로이다. 모든 중생이 모두 상락아정常樂我淨을 얻는 것이니 이것을 일미一味 라 한다.〔이것은 리(성)와 행(성)을 통틀어 말한 것이다.〕"[343]

원측은 이성과 행성을 회석, 즉 회통하기 위해 모든 중생이 다

---

343 圓測, 『解深密經疏』 권4(『한국불교전서』 제1책, p.256중).

같은 불성이 있어서, 다 같이 일승이며, 다 같이 해탈하고, 다 같은 원인이고, 다 같은 결과이며, 다 같은 감로라고 전제하고 있다.

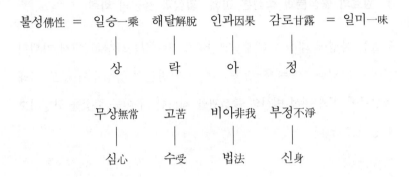

원측은 신수심법의 사념처 수행에 기초한 소승의 범부 사도四倒인 상락아정과 달리 대승의 불보살의 열반사덕은 불성이자 일미임을 역설하고 있다. 그리고 그 근거를 모든 중생이 지니고 있는 불성은 모두 동일한 일승이며, 함께 해탈할 수 있는 동일한 원인이고, 동일한 결과이며, 동일한 감로이라는 점에 두고 있다.

이 때문에 일체중생은 모두 상락아정, 즉 불보살의 열반사덕을 얻을 수 있으므로 일미라고 한다. 이러한 입장에서 원측은 리불성과 행불성을 회석하고 있다. 그가 진제의 일성개성설과 현장의 오성각별설을 회석하기 위해 원용한 리불성과 행불성 이문의 시설은『해심밀경』의 경설을 위배하지 않으면서 중생의 성불 가능성을 닫아버리지 않기 위해서였다.

이처럼 원측은 원리상의 불성과 수행상의 불성을 나누어 봄으로써 일체중생의 성불 가능성을 열어 두려고 하였다. 그의 이러한 인식은 원효와도 상통하고 있다.

4. 원효의 불성론과 종성론 이해: 일심과 불성의 화회

원효는 불성에 대한 이해를 『열반종요』와 『십문화쟁론』에서 자세히
보여주고 있다. 그는 『열반종요』에서 열반문과 불성문의 구도 아래
불성문에 대해 여섯 법사의 불성과을 제시한 뒤 이들 주장을 화쟁하고
회통하고 있다.

1) 개성설과 각별설 인식

(1) 일성개성설 - 진여불성

원효는 종래의 동아시아 불성 담론 모두를 제시한 뒤에 화쟁 논리와
회통 논법으로 화회시켜 가고 있다. 그는 여섯 법사의 불성론을 미래의
결과(當有之果)와 지금의 원인(今有之因), 궁극적 관점(眞諦)과 세속적
관점(俗諦), 독자의 자아(人說)와 마음의 현상(法說), 일어난 마음(上
心, 起)과 잠복한 마음(種子, 伏) 등의 범주로 총설하고 구분(分別)하여
시비를 가려 간다. 특히 앞의 다섯 법사는 '불염이염', 즉 (본연은)
오염되어 있지 않지만 (현실은) 오염되어 있는 입장인 반면 여섯
번째 법사는 '염이불염', 즉 (현실은) 오염되어 있지만 (본연은) 오염되
어 있지 않음[344]의 입장에서 거론하고 있음에 주목한다.

---

344 박태원, 『열반종요』(세창문화사, 2019), p.293. 박태원은 이 구절을 '현실'과
   본연'의 대비를 통해 '오염되어 있음'과 '오염되어 있지 않음'이라고 풀고 있다.
   논의를 위해 몇몇 술어는 이 번역본 참고하여 문맥에 따라 바꾸었다.

그리하여 원효는 특히 다섯 번째에 든 현장의 오성각별설과 여섯 번째로 든 진제의 일성개성설을 대비하면서 통섭해 가고 있다. 그는 먼저『열반종요』에서 이쟁異諍, 즉 다양한 주장의 대표적 사례를 다섯 가지로 들면서 불성에 대한 자신의 인식을 보여주고 있다.

이 저술에서 원효는 (1) 경교의 종지에 대한 두 설, (2) 열반의 성품에 대한 두 설, (3) 왕복결택의 두 설, (4) 불신佛身의 상주常住와 무상無常에 대한 두 설, (5) 불성의 몸체에 대한 두 설을 들고 있다. 특히 그는 다섯 번째의 불성의 몸체에 대한 두 설에서 ①백마사 애愛법사의 도생공道生公의 설, ②장엄사 승민僧旻 법사의 설, ③광택사 법운法雲 법사의 설, ④양무제 소연천자蕭衍天子의 설, ⑤신사新師 현장玄奘의 설, ⑥진제眞諦 삼장의 설을 제시한다. 그리고 이들 이설異說들에 대해 해명(이해)한 뒤 이들을 조화(융화)시키고 있다.[345]

원효는 먼저 앞의 두 설의 차이에 대한 '해명(이해)의 마당'을 연 뒤의 세 설의 소통을 위한 '조화(융화)의 지평'을 열어나간다. 그리고 그는 이들 다섯 가지 사례를 1) 해(이쟁)의 과정 아래 (1) 경교의 이설에 대한 해명, (2) 열반의 체성에 대한 해명을, 2) 화(회문)의 과정 아래 (1) 왕복결택 두 설의 개실구득의 조화, (2) 불신의 상주와 무상의 이쟁에 대한 조화, (3) 불성의 몸체에 대한 제설의 옳고 그름의 조화를 배대하고 있다.

여기서 (3) '불성의 몸체에 대한 제설의 옳고 그름의 조화'에서 원효는 앞에서 불성의 몸체에 대한 여러 이설을 보았다고 언급한다.

---

345 元曉,『涅槃經宗要』(『韓佛全』제1책, p.538상중).

그런 뒤에 그는 다양한 주장들(異諍)에 대해 옳고 그름을 가려서(判是非) 화해和解하고 있다. 이어 그는 '옳고 그름을 가려서'라는 항목 아래에서 "이들 법사의 주장은 모두 옳기도 하고 모두 그르기도 하다(皆是皆非)"[346]며 총괄적인 평가를 한 뒤 다음과 같이 서술하고 있다.

"그 까닭은 불성佛性이 그러한 것도 아니고 그러하지 않은 것도 아니기 때문이다. 그러하지 않음으로써 여러 주장이 모두 옳지 않으며, 그러하지 않은 것도 아닌 까닭으로 여러 견해가 다 옳은 것이다. 그 의미가 무엇인가 하면, 여섯 법사의 주장은 두 갈래에서 벗어나지 않는다. 처음의 하나는 당래에 있을 불과(當有之果)를 가리킨 것이고, 나중의 다섯은 지금에 있는 원인(今有之因)을 근거로 했다. 이들 다섯 주장 중에서도 또한 두 갈래가 되는데, 맨 나중의 하나는 진제眞諦에 머물렀고, 그 앞의 네 가지는 속제俗諦에 따른 것이다. 속제에 따른 4설은 자아(人)와 현상(法)을 벗어나지 않았다. 앞의 1설은 독자의 자아(人)를 들었고, 나중의 3설은 마음의 현상(法)을 근거했다. 현상을 근거로 하는 세 주장도 일어난 마음(起)과 잠복한 마음(伏)에 지나지 않는다. 뒤의 1설은 잠복한 마음(種子, 伏)이요, 앞의 2설은 일어난 마음(上心, 起)으로서, 잠복한 마음에 의거한 것에도 주장(義)을 따라 설을 달리한다."[347]

이처럼 원효는 여섯 법사의 주장을 평석評釋한 뒤 자신의 견해를

---

346 元曉, 앞의 글, 앞의 책, p.538중. "此諸師說, 皆是皆非."
347 元曉, 앞의 글, 앞의 책, p.538중.

총설總說로 덧붙이고 있다.[348]

"불성의 몸체는 곧 일심이다. 일심의 바탕은 여러 가장자리(諸邊)를 멀리 여읜다. 여러 가장자리를 멀리 여의기 때문에 도무지 해당하는 것이 없고, 해당하는 것이 없기 때문에 해당되지 않는 것도 없다. 이를 '마음에 의거하여 논한다(就心論)'면, 일심은 원인(因)도 아니고 결과(果)도 아니며, 진리(眞)도 아니고 세속(俗)도 아니다. 따라서 독자적 자아(人)도 아니고 마음의 현상(法)도 아니며, 일어난 마음(起)도 아니고 잠복한 마음(伏)도 아니다. 그러나 '조건(緣)에 입각하여 논한다(約緣論)'면, 마음은 일어난 마음(起)도 되고 잠복한 마음(伏)도 되며, 마음의 현상(法)도 되고 독자의 자아(人)도 되며, 세속적 관점(俗)도 되고 궁극적 관점(眞)도 되며, 원인(因)도 짓고 결과(果)도 짓는다. 그래서 그러한 것도 아니고 그러하지 않은 것도 아니라는 뜻(非然非不然義)이므로 여러 주장(諸說)이 모두 옳지 않기도 하고 옳기도 하다는 것이다."[349]

총론으로 설명한 원효는 이어서 각론으로 자신의 생각을 마무리하고 있다.

"일심법에는 두 가지의 뜻이 있으니 하나는 '더럽혀져 있지 않지만

---

348 高榮燮, 「한국불교의 전통과 원효불학의 고유성」, 『불교학보』 제69집, 동국대학교 불교문화연구원, 2014, pp.93~118.

349 元曉, 앞의 글, 앞의 책, p.538중하.

더럽혀져 있는 것(不染而染)'이고, 하나는 '더럽혀져 있지만 더럽혀
지지 않는 것(染而不染)'이다. '염이불염'은 일미一味의 적정寂靜이
며, '불염이염'은 육도六道의 유전流轉이다. 이 경의 아래 글에
이르시기를 '한맛(一味)의 약은 그 흐름의 처소에 따라 갖가지의
맛이 있으나, 그 참맛(眞味)은 산속에 머무르고 있다"고 하셨다.
『(승만)부인경』에서는 '자성의 청정한 마음은 확실하게 알기가
어렵다. 그 마음이 번뇌에 더럽히는 것도 또한 확실하게 알기가
어렵다'라고 말했으며, 『기신론』가운데서도 이 뜻을 자세히 드러
내었다. 이것은 진제眞諦 삼장의 주장으로 여섯 번째 법사가 설한
진여불성眞如佛性이니 염이불염染而不染의 문門에 해당한다."[350]

"앞의 다섯 주장은 모두 염문染門에 있게 된다. 왜냐하면 염染를
따르는 마음은 하나의 성품(一性)을 지키지 못하고, 조건(緣)을
상대하여 과보(果)를 바라보면 반드시 생함이 있게 된다. 가히
생하게 되는 성품은 훈습으로 인하여 이루어지는 것이 아니므로
이름을 '진리 그대로인 종자(法爾種子)'라고 말하는 것이다. 다섯
번째 법사의 주장이 이 문에 해당한다."[351]

"또한 이와 같은 오염을 따르는 마음(隨染之心)이 변전하여 생멸하
는 식위(生滅識位)를 짓는 데까지 이르게 되지만, 언제나 신해神解
하는 성품은 잃지 않는다. 잃지 않음으로 말미암기 때문에 끝내는

---

350 元曉, 앞의 글, 앞의 책, p.538하.
351 元曉, 앞의 글, 앞의 책, p.538하.

심원心原으로 돌아가게 된다. 네 번째 법사의 주장이 또한 여기에
해당한다."[352]

"또 오염(染)을 따르는 생멸의 마음이 안에서 훈습하는 힘에 의해
두 가지의 업業을 일으키게 된다. 이를테면 (생사의) 괴로움을
싫어하고(厭苦)와 (열반의) 즐거움을 추구하는(求樂)의 능인能因
이다. 이를 근본으로 하여 당래의 극과極果에 이르게 된다. 세
번째 법사의 주장이 여기에 해당한다. 그와 같은 일심一心이 오염
(染)을 따라 변전할 때 이르는 곳을 따라 제법을 모두 부려서
곳곳에 삶(生)을 받으니 이를 일컬어 중생衆生이라고 한다. 두
번째 법사의 설이 여기에 부합한다. 그러한 중생은 본각本覺이
변전한 것이므로 반드시 대각大覺의 결과(果)에 이르게 된다. 하지
만 지금은 나타나지 않았으므로 당과當果라고 일컫는다. 첫 번째
법사의 주장이 여기에 해당한다."[353]

이렇게 원효는 여섯 법사의 설을 각기 따로 평석評釋하여 자리매김을
시킨다. 그런 뒤에 불성의 체상에 대해 마무리하며 전체를 화해시킨다.

"이러한 의미로 말미암기 때문에 여섯 법사의 주장은 비록 불성의
실체에는 모두 미진하나 각기 그 부문에서 설명한다면 모두 그
뜻에 부합한다. 이 때문에 경설에서 마치 장님들의 코끼리에 대한

---

352 元曉, 앞의 글, 앞의 책, p.538하.
353 元曉, 앞의 글, 앞의 책, pp.538하~539상.

설명이 비록 그 실체를 적중하지는 못하였으나 코끼리를 설명하지 않은 것은 아니듯이, 불성을 설명한 것도 또한 그와 같아서 여섯 법사의 주장 그대로도 아니고 그 여섯 가지를 벗어난 것도 아님을 알아야 할 것이다."[354]

위에서 살펴온 것처럼 화쟁의 사례는 '이쟁異諍의 해명' 위에서 '회문會文의 조화'가 이루어지고 있다. 즉 앞의 두 가지 '해(異諍)의 과정'을 거쳐 뒤의 세 가지 '화(會文)의 과정'으로 전개시켜 가는 화쟁의 사례를 통해 불교의 '다양한 주장을 해명'하며, 다시 '경문의 회석會釋을 조화'시키는 과정 속에서 화쟁의 실제를 보여주고 있다. 즉 장님들의 코끼리에 대한 설명과 여섯 법사의 불성에 대한 설명 모두가 본의에 적중한 것도 아니지만 그렇다고 해서 그것을 벗어난 것도 아니듯이 말이다. 이처럼 마지막의 불성의 체상을 밝히는 부분에서 화쟁의 논법은 비교적 정연하게 드러나고 있다. 원효는 이러한 화쟁의 기반 위에서 다시 회통의 활로를 열어가고 있다.[355]

원효는 일심이라는 대전제 아래 공통의 측면과 차이의 측면으로 구분한 뒤 공통의 측면에서 보편성과 타당성을 지닌 전체적 '진리眞理'와 일반적 타당성인 '도리道理' 그리고 제한적 타당성인 '일리一理'를, 차이의 측면에서 보편성과 타당성을 지닌 전체적 '진리'와 부분적 타당성을 지닌 '일리' 그리고 전무의 타당성을 지닌 '무리無理'로 화쟁하고 회통하고 있다.

---

354 元曉, 앞의 글, 앞의 책, p.539상.
355 高榮燮, 「한국불교의 전통과 원효불학의 고유성」, 앞의 책, p.105.

(2) 오성각별설 - 법이종자

일체중생의 성불가능성을 열어 두려는 원효의 입장에 의거해 보면 진제의 일성개성설과 달리 오설각별설을 주장하는 현장의 주장에 대한 그의 인식은 매우 소략해 보인다. 여섯 법사의 불성 담론 중 다섯 번째 법사의 주장을 다음과 같이 소개한다.

> 다섯 번째 법사는 주장한다. 아뢰야식에 진리다운 종자(法爾種子)가 불성의 몸체이다. 『열반경』에서 "불성이란 일체의 모든 부처님들의 위없는 깨달음 가운데 있는 진리종자이다"라고 말하는 것과 같다. 『유가사지론』에서는 "성종성性種性이란 (모든 보살의) 여섯 가지 감관 능력이 지닌 수승함이다. 이와 같은 모습은 시작도 없는 때로부터 끊임없이 흘러온 것이고 본래부터 획득해 있는 것(法爾所得)이다"고 말하였다. 이러한 의견은 새로운 법사(新師)의 뜻이다.[356]

다섯 번째 법사인 현장은 아뢰야식에 있는 법이종자, 즉 진리 그대로의 종자를 무루법이자 성불의 종자로 제시한다. 그는 이 법이종자가 불성의 몸체이며 모든 부처들의 아뇩보리 중의 도종자라고 경증을 제시하고 있다. 또 그는 무루법의 원인이자 시작이 없는 때로부터 진리 그대로 자존하는 성종성으로 논증을 제시하고 있다. 나아가 그는 성종성의 양상은 아득한 옛날부터 이어온 것이며 본래부터 획득되어 있는 것이라고 하였다. 이것은 본유종자에 대한 확고한 믿음을

---

356 元曉, 앞의 글, 앞의 책, p.538중.

부정하지 않는 관점이다.

원효는 다섯 번째 법사를 신사新師, 즉 새 법사라고 소개하고 있다. 그리고 그는 현장의 오성개성설에 대해 "앞의 다섯 주장은 모두 염문染門에 있게 된다. 왜냐하면 염染을 따르는 마음은 하나의 성품(一性)을 지키지 못하고, 조건(緣)을 상대하여 과보(果)를 바라보면 반드시 생함이 있게 된다. 가히 생하게 되는 성품은 훈습으로 인하여 이루어지는 것이 아니므로 이름을 '진리 그대로인 종자(法爾種子)'라고 말하는 것이다."[357] 원효는 앞의 다섯 법사는 모두 염문, 즉 오염을 따르는 마음(隨染之心)의 측면에 서 있다고 말한다. 그중에서도 법이종자를 말하는 다섯 번째 법사는 보다 강력한 입장에 선 것으로 보고 있다.

『성유식론』에서는 "모든 중생은 무성종성, 성문종성, 연각종성, 부정종성, 보살종성의 5가지 종성이 구별이 있기 때문에 응당 법이종자는 결정되어 있어서 훈습에 의해 생겨나지 않는다"[358]고 하였다. 여기에 의하면 오성은 어떠한 조작도 거치지 않는 자연적인 것이며 천연적인 것임을 알 수 있다. 각 종성을 구별 짓는 근거인 법이종자는 후천적인 훈습을 거치지 않는다.

이러한 주장을 알고 있는 원효는 위에서 언급한 것처럼 여섯 법사의 주장은 비록 불성의 실체에는 모두 미진하나 각기 그 부문에서 설명한다면 모두 그 뜻에 부합한다고 보았다. 그러고 나서 그는 경설에서 마치 장님들의 코끼리에 대한 설명이 비록 그 실체를 적중하지는

---

357 元曉, 앞의 글, 앞의 책, p.538하.

358 護法等菩薩, 『성유식론』 권2(『대정장』 제32책, p.8). "諸有情既說本有五種性別故, 應定有法爾種子不由熏生."

못하였으나 코끼리를 설명하지 않은 것은 아니듯이, 불성을 설명한
것도 또한 그와 같아서 여섯 법사의 주장 그대로도 아니고 그 여섯
가지를 벗어난 것도 아님을 알아야 할 것이다"고 화쟁하고 회통하고
있다.

원효는『십문화쟁론』의 불성유무화쟁문에서도 오성각별설에 대한
비판적 입장을 보여주고 있다. 현재는 단간본만 남아 있어 완전한
형태를 볼 수는 없지만 현존본을 중심으로 오성각별설에 대한 그의
인식을 대체적으로 아홉 개로 나눠볼 수 있다.[359] 주로 '불성이 없는
중생이 있다'는 주장이 대부분이며 이것은 '일체중생은 모두 불성이
있다'는 대승불교의 주요 전제와 충돌한다.

①'불성이 없는 중생이 있다'는 주장은 대승불교의 지향과 위배됨

또『열반경』에서 "중생의 불성은 같은 것도 아니고 다른 것도 아니다.
모든 부처님은 평등하여 마치 허공과 같다. 모든 중생도 똑같이 불성을
지니고 있다"고 말하였다. 또 아래의 글에서 "모든 중생은 똑같이
불성을 지녔으니 모두 일승과 같다. 각자의 원인과 각자의 결과가
똑같은 하나의 감로여서 모든 중생들이 마땅히 (부처 경지의) 상·락·
아·정을 얻는다. 그러므로 한맛이다"고 하였다. 이 경전 문구에 의하면
만일 '어떤 중생이 불성이 없다'고 주장한다면 곧 대승이 설하는 '평등한
존재의 본성(平等法性)'과 '한몸으로 여기는 위대한 자비심(同體大悲)
은 바다와 같은 한맛'이라는 것에 위배된다. 또 (어떤 사람이) 만일

---

359 高榮燮,「분황 원효의 화쟁회통 인식」, 앞의 책, pp.77~79를 활용하여 재구성을
    하였다.

'불성이 없는 중생이 결정코 있으니 모든 중생 세계가 차별이 있기 때문이며, 마치 불의 성질 가운데는 물의 성질이 없는 것과 같다'고 주장한다. 또 (어떤 사람은) '모든 중생은 결정코 불성을 가지고 있으니 불성의 한맛의 본성은 평등하게 증득할 수 있기 때문이며, 마치 형상을 지닌 모든 존재들이 모두가 근본성품을 지니고 있는 것과 같다'고 주장한다면, 이때는 곧 결정코 서로 위배되는 과실이 있게 된다. 또 만일 (어떤 사람이) '반드시 불성이 없는 중생이 있으니 본래 그러하기 때문이다'고 주장하고, 또 만일 (어떤 사람은) '결정코 불성이 없는 중생은 없으니 본래 그러하기 때문이다'고 주장한다면, 이것 또한 결정코 서로에게 위배되는 과실이다.[360]

『열반경』에서는 '모든 중생은 똑같은 불성을 지녔으니 모두 일승과 같다'고 하였다. 또 '모든 중생은 똑같이 불성을 지녔으니 모두 일승과 같다. 각자의 원인과 각자의 결과가 똑같은 감로여서 모든 중생들이 마땅히 부처 경지의 상·락·아·정을 얻으므로 한맛이다'는 구절에 대해 만일 '어떤 중생이 불성이 없다'고 주장한다면 대승의 경전 문장과 위배된다고 하였다. 여기서는 불성의 무성론의 입장을 네 가지로 들어 반론을 제기하고 있다.

---

360 元曉, 『十門和諍論』(『韓佛全』 제1책, p.839상중). "又彼經言, 衆生佛性, 不一不二, 諸佛平等猶如虛空, 一切衆生同共有之. 又下文云, 一切衆生同有佛性. 皆同一乘一因一果同一甘露, 一切當得常樂我淨, 是故一味. 依此經文, 若立一分無佛性者, 則違大乘平等法性, 同體大悲如海一味, 又若立言定有無性, 一切界差別可得故, 如火性中無水性者, 他亦立云, '定皆有性, 一味性平等可得故, 如諸麤色聚悉有大種性', 則有決定相違過失. 又若立云, 定有無性, 由法尒故者, 他亦立云, 定無無性, 由法尒故, 是亦決定相違過失."

당시 동아시아 유식 법상종의 무성종성, 성문종성, 연각종성, 보살종성, 삼승부정성의 오성각별설에 대한 문제제기라고 할 수 있다. 이것은 중생들이 지닌 불성에 대한 보편성 주장과 차별성 주장이라고 할 수 있다.

②'불성이 없는 중생이 있다'는 주장과 '불성이 없는 중생은 없다'는 주장의 상통점과 문제점 비판

'불성이 없는 중생이 있다'는 주장이나 '불성이 없는 중생이 없다'는 주장하는 사람들은 공통적으로 "경전에서 '중생은 모두 마음을 지니고 있다'고 한 것은 일체의 불성이 있는 중생과 없는 중생, 아직 증득하지 못한 중생, 이미 증득한 모든 중생을 통틀어 말씀하신 것이다. 무릇 '마음을 지니고 있는 자는 반드시 깨달음을 얻는다'는 것은 그 중간에서 불성은 있으나 아직 증득하지 못한 마음을 두고 한 말이다"라고 하였다. 설사 '마음을 지니고 있는 일체의 중생들은 모두 마땅히 깨달음을 증득한다'고 한다면 이미 깨달음을 증득한 자도 또한 마땅히 증득해야 하는가? 그러므로 '마음을 지니고 있는 일체의 중생이 모두 반드시 깨달음을 증득한다'고 하는 말이 아니라는 것을 알게 된다. 또 "마치 허공처럼 일체의 중생이 똑같이 불성을 지닌다"고 말하는 것은 진리의 측면(就理)에서 말한 것이지 행위의 측면(行性)에서 말한 것이 아니다. 또 "각자의 원인과 각자의 결과 나아가 일체의 중생이 마땅히 (부처 경지의) 상·락·아·정을 얻는다"고 한 것은 일정 부분에 의거해 일체(少分一切)라고 한 것이지 전부를 일체(一切一切)라고 한 것이 아니다. 이와 같은 모든 경문은 다 잘 통하고 있다.[361]

원효는 '일체의 중생이 모두 불성을 지닌다'는 말은 '진리의 측면'(원리상의 불성)에서 말한 것이지 '행위의 측면'(수행상의 불성)에서 말한 것이 아니며, '각자의 원인과 각자의 결과 나아가 일체의 중생이 마땅히 부처 경지의 상·락·아·정을 얻는다'는 말은 일정 부분에 의거해 일체라고 한 것이지 전부를 일체라고 한 것이 아니라고 해명하고 있다. 가능태를 가리키는 원리상의 불성(진리의 측면)과 현실태를 가리키는 수행상의 불성(행위의 측면), 범주론에서 말하는 부분의 일체와 전체의 전체를 나누어 해명하고 설명하고 있다.

③화쟁의 대상이 될 수 없는 주장들

또 만일 '본래 그러하기 때문에 불성이 없는 자가 있다'고 주장한다면, 중생이 다 없어지게 되는 것이니 이것은 커다란 과실이 될 것이다. 앞에서 (어떤 사람이) 주장한 것처럼 '본래 그러하기 때문에 불성이 없는 자가 있다'고 한다면, '불성이 없다'는 것이 과실이 된다. 그러므로 '이것은 (두 주장이) 결정코 서로 위배되는 것'(決定相違)처럼 보이지만 실제로는 '서로 위배되는 과실'이 없다. 만일 (어떤 사람이) '불은 습성이 아니고 본래 그러하기 때문이다'라고 주장하고, 또 (어떤 사람은) '불은 습성이고 본래 그러하기 때문이다'라고 주장한다면, 이것은

---

361 元曉, 『十門和諍論』(『韓佛全』 제1책, p.839중). "執有無性論者通曰, "經言, '衆生悉有心者', 汎擧一切有性無性未得, 已得諸有情也. 凡其有心當得菩提者, 於中簡取有性未得之有心也." "設使一切有心皆當得者, 已得菩提者, 亦應當得耶? 故知非謂一切有心皆當得也. 又言'猶如虛空, 一切同有者', 是就理性, 非說行性也. 又說'一因一果乃至一切當得常樂我淨者', 是約少分一切, 非說一切一切. 如是諸文皆得善通."

'(두 주장이) 결정코 서로 위배되는 것'처럼 보이지만 실제로는 '서로 위배되는 과실'이 없다. 불의 성질은 뜨거움이어서 실제로는 습함이 아니기 때문이다. 불성이 없는 중생의 도리도 그러한 것이다.[362]

모든 주장에는 부분적 타당성인 일리가 있어야 쟁론이 성립될 수 있다. 그래야만 화쟁의 대상이 될 수 있다. 그런데 '본래 그러하기 때문에 불성이 없는 자가 없다'는 주장과 '본래 그러하기 때문에 불성이 없는 자가 있다'는 주장은 화쟁의 대상이 될 수 없다. 부분적 타당성인 일리가 전혀 없기 때문이다.

④'불성이 없는 중생이 있다'는 주장의 부분적 타당성(一理)

질문: "만일 뒤쪽 논사의 뜻을 주장한다면, 그 주장이 어떻게 통할 수 있는가?"

『현양성교론』에서 말한 것과 같이 어찌 오직 현재세만 반열반의 법이 아니라고 하겠는가? 이치에 맞지 않는 것이다. 이를테면 현재세에서만을 말해서는 아니 되니, 비록 (현재는) 반열반법이 아니지만 남은 생애 중에 다시 바뀌어 반열반의 법이 될 수 있는 것이다. 어찌하여 그러한가? 반열반으로서 타고난 법은 없기 때문이다. 또 만일 금생에 해탈로 나아가는 선근을 이미 쌓았다면 무슨 까닭으로 반열반의 법이

---

362 元曉, 『十門和諍論』(『韓佛全』 제1책, p.839중). "又若立云, 由法尒故無無性者, 則衆生有盡, 是爲大過. 如前所立, 由法尒故有無性者, 則無是失. 故知是似決定相違, 而實不成相違過失. 如有立言, '火非濕性, 由法尒故', 又有立言, '火是濕性, 由法尒故', 此似決定相違, 而實無此過失. 以火性是熱, 實非濕故. 無性有情, 道理亦尒."

라고 할 수 없겠는가? 만일 금생에 전혀 선근을 쌓지 못한다면 어찌 내생에 반열반을 성취할 수 있겠는가? 그러므로 반열반으로서 타고나지 않은 중생이 결정코 있는 것이다.『유가사지론』에서도 이와 같이 설하고 있다.[363]

대승불교는 일체의 중생은 모두 불성이 있다고 하였다. 그런 의미에서 근기는 끈기일 수밖에 없다. 여기서 불성이란 부처의 성품을 뜻한다. 과거의 인연은 현재로 이어지고 현재의 인연은 내세로 이어진다. 그러므로 현재나 금생만으로 '불성'이 없다고 해서는 안 된다. 금생의 능력을 기반으로 노력하면 내생에는 삶의 질을 드높인 삶을 살 수 있는 것이다. 그러니 현재세만 반열반의 법이라고 할 수가 없는 것이다.

⑤'불성이 없는 중생은 없다'는 주장이 '일체중생이 모두 반드시 부처가 된다'는 것은 아님

또 만일 일체중생이 모두 반드시 부처가 된다고 하면 중생이 비록 많지만 반드시 끝남이 있어 부처가 되지 못하는 이가 없기 때문이다. 그렇다면 모든 부처님들의 중생을 이롭게 하는 공덕도 다하게 될 것이다. 또 만일 중생이 반드시 끝남이 있게 된다면, 가장 뒷사람이 부처가 되면 교화를 받을 사람이 없게 될 것이다. 교화를 받을 사람이

---

363 元曉,『十門和諍論』(『韓佛全』제1책, p.839중하). "問: '若立後師義是說云何通?' 如『顯揚論』云, 云何唯現在世, 非般涅槃法? 不應理故. 謂不應言於現在世, 雖非般涅槃法, 於餘生中, 復可轉爲般涅槃法. 何以故? 無般涅槃種性法故. 又若於此生, 先已積集順解脫分善根, 何故不名般涅槃法? 若於此生都未積集, 云何後生能般涅槃? 是故 〈卷上第十五張〉 定有非般涅槃種性有情,『瑜伽論』中亦同此說."

없어지게 되면 중생을 이롭게 하는 행위도 없어지게 되고 중생을 이롭게 하는 행위 없이 부처가 된다는 것은 도리에 맞지 않는다. 그리고 만일 '일체중생이 모두 부처가 될 것이다'고 하면서도 '중생은 끝내 다함이 없다'고 한다면 자기 말이 서로 위배되는 과실이 된다. 영원히 다함이 없는 중생은 끝내 부처가 되지 못하기 때문이다.[364]

중생이 부처가 될 수 있는 것은 부처의 자비심 때문이다. 자비심은 중생을 대상으로 펼치는 이타행이다. '일체중생이 모두 부처가 될 것이다'고 해서 부처가 사라지는 것은 아니다. 마찬가지로 '중생이 끝내 다음이 없다'고 해서 영원히 다함이 없는 중생이 있는 것은 아니다.

⑥'일체중생이 모두 반드시 부처가 된다'는 주장과 '중생은 영원히 다함이 없다'는 주장은 자기모순임

또 만일 한 부처님이 한 회상에서 백 천 만억 중생을 능히 제도한다면, 이제 중생계의 (중생들이) 열반에 들어 점차로 줄어들게 된다. 만일 점차로 줄어드는데도 끝내 다함이 있는 것이 아니라면 줄어듦이 있는데도 다함이 없다는 것이어서 이치에 맞지 않는다. 만일 줄어듦이 없다면 열반에 이름도 없는 것이니, 열반의 증득이 있는데도 줄어듦이 없다는 것은 이치에 맞지 않는다. 이와 같은 (논설로) 나아가거나 물러가거나 한다면 끝내 주장할 수 없게 된다. 같은 주장들이 아니기

---

364 元曉, 『十門和諍論』(『韓佛全』 제1책, p.839하). "又若一切皆當作佛, 則衆生雖, 多必有終盡, 以無不成佛者故. 是則諸佛利他功德亦盡. 又若衆生必有盡者, 最後成佛則無所化. 所化無故, 利他行闕, 行闕成佛, 不應道理. 又若說'一切盡當作佛', 而言'衆生永無盡者', 則爲自語相違過失. 以永無盡者, 永不成佛故."

때문에 그 뜻을 이룰 수 없다.[365]

'일체중생이 모두 반드시 부처가 된다'는 주장과 '중생은 영원히 다함이 없다'는 주장은 병립 가능한 것인가? 부처가 한 회상에서 중생을 제도하면 중생계는 줄어들고 열반계는 늘어날 것이다. 그런데 중생계가 줄어듦이 없다면 열반계도 늘어남이 없어야 하는데 중생이 부처된다는 주장과 영원히 다함이 없는 중생이 있다는 주장은 모순되고 만다.

⑦'생이 모두 불성을 지니고 있다'는 주장에 집착하는 사람들이 범하는 오류

'일체중생이 모두 불성을 지니고 있다'고 집착하는 자들은 공통적으로 "저 『현양성교론』의 글은 '앞서는 불성이 없다가 뒤에는 바뀌어 불성이 있게 되었다'는 뜻에 대한 집착을 바로 깨뜨리는 것이다. 저 경문에서 '현재세에서만을 말해서는 아니 되니, 비록 (현재의) 반열반의 법은 아니지만 남은 생애 중에 다시 바뀌어 반열반의 법이 될 수 있기 때문이다'고 말한 것이 바로 그것이다"라고 하였다. 지금의 주장은 '본래부터 불성이 있다'는 것이지 '전에는 없다가 후에 바뀌어 이루어졌다'는 것을 말하는 것이 아니다. 그러므로 『현양성교론』에서 논파한 것에 떨어지지 않는다. 또 교의에서 '불성이 없다'고 주장한 것은 대승의 마음을 구하지 않는 것을 돌이키게 하고자 한 것이니, 헬 수 없는 시간에 의지하여 이렇게 설한 것이다. 이와 같은 은밀한 뜻으로 인해

---

[365] 元曉, 『十門和諍論』(『韓佛全』 제1책, p.839하). "又如一佛一會, 能度百千萬億衆生, 今入涅槃於衆生界漸損. 以不若有漸損, 則有終盡, 有損無盡, 不應理故. 若無損者, 則無減度, 有減無損, 不應理故. 如是進退, 終不可立. 無同類故, 其義不成."

서로 위배되지 않는다.[366]

'본래부터 불성이 있다'는 것이지 '전에는 없다가 후에 바뀌어 이루어졌다'는 것을 말하는 것은 아니다. 교의에서 '불성이 없다'고 한 것은 대승의 마음을 구하지 않는 것을 돌이키게 하고자 한 것이지 '불성이 없는 중생이 있다고 한 것이 아니다. 또 경전 문장에서 '현재세에서만을 말해서는 아니 되니, 비록 (현재의) 반열반의 법은 아니지만 남은 생애 중에 다시 바뀌어 반열반의 법이 될 수 있기 때문이다'고 한 것은 '일체중생이 모두 불성을 지니고 있다'고 집착하는 자들을 깨뜨려 주기 위해서이다.

⑧'일체중생이 모두 불성을 지니고 있다'는 교설에 대한 비판 논리와 그 잘못

저들은 힐난하기 위해 "마음을 가진 일체의 중생은 마땅히 깨달음을 증득할 수 있다고 한다면, 부처님도 마음을 가지고 있으니 또한 응당 다시 깨달음을 증득할 수 있다고 하는 것인가?"라고 말한다. 이러한 뜻은 그렇지 않다. 저 경전에서 스스로 구별하고 있기 때문이다. 그 경전에서 "중생도 또한 그러하여서 모두 다 마음이 있다. 무릇 마음이 있는 자는 마땅히 깨달음을 증득할 수 있지만 부처는 중생이 아니다"고 하였다. 어찌 어긋나겠는가?[367]

---

366 元曉, 『十門和諍論』(『韓佛全』 제1책, pp.839하~840상). "執皆有性論者通曰, "彼新論文. 正破執於'先來無性, 而後轉成有性義者'. 如彼文言, 謂'不應言於現在世, 雖非般涅槃法, 於餘生中, 可轉爲般涅槃法故." 今所立宗, 本來有性, 非謂先無而後轉成. 故不墮於彼論所破. 又彼教意立無性者, 爲欲廻轉不求大乘之心, 依無量時而作是說. 由是密意故不相違."

367 元曉, 『十門和諍論』(『韓佛全』 제1책, p.840상). "彼救難云, '一切有心皆當得者,

'일체중생은 모두 불성을 지니고 있다'는 교설을 비판하는 이들은 부처는 이미 그 마음을 지니고 있으니 다시 깨달음을 증득할 수 있지 않느냐고 반박한다. 하지만 '중생도 또한 그러하여서 모두 다 마음이 있어 마땅히 깨달음을 증득할 수 있지만 부처는 중생이 아니다'라는 교의로 재반박하고 있다.

⑨'불성이 없는 중생이 있다'는 주장을 세우기 위해 '불성이 없는 중생은 본래부터 그러한 종자를 지녀 끝내 종자는 다함이 없다'고 주장한다면 '불성이 없는 중생이 있다'는 주장을 부정하게 됨

또 저들이 힐난하여 말하기를, "만일 (중생이) 모두 부처가 되면 반드시 (중생이) 다함이 있다"는 것은 '불성이 없는 중생이 있다'는 자신의 주장을 다시 비난하는 것이다. 어찌하여 그러한가? 마치 그대들의 주장처럼, '불성이 없는 중생은 본래부터 그러한 종자(法爾種子)를 갖추어 미래세가 다하도록 그 종자는 다함이 없다'고 하자. (그렇다면) 내 이제 그대에게 묻기를, 그대의 뜻에 따라 대답하라. 이와 같은 종자는 모두가 다 마땅히 결과를 생겨나게 한다고 말해야 하는가, 결과를 생겨나게 하지 않는 것도 있다고 말해야 하는가? 만일 '결과를 생겨나게 하지 않는 것도 있다'고 말한다면, 결과를 생겨나게 하지 않으므로 (그것은) 종자가 아니다. 만일 "모두가 마땅히 결과를 생겨나게 한다"고 말한다면, 이것은 곧 종자이니 비록 많다고 하더라도 반드시 끝내 다함이 있다. 결과를 생겨나지 않게 하는 것은 없기 때문이다.

佛亦有心, 亦應更得者.' 是義不然, 以彼經中自簡別故. 彼云, '衆生亦亦悉皆有
心, 凡有心者, 當得菩提, 佛非衆生.' 何得相濫?"

만일 "비록 일체의 종자가 모두 마땅히 결과를 생겨나게 하지만, 종자가 무궁하기 때문에 끝내 다함이 없어서 내 말이 서로 위배되는 과실이 없다"고 말한다면 '일체중생은 마땅히 부처가 되지만 중생이 끝이 없기 때문에 끝내 다함이 없다'고 믿어 받아들여야만 할 것이다.[368]

이 부분은 유식 법상종의 오성각별설을 비판하는 대목이다. '불성이 없는 중생이 있다'는 주장을 세우기 위해 '불성이 없는 중생은 본래부터 그러한 종자를 지녀 끝내 종자는 다함이 없다'고 주장한다면 '불성이 없는 중생이 있다'는 주장을 부정하게 된다. 그러므로 "비록 일체의 종자가 모두 마땅히 결과를 생겨나게 하지만, 종자가 무궁하기 때문에 끝내 다함이 없어서 내 말이 서로 위배되는 과실이 없다"고 말한다면 '일체중생은 마땅히 부처가 되지만 중생이 끝이 없기 때문에 끝내 다함이 없다'는 교설도 받아들여야만 한다.

이처럼 원효의 현존하는 『십문화쟁론』의 공유이집화쟁문과 불성유무화쟁문이 불완전한 형태로 남아 있기 때문에 온전한 지형을 그려내기는 어렵다. 다만 이들 화쟁문에서 알 수 있는 것은 그가 문門과 론論의 시설 아래 보편성과 타당성을 지닌 '진리'와 일반적인 타당성을 지닌 '도리'와 부분적 타당성을 지닌 '일리'의 단계로 화쟁하고 회통하고

---

368 元曉, 『十門和諍論』(『韓佛全』제1책, p.840상). "又彼難云, '若皆作佛, 必有盡者, 是難還心自無性宗. 何者? 如汝宗說, 無性有情, 本來具有法尒種子, 窮未來際, 種子無盡. 我今問汝, 隨汝意答. 如是種子, 當言一切皆當生果, 當言亦有不生果者? 若言亦有不生果者, 不生果故則非種子, 若言一切皆當生果者, 是則種子, 雖多必有終盡. 以無不生果者故. 若言 "雖一切種子皆當生果, 而種子無窮故, 無終盡, 而無自語相違過者, 則應信受一切衆生, 皆當成佛, 而衆生無邊故, 無終盡." (又汝難云, 有減無) 〈卷上第十六張〉

있다는 사실이다.

2) 본유종자, 신훈종자, 합생종자 인식

(1) 본유종자 - 오성차별

원효의 종성론에 대한 인식은 『열반종요』와 『십문화쟁론』에 부분적으로 나오고 있다. 이들 외에는 신라의 견등과 고려의 균여의 저술에 일부가 인용되어 있다. 원효는 의지문과 연기문의 방식을 통해 '앞서 방편적인 언교들(權敎)를 모아'서 '뒤에 실제적인 도리들(實理)과 소통'하고 있다.

이처럼 원효는 생멸연기적 전개(開: 심생멸문)와 환멸연기적 수렴(合: 심진여문), 현상적 관점(顯了門)과 근본적 관점(隱密門), 마음에 의거한 관점(就心論)과 조건에 입각한 관점(約緣論), 종인생기지문從因生起之門과 식연귀원지문息緣歸原之門, 작인수과지문作因受果之門과 종성성과지문從性成果之門, 상호 지지의 교문(依持門)과 상호 작용의 교문(緣起門) 등과 같은 '문'의 시설을 통하여 종래의 다양한 주장들을 범주화하고 개념화하여 화쟁과 회통을 시도하고 있다.

```
의지문 ── 생멸연기적 ── 현상적 ┌─ 종인생기지문 ─┐
            전개        관점   └─ 작인수과지문 ─┘── 취심론


연기문 ── 환멸연기적 ── 근본적 ┌─ 식연귀원지문 ─┐
            수렴        관점   └─ 종성성과지문 ─┘── 약연론
```

또 고려의 균여는 『석화엄교분기원통초』에서 曉師효사, 즉 曉公효공의 『십문화쟁론』에서 오성차별설과 개유불성설을 두 가지 교문으로 시설하여 화쟁하고 회통하였음을 알려주고 있다. 그는 원효가 오성차별설, 즉 '다섯 가지 성품이 차별되는 가르침(五性差別之敎)'은 의지문 즉 '차이가 의존하는 관계로 수립되는 교문(依持門)'으로, 개유불성설 즉 '모두 불성이 있다는 주장(皆有佛性之說)'은 연기문, 즉 '연기의 통찰에 의해 하나로 보는 교문(緣起門)'[369]으로 파악하고 이들 두 가지 쟁론(兩家之諍)을 '이와 같이 모아서 통하게(如是會通)' 하였음을 알려주고 있다.

원효는 차이가 의존하는 관계로 수립되는 의지문과 연기의 통찰에 의해 하나로 보는 연기문을 통해 오성각별설과 일성개성설을 화회시켜 내고 있다. 이것은 개시개비, 즉 모두 옳기도 하고 모두 틀리기도 하다는 관점에서 이루어지고 있다.

---

369 均如, 『釋華嚴教分記圓通鈔』 권3(『韓佛全』 제4책, p.311하; p.325중하; p.326상).

(2) 신훈종자 – 일체개성

신훈종자는 새롭게 훈습되는 종자를 가리킨다. 본래부터 지니고 있던 고유한 종자인 본유종자, 즉 법이종자와 달리 새로운 원인과 조건에 의해 형성되는 종자를 일컫는다.

신라의 견등은 『대승기신론동이약집』에서 구룡丘龍, 즉 원효가 불지佛智의 만덕萬德을 '원인에 따라서 생겨나고 일어나는 교문(從因生起之門)'과 '(생멸하는) 조건을 그치고 근원으로 돌아가는 교문(息緣歸原之門)'으로 풀이했다고 하였다.[370] 즉 그는 생기문과 귀원문으로 일성개성설을 해명하고 있다.

원효는 화쟁과 회통을 위해 '종인생기지문', 즉 불지의 만덕이 '생겨나고 일어나는 관점'과 '식연귀연지문', 즉 '근원으로 돌아가는 관점'의 두 계열로 나누어 두 주장을 화회하고 있다.

원효는 원인에 따라 생겨나고 일어나는 교문인 '종인생기지문'과 생멸하는 조건을 그치고 근원으로 돌아가는 교문인 '식연귀원지문'을 통해 불지의 만덕을 화쟁하고 회통하고 있다. 그리하여 그는 불지의

---

370 見登, 「大乘起信論同異略集」本(『韓佛全』 제3책, p.695상). 화쟁과 회통에 대한 학계의 논의와 토론을 위해 경우에 따라 朴太源의 번역어를 원용하고 맥락에 따라 변용하였다.

만덕이 원인(因)에 따라 생겨나고 일어나는 측면과 생멸하는 조건(緣)을 그치고 근원으로 돌아가는 측면은 불지의 만덕이 무엇이며 어떻게 생겨나고 돌아가는지를 엿볼 수 있게 한다.

원효가 원인의 생기지문과 조건의 귀원지문을 통해 화회하려고 한 것은 무한한 가능성을 지니고 있는 인간으로 하여금 새롭게 훈습되어 삶의 질적 전환을 가능케 하기 위함으로 이해된다. 그가 오성각별설을 주장하는 현장의 본유종자, 즉 법이종자설을 취하지 않고 일성개성설을 주장하는 진제의 신훈종자설을 지지하는 것도 이러한 맥락에서 이해할 수 있다.

원효의 이러한 일련의 노력은 중도를 재천명하여 불성론과 종자론 이해의 지평을 탄력적으로 확보하기 위한 것으로 볼 수 있을 것이다.

(3) 화합생과종자 - 본유와 신훈의 화회

원효가 현장의 오성각별설에 입각한 본유종자설과 진제의 일성개성설에 입각한 신훈종자설 중에서 어느 하나만을 취하지 않고 다시 화합생과종자설을 제시한 것은 신훈설과 본유설을 불설의 핵심인 중도의 관점에서 화쟁하고 회통하기 위해서였다.

견등은 구룡화상丘龍和尙, 즉 원효가 신훈/성종자新熏/成種子와 본유/성종자本有/性種子의 관계를 '작인수과지문', 즉 '원인을 지어서 과보를 받는 교문(作因受果之門)'과 '종성성과지문', 즉 '본성에 따라 과보를 이루는 교문(從性成果之門)' 그리고 '수과지문', 즉 '과보를 받는 교문'과 '성과지문', 즉 '과보를 이루는 교문'의 둘을 '종합해서 보는 교문(和合生果門)', 즉 '화합생과문'으로 시설했음을 알려주고 있다.[371]

이것은 원효가 신훈종자(신성종자)와 본유종자(본성종자)의 관계에
대한 쟁론을 각기 신훈(作因, 生)과 본유(從性, 果)와 이 둘을 아우르는
화합생과(生果)의 교문으로 화회했음을 알려주는 자료라고 할 수 있다.
그가 본래부터 지니고 있는 종자와 새롭게 훈습한 종자뿐만 아니라
이 둘을 다시 아우르는 화합생과를 시설해 화회했다는 것은 주목할
만한 대목이다. 이것은 원효가 구역과 신역, 진제와 현장 종성론의
두 문을 통합하기 위해 새로운 교문을 시설했음을 보여주기 때문이다.
　　원효가 『십문화쟁론』의 '공유이집화쟁문'과 '불성유무화쟁문' 등에
서 보이는 '문'은 '교문' 혹은 '계열' 또는 '계통'으로 보여준 화쟁의
방식이자 화쟁의 지형이라고 할 수 있다. 그는 의지문과 연기문과
같은 상위의 '문'을 설정하고 다시 취심론과 약연론과 같은 하위의
'논'의 위계를 통해 다양한 쟁론을 구체적으로 화회해 갔음을 알 수
있다.[372] 나아가 그가 오랫동안 성불론과 수행론에 집중해온 일련의
노력은 불설의 핵심인 중도의 구현을 위한 것으로 이해할 수 있다.

371　見登, 「大乘起信論同異略集」本(『韓佛全』 제3책, p.709상; 균여, 『釋華嚴教分記圓通
　　鈔』 권3(『韓佛全』 제4책, p.315상).
372　高榮燮, 앞의 글, 앞의 책, p.82.

5. 중도 구현, 성불론과 수행론의 지형

대개 진리는 보편성과 타당성을 지니고 있다. 이때 '진리'가 보편성과 타당성을 지닌 전체적 진리성을 뜻한다면 '일리'는 제한적 타당성만을 지닌 부분적 진리성을 의미한다. 반면 '무리'는 전체적 진리성과 부분적 진리성을 지니지 못한 것을 전무의 타당성, 즉 타당성의 전무를 가리킨다. 원효는 저술 곳곳에서 '진리'와 '도리'와 '일리'를 병행하여 쓰고 있다.

'진리'가 보편성과 타당성을 지닌 반면, '도리'는 보편성에는 상응하지 않지만 타당성에는 상응할 때 사용하며, 보편성보다는 일반적 타당성이 있을 때 부분적 타당성을 지닌 일리에 상응하는 개념으로 사용하고 있다.

원효는 이러한 보편성과 타당성을 보편적 타당성으로 종합해 기술하면서도 차이의 측면과 공통의 측면에서 각 주장들을 구분한 뒤 화쟁하고 회통하고 있다.

일심	공통의 측면:	진리眞理 (보편성/타당성)	→	도리道理 (일반적 타당성)	→	일리一理 (제한적 타당성)
	차이의 측면:	진리眞理 (보편성/타당성)	→	일리一理 (부분적 타당성)	→	무리無理 (전무의 타당성)[373]

---

373 高榮燮, 앞의 글, 앞의 책, p.83.

"『니건자경尼犍子經』「일승품一乘品」에서 부처님이 문수보살에게 말씀하셨다. '내 불국토에 있는 상키야와 자이나교도 등은 다 여래의 거주하며 호지하는(住持) 힘으로 말미암아 방편으로 이들 외도들을 보인 것이다. 선남자들이여, 비록 갖가지 외학(異學)의 모습을 행하지만 다 같이 불법이라는 한 다리를 건너는 것이니, 건너갈 다른 다리는 없기 때문이다'고 하였다. 살펴보건대 이 글에 의해 불법의 오승(五乘: 人, 天, 聲聞, 緣覺, 菩薩의 乘)의 모든 선善 및 외도의 갖가지 다른 선 등 이와 같은 일체가 모두 일승一乘임을 알아야 하나니, 모두 불성을 의지한 것이지 다른 몸체가 없기 때문이다."[374]

경전의 문장과 같이 불자들과 달리 외도들이 비록 서로 다른 '외학'의 모습을 행하고 있지만 다 같이 '불법'이라는 한 다리를 건너는 것이니 건너갈 다른 다리가 없다. 불법을 닦는 '오승'이나 '외도'도 모두 일체가 모두 '일승'을 알아야 하고 모두 '불성'을 의지해야 한다고 설한다. 외학에는 보편성과 타당성을 지닌 전체적 진리성(眞理)은 없지만 일반적 타당성을 지닌 도리道理와 부분적 타당성을 지닌 일리一理가 있으므로 일승의 도리를 가르쳐 불성에 의지하게 해야 한다고 원효는 말한다.

이 두 주장에는 모두 도리道理가 있다. 어째서 그러냐 하면 열반과 깨달음(菩提)은 공통점도 있고 차이점도 있기 때문이다. 차이의 측면에서 말하면, 깨달음은 과위로서 능히 증득하는 덕이 있으니

---

374 元曉, 『涅槃經宗要』(『한불전』 제1책, p.489상).

(사성제의) 도제에 섭수되고, 열반은 과위에서 증득하는 것으로
멸제에 섭수된다. 공통의 측면에서 말하면, 과위인 도제 또한
열반이고 과위에서 증득한 진여 또한 깨달음이다.[375]

원효는 열반과 보리의 동이에 대한 질문에 대해 전체적 진리성은
없지만 일반적 타당성을 지닌 '도리'와 부분적 타당성인 '일리'에 입각하
여 '공통의 측면'과 '차이의 측면'에서 정리한 뒤 화회시키고 있다.

여섯 법사의 주장이 비록 모두 불성의 실체를 다 설명하지는 못하였
지만 각자 그 뜻을 얻은 것이다. 그러므로 이 경전의 아래 문장에서
설하였다. "마치 저 눈먼 사람들이 각자 코끼리에 대해 설명하는
것과 같아서 비록 코끼리 전체 모습을 설명하지는 못했지만 코끼리
를 설명하지 않은 것은 아닌 것과 같다. 불성을 설명하는 것 또한
이와 같아서 여섯 법사의 주장이 들어맞는 것은 아니지만 여섯
법사의 주장이 빗나간 것도 아니다."[376]

원효는 『열반경』의 '장님 코끼리 만지기 비유'를 원용하여 여섯
법사의 주장을 보편성과 타당성으로 전하고 있다. 장님들이 모여서
생전 보지 못한 대상을 손으로 만져 본 뒤 각각 자신이 만진 부위에
따라 코끼리에 대한 의견들을 내놓는다. 코를 만진 장님은 코끼리는
호스 같다고 하고, 다리를 만진 장님은 두꺼운 기둥 같다 하고, 귀를

375 元曉, 『涅槃經宗要』(『한불전』 제1책, p.528상).
376 元曉, 『涅槃經宗要』(『한불전』 제1책, p.539상).

만진 장님은 거대한 부채 같다고 한다. 오직 눈을 뜬 사람만이 코끼리의
참모습을 볼 수 있다.

　그런데 장님들이 묘사하는 코끼리의 모습이 참이라고 할 수는 없지
만 완전히 거짓이라고 할 수는 없다. 이 비유는 각자의 능력과 상황에
따라 진리는 다르게 해석될 수 있다는 사실을 암시하고 있다. 이것은
보편성과 타당성, 즉 전체적 진리성인 진리와 일반적 타당성인 도리
및 부분적 타당성인 일리에 입각하여 말하는 것이다. 반면 부처가
말하는 진리는 하나의 해석에 매이지 않고 전체를 조망하는 것임을
시사해 주고 있다.

　묻기를 "만일 이 경문에서 '불성이 삼세인 것도 되고 삼세가 아닌
　것도 된다'고 한 것은 마땅히 두 개의 덕으로 구별한 것(二別)이지
　하나의 덕(一德)에 입각한 것이 아니다. '삼세인 것이 된다'는 것은
　화신 부처의 형색形色이고, '삼세가 아닌 것이 된다'는 것은 보신
　부처의 내덕內德이다. 또한 이와 같이 두 가지 뜻을 분명히 볼
　수 있는데, 어째서 수고롭게 실덕實德에 입각하여 알기 어려운
　설명을 하는가?[377]

　원효는 불성佛性의 삼세 유무에 대한 질문에 대해 화신불의 형색과
보신불의 내덕 두 개로 구분해 답변한 뒤 어찌 하나의 실덕에 입각하여
수고롭게 알기 어려운 설명을 하는가라고 반문하고 있다. 보신불과

―――――――
377 元曉, 『涅槃經宗要』(『한불전』 제1책, p.543중).

화신불을 통해 분명히 이해하면 되지 법신불로 어렵게 설명할 필요가
없음을 일깨워주고 있다.

또한 이 일각—覺는 본각과 시각의 뜻을 지니고 있다. 본각에는
드러내어 이룬다는 뜻이 있기 때문에 참답게 닦는다(眞修)는 말도
도리가 있는 것이다. 시각에는 닦아서 이룬다는 뜻이 있기 때문에
새롭게 닦는다(新修)는 말도 도리가 있는 것이다. 만일 한쪽에
치우쳐 고집한다면 곧 다하지 못함이 있게 되는 것이다.[378]

원효는 본각과 시각의 뜻을 모두 지닌 '일각'의 어느 한쪽에 치우쳐
고집하지 않아야 두 뜻을 다할 수 있다고 강조하고 있다. 일반적
타당성만 지닌 도리를 넘어서야 보편성과 타당성을 모두 갖춘 전체적
진리성을 체득하게 된다고 역설하고 있다.

질문: 이와 같은 두 법사의 주장 가운데 어느 것이 틀리고 어느
것이 맞는가?
대답: 어떤 법사는 말하기를 '결정코 일변—邊만을 취하면 두 주장
이 모두 맞지 않는다. 만일 실보토實報土로 여기지 않으면 두 주장이
모두 맞는다.[379]

그러나 이 열 가지 사事의 있음과 없음의 뜻은 다만 일변—邊만을

---

378 元曉, 『金剛三昧經論』(『한불전』제1책, p.612상).

379 元曉, 『涅槃經宗要』(『한불전』제1책, pp.532하~533상).

잡아서 그 계급을 나타낸 것이어서 반드시 한결같이 결정코 그렇게 된다는 것은 아니다.[380]

오직 보신에 대해서는 두 가지 고집이 따로 일어난다. 따로 일어나는 쟁론은 두 가지에 불과하니 이를테면 상주常住를 고집하는 것과 무상無常을 고집하는 것이다. …
대답: 어떤 법사는 '다 맞기도 하고 다 맞지 않기도 하다'고 말한다. 그 까닭은, 만일 결정코 일변一邊만을 고집한다면 모두 과실이 있고, 만일 걸림이 없이 말하면 모두 도리道理가 있기 때문이다. … 이러한 도리에서 보면 두 주장이 모두 맞는 것이다.[381]

질문: 남방과 북방의 두 주장들은 어느 것이 맞고 어느 것이 맞지 않는가?
대답: 만일 일변一邊만을 고집해서 한결같이 그러하다고 한다면 두 주장들이 모두 맞지 않는다. 그러나 만일 분수를 따라 의거하여 그 뜻이 없다면 두 주장은 모두 맞는다.[382]

불도는 넓고 탕탕하여 걸림이 없고 방위가 없다. 영원히 의지하는 것이 없기 때문에 합당하지 않음이 없다. 그러므로 일체의 다른 교의가 모두 다 불교의 뜻이요, 백가의 설이 옳지 않음이 없으며,

---

380 元曉, 『涅槃經宗要』(『한불전』 제1책, p.541하).

381 元曉, 『涅槃經宗要』(『한불전』 제1책, pp.536상~537중).

382 元曉, 『涅槃經宗要』(『한불전』 제1책, p.547상).

팔만의 법문이 모두 이치에 들어간다. 그런데 저 스스로 조금
들은 그 좁은 견해만을 내세워 그 견해에 같이하면 곧 얻게 되고
그 견해와 달리하면 다 잃게 된다. 마치 어떤 사람이 갈대 구멍으로
하늘을 보고 갈대 구멍으로 하늘을 보지 못한 사람은 모두 하늘을
보지 못하는 자라고 하는 것과도 같다. 이것을 일컬어 식견이
적은 사람이 많다고 믿어서 식견이 많은 사람을 도리어 헐뜯는
어리석음이라고 한다.[383]

원효는 남방과 북방 등 법사들의 상주와 무상 등 두 주장의 일변—邊,
즉 어느 한쪽 부분만 가지고 고집해서 한결같이 그러하다고 한다면
두 주장 모두 맞지 않는다고 역설한다. 이것은 부분적 타당성만을
지닌 것을 전체적 타당성과 전체적 진리성을 지닌 것으로 고집한다면
모두 과실을 범하게 된다는 것이다.

원측 또한 이러한 전체적 보편성과 타당성 아래에서 부분적 타당성
과 제한적 타당성을 넘어 전체적 진리성과 전체적 타당성을 모색하였
다. 그리하여 원측과 원효는 불설의 핵심인 중도의 다른 표현인 일승과
일심의 기호 아래 불성론과 종성론을 회석하고 화회하였다.

6. 일승의 불성 종성과 일심의 불성 종성

7세기 동아시아의 대표적 철학자이자 사상가였던 분황 원효(617~686)
와 문아 원측(613~696)은 같은 신라인임에도 불구하고 실제로는 만난

---

383 元曉, 『菩薩戒本持犯要記』(『한불전』 제1책, p.583상).

적이 없었다. 이들의 저술에는 상호 영향이나 인용이 전혀 보이지 않는다. 그럼에도 불구하고 이들은 교체론, 교판론, 심식론, 불성론, 수행론 등에서 깊게 만나고 있다. 이들 두 사람이 모색했던 불성론과 종성론은 성불론과 수행론으로 이어지면서 불교의 대표적 논제로 자리를 잡아왔다. 이들은 종래의 이론들을 흡수하면서도 구역의 진제와 신역의 현장이 주장하는 불성론과 종성론과 변별되는 관점을 제시하였다. 무엇보다도 주목되는 것은 이들은 중생이 부처가 되고 부처가 중생을 버리지 않는 길을 열어두려고 했다는 지점이다.

원측과 원효는 불설佛說의 핵심인 중도中道의 다른 표현인 일승一乘과 일심一心의 관점 아래 회석會釋하고 화회和會하였다. 원측은 자신의 불성론과 종성론을 일승一乘과 진여眞如의 입장에서 회석하였다. 그는 일승을 불승과 법신으로 파악하고 1) 진실일승/방편삼승의 관점에서 진제의 일체개성설, 2) 방편일승/진실삼승의 입장에서 현장의 오성각별설을 정리한 뒤, 3) 진실일승/방편삼승과 방편일승/진실삼승의 관점을 종합하여 회석을 시도하였다. 그는 진여眞如를 불성으로 보고 불성을 다시 리(불)성과 행(불)성의 측면으로 나누어 보았다. 1) 리불성은 진실일승/방편삼승의 측면으로, 2) 행불성은 방편일승/진실삼승의 측면으로 파악한 뒤 『해심밀경』의 경설을 위배하지 않으면서 일승과 진여, 즉 불성의 입장에서 원리상의 불성인 리불성과 수행상의 불성인 행불성을 회석하여 일체중생의 성불 가능성을 열어두었다.

원효는 자신의 불성론과 종성론을 일심一心과 불성佛性의 입장에서 화회하였다. 그는 종래 동아시아의 불성론을 미래의 결과(當有之果)와 지금의 원인(今有之因), 궁극적 관점(眞諦)과 세속적 관점(俗諦), 독자의 자아(人說)와 마음의 현상(法說), 일어난 마음(上心, 起)과 잠복한 마음(種子, 伏) 등의 범주로 총설하고 구분(分別)하여 시비를 가려 간다. 특히 앞의 다섯 법사는 '불염이염', 즉 (본연은) 오염되어 있지 않지만 (현실은) 오염되어 있는 입장인 반면 여섯 번째 법사는 '염이불 염', 즉 (현실은) 오염되어 있지만 (본연은) 오염되어 있지 않음, 1) 일체개성설의 진여불성과 2) 오성각별설의 법이종자 등 여러 법사 들의 불성 담론을 소개하면서 오염을 따르는 마음과 오염을 따르지 않는 마음의 측면에서 화쟁하고 회통하였다. 원효는 현장의 오성차별 설의 본유종자와 진제의 일체개성설의 신훈종자 담론을 화합생종자 담론을 제시하여 화쟁하고 회통하였다. 그리하여 그는 본유종자의 오성차별과 신훈종자의 일체개성을 아우르는 화합생과종자를 제시함 으로써 본유종자와 신훈종자 담론을 화회시켰다. 그것은 공통과 차이 의 측면에서 진리眞理의 보편성과 타당성을 구분한 뒤 일반적 타당성 (道理)과 부분적/제한적 타당성(一理)과 전무의 타당성(無理)으로 해 결해 나갔다.

이들은 불설의 핵심인 중도를 구현하기 위해 원측은 일승사상에 입각하여 불성론과 종성론을 회석하였고, 원효는 일심사상에 입각하 여 불성론과 종성론을 화회하였다. 이들이 구현하려고 한 불성론과 종성론은 일체중생의 성불 가능성을 열어두려는 것이었다. 그것은 진리-도리-일리의 지향 위에서 일승으로 회석할 수 있었고 일심으로 화회할 수 있었다. 그리하여 원측과 원효의 담론은 이후 동아시아 불교사상가들의 불성론과 종성론과 성불론과 수행론의 전범이 되었고 기준이 되었다.

제6장 분황 원효와 현수 법장의 기신학 이해
─심식설 인식과 삼세육추설 배대를 중심으로─

1. 기신과 화엄의 긴장과 탄력

한 사상가의 삶과 생각은 동시대 사상가의 생애와 사상을 대비해 봄으로써 좀 더 깊고 보다 넓게 이해할 수 있을 것이다. 해당 인물들이 당대를 함께 살았던 유수한 사상가라면 그 시대를 살았던 사람들이 체감했던 역사인식과 체인했던 시대정신을 공유하고 있었을 것으로 짐작되기 때문이다. 대개 '역사의 라이벌' 혹은 '철학의 파트너'라는 표현이 시사해 주는 것처럼 우리는 동시대 전후를 살았던 두 인물의 사유의 지형을 그들이 들었던 철학적 공안과 사상적 화두를 통해 살펴볼 수 있을 것이다.

7세기의 전후반을 신라에서 살았던 분황 원효(芬皇元曉, 617~686)와 그 중후반과 8세기 초반을 당나라에서 살았던 현수 법장(賢首法藏, 643~712)은 약 한 세대의 차이에도 불구하고 부석 의상(浮石義湘,

625~702)을 매개하면서 긴밀하게 호흡했던 두 나라의 대표적인 사상가들이다. 대승불교의 교과서이자 종요서로 널리 알려진 『대승기신론』에 대한 담연(曇延, 516~588)의 『대승기신론의소』(上卷) 간행[384] 이후, 6세기 후반에서 7세기 후반에는 기신학[385] 연구의 3대 주석서로 널리 알려진 혜원(慧遠, 523~592)의 『대승기신론의소』(4권)와 원효의 『대승기신론소』(2권) 그리고 법장(法藏, 643~712)의 『대승기신론의기』(5권)가 유통되고 있었다. 이들 3대 주석서는 학인들에게 깊게 읽혔으며 특히 법장은 기신학과 화엄학 연구에서 원효의 논지를 원용하고 변용하면서 크게 영향을 받았다. 뿐만 아니라 그의 문하였던 혜원慧苑/법선法詵/징관澄觀-종밀宗密 등도 원효의 영향을 받았다는 점에서 두 사람의 사상적 통로를 살펴보는 것은 철학사적 가치와 사상사적 의미가 적지 않은 일이다.

원효와 법장이 가졌던 많은 학문적 화두들 중에서도 특히 이들의 교판관에 기초한 심식설의 인식과 삼세육추의 배대에 나타난 그 인간

---

[384] 이즈음 智愷(518~568)도 『大乘起信論一心二門大意』(1권)를 지었다. 하지만 이 저술에 三細와 六麤에 대한 해석과 배대는 보이지 않는다.

[385] 『대승기신론』과 그 주변에 대한 일련의 연구를 起信學이라고 할 수 있다. 『기신론』의 譯出 이후 기신학 연구가 '기신종'이라는 이름으로 존재하지는 않았지만 기신학 연구는 하나의 學宗을 형성할 정도로 한중일 동아시아 삼국에서 널리 연구되었다. 청나라 말엽에 南京에 金陵刻經處를 세워(1866) 불경간행과 祇園精舍를 세워(1866) 불교교육에 앞장선 楊文會는 馬鳴宗을 창종하였고 인도불교와 변별되는 중국불교의 정체성을 『대승기신론』에서 찾으려 하였다. 高榮燮, 「동아시아 한중일 삼국의 근대불교학 연구방법론」, 동국대학교 세계불교학연구소 편, 『세계의 불교학 연구』(씨아이알, 2016), pp.83~84.

관과 세계관을 검토하는 것은 두 사람의 살림살이와 사고방식을 탐색하는 작업이 된다. 『대승기신론』에 시설된 심식설은 본각-불각의 대비 속에서 시각始覺의 네 지위(四位)에 대응하는 네 모습(四相)을 통해 본각으로 복귀하는 과정을 보여주고 있다. 또 삼세육추설은 인간의 심층마음과 표층인식의 경계를 통해 인간을 총체적으로 이해하는 관점이다. 이 주제들은 한 불교사상가가 그 시대에 어떻게 살았고 어떤 생각을 하고 살았는지에 대해 탐구하는 논제가 되며, 동시에 그의 인간에 대한 이해와 세계에 대한 인식을 궁구해 보는 논제가 된다. 원효와 법장은 연기의 이론으로 세워가는(建立하는) 철학자일 뿐만 아니라 성기의 실천으로 나아가는(趣入하는) 종교인이었기 때문이다.

원효와 법장은 인간의 심층마음에 대한 이해와 표층인식에 대한 이해를 통해 인간과 세계에 대한 깊은 통찰을 제시해 왔다. 이들은 기신起信와 화엄華嚴 사상에 대한 팽팽하되 탄력적인 이해를 통해서 인간과 세계에 대한 이해의 지평을 깊고 넓게 조명해 내었다. 종래에 원효와 법장에 대한 개별적인[386] 선행연구들[387]은 있었지만 이들 두 사람의 주장을 비교해본 선행연구들[388]은 매우 적었다. 특히 이들의

---

[386] 원효 연구에 집중한 대부분의 논구들이 개별적인 연구에 해당할 것이다.

[387] 법장에 대한 국내에서의 개별적인 연구는 최근에야 본격화되고 있다고 해야 할 것이다. 장계환, 「법장교학의 심성론 연구」, 『한국불교학』 제20집, 한국불교학회, 1995; 장계환, 「법장의 『대승기신론의기』 찬술에 대한 고찰」, 『한국불교학』 제26집, 한국불교학회, 1999; 장계환, 「법장 저술의 찬술연대 재검토」, 『보조사상』 제24집, 보조사상연구원, 2005; 김도공, 「법장의 교판에 대한 문제 제기」, 『범한철학』 제43집, 범한철학회, 2006.

인간 이해와 세계 인식이 어떠했는지에 대한 검토는 온전히 이루어지지 않았다. 이 글에서는 이들의 교판관, 일심과 여래장 인식, 『대승기신론』의 심식설 인식과 삼세육추의 배대에 대해 검토해 봄으로써 두 사람의 인간관과 세계관을 조명해 보고자 한다.

2. 교상판석을 보는 관점

기원 전후를 기점으로 인도불교는 중국으로 전해져 왔다.[389] 중국불교

---

388 고익진, 『한국고대불교사상사』(동국대출판부, 1989); 은정희, 「대승기신론에 대한 원효설과 법장설의 비교」, 『태동고전연구』 제10집, 태동고전연구원, 1991; 박태원, 「『대승기신론』 사상에 관한 법장의 관점」, 『중국철학』 Vol.3, 중국철학회, 1992; 석길암, 「법장 교학의 사상적 전개와 원효의 영향」, 『보조사상』 제24집, 보조사상연구원, 2005.

389 중국에 불교가 전래된 시점에 대한 기록은 대략 여덟 가지 정도의 기록이 존재한다. ①공자(기원전 552~479)가 불타의 존재를 알고 있었다는 『列子』의 기록, ②기원전 317년에 尸羅라는 외국인 도사가 燕나라 昭王을 방문하여 석 자 높이의 십층탑을 손가락 끝에서 만들었다는 기록, ③아쇼카왕(기원전 265~238. 273~232 재위)이 건립한 8만 4천 개의 탑 가운데 일부가 중국에서 발견되었으며 그중 한 곳에서는 불타의 유골이 나왔다는 기록, ④진시황(기원전 259~210 재위) 당시에 불경을 가지로 온 승려 釋利防이 아쇼카왕이 파견했다는 기록, ⑤한무제(기원전 140~87 재위) 당시에 昆明池를 팠는데 밑바닥에서 나온 것은 재가 劫火가 세계를 불태운 흔적이라는 기록, ⑥기원전 2세기 무렵 중앙아시아를 가로질러 大夏에 사신으로 간 장건(張騫, ?~기원전 114년)이 여행 도중에 불교에 관해 들었으며 불교에 관한 지식을 가지고 돌아왔다는 기록, ⑦한나라 장군 霍去病이 기원전 120년에 북쪽 변경의 흉노를 토벌할 때 金人을 얻어서 甘泉宮에 모셔두고 제사는 지내지 않고 향만 사르고 예배하였다는 기록, ⑧前漢

인들은 인도불교를 자내화하여 새로운 형식으로 재편해 내었다. 그 결과 흔히 중국불교는 '격의불교格義佛敎'를 통한 '경전한역經典漢譯'과 '교상판석敎相判釋'을 통한 '종파형성宗派形成', 그리고 '수행의 대명사'로서의 '선법禪法의 완성'으로 특징화되어 왔다. 이 중에서도 교상판석, 즉 교판敎判은 붓다의 입멸 이후 인도로부터 약 1천여 년에 걸쳐 중국에 전해져 한역된 수많은 불전들을 학문적으로 분석하고 효율적으로 공부하기 위해 중국인들이 제창한 불교해석학이라고 할 수 있다.

수당隋唐 이전의 교판은 불설의 핵심을 알기 위해 불전에 대한 시간(五時)적·방법(化儀)적·내용(化法)적 검토 위에서 이루어진 경전 해석학이며, 이것은 동아시아 불교의 가장 두드러진 학문방법론이었다. 다시 말해서 교판은 붓다가 설한 가르침의 시간적 순차에 의해 불전을 줄 세우고(判) 읽는 이들의 수준에 따라 풀이해 낸(釋) 것이었다. 동아시아의 유수한 불학자들은 불교에 대한 전관 위에서 교상판석, 즉 교판을 통해 자신의 불학의 지형도를 그려왔다. 원효 또한 마찬가지였다. 하지만 수당 이후는 교판은 대부분 변질되어 '가장 나중에 오는 창작이 제일 윗자리에 놓인다(後來居上)'는 자종의 우월성을 강조하는 방식으로 이루어졌다.

哀帝 원수 원년(기원전 2년)에 伊存으로부터 景盧가 불교에 대해 입으로 전해 받으면서 시작되었다는 기록 등이다. 이 가운데에서 가장 整合性을 얻고 있는 것은 가장 후자인 前漢 哀帝 원수 원년에 기원설이다. 케네쓰 첸, 『중국불교』, 박해당(민족사, 1991), pp.41~42 참조.

1) 사교판

원효는 종래의 『반야경』을 『대지도론』의 '대지도大智度'처럼 '큰 지혜로 깨침의 언덕에 건너간다(大慧度)'는 의미로 보아 '대혜도경'이라고 옮겼다. 그는 기존의 불교에서 사용되어 오던 '종요宗要' 개념을 원용하고 새로운 의미를 부여하여 자신의 언어로 변용하였다. 원효는 『대혜도경종요』에서 중국 혜관慧觀의 돈점오시(頓漸五時: 四諦·無相·抑揚·一乘·常住)설과 『해심밀경』을 소의로 하는 법상종의 삼종법륜(三種法輪: 四諦·無相·了義)설을 소개하고 있다. 그런 뒤에 『대품반야』가 『대혜도경종요』에서는 "두 번째 무상시無相時로 판석되고, 『해심밀경』에서는 두 번째 무상법륜無相法輪로 판석된 것은 그럴 듯하지만 이치는 반드시 그렇지 않다(理必不然)"고 주장한다.[390] 그리하고 나서 "『대품반야』는 『화엄경』과 같이 무상無上하고 무용無容한 구경요의究竟了義"라고 주장한다.[391]

원효는 이들 종요류에서 먼저 수행자의 위의에 입각하여 삼승三乘의 별교別敎와 통교通敎 및 일승一乘의 분교分敎와 만교滿敎의 형식으로 이루어진 4종 교판을 수립하였다. 『법화경종요』에서 그는 『해심밀경』의 삼종법륜三種法輪설을 소개한 뒤, 거기에서 불요의(不了義: 제1·2법륜)로 판석한 것은 잘못이라고 말한다. 그 논리적 근거로서 다른 삼종법륜(根本·枝末·攝末歸本)설에서 이 『법화경』(제3법륜)을 『화엄경』(제1법륜)과 함께 구경요의究竟了義로 판석하고 있음을 들고 있다.[392]

---

390 元曉, 『大慧度經宗要』(『韓佛全』 제1책, p.486하).

391 元曉, 위의 글, 위의 책, p.487중.

392 高翊晉, 『한국고대불교사상사』(동대출판부, 1989), p.239.

나아가『열반경종요』에서는 중국의 남방南方 법사가 주장하는 인천人天·삼승차별三乘差別·공무상空無相·열반涅槃의 돈점오시頓漸五時설에『열반경』을 요의경了義經으로 소개하고 있으며, 북방北方 법사들이 주장하는『반야』·『유마』·『법화』·『열반』 등도 모두 요의경了義經이라고 정리하고 있다.

그러나 원효는 여기에 그치지 않고 이 남북 교판에 대해 "만일 한쪽 견해에만 집착하여 한결같이 그렇다고 하면 두 설을 다 잃을 것이요, 만일 상대를 인정해 주어 자기 설만 고집함이 없으면 두 설을 다 얻을 것이다"[393]라고 갈파한 뒤, 5시時 5종宗으로 경전의 깊은 뜻을 판석하려는 좁은 견해를 경계하고 있다. 그리하여 그는『대품반야』·『법화』·『열반』·『화엄』 등을 다 같이 구경요의라고 보는 포괄적 입장을 취하고 있다.[394]

원효는 새로운 교판으로서 삼승별교와 삼승통교, 일승분교와 일승만교라는 4교판을 짜면서 일승분교에 여래장과 닿아 있는 화엄의 저경底經으로서『영락경』과 대승윤리를 설하는『범망경』을, 일승만교에 보현교로서『화엄경』을 배대하고 있다. 그리고 그의 사상의 큰 줄기는『기신론』과『화엄경』에 뿌리를 두고 있음을 암시하고 있다. 나아가 원효는『법화경』의 삼승(방편) 일승(진실)설에 의거하여 "승문乘門에 의해 4종을 약설略說한다"고 말하면서 다음의 사교판을 제시하고 있다.[395]

393 元曉,『涅槃經宗要』, 앞의 책, p.547상.
394 高榮燮,『원효, 한국사상의 새벽』(1997);『나는 오늘도 길을 간다』(한길사, 2009).
395 表員集,『華嚴經要決問答』권4, 分教義(『한불전』 1책, p.366상).

〈도표 1〉 원효의 4교판

분류	분류 근거	경전 및 근거	특성
三乘 別教	법공을 밝히지 못함 (未明法空)	四諦經, 緣起經	法空 측면
三乘 通教	연기된 제법이 공함 (諸法空)	般若經, 深密經	
一乘 分教	보법이 나타나지 않은 것 (隨分教)	菩薩瓔珞經, 梵網經	普法 측면
一乘 滿教	보법을 궁구하여 밝힌 것 (圓滿教)	華嚴經, 普賢教	

원효는 4교판에서 삼승과 일승의 구도로 삼승의 별교와 통교, 일승의 분교와 만교로 교판을 짜고 있다. 즉 그는 삼승별교에는 아직 '존재의 공성法空'에 대한 이해가 없는 『사제경』과 『연기경』 등의 아함 교의를 배대한다. 그런 뒤에 원효는 존재의 공성에 대해 해명하는 『반야경』의 중관교의와 존재의 가유에 대해 설명하는 『심밀경』의 유식교의를 삼승통교에 넣었다. 그러고 나서 그는 삼승의 상위개념으로서 일승을 분교와 만교로 나누었다. 이승과 함께하지 못하는 것을 일승一乘이라 하고, 그중에 보법普法이 나타나지 않은 것을 수분교隨分教라 하고, 보법을 궁구하여 밝힌 것을 원만교圓滿教라고 하였다.[396]

원효는 일승분교에는 여래장과 닿아 있는 화엄의 저경으로서 『보살

---

396 表員集, 위의 글, 권4, 分教義(『한불전』 2책, p.385중); 法藏, 『華嚴經探玄記』 권1(『대정장』 35책, p.111상); 慧苑, 『華嚴經刊定記』 권1(『속장경』 5편, 9투, 8책 상); 澄觀, 『華嚴經疏』 권2(『대정장』 35책, p.510상).

영락본업경』과 대승윤리를 설하는 『범망경』을 배속하였다. 그는 일승 분교에 여래장과 연속되는 화엄의 저경과 대승윤리와 닿아 있는 『범망 경』을 배치한 것이다. 이것은 기존의 교판에서 찾아볼 수 없는 매우 실천적인 시설이라고 할 수 있다. 그리고 원효는 일승만교에 보현교普 賢敎로서 보법普法[397]을 설하는 『화엄경』을 짝지었다. 그가 삼승을 별교와 통교로 가르는 기준이 '존재의 공성法空'의 측면이었다면, 일승 을 분교와 만교로 나누는 기준은 일체법에 두루하여 걸림 없이 상입(相 入, 상호 투영성)하고 상시(相是, 相卽, 상호 동일성)하는 '보법普法'의 측면이었다.[398]

2) 오교십종판과 사교판

측천무후의 지지를 받았던 법장은 화엄가로서 전 시대의 당 태종 이래 고종 시대에 널리 펼쳐진 유식 법상계의 자은 규기(慈恩 窺基, 632~682)의 3교 8종판으로 구성된 유식 교판을 깊이 의식하였다. 규기는 소승교에 아법구유종我法俱有宗, 유법무아종有法無我宗, 법무 거래종法無去來宗, 현통가실종現通假實宗, 속망진실종俗妄眞實宗, 제 법단명종諸法但名宗의 6종, 삼승교에 승의개공종勝義皆空宗, 응리원실 종應理圓實宗의 2종을 배대하였다.

이에 대해 법장은 규기의 3교 8종판을 비판적으로 종합하여 소승교 에 아법구유종我法俱有宗, 법유아무종法無我無宗, 법무거래종法無去來 宗, 현통가실종現通假實宗, 속망진실종俗妄眞實宗, 제법단명종諸法但

---

397 表員集, 앞의 책, p.366상.
398 高榮燮, 『분황 원효의 생애와 사상』(운주사, 2016), pp.23~26.

名宗의 6종, 대승시교에 일체개공종一切皆空宗, 대승종교에 진덕불공
종眞德不空宗, 대승돈교에 상상구절종相想俱絶宗, 대승원교에 원명구
덕종圓明具德宗를 배대하여 5교[399] 10종의 화엄교판을 시설하였다.

여기서 규기가 제시한 삼승교의 응리원실종과 법장에 제시한 대승종
교의 원명구덕종을 동일한 것으로 보기는 어렵다. 하여튼 법장의
10종판이 규기의 8종판을 심화 확장한 것으로 보이고 있지만, 사실은
법상 교학에 대한 화엄교학의 우월성을 논증하고자 했던 법장의 의도
를 표출한 것[400]으로 파악된다. 그는 당시의 법상교학을 화엄교학의
관점에서 정리할 필요를 느끼고 있었다. 이 때문에 법장은 유식을
오중유식과 십중유식으로 분류하여 5교에 배대하였다.

법장의 십중유식, 즉 열 가지로 겹치는 유식의 견해가 처음 발상된
것은 규기의 『대승법원의림장大乘法苑義林章』의 오중유식五重唯識에
의해서이다. 그는 법상교학法相教學에서의 유식관에 대한 성찰방법을
원용하여 허망한 삼계三界를 구성하는 유식唯心의 중층성을 밝히는
데 주력하였다.

법장은 '삼계허망三界虛妄 단시일심但是一心'에 대한 해석으로서 십
중유식十重唯識를 제시하였다.[401] 이 십중유식에서 그의 교판, 즉 5교

---

399 법장의 오교판은 스승 智儼의 小乘教, 大乘初教, 大乘終教, 大乘頓教, 大乘圓教
의 오교판의 체계와 내용과 큰 차이가 없어 지엄의 오교판을 원용한 것으로
볼 수 있다.

400 高峯了州, 『화엄사상사』(백화원, 1976), p.240; 木村淸孝, 『중국화엄사상사』,
박태원(경서원, 1988); 吉津宜英, 「法藏『大乘起信論義記』の研究」, 『구택대학불
교학부논집』 제11호, 1980, pp.118~119.

401 張戒環, 「法藏教學의 心性論 硏究」, 『한국불교학』 제20집, 1995, p.476.

10종판을 수정한 4교판과 더불어 유식唯識와 대비한 유심唯心의 견해를 엿볼 수 있다. 법장은 아래와 같이 오중유식[402]과 십중유식[403]과 오교五教의 관계를 대비하였다.

五重唯識	十重唯識	五教
1. 遺虛存實識 견허존실식	相見俱存唯識 상견구존유식	大乘始教 대승시교
2. 捨濫留純識 사남유순식	攝相歸見唯識 섭상귀견유식	大乘始教 대승시교
3. 攝末歸本識 섭말귀본식	攝數歸王唯識 섭수귀왕유식	大乘始教 대승시교
4. 隱劣顯勝識 은열현승식	以末歸本唯識 이말귀본유식	大乘 終教 頓教 대승 종교 돈교
5. 遺相證性識 견상증성식	攝相歸性唯識 섭상귀성유식	大乘 終教 頓教 대승 종교 돈교
	轉眞成事唯識 전진성사유식	大乘 終教 頓教 대승 종교 돈교
	理事俱融唯識 이사구융유식	大乘 終教 頓教 대승 종교 돈교
	融事相入唯識 융사상입유식	大乘 圓教 中 別教 대승 원교 중 별교
	全事相卽唯識 전사상즉유식	大乘 圓教 中 別教 대승 원교 중 별교
	帝網無碍唯識 제망무애유식	大乘 圓教 中 別教 대승 원교 중 별교

---

402 窺基, 『大乘法苑義林章』권 제1(『大正藏』 45책, pp.258중~259상).

403 法藏, 『華嚴經探玄記』권13(『大正藏』 35책, p.347상중).

법장이 십중유식을 성립시킨 의도 가운데에는 확실히 자은 규기의 법상유식에 대한 폄하 의식이 있었던 것은 감출 수 없는 것이다.[404] 위의 도표에 따르면 처음의 3중重은 대승(시)초교에, 가운데의 4중重은 대승종교와 대승돈교에, 마지막의 3중重은 대승원교圓敎 안에서의 별교別敎에 짝지우고 있다.

법장이 처음의 3중重에서 법상유식의 교의를 기본으로 한 것은 법상유식을 가장 폄하고자 한 것이라 할 수 있다. 반면에 마지막의 3중重은 가장 높이고자 한 것이라고 할 수 있다. 법장은 계속해서 이 십중을 다시 3분分하여 앞의 4중重은 아뢰야연기阿賴耶識緣起로, 가운데의 3중은 여래장연기如來藏緣起로, 마지막의 3중은 화엄법계연기華嚴法界緣起로 얼개를 세우고 있다.

법장의 십중유식의 구상은 현상의 모습으로부터 여래의 성품에로 심화되어 가며, 거기에서 전환하여 '사태(事)'라고 하는 새로운 현상을 만들어낸다. 그리하여 표상(相)과 사태(事)란 동일한 현상세계를 표현하면서도 그 내용에 있어서는 커다란 의미를 달리하고 있는 것이다.

여섯 번째의 '전진성사轉眞成事'에 의해 사태(事)의 출현은 후의 화엄법계연기의 사사무애법계의 기초를 쌓은 것이라고 할 수 있다. 법장의 십중유식의 구조는 현상과 본체와의 제한이 없는 왕복작용에 의해 구성되며 그것은 법장교학의 '연기상유緣起相由'의 중시와도 연관되는 연기관이 아닌가 생각된다.[405]

법장의 십중유식관은 허망한 삼계를 구성하는 유심의 중층성을

---

404 陳永裕, 『華嚴觀法の基礎的研究』(民昌문화사, 1995), p.14.
405 陳永裕, 위의 책, p.405.

밝히려는 의도에서 설정된 관법이며, 이러한 십중유식관은 혜원慧苑
나 종밀宗密 등에 의해 일부 계승되었다. 하지만 화엄 관법이라는
큰 틀에서 보면 이것은 더러는 상대적 표현으로 보이지만, 이것이
주요한 관법으로 계승되었다고는 할 수 없는 것이다.[406]

　법장은 오중유식관을 십중유식관으로 확대하였고 여기에 5교를
배대시켰다. 그리고 그가 입론한 5교 10종판은 『탐현기』 이후로 『대승
기신론의기』에서 4종판으로 재정비하였다. 이것은 그가 법상유식의
체계를 딛고 여래장교의와 화엄교의의 우월함을 드러내기 위한 의도에
서 전개한 관법이었다고 할 수 있다.

　결국 법장은 규기의 3교 8종판을 심화 확장하여 『화엄오교장』,
즉 『화엄일승교의분제장』에서 자신의 화엄교학을 집대성하여 5교
10종판으로 만들었다. 법장은 5교 10종판을 세운 이외에도 『무차별론
소』[407]와 『입능가심현의』에서 사종판을 세운 적이 있었다.

　첫째의 유상종有相宗은 단지 육식을 설할 뿐이고, 둘째의 무상종無
相宗은 육식이 공함을 밝히며 다시 별도로 세우는 것이 없다. 셋째의
법상종法相宗은 팔식을 세우나 모두 생멸生滅이어서 진성眞性과
같지 않다. 넷째의 실상종實相宗은 팔식이 모두 여래장이 수연하여

---

406 高榮燮, 「불교 화엄의 수행관」, 『청호불교논집』 제1집, 청호불교문화원, 1995.
407 法藏은 『無差別論疏』(『대정장』 제44책, p.61하)에서도 隨相法執宗, 眞空無相宗,
　　唯識法相宗, 如來藏緣起宗으로 4종을 제시하고 있다. 여기서 그는 『대승기신론
　　의기』의 사종판의 의도를 보다 정확히 밝히고 있으며, 일체 성불의 가능 여부를
　　宗判의 기준으로 세우고 있다. 나아가 사종판의 성립 근거를 '乘(소승/이승/삼승/
　　일승)과 '識'으로 들고 있다.

이룬 것이라는 것을 밝히니 또한 생멸이기도 하고 불생멸이기도
하여 성과 상이 교철交徹하고 용융鎔融하여 무애하다.[408]

여기서 유상종은 육식만을 설하는 소승종이고, 무상종은 육식이
공함을 밝히되 다시 별도로 세우는 것이 없는 반야중관설을 가리킨다.
법상종은 팔식설을 세우되 모두가 생멸이어서 진성과 같지 않은 유가
유식설이고, 실상종은 팔식이 모두 여래장을 수연하여 이룬 것으로
생멸이기도 하고 불생멸이기도 하며, 성과 상이 서로 주고받고 녹아들
어 걸림이 없는 『능가경』과 『기신론』 등의 여래장연기종에 해당한다.
　법장의 최종적 교판관은 『화엄경탐현기』 이후에 저술한 『대승기신
론의기』에서 드러나고 있다. 그는 여기서 사종판을 시설하고 있다.

현재 동쪽(중국)에 전해진 모든 경론들은 대승과 소승을 통틀어
네 가지의 근본 주장(宗途)이 있다. 첫째는 표상에 따라 법에 집착하
는 교법(隨相法執宗)이니, 소승의 여러 부파들이 바로 이것이다.
둘째는 진실한 공성에는 표상이 없다는 교설(眞空無相宗)이니, 반
야계통의 경전들과 중관계통의 논서들이 설하는 내용이 이것이다.
셋째는 오직 식만이 법의 표상이라는 교설(唯識法相宗)이니, 『해심
밀경』 계통의 경전들과 『유가론』 계통의 논서들이 설하는 내용이
이것이다. 넷째는 여래장이 연기하는 교설(如來藏緣起宗)이니, 『능
가경』, 『대승밀엄경』 계통의 경전들과 『기신론』, 『보성론』 계통의
논서들이 설하는 내용이 이것이다. 이들 네 가지 가운데서 첫째는

---

408 法藏, 『入楞伽心玄義』(『大正藏』 제39책, p.426중하).

수사집상설隨事執相說이고, 둘째는 회사현리설會事顯理說이며, 셋째는 의리기사차별설依理起事差別說이고, 넷째는 이사융통무애설理事融通無碍說이다. 이 여래장연기종에서는 여래장이 수연하여 아뢰야식을 이루는 것을 허용하니 이것이 바로 이치가 사태에 통하는 것이며, 또 의타연기依他緣起가 본성이 없어 진여와 같음을 허용하니 이것이 바로 사태가 이치에 통하는 것이다. 또 이 사종의 첫째는 소승의 여러 법사들이 세웠고, 둘째는 용수와 제바가 세웠고, 셋째는 무착과 세친이 세웠고, 넷째는 마명과 견혜가 세웠다. 그러니 이 사종 또한 전후前後 시한時限의 차별이 없으며, 여러 경론에서 또한 가르치는 곳이 있으니 마땅히 견주어 알 수 있다. 지금 이 『대승기신론』의 종의宗義는 제4문에 해당한다.[409]

법장이 오교판을 정리한 것은 규기의 8종판을 의식한 결과였다. 이후 다시 그의 오교판을 사교판으로 수정한 것은 기신학과 화엄학의 관계를 깊이 의식했기 때문으로 이해된다. 먼저 법장은 『화엄오교장』에서 정리한 소승교(제1~6종)-대승시교(제7종)-대승종교(제8종)-대승돈교(제9종)-대승원교(제10종)의 오교십종판[410]에서 볼 수 없었던 여래장연기종을 독립적으로 설정하고 있다.

---

409 法藏, 『大乘起信論義記』(『대정장』제44책, p.243중하).
410 法藏, 『華嚴一乘敎義分齊章』권제1(『대정장』제45책, p.481중). 법장은 聖敎를 소승교, 대승시교, 대승종교, 대승돈교, 대승원교의 5교로 나누고 聖敎가 나타나는 원리에 의해 10종으로 개창한다고 하였다. 그리고는 처음의 소승교는 愚法二乘敎이고 마지막의 원교는 바로 別敎一乘이라고 하였다.

그가 5교판에서 대승종교와 대승돈교와 대승원교를 분명히 구분하다가 사교판으로 재구성하게 된 이유는 규기의 8종판을 의식하면서도 원효의 4교판을 강하게 의식한 것에서 비롯된 것으로 이해된다. 이것은 유식 법상종의 삼시 교판설, 즉 소승의 유교(隨相法執宗)와 대승의 공교(眞空無相宗)와 대승의 중도교(唯識法相宗)를 넘어서 대승의 여래장연기종(능가경/밀엄경/기신론/보성론)을 시설한 지점에서 짐작해 볼 수 있다.

법장은 5교판의 제2교인 대승시교를 공空시교와 상相시교로 이분하고 제3교인 대승종교를 여래장연기종으로 명명한 뒤 그 안에다 제4교인 대승돈교와 제5교인 대승원교까지 아우르고 있는 것이다. 그는 먼저 소승의 부파들을 '사태를 따라 표상을 집착하는 교설(隨事執相說)'이라 하여 제1단계의 최하위에 두어 수상법집종이라 하였다. 이어 그는 반야경전들과 중관논서들을 '사태를 모아 이치를 드러내는 교설(會事顯理說)'이라 하여 제2단계의 진공무상종이라 하였다.

다시 법장은 해심밀계 경전들과 유가논서들을 '이치에 의지하여 사태를 일으켜 차별하는 교설(依理起事差別說)'이라 하여 제3단계의 유식법상종이라 하였다. 그는 유식법상종은 아직 이치에 의지하고 사태를 일으키는 차별하는 불완전한 가르침으로 파악하였다. 이러한 인식의 전환에는 당시 당나라의 정치적 전환과정이 투영되었던 것으로 이해된다. 즉 현장계 법상종을 지원하였던 당 태종의 승하와 고종의 즉위 및 중병 그리고 측천무후의 대리정치와 중종과 예종의 폐위 나아가 측천무후의 즉위 등으로 이어지는 정치적 격변기 속에서 현장-규기-혜소-지주로 이어지는 자은법상계의 정치적 사상적 입지의 약화와도 관련된 것으로 짐작된다.

한편 법장 또한 측천무후의 지원 속에서 사상적 통합을 모색하면서 『능가경』과 『밀엄경』계 경전들 및 『기신론』과 『보성론』계 논서들을 '이치와 사태가 융통하여 걸림 없는 교설(理事融通無碍說)'이라고 하여 제4단계의 여래장연기종이라 하였다. 그리하여 법장은 기신학이 대승불교의 이대 기반인 중관과 유식과도 구별되는 독립적인 사상이며, 기신학을 사종 가운데에서 최고의 가르침으로 평가하여 여기에 배속시킨 것이다.

법장은 오교판의 제3위인 대승종교에 해당하는 『대승기신론』의 일심 분류가 대승원교로서의 화엄, 즉 별교일승의 토대가 된다. 즉 진망화합식을 설하는 불요의설의 기신학이 화엄일심華嚴一心을 설하는 요의설의 논리적 기반이 되는 점을 고려한 것으로 짐작된다. 이 때문에 법장은 기신학과 화엄학의 간극을 해소하기 위해 일심과 여래장의 통합을 모색하게 된 것으로 이해된다.

따라서 법장의 4교판은 기신학을 최상위에 배속시킴으로써 또 다른 최상위인 화엄학에 접목시키기 위한 포석으로 이해할 수 있다. 이것은 유식의 '망식으로서 아뢰야식'에 대한 기신의 '진망화합식으로서 여래장의 우위'의 구도를 원용하면서도 궁극적으로는 '화엄 일심의 우위'를 논증하기 위한 구도의 시설을 통해서도 알 수 있다.

3. 일심과 여래장 인식

1) 원효의 일심

원효가 바라보는 일심은 그의 저술에서 매우 다양하게 쓰이고 있다.
그의 일심관은 그가 주로 인용하는 『능가경』과 『십지경』을 필두로
하여 『대승기신론』, 『화엄경』, 『금강삼매경』의 일심 해석에서 잘
드러나고 있다. 우선 원효는 『능가경』을 인용하는 대목에서 자신의
일심관을 잘 보여주고 있다.

> 적멸寂滅이란 일심一心이라 하는 것이며, 일심이란 여래장如來藏이
> 라 하는 것이다.[411]

원효는 『대승기신론』에서 일심의 두 측면인 심진여문과 심생멸문을
설명하는 대목에서 이 구절을 자주 원용하고 있다. 그는 『기신론』에서
심진여문이라고 한 것은 곧 『능가경』에서 "적멸이란 일심이라 한다"는
구절을 해석한 것으로 보았으며, 심생멸문이라고 한 것은 "일심이란
여래장이라 한다"는 구절을 해석한 것으로 보았다. 이러한 원효의
인식은 『대승기신론소』[412]와 『금강삼매경론』[413] 모두에서 이 문구를
인용하는 데서도 드러나고 있다. 따라서 '적멸＝일심'(심진여문)과 '일
심＝여래장'(심생멸문)은 『기신론』에 대한 그의 주요한 인식 기반이라

411 菩提流支 譯, 「請佛品」, 『入楞伽經』(『대정장』 제16책, p.519상).

412 元曉, 『大乘起信論疏』 권상(『한불전』 제1책, p.704하).

413 元曉, 『金剛三昧經論』 권1(『한불전』 제1책, p.610상).

고 할 수 있다.

원효는 "왜냐하면 일체의 법은 생함도 없고 멸함도 없으며 본래 적정하여 오직 일심일 뿐이니, 이와 같이 심진여문이라고 하기 때문에 '적멸이란 일심이라 한다'고 한 것이라고 하였다. 또 "일심의 몸체가 본각이지만 무명을 따라 생멸의 움직임이 일어나므로, 이 생멸문에서 여래의 본성이 숨어서 드러나지 않는 것을 여래장이라 한 것"[414]이다.

『능가경』에서 말하기를, "여래장이란 선과 악의 원인으로서 일체의 육취 사생(趣生)을 두루 잘 일으켜 만든다. 비유하면 환술사가 여러 가지 취를 변화시켜 나타내는 것과 같다"고 한 것과 같다. 이러한 뜻이 생멸문에 있기 때문에 '일심이란 여래장이라 한다'고 하였다. 이것은 일심의 생멸문을 나타낸 것이며, 아래 글에서 '심생멸이란 여래장에 의하기 때문에 생멸심이 있으며'라고 한 것과 같다[415]고 하였다.

원효는 『능가경』에 의거하여 적멸로서 일심과 여래장으로서 일심을 구분하여 일심의 두 측면을 해명하였다. 이러한 인식에 의해 차별의 이문이 지니고 있는 개별적인 이문의 뜻을 밝혀내었고, 평등의 일심이 지니고 있는 총체적인 일심의 법을 나타내었다.

"이처럼 일심과 이문 안에는 일체의 불법이 포섭되지 않음이 없다. 이 뜻이 무엇인가? 앞의 두 구절은 속제를 융합하여 진제로 삼아서 평등平等의 뜻을 드러내고, 아래 두 구절은 진제를 융합하여 속제로

---

414 元曉, 『大乘起信論疏』 권상(『한불전』 제1책, pp.704하).
415 元曉, 『大乘起信論疏』 권상(『한불전』 제1책, pp.704하~705상).

삼아서 차별差別의 문을 드러냈다. 총괄해서 말하면 진제와 속제가 둘이 아니지만 하나를 고수하지 않기 때문에 둘이 없음으로 말미암아 곧 일심이고, 하나(一)를 고수하지 않기 때문에 전체가 두나(二)[416]가 된다. 이와 같은 것을 일심이문一心二門이라고 한다.[417]

원효의 일심은 심진여문과 심생멸문의 구도 아래 존재를 연기-무자성-공관에 입각해 보는 중관학과 가유-연기성-유관에 의거해 보는 유식학을 통섭하여 '깨뜨리지 아니함이 없이 도리어 허용하고(無不破而還許)' '세우지 아니함이 없이 스스로 부정하는(無不立而自遣)' 기신起信學으로 전개되어 간다. 즉 속제를 융합하여 진제로 삼아서 평등의 뜻을 드러내고, 진제를 융합하여 속제로 삼아서 차별의 문을 드러낸다. 두나(二)가 없음으로 말미암기에 곧 일심一心이고, 하나(一)를 고수하지 않기 때문에 전체가 두나(二)가 된다. 이러한 구도는 그의 『이장의』에서 은밀문과 현료문의 구도 아래 유식의 번뇌장-소지장과 여래장의 번뇌애-지애를 통합하는 진망화합식으로 전개된다. 원효의 『대승기신론소』에서는 진망화합식으로서 '일심'을 논하고 있지만 『금강삼매경론』에서는 아마라식으로서 '일심지원'을 논하고 있다.[418]

---

[416] 우리말 '하나'에 상응하는 '두나(二)', '세나(三)', '네나(四)'는 신라지역이었던 영남에서 지금도 '두 음절'로 쓰고 있어 '하나'에 대응하는 '두 음절' 수를 맞추기 위해 원용하였다.

[417] 元曉, 『金剛三昧經論』 권하(『한불전』 제1책, p.652하).

[418] 高榮燮, 「분황 원효와 만해 봉완의 깨침과 나눔」, 『불교문예』 가을호, 불교문예사, 2017.9.

"무릇 일심의 근원(一心之源)은 유무有無를 떠나서도 홀로 맑아 있고, 삼공의 바다(三空之海)는 진속眞俗을 원융하여 깊고 고요하다. 깊고 고요해 두나(二)를 원융하니 하나가 아니요, 홀로 맑아서 양변(邊)을 떠났지만 환중環中이 아니다. 환중이 아니지만 양변을 떠났기에 있지 아니한 법(無有之法)이 곧 무無에 머무르지 않으며, 없지 아니한 상(不無之相)이 곧 유有에 머무르지 않는다. 하나가 아니지만 두나(二)를 원융하기에 참되지 않은 사태(事)가 곧 속되지 아니하고, 속되지 아니한 이치(理)가 곧 참되지 아니하다. 두나 (二)를 원융하되 하나가 아니기에 진실과 속됨의 특성(眞俗之性)이 세워지지 않는 것이 없고, 물듦과 맑음의 특상(染淨之相)이 갖춰지지 않는 것이 없다. 양변(邊)을 떠났지만 환중(中)이 아니기에 있음과 없음의 법(有無之法)이 이루어지지 않는 바가 없고, 옳음과 그름의 뜻(是非之義)이 미치어지지 않는 바가 없다. 그러니 깨뜨림이 없으되 깨뜨려지지 않음이 없고, 세워냄이 없으되 세워내지지 않음이 없으니, 이치가 없음의 지극한 이치(無理之至理)요, 그렇지 아니한 커다란 그러함(不然之大然)이라고 이를 만하다. 이것이 이 경의 큰 뜻이다. 진실로 그렇지 아니한 커다란 그러함(不然之大然)이므로 설명하는 언어로 오묘히 환중環中에 계합하고, 이치가 없음의 지극한 이치(無理之至理)이므로 설명되는 종지宗旨의 방외를 더 멀리 넘어선다."[419]

원효는 일심의 근원은 존재론적인 유무를 떠나 홀로 맑아 있고,

---

[419] 元曉, 앞의 글, 권상, p.604중.

삼공의 바다는 인식론적인 진속을 원용하여 깊고 고요하다고 보았다. 이어서 삼공의 바다는 깊고 고요해 두나(二)를 원용하니 하나가 아니고, 일심의 근원은 홀로 맑아서 주변을 떠나가되 환중이 아니다고 하였다. 나아가 환중이 아니지만 양변을 떠났기에 있지 아니한 법(無有之法)이 곧 무에 머무르지 않으며, 없지 아니한 상(不無之相)이 곧 유에 머무르지 않는다고 하였다.

이처럼 원효는 이중 부정과 이중 긍정을 통해 일심의 근원과 삼공의 바다는 환중과 양변, 무유지법無有之法과 불무지상不無之相, 진속지성眞俗之性과 염정지상染淨之相, 유무지법有無之法과 시비지의是非之義 등으로 서로 대비하고 서로 보완하고 있다.

"일심의 법은 또한 하나를 고수하지 아니하고, 생사와 열반은 공적하여 두나가 없다. 두나가 없는 곳이 바로 일심의 법이고, 일심의 법에 의하여 두 가지 문이 있다. 그러나 두 문을 모두 취하면 곧 일심을 얻지 못하니, 두나는 하나가 아니기 때문이다. 만일 두 가지 문을 폐하여 함께 취하지 않으면 또한 일심을 얻을 수 없으니 무는 일심이 아니기 때문이다. 이러한 뜻으로 말미암아 두나가 없는 마음의 법은 함께 취하는 것과 함께 취하지 않는 것에 또한 마땅히 적멸하다."[420]

일심이 곧 적멸이라고 한 『능가경』에 대한 원효의 해명은 일심과 적멸의 관계를 잘 보여주고 있다. 두나가 없는 곳이 곧 일심의 법이고

420 元曉, 앞의 글, 권하, p.668중.

일심의 법에 의해 두 가지 문이 있다. 이것은 일심과 이문, 즉 하나와 두나의 관계를 불일不一과 불이不異의 관계 속에서 해명하는 것이다. 적멸로서 일심과 여래장으로서 일심에 대해서도 마찬가지이다.

이것을 마명과 원효는 불상잡성不相雜性과 불상리성不相離性, 즉 '서로 뒤섞일 수 없는 특성'과 '서로 떨어질 수 없는 특성'으로 표현하였다. 서로 뒤섞일 수 없는 것이 '적멸로서 일심'인 심진여의 측면이며, 서로 떨어질 수 없는 것이 '여래장으로서 일심'인 심생멸의 측면이다. 이처럼 원효의 일심 정의는 다양하며 그의 의미는 매우 깊다고 할 수 있다. 그는 적멸=일심(심진여문)과 일심=여래장(심생멸문)의 구도를 통해 일심과 여래장이 동위同位 개념이 아니라 이위異位 개념임을 밝히고 있다.

그런데 원효는 여기에서 한 걸음 더 나아가 균여의 인용하고 있는 것처럼 진여문(果)과 생멸문(因) 이외에 비인비과非因非果를 '본법本法으로서 일심'으로 시설하여 삼제설三諦說을 주장하고 있다. 이와 달리 법장은 진여문(果)과 생멸문(因) 이외에 별도의 일심을 시설하지 않고 비인비과를 곧 진여문으로 건립하여 '일심(=진여문)-생멸문'의 이제설二諦說을 주장하였다.[421]

이것은 『능가경』을 원용하여 적멸로서 일심과 여래장으로서 일심

---

421 均如, 『釋華嚴教分記圓通鈔』 권제3(『韓佛全』 제4책, p.324하). "言有異者, 曉公意, 非因非果, 是本法一心, 章主(法藏)意, 非因非果, 是眞如門故, 有不同也. 何者, 章主意者, 眞如生滅外, 更無一心故, 非因非果, 是眞如門, 曉公意者, 眞如生滅外, 別立本法一心故, 非因非果者, 是本法一心也. 是故章主唯立二諦, 曉師卽三諦也."

을 구분한 기신학의 본의에 충실하면서도 '본법일심(非因非果)-진여문(果)-생멸문(因)'의 삼제설을 제시한 원효와 화엄학으로의 지향을 의식하여 기신학의 본의를 '본법일심(非因非果)＝진여문(非因非果)-생멸문(因)'의 이제설의 관점 아래 자의적으로 해석한 법장이 다른 점이다.[422]

이처럼 원효는 '적멸로서 일심'과 '여래장으로서 일심'을 분명히 구분해 쓰고 있다. 동시에 일심을 상위개념임을 분명히 함으로써 여래장과의 차이를 분명히 하고 있다. 그리하여 그는 진여문의 '적멸로서 일심'과 생멸문의 '여래장으로서 일심' 밖에 '본법으로서 일심'을 새롭게 설정하여 삼제설을 시설하고 있다. 이것은 여래장의 상위개념으로서 일심을 확고히 하고 있음을 보여주는 지점이다.

2) 법장의 일여래장심

법장은 일심(심진여)과 여래장(심생멸)의 이위異位 개념임을 설하는 『능가경』의 해석에 구애받지 않고 『대승기신론』의 일심과 여래장을 합하여 '일여래장심一如來藏心'이라는 조어를 만들어내었다. 이 조어는 그가 기신학을 유식 법상 교학보다 우위에 두고자 일심과 여래장을 동위同位의 개념으로 시설하여 여래장연기종을 독립시키고자 한 일련의 과정 속에서 이해할 수 있다. 그리고 이것은 사교판의 최고 지위에 둔 기신학의 여래장연기종을 궁극적으로 화엄학으로 접목시키기 위함

---

422 高榮燮, 「분황 원효의 일심사상」, 『원효탄신 1400주년 국제학술회의 자료집』, 경산삼성현박물관, 2017년 10월 18일; 高榮燮, 「분황 원효의 일심사상」, 『선문화연구』 제23집, 한국선리연구원, 2017. 12.

이었다.

> 일심一心이라고 하는 것은 일여래장심一如來藏心을 일컫는 것이니,
> 두 가지 뜻(二義)을 포함하고 있다. 첫째는 약체절상의約體絶相義니
> 곧 진여문이다. 물들음도 아니고 깨끗함도 아니며 생함도 아니고
> 멸함도 아니며 움직이지 않고 변하지도 않고(不動不轉) 평등한
> 일미一味라서 성에 차별이 없으니 중생이 곧 열반이기에 멸함을
> 기다리지 않으며 범부와 미륵彌勒이 동일한 경지임을 일컫는다.
> 둘째는 수연기멸의隨緣起滅義니 곧 생멸문이다. 훈습을 따라 변하
> 고 움직여(轉動) 물들음과 깨끗함을 이루는 것을 일컫는다. 비록
> 물들음과 깨끗함을 이루나 성은 항상 움직이지 않음이니 단지
> 움직이지 않음으로 말미암아 능히 물들고 때묻음과 해맑고 깨끗함
> 을 이루기 때문에 움직이지 않음 역시 움직임의 부문에 있다.[423]

법장은 『기신론』의 본의에 부합해 일심과 여래장의 차등적 지위를
명시한 원효와 달리 일심과 여래장을 아우른 '일여래장심'이라는 용어
를 만들어내었다. 또 그는 여래장연기종의 사상적 특징을 '이치와
사태가 융통하여 걸림이 없는' 이사융통무애설理事融通無碍說로 규정
하고 여래장이 인연을 따라서 아뢰야식의 이룸을 허용하는 것을 '이치
가 사태에 통하는 것'이라고 하여 여래장을 이치(理)에 해당시켰다.
그리고는 이 일여래장심은 '몸체에 의거하여 표상을 끊는 뜻(約體絶相
義)'의 진여문과 '인연을 따라서 멸상을 일으키는 뜻(隨緣起滅義)'의

---

423 法藏, 앞의 글, 앞의 책, p.251중하.

생멸문을 포함하고 있다고 하였다.

법장은 앞서 오교판의 근거를 대승종교, 즉『대승기신론』의 일심에 입각하여 해명하고 있다. 이러한 까닭에 대해 그는 자문하고 자답하고 있다. 법장은 "어찌하여 일심은 여러 교문에 입각하여 이와 같은 차별의 뜻을 얻게 되는가"에 대해 두 가지 뜻으로 해명하고 있다. 여기서 그는 첫째는 교법에 의거하여(約法) 통틀어 섭수하며(通收), 둘째는 근기에 입각하여(約機) 구분해 밝혀낸다(分齊).

첫째의 뜻은, 깊고 깊게 연기緣起하는 일심一心은 다섯 가지 뜻의 교문을 갖춘다. 이 때문에 성자聖者는 하나의 교문을 가지고서 중생을 섭수하여 교화한다. 소승교는 의미를 섭수하고 이름을 추종하는 교문(攝義從名門)이고, 대승시교는 이치를 섭수하고 사태를 추종하는 교문(攝理從事門)이며, 대승종교는 이치와 사태가 장애하지 않는 교문(理事無礙門)이고, 대승돈교는 사태가 소진되고 이치가 현현하는 교문(事盡理顯門)이며, 대승원교는 성덕과 해덕을 갖춘 교문(性海具德門)이다. 둘째의 뜻은, 근기에 입각하여 교법을 구분해 밝힌다. 소승교는 명자를 습득하고도 의미를 체득하지 못한 사람이다. 대승시교는 명자를 습득하고 일부분의 의미를 체득한 사람이다. 대승종교는 명자를 습득하고 모든 의미를 체득한 사람이다. 대승돈교는 의미를 습득하고 명자를 남겨두지 않는 사람이다. 대승원교는 명자와 의미가 다함이 없음을 체득한 사람이다.[424]

---

424 法藏,『華嚴一乘教義分齊章』 권제2(『大正藏』 제45책, p.485중).

법장은 일심에 입각하여 마음과 의식을 다섯 가지 교문으로 나누어 오교판을 세웠다. 이 다섯 가지 교문은 오교판의 체계로서 자리하게 된다. 그런데 이렇게 되면 오교판의 제3위인 대승종교에 해당하는 『대승기신론』의 일심 분류가 대승원교로서의 화엄, 즉 별교일승의 토대가 된다. 즉 진망화합식을 설하는 불요의설의 기신학이 화엄일심 華嚴一心을 설하는 요의설의 논리적 기반이 되는 것이다. 이 때문에 법장은 기신학과 화엄학의 간극을 해소하기 위해 일심과 여래장의 통합을 모색하게 된 것으로 이해된다.

일심과 여래장의 이위異位, 즉 별위別位를 설하는 기신의 본의를 충실히 드러내고 있는 원효와 달리 법장은 기신의 본의를 왜곡하면서도 화엄과의 접목을 고려하였다. 그 과정에서 법장은 일심과 여래장의 동위를 부각하고 강조하기 위해 '일여래장심'이라는 조어를 만들어내었고, 그 결과 자신의 사교판의 여래장연기종을 중심으로 기신학과 화엄학을 통합할 수 있었다. 그리하여 일심을 『기신론』의 핵심 개념으로 파악하는 원효와 달리 법장은 여래장 개념을 『기신론』의 핵심 개념으로 부각시켜 기신학을 여래장연기종으로 확정하고자 하였다.[425]

바로 이러한 점이 원효와 법장의 일심관과 여래장관의 연속점이자 불연속점이라고 할 수 있다. 원효는 『능가경』과 『기신론』 본의에 입각하여 적멸과 일심의 관계를 심진여문으로 보고 있으며, 일심과 여래장의 관계를 심생멸문으로 보고 있다. 그가 적멸로서 일심과

---

425 박태원, 앞의 글, 앞의 책, p.155.

여래장으로서 일심의 관계를 별위로 파악한 것은 불일不一의 관점을 견지한 것이다.

반면 법장은 심진여의 일심과 심생멸의 여래장을 동위의 개념으로 파악하고자 하였다. 그가 일심과 여래장의 관계를 동위로 파악하고자 한 것은 화엄학과 기신학의 통로를 위해 불이不二의 관점을 견지한 것이다. 원효는 일심과 여래장을 이위, 즉 별위別位로 보려고 한 것과 달리 법장은 일심과 여래장의 관계를 동위, 즉 통위通位로 보려고 하였다.

그런데 균여의 저술에서 알 수 있는 것처럼 원효는 다시 불일과 불이 관점을 아우르는 삼제설의 구도 아래서 일심(비인비과)-심진여(과)-심생멸(인)의 구조를 통해 일심과 여래장의 구분을 확실히 하고 있음을 알 수 있다. 반면 법장은 일심과 심진여를 동일시하는 이제설의 구도 아래서 일심(비인비과)=심진여(과)-심생멸(인)의 구조를 통해 일심과 심진여의 동일시 아래서 일심과 여래장의 관계를 동위로 보고자 한다. 이러한 관점의 차이는 심식설 인식과 삼세육추설 배대에서도 또렷이 나타나고 있다.

4. 기신의 심식설과 삼세육추 배대

1) 원효의 심식 이해와 삼세육추 식위 배대

마명의 『대승기신론』은 『능가경』의 종요를 총괄하여 아리야식에는 두 가지 뜻이 있으니 첫째는 각의 뜻이고, 둘째는 불각의 뜻이라고 하였다. 그는 각覺의 뜻을 심체가 망념을 여읜 것이라고 정의하고 있다.

　각의 뜻(覺義)이라고 하는 것은 심체心體가 망념을 여의 것을 말함
이니, 망념을 여읜 상이란 허공계와 같아서 두루하지 않는 바가
없어 법계일상法界一相이며 바로 여래의 평등한 법신이니 이 법신法
身에 의하여 본각本覺이라고 말하는 것이다. 어째서 그러한가?
본각의 뜻(本覺義)이란 시각의 뜻에 대하여 말한 것이니 시각이란
바로 본각과 같기 때문이며, 시각의 뜻(始覺義)은 본각에 의하기
때문에 불각이 있으며 불각에 의하므로 시각이 있다고 말한다.[426]

　여기서 알 수 있는 것처럼 본각과 시각은 불일不一면서 불이不異의
관계로 있다. 본각이란 시각에 대하여 말한 것이며, 시각이란 본각에
의하기 때문에 불각이 있고, 불각에 의하기 때문에 시각이 있다. 이
때문에 본각과 시각은 같지는 않지만 다르지도 않다. 이러한 시각의
네 단계(四位)와 네 모습(四相)에 대한 원효의 인식은 다음과 같다.
　원효는 시각 사위의 사상을 독자적으로 배대하고 있다. 그는 생상(구
경각)은 셋(업상, 전상, 현상), 주상(수분각)은 넷(아치, 아견, 아애, 아만),
이상(상사각)은 여섯(탐, 진, 치, 만, 의, 견), 멸상(불각)은 일곱(살생,
투도, 사음/ 망어, 기어, 악구, 양설)으로 더욱 세분한 뒤 생상은 제팔식위,
주상은 제칠식위, 이상은 생기식위에 각각 배속하고 있다.[427]
　원효는 삼세상에 무명업상, 능견상, 경계상을 배속하고 제8아뢰야

426　馬鳴, 『大乘起信論』, 眞諦 譯(『대정장』 제32책, p.576중).
427　馬鳴/元曉, 『大乘起信論疏記會本』(『한불전』 제1책 750상중).

식위에 배대하고 있다. 육추상의 첫 번째인 지상을 제7말나식위에 배대하고, 육추상의 상속상, 집취상, 계명자상, 기업상, 업계고상을 제6요별경식에 배대하고 있다. 이러한 배대는 제8아뢰야식위를 제외하는 이전의 담연과 혜원과 다른 것이며, 제8아뢰야식위를 인정하면서도 제7말나식위를 제외하는 이후의 법장과도 구분되는 독자적인 주장이다. 여기에는 원효의 인간 이해와 세계 인식이 투영되어 있다.

〈도표 2〉 마명의 『대승기신론』과 원효의 『대승기신론소』 제위 배대와 수행 계위[428]

心生滅 識位	心生滅			生滅因緣		修行階位
	覺		不覺	生滅依因緣	所依因緣體相	
	始覺四位·四相		三細相·六麤相	五意·意識	六染心	
第8識位	究竟覺 (生相3)	業相	無明業相	業識	根本不相應染	菩薩地盡 (如來地)
		轉相	能見相	轉識	能見心不相應染	心自在地 (第9地)
		現相	境界相	現識	現色不相應染	色自在地 (第8地)
第7識位	隨分覺 (住相4)	我痴	智相	智識	分別智相應染	無相方便地(第7地) ~具戒地 (第6地~第2地)
		我見				
		我愛				
		我慢				
第6識位 (相似覺) (不覺)	相似覺 (異相6)	貪	相續相	相續識	不斷相應染	淨心地 (初地~10住)
		瞋				
		癡	執取相	意識	執相應染	信相應地

---

428 高榮燮, 앞의 글, 앞의 책, p.106.

	慢	計名字相		(10廻向~
	疑	起業相	(分別事識)	10信)
	見			
不覺 (減相7)	殺生	業繫苦相		
	偸盜			
	邪淫			
	妄語			
	綺語			
	惡口			
	兩舌			

〈도표 2〉는 일심의 심진여문과 생멸문의 구도 아래서 생멸문에서 심생멸과 생멸인연 및 수행계위의 관계를 보여주고 있다. 그리고 심생멸의 각과 불각에서 특히 불각의 상태에서 일어나는 미세념과 추분별상의 떨어질 수 없는 관계를 보여주고 있다.

다음에 생멸의 인연이라는 것은 이른바 중생이 심에 의하여 의意와 의식意識이 전변하는 것이다. 이 뜻이 무엇인가? 아리야식에 의하여 무명이 있게 되어 불각이 일어나 볼 수 있고 나타날 수 있으며, 경계를 취하고 망념을 일으켜 서로 이어지기 때문에 '의'라고 말한다. 이 '의'에 다시 다섯 가지 이름(五意)이 있으니, 무엇이 다섯 가지인가? 첫째는 업식業識이니 무명의 힘에 의하여 불각심이 움직이기 때문이요, 둘째는 전식轉識이니 움직여진 마음에 의하여 능히 볼 수 있는 상이기 때문이요, 셋째는 현식現識이니 일체 경계를 나타낼 수 있기 때문이요. … 넷째는 지식智識이니 염정법을 분별하기 때문이요, 다섯째는 상속식相續識이니 망념이 상응하여 끊어지기 때문이다. … 다음에 의식意識이라고 말한 것은, 곧 이 상응식이 모든 범부의 집착함이 점점 깊어짐에 의하여 아我와 아소我所를 계탁하여 여러 가지 망집으로 대상(事)에 따라 인연하여 육진六塵을 분별하기 때문에 의식이라고 이름한 것이며, 또한 분리식分離識, 분별사식分別事識이라고도 이름한다.[429]

『대승기신론』에서는 심생멸상의 각의와 불각의 이외에 생멸인연상에도 생멸의 인연과 소의인연체상을 제시하고 있다. 생멸의 인연에는 오의와 의식, 소의인연체상에는 육염심이 배속된다. 원효는 제8아뢰야식위에 업식, 전식, 현식, 제7말나식위에 지식, 제6요별경식 위에 상속식과 의식을 배대하고 있다. 마찬가지로 육염심에는 제8아뢰야식 위에 근본불상응염, 능견심불상응염, 현색불상응염, 제7말라식위에 분별지상응염, 제6요별경식위에 부단상응염, 집상응염을 배대하고 있다. 원효는 이러한 배대를 통해 오염이 탈각시켜 가는 자신의 수행체계를 보여주고 있다.

2) 법장의 심식 이해와 삼세육추 식위 배대

법장은 시각 사위의 사상 배대를 원효와 달리 배속하고 있다. 이들의 불교관, 즉 심식관은 이 심식 이해와 삼세육추 식위 배대에서 영향관계를 비롯하여 상호관계가 확연하게 드러난다. 원효가 생상을 하나,

429 馬鳴, 『大乘起信論』, 眞諦 譯(『대정장』 제32책, p.577중).

주상을 네나, 이상을 여섯, 멸상을 일곱으로 배속한 것과 달리, 법장은 사상을 다시 생상의 하나(업상), 주상의 네나(전상/현상/지상/상속상), 이상의 두나(집취상/계명자상), 멸상의 하나(기업상)로 세분하였다.

그는 생상에는 삼세 및 오의 가운데 첫째이며, 육염에서는 마지막에 해당하는 업상이고, 주상은 삼세 가운데 전상, 현상의 이상과 육추 가운데 지상, 상속상의 이상이 여기에 해당하며, 이상은 육추 가운데 집취상과 계명자상의 이상이고, 멸상은 육추 가운데 기업상이라고 하였다. 그리고 법장은 여기서 생상에 해당하는 업상과 주상 가운데의 전상과 현상을 모두 아뢰야식위에 배속하는 한편 지상과 상속상은 분별사식의 세분위에, 그리고 집취상과 계명자상은 분별사식의 추분위에 각각 배속함으로써 제7말나식을 제외시키고 있다.[430]

여기에서 사상에 팔식을 낱낱이 배대하고 있는 원효와 달리 법장은 제칠식위의 배대를 생략하고 있다는 점이 주목된다.

시각 사위의 사상에 대한 배대의 숫자에서 원효와 법상은 확연히 구분된다. 뿐만 아니라 사상에 대한 식위의 배대에서도 제8아뢰야식에 업상(구경각)과 전상(수분각)과 현상(수분각)의 삼세상을 배대한 것은 상통하지만 제7말나식을 제외시킨 것이나 지상과 상속상을 분별사식의 세분위에, 집취상과 계명자상을 분별사식의 추분위에 배속시킨 것이 원효와 차별된다. 이들 두 사람은 왜 이렇게 보았을까?

---

430 法藏, 『大乘起信論義記』(『대정장』 제44책, p.257중하).

〈도표 3〉 원효와 법장의 시각始覺 사위四位의 사상四相과 식위識位 배대

元曉				法藏			비고
四位	四相		識位 배대	四位	四相		識位 배대
究竟覺	生相3	業相 轉相 現相	제8 阿賴耶識	究竟覺	生相1	業相	제8 阿賴耶識
隨分覺	住相4	我痴 我見 我愛 我慢	제7 末那識	隨分覺	住相4	轉相 現相 智相 相續相	分別事識 (意識) 細分
相似	異相6	貪 瞋 癡 慢 疑 見	生起識	相似覺	異相2	執取相 計名字相	分別事識 (意識) 麤分
不覺	滅相7	殺生 偸盜 邪婬 妄語 奇語 惡口 兩舌		不覺	滅相1	起業相	

경계가 인연이 되어 여섯 가지의 추상(六麤)을 내니 곧 분별사식이다. 이것은 『능가경』에서 '경계의 바람이 움직이게 한 갖가지의 모든 식의 물결들(種種諸識浪等)'이라고 한 것과 같다.

질문: '삼세三細는 리야梨耶에 속하고, 육추六麤는 의식意識에 속한다고 하였으니, 어째서 말나식末那識을 말하지 않았는가?'

대답: '두 가지 뜻이 있다.

첫 번째의 뜻은 다음과 같다. 앞에서 이미 말한 리야는 말나와 반드시 붙어 있어 상응하기 때문에 따로 말하지 않았고, … 의식이 외경外境을 반연할 때에 반드시 안으로 말나를 염오근染汚根으로 삼아야 일어날 수 있고, 다음에 말하는 육추도 반드시 안으로 말나末那에 의지하기 때문에 또한 따로 말하지 않았다.

두 번째의 뜻은 나눌 수 없기 때문(不便)에 생략하여 그것(末那)을 말하지 않았다. 나눌 수 없는 모습(不便相)은 다음과 같다. 무명주지無明住地가 본정심本靜心을 움직여서 화합하게 하여 리야梨耶를 이루도록 하였는데, 말나는 이러한 뜻이 없기 때문에 앞의 삼세 중에서 생략하여 말하지 않았다. 또 외경이 사식事識을 이끌어 일으키는데, 말나末那는 외경을 반연한다는 뜻이 없기 때문에 육추 중에서도 생략하여 말하지 않았다. 또한 안을 계탁하여 아我라고 하는 것은 앞의 삼세에 속하고 바깥을 계탁하여 아소我所라고 여기는 것은 뒤의 육추에 속하므로 생략하여 논하지 않았다.[431]

원효는 육추상 중 지상을 제7말나식에 배대하면서 "본식을 인연하여 헤아려서 아我로 삼고 소현경所現境을 인연하여 헤아려서 아소我所로 삼는다"[432]고 하였다. 반면 법장은 이와 달리 제7말나식을 제외시키고

431 法藏, 『大乘起信論義記』(『대정장』 제44책, pp. 262하~263상).

432 馬鳴/元曉, 『大乘起信論疏記會本』(『한불전』 제1책, p. 757상). "具而言之, 緣於本

언급조차 하지 않았다. 법장은 제7말나식을 말하지 않은 이유를 두 가지로 들고 있다.

첫째는 리야는 말나와 붙어 있기 때문에 따로 말하지 않았다고 하였다. 또 의식이 외경外境을 반연할 때에 반드시 안으로 말나를 염오근染汚根으로 삼아야 일어날 수 있고, 다음에 말하는 육추도 반드시 안으로 말나에 의지하기 때문에 또한 따로 말하지 않았다고 분명히 말하고 있다. 이렇게 본다면 법장은 말나를 삼세상과 육추상 어디에도 배대하지 않은 이유를 알 수 있다.

둘째는 나눌 수 없기 때문(不便)에 생략하여 그것(末那)을 말하지 않았다고 하였다. 나눌 수 없는 모습(不便相)은 다음과 같다. 무명주지 無明住地가 본정심本靜心을 움직여서 화합하게 하여 리야梨耶를 이루도록 하였는데, 말나는 이러한 뜻이 없기 때문에 앞의 삼세 중에서 생략하여 말하지 않았다. 또 말나는 바깥 경계를 인연한다는 뜻이 없기 때문에 육추 중에서 제외시켰다고 분명히 말하고 있다. 동시에 말나는 '아'는 이미 삼세에 속하고, '아소'는 육추에 속하기에 따로 논하지 않았다고 말하고 있다.

따라서 법장은 사상의 식위 배대에서 제7말나식을 말하지 않은 이유뿐만 아니라 삼세육추상의 배대에서도 전시대의 담연, 혜원, 원효와의 차별적 배대를 잘 보여주고 있다. 여기에는 법장의 인간 이해와 세계 인식이 투영되어 있다.

識, 計以爲我, 緣所現境, 計爲我所."

〈도표 4〉 삼세상과 육추상에 대한 동아시아 불학자들의 인식[433] 삼세三細, 육추六麤 배대

불학자	三細六麤相 配對		六麤相	識 혹은 分	諸識 配對
曇延[434]	三細	無明業相			第七識
		能見相			
		境界相			
	六麤		智相		前六識
			相續相		
			執取相		
			計名字相		
			起業相		
			業繫苦相		
淨影慧遠[435]	三細	無明業相			第七識
		能見相			
		境界相			
	六麤	初二	智相		
			相續相		
		後四	執取相		前六識
			計名字相		
			起業相		
			業繫苦相		

---

433 高榮燮, 「원효의 三細六麤說과 퇴계의 四端七情論의 통로」, 『한국불교사연구』 제11호, 한국불교사학회 한국불교사연구소, 2017. 6, p.92.

434 曇延, 『大乘起信論義疏』 卷上(『續藏經』 제71책, pp.547상~548하).

435 慧遠, 『大乘起信論義疏』 卷上之下(『大正藏』 제44책, pp.186상~187상).

436 馬鳴/元曉, 『大乘起信論/疏記會本』(『한불전』 제1책, p.756상). "此中先三相是微細, 猶在阿黎耶識位. 後六麤相, 是餘七識, 但望彼根本無明, 皆是所起之末, 通名枝末不覺也." 원효는 『大乘起信論別記』에서는 앞의 三細相은 미세해서 오히려

芬皇元曉[436]	三細	無明業相			本識(阿梨耶識)
		能見相			現識(楞伽識)
		境界相			
	六麤[437]	智相			第七末那識
		相續相		生氣識	分別事識
		執取相			
		計名字相			
		起業相			
		業繫苦相		所生果	
賢首法藏	三細	業相		自體分	阿梨耶識(第八識)
		見相		見分	
		境界相		相分	
	六麤	智相	初二	細惑(法執)	分別事識
		相續相			
		執取相	次二	麤惑(我執)	
		計名字相			
		起業相	業(起業)		
		業繫苦相	苦(惑果)		

阿黎耶識位에 있고, 뒤의 六麤相은 나머지 七識이다. 다만 저 根本無明과 비교한다면 모두 근본무명이 일으킨 枝末이기 때문에 통틀어 枝末不覺이라 한다고 하였다. 그리고 이후에 원효는 『大乘起信論疏』를 지으면서 육추상에 대한 인식이 변화하여 구체적으로 智相은 第七末那識에, 나머지 相續相, 執取相, 計名字相, 起業相은 生起識으로, 業繫苦相은 所起果로서 分別事識에 배대한 것으로 짐작된다.

437 馬鳴/元曉, 『大乘起信論/疏記會本』(『한불전』 제1책, p.756하). "又此三但爲無明所動, 故在第八. 後六乃爲境界所動, 故在七識, 卽由是義, 故說七識一向生滅, 不同黎耶俱含二義也." 원효는 『대승기신론별기』의 이 대목에서도 三細相은 第八識에 있으며, 六麤相은 七識에 있다고 하였다.

법장의 이러한 삼세육추상 배대는 유식적 인간 이해보다는 기신적 인간 이해의 기반 위에 서 있다. 즉 그의 이상적 인간상은 망식으로서 아뢰야식을 지닌 인간상이 아니라 진망화합식으로서 여래장을 지닌 인간상에 겨냥되어 있었다. 이처럼 그가 여래장을 지닌 인간상을 제시한 것은 궁극적으로는 진심으로서 화엄 일심을 지닌 인간상과 접목하려는 의도를 보여주는 것이라고 할 수 있다.

이와 달리 원효는 망식으로서 아뢰야식을 지닌 인간상은 아직 불완전한 인간상이며, 진식으로서 화엄 일심을 지닌 인간상은 이미 완성된 인간상으로서 더 이상 수행이 필요 없는 존재로 보았다. 그리하여 그는 '적멸로서 일심을 지닌 인간'(심진여문, 果)이자 '진망화합식으로서 여래장을 지닌 인간(심생멸문, 因)이어야 수행을 완성한 존재로서의 이상적 인간과 수행할 것이 남아 있는 존재로서의 현실적 인간을 모두 아우른 '일심을 지닌 인간상', 즉 '본법 일심의 인간상'(非因非果)을 제시하였다.

이처럼 원효의 시각 사위의 사상 배대와 삼세육추상의 배대는 이러한 그의 인간관을 잘 보여주고 있다. 그러면서도 원효는 진여문의 적멸로서의 일심과 생멸문의 여래장으로서 일심 바깥에 '본법으로서 일심'을 시설하여 일심지원, 즉 구역유식이 제시하는 제9아마라식과의 상통성을 분명히 보여주고 있다.

5. 인간 이해와 세계 인식

모든 사상은 해당 시대의 역사의식과 시대정신을 반영하기 마련이다.

그 시대를 살았던 사람들의 이해와 요구와 무관한 사상이 역사의식과 시대정신을 담지한 사상으로 자리잡기는 어렵다. 이 때문에 7~8세기 동아시아 사상계를 주도하였던 불교사상은 그 시대 사람들의 이해와 요구를 담아내면서 시대를 이끌어 갈 수 있었다. 그 시대를 함께 살았던 유수한 사상가라면 그 역시 시대를 살았던 사람들이 체감했던 역사인식과 체인했던 시대정신을 공유하고 있었을 것으로 짐작된다. 원효와 법장 역시 마찬가지였을 것이다.

1) 원효의 인간관과 세계관

그러면 원효는 당시에 어떻게 인간을 이해하고 세계를 인식하였을까? 그는 중도연기의 가르침을 펼치는 불교의 대표적 사상가로서 불교적 인간관과 세계관을 제시하였던 것으로 이해된다. 원효는 불교의 여러 사상들 중 특히 일심적 인간관과 세계관을 제시한 사상가로 알려져 있다. 그에게 일심은 적멸이면서 여래장이었다. 그는 적멸로서 일심(심진여문)과 여래장으로서 일심(심생멸문)을 아우르면서 일심의 철학을 제시하였다. 나아가 원효는 삼제설에 입각하여 본법으로서 일심(一心之源)까지 제시하였다.

당시 새롭게 전래된 동아시아 신유식의 망식으로서 아뢰야식을 지닌 인간상은 아직 불완전한 인간상일 수밖에 없었다. 동시에 진식으로서의 화엄 일심을 지닌 인간상 또한 이미 완성된 인간상으로서 더 이상 수행이 필요 없는 존재가 될 수밖에 없었다. 이 때문에 그는 '적멸로서 일심을 지닌 인간'이자 '진망화합식으로서 여래장을 지닌 인간'인 수행을 완성한 존재로서의 이상적 인간과 수행할 것이 남아 있는 존재로서의 현실적 인간을 모두 아우른 일심의 인간상을 제시하였다. 원효의 시각 사위의 사상 배대와 삼세육추상의 배대는 이러한 그의 인간관을 잘 보여주고 있다.

원효가 시각 사위의 사상 중 생상生相에 업상과 전상과 현상, 주상住相에 아치, 아견, 아애, 아만, 이상異相에 탐, 진, 치, 만, 의, 견, 멸상滅相에 살생, 투도, 사음, 망어, 기어, 악구, 약설을 배대한 것은 여래장으로서 일심을 지닌 현실적 인간이 적멸로서 일심을 지닌 이상적 인간으로 나아가는 구체적인 방법을 제시한 것이었다. 그가 나무아미타불南無阿彌陀佛을 지극한 마음(至心, 至誠心)으로 열 번만 부르면 극락에 왕생한다고 역설했던 것 역시 보다 많은 사람들이 현실적 인간에서 이상적 인간으로 탈바꿈할 수 있다는 길을 열기 위해서였던 것으로 이해된다.

원효는 현실적 인간(범부)이 이상적 인간(부처)이 될 수 있는 길을 단절시키지 않고 연속시키려 하였다. 아직 불각의 단계에 있는 범부가 업계고상의 일곱 가지 멸상을 끊고 이승과 초발의보살이 될 수 있고, 상사각의 단계에 있는 이승과 초발의보살이 상속상(貪, 瞋), 집취상(癡), 계명자상(慢), 기업상(意, 見)을 끊고 법신보살이 될 수 있으며, 수분각에 있는 법신보살이 지상(我痴, 我見, 我愛, 我慢)을 끊고 보살지진(如來地)에 도달할 수 있는 길을 제시하고자 하였다.

이것은 마명의 『대승기신론』이 제시하는 시각 사위의 사상을 가장 현실적 수행방법으로 재현해 낸 것이다. 원효가 제8아뢰야식에 삼세상, 제7말나식에 지상, 제6분별사식에 상속상, 집취상, 계명자상, 기업상, 업계고상을 배대한 것도 여래장으로서 일심을 지닌 현실적

인간이 적멸로서 일심을 지닌 이상적 인간이 될 수 있는 길을 열기
위함이었다. 그리하여 원효는 여래장으로서 일심을 지닌 인간이 적멸
로서 일심을 지닌 인간으로 탈바꿈하여 그들이 주체가 되는 세계가
이상세계이자 극락세계로 보았다. 나아가 그는 이 둘을 아우른 '본법으
로서 일심'을 시설함으로써 완성된 인간상인 붓다상을 제시하였다.
이것은 인간이 지니고 있는 위상을 부처의 지위와 동일시한 것으로
이해된다.

2) 법장의 인간관과 세계관

그렇다면 법장은 당시에 어떻게 인간을 이해하고 세계를 인식하였을
까? 그 또한 불교의 중도연기의 인간관과 세계관을 펼치는 불교의
대표적인 사상가로서 불교적 인간관과 세계관을 펼친 것으로 인식된
다. 법장은 일심과 여래장을 결합한 '일여래장심'의 인간관과 세계관을
펼친 사상가로서 이해되고 있다.

　법장은 원효가 적멸로서 일심과 여래장으로서 일심을 별위別位로
보고 있는 것과 달리 그는 일심과 여래장을 동위同位로 보고 이 둘을
결합하여 일여래장심이라는 조어를 만들어내었다. 이것은 유식의
망식으로서 아뢰야식을 지닌 인간을 넘어서서 기신의 진망화합식으로
서 여래장을 지닌 인간상과 세계관을 제시하기 위함이었다. 그리고
궁극적으로는 진망화합식으로서 여래장을 지닌 인간상을 진식으로서
화엄 일심을 지닌 인간상으로 귀결시키고자 하였다.

　법장이 시각 사위의 사상 중 생상生相에 업상, 주상住相에 전상,
현상, 지상, 상속상, 이상異相에 집취상, 계명자상, 멸상滅相에 기업상

을 배대한 것은 적멸로서 일심을 지닌 인간과 여래장으로서 일심을 지닌 인간을 일여래장심을 지닌 인간으로 통합해 보려는 시도로 이해된다. 그는 유식의 망식으로서 아뢰야식을 지닌 인간상을 넘어서는 기신의 진망화합식으로서 여래장을 지닌 인간상을 제시한 뒤에 궁극적으로는 진식으로서 화엄 일심을 지닌 인간상으로 나아가는 길을 열어두었다.

법장은 제8아뢰야식에 업상과 전상과 현상, 제7말라나식은 제외하고 분별사식의 세분위에 지상과 상속상, 분별사식의 추분위에 집취상, 계명자상을 배대한 것 또한 적멸로서 일심을 지닌 인간과 여래장으로서 일심을 지닌 인간을 일여래장심을 지닌 인간으로 통합해 보려는 구도로 인식된다. 이것은 전시대 내지 동시대에 유행했던 규기의 법상교학을 의식한 것이기도 하지만 기본적으로 법장의 화엄적 인간 이해와 세계 인식을 보여주고 있다.

법장의 삼세육추상 배대 또한 유식적 인간 이해보다는 기신적 인간 이해의 기반 위에 서 있다고 할 수 있다. 그는 원효의 기신적 인간 이해의 기반을 수용하면서도 차별화의 길을 걸어갔다. 법장의 이상적 인간상은 망식으로서 아뢰야식을 지닌 인간상이 아니라 진망화합식의 여래장을 지닌 인간상에 겨냥되어 있었다고 할 수 있다. 그런 뒤에 그는 여래장으로서 일심을 지닌 인간상을 통해 진식으로서 화엄 일심을 지닌 인간상과 접목하려고 하였다. 이것은 적멸로서 일심과 여래장으로서 일심을 통섭한 '본법으로서 일심'을 시설함으로써 완성된 인간상인 붓다상을 제시한 원효와 구분되는 것이었다.

6. 일심과 여래장의 별위와 동위

원효는 적멸로서 일심을 지닌 이상적 인간(부처)과 여래장으로서 일심(중생)을 지닌 현실적 인간의 동거 속에서 인간을 보려고 하였다. 반면 법장은 적멸로서 일심을 지닌 이상적 인간(여래)과 여래장으로서 일심을 지닌 현실적 인간(범부)을 하나로 통합해 망식으로서 아뢰야식을 지닌 유식적 인간상을 넘어서려고 하였다. 그리하여 법장은 여래장연기종을 시설하여 진망화합식으로서 여래장을 지닌 인간상과 화엄일심을 지닌 인간상을 접목하려고 하였다.

『대승기신론』의 심식설 인식과 삼세육추상에 대한 이해를 통해 진망화합식으로서 여래장을 지닌 일심의 인간상을 제시하려는 원효와 진식으로서 화엄 일심의 인간상을 제시하려는 법장의 인간관은 서로 대비되고 있다. 원효가 기신학의 본의에 충실한 인간 이해와 세계 인식을 보여주었다면, 법장은 화엄학의 지향에 근거하여 기신학의 본의를 자의적으로 해석한 인간 이해와 세계 인식을 보여주었다.

원효의 시각 사위의 사상 배대와 삼세육추상의 배대에는 그의 인간관을 잘 투영되어 있다. 그는 망식으로서 아뢰야식을 지닌 인간상은 아직 불완전한 인간상이며, 진심으로서 화엄 일심을 지닌 인간상은 이미 완성된 인간상으로서 더 이상 수행이 필요 없는 존재로 보았다. 그리하여 원효는 '적멸로서 일심을 지닌 인간'(심진여문)이자 '진망화합식으로서 여래장을 지닌 인간'(심생멸문)이어야 수행을 완성한 존재로서의 이상적 인간과 수행할 것이 남아 있는 존재로서의 현실적 인간을 모두 아우른 '일심을 지닌 인간상'을 제시하였다. 나아가 그는 적멸로서 일심과 여래장으로서 일심을 아우른 '본법으로서 일심'을 시설함으로써 완성된 인간상인 붓다상을 제시하였다.

　따라서 이미 수행이 완성된 이상적 인간상과 점차 수행을 해나가는 현실적 인간상을 함께 제시하는 기신학의 본의를 제대로 파악한 원효의 인간관과 세계관이 불교적 인간상에 부합하고 있다고 할 수 있다. 기신학 연구는 기신의 본의를 충실히 드러내는 데에서 출발해야 하며 원효는 그것을 충실히 해낸 불학자였다고 할 수 있다.

참고문헌

菩提流支 譯, 「請佛品」, 『入楞伽經』(『대정장』 제16책, p.519상).

馬鳴, 『大乘起信論』, 眞諦 譯(『대정장』 제32책, p.576중).

曇延, 『大乘起信論義疏』 卷上(『續藏經』 제71책, pp.547상~548하).

慧遠, 『大乘起信論義疏』 卷上之下(『大正藏』 제44책, pp.186상~187상).

元曉, 『大慧度經宗要』(『韓佛全』 제1책, p.486하).

元曉, 『涅槃經宗要』, 앞의 책, p.547상.

元曉, 『大乘起信論疏』 권상(『한불전』 제1책, pp.704하~705상).

馬鳴/元曉, 『大乘起信論疏記會本』(『한불전』 제1책 750상중).

元曉, 『金剛三昧經論』 권1(『한불전』 제1책, p.610상).

窺基, 『大乘法苑義林章』 권제1(『大正藏』 45책, pp.258중~259상).

法藏, 『大乘起信論義記』(『대정장』 제44책, p.243중하).

法藏, 『華嚴經探玄記』 권1(『대정장』 35책, p.111상).

法藏, 『無差別論疏』(『대정장』 제44책, p.61하).

法藏, 『入楞伽心玄義』(『大正藏』 제39책, p.426중하).

法藏, 『華嚴一乘敎義分齊章』 권제2(『大正藏』 제45책, p.485중; p.491중).

慧苑, 『華嚴經刊定記』 권1(『속장경』 5편, 9투, 8책 상).

澄觀, 『華嚴經疏』 권2(『대정장』 35책, p.510상).

表員集, 『華嚴經要決問答』 권4, 分敎義(『한불전』 1책, p.366상).

均如, 『釋華嚴敎分記圓通鈔』 권제3(『韓佛全』 제4책, p.324하).

高峯了州, 『화엄사상사』(백화원, 1976).

木村淸孝, 『중국화엄사상사』, 박태원(경서원, 1988).

고익진, 『한국고대불교사상사』(동국대출판부, 1989).

케네쓰 첸, 『중국불교』, 박해당(민족사, 1991).

陳永裕,『華嚴觀法の基礎的硏究』(民昌문화사, 1995).

高榮燮,『원효, 한국사상의 새벽』(1997);『나는 오늘도 길을 간다』(한길사, 2009).

高榮燮,『분황 원효: 고영섭 교수의 원효 에세이』(박문사 2015).

高榮燮,『분황 원효의 생애와 사상』(운주사, 2016).

동국대학교 세계불교학연구소 편,『세계의 불교학 연구』(씨아이알, 2016).

吉津宜英,「法藏 『大乘起信論義記』の硏究」,『구택대학불교학부논집』 제11호, 1980), pp.118~119.

은정희,「대승기신론에 대한 원효설과 법장설의 비교」,『태동고전연구』 제10집, 태동고전연구원, 1991.

박태원,「『대승기신론』 사상에 관한 법장의 관점」,『중국철학』 Vol.3, 중국철학회, 1992.

高榮燮,「불교 화엄의 수행관」,『청호불교논집』 제1집, 청호불교문화원, 1995.

장계환,「법장교학의 心性論 연구」,『한국불교학』 제20집, 한국불교학회, 1995.

장계환,「법장의『대승기신론의기』 찬술에 대한 고찰」,『한국불교학』 제26집, 한국불교학회, 1999.

장계환,「법장 저술의 찬술연대 재검토」,『보조사상』 제24집, 보조사상연구원, 2005.

김도공,「법장의 교판에 대한 문제 제기」,『범한철학』 제43집, 범한철학회, 2006.

석길암,「법장 교학의 사상적 전개와 원효의 영향」,『보조사상』 제24집, 보조사상연구원, 2005.

高榮燮,「동아시아 한중일 삼국의 근대불교학 연구방법론」,『불교학보』 제61집, 동국대학교 불교문화연구원, 2009.

高榮燮,「원효의 三細六麤說과 퇴계의 四端七情論의 통로」,『한국불교사연구』 제11호, 한국불교사ㄴ학회 한국불교사연구소, 2017. 6, p.92.

高榮燮,「분황 원효와 만해 봉완의 깨침과 나눔」,『불교문예』 제78호 가을호, 불교문예사, 2017. 9.

高榮燮,「분황 원효의 일심사상」,『원효탄신 1400주년 국제학술회의 자료집』, 경산삼성현박물관, 2017년 10월 18일.

제3부

분황 원효와 고려·조선 불교사상

제7장 분황 원효와 인각 일연의 화엄학과 선학 이해

─각승角乘 가풍과 경초莖草 선풍을 중심으로─

1. 각승과 경초

분황 원효(617~686)와 인각 일연(1206~1289)은 고중세와 근세 이래 경상도 서북부를 관할했던 상주(上州/尙州/湘州) 광역시[438] 내의 압량군 押梁郡, 즉 장산(章山, 慶山)에서 출생하였다. 일연은『삼국유사』에서

---

438 高榮燮, 「경북 상주 함창 고녕가야의 정치체와 권역의 재검토」, 『한국불교사연 구』제20호, 한국불교사학회 한국불교사연구소, 2022. 12; 高榮燮, 「경북 상주의 고대국가 사량벌국과 고녕가야국의 역사 인물과 유적 유물」, 『한국불교사연구』 제22호, 한국불교사학회 한국불교사연구소, 2022. 12. 경상도의 雄州巨牧인 상주에는 고대에는 고대국가인 사량벌국과 사벌국 및 고녕가야국이 있었으며, 조선전기 약 200여 년간 경상남북도를 총괄하는 경상감영이 자리해 있었다. 이것은 상주 직전에 조선전기의 70여 년 동안 경상감영이 자리해 있었던 경주와 크게 대비된다.

원효가 압량군, 즉 지금의 장산에서 태어났다고 기술하였다. 그는
또 『당승전』에 의거해 원효는 본디 하상주 사람(下湘州人)이었다[439]고
서술하였다. 일연은 문무왕 때(665) 상주(上州/尙州)를 '상주上州'와
'하주下州' 땅으로 나누었는데 하주는 곧 지금의 창녕군이라고 하였다.
그리고 이 하상주의 속현으로서 삽량주歃良州를 두었으며, 압량군은
본디 하주의 속현이었다[440]고 하였다.

　현재의 경산에는 원효-설총薛聰-일연의 세 성인을 아우르는 삼성
산三聖山이 있다. 근래에는 이곳에 이들 세 성현聖賢을 기리는 삼성현三
聖賢 역사문화공원이 조성되었고, 그 안에 삼성현 역사박물관이 개관
되어 정기적인 학술대회와 특별전을 기획해 가고 있다. 화쟁국사和諍國
師 원효의 지위와 해동 유학을 넓힌 홍유후弘儒侯 설총 그리고 보각국존
普覺國尊[441] 일연의 위상으로 볼 때 이들 삼성三聖의 선양은 지역의

---

439 金相鉉,「『金剛三昧經論』의 緣起說話考」,『伽山 李智冠스님 華甲紀念論叢』(上
　　卷);『원효연구』, p.139. 필자는 일연이 『당승전』(송고승전)을 인용하여 下湘州
　　人이라고 한 것은 下州에 속해 있던 압량군을 上州의 治所 尙州(湘州)로 잘못
　　알았기 때문이라고 보았다.

440 一然,『三國遺事』「義解」, '元曉不羈'(『韓佛全』 제6책, p.348중). 그는 이 조목의
　　말미에 붙인 '7언 4구'의 시에서도 "각승은 처음에 『삼매경』의 주축 폈고/ 舞壺는
　　마침내 온 거리의 풍습 됐네/ 요석궁 달밤에 봄잠 자고 갔는데/ 분황사 문
　　닫으니 회고상도 비었구나"라고 노래하였다.

441 『삼국유사』 권제5「神呪」 제6의 서두에는 '國尊曹溪宗迦智山下麟角寺住持圓境
　　冲照大禪師一然撰'이라고 기록되어 있다. 여기서 '國師'가 아니라 '國尊'이라
　　기술한 것은 몽골 침략 이후 元나라 간섭기에 원나라 大都에 '國師'가 존재해
　　있었기에 '普覺國尊'이라는 시호를 받은 것임을 알 수 있다. 하지만 閔漬가
　　쓴 「일연비문」에는 '普覺國師'로 기록하고 있다.

일뿐만 아니라 국가의 일이라고 할 수 있다. 원효와 일연의 만남과 대화의 자리를 마련한 것은 이들이 1) 출생지가 같고, 2) 출가자임에도 불구하고 충성과 효도를 소홀히 하지 않았으며, 3) 화엄사상과 선사상 중심으로 자신의 살림살이와 사고방식을 펼쳤고, 4) 한국의 가장 대표적인 고승들이자 국사였기에 서로 대화하고 소통할 수 있다고 판단했기 때문이다

또 당시의 시대적 상황과 역사적 과제의 측면에서 이들의 만남과 대화의 의미와 가치를 찾아볼 수 있다. 원효는 철학자이자 사상가로서 고구려와 백제와 신라 삼국의 대립과 통일 과정을 겪으며 살았다. 이후 통일신라와 후백제와 후고려(마진/태봉) 후삼국의 대립과 갈등을 겪으며 후삼국이 통일되었다. 고려 전기에는 거란과 여진의 외침과 무신정권이 지속되었고 이 시대의 시대적 상황과 사상적 과제는 고려 후기까지 이어졌다. 일연은 사상가이자 역사가로서 몽골 침입과 원 간섭기를 살면서 자신의 경초 선풍과 『삼국유사』 편찬을 통해 독자적인 살림살이와 사고방식을 보여주었다. 삼국 통일 전후에 살았던 원효와 고려 후기 몽골 침입 전후에 살았던 일연은 각기 다른 시대를 살았지만 자신이 처한 시대적 상황과 사상적 과제를 자신의 문제로 껴안고 살았다.

그렇다면 원효와 일연은 이러한 격변의 시대에 철학자이자 사상가로서 어떻게 살았을까? 그리고 두 사람은 당시 백성들의 온 삶과 온 앎을 접하며 어떤 생각을 하고 살았을까? 이들이 각 시대를 살면서 고민한 사상적 과제는 무엇이었을까? 일연은 원효의 살림살이를 붓과 벼루를 소의 두 뿔 사이에 두고 다녔기 때문에 '각승角乘'[442]이라고

하였고, 서여(閔泳珪)는 일연의 살림살이를 마소가 먹는 꼴처럼 털을 덮어쓰고 뿔을 받쳐 이은 이류 속에 들어가 행한 '경초선莖草禪'[443]이라고 하였다. 이 글에서 논자는 원효의 '각승 가풍'과 일연의 '경초 선풍'을 보살 선풍의 시각에서 구명해 보고자 한다. 종래에 원효[444]와 일연[445]의

---

[442] 一然, 『三國遺事』 「義解」, '元曉不羈'.(『韓佛全』 제6책, p.348중). '본각과 시각의 미묘한 뜻을 나타냈다'는 것을 의미한다.

[443] 雪岑, 『重編曹洞五位』 「序」(『한불전』 제6책, p.216중). 설잠은 일본의 학승인 守證上主에게 강의가 끝난 뒤 일연이 중편한 이 서책을 증여하였다(傳付). 일연의 서문에는 莖草禪이라는 표현이 나오고 있다. 그런데 閔泳珪, 『泗川講壇』(우반, 1994), p.29에서 필자는 莖草禪의 莖草는 마소가 먹는 꼴을 가리키는 말로서 南泉의 被毛戴角의 異類中行 사상을 더욱 발전시킨 일연의 禪思想이라고 해석하였다. 閔泳珪, 「鏡虛堂의 北歸辭」, 『민족과 문화』 제12집, 한양대학교 민족학연구소, 2003, p.13에서 필자는 경허당의 '無穿鼻孔牛' 철학, 즉 '콧구멍을 뚫지 않은 소'의 가풍을 『維摩經』의 '行於非道'에서 출발, 僧肇의 '和光同塵', 南泉의 '異類中行', 同安 常察의 '被毛戴角'과 직결한다고 보았다. 그리고 고려 一然의 『重編曹洞五位』(2권)와 조선조 초의 雪岑(金時習)의 『曹洞五位要解』不分券과도 직결한다고 보았다. 한편 김지견, 「일연의 『중편조동오위』 역주」, 『구산선문 8. 수미산문과 조동종』(불교영상회보사, 1996), pp.336~337에서 필자는 여기서 '莖草'는 '茎草'의 잘못으로 치초는 一草五味의 五味子로서 바로 조동위를 비유한 것이라고 하였다.

[444] 대표적인 연구만 살펴보면 다음과 같다. 高翊晉, 「원효의 화엄사상」, 『한국화엄사상연구』(동국대출판부, 1982); 전해주, 「원효의 화쟁과 화엄사상」, 『한국불교학』 제24집, 한국불교학회, 1988; 高榮燮, 「원효의 화엄학: 광엄과 보법의 긴장과 탄력」, 『원효학연구』 제5집, 원효학연구원, 2000; 박서연, 「『화엄경』 「여래광명각품」의 주석학적 이해」, 『천태학연구』 제11집, 천태학연구원, 2008; 석길암, 「원효의 普法, 사상적 연원과 의미」, 『보조사상』 제30집, 보조사상연구원, 2008; 김천학, 「원효 「광명각품소」의 해석상의 특징: 동아시아 화엄사상의 관점에서」,

연구는 셀 수 없이 많지만, 이들 두 사람의 사고방식과 살림살이를
함께 살펴본 논구는 찾아볼 수 없다. 이 글에서는 이들이 대승불교의
정점인 화엄사상과 선사상을 통해 자신들이 처한 시대적 상황과 역사
적 과제를 어떻게 해결해 갔는지 그리고 어떠한 결과를 초래했는지에
대해 논구해 보고자 한다.

『이화사학연구』 제51집, 이화사학연구소, 2011; 박태원, 「원효의 각覺사상 연
구」, 『철학논총』 제34집, 새한철학회, 2003·제4권; 박태원, 「원효의 선사상:
『금강삼매경론』을 중심으로, 『철학논총』 제68집, 새한철학회, 2012·제2권; 김
영미, 「『금강삼매경론』의 無二中道 사상 연구」, 『동아시아불교문화』 제30집,
동아시아불교문화학회, 2017; 高榮燮, 「분황 원효『금강삼매경론』의 주요 내용
과 특징」, 『불교철학』 제6집, 동국대 세계불교학연구소, 2020.
445 閔泳珪, 「일연의 禪佛敎」, 『진단학보－제1회 한국고전연구 심포지움－삼국유사
의 종합적 검토』 제36권, 1973; 민영규, 「일연중편 조동오위 重印序」, 『학림』
제6권, 연세대 사학연구회, 1984; 민영규, 「일연과 陳尊宿」, 『학림』 제5권,
연세대 사학연구회, 1983; 金煐泰, 「삼국유사에 보이는 화엄사상」, 『한국불교사
상연구』(동국대출판부, 1982); 조수동, 「삼국유사에 보이는 불교사상에 관한
연구」, 『철학논총』 제24집, 새한철학회, 2001·제2권; 閔泳珪, 「경허당의 북귀
사」, 『민족과 문화』 제12집, 한양대 민족학연구소, 2012; 채상식, 「일연의 『중편
조동오위』에 보이는 사상과 역사성」, 『지역과 역사』 제30호, 지역과역사학회,
2012; 조명제, 「일연의 禪思想과 송의 禪籍」, 『보조사상』 제40집, 보조사상연구
원, 2010; 조경철, 「일연 사상의 고유성과 독특성」, 『불교철학』 제9집, 동국대학
교 세계불교학연구소, 2021.

2. 사상적 만남과 통로

1) 동향의 대표적 고승 국사 - '화쟁'과 '보각'

원효와 일연은 경상도 상주 광역시였던 장산, 즉 경산에서 시대를 달리하여 태어났다. 이 두 사람은 같은 고향에서 태어났을 뿐만 아니라 같은 승려로서 같은 국사에 오른 대표적인 고승이다. 이 두 사람은 역대의 한국 고승들 가운데 가장 지명도가 높은 이들이다. 원효는 철학자이자 사상가로서, 일연은 사상가이자 역사가로서 널리 알려져 왔다. 당시 고려 정부는 이들이 보여준 앎과 삶에 대해 화답하여 각기 '화쟁국사'와 '보각국존'으로 추봉하였다. 이들이 받은 '화쟁'과 '보각'이라는 국사 명호에 담긴 것처럼 두 사람은 넓은 앎과 깊은 삶을 살았다.

'화쟁和諍'국사 원효는 일심을 지닌 이들의 다양한 주장들을 화쟁하는 앎을 실현하고 회통하는 삶을 살았다. '보각普覺'국존 일연은 일심을 지닌 인간의 완성된 삶의 길인 깨침의 지평을 넓게 하는 앎을 구현하고 깊게 하는 삶을 살았다. '화쟁'은 '글이 다른 것을 통하여(通文異) 뜻이 같은 것에 모아서(會義同)' 다양한 주장(異諍)을 조화롭게 회통하는(和會) 것이다.[446] 원효는 보살의 삶과 같이 모든 유정들을 위하여 '이치에 맞게 회통하고(如理會通)' '진실에 맞게 화합하여(如實和會)' 그렇게 생각하는 중생을 다 원만히 포섭하고자 하였다. '보각'은 '자신의 불성을 두루 깨닫자'는 것이자 '깨침의 세계를 널리 알리자'는 것으로 이해할

---

446 元曉, 『涅槃宗要』(『한불전』 제1책, p.543하).

수 있다.

『삼국유사』의 10개 조목에 실린 원효 관련 기록[447]으로 볼 때 일연은 어려서부터 원효에 대한 관심이 많았던 것으로 이해된다. 일연은 '태종 춘추공', '동경 흥륜사 금당 십성', '전후소장사리', '낙산 이대성 관음 정취 조신', '이혜동진', '원효불기', '의상전교', '사복불언', '광덕 엄장', '낭지승운 보현수' 등 10개 조목에서 원효에 대해 기술하였다. 특히 그는 신라의 고승 전기에 해당하는 「의해」편에서 '불기不羈', 즉 '도덕이나 관습 따위에 구속을 받지 않다'는 언표로 '원효'의 가풍을 부각하고 있다. 그리하여 일연은 각 조목에서 '불기', 즉 '거리낌이 없음'의 의미로 그의 가풍과 선풍을 평가하였다.

대개 학덕이 높고 지위가 높은 이를 고승이라고 한다. 학덕은 학문과 덕행을 가리키고 지위는 있는 자리나 처지(계급)를 가리킨다. 일연은 원효를 '고승'이자 '성사聖師'로 드높여 호명하고 있다. 성사는 한 방면에 더할 수 없이 뛰어난 스승을 일컫는 표현이다. 이 때문에 성사는 오랜 세월 동안 백성들 속에서 덕화가 온축되어 온 만세의 사표를 가리키는 칭호이다.[448]

원효는 태어난 지 한 달 만에 어머니를 잃고 아버지도 곧 백제와의

---

447 『三國遺事』에 실린 원효 관련 기록은 권4, 「義解」5의 '元曉不羈'를 필두로 하여 같은 편의 '義相傳敎', '蛇福不言', '二惠同塵', 권1 「紀異」1의 太宗春秋公, 권3 「塔像」4 '東京 興輪寺 金堂十聖', 권3 같은 편의 '前後所將舍利', 권3 같은 편의 '洛山 二大聖 觀音 正趣 調信', 권5 「感通」7의 '廣德 嚴莊', 권5 같은 편의 '朗智乘雲 普賢樹' 10여 곳이 된다.

448 高榮燮, 「『삼국유사』의 고승과 성사 이해」, 『한국불교사연구』 제13호, 한국불교 사학회 한국불교사연구소, 2018.

전투에서 잃은 뒤 조부모에게 맡겨졌다. 나이가 들었던 조부모 또한
오래지 않아 세상을 떠나자 10세 미만인 8~9세의 관채지년卝髵之年에
출가하였다. 이 때문에 그는 부모에게 효도를 할 수는 없었지만 출가
이후 자신이 자랐던 집을 초개사初開寺로 만들어 조부모의 명복을
빌었고, 자신이 태어난 밤나무 옆에 사라사裟羅寺를 지어 부모의 명복
을 빌었다. 원효가 출가 이후나마 사찰을 지어 조부모와 부모에게
효성을 한 것처럼 그 또한 뒷날 아들 설총에게 경도敬禱를 받았다.

성사가 입적하니 설총이 유해를 잘게 갈아 산 모습(眞容)을 빚어
분황사에 봉안하고, 죽을 때까지 경도하는 뜻을 표하였다. 언젠가
는 설총이 옆에서 절을 하니, 소상이 홀연히 돌아보았는데, 지금까
지도 돌아본 채 있다고 한다. 원효가 거처하던 혈사穴寺 곁에 설총의
집터가 있다고 한다.[449]

효성이 지극했던 설총은 말년에 부친 원효가 거처하던 혈사穴寺[450]
곁에 살면서 새벽마다 살피고 밤이 되면 자리를 정돈하는 신성혼정晨

---

449 一然, 『三國遺事』 「義解」, '元曉不羈'(『韓佛全』 제6책, p.348중).

450 이영호, 「원효와 그의 시대」, 『시대를 앞서간 고승 원효』(경산: 삼성현역사문화관,
2021). 필자는 원효가 僧侶 시절 머문 사찰을 초개사, 반고사, 분황사, 居士
시절 머문 사찰을 분황사, 행명사, 고선사, 혈사의 순서로 보고 있다. 그는
원효의 신분을 僧侶와 居士로 이분하고 거사가 머문 사찰이 있었는지에 대해
신라 사찰 운영제도 전반에 대한 재검토가 필요하다고 지적하고 있지만 원효의
신분을 瑤石과의 인연 이후 小姓居士로만 고정해 보는 것에 대해서는 숙고가
필요해 보인다.

省昏定를 다하였다. 그는 살면서 못다 한 자식의 도리를 만년의 부친에 게나마 다하고 싶었던 것 같다. 부친 원효가 입적하자 설총은 유해를 다비한 뒤 유골을 잘게 갈아 소상으로 빚어 분황사에 봉안하고 종신토록 공경하고 기원하였다. 하루는 설총이 절을 하자 소상이 홀연히 돌아다보았다는 것이다. 설총이 분황사를 찾았던 어느 날 부친의 소조상이 그를 돌아보는 회고상廻顧像이 일연 시대까지 그곳에 있었다고 전한다.

이처럼 일연은 부모와 조부모를 위해 생처와 생가에 사찰을 지어 명복을 빌었던 원효와 그의 입적 이후 다비한 뼈를 진흙에 섞어 만든 소조상塑造像을 분황사에 봉안한 설총을 연결시키고 있다. 일연 또한 만년에 늙은 어머니를 모시기 위해 국사의 자리를 마다하고 군위의 인각사를 하안소로 삼고 내려와 봉양하였다. 『삼국유사』 마지막 편명을 「효선」으로 마무리한 것도 만년의 어머니에 대한 지극한 효성과 연결 지어 이해할 수 있는 대목이다.

한편 일연은 자신의 『중편조동오위』에서 '피모대각'과 '이류중행'을 32번이나 쓰고 있다. 그러면서 그는 '경초선'이라는 새로운 말을 만들어 내었다. 『경덕전등록』이나 『조당집』에는 '이류중행'이란 말이 여러 번 거듭 나온다.[451] 무엇보다도 종족을 바꾸어 보살행을 펼친 '이류중행' 가풍이 반복되어 나오는 것은 일연이 스스로 보살 선풍을 의식하고 있었다는 사실을 시사해 준다. 이처럼 두 국사는 '화쟁'과 '보각'이란 국사(국존) 이름에 부합하는 시대정신과 역사의식을 보여주고 있다.

---

451 閔泳奎, 「경허의 북귀사」, 앞의 책.

2) 화엄과 선법의 가풍과 교화 – 화엄과 선법의 만남

불교사상사에서 교법은 화엄의 원교로 집대성되었고 선법은 선관의
돈교로 집대성되었다. 그 결과 원교와 돈교는 상호 경쟁하면서 교법을
주로 하고 선법을 종으로 하는 주교종선主教從禪과 참선을 주로 하고
교학을 종으로 하는 주선종교主禪從教의 시대를 열었다. 종래의 교법에
이은 선법의 등장은 교법과 선법을 일치시키는 교선일치教禪一致와
참선과 교학을 하나로 보는 선교일원禪教一元의 대립으로 이어지면서
불교사상사의 내적 긴장과 외적 탄력의 무대를 열어젖혔다. 특히
한국불교는 고려 중기 이래 교선教禪과 선교禪教의 선후 내지 주종
관계로 그 특징을 표현해 왔다.

원효는 『대승기신론소』의 종체문에서 『화엄경』을 여러 경전의 하
나[452]로서 거론하고 있다. 그런데 그가 새로 지은 『화엄경소』의 서문
에서는 『화엄경』을 '원만무상돈교법륜圓滿無上頓教法輪'[453]이라고 규
정하면서 돈교를 포용하는 원교의 구경교설의 지위로 자리매김하
였다.[454]

이러한 원효의 인식은 삼승별교(사제·연기)와 삼승통교(반야·심

---

452 元曉, 『大乘起信論疏』상권(『한불전』 제1책, p.698하). "華嚴瓔珞四階之深因."
453 元曉, 『大慧度經宗要』(『한불전』 제1책, pp.486하~487중). 그는 『화엄경』과 같이
  『대품반야경』도 '無上無容究竟了義'로 파악하고 있다.
454 元曉, 『華嚴經疏』(『한불전』 제1책, p.495중). "지금 이 경은 바로 두루하고 위없는
  돈교법문(륜)이니, 법계의 법문을 드넓게 열고 무변의 행덕을 드러내 보인다.
  행덕을 두려움 없이 내보여도 어울리기 때문에(諧諧故) 가히 닦음에 이를 수
  있고, 법문을 끝자락 없이 펼치어도 들어맞기 때문에(的的故) 가히 깨침에 다가갈
  수 있다."

밀), 일승분교(영락·범망)와 일승만교(화엄·보현)로 개편한 그의 사교
판에서도 확인할 수 있다. 그는 "삼승에서 별교와 통교로 구분한 것은
법공法空의 유무로, 일승에서 분교와 만교로 구별한 것은 보법普法의
유무"로 보았다. 원효는 "이승과 함께하지 못함을 일승이라 하고,
그중에서 보법普法을 밝히지 않은 것을 수분교隨分教라 하고, 보법을
밝힌 것을 원만교圓滿敎라 한다"[455]고 하였다. 이처럼 그는 4교판의
최종판으로 일승만교로서 보현교와 『화엄경』을 들고 있다. 이러한
교판에 입각하여 원효는 『보법기』, 『화엄종요』, 『대승관행』, 『화엄경
소』 등 화엄 관련 주석서[456]를 남겨 자신의 사상체계를 종합하였다.

의천은 『신편제종교장총록』(3권)에서 원효의 『화엄경소』는 "본디
8권이었는데, 제5권과 기존의 『화엄종요』(1권)를 펼쳐 고루 10권으로
만들었다"[457]고 하였다. 이것은 원효가 제5권을 상하로 펼쳐 9권으로
만든 뒤 다시 『화엄종요』 1권을 통합해 『화엄경소』 10권을 만들었다는

455 表員, 『華嚴經文義要決問答』 권4 분교의(『한불전』 제2책, p.385중); 法藏, 『華嚴
    經探玄記』 권1(『대정장』 제35책, p.111); 慧苑, 『華嚴經刊定記』 권1(『속장경』
    5·9·18상); 澄觀, 『華嚴經疏』 권2(『대정장』 제35책, p.510상).
456 義天, 『新編諸宗教藏總錄』(『한불전』 제4책, p.681중). "一道章 1권, 大乘觀行
    1권." 여기서 의천은 『대승관행』과 『일도장』을 『화엄경』의 주석서로 분류했지
    만(p.681중) 현존하는 단간의 내용을 보면 『대승기신론』의 주석서로 추정된다.
    石田武作 編, 『寫經より見奈良朝佛教の研究』(1930) 附錄 東洋文庫論叢 第11권
    에는 '古書にある題名'란에 『起信論一道章』이라고 적고 있다.
457 義天, 『新編諸宗教藏總錄』(『한불전』 제4책, pp.680상~681하). "大華嚴經－疏十
    卷(本是八卷 今開□□□并宗要均作十卷也.)." 일본불교사에서도 나라시대부터 원
    효의 『화엄경소』가 8권 혹은 10권으로 전래되었다는 사실을 알려주고 있다.
    □□□는 甲本과 乙本에 의하면 '第五卷'으로 되어 있다.

사실과 함께 『화엄경소』는 미완의 것이 아니었음을 시사해 준다.
이렇게 본다면 원효의 『화엄경소』는 가장 나중에 집대성된 저작이라고
할 수 있다. 하지만 이 저술은 현재 「서문」과 제3품의 주석서인 「여래광
명각품소」만이 전해지고 있다.

> 원효가 이미 파계하여 설총을 낳은 뒤로는 속인의 의복으로 갈아입
> 고 스스로 소성거사小性居士라 했다. 우연히 광대들이 춤추며 놀리
> 는 큰 뒤웅박을 얻으니, 그 모양이 기괴하므로 그 모양대로 도구를
> 만들어 『화엄경』에 말한 "일체에 걸림 없는 사람(無碍人)이 한
> 길로 생사를 벗어난다"[458]는 뜻을 취하여 이름을 무애無㝵로 짓고,
> 노래를 만들어 세상에 유행시켰다. 원효는 이것을 가지고 수많은
> 부락을 돌며 노래하고 춤추며 교화하고 돌아왔으니, 뽕나무를
> 키우는 노인이나 옹기장이, 무지한 무리들도 모두 불타佛陀의 이름
> 을 알며, 나무불타를 부르게 된 것은 실로 원효의 공이 컸다.[459]

'무애'는 일체에 걸림 없음을 일컫는 말이다. 원효는 일심, 화회,
무애의 기호로 자신의 생평을 보여준 인물이다. 무애인은 삶과 죽음에
걸림 없는 사람이니 '생사가 곧 열반임을 아는 사람'을 가리킨다. 원효의
무애 가풍은 당시의 백성들이 모두 불타의 이름을 알게 하였다. 그리고
저마다 '나무南無'를 일컫게 하여 대중교화에 크게 기여하였다. 이처럼

---

458 『華嚴經』 권5, 「菩薩明難品」 제6(『대정장』 제9책, p.429중). "一切無碍人, 一道出
　　生死."

459 一然, 『三國遺事』 「義解」, '元曉不羈'.

원효의 교화는 위대하였다.

일연이 『삼국유사』에 실은 수많은 인물 중에서 '원효' 한 인물에 대해 이렇게 많은 조목에서 언급한 것은 그의 가풍에 대한 신뢰와 존중의 전거로 이해할 수 있다. 고려 후기에 한민족이 처한 현실과 불교계의 상황은 원효가 보여준 각승 가풍을 필요로 하였다. 그것은 피모대각의 이류중행과 상통하는 보살 선풍의 다른 이름이었다. 아마도 일연은 자신의 경초 선풍을 수립하면서 원효의 각승 가풍과의 접속을 의식하였을 것이다.

원효가 일찍이 분황사芬皇寺에 머물면서 『화엄경소』를 짓다가 제4 「십회향품」에 이르러 마침내 붓을 놓았으며, 또 일찍이 송사로 인해서 몸을 백송百松으로 나누었으므로 모두 성사의 법위法位가 초지初地에 이른 것이라 한다. 또 바다룡의 권유로 조서詔書를 받들고 길에서 『금강삼매경소』를 지으며, 붓과 벼루를 두 뿔 사이에 두고 다녔기 때문에 각승角乘이라고도 한다. 또한 본각本覺과 시각始覺의 미묘한 뜻을 나타낸 것이며, 대안 법사大安法師가 배열하여 종이를 붙였으니, 음音을 알고 화답한 것이라 한다.[460]

일연은 『금강삼매경』에서 보살이 시각과 본각의 이각을 원만히 통섭하는 원효의 살림살이를 '각승角乘' 가풍이라 일컬었다.[461] 원효가 펼쳐낸 각승 가풍은 일연 자신이 지향하는 '경초' 선풍에 부합하였다.

460　一然, 『三國遺事』「義解」, '元曉不羈'.
461　一然, 『三國遺事』「義解」, '元曉不羈'.

일연이 『삼국유사』(5권 9품) 138조목 중 무려 10조목에서 원효를 거론
한 것은 각승 가풍과 경초 선풍의 연속선상에서 이해할 수 있다.

일찍이 무덤 속에서 땅막과 무덤이 둘이 아니라는 개인적 깨달음을
얻었던 원효는 만년에 이르러 새로 쓴 주석서와 종래에 썼던 『화엄경』
주석서들을 한데 모아 집대성하여 『화엄경소』(10권)를 펴냈다. 그런데
그는 문자향과 서권기가 가득한 분황사 골방에서 『화엄경소』를 짓다가
제4 「십회향품」에 이르러 마침내 붓을 놓았다.[462] 원효는 보살의 열

---

[462] 金瑛周, 「諸書에 現한 元曉華嚴疏 敎義」, 『조선불교월보』 제12호, 30본산연합사
무소, 1918, pp.9~14중 p.12. 김영주는 원효의 『화엄경소』의 교의를 해석하면서
법장이 『華嚴經傳記』 제1에서 "淨影寺 慧遠이 만년에 『화엄경』을 쓰다가 제10
「金剛幢菩薩廻向品」에 이르러 忽然히 心痛을 感하야 毛孔으로 出血함을 보았으
며, 또 꿈에 낫을 들고 태산에 오른 다음 약초를 베었다가(艾前) 그 반쯤에
이르러 힘이 다하여 다시 일어나지 못하였는데 정신이 든 뒤에 이 『소』를
완성하지 못할 것을 생각하고 이에 붓을 멈추었다(止筆)고 하였다. 『원효소』
또한 이와 비슷함이 아닐까라며 그 이유는 자세하지 않다"고 하였다. 아마도
원효가 교화승으로 전승되는 과정에서 대중교화를 강조하기 위해 『화엄경전기』
의 혜원 설화를 원용하여 『화엄경소』의 절필 설화로 각색한 것은 아닐까?
법장 등 중국 화엄학승들의 『화엄경소』 인용에서 절필에 대한 언급이 전혀
없었다는 점을 고려하면 원효의 절필 설화가 법장에 의해 혜원의 절필 설화로
편입된 것일까? 여기에 대해서는 追後의 논의를 필요로 한다. 金瑛周, 「諸書에
現한 元曉華嚴疏 敎義」(續), 『조선불교월보』 제13호, 30본산연합사무소, 1918,
pp.26~30. 7처 8회 34품으로 된 구역 『화엄경』(60권) 제21장 「십회향품」에
의하면 금강당보살이 과거 현재 미래의 여러 부처님들이 모두 설한 보살의
十廻向, 즉 열 가지 회향은 ①일체중생을 구호하면서 중생이라는 관념을 떠난
회향, ②깨뜨려짐이 없는 회향, ③모든 부처님과 평등한 회향, ④모든 처소에
이르는 회향, ⑤다함이 없는 功德藏 회향, ⑥평등에 따르는 공덕의 회향, ⑦평등
하게 일체중생에 따르는 회향, ⑧진여의 실상으로 향한 회향, ⑨공덕과 집착도

가지 회향에 대해 풀이하는 대목에서 문향과 서기가 가득한 골방에서는 도저히 붓을 들 수가 없었다. 그리하여 그는 붓을 던지고 한동안 절필한 뒤 저자거리로 들어가 그 속에서 속제와 진제, 속제중도와 진제중도, 비진비속 비변비중의 무이중도無二中道로 사회적 깨달음을 얻었다. 원효는 삼국이 각축하는 전란의 현실을 피하지 않고 동서 김유신의 군사고문463으로서 참여하였다.

총장 원년 무진년(668, 만일 총장總章 무진戊辰이라면 곧 이적李勣의 일인데 아래에서 소정방蘇定方이라 한 것은 잘못이다. 만일 소정방이라면 연호가 당연히 용삭龍朔 2년[662] 임술壬戌에 평양성을 포위하던 때의 일이다.)에 청병한 당나라 군사가 평양 교외에 진을 치고 글을 전하여 "급히 군량을 실어 보내라"고 하였다. 신라 왕이 군신을 모아 놓고 물었다. "적국(고구려)을 통하여 당군이 있는 곳까지 가자면 형세가 자못 위태롭고 청병한 당군의 양식이 모자란다

없는 해탈의 회향, ⑩한량없는 법계의 회향이다라고 대신 설하고 있다. 이 열 가지 회향은 衆生廻向, 菩提廻向, 眞如廻向의 3가지 범주로 나눌 수 있으며, 그중 중생회향은 대자비로써 중생을 구제하는 회향이다.

463 무열왕은 김유신의 여동생 文姬와의 사이에서 7남 5녀를 두었다. 첫째 딸은 金品釋과 결혼했으며 그녀는 선덕여왕 11년(642)에 백제와의 大耶城 전투에서 부부가 함께 전사하였다. 둘째 딸은 金欽運(歆雲)과 결혼했으며 김흠운은 태종무열왕 2년(655) 2월에 백제와의 전투에서 전사하였다. 셋째 딸은 무열왕 2년(655) 10월에 61세의 金庾信과 결혼하였다. 당시 무열왕은 상대등을 중심으로 한 귀족세력을 견제하면서 왕권의 강화를 추구했기에 대중교화의 중심에 있었던 원효와 寡婦가 된 딸인 瑤石을 결혼시킨 것은 정략결혼의 일환으로 이해할 수 있다. 그 외의 나머지 두 딸의 행적은 자세히 알 수 없다.

하니 보내지 않는 것도 도리가 아니니 어쩌하면 좋겠소?" 유신공이
말하였다. "신들이 군량을 수송할 수 있으니 염려하지 마십시오."
김유신과 김인문 등이 수만 명을 이끌고 고구려의 국경에 들어가
양식 2만 곡을 수송하고 돌아왔다.

왕이 크게 기뻐하여 다시 군대를 일으켜 당나라 군사와 합세하려
하니, 유신이 연기然起와 병천兵川 등 두 사람을 보내 만날 날짜를
물었다. 이에 당나라 장수 소정방蘇定方이 종이에 난새와 송아지를
그려 보냈으나(紙畵鸞犢二物廻之) 아무도 그 뜻을 알지 못하였다(國
人未解其意). 원효 법사에게 물으니(使問於元曉法師) 이렇게 해석하
였다(解之曰). "속히 군사를 되돌리라(速還其兵)는 뜻입니다. 난새
와 송아지를 그린 것은 둘이 끊어짐을 의미합니다(謂畵犢畵鸞二切
也)." 이에 유신공이 군사를 되돌려 패강을 건너게 하면서 군령을
내렸다. "뒤에 건너는 자는 베겠다." 군사들이 다투어 먼저 가려
했다. 반쯤 건넜을 때, 고구려 군사가 들이닥쳐 미처 건너지 못한
자들을 죽였다. 다음날 유신공은 고구려 군사를 뒤쫓아 수만 명을
죽였다.[464]

일찍이 원효는 문무왕 2년(662)에 동서 사이인 김유신의 군사 자문
역할을 한 일이 있었다. 그는 당나라 장수 이적李勣이 보낸 암호 해독을
통해 위급한 신라군들의 목숨을 건졌다. 이처럼 출가자인 원효가
국가와 백성들의 현실 문제에도 깊이 관여하였던 것은 보살계를 설하
는 『범망경보살계본』에 대한 그의 해석(私記)을 통해서도 알 수 있다.

---

464 一然, 『三國遺事』 제1권, 「紀異」 제1, '太宗 春秋公'.

그는 제1중계重戒 불살생不殺生을 풀이하면서 ①복이 되는 경우, ②죄
도 아니고 복도 아닌 경우, ③죄가 가벼운 경우, ④무거운 죄가 되는
경우로 설정하여 '살생이 복이 되는 경우가 있다'고 적극적으로 해석하
였다.[465]

원효는 사상적으로도 비존재(중관, 공성)와 존재(유식, 가유)에 대한
치우친 인식을 통섭하고자 하였다. 그는 『금강삼매경』의 주석인 『금강
삼매경론』을 통해 반야 중관(空性)의 이제설과 유가 유식(假有)의
삼성설을 일미적으로 통섭하려는 기획과 일미관행一味觀行과 십중법
문十重法門의 구도 아래 일심과 본각, 시각과 본각이 둘이 아닌 일각이
되는 과정을 보여주었다.

원효는 '금강'의 성질을 비유로 삼아 모든 '의혹'을 깨뜨리고, 모든
'선정'을 꿰뚫고자 하는 '삼매'로 중생이 부처 되는 일미관행의 길을
열어두고 있다. 일심지원의 본각 부처가 중생과 만나기 위해서는
일심의 공간이 필요하다. 일심은 부처와 중생이 일미적으로 만나는
우주적 공간이며, 은밀문(여래장)과 현료문(아리야식)이 만날 수 있는
심의식의 공간이다.[466]

일심은 중관과 유식이 일미적으로 화회할 수 있는 마음의 공간이며,
적멸로서 일심과 여래장으로서 일심, 화엄 진심으로서 일심, 본법으로
서 일심이 만날 수 있는 지평이다. 원효는 『금강삼매경』의 찬자撰者가
진제眞諦 유식의 구식설에 기반하면서 암마라식을 본각이라 규정하고

---

465 元曉, 『梵網經菩薩戒本私記』(『한불전』 제1책, p.584중).

466 高榮燮, 「분황 원효 『금강삼매경론』의 중심 내용과 주요 특징」, 『불교철학』
제7집, 동국대 세계불교학연구소, 2021.

있는 점에 주목하였다. 그는 일심의 지형이 '본각', '불각', '시각', '시각
이 곧 본각'의 순서로 전개되는『대승기신론』과 일각의 지형이 '시각',
'본각', '불각'의 순서로 전개되는『금강삼매경』의 주석을 통해 깨침
혹은 깨달음에 도달하는 유기적 상관성의 구조를 보여주었다.[467]

그리하여 원효가『금강삼매경론』「무상법품」에서 방편관으로 펼쳐
낸 무이중도는 화엄 가풍과 연속되는 또 다른 그의 가풍이었다. 일연은
그것을 '각승' 가풍이라고 호명하였다.

3. 원효의 화엄과 선법

원효(617~686)는 7세기 초반부터 후반까지 살면서 삼국의 대립과
통합을 목격하면서 살았다. 그는 신라가 당나라와 나당연합군을 형성
하여 백제를 멸하고 고구려를 멸한 뒤 마지막 당나라까지 밀어내는
격동의 시대를 살았다. 원효는 이 시기에 수많은 전쟁과 백성들의
고통을 온몸으로 느끼며 살았다.

원효는 어떻게 하면 전쟁과 갈등으로 고통 받는 이들을 고통이
없는 세계로 인도할 수 있을까를 고민하였다. 그 결과 그는 '지극한
마음(至心, 至誠心)'으로 나무아미타불을 열 번만 부르면(十念) 극락에
왕생할 수 있다[468]고 가르쳤다. 동시에 지관止觀의 나란한 수행을 통해
믿음을 성취하고 무장무애無障無礙한 법계 법문에 들어가는 방법을

467 高榮燮, 위의 글, 위의 책.

468 高榮燮, 「분황 원효의 염불관과 무주 청화의 염불선」, 『불교학보』제71집,
동국대학교 불교문화연구원, pp.144~151.

전달하였다.

1) 감분불이龕墳不二와 지관쌍운止觀雙運

원효의 개인적 깨달음에 대해서는『송고승전』「신라국황룡사사문
원효전」과 「신라국 의상전」을 통해서 자세히 알 수 있다. 「원효전」에는
유학의 계기와 입당의 시말에 대해 간략히 언급하고 있다.

> (원효는) 일찍이 의상 대사와 함께 당나라에 들어가고자 했다.
> (그는) 현장 삼장(玄奘三藏, 602~664)의 자은사 문중을 사모하였
> 다. 그러나 입당入唐의 인연이 어긋났기에 마음을 내려놓고 여러
> 곳을 돌아다녔다.[469]

여러 맥락을 살펴보면 당나라에의 유학은 의상의 적극적인 유학
의지와 권유로 이루어졌던 것으로 짐작된다. 그즈음 당나라 태종
때에 인도로 유학을 떠났던(629) 현장이 17년 만에 돌아와(645) 대자은
사에 머물며 신역 경론을 번역하고 있었다. 종래의 구역 경론에 대비되
는 현장의 신역 경론 번역 소식이 견당사와 상인들 및 유학승을 통해
신라에 전해졌다.

얼마 있지 않아 의상은 원효와 함께 당나라 유학을 도모하였다.
그는 원효와 함께 요동을 향해 출발했으나 두 사람은 고구려 변방을
지키는 순라군에게 잡혀 수십 일 간을 감옥에 갇혔다가 가까스로

---

469 贊寧,『宋高僧傳』권4, 義解편,「唐新羅國黃龍寺沙門元曉傳」상하(中華書局,
1995). "嘗與湘法師入堂, 慕奘三藏慈恩之門, 厥緣旣差, 息心遊往."

풀려나 신라로 돌아왔다.[470] 결국 제1차 유학은 실패하였다.

이전부터 당나라와의 교역이 이루어지던 한강 유역은 고구려, 백제, 신라 삼국의 각축지였다. 중국 남북의 여러 왕조가 각축하고 있을 즈음에 신라의 진흥왕(14년 11월)은 고구려와 백제와의 각축 속에서 당나라로 나아가는 당항성을 자국의 영토로 삼고 서해 관문을 관장하게 하였다.

이후 신라는 당나라로 나아가는 관문인 당은포, 즉 당(항)진을 당나라와 교통하는 북쪽 관문으로 삼았다. 하지만 선덕왕 12년에 백제는 고구려와 연합하여 이곳 당항성을 빼앗아 신라의 대당 조공로朝貢路를 막으려 하였다. 이에 선덕왕은 급히 당나라에 사신을 보내어 구원을 요청하여 이곳을 사수하였다.[471]

제1차 유학의 시도 이후 11년이 지났지만 원효와 의상은 유학의 꿈을 포기하지 않았다. 이들은 다시 현장의 문하로 유학하기 위해 제2차 유학의 길을 떠났다. 하지만 원효는 무덤 속에서의 오도를 계기로 유학의 인연이 어긋나 마음을 내려놓고 여러 곳을 돌아다녔다.

한편 「의상전」은 유학의 시말과 원효가 오도 과정에서 직면했던 토감(龕)과 무덤(墳)의 불이를 인식한 과정에 대해 자세히 기술하고 있다.

---

470 一然, 『三國遺事』 권4, 義解편, 「義湘傳教」, "未幾西圖觀化, 遂與元曉道出遼東, 邊戍邏之爲諜者, 囚閉者累旬, 僅免而還(事在崔侯本傳, 及曉師行狀等), 永徽初, 會唐使船有西還者, 寓載入中國."

471 高榮燮, 「원효의 悟道處와 화성 당항성」, 『신라문화』 제50호, 동국대 신라문화연구소, 2017.

(의상은) 나이 약관에 이르러 당나라에 교종이 솥발처럼 융성하다는 소식을 듣고, 원효 법사와 뜻을 같이하여 서쪽으로 유행하고자 길을 떠났다. 본국 신라의 해문海門마을[472]인 당나라로 나아가는 경계(唐州界)에 도착하여 장차 큰 배를 구해서 푸르른 파도(滄波)를 건너려고 했다. 중도에서 심한 폭우를 만났다. 이에 길옆의 흙굴(土龕) 사이에 몸을 숨겨 회오리바람의 습기를 피했다. 다음날 날이 밝아 바라보니 그곳은 해골이 있는 무덤(鬼鄕)이었다. 하늘에서는 궂은비가 계속 내리고, 땅은 질척해서 한 발자국도 앞으로 나아갈 수가 없었다. 다시 무덤 속에 (하루를 더) 머물다가 밤이 깊기 전에 갑자기 귀신이 나타나 놀라게 했다. 원효 법사는 탄식하여 말했다. "어젯밤 잠자리(寓宿)는 땅막이라 일컬어서 또한 편안했는데, 오늘밤 잠자리(留宵)는 무덤 속에 의탁하니 매우 뒤숭숭하구나. 마음이 일어나므로 갖가지 것들이 일어나고, 마음이 사라지므로 땅막과 무덤이 둘이 아님을 알겠구나. 또한 삼계는 오직 마음일 뿐이고, 만법은 오직 인식일 뿐이니 마음 밖에 어떤 법이 없는데 어디에서 따로 구하리오, 나는 당나라에 들지 않겠다. 원효는 물러나 바랑을 메고 본국으로 돌아가 버렸다." 이에 의상은 외로운

---

472 17세기 후반(1682)에 제작된 지도인 『東輿備考』는 『동국여지승람東國輿地勝覽』에서 동東 자와 『여지승람』의 여輿 자를 취하고 '동국여지승람'을 이용하는 데 참고가 되는 지도'라는 뜻에서 '備考'를 붙인 것으로 추정된다. 이 지도에 의하면 조선후기 당시 인근의 水原에는 同化驛, 安山에는 重林驛, 南陽에는 '海門驛'이라는 驛站이 있었고, 당시까지 물길이 들어오던 '海門驛'이라는 역참이 있었으며, 지금도 '海門里'라는 지명이 있는 것으로 보아 '本國 海門'은 '본국의 바다로 나아가는 문이 있는 마을'인 海門里로 보아야 할 것이다.

그림자처럼(隻影) 홀로 나아가 죽기를 맹세코 물러나지 않았다. 총장總章 2년(669)에 상선에 의탁하여 (당나라의) 등주 해안에 다다랐다.[473]

원효의 오도 관련 기록은 「원효전」이 아니라 「의상전」에 나온다. 「원효전」에는 『금강삼매경』 연기 설화와 『금강삼매경론』 주석 작업의 내용이 대부분을 차지하고 있다. 당시 원효와 의상은 당나라 교종이 솥발처럼 무성하다는 소식을 듣고 유학을 결행하였다. 이미 제1차 유학(650)은 실패한 적이 있었다. 「의상전」의 기록은 제1차와 제2차 유학 과정을 구분 없이 적고 있다. 그런데 자세히 살펴보면 제2차 유학(661) 과정임을 알 수 있다. 이러한 유학 과정에서 원효는 "땅막이라 '일컬어서(謂)' 또한 편안했는데"와 "무덤 속에 '의탁하니(託)' 매우 뒤숭숭하다" 사이를 뚫고나가는 '일심一心의 발견'이라는 깨침을 얻고 신라로 돌아오고, 의상은 초지일관 당나라로 건너갔다. 신라로 돌아온 원효는 분황사를 거처로 방대한 저술 작업과 대중교화 작업을 병행하였다.

원효는 『대승기신론소』의 일심-이문-삼대-사신-오행-육자법

---

473 贊寧, 『宋高僧傳』 권4, 義解편, 「新羅國義湘傳」 상하(中華書局, 1995). "前之寓宿, 謂土龕而且安, 此夜留宵, 託鬼鄕而多崇. 則知心生故種種法生, 心滅故龕墳不二. 又三界唯心, 萬法唯識, 心外無法, 胡用別求, 我不入唐, 却携囊返國. …." 여기서 總章 2년(669)은 옳지 않고 제1차 유학에 대해 기술한 崔致遠의 「浮石本碑」의 永徽 元年 庚戌(650)이 합당하다. 다만 이 기록은 고구려 요동으로 건너갔던 제1차 유학과 경기도 화성 당항성 인근의 무덤에서 오도한 제2차 유학을 동일시하고 있다.

문(나무아미타불)의 차제와 오행五行에 입각하여 지관에 의한 신심信心
의 수습修習을 역설하였다. 즉 그는 시문施門, 계문戒門, 인문忍門,
진문進門, 지관문止觀門이라는 오행五行의 수행을 닦음으로써 믿음을
성취한다고 하였다.

원효는 믿음을 성취함으로써 발보리심하여 위로는 불도를 펼치고
(上弘佛道) 아래로는 중생을 교화하고자(下化衆生) 하였다.[474] 그는『기
신론소』에서 선정에 입각한 지(止, 寂寂) 수행과 지혜에 입각한 관(觀,
惺惺) 수행을 아울러 만행이 갖추어지는 올바른 관법으로서 지관쌍운
止觀雙運, 즉 지관의 나란한 수행을 역설하고 있다.

2) 보법화엄普法華嚴과 무이중도無二中道

원효는『화엄경소』권3「여래광명각품소」에서 붓다의 두 발바닥에
있는 천 개의 바퀴살무늬(千輻相輪)에서 백억의 광명을 뿜어낸다는
구절에 대해 비추는 방광放光을 통해 성불의 도정에 올라 수행을 완성할
수 있다고 해석하면서 지관쌍운이라는 구체적인 수행 방법을 제시하고
있다. 지관쌍운은 선정바라밀(止)과 지혜바라밀(觀)을 나란히 닦는
수행이다.

원효는 '두 발의 상륜에서 백억의 광명을 뿜어낸다'는 구절에서
'신체의 가장 낮은 곳에 있으면서 몸 전체를 받쳐주는 기초인 신행信行
에 기반하여 '빛이 나오는 곳'인 신행에서 십심(信/慈/悲/捨를 포함한
보살심)을 내고, 지관을 함께 닦아(雙運) 나가면 현수賢首보살의 자리에

---

474 元曉,『大乘起信論疏』권상(『한불전』제1책, p.701중).

이를 수 있다고 보았다. 또 그는 '빛이 비추는 곳'인 가까운 곳에서 점차 먼 곳으로 나아가는 '열 겹(十重)의 수행이 처음의 신심에서 출발해 점차 닦아나가 원만한 경지(滿位)에 이르게 된다[475]고 보았다.

원효는 『화엄경소』에서 7처 8회 34품으로 된 60권 『화엄경』의 「세간정안품」(제1품)부터 필요한 부분을 차례대로 주석했을 것이다. 하지만 「세간정안품」부터 「노사나품」(제2품), 「여래명호품」(제3품), 「사제품」(제4품)의 주석은 현존하지 않는다. 현존하는 「여래광명각품소」(제5품) 이후의 「보살명난품」(제6품)부터 「이세간품」(제33품) 그리고 마지막의 「입법계품」(제34품)의 주석도 유통되지 않고 있다.[476] 이 때문에 원효의 화엄관 전모를 파악하는 데에 어려움이 있다.

원효는 『대승기신론』에 오랫동안 집중한 뒤 만년에 이전의 『화엄경』 주석서를 집대성하였다. 그는 『진역화엄경소』 서문에서 '무장무애의 법계 법문'의 특징에 대해 자세히 해명하고 있다.

대저 막음도 없고(無障) 가림도 없는(無碍) 법계의 법문이란, 법이 없으면서도 법 아님이 없고 문이 아니면서도 문 아님이 없다.

_____

475 元曉, 『晉譯華嚴經疏』(『한불전』 제1책, p.496상). "原夫無障無碍法界而法門者, 無法而無不法, 非門而無不門也. 爾乃非大非小, 非促非奢, 不動不靜, 不一不多. 由非大故極微而無遺, 以非小故爲大虛而有餘, 非促之故能含三世劫波, 非奢之故擧體入一刹. 不動不靜故, 生死爲涅槃, 涅槃爲生死, 不一不多故, 一法是一切法, 一切法是一法. 如是無障無礙之法, 乃作法界法門之述, 諸大菩薩之所入也. 三世諸佛之所出也. 二乘四果之聾盲, 凡夫下士之所笑驚."

476 7처 8회 24품의 60권 『화엄경』은 7처 9회 39품의 80권 『화엄경』과는 편재가 좀 다르다.

이러니 크지도 않고 작지도 않으며(非大非小), 빠르지도 않고 느리지도 않으며(非促非奢), 움직이지도 않고 고요하지도 않으며(不動不靜), 하나도 아니며 여럿도 아니다(不一不多).

크지 않으므로 지극히 작더라도 남는 것이 없고, 작지 않으므로 지극히 크더라도 남는 것이 있다. 빠르지 않으므로 능히 삼세의 겁을 머금고, 느리지 않으므로 몸을 들어 한 찰나에 들어간다. 움직이지도 않고 고요하지도 않으므로 생사가 열반이 되고 열반이 생사가 되며, 하나가 아니고 전체가 아니므로 하나의 법이 전체의 법이 되고, 전체의 법이 하나의 법이 된다.

이러한 막음도 없고 가림도 없는 법이 곧 법계 법문의 묘한 기술이니 모든 보살들이 들어갈 곳이요, 삼세 부처들이 나올 곳이며, 이승二乘 사과四果가 귀가 먹고 눈이 멀며, 범부凡夫 하사下士가 놀라고 코웃음 친다.[477]

원효는 『대승기신론』 주석서에서 중관과 유식의 대립을 삼승과 일승의 교판에 입각하여 무애無礙와 자재自在의 지평으로 통섭하였다. 『화엄경』 주석서에서는 광엄廣嚴과 보법普法의 두 축을 즉입即入과 무장애無障礙의 법계 법문으로 통섭하였다.

원효는 사교판을 시설하면서 "삼승에서 별교와 통교로 구분한 것은 법공法空의 유무로, 일승에서 분교와 만교로 구별한 것은 보법普法의 유무"로 보았다. 또 그는 "이승과 함께하지 못함을 일승一乘이라 하고, 그중에서 보법普法를 밝히지 않은 것을 수분교隨分敎라 하고, 보법을

---

477 元曉, 『晉譯華嚴經疏』(『한불전』 제1책, p.495상).

밝힌 것을 원만교圓滿敎라 한다"[478]고 하였다. 그러면 원효가 바라보는 보법은 무엇일까?

'보普'란 '두루 미치다'라는 뜻이니 이를테면 '두루하다'는 의미가 곧 '보'이다. '법法'이란 자체의 뜻이 궤칙軌則이라는 의미이니 일체 법이 서로 투영되고(相入) 서로 교섭하는(相是, 相卽) 것을 일컫는다.[479]

이처럼 원효는 보법을 즉입과 무장애로 재천명하고 있다. 즉입과 무장애는 곧 공간, 시간, 운동, 구조 등의 측면에서의 상즉상입과 무장애로 구체화된다. 원효는 보법이 머금고 있는 네 가지 특성, 즉 공간적 상대성의 초월(非大非小), 시간적 상대성의 초월(非促非奢), 운동적 상대성의 초월(不動不靜), 구조적 상대성의 초월(不一不多)이라는 '사비사불四非四不'의 중도를 통해 자신의 화엄을 체계화하고 있다.[480]

원효는 '무장무애의 법계 법문'은 '법이 없으면서도 법 아님이 없고', '문이 아니면서도 문이 아님이 없는' 세계임을 언표한다. 또 고요하지도 않고 움직이지도 않으므로 '하나의 법이 전체의 법'이고, '전체의 법이

478 表員, 『華嚴經文義要決問答』 권4 分敎義(『한불전』 제2책, p.385중); 法藏, 『華嚴經探玄記』 권1(『대정장』 제35책, p.111); 慧苑, 『華嚴經刊定記』 권1(『속장경』 5·9·18상); 澄觀, 『華嚴經疏』 권2(『대정장』 제35책, p.510상).

479 表員, 『華嚴經文義要決問答』 권4(『한불전』 제2책, p.366상).

480 高榮燮, 「원효의 화엄학: 광엄과 보법의 긴장과 탄력」, 『원효학연구』 제5집, 원효학연구원, 2000; 高榮燮, 『원효탐색』(연기사, 2001; 2005), pp.234~236.

하나의 법'이라고 역설한다. 이 때문에 그는 '막음도 없고 가림도 없는 법'이 '법계 법문의 묘한 기술'이므로 여러 큰 보살들이 들어갈 곳이요, 삼세의 여러 부처들이 나올 곳이며, 소승의 수행자들이 귀먹고 눈멀어 접근할 수 없는 법문이고, 평등한 중생이나 열등한 근기가 놀라고 코웃음 치는 법문[481]이라고 보았다.

이처럼 원효는 지관쌍운의 행법과 무장무애의 법문으로 기신학과 화엄학의 조화로운 만남을 시도해 갔다. 그리하여 그는 유식-기신-화엄-선법으로 이어지는 일심 철학의 내포를 단단히 하고 외연을 넉넉히 할 수 있었다.

그리고 원효는『금강삼매경론』에서 부처의 경계에 일치하는 올바른 지혜(正體智)로써 수행하는 양상(修相)으로서 수행의 5문 중 마지막의 지관쌍운을 강조하였다. 그는 여기에서 선법의 실천을 일미관행一味觀行의 수행으로, 반야 중관의 이제설과 유가 유식의 삼성설을 융합하여 무이중도無二中道의 세계로 보여주고 있다. 이어 그는 생이 곧 멸이고 멸이 곧 생인 생멸무이生滅無二의 일사구게를 통해 시각이 곧 본각과 같은 일각一覺에 이르는 관법으로 무상관無相觀을 제시하고 있다.[482] 방편관과 정관으로 이루어진 무상관은 방편관으로 무이중도에 이르고 정관으로 시각이 곧 본각과 같은 일각에 이르게 하고 있다.

나아가 원효는 만년작인『금강삼매경론』의 「입실제품」에서 속제, 진제, 속제중도, 진제중도, 비진비속非眞非俗 무변무중無邊無中을 무이중도無二中道의 뜻이라고 하였다. 원효의 깨침의 경지로 표현된

---

481 元曉,『晋譯華嚴經疏』(『한불전』제1책, p.495상).

482 김영미, 앞의 글, 앞의 책.

무이중도는 진여의 근본 체상인 진제중도와 진여를 근본으로 한 작용인 속제중도를 아우른다. 그리고 진제중도는 진제를, 속제중도는 속제를 아우른다.

원효는 '무이중도'에 대해 「무상법품」의 방편관 설명,[483] 「여래장품」의 무이중도와 이제 설명 2회[484] 등 모두 3차례를 언급하고 있다.

진여는 공성이니 성품이 공하므로 생긴 지혜의 불길이 모든 번뇌를 불태워 없애고 평등 평등하니, 등각 삼지三地와 묘각 삼신三身이 구식九識 중에 달빛(皎然)처럼 밝고 맑아서 아무 그림자가 없다.[485]

여기서 평등 평등은 평등에도 평등함을 의미하니 평등에도 평등하다는 것은 진제중도의 평등과 속제중도의 평등을 의미하며, 두 중도가 평등하므로 둘이 아닌 무이를 가리킨다. 평등에도 평등하다는 것은 상이 사라져 피차가 없는 평등을 일컬으며 둘이 없는 것을 가리킨다. 상행중도의 중도는 진제중도이고 상행은 실천행으로 속제중도를 뜻하므로 평등 평등은 무이중도를 의미한다고 볼 수 있다.[486]

원효는 「무상법품」에서 무상관을 방편관과 정관으로 해명하고 있다. 방편관은 수단이 되는 관행이고 정관은 진실 그대로의 관행이다.

483 元曉, 『金剛三昧經論』(『대정장』 제34책, 965중).
484 元曉, 『金剛三昧經論』(『대정장』 제34책, 999상); 元曉, 『金剛三昧經論』(『대정장』 제34책, 999상).
485 『金剛三昧經』(『대정장』 제9책, 371중).
486 김영미, 「『금강삼매경론』의 無二中道 사상 연구」, 『동아시아불교문화』 제30집, 동아시아불교문화학회, p.125.

방편관에 의해 생멸문에 들어가게 되며, 정관 즉 참된 관행인 진관眞觀
에 의해 진여문에 들어가게 된다.

> 비록 다시 환화인 유상有相을 이미 깨뜨렸더라도 오히려 환화가
> 없다는 공성空性을 취하니, 공성을 취하여 공에 대해 마음이 생하므
> 로 환화가 없는 공성까지 버리라고 한다. 이때에 공을 취하는
> 마음이 생기지 않으면 무이중도를 깨달아 붓다께서 들어가신 모든
> 법의 실상實相과 같다. 이처럼 교화하면 그 교화가 큰 것이다.[487]

원효는 「여래장품」에서 무이의 중도와 이제의 도리를 설명하면서
무이중도의 사상을 천명하고 있다.

> 그릇된 이해가 매우 많지만 그릇된 이해에는 크게 두 가지가 있다.
> 부처님의 깊은 가르침을 듣고 문자 그대로를 뜻이라고 착각하여
> 스스로 다 되었다고 생각하기 때문에 이런 이들은 교화하기 어렵
> 다. 첫 번째는 부처님의 동과 정의 이문이 없다(動靜無二)는 가르침
> 을 듣고 '곧 그것은 하나다, 일실이며 일심이다'고 생각하여 이제의
> 도리를 비방하고 배척하는 것이다. 두 번째는 공과 유의 이문이
> 있다(空有二門)는 부처님의 말씀을 듣고 '이법이 있고 일실이 없다'
> 고 생각하여 무이의 중도를 비방하고 배척하는 것이다.[488]

---

487 元曉, 『金剛三昧經論』(『대정장』 제34책, 965중11~15). 雖復已破幻化有相. 而猶
    取其無化空性. 取空性故於空生心. 所以亦遣無化空性. 于時不生取空之心不得
    已會無二中道. 同佛所入諸法實相. 如是化故其化大焉.

전자는 움직임과 고요함이 둘이 아니다라는 말씀을 듣고 하나의 진실한 일심이라 여기고 이제의 도리를 배척하는 것이다. 이것은 정관을 비방하고 배척하는 것이다.

후자는 공성과 가유의 이문이 있다는 말씀을 듣고 하나의 진실함이 아닌 두 가지 법이 있다고 여겨 무이의 중도를 배척하는 것이다. 이것은 방편관을 비방하고 배척하는 것이다.

그는 본래 오직 공성과 가유만을 배우고 일찍이 무이중도에 대해 들은 적이 없어서 비록 설명해 주는 사람이 있어도 믿고서 받아들이지 않는다.[489]

어떤 이는 공성과 가유만을 배워서 중관과 유식에만 집착한다. 하지만 공성에 머문 이는 공성이라는 새로운 유에 집착하고, 가유에 머문 이는 공성을 대충 보아 넘긴다. 이 때문에 원효는 공성과 가유에서 벗어나고 하나(一)와 두나(二)에서 벗어난 무이중도의 길을 제시한다.

여기서 무이는 속제(변계소집성)와 진제(시각의 원성실성), 속제중도(의타기성)와 진제중도(본각의 원성실성)를 아우르는 비진비속 무변무중의 중도를 가리킨다. 속제는 속제를 버리고 진제를 드러내는 견속현진遺俗顯眞으로, 진제는 진제를 융합하여 속제중도를 만드는 융진위속融眞爲俗으로, 속제중도依他起性는 진속이제를 뛰어넘은 평등한 초지 이상의 경지에서 진제중도를 만들며, 진제중도(본각의 圓成實性)는

---

488 元曉, 『金剛三昧經論』(『대정장』 제34책, 999상).
489 元曉, 『金剛三昧經論』(『대정장』 제34책, 999상).

속제중도를 융합하여 진제중도로 만드는 융속위진融俗爲眞으로 나아가 무이중도를 실현한다. 이처럼 원효는 '견遣'을 써서 버리고 '현顯'을 써서 드러내 '견'과 '현'에서 자유로운 무이중도를 드러낸다.

4. 일연의 화엄과 선법

일연(1206~1289)이 살았던 13세기는 이전 시기로부터 이어진 무신정권과 새롭게 맞이한 대몽 항쟁의 시대였다. 고려는 대내적으로 이전의 의종 대에 정중부–이의방–이고–채원–이의민이 의종을 폐위하고 명종을 옹립하면서 무신정권이 수립되었다. 정중부–이의방–경대승–이의민 등으로 이어지던 무신정권은 고종 대에 이르러 최충헌–최우(이)–최항–최의로 4대 62년간 이어지면서 7차에 걸친 대몽 항쟁 끝에 서서히 무너져갔다. 결국 김준–임유무를 마지막 집권자로 한 무신정권은 막을 내렸다.

이 시기에 고려는 대외적으로 몽골군을 물리치기 위해 제1차 시기인 고려와 몽골의 형제 맹약기(1218~1231)에 1차 연합군을 결성하였다. 이어 제2차 시기인 고려와 몽골의 형제 사이가 틀어져 대몽 항쟁기(1231~1260)가 이어졌다. 뒤이어 제3차 시기인 고려가 몽골에 항복한 몽골 간섭기(1260년 이후)가 이어졌다. 그 사이 일본 침공을 위한 2차 연합군이 두 번에 걸쳐 만들어졌다.[490] 일연은 이 같은 13세기를 가득 채우며 살았다.

---

490 고운기, 『일연과 13세기, 나는 이렇게 본다』(보리, 2021), p.103.

1) 대승 보살과 일승 화엄

일연은 선사로 널리 알려졌지만 대장경을 두 번 열람하고 유교와 도교에도 밝았다. 그는『어록』2권,『계송잡저』3권,『중편조동오위』(2권 혹은 3권),『조(파)도』2권,『대장수지록』3권,『제승법수』7권,『조정사원』(30권),『삼국유사』(5권)[491] 등 100여 권의 저술을 남겼을 만큼 박학하였다. 그런데 여기에서 일연의 화엄 관련 저술을 찾아볼 수 없다. 하지만 그의 만년작인『삼국유사』에는 화엄 관련 기록이 다수 실려 있어 인물과 선별 과정을 통해 화엄에 대한 그의 안목과 이해를 추적해 볼 수 있다.

『삼국유사』에 실려 있는 많은 사상과 신앙 가운데 유독 화엄사상과 선사상이 주목되는 이유는 일연이 이 두 사상을 자신의 정체성으로 삼고 있는 것으로 파악되기 때문이다. 그는 여기에서 대승 보살의 관점에 서서 일승 화엄을 펼치고 있다.『삼국유사』에 실려 있는 화엄사상 관련 조목은 직접적인 기사와 간접적인 기사가 있다.[492]

---

491 閔漬,「軍威麟角寺普覺國師碑銘」,『조선금석총람』권하(아세아문화사, 1975). 一然의 비문에『삼국유사』가 언급되지 않은 이유에 대해 그 내용이 비문에 수록하기에 적합하지 않았기 때문에 기술하지 않았다는 의견과 비문 작성 때에 이 책이 간행되지 않았기 때문에 수록하지 않았다는 견해가 제시되어 있다.

492 金煐泰,『한국화엄사상연구』(동국대출판부, 1982), pp.14~23. 여기에는 13개 조목에 걸린 직접 관련 기사와 간접 관련 기사 4개 조목이 제시되어 있다.

(1) 전후 소장사리, 전후 시기로 가져온 사리

일찍이 의상 법사가 당나라에 들어가 종남산 지상사의 지엄智儼 존자 처소에 이르렀다. 의상 법사가 지상사의 지엄 존자 처소에서 공부하고 있을 때 (같은 종남산 경내) 그 이웃에 도선 율사가 살고 있었다. 도선道宣 율사가 하루는 의상을 청하여 천신의 공양 (天供)을 대접하기로 하였으나 아무리 기다려도 천공이 이르지 않아 그냥 빈 발우로 돌아오고 말았다. 그 뒤에 천신의 사자가 공양을 가지고 왔으므로 그 사유를 물었더니, 그 골짜기에 천신의 가호를 받는 군사(神兵)가 가득 차서 막고 있었기 때문에 들어오지를 못하였다. 이에 도선이 의상에게 감히 범할 수 없는 위엄(神威)이 있음을 알고 그 도력의 수승함에 감복하여 그 천공을 그대로 두었다가 이튿날 지엄과 의상 두 법사를 초청하여 대접하고 그동안의 사정을 이야기하였다.[493]

일연은 도선이 감복한 의상 도력의 수승함, 즉 그의 위신력을 드높이 선양하고 있다.

(2) 낙산 이대성 관음 정취 조신, 낙산의 두 대성 관음 정취 보살과 조신

옛날 의상 법사가 처음 당나라에서 돌아와 이곳(현 강원도 양양) 해변의 굴 안에 대비진신大悲眞身이 머문다는 말을 듣고 산명을

---

493 一然, 『三國遺事』 권3, 「塔像」 제4, '前後所將舍利'.

낙산洛山이라고 하였다. 이것은 서역(인도)의 보타낙가산普陀洛迦
山을 소백화小白華라고도 하는데, 여기가 백의대사(관음보살) 진신
의 주처이므로 그 이름(보타낙가산)을 따서 붙인 것이다.[494]

일연은 강원도 양양 해변의 굴에 대비진신이 머문다는 것과 이
때문에 이곳이 낙산이라는 이름이 붙었음을 밝히고 있다.

(3) 대산 오만진신, 오대산의 오만 진신

산중의 옛 기록을 살펴보건대, 이 산(오대산)의 이름과 진성(眞聖,
文殊眞身)의 주처라고 하는 것이 자장 법사로부터 비롯되었다.[495]

일연은 진성인 문수대성의 주처인 오대산의 이름이 자장 법사에
의해 붙여진 것임을 밝히고 있다.

(4) 명주 오대산 보질도태자전기, 명주 오대산에 주석한 보천태자의 전기

이 조목은 위의 '산중고전'에서 인용한 것이며 대산오만진신 조목에
있는 내용이 요약되어 있다. 보천태자, 즉 '보질도태자전기寶叱徒太
子傳記'가 실려 있다.[496]

---

494 一然, 『三國遺事』 권3, 「塔像」제4, '洛山二大聖 觀音 正聚 調信'.

495 一然, 『三國遺事』 권3, 「塔像」제4, '臺山 五萬眞身'.

496 一然, 『三國遺事』 권3, 「塔像」제4, '溟州 五臺山洛山寶叱徒太子傳記'.

일연은 산중의 옛 기록을 인용하여 보천태자, 즉 보질도태자 전기를
싣고 있다.

(5) 자장정율, 자장이 계율을 제정하다

인평 3년(636)에 문인 10여 무리와 함께 당나라에 들어간 자장이
청량산으로 가서 (그곳에서는 제석천이 工匠을 데리고 와서 彫削
하였다고 대대로 전한) 문수대성상 앞에서 빌고 빌어 그윽이 감응
하여 꿈에 문수대성상으로부터 마정摩頂 및 범게를 받았으며, 이튿
날 이승이 와서 범게를 해석해 주었고 또 가사와 사리를 주고
가는 등 성상의 기별을 입었다고 하였다. 자장의 생가였던 원녕사
를 고쳐 짓고 낙성회를 베풀 때에 잡화만게(『華嚴經』)를 강하여
52녀가 몸을 나투어(現身) 증청證聽하는 감응을 보였으므로 문인으
로 하여금 (지식수) 나무를 심어 그 특별한 조짐을 표하였다고
하였다. 또 그는 만년에 경사를 떠나 강릉으로 가서 수다사를
짓고 살았었는데, 지난번 중국 청량산 북대에서 본 바 있는 낯선
승려가 꿈에 나타나 시키는 대로 송정松亭에서 문수를 만나 법요를
듣고, 다시 태백산 갈반지에서 석남원(정암사)을 짓고 문수 친견을
고대하다가 남루한 옷에 죽은 강아지를 담은 칡 삼태기를 메고
나타나 늙은 거사 차림의 문수를 뒤쫓았으나 만나지 못하였다는
이야기가 실려 있다.[497]

---

497 一然, 『三國遺事』 권4, 「義解」제5, '慈藏定律'.

일연은 자장이 생가를 원녕사로 고쳐 짓고 낙성회를 베풀 때에
『화엄경』을 강론하였음과 지식수를 심어 조짐을 표한 일 그리고 석남
원(정남사)을 지은 일 등 그의 여러 행적을 기술하고 있다.

(6) 원효불기, 원효는 구속을 받지 않다

원효가 일찍이 분황사芬皇寺에 머물면서 『화엄경소』를 짓다가 제4
「십회향품」에 이르러 마침내 붓을 놓았으며, 또 일찍이 송사로
인해서 몸을 백송百松로 나누었으므로 모두 성사의 법위法位가
초지初地에 이른 것이라 한다.[498]

일연은 『화엄경소』 제4 「십회향품」을 쓰다가 절필한 원효와 초지에
이른 그의 법위에 대해 기술하고 있다.

(7) 의상전교, 의상이 화엄 원교를 전하다

당나라에 들어가 종남산 지상사의 지엄에게로 가서 배웠는데 잡화
(화엄)의 묘한 뜻을 그윽하고(幽) 미세하게(微) 쪼개서(剖) 가르니
(析) 지엄화상은 뛰어난 제자를 만난 것을 기뻐하였으며, 새로운
의취를 펼쳐내니 가히 깊은 갈고리로 숨은 뜻을 찾음이 스승을
능가하였다고 할 만하다. 그 뒤 신라로 돌아와 의봉 원년(676)에
의상은 태백산으로 가서 조정의 칙지를 받아 부석사를 창건하고

---

498 一然, 『三國遺事』 권4, 「義解」 제5, '元曉不羈'

대승을 높게 펼쳐 영이와 감응이 매우 많았으며, 종남(지엄) 문인 현수가 『수현소』를 찬술하고는 그 부분을 보내왔다. "서경 숭복사 법장이 해동 신라 화엄 법사 시자에게 서신을 보냅니다"라는 간절한 내용의 서신까지 봉송하였다. 그리고 의상은 10개의 사찰에 화엄 원교를 전했으며, 또 『법계도서인法界圖書印』 및 『약소略疏』를 지어서 일승의 요체(樞要)를 남김없이 포괄하였으므로 천추의 귀감이 되게 하였다. 세상에서는 의상을 보개여래寶蓋如來의 환생이라고 전해졌으며 그의 문도로는 오진, 지통, 표훈 등 10명의 대덕이 뛰어난 제자로서 각기 전기가 있다. 오진은 하가산 골암사鶻巖寺에 있으면서 밤마다 팔을 뻗쳐 (스승 의상이 있는) 부석사 방의 등불을 켰었고, 지통은 『추동기』를 저술하여 스승의 가르침을 잘 드러냈으며, 표훈은 불국사에 머물면서 항상 천궁을 왕래하였다. 의상은 황복사에 있을 때 제자들과 함께 탑돌이를 하면서 언제나 사다리 없이 허공을 밟고 계단을 올라가 3척이나 공중에 떠서 (땅을 밟지 않고) 탑을 돌았다.[499]

여기서 일연은 의상이 화엄 원교를 배우고 저서를 통해 보개여래의 환생이라고 평가받은 일과 법장이 시자 승전을 보내 의상에게 화엄 주석을 감수 받은 일 그리고 의상의 10대 제자 및 그 제자 오진과 지통과 표훈의 법력에 대해 기술하고 있다.

---

499 一然, 『三國遺事』 권4, 「義解」 제5, '義相傳教'.

(8) 사복불언, 사복이 말을 못하다

사복이 그 어머니가 죽자 고선사로 원효를 찾아가 청하여 둘이 함께 활리산 동쪽 기슭으로 가서 장사를 지내게 되었다. 사복이 게송을 지어 "아득한 옛날에 석가모니불이/ 사라수 사이에서 열반 하였네/ 지금도 그와 같은 자가 있어서/ 연화장계 넓은 데로 들어가 려네." 말을 마치고 풀을 뽑아내니, 그 밑에 명랑하고 맑은 세계가 있어 일곱 겹의 난간과 누각이 장엄하니 인간 세상이 아니었다. 사복이 어머니 시신을 업고 땅속으로 들어가니 땅이 닫혀서 본래대 로 되었다.[500]

일연은 사복이 원효를 청해 어머니의 명복을 빌게 한 일과 사복이 지은 게송에 대해 기술하고 있다.

(9) 승전촉루, 승전이 돌로 된 무리에게 설법하다

승려 승전은 일찍이 중국으로 가서 현수 국사의 강하에서 현언(玄 言, 화엄묘지)을 받아들여 깊이 연찬하였다. 그가 신라로 돌아올 때 현수는 승전으로 하여금 『탐현기』 20권, 『교분기』 20권, 『현의장 등잡의』 1권, 『화엄범어』 1권, 『기신소』 2권, 『십이문소』 1권, 『법계무차별론소』 1권 등을 베껴 써서 서신과 함께 가지고 가서 의상에게 전하게 하였다. 의상은 글들을 열람하여 지엄 법사의

---

500 一然, 『三國遺事』 권4, 「義解」 제5, '蛇福不言'.

교훈을 귀로 듣는 듯하였고, 수십 일을 찾아 토론하면서 문하 제자들에게 주어 널리 펼치게 하였다. 그 뒤 승려 범수가 중국으로 가 신역 후반부의 『화엄경』 징관 법사 의소義疏를 구해 와서 전했으 니 그때가 정원 기묘(799)였다.

승전은 그때 귀국하여 상주 영내의 개령부 경계에 오두막을 짓고 돌로 된 촉루를 아전과 하인(官屬)으로 삼고 『화엄경』을 개강하였 다. 신라 사문 가귀可歸는 『심원장』을 찬술했는데 그 약언에 승전 법사가 돌로 된 무리를 거느리고 논의 강연했으니 지금의 갈항사였 다. 그 촉루 80여 매가 지금도 관아의 소전으로서 자못 특이한 신령(靈異)으로 있다.[501]

일연은 승전의 당나라 유학과 스승 법장의 화엄 주석서를 의상에게 전달한 일 그리고 돌아와 상주 영내 개령부의 갈항사에서 돌로 된 촉루에게 『화엄경』을 강론한 일과 신라 사문 가귀의 『심원장』 찬술에 대해 기술하고 있다.

(10) 현유가 해화엄, 유가의 태현과 화엄의 법해

경덕왕 12년 계사(753) 여름 큰 가뭄(大旱)에 대현 대덕을 내전으로 불러들여 『금광명경』을 강론하게 하여 비를 빈 일이 있었다. 그 이듬해 갑오(754) 여름에 왕은 또 법해 대덕을 청하여 황룡사에서 『화엄경』을 강의하게 하였다. 그때 왕이 법해에게 "지난 여름 대현

---

501 一然, 『三國遺事』 권4, 「義解」 제5, '勝詮髑髏'.

법사가 『금광명경』을 강의할 때에는 우물물이 7장이나 솟았다"고
하였다. 법해는 "매우 조그마한 일이라 칭찬할 것이 못됩니다.
곧바로 창해를 기울여 동악을 허물고 서울(京師)을 떠내려가게
하는 것도 어렵지 않습니다"고 하였다. 왕은 믿지 않고 농담(戲言)으
로 여겼다. 오후 강의 때 법해가 향로를 잡고 잠시 침묵하였는데
갑자기 대궐에서 울음소리가 들리면서 궁리가 달려와 보고하기를
"동쪽 못이 넘쳐서 내전 50여 칸이 떠내려갔습니다"고 하였다.
왕이 멍하니 정신이 나간 듯하니(茫然自失) 법해가 웃으면서 "동해
를 기울이려고 하니 수맥이 먼저 넘친 것입니다"고 하였다. 왕은
불현듯 일어나 절을 하였는데 이튿날 감은사에서 아뢰기를 "어제
오시에 바닷물이 넘쳐서 불전의 계단 앞까지 들어왔다가 네 시경(哺
時)에 물러갔습니다"고 하였다 왕은 더욱 믿어 공경하였다.[502]

일연은 유가법사 표훈의 강론과 화엄법사 법해의 강론을 대비하여
화엄의 위신력이 유가의 위신력보다 더 크다는 사실을 기술하고 있다.

(11) 경흥우성, 경흥이 문수대성을 만나다

신문왕대의 대덕 경흥이 앓고 있을 때에 한 비구니가 와서 문병하면
서 『화엄경』 중에 '좋은 친구가 병을 고쳐준다'는 말씀으로 문병하
고 열한 가지의 광대 모양의 춤을 추어 병을 낫게 하였다.[503]

---

502 一然, 『三國遺事』 권4, 「義解」제5, '賢瑜伽 海華嚴'.
503 一然, 『三國遺事』 권5, 「感通」제7, '憬興遇聖'.

일연은 경흥이 앓고 있을 때에 한 비구니가 와서 『화엄경』의 말씀으로 문명하고 열한 가지 광대 모양의 춤을 추어 낫게 하였다는 사실을 기술하고 있다.

(12) 낭지승운 보현수, 낭지가 구름을 타고 지통이 나무 밑에서 보현보살에게 계를 받다

영축산에서 『법화경』을 늘 강론하던 신이한 승려 낭지의 제자가 되기 위하여 찾아가던 7세의 지통이 그 산의 동네 나무 밑에서 쉬고 있는데 갑자기 나타난 보현대사普賢大士로부터 계를 받고 다음에 낭지를 만나 그 제자가 되었다. 지통이 보현으로부터 이미 수계하였다는 말을 듣고 낭지는 감탄하면서 "훌륭하구나, 너는 이미 보현보살에게 계를 친히 받았구나. 나는 오늘에 이르도록 은근히 염원하였는데도 아직 뵙지 못하였거늘, 지금 네가 수계하였다니 내가 너보다도 못하구나" 하고 도리어 어린 지통에게 예를 올렸으며, 그 나무를 보현수라고 하였다. 지통은 나중에 의상의 문하로 가서 높고 오묘한 이치를 깨닫고(升堂都奧) 자못 불교 교화를 도왔으며(頗資玄化)하였으며, 그는 『추동기』를 저술하였다.[504]

일연은 낭지 대사의 제자가 되기 위해 찾아오던 지통이 보현대사로부터 계를 받은 뒤에 제자가 되었던 사실과 뒷날 지통이 의상을 찾아가 제자가 되어 『추동기』를 지었던 일에 대해 기술하고 있다.

---

504 一然, 『三國遺事』 권5, 「避隱」제8, '朗智乘雲 普賢樹'.

(13) 진정사 효선쌍미, 진정 법사의 효행과 선행의 아름다움

집이 가난하여 장가도 들지 못하고 부역과 품팔이를 하면서 홀어머니를 봉양하던 효자였던 진정이 출가하여 의상 법사의 제자가 되었다. (의상 문하 10대덕의 하나였던) 진정은 어머니의 부음이 이르자 결가부좌하고 입정하여 7일 동안을 일어나지 않았다. 어떤 이는 '지극한 추모의 아픔과 슬픔의 쓰라림을 감당할 수가 없어서 선정의 물(定水)로 씻은 것이다'고 하였고, 더러는 '선정으로써 어머니가 태어난 곳을 관찰한 것이다'고 하였으며, 더러는 '여실한 이치(如實理)로 명복을 천도한 것이다'고 하였다. 그가 선정에서 나와 그 사실을 스승에게 알리니 의상은 문도를 거느리고 소백산의 추동으로 가서 오두막집을 엮고 3천 명의 제자들을 모아 약 90일 동안 화엄대전을 강의하였다. 문인 지통이 그 강설한 요점을 간추려(抄撮)『추동기』2권을 이루어 세상에 유통시켰다. 그 강의를 마치자 진정의 꿈에 어머니가 나타나서 '나는 이제 천상에 태어났다'고 하였다.[505]

일연은 가난했던 진정이 의상의 제자가 된 일과 그의 어머니가 돌아가자 7일 동안 결가부좌하여 일어나지 않고 입정한 일, 그리고 그의 어머니를 위하여 스승 의상이 추동에서 3천 제자를 모아 약 90일간 화엄대전을 강의해 마치자 진정의 꿈에 어머니가 나타나 천상에 태어났다고 한 일과 의상 제자 지통이 그 강설의 요점을 간추려

---

505 一然,『三國遺事』권5,「孝善」제5, '眞定師 孝善雙美'.

『추동기』를 지어 세상에 유통시켰던 일에 대해 기술하고 있다.

이상의 13개 조목은 화엄사상과 관련된 직접적인 기사들이다. 여기
에는 화엄가들을 선택하고 산과 사찰에 대해 조사한 일연의 화엄
인식이 투영되어 있다. 이하의 4개 조목은 화엄사상과 관련된 간접적인
기사들이다.

(14) 동경 흥륜사 금당십성, 경주 흥륜사 금당의 열 성인

흥륜사 금당 십성 가운데 자장, 원효, 사복, 의상, 표훈 등 절반인
5명이 화엄과 관련 있는 인물이 입전되어 있다.[506]

일연은 신라 최초의 사찰인 흥륜사의 금담 십성 중 5명이 화엄계
인물임을 환기시켜 주고 있다.

(15) 흥륜사 벽화 보현, 흥륜사의 보현보살 벽화

화엄사상 계통의 신라 보현신앙의 일면이 보이고 있다.[507]

일연은 흥륜사 보현보살 벽화가 신라 보현신앙의 일면을 보여주고
있다고 보았다.

---

506 一然, 『三國遺事』 권3, 「興法」제3, '東京 興輪寺 金堂十聖'.
507 一然, 『三國遺事』 권3, 「塔像」제4, '興輪寺 壁畫 普賢'.

(16) 대산 월정사 오류성중, 오대산 월정사 다섯 무리의 성중

자장이 처음 오대산에 이르는 과정과 월정사가 점차 낙성되는 내력을 보여주고 있다.[508]

일연은 자장이 오대산과 인연을 맺는 과정과 월정사의 낙성 내력을 시사해 주고 있다.

(17) 경덕왕 표훈대덕, 경덕왕 때의 표훈대덕

'의상전교' 조목에 나타난 것처럼 의상의 제자 표훈은 늘 천궁(토함산 석불사)에 왕래하였다.[509]

일연은 경덕왕 대의 의상 제자 표훈이 딸로 점지된 원성왕을 아들로 점지하기 위해 천궁에 왕래하였음에 대해 기술하고 있다.

이처럼 일연이 편찬한 『삼국유사』에는 화엄사상에 관한 직간접 관련 기사가 17개 조목에 실려 있다. 비록 그의 화엄 관련 저술이 남아 있지는 않지만 『삼국유사』에 실린 자장, 낭지, 원효, 사복, 경흥, 의상, 표훈, 지통, 진정, 승전, 보천, 법해 등의 화엄 관련 인물과 낙산, 오대산, 월정사 등 화엄 관련 기사는 그의 화엄 인식을 보여주고

---

508 一然, 『三國遺事』 권3, 「塔像」제4, '臺山 月精寺 五類聖衆'.
509 一然, 『三國遺事』 권2, 「紀異」제2, '景德王輪寺表訓大德'.

있다.

이들 인물과 산과 사찰이 보여주는 화엄은 일승 화엄사상이다. 일연은 이러한 화엄사상을 토대로 그의 간화선법과 여타의 선법을 접목하고 있다.

2) 생계불감生界不減과 불계부증佛界不增

일연은 1236년에 몽고의 침입으로 병란이 일어나자 피할 곳을 찾기 위해 문수의 오자주五字呪를 염하며 감응을 기약하였다. 홀연히 벽 사이에서(忽於壁間) 문수보살이 나타나서 무주암으로 피하라고 알려 주었다[510]고 한다. 문수의 오자주에서 문수는 화엄의 문수보살을 일컫는다.

정해년(丁亥年, 1227) 겨울 선불장選佛場에 나아가 승과僧科에 응시하여 상상과上上科에 합격하였다. 그 후 포산包山 보당암寶幢庵에 주석하면서 마음에 간절히 선관禪觀을 닦았다. 병신년(丙申年, 1236) 가을에 병란兵亂이 있어 선사는 피할 곳을 찾고자 하여 곧 문수文殊의 오자주五字呪를 염념念하면서 감응感應을 기약하였다. 홀연히 벽간壁間으로부터 문수보살이 현신現身하여 이르시기를 '무주난야無住蘭若에 주석住錫하라'고 계시하였다. 그 다음해 여름 다시 이 포산包山 묘문암妙門庵에 거주居住하였다. 암자 북쪽에 난야蘭若가 있었는데, 그 이름이 무주無住이므로, 곧 전일前日 문수

---

510 閔漬, 「軍威普覺麟角寺普覺國師碑銘」, 『朝鮮金石總覽』 권상(아세아문화사, 1976).

보살이 현신하여 기별記莂함을 깨닫게 되었다. 이 암자庵子에 주석
하면서 항상 생계生界가 불감不減하고, 불계佛界가 부증不增이라[511]
는 부처님 말씀을 참구參究하다가 어느 날 홀연히 활연대오豁然大悟
하고, 사람들에게 이르기를, 금일今日에야 비로소 삼계三界가 환몽
幻夢임을 알고 보니, 대지가 다하여도(盡大地) 털끝(纖豪)만치도
장애障礙함이 없다라고 하였다.[512]

일연은 무주암에 머물면서 '생계불감生界不減 불계부증佛界不增'의
불설을 참구하였다. '어떤 것이 중생의 세계가 줄어들지 않고 부처의
세계가 늘어나지 않는 것인가?'였다. 어느 날 그는 삼계가 환몽이고
대지가 다하여도 털끝만의 장애됨이 없는 활연대오의 경지에 들어갔
다.[513] 일연은 현실 세계가 허깨비와 꿈과 같고 대지 위에 티끌만큼의
장애가 없음을 깨달았다.

대개 중생의 세계가 줄어들면 부처의 세계가 늘어난다고 생각한다.
하지만 중생의 세계가 줄어들지 않고 부처의 세계가 늘어나지 않으려
면 어떻게 해야 할까? 중생의 내적 변화가 곧바로 부처로의 질적
변화임을 보여주어야 하지 않을까?

일연은 중생의 세계와 부처의 세계가 생래의 여래장을 갖춤으로써

---

511 實叉難陀 譯,『大方廣佛華嚴經』「普賢行願品」; 澄觀,『大方廣佛華嚴經隨疏演義
　　鈔』권제2(『대정장』제35책, p.513상), "故說生界佛界不增不減; 澄觀,『大方廣佛
　　華嚴經隨疏演義鈔』권제1(『대정장』제35책, p.509중). "生界不減 佛界不增."
512 閔漬, 위의 비명.
513 閔漬, 앞의 비명.

하나이자 둘이 아닌, 절대평등관의 경계를 증명했던 것[514]으로 이해된다. 불각이 곧 본각이고 시각이 곧 본각이며 본각이 곧 불각인 것처럼 말이다. 그는 시각이 본각과 동일한 각(同一覺)임을 깨쳤던 것이다. 일각은 중생의 공간과 부처의 공간이 동일한 본각(同一本覺)임을 보여주는 공간이며, 일미는 중생의 세계와 부처의 세계가 동일한 각의 맛(一覺味)임을 언표하는 공간이다.

일연은 고종 24년 정유년(32세)에 임금에게서 삼중대사의 승계를 제수받았다. 이어 몽골의 난을 겪은 뒤 고종 31년 갑진년(39세)에 다시 고종으로부터 선사의 승계를 제수받았다. 고종 36년 기유년(44세)에는 최이崔怡의 처남이었던 정안(鄭晏, ?~1251)이 남해의 사택을 절로 만들어 정림사定林寺라 하고 일연에게 맡게 하였다. 고종 46년 기미년(54세)에 그는 대선사를 제수받았다. 그리고 원종 2년(1261) 신유년(56세)에 왕명을 받들어 개경에 올라와 선월사禪月寺에 머물렀다.

원종 5년 갑자년(59세)에 일연은 남쪽으로 돌아와 오어사吾魚寺에 머물렀다. 얼마 있지 않아 인홍사仁弘寺 주지 만회萬恢가 그에게 주석主席을 양보하자 이곳에 머물렀다. 이어 원종 9년 무진년(63세) 여름에 왕명에 의해 그는 선교 명덕禪敎名德 1백 명을 모아 운해사雲海寺에서 대장경 낙성회를 열고 이를 주재하였다. 이 강회講會에서 일연은 막힘이 없는 상태로 자유로이(縱橫無盡) 강론하여 그 이름을 떨쳤다. 인홍사에 머물기를 11년에 이르러 그는 이 절을 중창하여 인흥사仁興寺로

---

514 閔泳珪, 「一然과 陳尊宿」, 『학림』 제5집, 연세대 사학연구회, 1983, p.4.

개칭하였다. 그리고 포산包山의 용천사湧泉寺를 중창하여 불일사佛日寺라고 개칭하였다.

충렬왕 3년(1277) 정축년(72세)에 왕명으로 일연은 운문사雲門寺에 머물며 왕의 신임을 받았다. 충렬왕 7년 신사년(76세) 여름에 그는 왕이 경주에 거둥(幸行)할 때 따라가 왕의 높은 공경(崇敬)을 받았다. 충렬왕 8년 임오년(77세)에 일연은 다시 임금의 앞에 이르러 선법을 강설하였고 이어 개성의 광명사에 머물렀다. 이듬해 9년 계미년(78세) 봄에 충렬왕은 군신들에게 다음과 같이 널리 알렸다.

선대의 어진 임금(先王)은 불가(釋門)의 덕이 큰 자를 왕사王師로 삼고, 덕이 더 큰 자는 국사國師로 삼았다. 이제 운문 화상雲門和尙은 도덕이 성하고 사람들이 길이 우러러보는 터에 어찌 내 홀로 자택慈澤을 입겠는가. 한 나라(一國)가 깊이 받들고자 하노라.

그리고 국왕은 왕명으로 우승지 염승익(廉承益, ?~1302)을 보내어 왕명으로 국사의 예를 갖추고자 하였다. 그러자 일연은 임금에게 올리는 글(表文)로 굳이 사양하였다. 이에 왕은 다시 재삼 청하고 상장군 나유羅裕를 보내어 국존國尊으로 책봉하고 원경충조圓徑冲照라는 별호를 내려주었다. 이어 4월에 임금이 거처하는 곳(大內)에 맞이하여 왕은 몸소 백관을 이끌고 구의례摳衣禮를 행하고 국존으로 삼았다.

하지만 일연은 오래지 않아 서울에 머물러 있기가 싫어 어머니의 연세 많음(年老)을 빙자하여 다시 조상의 무덤이 있는 자리(舊山)에 가기를 간절히 청하였다. 국왕은 그의 뜻을 어기지 아니하려고 이를

허락하였다. 이에 근시좌랑近侍佐郎 황수명黃守命으로 하여금 호행護
行하게 하여 그 어머니를 뵙게 하니 조야朝野가 모두 희한한 일이라고
탄복하였다.

기축己丑년 6월 병病이 일어났고, 7월 7일에 이르러 손수 대내大內
에 올릴 편지를 쓰고, 또 시자侍者를 시켜 편지를 써서 상국相國인
염승익廉承益에게 보내어 장왕長往을 알리도록 하고는, 모든 선로
禪老들과 더불어 날이 저물도록 문답하였다. 이날 밤 1척이나 되는
큰 별이 방장실方丈室 후원에 떨어지는 징후가 있었다. 다음날
을유乙酉일 새벽 일찍이 일어나 목욕하고 단정히 앉아 대중大衆에
이르기를, "내가 오늘 떠나려 하는데, 혹시 중일重日이 아닌지?"
하고 물었다. 시자가 대답하되 "중일은 아닙니다." "그러면 좋다"
하고, 대중으로 하여금 법고法鼓를 치게 하고 스님께서는 선법당善
法堂 앞에 이르러 선상禪床에 걸터앉아 인보印寶를 봉함하여 장선별
감掌選別監인 김성고金成固에 명하여 다시 거듭 봉필封畢하고, "천
사天使가 오거든 노승老僧의 말후사末後事를 알리라" 하였다. 1)
어떤 스님이 국존國尊의 앞에 나아와 묻기를 "석존釋尊께서는 학림
鶴林에서 열반에 드셨고, 화상和尙은 인령麟嶺에서 입적入寂하시
니, 그 차이(相去)가 얼마나 되는지 알 수 없나이다" 하였다. 스님께
서 주장자를 잡고 한 번 내리치고 이르되, "차이가 얼마냐?"고
반문하였다. 나와서 이르되 "그렇다면 금今과 고古가 마땅히 변천
함이 없어 분명하게 목전目前에 있나이다" 하니, 스님께서 또 주장
자를 잡고 한 번 내리치고 이르되, "분명히 목전에 있다"라고 하였

다. 나와서 이르되, "뿔을 세 개 가진 기린이 바다에 들어가고, 공여空餘에 달린 조각달이 물속에서 나옵니다" 하니, 스님께서 이르되 "훗날 다시 돌아오면 상인上人과 더불어 거듭 한바탕 놀자" 라고 하였다.[515]

죽음을 맞이하는(臨終) 일연은 첫 번째의 수좌와 법거량을 하고 있다. 이어 일연은 두 번째의 수좌와 법거량을 하고 있다.

2) 또 어떤 스님이 묻기를, "화상께서 백년 후에 구하는 바가 무엇입니까?" 하니, 스님께서 이르되 "다만 일상생활 이것뿐이라"고 하였다. 나아와 이르되 "군왕君王과 더불어 일개一箇 무봉탑無縫塔을 조성하더라도 무방無妨하겠습니다" 하니, 스님께서 이르기를 "어느 곳으로 왔다 갔다 하는가?" 하였다. 나아와 이르되, "법法을 묻고자 하기 위해서입니다" 하니, 스님께서 이르시길 "이 일은 모두 아는 사실이니, 더 이상 묻지 말라" 하였다. 3) 또 어떤 스님이 화상에게 묻기를 "스님은 세상에 살아있는 것이, 마치 세상에 없는 것과 같으며, 몸을 보되 또한 몸이 없는 것과 같으니, 더 오래도록 세상에 살아 계시면서 대법륜大法輪을 전하는 것이 좋지 않겠습니까?" 하니, 스님께서 이르되, "이 세상에 있거나 저 제상에 있거나, 가는 곳마다 불사佛事를 하고 있느니라" 하였다. 이와 같이 문답이 끝난 다음, 스님께서 모든 선덕禪德에게 이르시되, "날마다 공부하는 경지境地를 보고하라. 가려운 통양지(痛痒之, 有念)와 가렵지

---

515 閔漬, 앞의 비명.

않은 불통양지(不痛痒之, 無念)가 모호하여 구분이 되지 않는다"
하고는 주장자를 들어 한 번 내리치고 이르되, "이것이 곧 통양痛痒
이라" 하고, 또 한 번 내리치고 이르되, "이것은 불통저不痛底라"
하며, 세 번째 내리치고는 "이것은 통지痛之냐? 불통지不痛之냐?
시험 삼아 자세히 살펴보라" 하고는, 법상에서 내려와 방장실方丈室
로 돌아가서 조그마한 선상禪床에 앉아서 담소함이 평소와 같았다.
잠시 후 손으로 금강인金剛印을 맺고 조용히 입적하시니, 오색
광명이 방장실 뒤쪽에서 일어났는데, 곧기가 당간幢竿과 같고,
그 단엄하고 빛나고도 빛남(煜煜)은 불꽃과 같으며, 화염상火炎上
에는 백운白雲과 일산日傘과 같이 덮인 속으로 하늘을 가리키면서
떠나갔다. 때는 가을 늦더위가 기승을 부렸다.[516]

일연은 세 번째 수좌와의 마지막 법거량에서 "이 세상에 있거나,
저 제상에 있거나, 가는 곳마다 불사佛事를 하고 있느니라"고 문답을
마친 뒤 모든 선덕禪德에게 "날마다 공부하는 경지境地를 보고하라.
가려운 통양지(痛痒之, 有念)와 가렵지 않은 불통양지(不痛痒之, 無念)
가 모호하여 구분이 되지 않는다"며 세 차례 주장자를 내려친 뒤에
법상에서 내려와 방장실로 돌아갔다. 그리고는 조그마한 선상에 앉아
서 평소와 같이 담소하다가 잠시 뒤 손으로 금강인을 맺고 조용히
입적하였다. 이처럼 그는 죽음을 맞이하는 마지막까지 활짝 깨어서
살활殺活이 자재한 활발발한 선기를 보여주면서 떠나갔다.
일찍이 일연은 혜하慧霞 선사가 편집하고 광휘廣輝 선사가 해석한

『조동오위』가 세상에 널리 퍼지게 된 사실에 접하고 다행히 인연을
만난다면 개정본을 내야 되겠다고 혼자 마음속으로 생각하였다. 하지
만 다사다난한 세상을 만나는 바람에 본뜻을 실행하지 못하였다.
그러다가 다음해 병진년(1256) 여름 경남 남해에 있는 윤산輪山의
길상암吉祥庵에 머물게 되면서 여유가 생기자 조산曹山 간揀, 혜하慧霞
편編, 광휘廣輝 석釋의 삼가三家의 구본舊本 어구語句를 읽고 검토하는
일에 힘 쏟게 되면서『중편조동오위』를 펴내게 되었다. 그는 조산
선사의 말씀을 '간운揀云'으로, 광휘 선사의 말씀을 '석운釋云'으로 편집
하고, 자신의 생각은 '보왈補曰'로 보충하였다. 그 결과 문인 후조산後曹
山 혜하 편編, 문인 광휘 석釋, 후학 회연 보補로 정리해 냈다.[517]

일연이 중편한 이 저술에는 여러 선사들의 '간운'과 '석운', '편'과
'보', 자신의 '보왈'에 보이는 것처럼 그의 경초 선풍은 저변에 넓게
깔려 있다. 이러한 경초 선풍은 그가 호명한 원효의 각승 가풍과의
통로도 찾아볼 수 있다.

5. 각승 가풍과 경초 선풍

1) 각승 가풍과 대중교화

원효는 '종요宗要'로 자신의 철학을 전개하였다. 현존하는 20여 종의
저술 중 '종요'가 붙은 것은 6종 남짓 된다.[518] 그는 '종요'를 '종宗'과

---

517 일연은『洞山五位顯訣』을 시작하면서 처음의 '補曰'에서 자신이 존경했던 송나
　　라의 陳尊宿, 즉 善卿의 말로 시작하고 있다.

518 조선시대 문인인 徐居正은 元曉의 6가지 종요, 즉『대혜도경종요』,『열반경종요

'요要'로 구분하였다. '종'이 '종지宗旨'를 가리킨다면, '요'는 요체要諦를 의미한다. 원효는『금강삼매경』의 종요를 일미관행一味觀行으로 종합하고, 십중법문十重法門으로 전개하고 있다.

원효는 이 경의 주석서에 '종요'를 붙이지 않았지만 일미관행을 요체로 삼고, 십중법문을 종지로 삼았다. 이것은 이 경의 종요를 절묘하게 뽑아낸 것이다. 여기서 그는 '일미관행의 요체'는 반야 중관에 상응시키고, '십중법문의 종지'는 유가 유식에 상응시켜 보고 있다.[519] 그리하여 원효의 각승 가풍은 시각과 본각의 이각을 원만히 아우르는 살림살이로 펼쳐지고 있다.

(1) 일미관행

원효는『대승기신론』의 종요를 일심과 이문으로 체계화하였다. 반면 『금강삼매경』의 요체는 종합해서 일미관행으로 집약하고 있다. 관觀의 경과 지, 행行의 인과 과, 과果의 오법 원만, 인因의 육행 구족, 지智의 본각과 시각, 경境의 진과 속의 사라짐, 함께 사라졌지만 멸하지 않으며, 두 가지로 깨달았지만 생긴 것이 없다.

(이 경의 종요를) 종합하여 말한다면 일미一味의 관행觀行이 요체가 된다. 관행이라는 것은, 관觀은 횡으로 논하는 것(橫論)으로서 경境과 지智에 통하고, 행行은 종으로 바라본 것(豎望)으로서 인因

―――――――――
」,『미륵상생경종요』,『법화경종요』,『무량수경종요』,『화엄경소』의 서문을 자신이 선집한『東文選』에 싣고 있다.

519 高榮燮,「분황 원효『금강삼매경론』의 중심 내용과 주요 특징」, 앞의 책.

과 과果에 걸쳐 있다. 과果는 오법이 원만함을 말한 것이고, 인因은 육행이 잘 갖추어짐을 말하며, 지智는 곧 본각과 시각의 두 깨달음 이고, 경境은 곧 진과 속이 없어진 것이다. 함께 없어졌지만 아주 없어진 것이 아니고, 두 가지로 깨달았지만 생긴 것이 없으니 무생의 행위(無生之行)는 그윽이 무상에 계합하고, 무상의 법(無相 之法)은 본각의 이익을 순조롭게 이룬다. 이익이 이미 본각의 이익 으로서 얻음이 없기 때문에 실제를 움직이지 아니하고, 제際가 이미 실제로서 자성을 떠났기 때문에 진제 또한 공허하다. 모든 부처와 여래가 여기에 간직되어 있으며, 모든 보살도 이 가운데에 따라 들어가니 이러한 것을 여래장에 들어간다고 한다. 이것이 육품의 대의다.[520]

여기서 주목되는 것은 정설분의 무생의 행위가 무상에 계합하고, 무상의 법이 본각의 이익을 순조롭게 이루며, 본각의 이익이 실제를 움직이지 않으며, 실제로서 자성을 떠난 진제가 공허하며, 모든 부처와 여래가 여기에 간직되어 있으며, 모든 보살도 여래장에 따라 들어간다 는 것으로 이 육품을 대의 중심으로 축약하고 있는 지점이다.

이 관觀의 문에서 처음의 신해信解로부터 등각等覺에 이르기까지 육행六行을 세운다. 육행이 만족될 때 아홉 가지 식이 전변하거나

---

520 元曉, 『金剛三昧經論』 권상(『한불전』 제1책, p.604하; 『대정장』 제34책, p.961상). 6품은 「무상법품」, 「무생행품」, 「본각리품」, 「입실제품」, 「진성공품」, 「여래장 품」이다.

현현하니, 무구식을 현현시켜 청정한 법계로 삼고, 나머지 팔식을
전변시켜 사지四智를 이루니, 오법五法이 이미 원만해져서 삼신三
身이 이에 구비된다. 이러한 인과 과는 경과 지를 떠나지 아니하였
으며, 경과 지는 둘이 아니라 오직 일미—味니, 이러한 일미—味의
관행觀行으로 이 경의 종지를 삼는다. 그러므로 대승의 법상이
포괄되지 않는 것이 없고, 헬 수 없는 뜻의 종요宗要가 여기에
들어가지 않음이 없으니, '이름이 헛되이 일컬어지지 않는다'는
것은 이것을 두고 하는 말이다. 일미의 관행을 종합적으로 논하여
대략 서술하면 이와 같다.[521]

여기서도 주목되는 것은 행行의 인과 과가 관觀의 경과 지를 떠나지
않으며, 경과 지는 둘이 아니라 오직 일미니 일미의 관행으로 이
경의 종지로 삼는다는 대목이다. 그리하여 원효는 대승의 법상의
포괄성과 헬 수 없는 뜻의 종요가 일미의 관행에 들지 않음이 없다고
하면서 이것이 이 경의 요체라고 하였다.

종합적인 면에서 본다면 이 경전의 요체는 일미관행, 즉 관행에
있다. '관觀'이란 진과 속이 사라지고, 시각이 본각으로 자리한 것이며,
'행行'이란 십신·십주·십행·십회향·십지·등각의 여섯 단계 수행(六
行)을 완수하여 무지와 번뇌로 들뜨던 인식 작용(八識)이 안정되어
성소작지·묘관찰지·평등성지·대원경지의 네 가지 지혜와 청정한 법
계의 오법이 원만히 이루어지는 것이다.

따라서 관觀의 문에서 십신·십주·십행·십회향·십지·등각의 육행

521 元曉, 『金剛三昧經論』 권상(『한불전』 제1책, p.604하; 『대정장』 제34책, p.961상).

이 전개되고(行의 因), 그 결과 무지와 번뇌가 극복된 무구식인 구식의
진실한 경지와 팔식이 변하여 이룩되는 네 가지 지혜가 성취되어
오법(行의 果)이 원만해진다. 그리하여 '관'의 지와 경은 '행'의 인과
과와 하나가 되어 결국 관과 행이 일미로 모아지는 것이다.

(2) 십중법문

원효는 『금강삼매경』의 종지를 전개하여 열 가지 법문으로 펼치고
있다. 주목되는 것은 일문一門을 일심 → 일념 → 일실 → 일행 →
일승 → 일도 → 일각 → 일미를 깨닫는 것으로 설명하는 대목이다.

> (이 경의 종요를) 전개하여 말한다면 열 가지 법문이 종지가 된다.
> '전개해서 설명하면 열 가지의 법문이 종지가 된다'고 한 것은
> 일문으로부터 점차 십문에까지 이르는 것을 말한다. 일문一門은
> 무엇인가? 일심一心 가운데 일념一念이 움직여 일실一實을 따라서
> 일행一行을 닦아 일승一乘에 들어서 일도一道에 머물러 일각一覺을
> 써서 일미一味를 깨닫는 것이다. 이문二門은 무엇인가? 이안二岸에
> 머무르지 아니하여 이중二乘을 버리고, 이아二我에 집착하지 않음
> 으로써 이변二邊을 떠나며, 이공二空에 통달하여 이승二乘에 떨어
> 지지 아니하고, 이제二諦를 함께 융합하여 이입二入에 어긋나지
> 않는 것이다. 삼문三門이란 스스로 삼불三佛에 귀의하여 삼계三界
> 를 받으며, 삼대제三大諦를 좇아 삼해탈三解脫과 등각等覺의 삼지三
> 地와 묘각妙覺의 삼신三身을 얻고, 삼공취三空聚에 들어가서 삼유심
> 三有心을 없애는 것이다. 사문四門이란 사정근四正勤을 닦고 사신족

四神足에 들어가며, 네 가지 큰 인연(四大緣)의 힘으로 사의四儀가 항상 예리하며, 사선四禪을 초월하여 네 가지 비방(四謗)을 멀리 떠나 사홍지四弘地 가운데서 사지四智가 흘러나오는 것이다. 오문 五門이란 오음五陰에서 생겨나서 오십 악五十惡을 갖추었기 때문에 오근五根를 심고 오력五力을 길러 오공五空의 바다를 건너고 오등五等의 지위를 넘어서 오정법五淨法을 얻고 오도五道의 중생을 제도하는 것 등이다.[522]

원효는 일문의 일심·일념·일실·일행·일승·일도·일각·일미를 깨닫는 것으로 시작하여, 이문의 이안·이중·이아·이변·이공·이승·이제·이입, 삼문의 삼불·삼계·삼대제·삼해탈·삼지·삼신·삼공취·삼유심, 사문의 사정근·사신족·사대연·사의·사선·사방·사홍지·사지, 오문의 오음·오십악·오근·오력·오공·오등·오정법·오도의 중생까지 제도하기 위한 차제적 단계를 시설하고 있다.

육·칠·팔·구 등의 문은 어떤 것인가? 육도六度를 온전히 닦아서 육입六入을 영구히 제거하며, 칠각분七覺分을 행하여 칠의과七義果를 없애고, 팔식八識의 바다가 맑아지고, 구식九識의 흐름이 깨끗해지는 것이다. 처음 십신十信에서부터 십지十地에 이르기까지 백행이 만족하게 갖추어지고 만덕이 원만한 것이니, 이러한 여러 문이 이 경의 종지가 된다. 이것은 모두 경의 글에 있으니, 그 글이 나오는 곳에서 설명할 것이다. 그런데 이 뒤의 아홉 문은 모두

---

522 元曉, 『金剛三昧經論』 권상(『한불전』 제1책, p.604하; 『대정장』 제34책, p.961상).

일문一門에 포함되고, 일문에 아홉 문이 있으니, 일미一昧의 관행觀行을 벗어나지 않는다. 그러므로 전개하여도 하나에서 더 늘어나지 않고, 종합하여도 열에서 더 줄어들지 않으니, 늘어나지도 않고 줄어들지도 않는 것이 이 경의 종요다.[523]

여기서 주목되는 것은 일문 이후의 아홉 문이 모두 일문에 포함되고 일문에 아홉 문이 있으니 일미의 관행을 벗어나지 않는다는 지점이다. 따라서 이 경의 종요는 전개하여도 하나에서 더 늘어나지 않고, 종합하여도 열에서 더 줄어들지 않으니, 늘어나지도 않고 줄어들지도 않는다는 것이다. 이처럼 원효는 처음 십신에서부터 십지에 이르기까지 백행百行이 만족하게 갖추어지고 만덕萬德이 원만한 것이니 이러한 여러 문이 이 경의 종지宗旨라고 하고 있다.

따라서 일문은 나머지 아홉 문의 종합이며 그것은 일관, 즉 일미관행을 벗어나지 않는다는 것이다. 그리하여 십신에서 시작하여 십주·십행·십회향·십지에 이르러 백행을 갖추고 만덕이 원만하게 된다는 것이다. 그 결과 전개해도 하나에서 더 늘어나지 않고, 종합해도 열에서 더 줄어들지 않아서 늘어나지도 줄어들지도 않는 것이 바로 이 경전의 종요宗要다라고 하였다.

이처럼 원효는 이 경전의 '요체'로서의 일미관행과 '종지'로서의 십중법문을 통해 반야 중관과 유가 유식의 구도를 의식하면서 전개해 나가고 있다.

---

523 元曉, 『金剛三昧經論』 권상(『한불전』 제1책, p.605상; 『대정장』 제34책, p.961상).

원효는 『금강삼매경』에서 일각, 즉 시각과 본각, 등각과 묘각의
배대를 의식하면서 궁극적으로 시각과 본각이 하나되는 '동일본각
同一本覺', 즉 일본각一本覺으로 귀결시키고자 하였다. 동시에 그는
일미一味, 즉 시각과 본각의 평등한 동일미同一味이자 일각미一覺味
로 귀결시키고 하였다. 일각은 시각, 즉 본각의 관법이며 그것은
무상관으로 나타나고 있다. 그는 무상관에서 방편관과 정관의
구도를 통해 일각과 무이중도를 해명하고 있다. 정관으로는 일각에
이르고, 방편관으로는 무이중도에 이른다.[524]

심생멸이란 것은 여래장을 의지하기 때문에 생멸심이 있으니,
이를테면 불생불멸이 생멸과 더불어 화합하여 같은 것(一)도 아니
고 다른 것(異)도 아님을 아리야식이라 한다. 이 식이 두 가지
뜻을 지녀 능히 일체법을 포섭하여 일체법을 생겨나게 하니, 어떤
것이 그 두 가지 뜻인가? 하나는 각의 뜻(覺義)이고, 다른 하나는
불각의 뜻(不覺義)이다.[525]

아리야식은 불생불멸이 생멸과 더불어 화합하여 같은 것도 아니고
다른 것도 아닌 것으로 규정된다. 이 때문에 아리야식은 여래장에
의지하는 생멸심이다.

시각의 뜻이라고 하는 것은, 본각을 의지하기 때문에 불각이 있고

---

524 高榮燮, 「분황 원효 『금강삼매경론』의 내용과 특징」, 앞의 책.
525 馬鳴, 『大乘起信論』(『대정장』 제32책).

불각을 의지하기 때문에 시각이 있다고 말한다.[526]

이 생멸심에는 시각의 뜻과 본각의 뜻이 있는데 이들은 불각에 서로 의지하고 있다. 이들은 본각에 의지하므로 불각이 있고 불각을 의지하므로 시각이 있다.

시각이라 하는 것은, 바로 이 심체(心體)가 무명의 연을 따라 움직여서 망념을 일으키지만, 본각의 훈습의 힘 때문에 차츰 각의 작용이 있어 구경에 이르러서는 다시 본각과 같아지니, 이를 시각이라 말하는 것이다.[527]

여기서 시각은 본각의 훈습의 힘으로 생긴 각의 작용으로 끝내는 본각과 같아지는 것을 가리킨다.

이 가운데 대의는 시각은 불각을 기다리고(待) 불각은 본각을 기다리며 본각은 시각을 기다린다는 것을 밝히려는 것이다. 이미 서로 기다리는 것이기에 곧 자성이 없으니, 자성이 없는 것은 곧 각(覺)이 있지 않다. 각이 있지 않은 것은 서로 기다리기 때문인데, 서로 기다려서 이루어지는 것이니 곧 각이 없지도 않다. 각이 없지 않기 때문에 '각'이라고 말하는 것이지 자성이 있어서 각이라고 하는 것은 아니다.[528]

---

526 馬鳴, 『大乘起信論』(『대정장』 제32책).

527 元曉, 『大乘起信論別記』(『한불전』 제1책, p.638중).

여기서 서로 기다린다(待)는 서로 상대한다(待)는 것이다. 시각은 불각을, 불각은 본각을, 본각을 시각을 상대한다. 서로 상대하기 때문에 자성이 없고 자성이 없기에 각이 있지 않다. 하지만 각이 있지 않은 것은 서로 상대하기 때문이며 서로 상대하여 이루어지는 것이기에 각이 없지도 않다.

이 사상四相을 총괄하여 일념─念이라 하니 이 일념과 사상에 의하여 사위四位의 단계적인 내려감을 밝혔다. 본래 무명불각의 힘에 의하여 생상生相 등이 갖가지 몽념夢念을 일으켜 그 심원心源을 움직여 점차 멸상에 이르고, 오래도록 삼계에 잠들어 육취六趣에 유전하다가, 이제 본각의 부사의훈不思議熏으로 인하여 생사를 싫어하고 열반을 즐겨 찾는 마음을 일으켜 점점 본원으로 향하여 비로소 멸상 내지 생상을 그쳐 활짝 깨달아 자심自心이 본래 동요한 바가 없음을 깨달아 마쳐 이제는 고요한 바도 없이 본래 평등하여 일여─如의 자리에 머문다는 것을 밝히고자 하는 것이니, 『금광명경』에서 말한 하수河水를 건너는 비유와 같은 것이다.[529]

무명불각의 힘에 의해 생상 등이 갖가지 몽념이 일어나듯이 일념과 사상은 상호 맞물려 진행된다. 이 사상 등의 갖가지 몽념에 의해 심원을 움직여 멸상에 이르게 되고 긴 세월 동안 삼계에 잠들고 육취에 유전한다. 하지만 언젠가 시절인연이 도래하면 본각의 부사의훈습의

---

528 元曉, 『大乘起信論疏』(『한불전』 제1책, p.708상).
529 元曉, 『大乘起信論疏』(『한불전』 제1책, p.709중).

힘에 의하여 생사를 싫어하고 열반을 즐겨 찾는 마음을 일으켜 점차 본원을 향해 나아가 끝내는 일여一如의 자리에 머물게 된다.

> 본각이 있기 때문에 본래 불각이 없고, 불각이 없기 때문에 끝내 시각이 없는 것이며, 시각이 없기 때문에 본래 본각이 없다는 것을 알아야 한다. 본각이 없음에 이른 것은 그 근원이 본각에 있기 때문이고, 본각이 있는 것은 시각이 있기 때문이며, 시각이 있는 것은 불각이 있기 때문이고, 불각이 있는 것은 본각에 의하기 때문이다. … 이와 같이 계속해서 서로 의지하니, 곧 모든 것이 없는 것이 아니지만 있는 것도 아니며, 있는 것이 아니지만 없는 것도 아님을 나타내는 것임을 알아야 한다.[530]

본각과 불각과 시각은 서로 의지하므로 모두가 없는 것이 아니지만 있는 것도 아니고, 있는 것이 아니지만 없는 것도 아니다. 이러한 사실을 자각해야만 시각이 곧 본각임을 알 수 있게 된다. 여기서 본각–불각–시각의 상의상자相依相資와 상호의존相互依存의 관계를 알 수 있다.

> 본각이란 것은 이 심성이 불각의 상을 여읜 것을 말한다. 이 각조覺照의 성질을 본각이라 하니, 이는 아래 글에서 '이른바 자체에 큰 지혜광명의 뜻이 있다'고 한 것과 같다.[531]

---

530 元曉, 『大乘起信論別記』(『한불전』 제1책, p.683하~684상).
531 大安 편집, 『金剛三昧經』 「本覺利品」(『한불전』 제1책, p.634중).

이처럼 원효는 심성이 불각의 상을 여읜 것을 본각이라 하고 이
깨달아 비추는(覺照) 성질을 본각이라 한다.

이 (아리야)식이 두 가지의 뜻이 있어서 능히 일체법을 포섭하며
일체법을 일으키니, 어떤 것이 두 가지 인가? 첫째는 각의 뜻이요,
둘째는 불각의 뜻이다. 각의 뜻이라고 하는 것은 심체가 망념을
여읜 것을 일컬음이다. 망념을 여읜 상은 허공계와 같아 두루
하지 않은 바가 없어서 법계일상法界─相이니 곧 이 여래의 평등한
법신이다. 이 법신을 의지하여 본각이라 설하는 것이다. 무슨
까닭인가? 본각의 뜻이란 것은 시각의 뜻에 대하여 설한 것인데,
시각이란 것은 곧 본각과 같기 때문이다. 시각의 뜻이란 것은
본각을 의지하기 때문에 불각이 있으며 불각을 의지하기 때문에
시각이 있다고 설하는 것이다.[532]

본각의 기준에서 보면 일각은 이미 구현된 모든 존재의 실체 없는
참모습을 드러내는 수행이라고 할 수 있다. 반면 시각의 기준에서
보면 일각은 아직 가려져 있는 존재의 참모습을 새롭게 밝혀 가는
수행이라고 할 수 있다. 이 때문에 일체의 모든 법은 오직 일심일
뿐이고 모든 중생은 하나인 본각(─本覺)이므로 이러한 뜻에서 일각─
覺이라고 한 것이다. 결국 시각이 원만하면 곧 본각과 같아져서 본각과
시각이 둘이 없기 때문에 일각이라고 하는 것이다.[533]

---

532 馬鳴, 『大乘起信論』(『대정장』제32책).
533 高榮燮, 「분황 원효 『금강삼매경론』의 내용과 특징」, 『불교철학』제6집, 동국대

(『경』) 선남자여, 다섯 계위는 일각으로서 본각의 이익으로부터
들어가니, 만일 중생을 교화하려면 그 본처本處를 따라야 한다.
(『론』) 다섯 계위의 모든 행이 본각을 떠나지 아니하여 모두
본각의 이익을 좇아 이루어지지 아니함이 없으며 행을 이룰 때에
앞으로부터 뒤로 들어가기 때문에 '들어간다'고 하였다. '들어간다'
는 것은 자신을 이롭게 하는 것이고(自利), '교화한다'는 것은 타인
을 이롭게 하는 것이니(利他), 이와 같은 두 가지 행은 모두 본처를
따른 것이다.[534]

일각으로서 본각의 이익에 들어가는 까닭은 중생을 교화하기 위함이
다. 중생을 교화하기 위해서는 그 본처를 따라야 한다. 이 때문에
자신을 이롭게 하는 자리와 타인을 이롭게 하는 이타의 두 가지 행은
모두 본처를 따른 것이다.

따라서 『금강삼매경론』에서 '일미一味'는 시각과 본각이 하나의 맛
인 '동일미同一味'이자 평등한 한맛이며(平等一味) 일심과 본각이 같은
'일각미一覺味'이다. '일각一覺'은 시각과 본각이 본래 평등한 동일한
각(同一覺)이자 시각이 원만하면 곧 본각과 같아져서 본각과 시각이
둘이 없는 것이다. 또 모든 중생이 똑같이 본래 깨달았기 때문에
동일한 본각(同一本覺)이자 일심과 본각을 하나로 아우르는 본각(一本
覺)이다.[535]

세계불교학연구소, 2020.

534 元曉, 『金剛三昧經論』 권상(『한불전』 제1책, pp.655하~656상)

535 高榮燮, 「분황 원효 『금강삼매경론』의 주요 내용과 특징」, 『불교철학』 제6집,

이처럼 원효의 각승 가풍은 시각과 본각의 원만히 통섭되어 동일한 본각, 즉 일각으로 펼쳐졌다. 그리고 이 일본각은 대승 보살의 일각 선풍과 연속되고 있다.

2) 보살 선풍과 이류중행 - 경초莖草 선법禪法과 피모대각被毛戴角

(1) 경초 선법

일연은『중편조동오위』에서 '피모대각'과 '이류중행'을 32번이나 쓰고 있다. 피모대각의 이류중행은 온몸에 털을 덮어쓰고 머리에 뿔을 받쳐 이고 이류 속으로 들어가 짐을 나르고 밭을 가는 것이다. 그는 온몸에 털을 쓰고 머리에 뿔을 이고 이류異類 속으로 들어가 사는 가풍을 '경초선'이라는 새로운 말로 만들어내었다.『경덕전등록』이나『조당집』에는 '이류중행', 즉 이류異類 속으로 들어가 실행한다는 말이 여러 번 거듭 나온다.

이류異類에는 네 가지의 이류가 있다. 첫째는 다른 무리들 속에 왕래하는 것(往來異類)이다. 천당, 지옥, 아귀, 축생, 아수라 등이 모두 이류이다. 둘째는 보살이 이류에 동화하는 것(菩薩同異類)이다. 보살은 육도만행을 갖추어야 하니 교敎에서는 "만일 제도되지 못한 중생이 하나라도 있다면 나는 끝끝내 정각을 이루지 않으리니 중생이 끝없으니 서원도 끝없다"고 하였다. 이렇게 서원하기 때문에 '보살이 이류에 동화한다'고 한다.

셋째는 사문이류沙門異類이다. 사문이 진리에 칭합하고 번뇌를 끊는

동국대 세계불교학연구소, 2020.

일(稱斷事)을 전환하고도 성인의 자리(報位)에 들어가거나 청하지 않아야 비로소 사문의 행이라고 할 수 있다. 이를 또한 '사문이 몸을 바꾼다(轉身)', 또는 '털을 쓰고 머리에 뿔을 인다', '물소가 된다'고 한다. 이러한 경지가 되어야 비로소 이류 속으로 들어갈 수 있으며, 이것을 '색류色類 쪽의 일'이라고 한다.

넷째는 종문중이류宗門中異類이다. 남전普願은 이렇게 말하였다. "지혜로 도달하지 못하는 곳은 말을 붙여서는 안 된다. 말을 붙인다면 머리에 뿔이 생기게 된다. 여여如如라 해도 벌써 변해버린 것이니 모름지기 그냥 이류 속에서 행하기만 하면 된다. 이류 속의 일을 말해 보라." 이에 대해 동산(良价)은 이렇게 말하였다. "이 일은 반드시 단도직입적으로 묘하게 이해해야 한다. 일은 묘함에 있고 체는 묘한 곳에 있다." 조산(本寂)은 이렇게 말하였다. "이 일은 반드시 한 자리를 비워야 하니 또렷또렷 분명한 것은 전무하다. 얼굴을 마주보며 겸대兼帶해야만 비로소 옳다고 할 수 있다. 만일 작가 종장의 말이라며 치우치지도 않고 바르지도 않으며 유도 아니고 무도 아닐 것이니, 이를 두고 이류 가운데 이 일을 비워 둔다고 한다. 작가종장이 몸을 던져 나무를 만나면 나무에 붙고 대나무를 만나면 대나무에 붙듯이 해야 한다. 그러므로 부딪치고 범하는 일로부터 보호해야 하니, 부탁하고 부탁해 마지않는 바이다."

이처럼 남전과 동산과 조산 모두 종문 속의 이류異類에 대해 단도직입의 지혜로 묘하게 겸대兼帶해야 도달할 수 있음을 역설한다. 겸대란 두 가지 이상의 일을 겸하여 보는 것으로 치우침이 없이 것을 의미한다. 치우침이 없이 보는 것이 단도직입의 지혜라고 할 수 있다.

(2) 피모대각

일연이 『중편조동오위』를 보완하면서 남전-동산-조산이 쓴 '이류중행'에 깊이 공감한 까닭은 어디에 있을까? 그 역시도 고려 후기 충렬왕대의 몽골 간섭기에 남전이 보여준 피모대각의 이류중행을 간절히 염원했던 것은 아닐까? 이 책의 본문에서 편집자는 남전南泉 선사의 말을 빌어 다음과 같이 말하고 있다.

만일 언어상의 이류라면 가고 오는 말이 모두 류類에 속하게 된다, 그러므로 남전은 이렇게 말하였다.
"지혜로 도달하지 못하는 곳은 말을 붙여서는 안 된다. 말을 붙인다면 머리에 뿔이 생기게 된다. 여여如如라 해도 벌써 변해버린 것이니 모름지기 그냥 이류 속에서 행하기만 하면 된다"고. 지금 이류 속에서 말을 한다면 이류 속의 일을 취하게 되니 말속에 말이 없어야 비로소 옳다 하겠다.

남전이 병이 들었을 때 제자가 와서 물었다.
"스님께서는 돌아가신 뒤에 어느 곳으로 가십니까?"
남전이 대답하였다.
"나는 산 아래 한 시주의 집으로 가서 한 마리 물소(水牯牛)가 될 것이다."
"저도 스님을 따라가려는데 그래도 되겠습니까?"
"나를 따라오려거든 풀 한 포기를 입에 물고 오너라."[536]

---

536 一然, 『重編曹洞五位』 권하(『한불전』 제6책, p.241상).

여기에 대해 조산은 '간어(揀云)'에서 이 이야기는 사문이 몸을 바꾸는 일(轉身)에 관한 화두라고 하였다. 그러므로 "네가 나를 따라오려거든 풀 한 포기를 입에 물고 오너라" 하였다. 그를 친히 따른 것을 무루無漏라고 하니, 비로소 그를 공양하는 일을 감당할 수 있는 것이다.[537]

이것은 남전의 이류중행이다. 이류중행은 보통 사람이 거기에 접근하기를 싫어하는 그러한 세계, 그러한 장소, 그러한 주인공이다.[538] 여기서는 온몸에 털을 덮어쓰고 머리에 뿔을 받쳐 이은 것들과 다른 생각이 없어야 한다.

"무엇이 온몸에 털을 덮어쓰고 머리에 뿔을 받쳐 이은 이류입니까?"
남전이 말하였다.
"탁함(濁)과 정함(淨)을 세우지 않는 것이다." 또 "탁하면 탁한 대로 맑으면 맑은 대로 지낸다"고 하였다.
"무엇이 종문중이류宗門中異類입니까?"
남전이 말하였다.
"머리를 요구하거든 베어 가지고 가라 하여라. 루漏를 남기지 않는 경계를 얻어야 비로소 온몸 그대로가 일진일념一眞一念 사이에 '시방 부처님의 외가닥 열반문(十方薄伽梵一路涅槃門)'이라 부를 수 있다. 이러한 경계에 도달하면 정위正位에 거처하지 않고 그 몸을 가려내지 않고 다시금 이류 속으로 들어가 몸에 털을 덮어쓰고

---

537 一然, 『重編曹洞五位』 권하(『한불전』 제6책, p.241중).
538 閔泳珪, 앞의 글, p.13

머리에 뿔을 받쳐 이은 것들과 다른 생각이 없게 된다. 그러므로 '모든 물류物類는 비교가 불가능하며 모든 부처와 조사는 계교하는 일이 성립할 수 없다'고 하였다. 그러므로 옛 사람이 '사문 쪽의 일은 몇 자 몇 치라는 식으로 사람들에게 말해 줄 수 없다'고 하니 이는 색류 쪽의 말이다."

남전과 동시대 인물로서 일천 리쯤 떨어진 곳에 살고 있던 약산이 먼 길을 떠나 찾아오자 그를 찾아온 승려에게 물었다.
"어디서 오는가?"
"남전서 옵니다."
"얼마나?"
"6개월 있다 옵니다."
"그러면 소가 다 됐구먼."[539]

중생구제를 위해 온몸에 털을 덮어쓰고 머리에 뿔을 받쳐 이은 피모대각이 곧 이류중행이다. 이류중행은 인간의 무리와 달리해 말과 소의 세계로 들어가 짐을 나르고 밭을 가는 것이다. 즉 말이 되어 짐을 나르고 소가 되어 밭을 가는 세계를 가리킨다. 고요한 승원에 앉아 자신의 깨침을 위해 수행하는 아라한 지향의 소승선이 아니라 중생들이 함께 사는 진흙탕에 들어가 밭을 갈고 짐을 나르는 보살 지향의 대승선의 세계이다.
　일연의 『중편조동오위』에는 피모대각의 이류중행에 대해 거듭 거론

---

539 一然, 『重編曹洞五位』 권하(『한불전』 제6책, p.241중).

하고 있다. 권상에서는 조산 본적 선사의 세 가지 (격식에 구애되지 않는 무애자재한) 타(三種墮)와 네 가지 이류(異類)가 나온다. 삼종타는 사문이 취식取食을 하는 데에 갖게 되는 세 가지 자유로움(三種墮)이다. 첫째는 죽어서 물소가 되는 사문타沙門墮, 둘째는 먹을 것을 받지 않는 존귀타尊貴墮, 셋째는 말소리와 얼굴빛(聲色)을 끊지 않는 성색타聲色墮이다.

이에 대해 조산은 이류에 들어가는 일은 사문 쪽에 관련된 일로 생각할 수 없다며 옛사람이 일시적인 방편으로 물소(水牯牛)를 빌려서 이류라 하였으니 이것은 단지 사건상(事上)의 이류일 뿐이며 언어상의 이류는 아니다[540]고 하였다.

일연 또한 '보왈補曰'을 통해 자신의 견해를 보여주고 있듯이 남전-동산-조산의 가풍을 적극적으로 수용하고 있다. 일연은 이들의 경초 선풍을 계승하고자 했으며 동시에 원효의 각승 가풍을 호명하여 그것과 접속하고자 하였다. 이처럼 원효의 각승 가풍과 일연의 경초 선은 연속면과 불연속면을 통해 한국불교사상사의 두께를 두텁게 하고 깊이를 더 넓게 하였다. 그것은 곧 중생에 대한 사랑(愛民)이자 나라에 대한 사랑(愛國)이었다고 할 수 있다.

6. 보살 선풍의 연속과 불연속

통일신라 전후기의 원효와 고려 후기 몽골 간섭기의 일연은 어떻게

---

540 一然, 『重編曹洞五位』 권하(『한불전』 제6책, p.241상).

살았고 어떤 생각을 하고 살았을까? 원효는 철학자이자 사상가로서 고구려와 백제와 신라 삼국의 통일 전후기에 한민족의 고통과 갈등을 체감하면서 저술하고 강론하며 대중교화의 삶을 살았다. 일연은 역사가이자 사상가로서 몽골 침입으로 위기에 직면한 고려 후기의 시대적 상황 속에서 한민족의 고통과 갈등을 체감하면서 수행하고 저술하며 사서를 편찬하는 삶을 살았다.

이들 두 사람은 시대를 달리했지만 1) 출생지가 같고, 2) 출가자임에도 불구하고 충성과 효도를 소홀히 하지 않았으며, 3) 화엄사상과 선사상 중심으로 자신의 살림살이와 사고방식을 펼쳤고, 4) 한국의 가장 대표적인 고승들이자 국사였기에 서로 만나 대화하고 소통할 수 있었다. 원효와 일연은 각기 화엄과 선법의 가풍으로 자신의 살림살이를 온축하고 사고방식을 구축하였다.

원효는 『금강삼매경론』을 찬술하여 시각과 본각의 이각을 원만히 아우르는 각승 가풍을 보여주었다. 그는 지관쌍운의 기신학, 즉입과 무장애의 화엄학, 감분불이의 기신학과 무이중도의 선법, 나아가 '나무불타'의 이름을 일컫게 하여 대중교화에 크게 기여하였다. 이와 달리 일연은 대승 보살의 일승 화엄과 생계불감 불계부증의 선법으로 경초 선풍을 보여주었다. 그는 몽골의 침탈로 무너져가는 민족혼을 수립하기 위해 민족의 사서인 『삼국유사』를 간행하여 한민족의 정체성 수립에 크게 공헌하였다.

원효는 '일미관행의 요체'를 반야 중관에 상응시키고, '십중법문의 종지'를 유가 유식에 상응시켜 중관학의 이제설과 유식학의 삼성설을 통섭하고자 하였다. 또한 그는 김유신의 군사고문으로서 전쟁의 현실

에도 참여하여 지혜를 보탰다. 일연은 대승 보살의 일승 화엄과 생계불
감 불계부증의 선법을 피모대각의 이류중행으로 펼쳐 보살 선풍을
보여주었다. 또 그는『삼국유사』찬술을 통해 효행을 선행으로 결합한
효선孝善사상을 보여 주었다. 그리하여 원효의 각승 가풍과 일연의
경초 선풍으로 계승된 보살 선풍은 이후 우리 한민족의 정신적 성숙과
문화적 성숙의 자양분이 되었다.

참고문헌

元曉, 『大慧度經宗要』(『한불전』 제1책, pp.486하~487중).

元曉, 『涅槃宗要』(『한불전』 제1책, p.543하).

元曉, 『大乘起信論疏』 권상(『한불전』 제1책, p.701중).

元曉, 『金剛三昧經論』 권상(『한불전』 제1책, p.605상; 『대정장』 제34책, p.961상).

元曉, 『晋譯華嚴經疏』(『한불전』 제1책, p.495상).

表員, 『華嚴經文義要決問答』 권4 분교의(『한불전』 제2책, p.385중).

法藏, 『華嚴經探玄記』 권1(『대정장』 제35책, p.111).

慧苑, 『華嚴經刊定記』 권1(『속장경』 5·9·18상).

澄觀, 『華嚴經疏』 권2(『대정장』 제35책, p.510상).

贊寧, 『宋高僧傳』 권4, 義解편, 「新羅國義湘傳」 상하(中華書局, 1995).

義天, 『新編諸宗教藏總錄』(『한불전』 제4책, pp.680상~681하).

一然, 『重編曹洞五位』 권하(『한불전』 제6책, p.241상).

一然, 『三國遺事』 「義解」, '元曉不羈'(『韓佛全』 제6책, p.348중).

雪岑, 『重編曹洞五位要解』 「序」(『한불전』 제6책, p.216중).

閔漬, 「高麗國義興(군위)華山曹溪宗麟角寺迦智山下普覺國尊碑」, 『조선금석총람』 권하(아세아문화사, 1975).

閔泳珪, 『泗川講壇』(우반, 1994), p.29.

閔泳珪, 「鏡虛堂의 北歸辭」, 『민족과 문화』 제12집, 한양대학교 민족학연구소, 2003, p.13.

김지견, 「일연의 『중편조동오위』 역주」, 『구산선문 8. 수미산문과 조동종』(불교영상회보사, 1996), pp.336~337.

일연 지음, 이창섭·최철환 옮김, 『일연스님의 중편조동오위』(대한불교진흥원, 2002).

高榮燮, 『원효탐색』(연기사, 2001; 2005).

高榮燮, 『분황 원효의 생애와 사상』(운주사, 2016).

高榮燮, 『붓다와 원효의 철학』(동국대학교출판문화원, 2021).

高榮燮, 『한국의 불교사상』(박이정, 2022).

박태원, 『원효의 통섭철학』(세창출판사, 2021).

高翊晉, 「원효의 화엄사상」, 『한국화엄사상연구』(동국대출판부, 1982).

전해주, 「원효의 화쟁과 화엄사상」, 『한국불교학』 제24집, 한국불교학회, 1988.

高榮燮, 「원효의 화엄학: 광엄과 보법의 긴장과 탄력」, 『원효학연구』 제5집, 원효학
　　연구원, 2000.

박서연, 「『화엄경』「여래광명각품」의 주석학적 이해」, 『천태학연구』 제11집, 천태
　　학연구원, 2008.

석길암, 「원효의 普法, 사상적 연원과 의미」, 『보조사상』 제30집, 보조사상연구원,
　　2008.

김천학, 「원효 「광명각품소」의 해석상의 특징: 동아시아 화엄사상의 관점에서」,
　　『이화사학연구』 제51집, 이화사학연구소, 2011.

박태원, 「원효의 각覺사상 연구」, 『철학논총』 제34집, 새한철학회, 2003·제4권.

박태원, 「원효의 선사상: 『금강삼매경론』을 중심으로」, 『철학논총』 제68집, 새한철
　　학회, 2012·제2권.

김영미, 「『금강삼매경론』의 無二中道 사상 연구」, 『동아시아불교문화』 제30집,
　　동아시아불교문화학회, 2017.

高榮燮, 「『삼국유사』의 고승과 성사 이해」, 『한국불교사연구』 제13호, 한국불교사
　　학회 한국불교사연구소, 2018.

高榮燮, 「분황 원효 『금강삼매경론』의 주요 내용과 특징」, 『불교철학』 제6집,
　　동국대 세계불교학연구소, 2020.

高榮燮, 「경북 상주 함창 고녕가야의 정치체와 권역의 재검토」, 『한국불교사연구』
　　제20호, 한국불교사학회 한국불교사연구소, 2022. 12.

高榮燮, 「경북 상주의 고대국가 사량벌국과 고녕가야국의 역사 인물과 유적 유물」,
　　『한국불교사연구』 제22호, 한국불교사학회 한국불교사연구소, 2022. 12.

閔泳珪, 「일연의 禪佛敎」, 『진단학보─제1회 한국고전연구 심포지움─삼국유사의 종합적 검토』 제36권, 1973.

민영규, 「일연중편 조동오위 重印序」, 『학림』 제6권, 연세대 사학연구회, 1984.

민영규, 「일연과 陳尊宿」, 『학림』 제5권, 연세대 사학연구회, 1983.

金煐泰, 「삼국유사에 보이는 화엄사상」, 『한국불교사상연구』(동국대출판부, 1982).

조수동, 「삼국유사에 보이는 불교사상에 관한 연구」, 『철학논총』 제24집, 새한철학회, 2001·제2권.

閔泳珪, 「경허당의 北歸辭」, 『민족과 문화』 제12집, 한양대 민족학연구소, 2012.

채상식, 「일연의 『중편조동오위』에 보이는 사상과 역사성」, 『지역과 역사』 제30호, 지역과역사학회, 2012.

조명제, 「일연의 선사상과 송의 禪籍」, 『보조사상』 제40집, 보조사상연구원, 2010.

조경철, 「일연 사상의 고유성과 독특성」, 『불교철학』 제9집, 동국대학교 세계불교학연구소, 2021.

제8장 분황 원효와 경허 성우의 구도 정신

─원효 일심과 경허 조심照心의 접점과 통로─

1. 일심과 조심

인도 북부의 카필라국 왕자로 태어났던 고타마 싯다르타(기원전 624~
544)는 상속이 가능한 '권력'과 '재력'이라는 일상의 격을 분연히 떨치고
일어선 출격장부出格丈夫였다. 이어 그는 자기와의 싸움에서 승리하여
상속이 불가능한 '매력'을 창출해 낸 조어장부調御丈夫였다. 신라시대
의 분황 원효(617~686)와 선말 한초의 경허 성우(1846~1912)[541] 또한
일상의 격을 분연히 떨치고 일어선 출격장부이자 매력을 창출해 낸

---

[541] 경허의 생년에 대해서는 1846년, 1949년, 1957년설 세 가지가 있으나 여기서는
논자는 경허가 「서룡화상행장」(광무4년, 1900)에서 "이제 나이 55세라"고 표현한
것을 근거로 역산해 1846년이라고 주장한 閔泳奎, 金知見 등의 주장을 따른다.
閔泳奎, 「경허당의 北歸辭」, 『민족과 문화』 제12집, 한양대학교 민족학연구소,
2003.

조어장부였다.[542] 이들은 공부가 무르익자 출가자로서 자신의 생명과
도 같은 계율의 사다리를 차버리고 구제의 사다리를 드높이 세운
이들이다.

그리하여 이들은 출가(승려)와 재가(거사)의 경계를 넘어 '승이기도
하고 속이기도 한 존재(亦僧亦俗)' 혹은 '승도 아니고 속도 아닌 존재(非
僧非俗)'[543]로서 대중들에게 다가간 이들이다. 만일 이들이 출가자로만
살았거나 재가자로만 살았다면 평범한 존재 혹은 범박한 존재로서
우리에게 쉽게 잊혀졌을지도 모른다. 이들은 '출가'와 '재가' 혹은 '지계'
와 '범계'의 경계를 넘나든 역동성 때문에 더욱 더 '문제적 인물'이자
'대중적 인물'이 되었다. 이들은 수행이 일정한 궤도에 오르자 각기
지계가 청정한 비구의 삶을 벗어나 대중의 교화를 위해 소소한 계율을
버리고 각기 소성(小姓/小性)거사와 박난주朴蘭州거사로서 살았다.[544]

---

542 이들 이외에서 조선 전기의 淸寒 雪岑(1435~1493)과 대한 초기의 萬海 奉玩
(1879~1944)도 정통 문법을 깨뜨리고 자유 문법을 높이 세운 출격장부의 반열에
올릴 수 있을 것이다.

543 시인 趙芝薰은 '非僧非俗'의 의미를 취해 자신의 아호를 '僧이 아닌 曾'과 '俗이
아닌 谷'을 합쳐 '曾谷'이라고 붙인 적이 있다. 아버지 趙元永과 절친했던 만해를
따랐던 지훈은 1934년의 조선어사건에 연루되자 '전도유망한 청년'이라는 萬海
의 소개로 漢巖에게 보내져 한동안 월정사 外傳講師를 역임하였다.

544 高榮燮, 「분황 원효와 만해 봉완의 깨침과 나눔」, 『불교문예』 제78호, 불교문예
사, 2017. 이들 네 사람의 살림살이가 컸기 때문이기도 하겠지만 이들은 '出家'와
'在家' 혹은 '持戒'와 '犯戒'의 경계를 넘나든 역동성 때문에 더욱 더 '문제적
인물'이자 '대중적 인물'이 되었다. 이들 4인은 각기 지계가 청정한 비구의
삶을 벗어나 대중교화를 위해 소소한 계율을 버리고 小姓거사, 淸寒(매월당)거
사, 朴蘭州거사, 萬海거사로서 살았다. 경허는 어머니의 성을 따서 '박난주'라고

원효와 경허가 출가하자마자 곧바로 거사의 삶을 살았던 것은 아니었다. 본디 이들은 계율을 철저히 지킨 출가 수행자였다. 자신의 공부가 무르익어 일정한 경계에 이르고 나서부터 이들은 계율의 사다리에 구애받지 않았다. 원효와 경허는 수행 공부가 숙성되고 발효되고 나자 '승려'라는 호칭조차 벗어버리고 '거사' 혹은 '선생'이라 불리며 자비의 사다리를 드세웠다. 그것은 대중교화大衆敎化 혹은 이류중행異類中行의 살림살이로 드러났다. 종교가 인간의 구원을 목표로 하듯이 이들 또한 자신이 체득했던 지혜를 스스로 펼쳐내는 자비로 온삶을 살았다. 원효는 일심의 원천으로 돌아가게 함으로써(歸一心源) 중생을 풍요롭고 이익되게 하였고(饒益衆生), 경허는 마음의 근원을 비추어 앎으로써(照了心源) 이류 속에 들어가 보살행을 하였다(異類中行).

이처럼 이들 두 사람이 보여주었던 생평은 자아 성찰 혹은 자아 발견의 과정이자 '구도 정신' 또는 '나눔 정신'의 결과였다.[545] 경허의 구도정신은 '조료심원' 즉 마음의 원천을 비추어 아는 것이었을 뿐만 아니라 그렇게 얻은 '조심'을 이류중행 즉 사람뿐만 모든 생명체들에게까지 나눠주는 것이었다. 원효의 구도 정신은 귀일심원, 즉 일심의 원천으로 돌아가게 함으로써 '일심'을 지닌 주체적 인간으로서 살게 하는 요익중생, 즉 모든 생명체들을 풍요롭고 이익되게 하는 것이었다. 이 글에서는 분황 원효와 경허 성우의 '구도 정신'[546]이 무엇이며, '나눔

하였다.

545 高榮燮, 「경허 성우의 불사와 결사」, 『한국불교학』 제51집, 한국불교학회, 2008. 그는 불사와 결사를 통해서도 나눔 정신과 구도정신을 보여주었다. 불사는 나눔을 위한 과정이었으며, 결사는 구도를 위한 과정이었다.

정신'⁵⁴⁷은 어떻게 전개되었는지, 그리고 원효의 '일심'과 경허의 '조심'
이 어떻게 만날 수 있는지에 대해 구명해 보고자 한다.

2. 구도 정신과 나눔 정신

흔히 우리가 말하는 '도道'란 무엇일까? '도리' 또는 '이치' 혹은 '방도'로
읽히는 '도'는 삶의 길이자 참다운 근원이며, 종교적 깨침 혹은 진리를
일컫는다. 그러면 구도求道란 무엇일까? 참다운 이치, 즉 진리를 추구
하는 것이다. 여기서 진리는 중도中道 연기緣起를 가리킨다. 진리의
체득이란 '시작도 없는 아득한 때로부터(無始以來) 쌓아온 미세한 망념
(微細妄念)을 즉각적으로 끊어버리고(頓斷)' 영원한 대자유인이 되는
것이다. 붓다가 된다는 것은 생사윤회를 벗어나 걸림 없는 대자유인
되는 것이다. 이렇게 진리를 추구하는 사람, 즉 길을 구하는 사람을
우리는 구도자라고 한다.

　구도자는 자신의 한계를 극복하고 인간을 구원하는 존재이다. 그는

---

546 경허의 求道 精神에 초점을 맞춘 논구는 거의 없다. 대개 경허의 행적과 사상
　　전반에 대한 포괄적 논의들이 대부분이다. 金煐泰, 「경허의 한국불교사적 위치」,
　　『덕숭선학』 제1집, 한국불교선학연구원, 2000; 金知見, 「경허당 散考」, 『선무학
　　술논집』 제5집, 선무학술회, 1995; 高翊晉, 「경허당 惺牛의 兜率易生論과 그
　　시대적 의의」, 『한국미륵사상연구』(동국대출판부, 1987); 高榮燮, 「경허 성우의
　　牧龍 家風과 尋劍 禪旨 - '법의 교화(法化)와 행의 교화(行履)의 긴장과 탄력」,
　　『한국불교학』 제69집, 2014.
547 高榮燮, 「경허의 尾塗禪」, 『불교학보』 제40집, 동국대학교 불교문화연구원,
　　2004.

자신의 한계를 넘어서기 위해서 '시작도 없는 아득한 때로부터 쌓아온 미세한 망념을 단번에 끊어버려야' 대자유에 도달할 수 있다. 그러기 위해서는 자신의 마음의 근원(心源)을 비추어 깨달아야(照了) 한다. 대승의 수행체계에서는 먼저 시각 4단의 허물(전5식)과 모순(제6식), 오류(제7식)와 번뇌(제8식)를 끊고 시각 4단의 신信·해解·행行·증證의 발심을 해야 한다. 그러면 깨침, 즉 각覺이란 무엇일까? 대개 우리말 '깨침'과 '깨달음'은 같은 뜻의 다른 표현으로 본다. 하지만 깨침과 깨달음을 나누어 보는 경우도 있다.

"깨침과 깨달음은 다르다. 깨달음은 무언가를 지知의 차원에서 알았다는 것이지만, 깨침은 믿음과 닦음이 동시적이고 불가분리적인 것처럼 단박에 알았다는 것이다. 곧 이것은 지知의 차원에 머무는 것이 아니다."[548] 우리말 '깨침'은 '깨다' 혹은 '깨치다'는 말에서 나왔다. '깨다'는 말은 알맹이를 싸고 있던 '껍질을 깨다', 눈앞을 가리고 있던 어둠의 '칠통을 깨뜨리다'와 같이 무명을 깨뜨리는 것이다. '깨치다'는 말은 몰랐던 그 당체를 주객의 분리 없이 확연하게 알게 된다는 뜻이다. 즉 시작도 없는 아득한 때로부터(無始以來) 쌓아온 미세한 망념妄念를 단번에 끊는다(頓斷)는 것을 의미한다.

여기서 단번에 끊는다는 것은 철저한 '깨침' 또는 '깸'을 가리킨다. 반면 '깨달음'은 믿음과 닦음이 분리되어 지知의 차원에서 '부처의 상태' 혹은 '부처의 자리'에 이르름을 뜻한다. 이것은 일반적인 깨달음의 정의에 부합한다. 불각不覺–상사각相似覺–수분각隨分覺을 넘어

---

548 박성배, 『깨침과 깨달음』, 윤원철(예문서원, 2002).

마지막에 도달한 구경각究竟覺, 즉 깨달음은 수행이 완성되어 증득하게 된 완전한 깨달음을 가리킨다. 보살의 52수행 계위인 십신-십주-십행-십회향-십지-등각-묘각 수행위의 단계에서 최정상에 이르른 것을 의미한다.

그러므로 구경각은 수행이 완성되어 부처의 상태에 이른 것을 일컫는다. 불교 경론에서 깨달음은 보리菩提, 대보리大菩提, 각覺, 묘각妙覺, 묘각지妙覺地, 묘각해지妙覺海地, 묘과妙果, 적멸심寂滅心, 적멸심묘각지寂滅心妙覺地, 반야般若, 마하반야摩訶般若 등 다양한 개념으로 표현된다. 각 종파와 경전마다 여러 선정禪定을 통해 구경각을 얻게 된다고 설하고 있다. 『화엄경』은 해인삼매海印三昧에 들면 비로소 구경각을 깨우쳐 부처가 되고, 『금강삼매경』은 금강삼매金剛三昧에 의거해 깨우쳐 부처가 되며, 『수능엄경』은 수능엄삼매首楞嚴三昧에 의거해 깨우치게 된다고 설하고 있다.[549]

또 『능가경』의 주석서이자 대승불교의 중요서로 평가받고 있는 『대승기신론』은 시각始覺, 즉 수행을 통해 증득하는 깨달음의 지위인 불각不覺, 상사각相似覺, 수분각隨分覺, 구경각의 4단계로 설명하고 있다. 시각과 본각은 다르지 않지만 시각은 본각, 즉 일체 유정有情과 비정非情을 통하여 그 자성 본체로서 갖추어 있는 여래장진여如來藏眞如에 대하여 돌이켜 그 본각이 수행의 공을 빌려 깨달아 증득한 각이다. 그러므로 본각과 시각의 각체覺體는 다르지 않지만 다만 지위가 같지 않으므로 본각과 시각을 붙인 것이다. 마치 동일한 금덩이라도 땅속에

---

549 高榮燮, 「분황 원효와 만해 봉완의 깨침과 나눔」, 『불교문예』 제78호, 불교문예사, 2017년 9월.

묻힌 금덩이가 본각이라면 노력하여 파낸 금덩이는 시각인 것처럼 말이다.[550]

여기의 시각 4단段에서 '불각'은 시각의 제1보로서 이미 업의 원인과 업의 과보의 이치를 깨달은 지위이지만 아직 미혹을 끊는 지혜가 생기지 않은 단계이다. '상사각'은 아집을 여의고 아공의 이치를 깨달은 지위이지만 아직 참된 깨달음(眞覺)을 얻지는 못한 단계이다. '수분각'은 초지인 정심지淨心地에 들어가 일체 모든 법은 모두 오직 식만(唯識)이 나타난 것(所現)임을 깨닫고 법집을 끊고 진여법신을 조금씩 조금씩 깨달아 가는 단계이다. '구경각'은 근본무명을 끊고 절대의 참된 깨달음을 얻어 본각 자신이 나타난 단계이다.[551]

이처럼 시각의 4단은 살생, 투도, 음행, 망어, 악구, 양설, 기어 등 전5식의 허물을 제거하고 신업의 과보가 능히 일으키는 열 가지 선행으로 생사를 싫어하고 보리를 구하여 확신(信)을 성취하려는 마음을 일으키는 '불각不覺', 탐貪, 진瞋, 치癡, 만慢, 의疑, 견見 등 제6식의 모순을 제거하고 직심直心, 심심深心, 대비심大悲心으로 믿음을 성취하려는 마음을 일으키는 '상사각相似覺', 아치, 아견, 아애, 아만 등 제7식의 오류를 끊고 보시, 지계, 인욕, 정진, 선정, 지혜 등으로 이해(解)와 실행(行)의 마음을 일으키는 '수분각隨分覺', 업식, 전식, 현식 등의 제8식에 남아 있는 미세한 번뇌를 제거하고 진심, 방편심, 업식심으로 체증(證)의 마음을 일으키는 '구경각究竟覺'까지의 각 단계를 보여주고 있다.[552]

---

550 高榮燮, 위의 글, 위의 책.

551 馬鳴, 『大乘起信論』(『大正藏』 제25책).

이러한 깨침 혹은 깨달음은 『대승기신론』을 비롯한 여러 논서에
고루 제시되어 있다. 깨침은 '본래 마음', 즉 '일심지원一心之源'을 깨치
는 것이자 일심지원이 원심으로 뻗어간 우주적 마음이다. 이 '일심'은
'중생의 마음' 혹은 '고향을 향하는 마음'이다. 대승관법, 즉 유가선법을
통해 깨침을 얻은 원효의 일심과 조사선법을 통해 깨침을 얻은 경허의
조심은 '본래 마음'의 회복이라는 점에서 상통하고 있다. 그것은 '자아
성찰' 또는 '자아 발견'의 실현과 상응하고 있다. 불교적 인간, 즉
보살적 인간은 일상의 격을 분연히 떨치고 일어나 자신이 얻은 진리의
틀로서 자기 마음을 자유롭게 부리는 존재라고 할 수 있다.

자기 마음을 자유롭게 부릴 수 있는 보살적 인간은 아직 그러지
못하는 이들에게 자기 마음을 자유롭게 부릴 수 있는 길을 나눠주는
존재이다. 이러한 존재를 불교에서는 '발심하는 존재'이자 '서원하는
존재'라고 한다. 그는 위없이 바르고 평등한 바른 깨달음을 얻으려는
마음을 일으키는 존재이자 그렇게 해서 얻은 성취를 많은 사람을
향해(向) 돌려주기를(廻) 맹서하고(誓) 다짐하는(願) 존재이다. 따라
서 원효와 경허의 구도정신은 본래 마음을 발견하는 과정이자 본래
고향을 회복하는 과정과 상통하고 있다. 이들은 거기에 머무르지
않고 발심하는 존재와 서원하는 존재로서 보살적 삶과 이타적 삶[553]을

---

552 馬鳴, 『大乘起信論』(『大正藏』 제25책).

553 최근의 연구에 의하면 경허가 삼수갑산으로 떠난 것은 異類中行의 과정이기보다
    는 그의 매제이자 동학을 주도자였던 金璋準과의 연루 때문이었다는 연구가
    있다. 홍현지, 『경허가 삼수갑산으로 떠난 까닭은』(경허, 2018); 홍현지, 「경허가
    삼수갑산으로 떠난 까닭에 대한 일고찰」, 『문학 사학 철학』 제30호, 대발해동양

살았다.

3. 원효의 깨침과 경허의 깨달음

원효의 역정 특히 그가 유학한 시말(遊方始末)과 도통한 행적(弘通無跡)
은 그의 입적 직후에 씌어진 「원효대사행장」에 전해지고 있었던[554]
것으로 추정되지만 현존하지 않는다. 그는 본관이 경주, 속성이 설씨薛
氏였고 이름은 사思였다. 그의 조부는 신라 6부 귀족 중 일파였던
경주 설씨의 후손인 잉피공仍皮公이었다. 조부는 본디 수도인 서라벌
사람(京師人)이었지만 적대연赤大淵 옆에 살아서 적대공赤大公이라고
도 불렸다.

　원효의 부친은 담날談捺이었으며 신라의 17관등 중 제10위인 대나마
(大奈麻, 大奈末) 아래의 제11위인 나마(奈麻, 內末)에 있었다. 원효는
압량군, 즉 지금의 경산군 자인현의 불지촌(佛地村, 發智村) 북쪽 밤골
사라수 아래에서 태어났다. 이러한 행을 기초로 적은 것으로 추정되는
『송고승전』「의상전」과 「원효전」에 그의 유학 과정과 깨침 과정에
대해 비교적 자세히 기술되어 있다.

　(원효는) 일찍이 의상 대사와 함께 당나라에 들어가고자 했다.
　(그는) 현장 삼장(玄奘三藏, 602~664)의 자은사 문중을 사모하였
　다. 그러나 입당入唐의 인연이 어긋났기에 마음을 내려놓고 여러

곳을 돌아다녔다.[555]

원효의 유학 과정은 의상의 적극적인 제안에 의해 이루어진 것으로 추정된다. 당시 인도로 유학을 떠났던(629) 현장이 17년 만에 돌아왔다(645). 그는 대자은사에 머물며 수많은 신역 경론을 번역하고 있었다. 현장은 종래의 구역 경론에 대비되는 새로운 신역 경론 번역에 전력하고 있었다. 이러한 소식이 견당사와 상인들 및 유학승을 통해 동아시아 전역에 알려졌다. 이 때문에 현장의 문하로 유학하려는 이들이 적지 않았다. 지적 호기심이 강했던 의상 또한 마찬가지였다. 의상은 이 소식을 원효에게 전하며 유학을 권유했다. 유학을 결심한 두 사람은 고구려의 영토를 가로질러 압록강을 건너 요동으로 건너갔다. 이들은 당나라와의 경계였던 요서지역을 넘으려다 국경을 지키는 수라군에게 잡혀 감옥에 갇혔다. 원효와 의상은 수십 일을 갇혀 조사를 받은 뒤 가까스로 석방되어 신라로 되돌아왔다.[556] 이들의 제1차 유학은 실패하였다.

이전부터 중국과의 교역이 이루어지던 한강 유역은 고구려, 백제, 신라 삼국의 각축지였다. 중국 남북의 여러 왕조가 각축하고 있을 즈음에 신라의 진흥왕(14년 11월)은 고구려와 백제와의 각축 속에서

---

555 贊寧,『宋高僧傳』권4,「義解」,「唐新羅國黃龍寺沙門元曉傳」상하(中華書局, 1995). "嘗與湘法師入堂, 慕奘三藏慈恩之門, 厥緣旣差, 息心遊往."

556 一然,『三國遺事』권4,「義解」,'義湘傳敎'. "未幾西圖觀化, 遂與元曉道出遼東, 邊戍羅之爲諜者, 囚閉者累旬, 僅免而還(事在崔侯本傳, 及曉師行狀等), 永徽初, 會唐使船有西還者, 寓載入中國."

중국으로 나아가는 당항성을 자국의 영토로 삼고 서해 관문을 관장하
게 하였다. 이후 신라는 중국으로 나아가는 관문인 당은포, 즉 당(항)진
을 중국과 교통하는 북쪽 관문으로 삼았다. 하지만 선덕왕 12년에
백제는 고구려와 연합하여 이곳 당항성을 빼앗아 신라의 대당 조공로朝
貢路를 막으려 하였다. 이에 선덕왕은 급히 당나라에 사신을 보내어
구원을 요청하여 이곳을 사수하였다.

원효와 의상은 제1차 유학의 시도 이후 11년 만에 다시 당나라로의
제2차 유학을 시도하였다. 이들은 다시 현장의 문하로 유학하기 위해
경주-선산-상주-함창-문경-연풍-충주-죽산/여주-당은포로 이
어지는 계립령로를 따라 제2차 유학의 길을 떠났다. 아마도 원효와
의상의 제2차 유학은 당시 신라의 견당사들이 자주 이용하였던 교통
로인 경주-선산-상주-함창-문경-연풍-충주-당은포로 이어지는
계립령로로 갔을 것으로 짐작된다.[557]

당시에는 교통로 이외에 산성을 잇는 군사로도 있었지만 일반인들은
이 길을 이용할 수 없었다. 이 때문에 이들은 소백산맥의 고갯길인
죽령과 계립령 중 신라의 동북방과 통하는 풍기-단양-영주-안동-의
성-군위-경주로 이어지는 죽령길보다는 당은포-여주(수로)/직산
(육로)-충주-연풍-문경-함창-상주-선산-경주로 이어지는 계립
령로를 이용했던 것으로 추정된다.[558] 그런데 장마기에 길을 떠난
원효는 의상은 가까스로 흙굴을 찾아 하룻밤을 잤다. 이튿날 눈을

---

557 高榮燮, 「원효의 오도처와 화성 당항성」, 『신라문화』 제48호, 동국대학교 신라문
　　화연구소, 2017. 8.

558 高榮燮, 앞의 논문, 앞의 책.

뜬 이들은 장대비를 피해 그곳에서 하룻밤을 더 자게 되었다.[559]

(의상은) 나이 약관에 이르러 당나라에 교종이 솥발처럼 융성하다
는 소식을 듣고, 원효 법사와 뜻을 같이하여 서쪽으로 유행하고자
하여 길을 떠났다. 본국 신라의 해문海門마을[560]인 당나라로 나아가
는 경계(唐州界)에 도착하여 장차 큰 배를 구해서 푸르른 파도(滄波)
를 건너려고 했다. 중도에서 심한 폭우를 만났다. 이에 길옆의
흙굴(土龕) 사이에 몸을 숨겨 회오리바람의 습기를 피했다. 다음날
날이 밝아 바라보니 그곳은 해골이 있는 옛 무덤이었다. 하늘에서
는 궂은비가 계속 내리고, 땅은 질척해서 한 발자국도 앞으로
나아갈 수가 없었다. 또 무덤 속에 머물다가 밤이 깊기 전에 갑자기
귀신이 나타나 놀라게 했다. 원효 법사는 탄식하여 말했다. "어제
밤에는 땅막이라 일컬어서 또한 편안했는데, 오늘 밤에는 무덤
속에 의탁하니 매우 뒤숭숭하구나. 마음이 일어나므로 갖가지
것들이 일어나고, 마음이 사라지므로 땅막과 무덤이 둘이 아님을

---

[559] 원효의 오도 관련 기록은『금강삼매경』의 연기설화가 다수 서술된「원효전」이
아니라「의상전」에 나온다.

[560] 17세기 후반(1682)에 제작된 지도인『東興備考』는『동국여지승람東國興地勝覽』
에서 동東 자와『여지승람』의 여興 자를 취하고 '동국여지승람'을 이용하는
데 참고가 되는 지도'라는 뜻에서 '備考'를 붙인 것으로 추정된다. 이 지도에
의하면 조선후기 당시 인근의 水原에는 同化驛, 安山에는 重林驛, 南陽에는
'海門驛'이라는 驛站이 있었고, 당시까지 물길이 들어오던 '海門驛'이라는 역참이
있었으며, 지금도 '海門里'라는 지명이 있는 것으로 보아 '本國 海門'은 '본국의
바다로 나아가는 문이 있는 마을'인 海門里로 보아야 할 것이다.

알겠구나. 또한 삼계는 오직 마음일 뿐이고, 만법은 오직 인식일 뿐이니 마음 밖에 어떤 법이 없는데 어디에서 따로 구하리오. 나는 당나라에 들지 않겠다." 원효는 물러나 바랑을 메고 본국으로 돌아가 버렸다. 이에 의상은 외로운 그림자처럼(隻影) 홀로 나아가 죽기를 맹세코 물러나지 않았다. 총장總章 2년(669)에 상선에 의탁하여 (당나라의) 등주 해안에 다다랐다.[561]

원효는 무덤 속에서 깨침을 얻은 뒤 의상과 헤어졌다. 그는 더 이상 유학할 필요가 없음을 자각한 뒤 마음을 내려놓고 여러 곳을 돌아다녔다. 원효의 유학 시말과 도통 행적은 그가 관여한 것으로 추정되는『금강삼매경』연기 설화와『금강삼매경론』주석 과정만이 실려 있는「원효전」이 아니라「의상전」에 실려 있다.「의상전」에는 원효와 의상이 당나라 교종이 솥발처럼 무성하다는 소식을 듣고 길을 떠난 제1차와 제2차 유학 과정이 구분 없이 적혀 있다. 하지만 내용을 살펴보면 제2차 유학(661) 과정에 대한 것임을 알 수 있다.

"어젯밤에는 땅막이라 일컬어서 또한 편안했는데(前之寓宿謂土龕而且安),

---

561 贊寧,『宋高僧傳』권4, 義解편,「新羅國義湘傳」상하(中華書局, 1995). 여기서 總章 2년(669)은 옳지 않고 제1차 유학에 대해 기술한 崔致遠의「浮石本碑」의 永徽 元年 庚戌(650)이 합당하다. 다만 이 기록은 고구려 요동으로 건너갔던 제1차 유학과 경기도 화성 당항성 인근의 무덤에서 오도한 제2차 유학을 동일시하고 있다.

오늘 밤에는 무덤 속에 의탁하니 매우 뒤숭숭하구나(此夜留宵託鬼
鄕而多祟).

마음이 일어나므로 갖가지 것들이 일어나고(則知心生故種種法生),

마음이 사라지므로 땅막과 무덤이 둘이 아님을 알겠구나(心滅故龕
墳不二).

또한 삼계는 오직 마음일 뿐이고(三界唯心)

만법은 오직 인식일 뿐이니(萬法唯識)

마음 밖에 어떤 법이 없는데(心外無法)

어디에서 따로 구하리오(胡用別求).

나는 당나라에 들지 않겠다(我不入唐)."[562]

여기서 주목되는 것은 원효의 오도처가 무덤이었다는 사실이다. 무덤이란 삶이 끝나는 자리이자 새로운 삶으로 나아가는 생사의 경계가 된다. 불교에서는 극선한 붓다와 극악한 존재만이 죽음 이후의 49일이 생략될 뿐 나머지는 모두 그 기간 내에 윤회 환생한다고 설한다. 대개 우리는 우리가 지은 금생의 살림살이에 따라 다음 생을 맞이하게 된다. 무덤은 금생의 살림살이를 마감하는 공간이자 내생의 살림살이를 시작하는 상징적 공간이다.[563] 이 때문에 원효가 잠과 깸이 분리되는 무덤이라는 공간에서 깼다는 것은 커다란 울림이 있다고 할 수 있다.

원효는 땅막이라 생각했던 '어젯밤의 극락과 같은 달콤한 잠'과

---

562 贊寧, 『宋高僧傳』「義湘傳」.

563 高榮燮, 앞의 논문, 앞의 책.

'무덤으로 확인했던 오늘밤의 지옥과도 같은 괴로운 깸'을 아우르는 일심—心의 발견[564]을 통해 인간의 본래 마음, 즉 우주적 마음을 발견하였다. 진리를 찾으려는 그의 구도정신은 일심의 발견을 통해 한층 깊어지고 한층 넓어졌다. 그것은 그의 사상적 지형도가 보여주는 것처럼 유식의 아뢰야식으로서 일심과 기신起信의 적멸/여래장으로서 일심, 화엄의 진심으로서 일심, 선법의 본법本法으로서 일심[565]으로 더욱 깊어지고 더욱 넓어졌다.

한편 경허의 역정은 그의 제자 한암이 쓴 「선사경허화상행장」[566]과 몇몇 산문을 통해 재구성해 볼 수 있다. 그의 법명은 성우惺牛고 초명은 동욱東旭이며 경허鏡虛는 그 법호法號이다. 본래 성씨는 송씨宋氏고 본관은 여산礪山이다. 부친은 휘가 두옥斗玉이고, 모친은 밀양密陽 박씨朴氏이다. 철종 8년 정사년(丁巳年, 1857[567]) 4월 24일 전주 우동리于東里[568]에 태어난 뒤 사흘 동안 울지 않았다. 어머니가 목욕을 시킬

---

564 高榮燮, 「분황 원효의 일심사상」, 『선문화연구』 제23집, 한국선리연구원, 2017. 12.

565 高榮燮, 「동아시아 불교의 보편성과 특수성: 원효의 유식·기신·화엄·선법 일심 인식을 중심으로」, 『문학 사학 철학』 제52·53호, 대발해동양학한국학연구원 한국불교사연구소, 2018. 3.

566 漢巖, 「先師鏡虛和尙行狀」, 『鏡虛集』(『韓佛全』 제11책, p.587하; p.653상).

567 경허의 생년에 대해서 한암은 1857년, 만해는 1849년으로 적고 있다. 하지만 경허 자신이 쓴 글에 의하면 憲宗 12년 丙午年인 1846년이다. 여기서는 경허 자신의 글에 근거하여 1846년으로 보려고 한다.

568 金泰洽, 「人間 鏡虛——名 鏡虛大師 一代評傳」, 『비판』 제6호, 비판사, 1938; 대발해동양학한국학연구원 한국불교사연구소, 『문학 사학 철학』 제45호, 2016년 재수록. 당시 행정구역에 의하면 子東里가 없었고 '于東里'가 있었으므로

때야 비로소 울음을 터트려 사람들이 모두 신이한 일이라 하였다.

경허는 일찍이 부친을 잃었다. 그는 아홉 살 때에 모친을 따라 상경하여 경기도 광주의 청계사淸溪寺에 들어가 계허桂虛 법사를 은사로 삭발하고 수계하였다. 경허의 형 태허太虛도 공주 마곡사에서 승려가 되었다. 일찍부터 이들의 모친은 삼보에 귀의하여 지성으로 염불해 왔기에 자연스럽게 두 아들을 출가시켰다. 경허는 어린 나이였을 때도 뜻은 마치 거인巨人와 같아서 아무리 괴롭고 쓰디쓴(困苦) 일을 만나도 지치거나 싫어하는 마음이 없었다. 그는 늘 땔나무를 하고 물을 길어 밥을 지어 스승을 섬기느라 열네 살이 될 때까지 글을 배울 겨를이 없었다.

그 이후 한 선비가 청계사에 와서 경허에게 「천자문」을 가르쳐 보았더니 그는 배우는 족족 외웠다. 또 『통감』과 『사략』 등을 가르쳤더니 경허는 하루에 대여섯 장씩 외웠다. 그 선비가 탄식하기를 "이 아이는 참으로 비상한 재주를 지니고 있다. 옛날에 이른바 '천리마가 백락伯樂을 못 만나 소금수레를 끈다'라는 격이로구나. 훗날 반드시 큰 그릇이 되어 일체중생을 구제할 것이다"고 하였다. 얼마 뒤 은사 계허桂虛 법사가 환속하면서 그의 재주와 학문이 성취되지 못함을 애석하게 여겨서 당대의 뛰어난 강백이었던 계룡산 동학사의 만화 보선萬化普善 법사에게 추천하는 편지를 써서 보냈다.[569]

'우동리'로 보아야 할 것 같다. 김태흡의 「경허화상행장」에는 우동리도 적혀 있다. 아마도 '子'와 '于'의 글자 모습이 비슷해 처음에 어느 누가 '자동리'로 읽어 인쇄하였기에 잘못 전해진 것이다. 한암의 「行狀」에는 '子東里'로 되어 있다. 만해의 「略報」에도 '子東里'로 되어 있다.

만화 법사는 영특한 경허를 보고 기뻐하면서 가르쳤다. 그런데 몇 달이 되지 않아 그는 글을 잘 짓고 경전을 뜻을 새길 줄 알았다. 경허는 일과로 배우는 경소經疏를 한번 보면 곧바로 외웠다. 그는 하루 종일 잠을 자고도 이튿날 논강할 때는 글 뜻을 풀이하는 것이 마치 도끼로 장작을 쪼개고 촛불을 잡고 비추는 듯 명쾌하고 분명하였다. 강사가 경허에게 잠이 많다고 꾸짖으며 재주를 시험해 보고자 특별히 『원각경』의 소초 5, 6장 내지 10여 장을 일과로 주었다. 그런데 그는 여전히 잠을 자고도 종전처럼 모두 외웠다. 대중들은 일찍이 없던 일이라고 탄복하였다.

경허는 23세에 대중의 요청으로 동학사東鶴寺에서 강석을 열어 교의를 강론하였다. 그의 강론은 드넓은 물결처럼 거침이 없었으며 사방의 학인들이 몰려왔다. 어느 날 경허는 지난 날 자신의 스승이었던 계허桂虛 법사의 정의情義가 생각나서 한번 찾아보고자 하였다. 그는 대중에게 이 사실을 알린 뒤 출발하였다. 경허가 길을 가는 도중에 갑자기 비바람이 세차게 몰아쳤다. 그는 급히 발걸음을 옮겨 어느 집 처마에 들어갔으나 주인이 내쫓아 들어가지 못했다. 다른 집도 마찬가지였다. 온 동네 수십 집 모두가 몹시 다급하게 내쫓으며 큰소리로 꾸짖었다.

"지금 이곳에는 역질疫疾이 크게 창궐하여 걸리는 자는 곧바로 죽는다. 너는 대체 어떤 사람이기에 죽을 곳(死地)에 들어왔는가?" 경허는 이 말을 듣고 모골이 송연하고 정신이 아득하여 흡사 죽음이 눈앞에 임박하고 목숨이 호흡 사이에 있어 일체 세간의 일들이 모두 덧없는

---

569 漢巖, 「先師鏡虛和尙行狀」, 『鏡虛集』(『韓佛全』 제11책, p.653상하).

꿈 저편의 청산인 것만 같았다. 이에 스스로 생각해 말하였다. "이 생애 차라리 바보가 될지언정 문자에 구속받지 않고 조사의 도를 찾아서 삼계를 벗어나리라." 발원을 마친 경허는 자신이 평소에 읽은 공안들을 미루어 생각해 보았다. 교학을 공부한 습성으로 모두 알음알이가 생겨 참구할 여지가 없었다.[570]

그래서 경허는 오직 영운 지근靈雲志勤 선사의 '나귀 일이 가기 전에 말의 일이 이르렀다(驢事未去 馬事到來)'는 화두만은 은산철벽을 마주한 것처럼 도무지 알 수 없기에 곧바로 '이 무슨 도리인고?'라고 참구하였다. 일찍이 위산 영우潙山靈祐 선사의 문하에서 복사꽃을 보고 도를 깨달았던 영운에게 어떤 선사가 "어떤 것이 불법입니까?"라고 물었다. 이 물음에 대해 영운 선사는 '여사미거 마사도래'라고 대답하였다. '나귀 일이 가기 전에 말의 일이 이르렀다'는 말이다. 이 화답은 곧 경허의 화두가 되었다.

계룡산으로 돌아온 경허는 대중을 해산하며 말하였다. "그대들은 인연 따라 잘 가시게. 나의 지원志願은 여기(講學)에 있지 않네." 경허는 문을 닫고 단정히 앉아서 전심으로 화두를 참구하였다. 밤에 졸음이 오면 송곳으로 허벅지를 찌르기도 하고, 시퍼렇게 간 칼을 턱밑에 세우기도 하였다. 이렇게 석 달을 지나자 참구하는 화두가 오롯이 순수하여 섞임이 없었다(純一無雜).[571]

어느 날 한 사미승(元奎[572])의 시봉을 받던 스승 학명 도일學明道一[573]

570 漢巖, 「先師鏡虛和尙行狀」, 『鏡虛集』(『韓佛全』 제11책, p.653상하).
571 漢巖, 위의 글, p.653상하.
572 元奎는 당시 12세의 사미로 본명은 卞雪湖이고 뒷날 '東隱'이라는 법명으로

이 다년간 좌선하여 스스로 개오한 곳이 있었던 원규의 부친 이 거사의 집에 찾아갔다. 이 거사가 "중이 된 자는 필경 소가 되지요"라고 하였다. 이에 사미승 원규의 스승 학명 도일이 "중이 되어 심지心地를 밝히지 못하고 단지 신도의 시주만 받으면 반드시 소가 되어 그 시은을 갚게 마련입니다." 이에 이 거사가 그 말을 듣고 꾸짖었다. "이른바 사문으로서 이처럼 맞지 않은 대답을 한단 말이오?" 사미승 원규의 스승 학명 도일이 말하였다. "나는 선지禪旨를 알지 못하니 어떻게 대답해야 옳겠소?" 이 거사가 말하였다. "어찌하여 소가 되면 콧구멍을 뚫을 곳이 없다고 말하지 않소?"

이 사미승 원규의 스승 학명 도일이 돌아와 사미승에게 엄부嚴父의 이 말을 전했다. 이에 사미 원규가 말하였다. "지금 조실 선사(籌室和尙)가 매우 열심히 참선하느라 잠자리도 폐하고 음식도 먹지 않고 있으니(廢寢忘餐) 그 이치를 아실 것입니다." 사미 원규(의 스승 학명 도일이 기뻐하며 경허를 찾아가 수인사를 마치고[574])는 이 거사의 말을 전했다.

개심사 주지로 있으면서 경허를 시봉한 일이 있다.

[573] 이흥우, 『공성의 피안길』(동화문화사, 1980). 경허를 어릴 때 시봉했던 수덕사의 馬碧草 선사의 증언을 통해 당시의 상황을 어느 정도 알 수 있다. 學明 道一은 경허의 師弟로서 해인사에도 머무르면서도 元奎의 시봉을 받은 적이 있었다. 그때 학명은 어린 元奎(변설호)에게 "너는 어려서 모르지만 저 노시님은 좀체로 만나기 어려운 시님이니, 너 法門을 써 받아두거라"라고 그때 받아준 것이 지금까지 애송되는 경허의 「參禪曲」(『韓佛全』 제11책, pp.630하~633상)이다.

[574] 漢巖은 學明 道一이 직접 경허에게 물었다고 적었으나, 김태흡(大隱)은 「평전」에서 "그럼 애, 네가 가서 물어 보아다고"로 청하였다고 쓰고 있다. 맥락상으로 보아 사미승 元奎가 경허를 만나 물었다는 것이 더 합당해 보인다.

순간 "소가 되면 콧구멍을 뚫을 곳이 없다"(到牛無鼻孔處)는 대목에 이르러 경허의 눈이 번쩍 뜨이더니 문득 깨달아 '옛 부처가 태어나기 전의 소식(古佛未生前消息)'이 눈앞에 활짝 드러났다. 이에 대지가 가라 앉고 외물과 자아(物我)를 모두 잊어 곧바로 옛 사람이 크게 쉰 경지(大休歇地)에 이르러 백천 가지 법문과 헬 수 없는 묘의妙義가 당장에 얼음이 녹고 기와가 흩어지듯(氷消瓦解) 풀렸다. 이때는 고종 16년 기묘년(1879) 겨울 11월 보름께였다.[575]

경허는 이듬해 경진년 봄에 서산의 연암산鷰巖山 천장암天藏庵에 머물렀다. 때마침 자신의 형인 태허太虛 선사가 모친을 모시고 이 암자에 있었기 때문이었다. 이곳에서 그는 자신의 증오한 경지를 드러낸 「오도송」과 「오도가」를 지었다. 한암은 그가 증오한 경지가 실로 옛 조사의 가풍에 손색이 없을 정도로 우뚝 높아 천 길 벼랑 같고, 드넓고 커서 언어의 길이 끊어져 있다[576]고 적었다.

사방을 돌아봐도 사람이 없으니
의발을 누가 전해 줄거나
의발을 누가 전해 줄거나
사방을 돌아봐도 사람이 없구나.[577]
…
홀연 콧구멍 없다는 말을 듣자

575 漢巖, 「先師鏡虛和尚行狀」, 『鏡虛集』(『韓佛全』 제11책, p.654상).
576 漢巖, 「先師鏡虛和尚行狀」, 『鏡虛集』(『韓佛全』 제11책, p.654상).
577 鏡虛, 「悟道歌」, 『鏡虛集』(『韓佛全』 제11책, p.656하).

문득 삼천세계가 나임을 깨달았노라
유월이라 연암산 아랫길에
농부들이 한가로이 태평가를 부르네.[578]

이 「오도가」 서두와 「태평가」 말미에서 경허는 자신에게 의발을
전해줄 이가 없음을 탄식하고 있다. 말미 부분에서는 "대저 의발을
누가 전해 줄거나/ 사방을 둘러봐도 사람이 없는 것을/ 사방을 돌이봐
도 사람이 없으니/ 의발을 누가 전해 줄거나"[579]라고 탄식하고 있다.

경허는 「진흙 소의 울음」(泥牛吼)에서 자신의 수행관 내지 구도관을
잘 보여주고 있다. 「니우후」는 그의 법명인 '깨친 소'가 '사바의 진흙
속에서 토하는 울음'이라는 의미처럼 간간하고 절절한 울림을 지니고
있는 글이다. 여기에는 경허의 구도정신이 깊이 투영되어 있다.

대저 참선하는 이(參禪者)는 무엇보다 먼저 무상無常이 신속하고
생사生死의 일이 중대함을 두려워해야 한다. 그러므로 고인은 "오
늘은 비록 살아있더라도 내일은 보장하기 어렵다" 하였으니, 단단
히 생각하여 조금도 방일하지 말아야 한다. 다음으로는 일체 세간
의 일에 조금도 마음을 두지 않아 어떤 의식적인 행위(作爲) 없이
마음이 고요해야만 한다.[580]

---

578 鏡虛, 「悟道歌」, 『鏡虛集』(『韓佛全』 제11책, p.657상).

579 鏡虛, 「太平歌」, 『鏡虛集』(『韓佛全』 제11책, p.659상).

580 鏡虛, 「泥牛吼」, 『鏡虛集』(『韓佛全』 제11책, p.660하).

일찍이 그가 「무상가」를 지었듯이 수행자, 즉 참선자는 누구보다도 '무상이 신속하고 생사의 일이 중대함'을 두려워해야 하며 조금도 방일하지 말아야 함을 힘주어 설하고 있다.

이 현묘한 문을 참구하는 사람(參此玄門者)은 늘 반조返照하여 궁구하는 데 힘써서 마음을 씀이 성성(惺)하고 정밀(密)하여 잠시 그치거나 끊어짐(間斷)이 없도록 해야 한다. 그렇게 궁구함이 지극히 간절하여 더 이상 마음을 써서 궁구할 수 없는 지경에 이르면, 문득 마음 길이 홀연히 끊어져 본성과 본분(本命元辰)을 밟으면, 이 본지풍광이 본래 저절로 갖춰져 원만함이 모자람도 없고 남음도 없다. 이러한 시절에 이르러서는 눈에 응할 때에는 마치 백천 개의 일월이 시방을 비추는 것 같고, 귀에 응할 때에는 마치 바다에 풍랑이 일어 그 소리가 수미산을 진동하는 것과 같으니, 이는 억지로 그렇게 하는 것이 아니다.[581]

경허는 선문을 참구하는 이는 언제나 반조하여 궁구하는 데 힘써야 하며, 궁구함이 지극히 간절하여 더 이상 마음을 써서 궁구할 수 없는 지경에 이르게 되면 문득 마음 길이 홀연히 끊어져 본원명신, 즉 본성과 본분을 밟으면 본지풍광이 본래 저절로 갖춰져 원만함이 모자람도 남음도 없다고 역설하고 있다. 이 때문에 그는 이와 같은 도리는 달리 찾을 길이 없고, 남의 힘을 빌릴 필요도 없이 스스로 그러하게 인연이 응하는 곳에서 활발발하게 드러난다는 것이다.

---

581 鏡虛, 「泥牛吼」, 『鏡虛集』(『韓佛全』 제11책, p.660하).

무릇 참선하는 사람은 착실하게 이 도리를 알고 법식法式를 반조하여 분명하게 형용하는 것이 거칠지 않고 세심細審하여야 한다. 이렇게 마음을 써서 수행하여 수행하는 공덕이 순숙純熟해지면 실상의 이치가 절로 나타나는 법이다.[582]

경허는 참선자는 '자연이 응하는 곳에서 활발발하게 드러나는 이 도리를 알고 법식을 반조하고 세심해야 한다고 강조하고 있다. 이 때문에 행도자는 첫걸음이 올발라야 한다고 역설하고 있다.

대저 길을 가는 사람(行道路者)이 만일 첫걸음이 바르지 못하면 천 리나 멀리 가도 한갓 헛걸음만 할 뿐이니, 애초에 가지 않는 편이 낫다. 그러므로 규봉 선사는 "분명하게 이치를 깨닫고 응당 수행해야 함을 결단하고 간택한다"라고 하였다.[583]

이처럼 남다른 구도정신을 지녔던 경허는 일찍이 자신의 인가를 위해 제자 혜월慧月로 하여금 당대의 고승인 허주 덕진(虛舟德眞, 1815~1888) 장로에게 시를 전하게 하였다. 당시의 상황에 대해서는 김태흡의 「인간경허-일명 경허 대사 일대평전」에 기술되어 있다.

그런데 대사는 또 어느 때에 새끼를 쳐 가지고 날아 달아난 벌(蜂)을 받아서 벌통 속에 넣으라고 만든 벌통의 짚벙거지 하나 하고 주장자

---

582 鏡虛, 「泥牛吼」, 『鏡虛集』(『韓佛全』 제11책, p.660하).
583 鏡虛, 「泥牛吼」, 『鏡虛集』(『韓佛全』 제11책, p.661중).

하나와 "因筆及此心緖亂(붓 길 따라 시 지으니 이 마음이 착잡해)/ 遮箇境界共誰伊(이 경계를 누구와 더불어 말할거나)/ 鵠白烏黑心言 外(흰 따오기 혹 까마귀 마음과 말 밖 소식)/ 無生佛兮有山水(중생과 부처 없고 산과 물만 있을 뿐)"[584]라는 시 한 편을 써서 문도되는 혜월 대사에게 주면서 말하되,

"지금 허주 대사虛舟大師가 선지식善知識의 이름을 날리고 마곡사麻 谷寺에 있으니, 이것을 가져다가 주게. 그리고 이것은 경허가 법물 法物의 신표信標로 보내는 것이니 그리 알고 받으라고 이르게. 여하간如何間 나도 위에나 아래나 사법처嗣法處가 있어야 할 것이 아닌가?" 그런즉 "그렇게 하소" 한다.

그래서 혜월 대사도 그렇게 생각을 하고 마곡사를 찾아가서 소위 신물을 허주 대사에게 전하였다. 그러한즉 허주 대사는 말하되 "미친 녀석 같으니라고, 젊은 놈이 견성見性했다고 날뛰더니 또 이것을 법물法物이라고 이 늙은 사람에게 전하더란 말이냐? 이 허주는 그러한 것을 받는 사람이 아니더라고 경허에게 가서 이르 게. 시큰둥하고 건방진 녀석 같으니라고. 요새 소위 참선參禪을 좀 한다고 날뛰는 선객禪客들은 이런 짓이 일수란 말이야" 하며 노기충천怒氣衝天하여 일축一蹴하는고로 어찌할 수가 없었다.

이것을 들은 대사는 "허- 허주가 그래도 무던한 줄 알았더니 맹꽁무

584 漢巖, 「寄虛舟長老」, 『鏡虛集』(『韓佛全』 제11책, p.688상; pp.617하~618상). "因 筆及此心緖亂, 遮箇境界共誰伊, 鵠白烏黑心言外, 無生佛兮有山水." 漢巖은 詩 題를 「寄虛舟長老」로 적고 있고 萬海는 詩題를 「寄虛舟長者」로 적고 있다. 여기서는 허주를 재가의 居士 長者가 아니라 출가의 禪師 長老로 보아야 문맥에 부합할 것이다.

니였구나. 그만두어라. 그가 무얼 안다면 내가 그를 수법사受法師
로 붙이려고 하였더니 가可히 더불어서 말할 사람이 못된다."[585]

이미 '더 이상 할 일이 없는' 경허였지만 그는 법을 건네받을 곳(嗣法
處)을 정하여 법을 건네줄 곳(受法處)을 찾으려 하였다. 그는 당시
조선 불교의 피폐의 주요한 원인이 사법처의 소홀함 때문이라고 보았
다. 그러한 피폐를 극복하는 것은 사법처를 정하여 수법사를 붙임으로
써 불교를 온전히 이어가는 것이라고 생각하였다.

그래서 경허는 자신의 법물을 상징하는 신표로서 '벌통의 짚 벙거지
하나'와 '주장자 하나' 그리고 '시 한 편'을 써서 허주 덕진德眞에게
전해달라고 제자 혜월 편에 보냈던 것이다. 이것은 자신의 사법처를
구하기 위해서였다. 하지만 경허의 신표를 접한 허주는 일언지하에
경허의 신표를 일축하고는 경허를 여타의 혈기 방장한 선객처럼 '시큰
둥하고 건방진 녀석'으로 치부하면서 화난 기색이 하늘을 찌를 듯했다.
이것을 전해들은 경허는 허주를 '맹꽁무니'로 되받으면서 그만두라고
단호히 선을 그었다.

585 金泰洽, 「人間 鏡虛――名 鏡虛大師 一代評傳」, 『비판』 제6호, 비판사, 1938,
p.108; 대발해동양학한국학연구원 한국불교사연구소, 『문학 사학 철학』 제45
호, 2016년 재수록. 金泰洽(大隱, 素荷)의 「人間 鏡虛――名 鏡虛大師一代評傳」
은 『비판』지 1938년 6-6~6-12호에 7번 나눠 실은 것이다. 오랫동안 잊혀져
있던 이 자료를 국립도서관에서 찾아 제공한 이는 이철교 선생(동국대 전 출판부
장)이다. 이 자료를 바탕으로 윤창화는 「경허의 주색과 삼수갑산」, (『불교평론』
제52호, 2012)을 썼고, 김광식이 다시 「경허 논고에 대한 비판적 검토」, (『불교평론』
제53호, 2013)를 통해 윤창화의 글을 재비판한 문제의 평전이다.

하지만 허주는 경허가 그에게 부친 시의 면목을 간파하지 못했다. 연구자들도 그동안 이 시에 주목하지 못하였다.[586] 이 시에는 경허의 살림살이와 사고방식이 담겨 있다. 그는 자신의 살림살이를 이 시 안에 담아 허주에게 보여주고 그를 사법처로 정하여 수법사를 붙이려 하였다.

경허의 시 1연의 "붓 길 따라 시 지으니 이 마음이 착잡해"라는 구절은 그 자신의 오도 이후의 마음 상태를 보여주는 구절이다. 그는 이미 '오도가', 즉 '태평가'를 부른 경허의 입장에서 다시 사법처를 구해야 하는 현실이 착잡할 수밖에 없었다. 경허는 선종의 전등 역사에 서지 않는 한 영원한 외부인일 수밖에 없다는 사실을 분명히 자각하고 있었다.

이 때문에 2연에서 그는 "이 경계를 누구와 더불어 말할거나"라고 자신의 개오를 알려 허주에게 인가해줄 스승으로 청하고 있다. 자신이 체득한 경계를 누구와 더불어 나눌 수 있을 것인가를 되묻고 있다. 그가 태평가에서 "사방을 돌아봐도 사람이 없으니/ 의발을 누가 전해 줄거나"라고 두 차례 반복한 것도 이러한 간간하고 절절한 마음에서였다고 할 수 있다.

3연의 "흰 따오기 혹 까마귀 마음과 말 밖 소식"이라는 구절은 『장자』 「천운」편의 내용을 차용하여 자신이 체득한 불이의 경계를 드러내 보이고 있다. 경허는 따오기는 씻지 않아도 희고 까마귀는 먹칠하지

---

586 홍현지, 「경허의 오도가와 '寄廬舟長者' 詩의 상관성」, 『한국불교학』 제71집, 한국불교학회, 2014. 9. 필자는 이 시에 주목하여 경허의 「오도가」와 허주 덕진의 관련성을 밝혀내고 있다.

않아도 검다는 이야기를 원용하여 인과를 넘어선 무위의 지혜를 보여
주고 있다. 우리가 인식하는 '따오기의 백(鵠白)'과 '까마귀의 흑(烏鳴)'
도 결국은 마음과 말 밖의 소식일 뿐이라는 것이다. 그러니 자신의
깨침을 '곡백'과 '오흑'의 경계 그대로 받아들이라는 암시를 하고 있다.

결국 4연의 "중생과 부처 없고 산과 물만 있을 뿐"이라는 구절은
중생이 부처이고 부처가 중생이지만 "산은 산이고 물은 물"임을 분명히
하고 있다. 그렇지만 일찍이 백운 화상이 말했던 것처럼[587] 경허는
"산은 산이고 물은 물이다"는 다시 "산은 산이 아니고 물은 물이 아니다"
를 거쳐 다시 "산은 산이고 물은 물이다"로 나아가듯 산과 물을 무이無二
의 중도中道로 화회시키고 있다. 그리하여 그는 '무이無二'이므로 '중도
中道'임을 분명히 언표하고 있다. 하지만 경허의 살림살이는 허주의
살림살이와 계합하지 못하였다.

미혹의 세계에서도 그렇지만 진리의 세계에서도 도량형은 주요한
잣대가 된다. 무이의 중도를 체득한 도량형과 그렇지 못한 도량형은
계합할 수가 없다. 당대의 불자들이 "영산 경순(影山敬淳, ?~1883)이
첫째요, 허주 덕진이 둘째"라는 세간의 평가에서 알 수 있듯이 허주는
영산 경순을 능가하는 첫째의 도량형을 지니지 못한 것으로 짐작된다.
이 때문에 그는 경허의 살림살이도 품을 수 없었던 것으로 이해된다.
경허의 시 「기허주장로」에는 허주와 경허의 이와 같은 법거량 일화가

---

587 北宋 道源, 『景德傳燈錄』(1006년) 권22. 고려 말의 白雲 景閑和尙이 참선하면서
　　제자들에게 말하면서 널리 알려졌다. 1) 見山是山, 見水是水; 2) 見山不是山,
　　見水不是水; 3) 依前見山祗是山, 見水祗是水. 백운 선사는 이렇게 애기한 뒤
　　대중들이여, 이 세 가지 견해가 같은 것이냐? 다른 것이냐?를 묻고 있다.

담겨 있다.

이처럼 경허의 구도 역정에는 깨달음을 성취하려는 그의 치열한 과정이 담겨 있다. 결국 경허의 「오도가」에는 그의 법맥이 그 스스로 원했던 허주 덕진(虛舟德眞, 1815~1888)으로 이어지지 못하고 용암 혜언으로 맥을 잇게 된 일련의 과정이 투영되어 있다. 그것은 당시 허주[588]가 경허의 살림살이를 알아보지 못했기 때문이다. 그 결과 경허의 법통은 만화 보선萬化普善 → 용암 혜언(龍巖慧彦, 1783~1841) → 금허 법첨錦虛法沾 → 율봉 청고(栗峯靑杲, 1738~1823) → 청봉 거안靑峯巨岸 → 호암 체정(虎巖體淨, 1687~1748) → 환성 지안(喚惺志安, 1664~1729) → 월담 설제(月潭雪霽, 1632~1704) → 풍담 의심(楓潭義諶, 1592~1665) → 편양 언기(鞭羊彦機, 1581~1644) → 청허 휴정(淸虛休靜, 1520~1604)으로 이어지게 되었다.

한암은 「행장」에서 이것을 "사우師友의 인연이 이미 끊어져 자신의 오도를 인증하고 법을 전해줄 사람이 없음을 탄식한 것"[589]이라고 보았다. 당시 조선후기 불교계의 현실은 "스승과 벗의 인연이 이미

---

588 虛舟 德眞은 당시 조선 불교계에서 첫째는 影山 敬淳(?~1883), 둘째는 허주 덕진이라고 할 정도로 당대의 선지식으로 불렸다. 그가 가는 곳마다 사부대중이 구름처럼 모였다. 허주는 말없이 설법하는 '無言說法'과 한참 뜸을 들여서 설법하던 '매미법문'이 유명하였다. 경봉, 『니가 누고』(휴먼앤북스, 2010), pp.384~386. 『韓國高僧傳』에 수록된 그의 시는 그의 가풍을 잘 보여주고 있다. 그는 오랫동안 머물렀던 송광사를 떠나며 詩 한 수를 남겼다. "사방을 돌아봐도 친한 이 없고(四顧無與親)/ 육방을 더불어 나눌 이 없네(六方無與疎)/ 걸음걸음 마다 그림자 남기지 않아(步步無遺彩)/ 가는 곳마다 진실로 빈 배로다(行行眞虛舟)"

589 漢巖, 「先師鏡虛和尙行狀」, 『鏡虛集』(『韓佛全』 제11책, p.654상).

끊어졌다"는 한암의 진단과 같이 캄캄하였다. 하지만 깨달음을 인증하고 전법사를 찾을 수 없는 암흑기에 경허의 구도정신은 더욱더 빛났다. 그는 조선후기 불교계라는 캄캄한 어둠 속에서 지혜의 등불을 치켜들었기 때문이다. 가장 어두울 때에 제일 지혜로운 등불이 빛을 발하듯이 말이다. 무덤과 땅막과의 대비 속에서 이루어진 무덤 속에서의 원효의 깨침도 바로 그러하였다.

4. 경허의 조료심원照了心源과 원효의 일심지원一心之源

불교의 대장경을 한 마디로 줄이면 '심心', 즉 '마음'이라고 할 수 있을 것이다. 이것은 붓다의 깨침이 '심', 즉 '마음'을 깨쳤기에 그러한 것이다. 붓다는 번뇌가 있는 유루의 의식(有漏識)을 전환시켜(轉識) 번뇌가 없는 무루의 지혜(無漏智)를 얻었다(得智). 붓다가 얻은 '무루의 지혜(佛智)', 즉 '붓다의 지혜(佛智)'는 곧 '붓다의 마음(佛心)'의 다른 표현이다. 그것은 곧 붓다가 사람의 착한 마음을 헤치는 세 가지 번뇌(三毒, 貪瞋癡)에서 해탈하여 열반에 이른 것을 가리킨다. 불교사상가들은 붓다의 지혜, 즉 붓다의 마음을 자신의 사유를 담은 기호로 표현해 왔다.

이를테면 원효의 일심(一心, 一心之源), 지눌의 진심(眞心, 無分別心), 태고의 자심自心, 나옹의 무심無心, 휴정의 선심(禪心, 一物), 경허의 조심(照心, 照料心源), 만해의 유심(惟心, 唯心), 성철의 돈심(頓心, 頓悟無心)처럼 '심'은 각 사상가들의 사유 속에서 다양한 변주를 거쳐 새로운 개념으로 태어났다. 일심은 불교 경론의 대표적 개념이면서도 특히

『능가경』, 『대승기신론』, 『화엄경』, 『금강삼매경』 등에서 주요한 개념으로 정의되고 있다. 원효는 이들 경론에 주석을 하면서 자신의 사유 속에서 일심의 촘촘한 지형도를 그려내었다. 그 결과 일심은 원효의 주요한 철학적 개념으로 재탄생되었다.

원효는 일심지원과 일심의 관계를 통해 본각과 진여를 설명해 나간다. 즉 그는 구심의 깨침을 일심지원으로 보고 원심의 깨달음을 일심으로 본다. 원효는 본각의 구심과 진여의 원심을 통해 일심지원과 일심을 하나의 원 속에서 파악하고 있다. 그는 일심지원의 초탈법을 먼저 이중 부정으로 설명한다. 그래서 그 근원은 비유비무의 이중 부정의 초탈성을 함의한다. 마찬가지로 삼공지해의 연기법을 원효는 먼저 이중 부정으로 설명한다. 이어서 그는 삼공지해의 세계를 이중 긍정으로 보기를 종용한다.[590] 그런 뒤에 그는 이 대의문에서 이중 부정의 무애(遠離)와 이중 긍정의 원융(融攝)을 대비하면서 통섭시킨다.

"무릇 일심의 근원(一心之源)은 유무有無를 떠나서도 홀로 맑아 있고(獨淨), 삼공의 바다(三空之海)는 진속眞俗을 원융하여 깊고 고요하다(湛然). 깊고 고요해 두나(二)를 원융하니 하나가 아니요 (不一), 홀로 맑아서 양변兩邊을 떠났지만 환중環中이 아니다(非中). 환중이 아니지만 양변을 떠났기에 있지 아니한 법(無有之法)이 곧 무無에 머무르지 않으며, 없지 아니한 상(不無之相)이 곧 유有에 머무르지 않는다. 하나가 아니지만 두나(二)를 원융하기에 참되지 않은 사태(事)가 곧 속되지 아니하고, 속되지 아니한 이치(理)가

---

590 김형효, 『원효의 대승철학』(소나무, 2006), pp.94~96.

곧 참되지 아니하다. 두나(二)를 원융하되 하나가 아니기에 진실과
속됨의 성(眞俗之性)이 세워지지 않는 것이 없고, 물듦과 맑음의
상(染淨之相)이 갖춰지지 않는 것이 없다. 양변(邊)을 떠났지만
환중(中)이 아니기에 있음과 없음의 법(有無之法)이 이루어지지
않는 바가 없고, 옳음과 그름의 뜻(是非之義)이 미치어지지 않는
바가 없다. 그러니 깨뜨림이 없으되 깨뜨려지지 않음이 없고,
세워냄이 없으되 세워내지지 않음이 없으니, 이치가 없음의 지극한
이치(無理之至理)요, 그렇지 아니한 커다란 그러함(不然之大然)이
라고 이를만 하다. 이것이 이 경의 큰 뜻이다. 진실로 그렇지
아니한 커다란 그러함이므로 설명하는 언어로 오묘히 환중環中에
계합하고, 이치가 없음의 지극한 이치이므로 설명되는 종지宗旨의
방외를 더 멀리 넘어선다."[591]

원효는 이 『금강삼매경론』 대의문에서 "일심의 근원은 존재론적인
유무를 떠나 홀로 맑아 있고, 삼공의 바다는 인식론적인 진속을 원융하
여 깊고 고요하다"고 전제한다. 그런데 "삼공의 바다는 깊고 고요해
두나(二)를 원융하니 하나가 아니고, 일심의 근원은 홀로 맑아서 양변
을 떠나가되 환중이 아니다"고 하였다. 그리고 "환중이 아니지만 양변
을 떠났기에 있지 아니한 법(無有之法)이 곧 무에 머무르지 않으며,
없지 아니한 상(不無之相)이 곧 유에 머무르지 않는다"고 하였다. 바로
여기에서 이중 부정의 무애와 이중 긍정의 원융의 행법이 대비되고
있다.

---

591 元曉, 『金剛三昧經論』(『韓佛全』 제1책, p.604중).

원효는 일심지원의 경도經度에서는 '유/무'와 '시/비'의 양가성이
이중 부정과 이중 긍정의 형식을 메우는 내용이 되고, 삼공지해의
위도緯度에서는 '진/속'과 '염/정'의 이중성이 역시 이중 부정과 이중
긍정의 형식을 채우는 역할을 한다고 해석하였다. 이중 부정에서는
모두 무애한 불법이라는 의미가 풍기고, 이중 긍정에서는 모두 원융한
불법의 의미가 살아난다. 불법은 무애하기에 어떤 걸림도 없이 우리를
자유자재하게 하고, 원융하기에 어떤 차별을 분별함 없이 우리를
포괄적으로 평등하게 한다.[592] 이처럼 원효의 대의문에는 '무애의 자유'
와 '원융의 평등' 행법이 대비되고 있다. 이것이 원효가 바라보는 이문의
일미관[593]이자 이문의 일심관[594]이다.

일심지원은 초탈적이어서, 무애의 해탈적 자유와 유무와 시비의
이중적 존재와 거래가 이루어지므로, 일심지원도 해탈적 자유와 원융
한 평등의 두 가지 의미를 함의하고 있다. 삼공지해는 연생적이어서,
자가성을 고집하지 않는 무애의 초탈적 자유와 차이 속에서도 동거의
상관성을 맺고 있으므로, 삼공지해도 무애의 초탈적 자유와 포괄의
원융한 평등이라 두 가지 의미를 내포하고 있는 셈이다.[595] 이 때문에
무애-초탈-자유의 행법과 원융-포괄-평등의 행법이 분리되지 않는

---

592 김형효, 앞의 책, p.96.

593 高榮燮, 「분황 원효의 和諍 會通 인식」, 『불교학보』 제81집, 동국대학교 불교문화
    연구원, 2017.12.

594 高榮燮, 「분황 원효의 和會 論法 탐구」, 『한국불교학』 제71집, 한국불교학회,
    2014.

595 김형효, 앞의 책, p.97.

다. 그러므로 일심지원과 삼공지해가 유기적으로 맞물려 일미의 관법
과 일심의 행법으로 전개되는 것이다.

이처럼 일심의 근원과 삼공의 바다는 환중과 양변, 무유지법無有之法
과 불무지상不無之相, 진속지성眞俗之性과 염정지상染淨之相, 유무지
법有無之法과 시비지의是非之義, 무리지지리無理之至理와 불연지대연
不然之大然에 입각한 실천적 행법으로 서로 대비되고 서로 보완되고
있다. 그런데 이들과 같은 철학적 개념들은 경우에 따라서 다른 개념과
결합하면서 논리적 구조를 갖추기도 하였다.

원효는 자신의 생평을 일심−화회−무애의 기호로 압축해 보여주었
다. 그는 이들 세 기호 중에서 자신의 사상적 기호를 '일심(지원)'으로
또렷이 드러내고 있다. 그에게 화회, 즉 화쟁회통은 논법이자 논리이며
무애는 대중교화의 기표라 할 수 있다. 경허 또한 자기의 생평을
조심−조료−이행의 기호로 입론해 보여주었다. 경허에게서 '조료심
원', 즉 '조심'은 '반조심원返照心源'과 '이류중행異類中行'을 돌이켜 보게
하는 개념이자 기호이다. '조료照了'는 '돌이켜 비추어 깨달아 사무침'을
뜻한다. '조료'는 마음의 근원을 '반조返照'하고 '요달了達'하는 것을
일컫는다.

경허는 해인사에 머물며 선가의 종요인 『정법안장』을 간행하면서
서문에 붙였다. 그는 여기서 "마음의 근원을 돌이켜 비추어 (마음의)
공용을 오롯이 정밀히 하면, 비록 일장교一藏經를 훑어보지 않았다
하더라도 장경이 여기에 있다"[596]고 하였다. 여기에서 주목되는 두

---

596 鏡虛, 「正法眼藏序」, 『鏡虛集』(『韓佛全』 제11책, p.600하), "返照於心源, 用功專
精, 雖不用看過藏經, 藏敎在言."

기호는 '반조返照'와 '전정專精'이다. 경허는 '마음의 근원을 반조하고' '공용功用, 즉 용공用功을 오로지 정밀하게 하면'과 '일대 장경의 가르침을 지나쳐 보는 것'을 대비시키고 있다. 그리하여 그는 일대 장경의 가르침의 '간과看過'와 변별되는 선법 수행의 길을 '반조返照'와 '전정專精'이라는 기호로 파악하고 있다.[597]

이들 기호는 경허의 글 「시법계당示法界堂」에서 "빛을 돌이켜 되비추고 마음의 근원을 비추어 깨달아라"(廻光返照, 照了心源)[598]고 하면서 '일일조고日日照顧',[599] '조료자성照了自性',[600] '조료망상照了妄想'[601]에서처럼 '조료照了' 혹은 '조고照顧'로 나타나고 있다. 그리고 「여등암화상與藤菴和尙」에서는 '조고불매위정返照不昧爲正'[602]처럼 '반조返照'라는 표현으로 나타나고 있다. 대개 선종사에서 조사선은 '반조' 또는 '묵조' 수행법으로 닦아 왔으며, 간화선은 '간화' 혹은 '거화' 수행법을 닦으며 화두를 참구해 왔다. 경허는 간화선법으로 수행을 하면서 마음의 근원을 비추어 왔다.

이처럼 원효가 일심지원과 일심의 구도를 통해 '심원', 즉 마음의 근원으로 돌아가고자 했던 것이나 경허가 '심원', 즉 마음의 근원을 비추어 알려고 했던 것은 서로 상통하고 있다. 이들 두 사람은 모두

597 高榮燮, 「鏡虛의 照心學」, 『선문화연구』 제8집, 한국선리연구원, 2010.

598 鏡虛, 「示法界堂」, 『鏡虛集』(『韓佛全』 제11책, p.595상).

599 鏡虛, 「示法界堂」, 『鏡虛集』(『韓佛全』 제11책, p.595상).

600 鏡虛, 「示法界堂」, 『鏡虛集』(『韓佛全』 제11책, p.595상).

601 鏡虛, 「示法界堂」, 『鏡虛集』(『韓佛全』 제11책, p.595상).

602 鏡虛, 「與藤菴和尙」, 『鏡虛集』(『韓佛全』 제11책, p.593중).

구도, 즉 도를 마음의 근원으로 파악하고 있음을 알 수 있다. 이들이 파악한 마음의 근원은 붓다가 지니고 있는 '불심佛心' 혹은 '불지佛智'와 같은 '본래 마음'이자 '본래 성품'이었다.

이들에게 있어 일심(지원)과 조(료)심(원)은 '시작도 없는 아득한 때로부터(無始以來) 쌓아온 미세한 망념(微細妄念)을 즉각적으로 끊어 버리고(頓斷)' 영원한 대자유인이 되는 것이자 붓다의 중도연기의 진리를 체득하는 것이다. 일심(지원)이 본래 마음이자 본래 고향이듯이 조(료)심(원) 또한 본래 마음이자 본래 고향과 다르지 않다. 따라서 원효와 경허 두 사람은 심원, 즉 마음의 근원을 밝히고자 했다는 점에서 철저한 수행자이자 구도자였다고 할 수 있다.

5. 원효의 요익중생과 경허의 이류중행

원효는 의상과 함께 당나라를 향한 두 차례의 유학을 시도하였다. 두 번째 유학 도중 무덤 속에서 깨침을 얻고 자유로운 삶을 살게 되었다. 그는 어젯밤 땅막의 잠자리에서 경험한 극락과 같은 편안함과 오늘밤 무덤의 잠자리에서 경험한 지옥과 같은 불편함의 근원에 자리한 일심一心을 발견하면서 더 이상 유학의 필요성을 느끼지 않았다. 신라 서라벌로 돌아온 원효는 경론 저술과 대중교화의 길에 본격적으로 들어섰다.

원효는 이미 파계하여 설총薛聰을 낳은 뒤로는 속인의 의복으로 갈아입고 스스로 소성거사小姓居士라 했다. 우연히 광대들이 춤추며 놀리는 큰 뒤웅박을 얻으니, 그 모양이 기괴하므로 그 모양대로 도구를 만들어 『화엄경』에서 말한 "일체의 무애인은 한 번에 생사의 길에서 벗어난다"는 뜻을 취하여 이름을 '무애無㝵'로 짓고, 노래를 만들어 세상에 유행시켰다.[603]

원효는 요석궁의 아유다 공주와의 인연을 맺으면서 스스로 계를 깨뜨렸다며 옷을 속복으로 갈아입고 소성거사小姓居士를 자임하였다. 낮에는 저자거리에 들어가 불교의 가르침을 쉽고 명쾌하게 전달하였다. 그리고 밤에는 불교의 경론에 대한 무수한 주석서를 지었다. 그의 103여 부 208여 권의 저술[604]은 대중교화와 병행하면서 이루어진 저술이라는 점에서 더욱 값진 것이라고 할 수 있다.

원효는 이것(무애박)을 가지고 수많은 부락을 돌며 노래하고 춤추며 교화시키고 돌아왔으니, 뽕나무를 키우는 노인이나 옹기장이, 무지한 무리들도 모두 불타佛陀의 이름을 알며, 나무아미타불을 부르게 된 것은 실로 원효의 공이 컸다.[605]

원효는 대중교화를 통하여 배우지 못한 사람들도 지심至心, 즉 지성심至誠心으로 '열 번만 나무아미타불을 부르게 함'으로써 극락에 왕생할 수 있는 길을 열어주었다. 이러한 보살행은 거리낌이 없는 무애행을

---

603 一然, 『三國遺事』 권4, 「義解」, '元曉不羈'.
604 高榮燮, 『분황 원효의 생애와 사상』(운주사, 2016).
605 一然, 『三國遺事』 권4, 「義解」, '元曉不羈'.

통해서 이루어졌다는 점에서 의미가 크다고 할 수 있다. "일체에 걸림 없는 무애인만이 한 번에 생사를 벗어난다"는 『화엄경』의 가르침이 그에게서 체화되어 나온 것이라 할 수 있다.

경허 또한 원효의 대중교화에 대비되는 많은 보살행을 보여주었다. 그는 20여 년간 호서지역에 머물면서 보여준 역행逆行과 농세弄世의 만행은 많은 오해를 불러일으키기도 하였다. 그 까닭은 경허의 무애행이 역행과 농세로만 이해되었기 때문이다. 그의 역행과 농세에 담긴 자유로운 인간 이해와 삶의 인식 그리고 무이중도가 지닌 참다운 의미가 온전히 전달되지 않았기 때문으로 이해된다.

경허의 무애행은 깨달음의 근거인 '조심'에 대한 확인 과정이었으며, 동시에 자신의 깨달음을 아무도 알아보지 못하는 당시 현실에 대한 고독의 한 표현이었다. 한편으로는 주체할 수 없는 정신적 지위에 이르렀음에도 불구하고 아무것도 할 수 없는 자신에 대한 통렬한 반성이자 비판이었다.[606]

술도 혹 방광하고 여색도 그러하니
탐진치 속에서 나귀의 해 보내네.[607]

이 시는 「불명산 윤필암에 들러서 우연히 읊다」라는 절구의 앞 두 구절이다. 깨친 경허는 불보살이 방광하듯이 술과 여색도 방광한다고 하였다. 이미 분별을 넘어선 이에게는 분별하는 마음이 남아 있지

---

606 高榮燮, 「鏡虛의 照心學」, 앞의 책, p.168.

607 鏡虛, 「過佛明山尹弼庵偶吟」, 『鏡虛集』(『韓佛全』 제11책, p.617하).

않아 술과 여색의 경계도 사라진 상태라고 할 수 있다. 삼라만상과 두두물물이 모두 부처인 세계를 체득한 이에게 술과 여색의 분별은 없는 것이다. 경허가 갈파한 무이의 중도 세계는 이미 둘이 없는 중도의 세계로 드러나고 있다.

부처와 중생을 나는 알지 못해
평생토록 술 취한 중이나 되야겠네.[608]

이 시는 '우又'라고 붙인 연작 중 하나이다. 부처와 중생을 나는 알지 못한다는 것은 부처와 중생의 구분이 없다는 무이無二의 다른 표현이다. 빛의 부처가 어둠의 중생이 되고 어둠의 중생이 빛의 부처가 되는 도리를 알게 되면 무이법無二法의 도리를 터득하게 된다는 것이다. 빛과 어둠은 본디 실체가 아니기 때문에 둘이 아닌 것이다.

경허는 '음주 식육을 하는 까닭'을 묻는 화엄사의 진응(震應慧燦)에게 "자신은 성공性空을 보고 있어 걸림이 없다"고 답하였다. 이것은 연기-무자성-공성을 본 자리에서는 그러하다는 것이다. 이 시 또한 그러한 경계 위에서 읊은 것으로 짐작된다.

속세와 청산 중에 어느 것이 옳은가
봄날 오면 꽃들이 안 피는 곳 없으리니
곁에서 누가 나의 경계를 묻는다면

---

608 鏡虛, 「上堂」, 『鏡虛集』(『韓佛全』 제11책, p.618하).

돌계집 마음속의 겁외가라 하리라.[609]

이 시는 「홍주군 천장암에서」라는 제목의 시이다. 경허가 동학사에서 깨달음을 얻고 홍주군 천장암에서 보림을 마치고 읊은 것이다. 이후 그가 호서의 저자로 나아간 펼친 살림살이에 입각해 보면 이 시에는 이미 속세와 청산의 경계를 넘어선 자유인의 모습이 투영되어 있다. 경허는 이 노래를 생사를 벗어난 해탈의 노래, 즉 '겁외가'로 부르고 있다. 그의 '겁 밖의 노래'는 그의 오도송인 '태평가'와 그의 보림송인 '겁외가'와 잘 조화되고 있다.

마정령에서 초동들과 문답하여 보여준 모습은 경허가 펼쳐낸 보살의 자비행이자 눈뜬 자로서의 고독행을 잘 보여주고 있다.

대사가 마정령 아래에서 땔나무하는 아이들을 보았다. 대사가 물었다. "너희들은 나를 아느냐?" 아이들은 말했다. "알지 못합니다." 대사가 말했다. "너희들은 나를 보았느냐?" 아이들이 말했다. "보았습니다." 대사가 말했다. "이미 나를 알지 못한다고 했는데 어째서 나를 보았다고 하느냐?" 드디어 주장자를 주면서 말하였다. "너희들이 만일 이 주장자로써 나를 때린다면 큰 감사로 과자와 돈을 줄 것이다. 제일 잘 때리는 아이에게는 반班을 벗어날 수 있게 해 주겠다." 아이들이 물었다. "참말입니까?" 마침내 주장자로써 대사를 때렸다. 대사가 말하였다. "나를 때리고 또 때려라.

---

609 鏡虛, 「題洪州天藏庵」, 『鏡虛集』(『韓佛全』 제11책, p.617하). "世與青山何者是, 春城無處不開花, 傍人若問惺牛事, 石女心中劫外歌."

부처도 때리고 조사도 때려라. 삼세제불과 역대 조사 나아가 천하 노화상에 이르기까지 한 방망이로 때려 버려라." 땔나무하는 아이들이 말하였다. "때렸는데도 때리지 않았다고 하니 화상께서는 우리에게 과자와 돈을 주지 않으려고 하는 겁니까?" 대사가 돈을 주면서 말하였다. "온 세상이 혼탁한데 나만이 깨어 있구나. 나무 아래서 남은 해를 헤아리는 것만 못하구나."[610]

경허는 전북 진안 마이산의 마정령을 지나다 만난 초동들에게 자신을 때리게 하였다. 자신을 때리면 과자와 돈을 준다고 꾀었다. 방망이를 맞으며 경허는 "나를 때리고 또 때려라. 부처도 때리고 조사도 때려라. 삼세제불과 역대 조사 나아가 천하 노화상에 이르기까지 한 방망이로 때리라"고 하였다. 우리의 망상이 만들어낸 부처와 조사를 죽이라고 했던 임제臨濟의 방망이처럼 경허는 아이들에게 망상이 만들어낸 허상들을 때리라고 재촉하였다. 결국 그는 "온 세상이 혼탁한데 나만이 깨어 있구나. 나무 아래서 남은 해를 헤아리는 것만 못하구나"라며 자신을 성찰하고 자아를 발견하고 있다.

경허는 자신이 가지고 있는 정치 경제적 지위, 사회 문화적 위상 속에서 살아가는 지식인들의 허상을 때리고 깨뜨려 참다운 주인공의 지위와 위상을 세우고자 하였다. 그러기 위해서는 무이중도의 세계를 보아야만 하였다. 아이들의 방망이질은 바로 이러한 무이중도의 세계로 인도하기 위한 경허의 보살행이자 이타행이었다. 이 '문답'은 아무도

610 鏡虛, 「於馬亭嶺與樵童問答」, 『鏡虛集』(『韓佛全』 제11책, p.596중).

깨어 있지 못한 암흑의 시절에 남은 해를 기다리는 것만 못하다는 '깨어 있는 이'의 탄식이 담겨 있다.

이처럼 원효와 경허와 보살행, 즉 이타행은 생사의 경계를 넘어선 무애인들만이 가능한 것이었다. 원효의 일심과 경허의 조심은 일심지원과 조료심원을 체득한 무애인들이 만나는 통로라고 할 수 있다. 이들은 치열한 구도 수행 끝에 스스로 도달한 일심지원과 조료심원의 경지를 이류중행과 요익중생으로 드러내 보여주었다. 원효와 경허의 구도의 끝은 오래된 수행의 완성이자 새로운 교화의 시작이었다. 구도의 끝에서 나눔이 시작되고 나눔의 끝에서 구도가 시작되었다.

6. 구제의 사다리와 계율의 사다리

원효와 경허는 '비승비속非僧非俗', 즉 승도 아니도 속도 아니었으며, 혹은 '역승역속亦僧亦俗', 즉 승이기도 하고 속이기도 한 자유인이었다. 이들은 출가승만도 아니고 재가자만도 아니었지만 한편으로는 출가승이기도 하고 재가자이기도 하였다. 원효와 경허는 수행이 일정한 궤도에 오르자 출가자로서 자신의 생명과도 같은 '계율의 사다리'를 차버리고 '구제의 사다리'를 높이 세운 이들이다. 이들은 자기와의 싸움에서 승리하여 각기 일심지원一心之源과 조료심원照了心源을 체득하고 대중교화大衆教化와 이류중행異類中行을 실천하였다.

원효와 경허 두 사람이 터득한 일심一心과 조심照心을 구도정신과 나눔 정신이 만나는 지점에서 이루어졌으며 그것은 요익중생饒益衆生과 이류중행異類中行으로 드러났다. 경허와 원효의 구도정신은 부처와 중생, 홍법弘法과 화생化生, 청산과 세속, 열반과 생사가 둘이 없는 무이無二의 중도中道 세계로 표출되었다. 이들은 중생을 풍요롭고 이익되게 하려고 했으며 인간을 넘어 모든 생명체까지 구제하려고 하였다.

불교에서의 구도는 나눔을 전제로 하며 구도 과정의 치열함은 나눔 과정에 상응한다. 원효와 경허의 구도와 나눔은 출가와 재가의 경계를 넘어서는 지점에서 꽃을 피웠다. 원효와 경허의 구도정신은 일심一心과 조심照心에서 시작되어 이류중행과 요익중생의 나눔 정신으로 이어졌다. 이들이 성취한 조료심원과 일심지원은 결국 자아 발견과 자아 성찰의 과정에서 이루어진 것이었으며 그것은 결국 여러 사람들을 구제하려는 모습으로 드러났다.

원효와 경허는 평생을 진리를 추구하는 수행자이자 도리를 구하는 구도자로서 살았다. 이들은 자기와의 싸움에서 승리했고 그 결과 그 성취를 나눌 수 있었다. 그리하여 원효와 경허는 출가와 재가의 경계를 넘어서는 지점에서 활짝 꽃을 피울 수 있었다. 나아가 이들은 이러한 꽃조차 버림으로써 대중 속에서 열매를 맺을 수 있었고, 그 열매를 나눌 수 있었다.

참고문헌

馬鳴, 『大乘起信論』(『大正藏』 제25책).

元曉, 『金剛三昧經論』(韓國佛敎全書』 제1책).

元曉, 『大乘起信論疏』(韓國佛敎全書』 제1책).

元曉, 『大乘起信論別記』(韓國佛敎全書』 제1책).

元曉, 『二障義』(韓國佛敎全書』 제1책).

元曉, 『金剛三昧經論』(韓國佛敎全書』 제1책).

贊寧, 『宋高僧傳』 권4, 「義解」, 「唐新羅國黃龍寺沙門元曉傳」 상하(中華書局, 1995).

贊寧, 『宋高僧傳』 권4, 義解편, 「新羅國義湘傳」 상하(中華書局, 1995).

北宋 道源, 『景德傳燈錄』(1006년) 권22.

一然, 『三國遺事』 권4, 「義解」, '元曉不羈'.

一然, 『三國遺事』 권4, 「義解」, '義湘傳敎'.

鏡虛, 『鏡虛集』(韓國佛敎全書』 제11책).

漢巖, 「先師鏡虛和尙行狀」, 『鏡虛集』(『韓佛全』 제11책, p.654상).

이흥우, 『공성의 피안길』(동화문화사, 1980).

박성배, 『깨침과 깨달음』, 윤원철(예문서원, 2002).

김형효, 『원효의 대승철학』(소나무, 2006), pp.94~96.

경봉, 『니가 누고』(휴먼앤북스, 2010), pp.384~386.

경허 성우/이상하 옮김, 『경허집』(동국대학교출판부, 2016), pp.1~568.

金泰洽, 「人間 鏡虛――名 鏡虛大師 一代評傳」, 『비판』 제6호, 비판사, 1938,
    p.108; 대발해동양학한국학연구원 한국불교사연구소, 『문학 사학 철학』 제45
    호, 2016년 재수록.

閔泳奎, 「경허당의 北歸辭」, 『민족과 문화』 제12집, 한양대학교 민족학연구소,
    2003).

金煐泰,「경허의 한국불교사적 위치」,『덕숭선학』제1집, 한국불교선학연구원, 2000.

金知見,「경허당 散考」,『선무학술논집』제5집, 선무학술회, 1995.

高翊晉,「경허당 惺牛의 兜率易生論과 그 시대적 의의」,『한국미륵사상연구』(동국대출판부, 1987).

윤창화,「경허의 주색과 삼수갑산」,(『불교평론』제52호, 2012).

김광식,「경허 논고에 대한 비판적 검토」,(『불교평론』제53호, 2013).

高榮燮,「경허의 尾塗禪」,『불교학보』제40집, 동국대학교 불교문화연구원, 2004.

高榮燮,「경허 성우의 불사와 결사」,『한국불교학』제51집, 한국불교학회, 2008.

高榮燮,「鏡虛의 照心學」,『선문화연구』제8집, 한국선리연구원, 2010.

高榮燮,「경허 성우의 목룡가풍과 심검 선지−법의 교화(法化)와 행의 교화(行履)의 긴장과 탄력」,『한국불교학』제69집, 2014.

高榮燮,「분황 원효의 和會 論法 탐구」,『한국불교학』제71집, 한국불교학회, 2014.

高榮燮,「분황 원효의 和諍 會通 인식」,『불교학보』제81집, 동국대학교 불교문화연구원, 2017. 12.

高榮燮,「원효의 오도처와 화성 당항성」,『신라문화』제48호, 동국대학교 신라문화연구소, 2017. 8.

高榮燮,『분황 원효와 만해 봉완의 깨침과 나눔』,『불교문예』제78호, 불교문예사, 2017.

高榮燮,「분황 원효의 일심사상」,『선문화연구』제23집, 한국선리연구원, 2017. 12.

高榮燮,「동아시아 불교의 보편성과 특수성: 원효의 유식·기신·화엄·선법 일심 인식을 중심으로」,『문학 사학 철학』제52·53호, 대발해동양학한국학연구원 한국불교사연구소, 2018. 3.

홍현지,「경허의 오도가와 '寄虛舟長者' 詩의 상관성」,『한국불교학』제71집, 한국불교학회, 2014. 9.

홍현지,「경허가 삼수갑산으로 떠난 까닭에 대한 일고찰」제30호,『문학 사학 철학』, 대발해동양학한국학연구원 한국불교사연구소, 2019, pp.90~126.

제9장 분황 원효와 만해 봉완의 깨침과 나눔

―철학적 삶과 종교적 삶의 소통―

1. 거사 혹은 선생

한국불교사에서 분황 원효(617~686)와 청한 설잠(1450~1519), 경허 성우(1846~1912)와 용운 봉완(萬海, 1979~1944)은 성과 속을 넘나들며 깨침과 나눔의 경계를 무너뜨리며 살았던 이들이다.[611] 이들은 출가 수행자임에도 불구하고 성과 속을 넘나듦으로써 파계승 혹은 문제승으로 규정되었다. 그러나 이들은 출가(승려)와 재가(거사)의 경계를 넘어 '승이기도 하고 속이기도 한 존재(亦僧亦俗)' 혹은 '승도 아니고 속도 아닌 존재(非僧非俗)'[612]로서 대중들에게 다가간 이들이다. 만일 이들이

---

[611] 한국불교사에서 이들 네 사람 중 특히 元曉와 雪岑과 奉琓은 정체성 구명이 쉽지 않은 문제적 인물들로 여겨지고 있다.

[612] 시인 조지훈은 '非僧非俗'의 의미를 취해 자신의 아호를 '僧'이 아닌 '曾'과 '俗'이 아닌 '谷'을 합쳐 '曾谷'이라고 붙인 적이 있다.

출가자로만 살았거나 재가자로만 살았다면 평범한 존재 혹은 범박한 존재로서 쉽게 잊혀졌을지도 모른다.

이들 네 사람의 살림살이가 컸기 때문이기도 하겠지만 이들은 '출가'와 '재가' 혹은 '지계'와 '범계'의 경계를 넘나든 역동성 때문에 더욱더 '문제적 인물'이자 '대중적 인물'이 되었다. 이들 4인은 각기 지계가 청정한 비구의 삶을 벗어나 대중교화를 위해 소소한 계율을 버리고 소성거사, 매월당거사, 박난주거사, 만해거사로서 살았다. 소성과 매월, 난주[613]와 만해는 퇴계(이황, 청량거사)와 율곡(이이), 다산(정약용)과 혜강(최한기)과 같은 '거사' 혹은 '선생'의 칭호를 얻음으로써 불교의 울타리를 넘어선 보편적 인물들이 되었다. 이들은 일— 종교의 성직자를 넘어섬으로써 '만인이 사표로 떠받든 스승(聖師)'이 되었고, '학문과 기예가 뛰어난 스승(先生)'이 되었다. 성사와 선생은 어느 한 종교와 어느 한 학문의 경계를 넘어서 여러 종교와 여러 학문에 통효한 존재를 의미한다. 원효와 설잠 및 경허와 만해는 한국사에서 비구와 거사를 넘어서서 만인이 존경하는 성사와 선생이 되었다. 이들은 자신의 '일상적인 살림살이'를 돌파하여 '파격적인 사고방식'을 열었던 이들이었다.

이들 중에서 특히 고대의 원효와 현대의 만해는 그들이 처한 상황에 대한 역사인식과 그들이 만난 시기에 대한 시대정신이 서로 소통하고 있다. 삼한일통의 전쟁기를 자신의 철학적 무대로 삼았던 원효, 즉 소성거사와 국권상실의 국망기를 자신의 사상적 무대로 삼았던 용운,

---

613 경허는 조선이 일본에 주권을 잃고 나라가 망하자 북행을 하여 '蘭洲', 즉 우리 민족의 뿌리인 滿洲에서 민족정기를 잃지 않고 피어나는 蘭草가 되고자 했다.

즉 만해거사의 역정은 '전쟁'과 '국망'이라는 누란의 위기를 살았다는 점에서 서로 소통하고 있다. 원효는 고구려와 백제 및 가야와의 전쟁을 이겨내고 삼국을 통일한 통일신라시대에 한민족을 하나로 묶는 사상적 통일을 도모하였다. 만해는 청나라와 러시아의 간섭 및 일본 제국의 지배를 받으면서 대한시대의 대일항쟁기 속에서 민족독립과 불교유신의 활로를 모색하였다. 이러한 과정을 통해 이들은 당대의 민족적 과제를 철학적 공안으로 껴안고 자신의 사상적 화두로 풀어나갔다. 그리하여 원효는 일심법과 화회론 및 무애행을 통해 한민족의 사상적 통일과 대중교화의 지평을 열었고, 만해는 유심법과 개혁론 및 심우행을 통해 한민족의 정신적 독립과 대중불교의 물꼬를 열었다.

원효는 일심의 철학을 기반으로 사상적 통일을 완수하였지만, 만해는 유심의 철학을 기반으로 사상적 통일을 완수하지 못한 채 입적하였다. 하지만 이들의 일심 철학과 유심 철학은 심을 관통하는 불교철학의 지평을 확장했다는 점에서 철학사적 의미가 있으며, 이후 불교사상의 과제를 제시했다는 점에 사상사적 가치가 있다.[614] 논자는 '세간적 삶'을 벗어나 '출세간의 삶'에 들어선 이들이 불교의 깨침과 깨달음에 기초하여 다시 '출출세간의 삶', 즉 '입세간의 삶'으로 보여준 일심법과 유심법, 화회론과 혁신론, 무애행과 심우행을 중심으로 이들의 철학적 삶과 종교적 삶의 소통을 시도해 보고자 한다.

---

614 원효의 '일심'과 만해의 '고향'을 대비한 연구는 매우 드물다. 박정근, 「원효의 '고향'이야기」, 『현대유럽철학연구』 제15집, 한국하이데거학회, 2007; 김원명, 「고향과 말—만해와 원효를 중심으로」, 『현대유럽철학연구』 제24집, 2010.

2. 깨침과 깨달음 - '본래 마음'과 '본래 자리'

흔히 우리말 '깨침'과 '깨달음'은 같은 뜻의 다른 표현으로 본다. 하지만 깨침과 깨달음을 나누어 보는 경우도 있다. "깨침과 깨달음은 다르다. 깨달음은 무언가를 지知의 차원에서 알았다는 것이지만, 깨침은 믿음과 닦음이 동시 불가분리적인 것처럼 단박에 알았다는 것이다. 곧 이것은 지知의 차원에 머무는 것이 아니다."[615] '깨침'은 '깨다' 혹은 '깨치다'는 말에서 나왔다. 깨다는 말은 껍질을 깨다와 같이 무명을 깨뜨리다는 뜻이다. 깨치다는 말은 몰랐던 그 당체를 주객의 분리없이 확연하게 알게 되다는 뜻이다. 즉 시작도 없는 아득한 때로부터(無始以來) 쌓아온 미세한 망념妄念을 한 번에 즉각적으로 끊는다(頓斷)는 의미이다. 단번에 즉각적으로 끊는다는 것은 철저한 깸을 가리킨다. 반면 '깨달음'은 믿음과 닦음이 분리되어 지知의 차원에서 '부처의 상태' 혹은 '부처의 자리'에 이름을 뜻한다. 이것은 일반적인 깨달음의 정의에 부합한다.

깨달음에는 구경각, 즉 수행이 완성되어 증득하게 된 완전한 깨달음을 의미한다. 구경각究竟覺은 수행이 완성되어 부처의 상태에 이른 것을 의미한다. 깨달음은 보리菩提, 대보리大菩提, 각覺, 묘각妙覺, 묘각지妙覺地, 묘각해지妙覺海地, 묘과妙果, 적멸심寂滅心, 적멸심묘각지寂滅心妙覺地, 반야般若, 마하반야摩訶般若 등으로도 표현된다. 각 종파와 경전마다 여러 선정禪定을 통해 구경각을 얻게 된다고 설하고

---

615 박성배, 『깨침과 깨달음』, 윤원철(예문서원, 2002).

있다. 『화엄경』은 해인삼매海印三昧에 들면 비로소 구경각을 깨우쳐 부처가 되고, 『금강삼매경』은 금강삼매金剛三昧에 의거해 깨우쳐 부처가 되며, 『수능엄경』은 수능엄삼매首楞嚴三昧에 의거해 깨우치게 된다고 설하고 있다.

『대승기신론』은 시각始覺, 즉 수행을 통해 증득하는 깨달음의 지위인 불각不覺, 상사각相似覺, 수분각隨分覺, 구경각의 4단계로 설명하고 있다. 시각과 본각은 다르지 않지만 시각은 본각, 즉 일체 유정有情과 비정非情을 통하여 그 자성 본체로서 갖추어 있는 여래장진여如來藏眞如에 대하여 돌이켜 그 본각이 수행의 공을 빌려 깨달아 증득한 각이다. 그러므로 본각과 시각의 각체覺體는 다르지 않지만 다만 지위가 같지 않으므로 본각과 시각을 붙인 것이다. 마치 동일한 금덩이라도 땅속에 묻힌 금덩이가 본각이라면 노력하여 파낸 금덩이는 시각인 것처럼 말이다.

시각 4단段에서 불각은 시각의 제1보로서 이미 업의 원인과 업의 과보의 이치를 깨달은 지위이지만 아직 미혹을 끊는 지혜가 생기지 않은 단계이다. 상사각은 아집을 여의고 아공의 이치를 깨달은 지위이지만 아직 참된 깨달음(眞覺)을 얻지는 못한 단계이다. 수분각은 초지인 정심지淨心地에 들어가 일체 모든 법은 모두 오직 식만(唯識)이 나타난 것(所現)임을 깨닫고 법집을 끊고 진여법신을 조금씩 조금씩 깨달아 가는 단계이다. 구경각은 근본무명을 끊고 절대의 참된 깨달음을 얻어 본각 자신이 나타난 단계이다.

이처럼 시각의 4단은 살생, 투도, 음행, 망어, 악구, 양설, 기어 등 전5식의 허물을 제거하고 신업의 과보가 능히 일으키는 열 가지 선행으로 생사를 싫어하고 보리를 구하여 믿음을 성취하려는 마음을 일으키는 '불각不覺', 탐貪, 진瞋, 치癡, 만慢, 의疑, 견見 등 제6식의 모순을 제거하고 직심直心, 심심深心, 대비심大悲心으로 믿음을 성취하려는 마음을 일으키는 '상사각相似覺', 아치, 아견, 아애, 아만 등 제7식의 오류를 끊고 보시, 지계, 인욕, 정진, 선정, 지혜 등으로 이해와 실행의 마음을 일으키는 '수분각隨分覺', 업식, 전식, 현식 등의 제8식에 남아 있는 미세한 번뇌를 제거하고 진심, 방편심, 업식심으로 증득의 마음을 일으키는 '구경각究竟覺'까지의 각 단계를 보여주고 있다.[616]

이러한 깨침 혹은 깨달음은 『대승기신론』을 비롯한 여러 논서에 고루 제시되어 있다. 깨침은 본래 마음, 즉 일심과 일심지원一心之源을 깨치는 것이다. 일심(일심지원)은 고향의 다른 이름이다. 대승관법, 즉 유가선법을 통해 깨침을 얻은 원효의 일심과 조사선법을 통해 깨침을 얻은 만해의 고향은 '본래 마음'의 회복이라는 점에서 만나고 있다. 원효의 '일심'이 우리들이 지니고 있는 '본래 마음'인 것처럼 만해의 '유심', 즉 '고향'은 우리들이 지니고 있는 '본래 자리'이다. 만해에게 고향, 즉 '심'은 '절대'이자 '자유'이자 '만능'[617]이기도 하였다.

1) 원효의 일심 발견

원효는 본관이 경주, 속성이 설씨薛氏였고 이름은 사思였다. 그의 조부는 신라 6부 귀족 중 일파였던 경주 설씨의 후손인 잉피공仍皮公이었다. 조부는 본디 수도인 서라벌 사람(京師人)이었지만 적대연赤大淵

616 馬鳴, 『大乘起信論』(『大正藏』제25책).
617 萬海, 「님」, 『韓龍雲全集』제1책(불교문화연구원, 2006), p.90.

옆에 살아서 적대공赤大公이라고도 불렸다. 원효의 부친은 담날談捺이었으며 신라의 17관등 중 제10위인 대나마(大奈麻, 大奈末) 아래의 제11위인 나마(奈麻, 内末)에 있었다. 원효는 압량군, 즉 지금의 경산군 자인현의 불지촌(佛地村, 發智村) 북쪽 밤골 사라수 아래에서 태어났다.

원효의 집은 본디 이 밤골 서남쪽에 있었다. 처음에 모친이 유성이 품으로 들어오는 꿈을 꾸고 잉태하였다. 모친이 해산할 달이 다가올 즈음 이 마을의 밤나무 아래를 지나가다 홀연히 산기産氣가 와서 창황倉皇 중에 집으로 돌아갈 수 없었다. 이에 부친이 털옷(娑)을 벌려(羅) 나무에 걸어 가리고 거기를 누울 곳(寢處)으로 삼아서 태어났다. 해산할 즈음에는 오색구름이 땅을 덮었다고 한다. 그는 나면서부터 영특하고 남다른 데가 있어서 스승을 따르지 않고 공부할 수 있었다(學不從師). 이 때문에 일정한 곳에 오래 머물지 않았으며 스승이 없이 스스로 깨달았다(無師自悟)고 전한다. 원효는 뒷날 그가 살던 집을 희사하여 초개사初開寺로 삼았고, 그가 태어난 밤나무(娑羅栗) 옆에 절을 세워 사라사娑羅寺라 하였다.

삼국전쟁이 한창이던 시절에 원효는 의상과의 두 차례 유학을 시도하였다. 첫 번째의 유학(650)은 신라를 출발하여 압록강을 건너 요하수 인근의 요동지역에서 고구려 순라군에게 잡힌 뒤에 가까스로 풀려난 뒤 되돌아왔다. 원효는 의상과 함께 두 번째의 유학(661) 도중 무덤 속에서 깨침을 얻었다. 『송고승전』의 「신라국 의상전」에는 그의 깨침의 기연에 대해 비교적 자세히 기록하고 있다.

(의상은) 나이 약관에 이르러 당나라에 교종이 솥발처럼 융성하다

는 소식을 듣고, 원효 법사와 뜻을 같이하여 서쪽으로 유행하고자
하여 길을 떠났다. 본국 신라의 해문海門마을[618]인 당나라로 나아가
는 경계(唐州界)에 도착하여 장차 큰 배를 구해서 푸른 파도(滄波)
를 건너려고 했다. 중도에서 심한 폭우를 만났다. 이에 길옆의
토감(즉 흙굴) 사이에 몸을 숨겨 회오리바람의 습기를 피했다.
다음날 날이 밝아 바라보니 그곳은 해골이 있는 옛 무덤이었다.
하늘에서는 궂은비가 계속 내리고, 땅은 질척해서 한 발자국도
앞으로 나아갈 수가 없었다. 또 무덤 속에 머물다가 밤이 깊기
전에 갑자기 귀신이 나타나 놀라게 했다. 원효 법사는 탄식하여
말했다. "전날 밤에는 땅막이라 일컬어서 또한 편안했는데(前之寓
宿, 謂土龕而且安), 오늘 밤에는 무덤 속에 의탁하니 매우 뒤숭숭하
구나(此夜留宵, 託鬼鄕而多祟). 마음이 일어나니 갖가지 것들이 일어
나고, 마음이 사라지니 땅막과 무덤이 둘이 아님을 알겠구나(則知
心生故種種法生, 心滅故龕墳不二). 또한 삼계는 오직 마음일 뿐이고
(又三界唯心), 만법은 오직 인식일 뿐이니(萬法唯識) 마음 밖에 어떤
법이 없는데(心外無法) 어디에서 따로 구하리오(胡用別求), 나는
당나라에 들지 않겠다(我不入唐)." 원효는 물러나 바랑을 메고 본국

---

618 17세기 후반(1682)에 제작된 지도인 『東輿備考』는 『동국여지승람東國輿地勝覽』
에서 동東 자와 『여지승람』의 여輿 자를 취하고 '『동국여지승람』을 이용하는
데 참고가 되는 지도'라는 뜻에서 '備考'를 붙인 것으로 추정된다. 이 지도에
의하면 조선후기 당시 인근의 水原에는 同化馹, 安山에는 重林馹, 南陽에는
'海門馹'이라는 驛站이 있었고, 당시까지 물길이 들어오던 '海門馹'이라는 역참이
있었으며, 지금도 '海門里'라는 지명이 있는 것으로 보아 '本國 海門'은 '본국의
바다로 나아가는 문이 있는 마을'인 海門里로 보아야 할 것이다.

으로 돌아가 버렸다. 이에 의상은 외로운 그림자처럼(隻影) 홀로
나아가 죽기를 맹세코 물러나지 않았다. 총장總章 2년(669)에 상선
에 의탁하여 (당나라의) 등주 해안에 다다랐다.[619]

원효는 무덤 속에서 깨침을 얻었다. 그가 무덤 속에서 깨침을 얻었
다는 사실과 오도 관련 기록이 『송고승전』의 「원효전」이 아니라 「의상
전」에 나온다는 사실은 주목된다. 무덤은 삶과 죽음이 대면히는 공간
이다. 이 공간에서 원효는 활짝 깨달았다. 「원효전」에는 그가 관여한
것으로 추정되는 『금강삼매경』 연기 설화와 『금강삼매경론』 주석
작업의 내용이 대부분을 차지하고 있다. 「의상전」에 의하면 원효와
의상은 당나라 교종이 솥발처럼 무성하다는 소식을 듣고 제1차 유학
(650)을 시도했지만 실패하였다. 「의상전」의 기록은 제1차와 제2차
유학 과정을 구분 없이 적고 있지만 내용상 제2차 유학(661) 과정임을
알 수 있다.[620]

원효는 의상과 유학을 가는 도중에 중도에서 심한 폭우를 만났다.
비를 피할 곳이 없어 길옆의 토감(즉 흙굴) 사이에 몸을 숨겨 회오리바람

---

619 贊寧, 『宋高僧傳』 권4, 義解편, 「新羅國義湘傳」 상하(中華書局, 1995). 여기서
總章 2년(669)은 옳지 않고 1차 유학에 대해 기술한 崔致遠의 「浮石本碑」의
永徽 元年 庚戌(650)이 합당하다. 다만 이 기록은 고구려 요동으로 건너갔던
1차 유학과 경기도 화성 당항성 인근의 무덤에서 오도한 제2차 유학을 동일시하
고 있다.

620 高榮燮, 「원효의 오도처와 화성 당항성 관계사 고찰」, 『원효대사 탄신 1400주년
기념 제1회 화성불교문화유적 학술발표회 자료집』, 화성문화원/한국불교문인
협회/화성시/(사)한국불교학회, 2017.4.22.

의 습기를 피했다. 그런데 다음날 날이 밝자 그곳이 해골이 있는 옛 무덤이었음을 알았다. 하지만 하늘에서는 궂은비가 계속 내리고, 땅은 질척해서 한 발자국도 앞으로 나아갈 수가 없었다. 이들은 하는 수 없이 하루를 더 무덤 속에 머물기로 했다. 원효는 밤이 깊기 전에 갑자기 나타난 귀신에 놀라 깨어났다.

잠에서 깨어나는 순간 원효는 어젯밤 잠자리(땅막)와 오늘밤 잠자리(무덤)가 둘이 아님을 깨달았다. '감분불이龕墳不二', 즉 '땅막(土龕)과 무덤(鬼鄕)이 둘이 아니다'는 인식의 전환은 일심一心의 발견, 즉 진여본각의 체득으로 이어졌다. 극락같이 달콤했던 땅막의 잠과 지옥같이 두려웠던 무덤의 잠이 둘이 아님을 체감했다. 인간이 지니고 있는 '마음의 해맑고 깨끗한 측면(心眞如門)'과 '마음의 물들고 때묻은 측면(心生滅門)'이 곧 일심의 두 측면이었음을 확연히 깨달았다. 이후 그의 몸짓은 걸림 없는 무애행으로 이어졌지만 계체戒體를 지키는 절도는 잃지 않았다. 전후 맥락을 고려해 보면 원효의 요석과의 만남과 대중교화를 위한 무애행은 무덤 속의 깨달음 이후의 일로 추정된다.

2) 만해의 고향 발견

만해는 어린(아명 裕天)시절부터 선친에게 유교 경전의 충효 교육을 받았다. 그는 이를 기초로 10대 후반에 이미 한문서당을 열고 아이들을 가르쳤다. 이어 만해는 새로운 도전을 위해 19세에 출가를 시도하였다. 얼마 되지 않아 집으로 돌아온 뒤 그는 다시 25세에 속리사로 출가(1903)하였다. 이후 강원도 오대산 월정사 강원에서 수학하다가 설악산 백담사에서 김연곡 선사(계사 전영제)에게서 수계하고 봉완奉玩이란 법명을 받았다. 그곳에서 그는 이학암 강사에게 『능가경』, 『원각경』, 『대승기신론』 등을 배운 뒤 세계 일주 차원에서 시베리아행을 단행하였다.[621]

만해는 원산의 석왕사에서 영호 정호(映湖鼎鎬; 漢永, 1870~1948) 강백을 만나 크게 자극을 받았다. 그는 영호와의 만남을 통해 비로소 자신의 역할을 재인식하게 되었다. 그 이후 한동안 만해는 석왕사에 칩거하였다. 그 뒤 경성으로 올라와 명진학교(東大 전신) 보조과에서 수학(1906)하였다. 그리고 만해는 건봉사에서 처음으로 안거 수행에 들었으며 만화萬化 선사로부터 전법을 받고 용운龍雲이란 당호를 받았다. 30세(1908)에 그는 서월화徐月華 강사에게 『화엄경』을 배운 뒤 일본 시찰 겸 조동종 대학으로 유학(6개월)을 떠났다. 일본에서 돌아온 만해는 건봉사에서 이학암李鶴巖 강사에게 『화엄경』과 『반야경』을 배운 뒤 경성에 명진측량강습소를 개설하여 소장으로 활동하였다. 이후 그는 표훈사 강원의 강사 등 제방의 강원 강사를 역임하였다.[622]

만해는 1907년 4월 건봉사에서 최초의 수선업修禪業인 수선안거首先安居를 성취하였다. 이후 그는 1917년 12월 백담사 오세암에서 밤에 바람에 떨어지는 어떤 물건 소리에 마음에 붙어 있는 의정(意情, 客愁)이 몰록[623] 풀어짐을 경험하고 오도송으로 한 편의 시를 남긴다. 「의심이

---

621 高榮燮, 「만해와 태허: 철학적 삶과 종교적 삶」, 『만해학보』 제11집, 만해학회, 2013.

622 高榮燮, 위의 글.

623 中世 古語인 '모라기'에서 파생된 '몰록'은 시간적 간격이 개입되지 않는 '갑자기' (별안간)와 공간적 여지가 허용되지 않는 '몰속'(몽땅)을 아우르는 시공간적

씻은 듯 풀리다」(이원섭 역)로 옮겨진 그의 「오도송」은 아래와 같다.

남아가 가는 곳은 어디나 고향인 것을	男兒到處是故鄕
그 몇 사람 객수客愁 속에 길이 갇혔나.	幾人長在客愁中
한 마디 버럭 질러 삼천세계三千世界 뒤흔드니	一聲喝破三千界
눈 속에 점점이 복사꽃 붉게 지네.[624]	雪裡桃花片片紅

        ─「의심이 씻은 듯 풀리다」 전문   ─「오도송」 전문

만해의 「오도송」은 전통적인 한자 선시의 형식과 내용을 잘 보여주고 있다. 그의 선시는 「오도송」과 마찬가지로 수행자의 기백과 기상이 담겨 있다. 이러한 시적 경향은 그의 지사적 풍모와 선사적 가풍 그리고 그의 옥중 체험 등의 일체화에서 나온 것으로 이해된다.[625] 만해의 「오도송」에 나오는 '고향'은 원효의 「오도송」에 나오는 '심', 즉 '일심'에 대응하고 있다. 원효의 일심이 본래 마음, 즉 우리들이

———————
   측면 모두를 총칭한다.

624 萬海, 「悟道頌」. "男兒到處是故鄕, 幾人長在客愁中, 一聲喝破三千界, 雪裏桃花 片片紅." 본디 이 시의 결구 마지막 구절은 '片片飛'였으나 映湖(石顚)의 조언으로 '片片紅'으로 바꾸었다고 한다. 이 구절에 대해 滿空이 "눈 속의 복숭아 꽃 조각조각 붉더라"로 조언하였고 만해가 이를 인정하였다고는 전언도 있다. "날으는 조각은 어느 곳에 떨어졌는고?"라고 만공이 반문하매, 만해가 "거북 털과 토끼 뿔이로다"고 하였다. 이에 만공이 크게 웃었다. 진성 편, 『만공법어』(덕 숭총림, 1986), p.134.

625 高榮燮, 「萬海와 萬嶽의 문학사적 접점: 한용운 시와 조오현 시의 통로」, 『시와세 계』 제53호, 2016. 3, 시와세계사.

돌아갈 고향이라면, 만해의 고향 즉 유심 역시 우리들이 온 본래 자리임이 분명하다.

만해는 "심은 생生하면 만유萬有도 기起하고, 심이 식息하면 일공一空도 무無하니라"고 하면서 "심은 절대며 자유며 만능이니라"[626]고 하였다. 그가 절대와 자유와 만능으로 인식한 심은 『대승기신론』의 "마음이 일어나면 갖가지 현상이 일어나고, 마음이 사라지면 갖가지 현상이 일어난다"는 구절을 "마음이 일어나므로 갖가지 현상이 일어나고, 마음이 사라지므로 땅막과 무덤이 둘이 아니다"로 원용해 깨친 원효의 오도송과 상통하고 있다.

만해는 일공(하늘 전체)과 만유(우주만물)가 오직 '심', 즉 '마음'의 '기'와 '식', 즉 '생'과 '멸'에서 비롯되는 것으로 파악하였다. 그에게 심은 본래 자리인 고향이었다. 그리고 그것은 원효의 본래 마음인 일심과 다르지 않았다.

3. 일심법과 유심법

1) 일심의 정의와 의미

원효가 발견한 일심의 정의는 그의 저술에 의하면 매우 다양하게 쓰이고 있다. 그가 주로 인용하는 『능가경』과 『십지경』을 필두로 하여 『대승기신론』, 『화엄경』, 『금강삼매경』의 일심 해석에서 잘 드러나고 있다. 우선 『능가경』을 인용하는 대목에서 자신의 일심관을

---

626 萬海, 「心」, 『韓龍雲全集』 1권(불교문화연구원, 2006), p.90.

잘 보여주고 있다.

> 적멸이란 일심이라 이름하는 것이며, 일심이란 여래장이라 이름하
> 는 것이다.[627]

원효는 『대승기신론』에서 일심의 두 측면인 심진여문과 심생멸문을
설명하는 대목에서 이 구절을 자주 원용하고 있다. 그는 『기신론』에서
심진여문이라고 한 것은 곧 『능가경』에서 "적멸이란 일심이라 이름한
다"는 구절을 해석한 것으로 보았으며, 심생멸문이라고 한 것은 "일심
이란 여래장을 일컫는다"는 구절을 해석한 것으로 보았다. 이러한
원효의 인식은 『대승기신론소』[628]와 『금강삼매경론』[629] 모두에서 이
문구를 인용하는 데서도 드러나고 있다. 따라서 '적멸＝일심'(심진여
문)과 '일심＝여래장'(심생멸문)은 『기신론』에 대한 그의 주요한 인식
기반이라고 할 수 있다.

원효는 "왜냐하면 일체의 법은 생함도 없고 멸함도 없으며 본래
적정하여 오직 일심일 뿐이니, 이와 같이 심진여문이라고 하기 때문에
'적멸이란 일심이라 한다'고 한 것이라고 하였다. 또 "일심의 체가
본각이지만 무명을 따라 생멸의 움직임이 일어나므로, 이 생멸문에서
여래의 본성이 숨어서 드러나지 않는 것을 여래장이라 한 것"이다.
『능가경』에서 말하기를, "여래장이란 선과 악의 원인으로서 일체의

---

627 菩提流支 譯, 「請佛品」, 『入楞伽經』(『대정장』 제16책, p.519상).
628 元曉, 『大乘起信論疏』 권상(『한불전』 제1책, p.704하).
629 元曉, 「無相法品」, 『金剛三昧經論』 권1(『한불전』 제1책, p.610상).

취생趣生을 두루 잘 일으켜 만든다. 비유하면 환술사가 여러 가지 취를 변화시켜 나타내는 것과 같다"고 한 것과 같다. 이러한 뜻이 생멸문에 있기 때문에 '일심이란 여래장이라 한다'고 하였다. 이것은 일심의 생멸문을 나타낸 것이며, 아래 글에서 '심생멸이란 여래장에 의하기 때문에 생멸심이 있으며'라고 한 것과 같다[630]고 하였다.

원효는 이러한 인식에 의해 차별의 이문이 지니고 있는 개별적인 이문의 뜻을 밝혀내었고, 평등의 일심이 지니고 있는 총체적인 일심의 법을 나타내었다.

"이처럼 일심과 이문 안에는 일체의 불법이 포섭되지 않음이 없다. 이 뜻이 무엇인가? 앞의 두 구절은 속제를 융합하여 진제로 삼아서 평등의 뜻을 드러내고, 아래 두 구절은 진제를 융합하여 속제로 삼아서 차별의 문을 드러냈다. 총괄해서 말하면 진제와 속제가 둘이 아니지만 하나를 고수하지 않기 때문에 둘이 없음으로 말미암아 곧 일심이고, 하나를 고수하지 않기 때문에 전체가 둘이 된다. 이와 같은 것을 일심이문一心二門이라고 한다."[631]

원효의 일심은 심진여문과 심생멸문의 구도 아래 존재를 연기-무자성-공관에 입각해 보는중관학과 가유-유자성-유관에 의거해 보는 유식학을 종합한 '깨뜨리지 아니함이 없이 도리어 허용하고(無不破而還 許)' '세우지 아니함이 없이 스스로 부정하는(無不立而自遣)' 기신起信學

---

630 元曉, 『大乘起信論疏』 권상(『한불전』 제1책, pp.704하~705상).
631 元曉, 『金剛三昧經論』 권하(『한불전』 제1책, p.652하).

으로 전개된다. 즉 속제를 융합하여 진제로 삼아서 평등의 뜻을 드러내고, 진제를 융합하여 속제로 삼아서 차별의 문을 드러낸다. 두나(둘, 二)가 없음으로 말미암기에 곧 일심一心이고, 하나(一)를 고수하지 않기 때문에 전체가 두나가 된다. 이러한 구도는 그의 『이장의』에서는 은밀문과 현료문의 구도 아래 유식의 번뇌장-소지장과 여래장의 번뇌애-지애를 통합하는 진망화합식으로 전개된다. 원효의 『대승기신론소』에서는 진망화합식으로서의 '일심'을 논하고 있지만 『금강삼매경론』에서는 아마라식으로서의 '일심지원'으로까지 깊어지고 있다.

"무릇 일심의 근원(一心之源)은 유무有無를 떠나서도 홀로 맑아 있고, 삼공의 바다(三空之海)는 진속眞俗을 원융하여 깊고 고요하다. 깊고 고요해 두나(二)[632]를 원융하니 하나가 아니요, 홀로 맑아서 주변(邊)을 떠났지만 환중寰中이 아니다. 환중이 아니지만 양변을 떠났기에 있지 아니한 법(無有之法)이 곧 무無에 머무르지 않으며, 없지 아니한 상(不無之相)이 곧 유有에 머무르지 않는다. 하나가 아니지만 두나(二)를 원융하기에 참되지 않은 사태(事)가 곧 속되지 아니하고, 속되지 아니한 이치(理)가 곧 참되지 아니하다. 두나(二)를 원융하되 하나가 아니기에 진실과 속됨의 성(眞俗之性)이 세워지지 않는 것이 없고, 물듦과 맑음의 상(染淨之相)이 갖춰지지 않는 것이 없다. 주변(邊)을 떠났지만 환중(中)이 아니기에 있음과

---

632 우리말 '하나'에 상응하는 '두나(二)', '세나(三)', '네나(四)'는 신라지역이었던 영남에서 지금도 '두 음절'로 쓰고 있어 '하나'에 대응하는 '두 음절' 수를 맞추기 위해 원용하였다.

없음의 법(有無之法)이 이루어지지 않는 바가 없고, 옳음과 그름의 뜻(是非之義)이 미치어지지 않는 바가 없다. 그러니 깨뜨림이 없으되 깨뜨려지지 않음이 없고, 세워냄이 없으되 세워내지지 않음이 없으니, 이치가 없음의 지극한 이치(無理之至理)요, 그렇지 아니한 커다란 그러함(不然之大然)이라고 이를 만하다. 이것이 이 경의 큰 뜻이다. 진실로 그렇지 아니한 커다란 그러함이므로 설명하는 언어로 오묘히 환중寰中에 계합하고, 이치가 없음의 지극한 이치이므로 설명되는 종지宗旨의 방외를 더 멀리 넘어선다."[633]

일심의 근원은 존재론적인 유무를 떠나 홀로 맑아 있고, 삼공의 바다는 인식론적인 진속을 원융하여 깊고 고요하다. 그런데 삼공의 바다는 깊고 고요해 두나(二)를 원융하니 하나가 아니고, 일심의 근원은 홀로 맑아서 주변을 떠나가되 환중이 아니다. 환중이 아니지만 양변을 떠났기에 있지 아니한 법(無有之法)이 곧 무에 머무르지 않으며, 없지 아니한 상(不無之相)이 곧 유에 머무르지 않는다. 이처럼 일심의 근원과 삼공의 바다는 환중과 주변, 무유지법無有之法과 불무지상不無之相, 진속지성眞俗之性과 염정지상染淨之相, 유무지법有無之法과 시비지의是非之義 등으로 서로 대비되고 서로 보완되고 있다.

"일심의 법은 또한 하나를 고수하지 아니하고, 생사와 열반은 공적하여 두나가 없다. 두나가 없는 곳이 바로 일심의 법이고, 일심의 법에 의하여 두 가지 문이 있다. 그러나 두 문을 모두 취하면

---

633 元曉, 위의 책, 권상, p.604중.

곧 일심을 얻지 못하니, 두나는 하나가 아니기 때문이다. 만일
두 가지 문을 폐하여 함께 취하지 않으면 또한 일심을 얻을 수
없으니 무는 일심이 아니기 때문이다. 이러한 뜻으로 말미암아
두나가 없는 마음의 법은 함께 취하는 것과 함께 취하지 않는
것에 또한 마땅히 적멸하다."[634]

일심이 곧 적멸이라고 한 『능가경』에 대한 원효의 해명은 일심과
적멸의 관계를 잘 보여주고 있다. 두나가 없는 곳이 곧 일심의 법이고
일심의 법에 의해 두 가지 문이 있다. 이것은 일심과 이문, 즉 하나와
두나의 관계를 불일不一과 불이不二의 관계 속에서 해명하는 것이다.
이것을 마명과 원효는 불상리성不相離性과 불상잡성不相雜性, 즉 '서로
떨어질 수도 없고', '서로 섞일 수도 없는 특성'이라고 불렀다. 이처럼
원효의 일심의 정의는 다양하며 그의 의미는 매우 깊다고 할 수 있다.

2) 유심의 정의와 의미

불교사상사에 등장하는 심, 즉 마음에 대한 불학자들의 개념은 매우
다양하다. 원효의 일심, 지눌의 진심(眞心, 無分別心), 태고의 자심自心,
나옹의 무심無心, 청허의 선심禪心, 경허의 조심照心,[635] 성철의 돈심頓
心[636]에 상응하는 만해의 마음은 흔히 유심(唯心, 惟心)으로 표현된다.

---

634 元曉, 위의 책, 권하, p.668중.

635 경허는 照了心源, 즉 '照心'으로 그의 가풍을 드러내고 있다. 高榮燮, 「경허의
조심학」, 『선문화연구』 제5집, 한국선리연구원, 2012.

636 성철은 頓悟無心, 즉 '頓心'으로 그의 가풍을 드러내고 있다.

이 중에서 『유심』은 만해가 민족 전체, 청년 전체를 염두에 두고
간행한 종합 교양잡지의 이름이기도 하다.[637] 그가 잡지 이름을 '유심'이
라고 붙인 것은 모든 이들이 지니고 있는 우리의 본래 자리인 '심',
즉 '마음'을 시대와 민족의 이름으로 불러내고자 했기 때문으로 이해
된다.

> 배를 띄우는 흐름은 그 근원이 멀도다 송이 큰 나무는 그 뿌리기
> 깊도다
> 가벼이 날리는 떨어진 잎새야 가을바람이 굳셈이랴
> 서리 아래에 푸르다고 구태여 묻지 마라 그 대(竹)의 가운데는
> 무슨 걸림도 없나니라
> 미美의 음音보다도 묘妙한 소리 거친 물결에 돛대가 낫다 보느냐
> 샛별 같은 너의 눈으로 천만의 장애障礙를 타파하고 대양大洋에
> 도착하는 득의得意의 파波를
> 보일리라 우주의 신비神祕 들일리라 만유의 묘음妙音
> 가쟈 가쟈 사막도 아닌 빙해氷海도 아닌 우리의 고원故園 아니
> 가면 뉘라서 보랴 한 송이 두 송이 피는 매화梅花[638]

창간호에 실린 「처음에 씀」이란 권두언이지만 만해는 '배를 띄우는

흐름', '먼 근원', '깊은 뿌리', '가을바람의 굳셈', '대양에 도착하는 득의의 파도', '만유의 묘음' 등을 통해 청년 잡지의 지향을 시사해 주고 있다. 그리고 그는 '빙해도 아닌 우리의 고원', 한 송이 두 송이 매화가 피는 우리의 고원으로 가자고 하였다. 만해는 『유심』을 통해 지조와 절개를 버리지 않는 매화의 향기를 널리 전하고자 하였다. 이처럼 그의 권두언은 조국을 잃은 청년들에게 희망과 믿음을 불어넣기 위해 쓴 것이었다. 3·1운동은 이러한 믿음의 촉매였고 희망의 점화였다.

　잡지의 이름 『유심』에는 이러한 만해의 뜻이 담겨 있다. '유심은' '오직 마음뿐'이라는 의미이지만 이 마음은 인식의 주체이자 모든 것의 근거이기도 하다. 만해는 자신의 시에서 '심'을 '절대'며 '자유'며 '만능'이라고 하였으며, 이 '심'[639]은 '님'과도 상통하고 있다.

　만해의 문학적 삶에서 가장 주요한 '님'과 심은 어떠한 관계에 있을까? 그는 『님의 침묵』(1926)을 펴내면서 서두에 「군말」이라는 짧은 서문을 통해 자신이 생각하는 '님'에 대해 해명하고 있다.

'님'만 님이 아니라 기룬 것은 다 님이다. 중생이 석가의 님이라면 철학은 칸트의 님이다. 장미화薔薇花의 님이 봄비라면 마시니의 님은 이태리다. 님은 내가 사랑할 뿐 아니라 나를 사랑하나니라. 연애가 자유라면 님도 자유일 것이다. 그러나 너희는 이름 좋은 자유에 알뜰한 구속을 받지 않느냐. 너에게도 님이 있느냐. 있다면

---

639 만해, 앞의 책, p.190.

님이 아니라 너의 그림자니라.

나는 해 저문 벌판에서 돌아가는 길을 잃고 헤매는 어린 양이

기루어서 이 시를 쓴다.[640]

―「군말」 전문

만해 시에서 '님'은 다양하게 변주되어 있다. 종래에 그의 '님'에 대해서는 '연인' 혹은 '조국' 또는 '자유' 등의 수많은 해석들이 제시되었다. 과연 만해가 진정으로 담아내려 했던 '님'은 무엇이었을까? '군말'에서처럼 중생이 있어야 석가가 있고, 철학이 있어야 칸트가 있다. 봄비가 있어야 장미화가 있고 이태리가 있어야 마시니가 있다. 이 때문에 '님'은 자유이다. 하지만 만해에게 그리운 님은 지금 '해 저문 벌판에서 돌아가는 길을 잃고 헤매는 어린 양이다. 그런데 만해에게 '어린 양'은 우러러보는 '님'이며 '님'은 곧 '당신'으로 표현된다.[641]

만해에게는 '긔룬 것',[642] 즉 '기룬 것'은 다 '님'이다. '기룬'은 '그리운'의 고어이자 줄임말이다. '기루다'는 것은 '어떤 대상을 그리워하거나 아쉬워하다'는 것을 뜻한다. '그립다'는 것은 '보고 싶거나 만나고 싶은 간절한 마음'이며, '어떤 것이 매우 필요하거나 아쉽다'고 할 때를 일컫는다. 이 때문에 그리움은 늘 함께 있어서 심리적으로 자내화되어 있을 때와 달리 물리적으로 대상화 되어 있을 때 생겨나는 간절한 마음이다.

---

640 만해사상실천선양회 편, 「군말」, 『한용운시전집』(장승, 1998; 2011, 12쇄), p.17.
641 高榮燮, 앞의 글, 『시와세계』.
642 만해는 『님의 침묵』 초판에서 '긔룬 것'으로 표기하였다.

이처럼 만해에게 '님'은 곧 '심'이었고, '심', 즉 '유심'은 '님'이자 본래 자리인 '고향'이었다. 즉 어릴 때 천진무구하게 살 때의 그 마음과 기억, 그 시절로 돌아가고 싶은 '본래 자리'인 '동심'이 곧 님이자 고향이었다. 우리 가곡 '가고파'(노산 이은상)의 '내 고향 남쪽바다', '그 파란 물 눈에 보이네', '꿈엔들 잊으리오', '그 잔잔한 고향바다' 바로 그곳이었다. 원효와 만해는 바로 '심', 즉 '본래 마음'인 '일심'과 '님', 즉 '본래 자리'인 '고향' 그곳에서 서로 만나고 있다.

여기서 만해는 '심＝유심'과 '님＝당신'의 구도를 통해 일공(하늘 전체)과 만유(우주만물)의 불상리성과 불상잡성으로 유심의 철학을 입론한 것으로 이해된다. 이것은 원효가 '일심＝적멸'과 '일심＝여래장'의 구도를 통해 진여와 생멸의 불상리성과 불상잡성으로 일심의 철학을 구축한 것과 대비된다. 따라서 원효의 일심이문(진여/생멸)과 만해의 유심 이문(일공/만유)은 긴밀하게 상응하고 있다고 할 수 있다.

4. 화회론과 개혁론

1) 화쟁과 회통의 방법 - 언어와 존재의 실체시와 동일시의 극복

원효는 '만인을 대적할 만한(萬人之敵)' 논쟁가이자 화쟁가였다. 그에게 논쟁은 화쟁을 위한 전 단계였다. 원효는 회통하기 위하여 논쟁하였고 화쟁하기 위하여 쟁론하였다. 모든 논쟁, 즉 쟁론은 언어와 존재를 '실체시하려는 사고'와 '동일시하려는 방식'에서 비롯된다. 언어와 존재는 실체가 아니며 동일이 아니다. 하지만 직립을 통해 언어를 발견한 인간은 언어를 통해 존재를 인식하며 암암리에 언어와 존재를 동일시한다. 그리하여 언어로 명명하여 존재를 떠올리고 존재를 바라보며 언어로 사유한다. 이러한 언어와 존재의 실체시와 동일시 때문에 쟁론이 생겨나고 논쟁이 생겨난다.

사람들이 사는 곳에는 다툼이 있다. '나는 옳은데 너는 그르다(我是他非).' '나를 높이고 남을 내린다(自讚毁他).' 이 때문에 쟁론이 생겨난다. 나는 절대적으로 옳을 수 없고 너도 절대적으로 그를 수 없다. 그럼에도 불구하고 우리는 언어와 존재를 실체시하려는 사고와 동일시하려는 방식 때문에 쟁론을 일으킨다. 그러면 이러한 쟁론을 어떻게 화쟁하고 회통시켜갈 수 있을까. '사구 논리四句論理'는 우리의 언어로부터 비롯된 두 개의 개념항으로 만들어낼 수 있는 네 가지 경우의 수로 세운 것이다.

대개 우리는 만유의 존재를 '유有'와 '공空'으로 판정한다. 이때에 우리는 제1구의 유有를 정립, 제2구의 공(空, 無)을 반정립, 제3구의 역유역무(亦有亦無, 俱有)인 긍정+부정을 긍정 중심으로 모은 긍정종합, 제4구의 비유비무(非有非無, 俱無)인 비긍정+비부정을 부정 중심으로 모은 부정종합이다.

여기서 우리는 앞의 두 구를 양단兩單이라 하고, 뒤의 두 구를 구시구비俱是俱非 또는 쌍조쌍비雙照雙非라고 한다. 화쟁 논법과 회통 논리는 유(然), 무(不然), 역유역무(亦然亦非然), 비유비무(非不然) 사구 논리의 원용과 사구 분별의 극복으로 이루어진다. 사구 분별, 즉 사방四謗은 유有와 공空에 기초한 증익방(有), 손감방(無), 상위방(有亦無), 희론방(非有亦無)의 네 가지 사유형식이며 이것의 원용을 통한 극복으로 화쟁과 회통을 해 갈 수 있다.

'사방'四謗은 어떠한 형상을 취하지 않는 그렇고 그러한(如如) 진리에서 무엇인가를 보태고 더하는 소견(增益)과 그렇고 그러한 진리에서 어떤 형상을 빼어내고 덜어내는 소견(損減) 및 증익과 손감이 동거하는 소견(相違)과 증익과 손감이 배제되는 소견(戱論, 愚癡)으로도 설명된다. 원효는 『무량수경종요』에서 사구 분별에 대해 자세히 거론하고 있다.

1) 혹 어떤 이는 다른 것에 의지하고 있다는 생각에 얽매여 실제로 있다고 여겨 증익의 극단(增益邊)에 떨어진다.
2) 혹 어떤 이는 인연으로 생긴다는 생각에 얽매여 텅 비어서 있는 것이 없다고 여겨 손감의 극단(損減邊)에 떨어진다.
3) 혹 어떤 이는 방편적으로 있지만 진실하게는 없다고 헤아려 모두 두 극단을 등지고 상위의 담론(相違論)에 떨어진다.
4) 혹 어떤 이는 있는 것도 아니요 없는 것도 아니라고 헤아려 중간이라는 극단 하나에 집착하여 우치의 담론(愚癡論)에 떨어진다.[643]

원효는 사구四句, 즉 네 가지 사유형식에 근거한 사방四謗을 제시한 뒤 '유'와 '공' 두 개념에서 비롯되는 증익견과 손감견을 중심으로 해명해 나갔다. 우리는 모든 존재자를 '있음(實體)'과 '비어 있음(非實體)', 즉 '있는 것'과 '텅 빈 것'의 두 축으로 해명할 수 있다. 존재자에 대한 긍정과 부정은 앞의 두 구인 증익의 극단과 손감의 극단에서 시작되고

---

643 元曉, 『無量壽經宗要』(『韓佛全』 제1책, p.516중).

소멸한다. 뒤의 두 구인 상위인 긍정종합과 우치(희론)인 부정종합은 언어와 논리의 세계에서만 가능한 것이다.[644]

원효는 화쟁과 회통의 실례를 주요 저술에서 보여주고 있다. 특히 불완전한 형태로 남아 있기는 하지만 현존하는 『십문화쟁론』의 공유이집화쟁문과 불성유무화쟁문에서 그 모습을 보여주고 있다. 그곳에서 그는 문門과 론論의 시설 아래 보편성과 타당성을 지닌 '진리'와 일반적인 타당성을 지닌 '도리'와 부분적 타당성을 지닌 '일리'의 단계로 화쟁하고 회통하고 있다.[645] 여기서 문은 부처의 중도의 교설에 입각한 '교문' 혹은 각 '계통'의 서로 다른 주장들이다.

원효는 현존 『십문화쟁론』의 제2문인 불성유무화쟁문에서 『유가론』, 『현양론』 등에 의거하여 연기문, 『열반경』 등에 의거하여 의지문을 세우되, 오성차별을 밝히는 문구에 의하여 의지문을 세우고, 개유불성을 밝히는 문구에 의하여 연기문을 세워 화쟁하고 있다.[646] 『열반경종요』에서는 취심론과 약연론을 원용하여 회통하고 있다.[647] 이처럼 원효는 상위로 시설한 '문'과 하위로 분류한 '논'을 통해 여러 대립을 해소시켜 나갔다.

---

644 高榮燮, 「원효의 화쟁회통 인식」, 『21세기 원효학의 전망과 과제』, 동국대학교 불교문화연구원, 2017. 5. 19.

645 高榮燮, 위의 글, 2017. 5. 19.

646 均如, 『釋華嚴敎分記圓通鈔』 권3(『한불전』 제4책, p.326상).

647 元曉, 『涅槃經宗要』(『韓佛全』 제1책, p.541하). 특히 원효는 『열반경』 「가섭품」을 宗要하면서 1) 二門으로 드러내기 위해서, 2) 因果로 구별하기 위해서, 3) 四意를 나타내기 위해서, 4) 二邊을 가리기 위해서 사구 분별을 네 가지 뜻으로 간략히 구분하고 있다.

여러 경론에서 보살은 중생을 위하여 '이치에 맞게 통하게 하고(如理會通)', '진실에 맞게 만나게 하여(如實和會)' 그들을 포섭하고 있다. 마찬가지로 원효 역시 이러한 방법으로 쟁론을 회통하고 화회해 나간다.

『대혜도경』에서는 "비록 생사의 길이 길고 중생의 성품이 많지만 생사의 끝은 허공과 같고 중생 성품의 끝도 또한 허공과 같다"고 하였다. 『중관론』에선 "열반의 실제와 세간의 실제 이 두 실제는 털끝만큼도 다름이 없다"고 하였다. 『유가론』에서는 "만일 모든 유정들이 부처님이 설하신 깊고 깊은 공성에 대해 상응하는 경전에서 은밀한 뜻을 이해하지 못하면 이 경전 가운데에서 설하는 '모든 존재에는 자성이 없고, 있다고 할 일이 없으며, 생겨남도 없고 사라짐도 없다'는 것이나 '모든 존재들은 모두 허공과 같고 모두 환몽과 같다'는 것을 듣고 나서는 마음이 놀라움과 두려움을 일으켜 이 경전을 비방하면서 '부처님의 말씀이 아니다'고 말한다"라고 하였다. 보살은 그들을 위하여 이치에 맞게 통하게 하고(如理會通) 진실에 맞게 만나게 하여(如實和會) 그 중생들을 포섭한다. 저들을 위하여 보살은 "이 경전은 모든 존재가 다 '있지 않다'고 설하는 것이 아니라 다만 모든 존재에는 자성이라는 것이 다 '있지 않다'고 설하는 것이다"라고 말한다.[648]

---

648 元曉, 『十門和諍論』(『韓佛全』 제1책, pp.838하~8394상), "『慧度經』言, '雖生死道長, 衆生性多, 而生死邊亦如虛空, 衆生性邊亦如虛空.' 『中觀論』云, '涅槃之實際及與世間際, 如是二際者, 無毫氂許異.' 『瑜伽論』云, 若諸有情於佛所說甚深空,

원효의 『열반경종요』에서도 이와 같은 구절을 확인할 수 있다.
보살은 중생들이 '모든 존재에는 모두 자성이 없고, 있다고 할 일이
없으며, 생겨남도 없고 사라짐도 없다' 혹은 '모든 존재들은 모두 허공과
같고 모두 환몽과 같다'는 것을 듣고는 마음이 놀라움과 두려움을
일으켜 이 경전을 비방하면서 '부처님의 말씀이 아니다'고 말한다"는
중생들을 위하여 이치에 맞게(如理) 통하게 하고(會通) 진실에 맞게(如
實) 어울려 만나게 한다(和會).649

두루 알다시피 진실, 즉 진리에는 보편성과 타당성이 내재해 있다.
보편普遍은 많은 개별적 즉 특수적인 것에 통하는 일반 즉 일반적인
것을 말한다. 보편에는 추상적 보편과 구체적 보편이 있다. 추상적
보편은 대개 형식논리학에서 외연적인 일반 내지 단순한 공통성을
의미하며, 구체적 보편은 변증법적 개념으로 특수 또는 개별과의
구체적인 통일을 이루고 있는 일반을 뜻한다. 보편성이란 시간과
공간을 넘어서 다양한 이질적 개물들 속에서 공통적으로 드러나는
속성 혹은 성질을 가리킨다.650

반면 타당이란 형식논리학에서는 논리법칙에 맞는 추리를 의미한
다. 추리의 타당성에서는 추리과정의 형식성만이 문제가 될 뿐 추리되

性相應經典, 不解密意, 於是經中, 說'一切法皆無自性, 皆無有事, 無生無滅', 說
'一切法, 皆等虛空, 皆如幻夢', 彼聞是已, 心生驚怖, 誹謗此典, 言'非佛說'. 菩薩
爲彼, 如理會通, 如實和會, 攝彼有情, 爲彼說言, '此經不說一切諸法都無所有,
但說諸法所言自性都無所有.'"

649 현존 『십문화쟁론』에서 이 부분은 화쟁의 방법을 보여주는 대목이다.
650 高榮燮, 「원효의 화쟁회통 인식」, 『21세기 원효학의 전망과 과제』, 동국대학교
불교문화연구원, 2017. 5. 19.

고 있는 사항의 내용은 전혀 관계가 없다. 타당성이란 보편적 타당성이라든가 객관적 타당성이라고 할 때의 타당성이란 통용하고 있는 것, 시인될 수 있는 것으로 행해지고 있는 것을 말한다. 그리고 보편적 타당성이란 개별적·특수적인 것이 아니라 일반적으로 통용되고 있는 것, 객관적 타당성이란 주관적으로가 아니라 주관을 떠나서 통용되고 있는 것을 말한다.[651]

원효는 이러한 보편성과 타당성을 보편적 타당성으로 종합해 기술하면서도 차이의 측면과 공통의 측면에서 각 주장들을 구분한 뒤 화쟁하고 회통하고 있다.

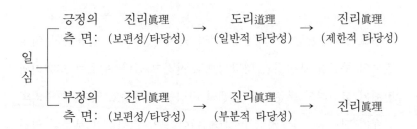

진리(法)는 보편성과 타당성을 지닌다. 이때 '진리'가 보편성과 타당성을 지닌 전체적 진리성을 뜻한다면 '일리'는 제한적 타당성만을 지닌 부분적 진리성을 의미한다. 반면 '무리'는 전체적 진리성과 부분적 진리성을 지니지 못한 것을 가리킨다. 원효는 저술 곳곳에서 '진리(法)'와 '도리道理'와 '일리一理'를 병행해 쓰고 있다. '진리'가 보편성과 타당성을 지닌 반면, '도리'는 보편성에는 상응하지 않지만 타당성에는

---

651 高榮燮, 위의 글, 2017. 5. 19.

상응할 때 사용하며, 보편성보다는 일반적 타당성이 있을 때 부분적 타당성을 지닌 일리에 상응하는 개념으로 사용하고 있다.[652]

여섯 법사의 주장이 비록 모두 불성의 실체를 다 설명하지는 못하였지만 각자 그 뜻을 얻은 것이다. 그러므로 이 경전의 아래 문장에서 설하였다. "마치 저 눈먼 사람들이 각자 코끼리에 대해 설명하는 것과 같아서 비록 코끼리 전체 모습을 설명하지는 못했지만 코끼리를 설명한 것이 아님은 아닌 것과 같다. 불성을 설명하는 것 또한 이와 같아서 여섯 법사의 주장이 들어맞는 것은 아니지만 여섯 법사의 주장을 벗어나는 것도 아니다."[653]

원효는 『열반경』의 '장님 코끼리 만지기 비유'를 원용하여 여섯 법사의 주장을 보편성과 타당성으로 전하고 있다. 원효는 코끼리의 전체와 코끼리의 부분으로 화쟁의 방법을 보여주고 있다. 코끼리의 전체가 진리 즉 전체적 진리성(眞理)이라면, 코끼리의 부분이 일리 즉 부분적 진리성(一理)이다. 장님들이 모여서 생전 보지 못한 대상을 손으로 만져 본 뒤 각각 자신이 만진 부위에 따라 코끼리에 대한 의견들을 내놓는다. 코를 만진 장님은 코끼리는 호스 같다고 하고, 다리를 만진 장님은 두꺼운 기둥 같다 하고, 귀를 만진 장님은 거대한 부채 같다고 한다. 오직 눈을 뜬 사람만이 코끼리의 참모습을 볼 수 있다.

---

652 高榮燮, 앞의 글, 2017. 5. 19.

653 元曉, 『涅槃經宗要』(『한불전』 제1책, p.539상).

그런데 장님들이 묘사하는 코끼리의 모습이 참이라고 할 수는 없지만 완전히 거짓이라고 할 수는 없다. 이 비유는 각자의 능력과 상황에 따라 진리는 다르게 해석될 수 있다는 사실을 암시하고 있다. 동시에 부처가 말하는 진리는 하나의 해석에 매이지 않고 전체를 조망하는 것임을 시사해 주고 있다. 화쟁은 보편성과 타당성, 즉 전체적 진리성인 진리와 일반적 타당성인 도리 및 부분적 타당성인 일리에 입각하여 말하는 것이다.[654]

그러므로 "원효의 화쟁의 언어를 음미해 보면, 그 이면에는 인간사의 모든 쟁론 상황에 적용할 수 있을 것으로 보이는 높은 수준의 보편 원리들이 읽혀진다"며 그 세 가지 원리를 "1) 각 주장의 부분적 타당성(一理)을 변별하여 수용한다"는 것, 2) "모든 쟁론의 인식적 토대를 초탈할 수 있는 마음의 경지(一心)에 올라야 한다"는 것, 3) "언어를 제대로 이해해야 한다"는 것이라는 정리[655]는 타당성을 얻고 있다.

따라서 원효는 전체적 진리성(眞理)과 일반적 진리성(道理) 그리고 부분적 진리성(一理)을 넘나들면서 진리-도리-일리의 구도를 통해 화쟁하고 회통하고 있음을 알 수 있다. 그런데 이러한 화쟁회통의 방법은 일심一心과 일심의 원천(一心之源)[656]으로 나아가기 위한 것이

---

654 高榮燮, 앞의 글, 2017. 5. 19.

655 朴太源, 「원효의 화쟁 논법과 쟁론 치유」, 『불교학연구』 제35호, 2013, pp.108~110.

656 『금강삼매경론』 곳곳에서 사용하는 '一心之源'의 개념에서 '之'를 '一心 그것'을 『대승기신론』에 즉하여 '동격'의 지시대명사로 볼 수도 있으나 원효의 만년작인 『금강삼매경론』에서 '唵摩羅', 즉 '佛心'이자 '佛智'인 제9식의 존재를 인정하고 있다는 점에서 보면 이 '之'는 '소유격'으로 보아 '일심의 근원', 즉 '일심의 원천'인

며 무애無碍의 행화로 나아가기 위한 것이었다. 이것은 전체를 본 사람만이 통합을 얘기할 수 있고, 본질을 본 사람만이 화회를 구현할 수 있기[657] 때문이다. 원효는 '일심'이라는 전체를 보았고 '일심의 근원' 이라는 본질을 본 사람이었기에 화쟁하고 회통할 수 있었다.[658]

원효가 여러 쟁론을 화쟁하고 회통하면서 보여준 진리-도리-일리 의 방법론은 만해에게서는 유신과 개혁의 방법론으로 나타나고 있다.

2) 유신과 개혁의 방법

만해가 『조선불교유신론』(1910 집필, 1913 간행)[659]을 집필할 당시는 30대 초반이었다. 반면 또 하나의 유신 이론이라고 할 「조선불교의 개혁안」[660]을 집필할 때는 53세였다. 대략 20년의 간격을 두고 집필한 만해의 불교 개혁안은 좀 더 간략하고 실제적이다.[661] 물론 80쪽 분량

제9아마라식을 가리키는 것으로 보아야 할 것이다.

657 高榮燮, 『분황 원효의 생애와 사상』(운주사, 2016), p.185.

658 高榮燮, 앞의 글, 2017. 5. 19.

659 만해의 『조선불교유신론』은 1. 서론, 2. 불교의 性質, 3. 불교의 主義, 4. 불교의 維新은 破壞로부터, 5. 승려의 교육, 6. 참선, 7. 염불당의 폐지, 8. 포교, 9. 사원의 위치, 10. 불가에서 숭배하는 塑會, 11. 불가의 각종 의식, 12. 승려의 인권 회복은 반드시 생산에서, 13. 불교의 장래와 승니의 결혼 문제, 14. 사원 住職의 선거법, 15. 승려의 단결, 16. 사원의 統轄, 17. 결론으로 구성되어 있다.

660 만해의 「조선불교의 개혁안」은 1. 緒言, 2. 統一機關의 設置, 3. 寺刹의 廢合, 4. 敎徒의 生活保障, 5. 經論의 飜譯, 6. 禪敎의 振興, 7. 結論으로 구성되어 있다.

661 만해는 1910년에 『조선불교유신론』을 쓴 뒤 그해 3월에 구한국 정부의 자문기관

17장의 『조선불교유신론』과 달리 『불교』 88호의 2~10쪽 분량 8장의 「조선불교의 개혁안」(국한문혼용체)은 소략하다. 하지만 이 사이에는 그의 오도 체험(1917)이라는 사건이 내재해 있다. 이 때문에 종전의 당위적이고 역설적이던 '유신'의 개념이 보다 현실적이고 실제적인 '개혁'으로 바뀐 것으로 이해되고 있다.

조선불교의 개혁은 공상적空想的 이론을 떠나서 역사적 필연의 실행기에 제회際會하여 있다. 아직도 산간에 있어서 시대를 이해하지 못하는 완고한 승려라든지 다소의 시무時務를 안다는 자의 보수주의자로는 인순고식因循姑息 자연성장적 개량주의를 사수하고 있는 것이 사실이다. 그러나 방장方裝의 포대와 같이 축적蓄積하야 있는 청년불교도의 회포懷抱라든지 급조急潮와 같이 동람動濫하는 사위四圍의 정세로 보아 조선불교의 개혁운동은 어떤 형식으로든지 폭발爆發되지 아니하면 아니 될 것이다.[662]

만해는 조선불교의 개혁은 역사적 필연의 실행기를 만났다고 파악하

인 중추원에 「불교의 장래와 승니의 결혼문제」라는 헌의서를 제출하여 '僧尼의 嫁娶의 자유'를 주장하였다. 하지만 중추원에서는 아무런 조치가 없자 마음이 다급했던 만해는 그해 9월에 통감부에다 건백서를 제출하여 '승려 結婚의 자유'를 주장하였다. 그는 불교 내적인 논리에 입각하기보다는 정치와 도덕과 종교 등 불교 외적인 논리에 익각하여 승니의 결혼이 국가 대계, 식민의 문제라고까지 말하였다. 高榮燮, 「만해 용운과 태허 유심의 학문과 방법」, 『세계 불교학자들의 학문과 방법』(씨아이알, 2016), pp.159~160.

662 만해, 「조선불교개혁안」, 1장 '서언', 『불교』 제88호, 불교사, p.2.

였다. 그는 방위를 꾸미고 있는 포대와 같이 축적해서 청년불교도의
품은 생각과 빠른 조수와 같이 움직여 넘치는 사방의 정세를 보고
조선불교의 개혁운동도 급격한 변화가 있어야만 한다고 역설하였다.

불교는 조선과 조선인의 전적全的 생활에 대하여 능히 분리할
수 없는 것이다. 그러므로 조선민족의 정신적 동향과 생활의 형태
를 개량 혹은 혁신하려면 그에 대한 역사적 영도권을 가지고 있는
불교의 개혁이 먼저 그 충衝에 당하지 아니하면 될 것이다. 다시
말하면 조선인의 정신과 생활의 신세계를 개척하려면 조선인의
정신과 생활의 형이상학적 산파업産婆業을 파지하고 있는 불교가
먼저 혁신하지 아니하면 안 된다는 것이다.[663]

만해는 불교를 조선과 조선인의 정신과 생활의 형이상학적 산파업이
자 역사적 영도권을 지니고 있는 것으로 보았다. 그는 조선과 조선인을
분리할 수 없는 것처럼 조선민족의 정신적 동향과 생활의 형태를
개량 혹은 혁신하려면 역사적 영도권을 가지고 있는 불교의 개혁이
먼저 대적해 부딪쳐야(衝當)만 한다고 하였다. 조선인의 정신과 생활
의 새로운 개척은 조선인의 정신과 생활의 형이상학적 산파업을 잡고
있는 불교를 먼저 개혁해야만 한다고 하였다. 그는 이를 위해 통일기관
을 설치해서 그 실제적인 권한을 본산 주지 임면권과 사법 개정을
통한 통일기관의 명령에 복종하는 의무를 역설하였다.[664] 또 만해는

---

663 만해, 위의 글, p.3.
664 만해, 「조선불교를 통일하라」, 『불교』 84·85합호, 1931.7.

불교의 통일기관의 표현방식으로 총본산안과 교무소안을 제시하였
다.[665] 이것은 염세적인 고립독행을 넘어서 구세적으로 입니입수하기
위해서였다.

불교의 대상은 물론 일체중생이다. '일체중생개유불성一切衆生皆
有佛性', '일체중생실유불성一切衆生悉有佛性' 이것이 불교의 이상
이므로 불교는 일체중생의 불교요, 산간에 있는 사찰의 불교가
아니며, 계행을 지키고 선정을 닦는 승려만의 불교가 아니다.
… 불교가 출세간의 도가 아닌 것은 아니나, 세간을 버리고 세간에
나는 것이 아니라 세간에 들어서 세간에 나는 것이니, 비유컨대
연이 비습오니卑濕汚泥에 나되 비습오니에 물들지 아니하는 것과
같은 것이다. 그러므로 불교는 염세적厭世的으로 고립독행孤立獨
行하는 것이 아니오, 구세적救世的으로 입니입수入泥入水하는 것
이다.[666]

만해는 불교의 구제 대상을 불자만이 아니라 일체중생으로 보았다.
일체중생이 모두 불성을 지니고 있으며, 일체중생이 모두 성불할
수 있기 때문이다. 이 때문에 그는 불교는 구세적으로 입니입수, 즉
'진흙 세간'과 '오물 중생' 속으로 들어가는 구세주의를 역설하였다.
그것은 곧 세상과 중생을 구하기 위해 진흙과 오물 속으로 들어가는
대중불교론으로 제시되었다.

---

665 만해, 「조선불교개혁안」, 2장 '통일기관의 설치', 『불교』 제88호, 불교사, p.4.
666 만해, 앞의 글, p.8.

재래의 조선불교는 역사적 변천과 사회적 정세에 의하여 다만 사찰의 불교, 승려의 불교로만 되어 있었다. 이것은 불교의 역사적 쇠퇴의 일시적 현상에 지나지 않는 것이니 어찌 이것을 불교의 교의라 하리오. 불교도는 마땅히 이러한 현상에 대하여 단연 타파하지 않으면 아니될 것이다. '산간에서 가두로', '승려로서 대중에'가 현금 조선불교의 '슬로간'이 되지 않으면 아니될 것이다. … 그러므로 대중을 떠나서 불교를 행할 수 없고, 불교를 떠나 대중을 지도할 수 없는 것이다. 대중불교大衆佛教라는 것은 불교를 대중적으로 행한다는 의미이니 불교는 반드시 애愛를 버리고 친親을 떠나 인간사회를 격리隔離한 뒤에 행하는 것이 아니라, 인간사회의 만반현실을 조금도 여의지 아니하고 번뇌 중에서 보리를 얻고 생사 중에서 열반을 얻는 것인즉 그것을 인식하고 실천하는 것이 대중불교의 건설이다.[667]

조선시대 이래 대한시대 초기의 불교는 '사찰의 불교', '승려의 불교'로만 되어 있었다. 만해는 이러한 모습을 불교의 역사적 쇠퇴의 일시적 현상이라고 파악하였다. 그리하여 그는 이 현상을 마땅히 타파해야 할 병적인 모습이라고 보았다. 이러한 병증을 치유하기 위해서 만해는 '산간에서 가두로', '승려로서 대중에'라는 처방을 '슬로간'으로 내세웠다. 그 이론적 근거를 그는 불교를 대중적으로 행한다는 대중불교에서 찾았다. 그것도 인간사회의 만반현실 속에서 번뇌 중에 보리를 얻고 생사 중에 열반을 얻으려고 인식하고 실천하는 것이 대중불교의 건설

---

[667] 만해, 앞의 글, pp.8~9.

이라고 보았다. 이러한 만해의 인식은 '오늘 여기에서 재현하는 대승불교'이자 '지극한 현실을 추구하는 선법불교'의 다른 이름이었다.

이어 그는 『선과 인생』이란 글을 통하여 "선은 전인격의 범주가 되는 동시에 최고의 취미요 지상의 예술이다. 선은 마음을 닦는, 즉 정신수양의 대명사이다"[668]고 정리하고 있다. 그리하여 선에 대한 자신의 총체적 견해를 보여주고 있다.

견성見性이라는 것은 자성自性을 본다는 뜻이니, 선을 닦아서 화두의 의정疑情을 파하면 일체 공안公案이 일시 돈파頓破하여 요요了了히 불성을 보는 것이다. … 그러나 불성은 능히 볼 수 있느니 형색이 있는 까닭이다. 왜 그러냐 하면 언어도단, 심행처멸한 법성法性만이 불성이 아니오, 산산山山·수수水水·화화花花·초초草草 어느 것 하나도 불성이 아닌 것이 없는 까닭이다. 그러면 산산·수수·화화·초초는 누구든지 볼 수 있는 것인즉, 일체중생이 다 견성한 것이어서 하필 참선의 오悟를 기다려 비로소 견성한다 하리요 하는 질문이 있을 것이다. 그러나 일체중생이 다 견성한 것이다. 그러나 미迷한 자는 스스로 견성한 줄을 알지 못하느니 산산·수수·화화·초초가 다 불성인 줄 모르고, 가령 관념적으로 안다 하드라도 어찌하여 산산·수수·화화·초초가 다 불성인 줄 모르는 까닭이다.[669]

---

668 만해, 「禪과 人生」, 『불교』 제92호, 1932. 2.
669 만해, 위의 글. 이 글은 1. 禪의 意義, 2. 禪의 必要, 3. 禪의 方式, 4. 禪과 求放心, 5. 禪과 存養, 6. 禪機, 7. 見性, 8. 禪의 活用으로 구성되어 있다.

만해는 견성은 자성을 보는 것이며, 선을 닦아서 화두의 의정을 타파하면 일체의 공안이 즉각 깨져 또렷또렷이 불성을 보게 된다고 하였다. 그는 일체중생들 역시 자성을 보았기에 견성한 것이니 견성은 마음으로 볼 수 있는 것이라고 하였다. 이것은 종래 선종의 견성관을 비판하고 깨침 혹은 깨달음을 대중들의 눈높이에 맞추어 역설한 것이다.

선학자는 고래로 대개는 산간 암혈에서 정진하게 되었으나, 선학을 종료한 후에는 반드시 출세하여 입니입수 중생을 제도하는 것이요, 뿐만 아니라 수학할 때에도 반드시 암혈이 아니면 아니 되는 것은 아니다. 참선이라는 것은 글을 배우면서도 할 수 있는 것이요, 농사를 하면서도 할 수 있는 것이요, 그 밖에 모든 업을 하면서도 할 수 있는 것이다. 한 걸음 더 나아가서 병마공총兵馬倥傯, 초연탄우硝煙彈雨의 중에서도 참선을 할 수 있는 것이다. 할 수 있을 뿐만 아니라 그러한 때일수록 참선이 필요한 것이다. 선이라는 것은 고적枯寂을 묵수墨守하는 사선이 아니요, 기봉機鋒을 활용하여 임운등등任運騰騰하는 활선活禪이다. 선은 능히 위구危懼를 제하고, 선은 능히 애상哀傷을 구하고, 선은 능히 생사生死를 초超하는 것이다. 이것이 얼마나 큰 수양이냐.[670]

만해는 종래의 선학자들이 산간 암혈에서 정진하다가 선을 염세적 고선枯禪, 사선死禪으로 오인하는 병폐를 비판하였다. 선은 사람이

---

670 만해, 앞의 글, 6. 禪機.

하는 것이고, 초학자는 경계나 장소를 가리지 않을 수가 없겠지만 장소는 얼마든지 선 수행자의 자의에 의해서 선택이 가능하므로 가급적 복잡한 곳을 피하는 것이 좋겠다고 하였다. 한 걸음 더 나아가 병사와 군마를 키우며 이것저것 일이 많아 매우 바쁜 곳에서나 빗발같이 총알이 쏟아지는 화약 연기 자욱한 곳에서도 참선을 할 수 있어야 한다고 역설한다.

만해는 선은 말라버린 고요를 묵수하는 죽은 선법이 아니요, 날카로운 칼끝을 활용하여 맡은 대로 올라가는 활선으로 보았다. 동시에 그는 선은 염려하고 두려워함을 없애고, 슬퍼하고 가슴 아픔을 구하고, 능히 생사를 뛰어넘는 큰 수양으로 보았다. 이처럼 만해는 선을 활발발한 생의, 즉 삶의 의지로 파악했고 몸과 마음을 닦는 수양이자 혁신으로 이해하였다.

만해는 「선과 인생」을 쓴 뒤 다시 「선과 자아」를 쓰면서 자신의 선관을 보완하고 「선과 자아」[671]에 대한 연관성을 강조하였다. 이후 그는 다시 「선외선」[672]을 쓰면서 선과 선화禪話를 관행적인 것으로만 보지 않고 "상추 장수의 무심無心한 입에서 훌륭히 흘러나오는 것을 선외선이라고 하였다. 이처럼 만해는 고해바다에 부침하는 필부필부 중에도 이름 없는 선사가 적지 않고, 산간 선방에서 전문적으로 수행하

---

671 만해, 「禪과 自我」, 『불교』 제108호, 1933.7. 이 글은 1. 禪의 槪念, 2. 禪의 種類, 3. 禪과 哲學의 關係(가. 總論, 나. 自我), 4. 禪과 自我의 실현으로 구성되어 있다.
672 만해, 「禪外禪」, 『불교』 신5집, 불교사, 1937.7. 이 글은 1. 서언, 2. 선의 의의, 3. 선외선으로 구성되어 있다.

는 수행자 중에서도 속물이 적지 않다고 보았다. 그는 선의 대중화의 관점 위에서 필부필부, 무명선사의 언행을 선외선이라고 정리하였다. 이러한 만해의 심우 가풍은 원효의 무애 가풍과 만나고 있다.

5. 무애행와 심우행 - 대중교화론 대중불교론

1) 무애와 교화의 실행

원효의 '무애'는 『화엄경』의 "일체의 걸림 없는 사람이 한 길로 생사를 건너간다"(一切無礙人, 一道出生死)는 구절에서 따온 것이다. '일체에 걸림이 없는 사람'은 '한 길로 생사를 건너간다'는 이 구절은 불교의 궁극적 길을 시사해 주고 있다. 걸림이 없는 이는 붓다이고, 붓다는 한 길로 생사를 건너간 각자覺者이다. 이 때문에 대승불교는 이러한 인간상을 붓다와 보살이라는 가장 이상적인 모델로 제시하고 있다.

원효는 문자향과 서권기가 가득한 분황사 서실에 앉아 「십회향품」을 주석하다가 붓을 끊고 뛰쳐나와 대중교화의 보살행을 본격화 하였다. 그는 보살이 수행을 통해 얻은 즐거움과 특별한 능력 및 지혜의 회향은 골방에서 이루어질 수 없다는 깊은 자각으로 절필을 하고 거리로 뛰쳐나왔다. 이것은 무덤 속에서의 제1차 깨달음에 이은 원효의 제2차 깨달음이라고 할 수 있다.[673] 이후 원효는 대중교화의 길에 뛰어들어 삼국 전쟁으로 고통받는 삼한 백성들의 마음을 어루만져 주었다. 그가 정토사상의 이론적 천착과 실천적 행법의 제시에 적극적이었던

---

673 高榮燮, 『원효탐색』(연기사, 2001; 2010).

것 역시 이러한 배경에서였다. 이 과정에서 그의 대중교화론이 입론되었다.

원효는『불설아미타경소』와『무량수경종요』에서 "예토와 정토는 본래 일심"이며 "생사와 열반은 끝내 둘이 없다"[674]고 하였다. 그는 자신이 무덤 속에서 발견한 일심이 우리들 모두가 지니고 있는 일심이며 그것이 곧 붓다의 지혜 정토임을 역설하였다. 이처럼 원효의 사상적 기호인 일심과 일심의 증득은 원효의 전 교학에서 강조되고 있다. 그리하여 그는 일심의 증득으로 서방정토가 아닌 차방정토, 타심정토가 아닌 유심정토를 신라에 구현하고자 하였던 것이다.[675]

원효는 '우리 마음의 뿌리인 부처'로 돌아가는 지름길인 십념을 은밀의隱密義의 십념과 현료의顯了義의 십념으로 나누어 해명하고 있다. 그는『관무량수경』의 하품하생에서의 십념과『무량수경』의 제18원에 나타나는 십념에 대하여 특별히 주목을 하였다. 그리하여 그는 정토왕생을 위한 보조적인 수행법으로서 십념十念의 염불念佛을 『미륵발문경』에 설해진 범부와 이승이 들어가지 않는 초지 이상의 보살만이 순정토純淨土를 구족할 수 있는 은밀隱密의 십념으로 제안하였다.[676]

원효는『관무량수경』의 하품하생에게 설한 임종 이후의 왕생보다는

---

674 元曉,『佛說阿彌陀經疏』(『韓佛全』제1책, p.562하); 元曉,『無量壽經宗要』(『韓佛全』제1책, p.553하). "穢土淨土, 本來一心, 生死涅槃, 終無二際."

675 高榮燮,「분황 원효의 정토관과 무주 청화의 염불선」,『불교학보』제75집, 동국대학교 불교문화연구원, 2015.

676 高榮燮, 위의 글,『불교학보』, 2015.

임종 이전의 지심至心 염불을 강조하는 현료顯了의 십념으로 제시하였
다. 여기에서 우리는 은밀문의 십념과 현료문의 십념의 구분 아래
초지 이상의 보살만이 아니라 임종 이전의 지심 염불을 강조하는
하품하생의 중생들까지 받아들이는 모습을 통하여 통합사상가로서의
원효의 풍모를 엿볼 수 있다.

정토왕생은 아미타불의 본원력에 의해 이루어진다. 하지만 범부와
이승의 정토왕생을 위해서는 이들 자신의 의지와 노력이 전제되어야
한다. 이 때문에 원효는 『무량수경종요』에서 정토왕생을 위한 보조적
인 수행법으로서 십념十念 염불을 제시하고 있다. 그는 이 저술에서
『무량수경』의 상배, 중배, 하배에 대한 왕생인을 수용하면서도 한편으
로는 십념에 대한 하배인의 왕생수행법에 대해 배려하고 있다. 원효는
하배인을 '깊은 마음(深心)'의 소유 여부에 의해 부정성인과 보살정성
으로 분류하여 두 존재를 모두 배려하고 있다. 이 점은 중국의 정토가와
다른 그의 독특한 시각이라고 할 수 있다.[677]

원효는 저자거리의 대중들에게 나무아미타불의 염불을 숙지시켜
모든 이들이 극락에 왕생토록 인도하였다. 그는 극락은 이곳으로부터
서방에 10만억 국토 떨어진 서방에 있는 곳이 아니라 우리가 살고
있는 여기가 정토임을 숙지시키고자 하였다. 그리하여 원효는 당시
백성들로 하여금 마음의 평화와 인식의 평화를 가져다주었다. 그리하
여 삼국의 통일 전쟁 이후 그는 무애행을 통해 한민족적 연대감을
확보하는데 크게 기여하였다. 원효의 대중교화행은 그의 깨침을 나누

---

677 高榮燮, 앞의 글, 『불교학보』, 2015.

는 보살행이자 무애행이었다.

2) 심우와 독립의 실행

만해는 만년에 성북동에 거주하면서 유마거사의 가풍을 펼쳤다. 백양
사 승려 김벽산이 초당을 지으려고 갖고 있었던 땅 52평(약 172제곱미터)
을 넘겨받아 인접한 땅 52평까지 인수하여 심우장을 세웠다. 심우장의
설계는 당시 중동고 교사인 최규동이 맡아 10칸 한옥으로 지었다.
이때 만해는 심우장을 정남향으로 하지 말고 북향으로 하도록 하였다.
남향을 하면 햇빛이 잘 들고 통풍이 좋지만 그렇게 되면 매일 조선총독
부 청사인 돌집을 바라보게 된다는 것이었다. 그는 불인不仁한 일제와
타협하지 않았다.[678]

만해는 자신의 지론대로 결혼을 함으로써 거사가 되었으나 여전히
'비승비속', 즉 승려도 아니고 거사도 아닌 삶이기보다는 승려이기도
하고 거사이기도 한 '역승역속'의 삶을 살았다. 만해는 여러 사람들의
도움으로 지은 집의 이름을 그는 '심우장', 즉 '소를 찾는 집'으로 붙였다.
그가 찾으려는 '소'는 그가 평생 찾아왔던 '님'이자 '긔룬 님'이었으며
'당신'이었다. 그리고 '나라의 독립'이자 '정토의 실현'이었다.

필자는 성북동의 일우一隅에 소거小居를 복卜하고 심우장尋牛莊이
라 명명命名하였다. '심우'라는 뜻이 일반으로 알려진 것이 아니어
서 왕왕往往 지나는 사람들이 '심우장'이라는 문패門牌를 보고서

---

678 高榮燮, 앞의 책, p.172.

'심우장? 심우장? 아마 이것이 목장牧場인가 부다?' 하는 말을
하게 되는 것도 그다지 괴이怪異한 일은 아닐 것이다. … 필자는
불교학도의 일인一人인 고로 초심구도初心求道의 뜻을 표表하기
위하여 소거처所居處를 심우장尋牛莊이라 하였으나 실로 그것도
외람猥濫한 일이다.[679]

만해가 목부牧夫라는 필명으로 쓴 「심우장설」에는 자신의 소거처에
대한 변명을 담고 있다. 당시 사람들은 '심우'의 뜻을 몰라 목장으로
오해하기도 하였다. 만해는 불교학도의 일인으로서 초발심으로 구도
하는 뜻을 표하기 위해 자신의 거처를 심우장이라 하였다. 그러면서도
그는 자신이 비구가 아니라 거사로서 이러한 이름을 붙인 것에 대해
외람한 일이라고 겸사를 표하였다. 하지만 심우장은 당시 지식인들의
사랑방이 되었으며 많은 지성적 담론들이 태어났다. 이곳에 머물던
만해는 스스로는 '거사'로 여겼고 타인들에게는 '선생'으로 불렸다.
그는 이곳에서 대중들과 함께하는 대중불교를 스스로 실천하였다.
　여기서 만해는 송만공, 김적음과 같은 도반과 정인보, 홍명희, 방응
모와 같은 동지들을 만나며 나라의 독립과 민족의 미래에 대해 토론하
였다. 그가 심우장에 거처를 정했다는 소문이 퍼지자 사상가, 운동가,
문인, 승려, 학생, 불교 신도들이 찾아들었다. 이제 심우장은 만해
가족의 거처를 넘어 지식인을 위한 교육공간이자 교류공간으로 변모해
나갔다. 그곳에서 만해는 『유마경』을 번역하였다. 그리고 생활이

---

679 牧夫(만해), 「尋牛莊說」, 『불교』 신4집, 1937.6, pp.10~14.

안정되자 《조선일보》 사장 방응모와의 각별한 관계에 힘입어 소설
『흑풍』을 연재하였다.

이제는 나이도 60고개에 이르렀으니 마음은 그렇지 않건만 기력이
쇠잔하여 가니 이런 것을 낸들 막을 길이 있나요! 이런 곳에 꾹
박혀 있는 나이니 혹 세상에서는 나를 세상일을 영영 잊으려는
사람으로 알리다마는 내 비록 행동은 없을지나 마음까지 세상사를
잊어버릴 수야 있겠나요! 하나 내 일찍부터 삭발위승削髮爲僧으로
입산수도入山修道하여 일생을 마치려는 몸이니 조용한 이런 처소
를 택해서 '심우장'을 꾸며 놓고 '무애자재'하는 이 생활에서 무엇을
탓하며 무슨 불안을 느끼겠소! 또 누가 그르다 말하겠어요! 허
허….[680]

결혼을 하고 환갑을 맞이한 만해의 모습은 심우의 길을 떠난 그가
저자로 돌아와 중생 구제의 손을 드리우고(入廛垂手) 본래 자리로
되돌아와서(返本還源) 그런 것일까. 불교 유신과 개혁 및 삼일 만세
운동으로 감옥까지 다녀오면서 보여준 결기는 찾아볼 수 없다. 이제는
그런 젊음이 원숙한 모습으로 드러난 것으로 보아야 할까. 만년의
원효가 보여준 활발발한 모습에 견주어 보면 만해는 상대적으로 위축
된 느낌을 주고 있다.[681] 아마도 삼국통일이 완성되었던 원효 시대와

680 기자, 「심우장에서 참선하는 한용운 씨를 찾아」, 『삼천리』 1936년 6월호; 『한용운
　　전집』 제4책(신구문화사, 1979), p.408.
681 원효는 요석을 만나 설총을 낳았고, 만해는 한씨 부인을 만나 한보국과 한영숙을

국권을 잃고 독립운동을 했던 만해 시대의 차이 때문일 것이다.

따라서 만년의 만해에게서 그가 삭발해서 승려가 된 뒤 산에서 도를 닦았던 그 초심의 결기가 사라졌다고 보기는 어려울 것이다. 그는 이곳에서 『유마경』을 주석하고 대중들과 교유하면서 대중불교를 실천했기 때문이다. 만해는 이 조용한 처소를 '심우장'이라 명명하고 무애자재한 생활을 하면서 대중불교를 실천하였다. 이것은 원효의 대중교화와 만나는 접점이라고 할 수 있을 것이다.

6. 본래 마음과 본래 자리

분황 원효는 신라시대의 대표적인 철학자이자 실천하는 지성인이었다. 만해 봉완은 대한시대의 대표적인 사상가이자 지성인이었다. 원효는 일심법과 화회론 및 무애행을 통해 한민족의 사상적 통일과 대중교화의 지평을 열었고, 만해는 유심법과 개혁론 및 심우행을 통해 한민족의 정신적 독립과 대중불교의 물꼬를 열었다.

원효는 일심의 철학을 기반으로 사상적 통일을 완수하고 통합사상가가 되었지만, 만해는 유심의 철학을 기반으로 사상적 통일을 완수하지 못하고서 입적하였다. 이들은 통일전쟁기와 국권상실기라는 전혀 다른 시대를 살았지만 원효의 일심 철학과 만해의 유심 철학은 심을 관통하는 불교철학의 지평을 확장했다는 점에서 철학사적 의미가 있으며, 이후 불교사상의 과제를 제시했다는 점에 사상사적 가치가

___

낳았다.

있다.

원효는 무덤 속에서 일심을 발견했고, 만해는 암자에서 고향을 발견했다. 원효의 오도송에 나오는 '심', 즉 '일심'(지원)은 '본래 마음'이며, 만해의 오도송에 나오는 '고향'은 '님', 즉 '심'이자 '유심'인 본래 자리이다. 원효는 '일심=적멸'과 '일심=여래장'의 구도를 통해 진여와 생멸의 불상리성과 불상잡성으로 일심의 철학을 구축했다면, 만해는 '심=유심'과 '님=당신'의 구도를 통해 일공(하늘 전체)과 만유(우주 만물)의 불상리성과 불상잡성으로 유심의 철학을 입론하였다.

원효가 화회론을 통해서 다양한 쟁론의 통합을 시도했다면 만해는 개혁론을 통해 다양한 병폐를 해소하고자 추진하였다. 이들은 '세간적 삶'을 벗어나 '출세간의 삶'에 들어서 깨침과 깨달음을 얻은 이후 다시 '출출세간의 삶', 즉 '입세간의 삶'을 통해 일심법과 유심법, 화회론과 혁신론, 무애행과 심우행을 중심으로 철학적 삶과 종교적 삶의 소통을 모색하였다. 그리하여 이들은 자신의 일심이문(진여/생멸)과 유심이문(일공/만유)의 철학적 구조를 종교적 실천으로 연결시켰다.

제10장 춘원 이광수의 분황 원효 인식

-신라는 역사이고 신라의 삼국통일도 역사적 사실이다-

1. 민족의 이익과 국가의 장래

우리가 살고 있는 '오늘 여기'는 과연 어디일까? 지난 세기 이래 일제 식민지와 해방공간, 분단과 6·25, 산업화와 민주화를 거쳐 정보화와 세계화 시대를 살고 있는 우리들에게 반만년의 역사를 이어온 '지금 이곳'은 어떤 의미를 지니고 있을까? 일제의 식민지와 해방공간 그리고 6·25로 인한 전쟁의 상흔을 겪으며 구호물자를 '받는 나라'에서 원호물자를 '주는 나라'로 탈바꿈해 간 우리의 역사와 문화를 어떻게 보아야 할까?

일제를 거치며 왜곡된 역사에 기반하여 자기 정체성을 부정하고 자기 역사를 타자화하는 것은 과연 우리에게 어떤 의미를 지니는 것일까? 그것이 지식인들의 처절한 반성 위에서 이루어지는 것일까? 아니면 시류에 영합하면서 자신의 기득권을 유지하기 위한 길일까?

오늘 여기에서 보이는 지식인들의 다면적인 모습에 대해 우리는 어떻게 이해해야 할까? 이 글에서 논자는 지식인들에게 국제화와 세계화에 입각한 무한경쟁의 시대에 민족의 이익과 국가의 장래를 생각해 본 적이 있는가를 되물으며 이 글을 시작하고자 한다.

2. 자기 정체성의 부정

역사에는 가정이 존재하지 않는다. 좋은 것만 기억하고 나쁜 것만 버릴 수는 없다. 일본에게 국권을 빼앗기지 않고, 남북이 분단되지 않았으면 어떠했을까? 고구려가 삼한을 통일했으면 만주 대륙이 우리 영토가 되지 않았을까? 백제가 삼국을 통일했으면 일본 열도가 우리 영토가 되지 않았을까? 물론 이러한 가정은 자유롭게 할 수는 있지만 그것이 역사적 사실이 될 수는 없다. 이미 많은 연구를 통해 밝혀져 있는 것처럼 우리 역사에서 고조선은 47세계世系를 유지하면서 1908년 동안 실재했던 나라이다. 그리고 부여와 고구려, 백제와 가야, 신라와 대발해 및 그 이외의 크고 작은 나라들 또한 대륙과 반도 및 열도에서 실재해 왔다.

그리고 이들을 아우르며 실재했던 삼한, 즉 신라의 전삼국 통일도 역사적 사실이고 고려의 후삼국 통일도 역사적 사실이다. 신라의 통일을 부정한다고 해서 신라가 삼국(삼한)을 통일하지 않은 것이 될 수 없다. 삼한일통은 무열왕과 문무왕 및 김유신 등의 활약과 당나라의 참여에 힘입어 이루어졌다. 일통삼한을 위해서는 삼국의 힘의 균형으로부터 비롯되는 윤회의 고리[682]를 끊어낼 필요가 있었다.

신라는 삼국의 세력 균형을 무너뜨리기 위해 당나라를 끌어들여서
먼저 백제를 무너뜨렸고(660) 이어 고구려를 무너뜨렸다(668). 이로
인해서 전통시대의 신라통일론은 백제와 고구려의 멸망까지로 보았
다. 뒤이어 신라는 반도 내의 백제와 고구려의 고토뿐만 아니라 신라까
지 차지하려는 당나라를 대동강 이북으로 물리쳐 냈다.[683] 그럼에도
불구하고 이러한 역사적 사실을 조선조에 편찬한 『동국통감』의 사가와
같은 소중화론에 입각하여 나당전쟁을 일으킨 문무왕과 김유신을
비판하는 것은 자기 정체성을 부정하는 것이 아닐 수 없다.

삼한일통의 시점을 백제(660)와 고구려(668)를 무너뜨린 것으로
볼 것이냐, 아니면 백제와 고구려 고토를 두고 벌인 나당전쟁을 통해
당을 대동강 이북으로 몰아내고 신라가 승리한 것(676)으로 볼 것이냐
를 두고 벌이는 논변은 전통시대의 신라통일론과 하야시의 신라통일론
이 서로 충돌한 것이다. 하지만 "신라가 당을 축출함으로써 삼국통일이
완수되며, 이를 통해 우리 민족은 하나가 되어 단일한 민족문화와
사회를 만들 수 있게 되었다"라는 현행 고등학교 『국사교과서』의
통일신라론이 일본인 하야시 타이쓰께(林泰輔, 1858~1922)가 『초오센
시』(朝鮮史, 1892)에서 처음 기술했다고 해서 그것을 시원으로 삼을

---

682 통계에 의하면 삼국 간의 전쟁은 5세기에는 50여 차례, 6세기에는 60여 차례,
7세기에는 150여 차례로 집계되고 있다.

683 윤선태, 「'통일신라'의 발멸과 근대역사학의 성립」, 황종연 엮음, 『신라의 발견』
(동국대출판부, 2008), pp.58~59. 필자는 백제와 고구려의 멸망으로 이루어진
'전근대의 신라통일론'과 달리 나당전쟁에서 신라가 통일한 시점에 통일이 이루
어졌다는 것을 하야시가 발명한 '통일신라론'으로 보고 이를 민족주의 사학의
내용과 같다고 보고 있다.

필요는 없는 것이다. 우리가 이것을 통일신라론의 시원으로 삼는 순간 "'통일신라'는 실제로 존재했다기보다는 누군가에 의해 우리 민족의 기억으로 계속해서 덧씌워진 것이었다"[684]는 시각을 수용하게 되며 동시에 자기 정체성을 부정하는 사관을 갖게 되는 것이다. 이것은 일제가 왜곡한 사관을 스스로 발견하고 재인정하는 것이 된다.

이렇게 되면 "식민지시대 조선인에게 변별적인 민족이라는 집합적 자기의식을 고무시킨 최고最古의 국가는 물론 고조선이다. 하지만 고조선은 조선인의 정치운동과 문화운동에 많은 영감을 주었을지라도 그 국조國祖와 국업(國業, statehood)이 의문에서 벗어나지 못한 전설 속의 왕국이었다"[685]고 하거나, "신라라는 상징은 특히 일본제국주의의 군사력과 산업력 증강에 유용한 인력인 젊은 세대의 조선인에게 치명적인 것으로 판명되었다"[686]는 인식으로 나아가게 된다. 그 결과 '신라의 발견' 프로젝트를 주관한 필자와 그의 의견을 지지하는 구성원들은 이름을 함께 걸기에 이르렀으며, 자기의 정체성을 스스로 부정하기에 이르렀다.[687]

---

684 윤선태, 위의 글, 위의 책, p.56.

685 황종연, 「신라의 발견: 근대 한국의 민족적 상상물의 식민지적 기원」, 황종연 엮음, 위의 책, p.17.

686 황종연, 위의 글, 황종연, 위의 책, p.49.

687 비록 식민지 상황 아래서 일제에 의해 아이디어를 얻었지만 해방 이후 고조선과 신라에 대한 재인식의 능동적이고 자발적인 주체는 한국인이었다는 관점은 가질 수 없는 것인가 되묻고 싶다.

3. 자기 역사의 무책임한 타자화

『신라의 발견』팀은 "신라가 조선반도의 영토 지배라는 점에서 최초의 통일국가라는 위상을 보유하기 시작한 것은 바로 일본인 동양사가들의 연구에서였"[688]으며, 신라에 의한 삼국통일이라는 담론은 "일본 근대역사학의 도움으로 등장한 '통일신라론'"에 의해 만들어졌으며 "'통일신라'의 표상은 근대의 발명품"[689]이라고 하였다. 이러한 시각은 한국의 민족주의 역사학의 자긍심을 무참히 짓밟는 것이다. 과연 이들이 말하는 "식민주의 담론의 차용에 의해 비로소 민족통일의 위대한 과거를 상상할 수 있었"[690]던 것이라는 주장이 정당한 것일까? 그리고 그것이 진정한 '통일신라론'[691]일까?

『신라의 발견』팀의 엮은이는 "신라의 활용 또는 신라 전통의 발명은

---

688 황종연, 앞의 글, 황종연, 앞의 책, p.21.

689 윤선태, 앞의 글, 황종연, 앞의 책, p.69; p.78.

690 김흥규, 「신라통일 담론은 식민사학植民史學의 발명인가: 식민주의의 특권화로부터 역사를 구출하기」, 『창작과 비평』 2009년 가을호, 창비사, pp.373~374. 김흥규는 '통일신라'라는 관념이 식민주의 역사학의 이론적 기반을 마련한 하야시 타이스께의 『초오센시』에서 발명되었다고 한 황종연과 윤선태의 최근 주장은 성립될 수 없음을 전통시대의 삼한일통론 제시를 통하여 조목조목 비판하고 있다.

691 윤선태, 「'통일신라론'을 다시 말한다」, 『창작과 비평』 2008년 겨울호, 창비사, pp.373~386. 윤선태는 이에 대해 '나당전쟁에 승리함으로써 신라가 삼국통일을 완성했다는 '통일신라'의 표상은 우리에게 너무나 친숙하고 자명한 것이어서 그것의 역사적 기원은 의심할 필요조차 없는 것처럼 느껴진다며 (이것은) 근대의 발명품이다고 다시 반론하고 있다.

보통 신채호의 역사학에서 시작되었다고 보는 것이 일반적이다"고
전제하고 "신라는 한반도에 존재한 고대 국가 중에서 그 역사와 지리상
으로 한국의 정통성 주장에 이로운 유일한 국가인 까닭에 한국인의
새로운 집합적 자기 정의와 자기 창조에 유용한 정체성의 고본실古本室
이 되었다"면서 "국가의 어떤 목적을 위해 신라의 인물이나 사적을
소환하는 것은 특히 박정희 정부 하에서 판에 박힌 민중 동원과 규율의
수사학이었다"[692]고 단정한다. 과연 이러한 관점이 설득력이 있는 것일
까? 그리고 여기서 그가 즐겨 사용하는 '집합적 자기정의'와 '자기창조
에 유용한 정체성'이란 말은 대단히 모호하다.

　엮은이가 말하는 '집합적 자기정의'란 아마도 '한민족 의식'일 것으로
추정되며, '자기창조에 유용한 정체성'이란 '신라는 만들어진 정체성'
이란 말로 읽혀진다. 이러한 그의 정의는 자기 역사의 무책임한 타자화
이자 자기 정체성의 부정이 아닐 수 없다. 이 때문에 그는 "신채호의
화랑은 조선인이 회고적인 방식으로 그 민족적·국민적 자아를 창출하
는 가운데 새롭게 발견한 신라의 한 편린에 지나지 않는다"고 단언하였
다. 또 그는 "해방 후 한국문화에서 행해진 신라와의 연계 조작은
한 망명 지식인의 애국적 사론보다는 일본제국의 환상과 결합된 신라
재현에 크게 의존하고 있다"고 비판한다. 여기서 그가 말하는 '연계
조작'의 개념은 대단히 정치적인 언어이고 '신라'에 대한 그의 혐오는
격렬한 지형으로 분출한다.

　『신라의 발견』 팀의 글들의 논지는 천편일률적으로 신라를 부정

---

692 황종연, 앞의 글, 앞의 책, pp.18~19; p.19.

내지 혐오하고 있으며 일제의 책임과 그들에 의해 왜곡된 부분을 지적하지 않는다. 이들은 도리어 국내의 애국 애족적 지도자들이 일제가 발견한 신라 담론을 차용하여 선양하고 있다고 무자비하게 비판하고 있다. 엮은이는 이러한 비판의 근거를 평론가 유종호의 글[693]로부터 시작하고 있다. 그리하여 그와 팀원들은 마치 최남선, 이광수, 신채호, 안호상, 이선근, 박종화, 이명선, 양주동, 서정주, 박정희, 김복진, 최승희 등이 모두 일본 제국주의가 발견한 신라 문명의 영광을 과시함으로써 제국주의의 질서를 승인한 것처럼 기술하고 있다. 과연 이들이 제국주의의 질서를 승인한 것인가? 아니면 『신라의 발견』 팀이 일제가 왜곡한 담론을 재승인하고 있는 것인가?

엮은이는 당시 서울대 국문학 교수 "이명선이 신라와 그리스를 등치시킨 것은 애국주의적 환상에 불과하지만 신라시대가 조선사의 고전적 고대(classical antiquity)에 해당한다는 그의 말은 예언적인 것으로 판명되었다"고 하고 평가한다. 또 해방 후 서울대 국사학과 교수에 취임했고 이승만 정부에서 문교부 장관을 지낸 "이선근은 신라 화랑을 민족의 '독립정신'을 구현한 청년집단으로 선양하고 이른바 신라 화랑을 계승한 애국청년 양성을 국민교육의 목표로 내세웠다. 1948년에

---

693 유종호, 『나의 해방 전후 1940~1949』(민음사, 2004), p.18. 유종호는 "해방 직후 감격시대에 학교에서 배운 영광스러운 우리의 과거 중에서 가장 휘황하게 떠오른 것은 찬란한 신라문화, 민주적인 화백제도, 화랑과 화랑도, 석굴암 대불의 천년 미소, 불국사의 여성적인 다보탑, 석가탑, 서라벌 귀족의 풍류 등은 수없이 배우고 들은 터였다. 나날의 삶과 환경이 가난하고 빈약하였기 때문에 이러한 역사는 우리에게 그대로 동화 같은 환상적인 매혹이 되어 주었다"고 하였다.

단행본으로 출간된 그의 박사논문 『화랑도연구』는 신라에 의한 삼국통일에서부터 동학운동과 3·1운동에 이르는 역사적 사건들에 발견되는 민족의 정치적 의지를 모두 화랑정신의 발현으로 간주함으로써 화랑전통의 날조라고 부를 만한 작업의 효시를 이루었다'고 지적하고 있다. 이처럼 '신라'에 대한 그의 혐오는 '화랑'에 대한 부정으로 이어진다.

『신라의 발견』의 엮은이는 또 "1950년대부터 약 30년간 시인 부족의 족장처럼 추앙을 받은 서정주는 신라 설화에서 소재를 취한 일련의 시편을 비롯한 여러 작품을 통해 신라인의 마음이 그 원형을 이루는 한국인의 신화지神話誌적 세계를 창조했다. 그는 신라에서 유래하는 형이상학적 지혜가 한국인 특유의 도덕적·심미적 문화의 원리를 이룬다고 믿었다'고 지적하며 서정주의 '영원주의'를 거론하고 있다. 나아가 그는 "신라는 일본 제국의 질서에 대한 조선인의 저항에 영감을 주었다기보다 오히려 조선인의 제국신민화를 부추겼다. 화랑의 예에서 보듯이 조선인을 일본제국의 충량한 신민으로 만드는 역할을 했다"[694]고 하였다.

엮은이가 신라 설화를 차용하여 형상화한 서정주의 일련의 시편들을 '조선인의 제국신민화를 부추겼다'고 보는 관점이나 '조선인을 일본제국의 충량한 신민으로 만드는 역할을 했다'고 보는 관점은 대단히 위험하고 친일적인 관점이라고 하지 않을 수 없다. 그는 '신라'와 '서정주'를 동일시하고 '서정주'와 '신라'와 '일본'을 동일시하고 있다.

또 엮은이는 이러한 부추김을 만든 주체가 일제가 아니라 '신라'라고

[694] 황종연, 앞의 글, 앞의 책, p.51.

역설한다. 천여 년 전에 망한 신라가 어떻게 제국신민화를 부추기고 일본제국의 충량한 신민으로 만드는 역할을 하는가? 놀라운 비약이 아닐 수 없다. 무엇보다도 그는 일제의 학자들에 의해 발견된 신라의 담론을 거론한 이들을 모두 일제의 내선일체 정책에 동조한 것으로 단정하고 있다. 그는 일제의 발견에 힌트를 얻어 자기를 발견하려는 대한지식인들의 노력조차 모두 '친일'이라고 규정하고 있다. 친일 규정에 대한 그의 논리적 비약이 상당하다고 하지 않을 수 없다.

문학, 즉 소설의 평론가인 엮은이는 현진건의 『무영탑』과 이광수의 『원효대사』의 분석을 통해 "조선민족 또는 국민의 목적을 위한 신라 활용은 일본제국의 권력과 타협하는 가운데 시작되었다"고 단언한다. 그러면서 그는 "일본인이 발견한 신라로부터 당대 조선을 위한 의미와 상징의 저장소를 만들어내는 것, 일본인이 구축한 신라라는 상상계를 조선민족의 문화적 자원으로 전유하는 것은 1930년대가 지나는 동안 조선인의 지적·예술적 작업의 중요한 부분을 이루게 된다"고 평가한다.

이처럼 그의 의식 속에서 신라는 이미 '역사상의 상상계'가 되어 있으며, '신라 활용'은 '일본 제국의 권력과 타협'하는 것으로 이해하고 있다. 이러한 그의 인식은 자기 역사에 대한 성찰과 반성은 괄호치고 모든 문제를 그들의 탓으로만 돌리는 무책임한 타자화라고 할 수밖에 없다.

4. 이광수의 『원효대사』에 대한 일면적 해석

춘원 이광수(1892~1950)는 1917년에 우리나라 최초의 근대 장편소설인 『무정』을 〈매일신보〉에 연재하여 우리나라 소설문학의 새로운 지평을 열었다. 이후 그는 1919년에는 도쿄 유학생의 독립항쟁을 상징하는 「2·8 독립선언서」를 기초하기도 하였다. 그 뒤 1937년 수양동우회 사건으로 투옥되었다가 병보석으로 석방된 뒤부터 급격히 친일행위로 기울어져 갔다. 광복 후에는 반민법으로 다시 투옥되었다가 석방된 뒤 작품활동을 계속하다가 6·25사변 때 납북되어 자강도 만포시에서 병사하였다. 때문에 우리 역사의 격동기에 파란만장한 삶을 살았던 이광수였기에 그를 주체화하여 변호하는 이는 적고 그를 타자화하여 비판하는 이는 많다.

이광수는 1942년에 쓴 『원효대사』를 〈매일신보〉에 연재하면서 원효에 대한 자신의 생각의 일단을 서문에서 내비치고 있다. 그는 "내가 원효대사를 내 소설의 주인공으로 택한 까닭은 그가 내 마음을 끄는 사람이기 때문이다. 그의 장처長處 속에서 나를 발견하고 그의 단처短處 속에서도 나를 발견한다. 이것으로 보아서 그는 가장 우리 민족적 특징을 구비한 것 같다"고 하였다. 이광수는 또 "원효대사의 진면목은 그의 보살원과 보살행에 있는 것이다. 내가 이 소설에 그릴 수 있는 것은 그의 곁에 나타내인(나타낸, 필자주) 행이다. 나는 이 소설에서 원효를 그릴 때에 그의 환경인 신라를 그렸다. 왜 그런고 하면 신라라는 나라가 곧 원효이기 때문이다. 원효뿐이 아니라 이 이야기에 나오는 요석공주도 대안 법사도 다 신라 사람이다. 그들은 신라의 신앙과 신라의 문화 속에서 나고 자란 것이다. 여기 민족의 공동 운명성이 있는 것이다."[695] 이 글에 의하면 이광수에게 원효는 '내 마음을 끄는 사람'으로 다가왔다. 그는 원효의 진면목을 그의 '보살원'과 '보살행'에 있다고 역설하고 있다. 이른바 보살의 원행願行이라고 하는 것이다.

  그렇다면 이광수가 그려 낸 '신라'와 '원효'를 과연 어떻게 보아야 할까? 신라와 원효는 분리될 수 없을 정도로 긴밀하다. 친일親日한 그였기에 그의 글을 모두 친일의 색깔로만 보아야 할까? 아니면 친일 이전에 '국가의 이익'과 '민족의 장래'를 염려하는 그의 진정성을 고려해서 보아야 할까? 이것은 식민지시대를 산 여러 사람들 중 특히 지식인들에게 적용되는 것이다. 엮은이는 변절하지 않은 몇몇 모델만을 주체화시켜 모범으로 삼아놓고 나머지 모든 이들은 타자화시켜 비판하고 있다. 당시의 지식인들을 타자화시켜 바라보는 자신들이 그 시대를 살아보았다면 과연 어떠했을까라는 성찰을 괄호 치고 말이다. 이것은 이광수를 변호하자는 말이 결코 아니다. 이광수의 친일은 역사적 사실이므로 부정할 수 없는 것이다. 하지만 그를 바라보는 우리는 친일한 그를 타자화시켜서만 볼 수 없지 않는가? 더욱이 그를 일제의 학자들과 동렬同列에 놓고 비판하는 것으로는 당시 지식인들에 대한 생산적인 논의를 내올 수 없을 것이다.

  이광수는 "나는 원효와 불가분의 것으로 당시의 신라 문화를 그려 보려 하였다. 그 고신도古神道와 거기서 나온 화랑과 역사에 남아 있는 기록으로, 또는 우리말에 풍겨 있는 뜻으로 당시의 사상과 풍속을

---

695 이광수, 「내가 왜 이 소설을 썼나」, 이광수, 『원효대사』(일신서적출판사, 1990), pp.3~4.

상상하려 하였다"고 하였다. 또 "충효忠孝를 기초 원리로 삼는 우리
민족 고유의 풍류교風流敎가 이 불교 정신을 받아서 내용이 충실하여지
고 광활하여진 것이 화랑도의 정신이요, 인생철학이었다. 이러한 정신
에서 신라 전성시대를 일으킨 인물들이(을, 필자주) 배출하였으니,
원효대사도 그러한 사람 중에 하나였다. 내가 이 소설에서 애써 고신도
와, 국선, 화랑의 생활을 그린 것이(은, 필자주) 이 때문이다. 나는
원효를 그림으로 불교에 있어서는 한 중생이 불도를 받아서 대승
보살행으로 들어가는 경로를 보이는 동시에 신라 사람을 보이고,
동시에 우리 민족의 근본정신과 그들의 생활 이상과 태도를 보이려
하였다"[696]고 기술하였다.

이에 대해 『신라의 발견』의 엮은이는 "『원효대사』에는 문헌상의
증거가 희박한, 이광수가 날조한 것으로 보이는 원효의 일화가 다수
들어 있다"[697]며 그 예들을 나열한 뒤에 "이 일화들을 통해 이광수는
중생 교화에 나선 파격의 대덕이나 해동 화엄종을 창시한 총명한
고승 이상의 이미지를 원효에게 부여한다. 그것은 말하자면 신라의
국체國體와 불가분한 삶을 살았던, 충군애국의 정신을 체현한 신라의
영웅이라는 이미지이다"[698]고 비판한다. 이것은 지극히 단편적이고
단선적인 이해하고 하지 않을 수 없다. 이어 엮은이는 "원효는 신라
국왕의 연모를 받는 청정한 법신法身의 지위로부터 파계를 계기로

---

696 이광수, 앞의 글, 앞의 책, pp.4~5.
697 황종연, 앞의 글, 앞의 책, p.40. 원효 관련 설화를 모두 담아내고 있지는
  않다.
698 황종연, 앞의 글, 앞의 책, p.40.

더러운 시정市井 속으로 추락했다가 불교와 신도의 종합을 체현한 신라의 정신적 수장의 위상을 획득한다"[699]고 평가한다.

　이것은 대승불교의 정신과 지향 및 신도의 구조와 지향에 대한 피상적 이해와 편향된 인식에서 비롯되는 것이다. 이 때문에 그는 불교의 토착화와 풍류도와의 통로를 고찰한 이광수의 심연에 대한 이해가 전무할 수밖에 없다. 그 결과 그는 "원효의 이야기는 그 수련과 봉사의 이면을 들여다보면 정체성의 혼란으로부터 탈출하려는 자기구제의 이야기라고 해도 크게 틀리지 않는다. 그가 바람과 벌이는 싸움은 그의 풍신風神적 정체성에 잠재되어 있는 선과 악의 싸움과 다름없다"[700]고 보고 있는 것이다.

　이처럼 엮은이는 원효의 '수련'을 '정체성의 혼란으로부터 탈출하려는 자기구제의 이야기'로 파악하고, 대승불교를 통해 풍월도를 통섭하려한 원효의 '봉사'를 '그가 바람과 벌이는 싸움은 그의 풍신적 정체성에 잠재되어 있는 선과 악의 싸움과 다름없다'는 것으로 단정한다. 이러한 인식에 의해 그는 고신도의 정체를 바람으로만 파악하고, 풍신적 정체성을 선과 악의 당체로 이해하고 있으며, 나아가서는 원효 불교를 왜곡하고 있다. 그러면서도 한편으로 그는 "원효 이야기의 배경에서 신라는 외세 의존에서 벗어나 자주성의 추구로 나아가는 변화를 보여주고 있는 셈이다. 이것을 신라 국수주의의 부활이라고 말할 수 있다면 원효의 수련과 포교의 이야기는 바로 그러한 사상적 움직임을 대표하는 것처럼 보이도록 구성되어 있다"[701]고 곡해하고 있다. 뿐만 아니라

---

699 황종연, 앞의 글, 앞의 책, pp.40~41.
700 황종연, 앞의 글, 앞의 책, p.41.

그는 '원효 이야기의 배경을 신라 국수주의의 부활'이라고 파악하고 '원효의 수련과 포교도 그러한 사상적 움직임을 대표하는 것처럼 보이도록 구성되어 있다'고 이해하고 있다.

덧붙여 그는 "『원효대사』에서는 신라에 대한 당의 지배를 강조한 일본인 학자들의 신라관에 대한 반발이 느껴진다. 이 소설의 해석에 따르면 통일신라의 탄생은 당병唐兵을 유치한 결과가 아니라 신라 사회에 충의忠義의 도덕이 성숙한 결과이다. 원효가 세속으로 돌아가 행한 민중 구제는 신분의 차이를 떠나 일체적 결속을 이룬 신라 국민의 출현에 대한 비유이다"[702]고 해명한다. 이처럼 그는 한편으로는 '신라에 대한 당의 지배를 강조한 일본인 학자들의 신라관에 대한 반발이 느껴진다'고 말하면서, '통일신라의 탄생이 당병을 유치한 결과가 아니라 신라 사회에 충의와 도덕이 성숙한 결과'라고 긍정하기도 한다. 그러면서도 그는 원효의 '민중 구제는 신분의 차이를 떠나 일체적 결속을 이룬 신라 국민의 출현에 대한 비유'로 파악하고 있다. 이와 같이 엮은이는 이광수의 신라 인식과 원효 인식에 대해 일면 긍정하기도 하고 일면 부정하기도 한다.

『원효대사』를 연재할 당시 이광수는 총독부의 내선일체 정책을 열렬히 지지하였다. 이 같은 그의 지지가 살아남기 위해서였는지 아니면 자신의 영달을 위해서였는지는 가늠할 수 없다. 이광수는 가야마 미쓰로(香山光郎)라고 창씨개명한 뒤부터 "현대 조선인은 자신이 조선인임을 잊어버리고 일본인이 되어야 비로소 영생을 얻는다"[703]

---

701 황종연, 앞의 글, 앞의 책, p.42.
702 황종연, 앞의 글, 앞의 책, p.43.

고 강조하였다. 또 그는 "현대 조선인이 황국의 신민임을 축복으로 여기고 신민의 의무를 다해야 한다"[704]고 역설하였다. 이 구절에 의하면 이광수의 친일은 부정할 수 없는 사실이다. 하지만 이 같은 그의 변절과 친일로 인해 그의 모든 성취를 무화시키고 부정당하는 사태를 어떻게 보아야만 할까? 단지 나라를 일어버린 일제하 대한지식인들의 자기모순과 정신분열증으로 취급해야만 할까? 그것이 아니면『신라의 발견』의 엮은이의 단편적이고 일면적인 해석으로만 보아야 할까?

이광수는 "소설『원효대사』를 쓰는 데서 어려운 그 당시의 자신의 느낌을 작품화한 것이라고도 할 수 있"으며, "그 무렵의 스스로의 행위에 대한 여러 가지의 말들에 대해서 자신의 입장을 밝힌 내용을 장편『원효대사』에 담았다고 볼 수도 있"[705]을 것이다. 또 "원효대사는 불도佛道를 닦는 가운데 중생을 계도啓導하고 나라를 구하는 고승高僧인 것이다. 춘원은 그 길을 따르고 있는 것으로 믿었고, 또 그것을 다짐하는 뜻에서 소설『원효대사』를 썼다고도 볼 수 있"[706]을 것이다. "그는 소설『원효대사』를 통해서 민족의 한 지도자상을 그리고 또 민족의 갈 길을 계시한 것으로도 짐작되"며, "민족의 운명성을 신라라는 시대 배경을 통해서 그는 작품을 엮어나가고 있다."[707]

---

703 황종연, 앞의 글, 앞의 책, p.44.

704 이경훈,『이광수의 친일문학연구』(태학사, 1998), pp.29~89.

705 김양수,「이광수의 문학세계: 역사소설『원효대사』를 중심으로」, 이광수,『원효대사』, p.388.

706 김양수, 위의 글, 위의 책, p.388.

707 김양수, 앞의 글, 앞의 책, p.389.

그런데 당시에는《조선일보》와《동아일보》도 강제 폐간되고 오직 당시의 총독부 기관지인《매일신보》만이 남아 있었다. 때문에 문인들은 그들의 침략전쟁인 대동아전쟁에 협조를 강요당하고 있었다. "일제 당국이 이광수에게《매일신보》에『원효대사』를 쓰게 한 것은 침략의 전시체제戰時體制 속에서 우리 겨레가 거기에 가담하고 적극적으로 협조하도록 하기 위한 의도가 담겨 있었다. 하지만 이광수는 이러한 일제 당국의 저의底意를 거꾸로 이용하였다고 해석할 수도 있다. 따라서 그는『원효대사』라는 소설을 쓰는 데서 오히려 민족의 전통과 정신을 내용에 담으려고 애썼다고 할 수"[708]는 없을까? 단지 일제 당국의 강요에 의해 타율적으로 집필한 것이 아니라 '피할 수 없으면 활용하는' 지혜를 발휘한 것으로 읽을 수는 없을까 말이다.

이광수는 원효대사를 두고 "나는 우리 민족을 무척 그립게 아름답게 본다. 그의 아무렇게나 차린 허술한 속에는 왕의 자리에 오를 고귀한 품이 있다고 본다. 그의 재주나 마음씨나 또 그의 말이나 다 심상치 아니한 것이어서 장차 엄청나게 큰 소리를 치고 큰 빛을 발할 약속을 가진 것으로 믿는다"[709]고 하였다. 또 그는 "거랑방이 행세로 뒤웅박을 두들기고 돌아다니는 원효대사는 우리 민족의 심벌이다. 그가 일찍, '서까래 백 개를 고를 적에는 내가 빠졌으나 용마름보 한 개를 구할 때에는 오직 내가 뽑혔노라(昔日採百緣時, 雖不預會, 今朝橫一棟處, 唯我獨能)'고 한 말이 또한 우리 민족의 사명을 가리킨 것이라고 본다"[710]

---

708 김양수, 앞의 글, 앞의 책, p.389.
709 이광수, 위의 글, 위의 책, pp.5~6.
710 이광수, 앞의 글, 앞의 책, p.6.

하였다. 이광수는 소설 속에서 원효가 섬긴 대안 대사와 방울 스님 같은 인물의 등장을 통해서 그가 섬긴 스승 '도산 안창호'를 연상한 것일 수도 있다. 그리하여 그는 민족의 갈 길과 어려운 환경 속에서 지도자는 어떻게 해야 되는지를 '원효대사'라는 역사 속의 인물 창조를 통해서 이루어 놓고자 했던 것이다.

하지만『신라의 발견』의 엮은이는 "이광수의 신라 표상은 그것이 내세운 신라인의 국민적 결속이 조선민족주의의 알레고리처럼 보일지라도 일본인의 고대 조선 담론의 권역에서 벗어나 있지 않다. 신라를 일본과 유사하게 만든 그의 고신도 창안은 오히려 조선과 일본의 민족적 차이의 말소, 조선사의 일본사적 종언이라는 사태에 대한 수락을 의미한다"[711]고 단언하고 있다. 과연 그렇게 단정할 수 있을까? 엮은이는 이광수의 의도와 맥락에 대해서는 전혀 고려하지 않고 오히려 일제의 논리를 지지할 뿐만 아니라 그들의 주장을 재승인하고 있다.

나아가 엮은이는 "그의 원효 이야기는 그처럼 내선일체內鮮一體를 조선인을 위한 거룩한 복음으로 받아들인 그의 제국주의적 사고와 불가분의 관계에 있다. 그 신불神佛을 통합한 성인의 도력으로 빈민과 반중叛衆조차 충직한 장졸로 변신한 신라는 전체주의적 유토피아에 대한 그의 환상이 빚어낸 가공의 세계이다. 식민지의 조선인에게 새로운 자기인식의 원천으로 등장한 신라는『원효대사』에 이르러 조선인들에게 황국신민과의 동일화를 부추기는 감상과 환각의 장소가

---

711 황종연, 앞의 글, 앞의 책, p.44.

되었다"[712]다고 극언을 서슴지 않고 있다. 여기에서도 엮은이는 논리적 비약과 극단적 단언을 보여주고 있다.

위의 이 문장에서 엮은이는 왜 주어를 이광수가 아니라 '신라'로 적고 있는가? 그리고 앞 문장의 주어가 신라를 발견해 낸 일제가 아니라 왜 이광수인가? 엮은이와 그의 팀은 일제가 '발견'해 낸 고조선 과 신라를 언급하는 이들을 모두 '제국주의의 질서를 승인하는 역설에 직면'[713]하는 것으로 기술하고 있다. 정말 일본이 고조선과 신라를 발견하기 전에는 '우리 민족'의 존재 의미는 없었던 것인가? 우리 민족의 정체성과 인식틀은 사라지고 오직 삶과 생각이 용납되지 않는 나라 잃은 노예적인 삶만 있었다는 것인가? 엮은이와 팀원들은 천편일 률적인 논지와 문체 및 용어(발견, 발명, 창안, 표상, 전유, 호출)의 반복들 을 통해 논리적 비약과 주체의 자리바꿈을 놀랍게 시도하고 있다.

두루 알다시피 이광수가 그려 낸『원효대사』속의 원효와 실제의 원효 사이에는 일정한 거리가 있을 수 있다. 그가 해석해 낸 원효가 전적으로 옳다고만 할 수는 없다. 하지만 그가 그려 낸 원효가 원효의 진면목을 왜곡했다고 단정할 수만도 없다. 일심一心—화회和會—무애 無碍로 표현되는 원효의 역정[714]을 이광수는 소설을 통해 어느 정도 고무시켰다고 볼 수 있다. 하지만『신라의 발견』의 엮은이의 원효 해석 역시 이광수의 원효에 대한 해석과 마찬가지로 일정한 굴절이 없다고 할 수 없다. 여기서 문제가 되는 지점은 이광수의 신라 인식과

---

712 황종연, 앞의 글, 앞의 책, p.45.

713 허병식, 「식민지 조선과 '신라'의 심상지리」, 황종연, 앞의 책, p.131.

714 고영섭, 『나는 오늘도 길을 간다: 원효, 한국 사상의 새벽』(한길사, 1997; 2010).

엮은이의 신라 이해 사이에는 '해석의 차이'가 있을 수밖에 없다는
것이다. 동시에 이광수는 이미 죽은 뒤라 엮은이의 비판에 대한 재비판
을 할 수가 없다는 점이다.

결국 엮은이는 신라에 대한 자신의 인식을 이렇게 정리하고 있다.
"신라가 근대 조선인에게 자기인식과 자기개조의 주요수단으로 출현
할 여건을 만든 것은 일본인들이었다. 그들은 통일신라라는 관념을
확립시키고 신라의 국가·사회·문화의 재구성에 진진을 거두었으며,
신라 유적을 인멸의 상태로부터 구해 내고 경주를 동방 예술의 성지이
자 관광 명소로 변화시켰다. 그들의 신라 역사 연구와 유적 보존은
일본의 조선 점령을 합리화하고 일본제국의 권위를 강화하려는 시도의
일환이었다. 그들에게 신라 역사는 고대 일본 역사의 한 지류에, 신라
문명은 고대 일본 문명의 한 방계에 불과했다"는 것이다. 이것은 오히려
이광수의 자기비하로 읽히는 것이 아니라 오히려 엮은이의 지나친
자기부정과 자기비하로 읽히고 있다고 해야 할 것이다.

이처럼『신라의 발견』의 엮은이에게는 자기 역사와 자기 인식은
없고 오직 타자화된 신라와 박제화된 상상계만 남아 있다. 과연 신라가
그런 나라인가? 그리고 통일신라가 '위대한 국민국가 건설을 위한
불멸의 감계와 환상의 장소로 부활'된 것인가? 논자는 신라와 원효
담론을 엮은이의 주장처럼 보지 않는다. 신라는 건국 이후 전삼국의
통일과 후삼국의 통일 직전까지 존속해 왔다. 그리고『삼국사기』와
『해동고승전』및『삼국유사』와 고승비문 그리고『한국불교전서』의
여러 자료들에서 보이는 것처럼 신라는 고려인들과 조선인들 및 대한
지식인들의 의식 속에서 면면히 이어져 왔다. 때문에 신라는 일제

식민주의 담론에서처럼 일제에 의해 처음 발견되거나 발명된 것이 아니다. 신라는 역사였고 통일신라는 역사적 사실이었을 뿐이다.

5. 고신도와 원효 불교의 왜곡된 인식

엮은이는 "그 승려 개인과 그의 시대에 관한 지식에 있어 이광수보다 우월한 지금의 독자들에게, 그리고 자기 마음대로 자연의 힘을 부리는 도술에 대해 승복할 마음이 없는 후後 계몽적 문화 속에서 그것은 환상적인 영웅담일 수밖에 없다"[715]며 이광수가 그려 낸 『원효대사』에 대해 통렬히 비판하고 있다. 또 "그의 종교적 실천이 신라 사회에 내재한 긴장이나 변화의 요인들과 어떤 관계에 있는지는 극히 모호하다"[716]며 "그가 바람과 그 휘하의 군도를 제압한 시기에는 장차 삼국통일에 이르게 되는 화랑 부흥과 신라인의 단결이 일어나기 시작한 것으로 서술되어 있다"고 비판한다. 이광수가 『원효대사』를 통해서 자신의 신라관을 설파하고 있다면, 엮은이는 『원효대사』를 통해서 고신도와 원효의 불교관을 비판하고 있다.

나아가 그는 "이광수가 묘사한 신라는 에도시대 국학파로 소급되는 일본 국수주의의 이데올로그들이 만들어낸 신의 나라 일본의 이미지를 가지고 있다"며 "그 단적인 예가 원효를 통해 불교의 습합에 성공하는 한편 새롭고 강력한 계승을 보게 되는 고신도이"며 "그의 고신도론은 대담한 창안의 요소가 있다"고 역설한다. 급기야는 "고신도의 핵심은

---

715 황종연, 앞의 글, 앞의 책, p.40.
716 황종연, 앞의 글, 앞의 책, p.42.

하늘, 땅, 해, 달, 물, 바람 등과 같은 자연의 힘에 대한 숭배이자 그것의 인격적 발현으로 가정된 민족의 시조들에 대한 숭배이"며, "화랑은 그러한 고신도의 모태에서 자라난, 신라의 시조신 숭배를 중심으로 뭉친 집단이며 나라에 대한 헌신을 사명으로 삼는다"[717]고 파악한다.

그리고 나서 "이 고신도가 국수주의적이고 국가주의적인 일본의 예를 활용한 이광수의 창안이라는 증거는 적지 않다"[718]고 하였다. 이러한 그의 관점은 이광수와 원효대사를 일치시키면서 고신도와 원효 불교를 왜곡한 것으로 읽히고 있다. 나아가 그는 신라와 이광수를 동일시하고 이광수와 원효를 동일시하여 논리를 비약시키고 있다. 『신라의 발견』엮은이는 '신라, 전쟁기의 치명적 상징'이라는 결론을 통해 자신의 논지를 마무리하고 있다. '신라가 치명적 상징'이라는 이러한 관점에 기초하여 그는 현진건의 『무영탑』과 이광수의 『원효대사』뿐만 아니라 "전근대 조선의 어문을 고전이라는 이름으로 부활시키고 그 어문을 산출한 역사적 문화를 조명하는 작업에 나섰다'고 하였다. 이 말은 엮은이의 고전에 대한 무지를 가장 잘 보여주는 대목이다.

이러한 논리와 맥락에 근거하여 『문장』(1939년 2월 창간호)지에 실린 석굴암 불상에 경건한 찬양을 바친 박종화의 연작시와 그 이듬해 『문장』(1940년 12월호)에 실린 신라 향가의 명칭과 의미를 밝힌 양주동의 학술논문을 '신라 숭배의 증거'라고 비판한다.[719] 또 "석굴암 또는

---

717 황종연, 앞의 글, 앞의 책, p.43.
718 황종연, 앞의 글, 앞의 책, p.44.
719 임경화, 「향가의 근대: 향가가 '국문학'으로 탄생하기까지」, 황종연 엮음, 앞의

신라를 인유한 춤을 비롯한 고대 조선을 환기하는 최승희의 춤은
식민주의에 대한 반감의 발로로 해석하기 어렵다"며 "일본인 사회
상류층의 각별한 후원 속에 개발되고 공연된 그녀의 동양무용의 지정
학地政學에서 일본(〈신전의 춤〉)과 조선(〈화랑의 춤〉)은 어떤 갈등도
일으키지 않았다"[720](정병호, 「춤추는 최승희」 인용)고 하였다. 이 대목
역시 최승희의 친일적 의미만을 과도하게 부각한 것이다. 이와 같이
일제의 관점을 발견하거나 재승인하는 시각은 석굴암과 심상지리,
유행가, 향가, 화랑도, 풍속지, 신라고분, 야나기 무네요시의 신라
등의 글들에서도 모두 견지되고 있다. 한마디로 말해서 일제가 만들어
낸 담론의 발견이자 재승인이라고 하지 않을 수 없다.

6. 신라의 역사와 신라 삼국통일의 역사

이처럼 『신라의 발견』 프로젝트의 팀장인 엮은이는 이 책의 총론이자
서론격인 이 글에서 여타 구성원들의 논지를 아우르고 있다. 그는
마지막 결론의 문장으로 "신라는 한국 민족주의가 보유한 가장 강력한
상징으로 남아 있는 동시에 그 이데올로기 자체의 애매성에 대한

책, pp.212~213. 필자는 "우리는 향가에 보이는 차자표기가 '국문'의 표기체계와
는 전혀 다른 한문이라는 서기언어를 응용한 것, 즉 의미의 전달만으로는 충분치
않은 시가에서 운율과 같은 미묘한 뉘앙스를 나타내기 위해서 고안된 특수한
서기언어이지 '국문'을 그대로 반영한 것이 아니라"며 국문학의 시원으로서
자리해온 향가를 '특수한 서기언어'로 평가절하하고 향가의 존재를 근원적으로
부정하고 있다.

720 황종연, 앞의 글, 앞의 책, pp.48~49.

역사적 증거로 남아 있다"[721]고 마무리한다. 이 프로젝트에 참여한 이들은 이러한 결론을 도출하고 선언하기 위해 열 명의 구성원들 모두가 하나의 목소리로 합창하였다. 그리하여 『신라의 발견』 팀이 주장하고자 했던 것은 '신라'는 본질적으로 창안된 형상이며, 낭만주의 로서의 '신라 천년'은 한국민족주의에 가장 유용한 것으로 판명된 상징, 설화, 교훈의 저장소라고 하였다.

하지만 이러한 인식은 '자신의 정체성을 부정'하고 '자기 역사를 무책임하게 타자화시킨 것'이다. 뿐만 아니라 '이광수 『원효대사』의 일면적 해석'과 '고신도와 원효 불교의 왜곡된 인식'이라고 하지 않을 수 없다. 따라서 『신라의 발견』의 프로젝트를 주도하고 있는 엮은이와 그의 의견에 동참한 이들의 자기 정체성의 부정과 자기 역사의 타자화 로 일관된 논구들은 모두 일제가 만들어낸 담론의 발견이자 재승인이 라고 할 수밖에 없다. 안타까운 일이 아닐 수 없다. 어찌하여 이 프로젝 트에 참여한 이들의 안목에는 이 땅에서 살아온 사람들의 숨결과 흔적이 보이지 않는 것일까? 어찌하여 이들에게는 역사인 신라와 역사적 사실인 통일신라의 진면목이 보이지 않는 것일까? 그리하여 고작 '신라는 없었으며 통일신라는 상상의 담론에 지나지 않았다는 사실을 발견했다'는 이 책의 결론을 도출해 내기 위해 이렇게 많은 필자들이 국민이 낸 세금을 축내었는지는 되묻지 않을 수 없다.

---

721 황종연, 앞의 글, 앞의 책, p.49.

제4부

분황 원효와 대한 불교사상

제11장 분황 원효의 중도일심과 퇴옹 성철의 중도무심

-붓다·원효·성철의 연속과 불연속-

1. 각자와 견자

고타마 싯다르타(기원전 624~544)는 어떻게 붓다가 되었을까? 그는 '중도'를 깨쳐 각자覺者가 되었고 '연기'를 발견해 견자見者가 되었다. 이 때문에 붓다의 깨침은 '중도연기'라고 할 수 있다. 중도는 모든 존재자의 '치우침이 없는 본래 마음'이며, 연기는 모든 존재자의 '치우침이 없는 존재 원리'이다.[722] 처음에 싯다르타는 이 세상의 창조주인 브라흐만의 전변설에 입각해 정신적 수양을 강조하는 바라문의 수정주

---

[722] 중도와 연기는 等價의 의미가 있지만 계위로 구분한다면 상위개념은 중도라고 할 수 있다. 중도의 이론적 체계는 십이연기이며, 중도의 실천적 수행은 팔정도로 이루어져 있다. 중도에도 이론(원리)적 측면인 유무중도가 있고 실천 (수행)적 측면인 고락중도가 있다.

의를 비판하였다. 이어서 그는 허공 중에 독립해 상주하는 원자 요소들
의 적취설에 입각해 육체의 세력을 약화시키고 정신의 자유로움을
추구하는 고행주의를 부정하였다.

싯다르타는 알라라 깔라마의 무소유처정과 웃타카 라마뿟따의 비상
비비상처정에 순식간에 도달한 뒤 이들 요가 수행자들의 후계자 제안
을 뿌리치고 떠났다. 그는 보리수 아래 앉아 색계의 초선, 이선, 삼선,
사선을 거쳐 무색계의 공무변처, 식무변처, 무소유처, 비상비비상처
를 넘어 중도를 깨치고 연기를 발견하였다. 싯다르타는 밤의 초야初夜
에 도달한 첫 번째 앎에서 전생의 여러 가지 삶의 형태를 구체적으로
상세히 기억하였다. 그는 밤의 중야中夜에 도달한 두 번째 앎에서는
인간을 뛰어넘는 청정한 하늘눈으로 뭇 삶들을 관찰하여, 죽거나
다시 태어나거나 천하거나 귀하거나 아름답거나 추하거나 행복하거나
불행하거나 업보에 따라서 등장하는 뭇 삶들에 관하여 분명히 알았다.
그리고 싯다르타는 밤의 후야後夜에 도달한 세 번째 앎에서는 사성제를
있는 그대로 알고 나서 감각적 쾌락에 대한 욕망에 의한 번뇌(欲愛,
kāmataṇnhā), 존재에 의한 번뇌(有愛, bhataṇhā), 무명에 의한 번뇌(無
明愛, avijjtaṇhā)에서 마음이 해탈되었으며, 해탈되었을 때에 나에게
'해탈되었다'는 앎이 생겨났다.[723]

그리하여 싯다르타는 '스스로 태어남은 부서지고, 청정한 삶은 이루
어졌으며, 해야 할 일은 다 마치고, 더 이상 윤회하지 않는다고 분명히
알았다'[724]고 하였다. 그러고 나서 그는 '참으로 방일하지 않고 열심히

---

723 Pps.II. 285. 전재성, 역, 위의 책, p.439의 주석 645) 참조.
724 『잡아함경』(『대정장』 제2책). 한역에서는 "我生已盡, 梵行已立, 所作已作, 自知不

정진하고 스스로 노력하는 자에게 그것이 나타나듯, 무명이 사라지자 명지明智가 생겨났고 어둠이 사라지자 광명光明이 생겨났다'고 하였다. 하지만 '나의 안에서 생겨난 즐거운 느낌은 나의 마음을 사로잡지 않았다'고 고백하고 있다. 이어서 싯다르타는 대화가 끝나면 언제나 항상 닦기 이전과 같은 '삼매의 인상'으로서 사념처, 즉 네 가지 새김(念)의 토대가 되는 '공空의 경지의 성취(空果等持, suññstaphalasamāpatti)를 닦는다고 언표하였다'[725]고 알려져 있다. 이처럼 싯다르타는 출가 이후 알라라 깔라마와 웃따까 라마뿟따를 통해 고행 수행을 거치고 이어 선정 수행을 통해 초선, 이선, 삼선, 사선을 거치고 다시 공무변처, 식무변처, 무소유처, 비상비비상처를 거쳐 중도와 연기, 즉 팔정도와 십이연기를 깨달았다.

『초전법륜경』은 붓다가 중도 즉 팔정도와 사성제 즉 십이연기에 대해 설했음을 알려 주고 있다.[726] 이처럼 붓다가 된 그는 욕락과 고행의 두 변을 버리고 중도를 바르게 깨쳤다.[727] 욕락과 고행의 두 변을

受後有"로 적고 있다.

725 Pps.II. 285. 전재성, 역, 위의 책, p.439의 주석 645) 참조. 譯者는 싯다르타는 몸의 수행을 관찰하는 것은 위빠싸나로, 마음의 수행을 멈추는 것은 사마타로 주석하고 있다. 이것을 身受心法의 四念處를 적용하면 몸의 수행은 위빠싸나로, 마음의 수행은 사마타로 보는 것이 된다. 여기에서 受는 身의 염처에, 法은 心의 염처에 속하는지 혹은 속하지 않는지 분명하지 않다.

726 高榮燮, 「깨침 혹은 깨달음이란 무엇인가」, 『불교철학』 제4집, 동국대학교 세계불교학연구소, 2019; 고영섭, 『붓다와 원효의 철학』(동국대학교 출판문화원, 2021).

727 『初轉法輪經』.

버린 중도는 팔정도로 표현된다. 그리고 팔정도는 사성제의 도성제로
설명된다. 현존하는 최고의 경전인 『숫타니파타』「피안도품」에 중도
는 "양극단에 집착하지 않고 그 가운데(中)도 집착하지 않는다"[728]고
적혀 있다. 이 경전은 붓다의 가르침이 '양극단'과 '그 가운데'도 집착하
지 않는 중도임을 분명히 보여준다. 이 글에서는 분황 원효(617~
686)와 퇴옹 성철(1912~1993)이 1,300여 년의 간극을 뛰어넘어 고타
마 붓다의 중도연기의 가르침을 어떻게 수용하고 어떻게 전개했는지
그리고 이들 사이에 어떠한 연속성과 불연속성이 있는지에 대해 살펴
보고자 한다. 붓다의 '중도연기'를 잇는 원효의 '중도일심中道一心'과
성철의 '중도무심中道無心' 사이의 연속성의 측면에서는 이들 사이의
상통성이, 불연속의 측면에서는 이들 사이의 독자성이 드러날 것
이다.

2. 고타마 붓다의 깨침 – 중도연기

중도는 고락苦樂, 자작타작自作他作, 단상斷常, 일이一異, 유무有無의
상대[729]에 치우침이 없는 존재자의 본래 마음의 다른 표현이다. 중도는

---

728 『숫타니파타』「彼岸道品」.

729 이중표, 「아함의 중도체계 연구」, 동국대학교 대학원 박사논문, 1991;『아함의
중도체계』(불광출판사, 1991); 『붓다의 철학』(불광출판사, 2018). 여기서 저자는
중도를 고락苦樂, 자작타작自作他作, 단상斷常, 일이一異, 유무有無의 다섯 가지
범주로 다루고 있다. 중도는 크게 실천적 중도인 고락중도와 사상적 중도인
유무중도로 나눠볼 수 있지만 중도의 범주를 하위로 더 확장해 볼 수도 있다.

크게 실천적 중도인 고락중도와 사상적 중도인 유무중도로 나눠 볼
수 있다. 이 때문에 중도는 고락, (자작타작, 단상, 일이), 유무의
범주에 대한 '치우침이 없는 존재자의 본래 마음'이며, 연기는 존재자의
고락, (자작타작, 단상, 일이), 유무의 범주에 대한 '치우침이 없는
존재자의 존재원리'가 된다. 용수의 『중론』에서 인용하는 유일한 경전
인 『가전연경』에는 비유비무, 역유역무 등 존재의 실상을 설명하는
철학적 개념으로서 유무중도가 등장하고 있다.

　이처럼 『가전연경』에서는 비유비무의 중도를 통해 존재의 원리를
설명한다. 또 '중도실상'이라는 표현으로 존재의 원리를 일컫는다.
이 경전에 의하면 중도와 연기는 등가等價의 개념을 지닌다. 중도는
사상적 측면에서 유무중도를 통해, 실천적 측면에서 고락중도를 통해
존재의 원리를 표현하고 있다. 이 때문에 고락, (자작타작, 단상,
일이), 유무의 범주에 치우침이 없는 본래 마음인 중도[730]와 고락,
(자작타작, 단상, 일이), 유무의 범주에 치우침이 없는 존재자의 존재
원리인 연기는 붓다의 가르침을 대변하는 개념이다.

　중도의 실천적인 수행은 팔정도로 이루어져 있고, 중도의 이론적인
체계는 십이연기로 이루어져 있다. 이렇게 본다면 붓다의 사상은
'중도연기'로 표현되며 이것을 한마디로 표현하면 '중도'라고 할 수
있다.

---

[730] 龍樹, 『中論』(『대정장』 제30책). 여기서 용수는 중도를 一異, 生滅, 來去, 常斷의
　　4쌍의 8不 中道로 풀어내고 있다.

1) 초전법륜과 중도 즉 팔정도

붓다의 깨침 과정과 내용은 싯다르타가 붓다가 되어 바라나시 근처의
이시파타나의 녹야원에서 다섯 비구에게 '처음으로 진리의 바퀴를
굴린 경전'인 『초전법륜경』에 자세히 설해져 있다. 여기서 그는 최초의
가르침으로 중도, 즉 팔정도를 설하고 있다.

> 이와 같이 저는 들었습니다. 어느 때 세존께서 바라나시 근처의
> 이시빠타나의 사슴동산에 계셨습니다. 그때 세존께서는 다섯 비구
> 에게 말씀하셨습니다.
> "비구들이여, 출가자가 의지해서 안 되는 극단이 있다. 무엇이
> 두 가지인가? 그것은 저열하고 통속적이고 범속하고 성스럽지
> 못하고 이익을 주지 못하는, 감각적 욕망에 대한 탐닉에 몰두하는
> 것이며, 또 하나는 괴롭고 성스럽지 못하고 이익을 주지 못하는,
> 자기 학대에 몰두하는 것이다.
> 비구들이여, 여래는 이러한 두 가지 극단을 따르지 않고 중도中道를
> 완전하게 깨달았으니, 이 중도는 눈을 만들고, 지혜를 만들며,
> 고요함과 높은 지혜와 깨달음과 열반으로 인도한다.
> 비구들이여, 그러면 여래가 완전하게 깨달은 것으로서, 눈을 만들
> 고, 지혜를 만들며, 고요함과 높은 지혜와 바른 깨달음과 열반으로
> 인도하는 중도란 어떤 것인가? 그것은 바로 팔정도八正道로 정견正
> 見, 정사유正思惟, 정어正語, 정업正業, 정명正命, 정정진正精進,
> 정념正念, 정정正定이다.
> 비구들이여, 여래는 이 중도를 통하여 완전하게 깨달았으며, 눈을

만들고, 지혜를 만들며, 고요함과 높은 지혜와 바른 깨달음과 열반을 얻었다.

비구들이여, 그러면 무엇이 괴로움의 성스러운 진리(苦聖諦)인가? 태어남도 괴로움이요, 늙음도 괴로움이요, 죽음도 괴로움이다. 슬픔, 비탄, 육체적 고통, 정신적 고통도 괴로움이다. 좋아하지 않는 것과 만나는 것도 괴로움이요, 사랑하는 것과 헤어지는 것도 괴로움이다. 원하는 것을 얻지 못하는 것도 괴로움이다. 요약하면 다섯 가지 집착의 무더기가 괴로움이다.

비구들이여, 그러면 무엇이 괴로움의 일어남의 성스러운 진리(集聖諦)인가? 그것은 갈애이니, 다시 태어남을 가져오고, 즐거움과 탐욕이 함께하며, 여기저기서 즐기는 것이다. 즉 감각적 욕망에 대한 갈애(欲愛), 존재에 대한 갈애(有愛), 존재하지 않는 것에 대한 갈애(無有愛)가 그것이다.

비구들이여, 그러면 무엇이 괴로움의 소멸의 성스러운 진리(滅聖諦)인가? 그것은 바로 그러한 갈애가 남김없이 소멸함, 버림, 놓아버림, 벗어남, 집착 없음이다.

비구들이여, 그러면 무엇이 괴로움의 소멸로 인도하는 길의 성스러운 진리(道聖諦)인가? 그것은 팔정도이니 정견, 정사유, 정어, 정업, 정명, 정정진, 정념, 정정이다.

비구들이여, 나에게 '이것이 괴로움의 성스러운 진리(苦聖諦)이다'라는 전에 들어보지 못한 법들에 대한 눈이 생기고, 지혜가 생기고, 통찰지가 생기고, 명지가 생기고, 광명이 생겼다.

비구들이여, 나에게 '이 괴로움의 성스러운 진리는 바르게 잘 이해되어야 한다'라는 전에 들어보지 못한 법들에 대한 눈이 생기고, 지혜가 생기고, 통찰지가 생기고, 명지가 생기고, 광명이 생겼다.

비구들이여, 나에게 '이 괴로움의 성스러운 진리를 완전하고 바르게 이해했다'라는 전에 들어보지 못한 법들에 대한 눈이 생기고, 지혜가 생기고, 통찰지가 생기고, 명지가 생기고, 광명이 생겼다.

비구들이여, 나에게 '이것이 괴로움의 일어남의 성스러운 진리(集聖諦)이다'라는 전에 들어보지 못한 법들에 대한 눈이 생기고, 지혜가 생기고, 통찰지가 생기고, 명지가 생기고, 광명이 생겼다.

비구들이여, 나에게 '이 괴로움의 일어남의 성스러운 진리는 버려져야 한다'라는 전에 들어보지 못한 법들에 대한 눈이 생기고, 지혜가 생기고, 통찰지가 생기고, 명지가 생기고, 광명이 생겼다.

비구들이여, 나에게 '이 괴로움의 일어남의 성스러운 진리는 이미 버려졌다'라는 전에 들어보지 못한 법들에 대한 눈이 생기고, 지혜가 생기고, 통찰지가 생기고, 명지가 생기고, 광명이 생겼다.

비구들이여, 나에게 '이것이 괴로움의 소멸의 성스러운 진리(滅聖諦)이다'라는 전에 들어보지 못한 법들에 대한 눈이 생기고, 지혜가 생기고, 통찰지가 생기고, 명지가 생기고, 광명이 생겼다.

비구들이여, 나에게 '이 괴로움의 소멸의 성스러운 진리는 마땅히 실현되어야 한다'라는 전에 들어보지 못한 법들에 대한 눈이 생기고, 지혜가 생기고, 통찰지가 생기고, 명지가 생기고, 광명이 생겼다.

비구들이여, 나에게 '이 괴로움의 소멸의 성스러운 진리는 이미 실현되었다'라는 전에 들어보지 못한 법들에 대한 눈이 생기고,

지혜가 생기고, 통찰지가 생기고, 명지가 생기고, 광명이 생겼다. 비구들이여, 나에게 '이것이 괴로움의 소멸로 인도하는 길의 성스러운 진리(道聖諦)이다'라는 전에 들어보지 못한 법들에 대한 눈이 생기고, 지혜가 생기고, 통찰지가 생기고, 명지가 생기고, 광명이 생겼다.

비구들이여, 나에게 '이 괴로움의 소멸로 인도하는 길의 성스러운 진리를 마땅히 닦아야 한다'라는 전에 들어보지 못한 법들에 대한 눈이 생기고, 지혜가 생기고, 통찰지가 생기고, 명지가 생기고, 광명이 생겼다.

비구들이여, 나에게 '이 괴로움의 소멸로 인도하는 길의 성스런 진리를 이미 철저하게 닦았다'라는 전에 들어보지 못한 법들에 대한 눈이 생기고, 지혜가 생기고, 통찰지가 생기고, 명지가 생기고, 광명이 생겼다.

비구들이여, 내가 만약 이와 같이 '세 가지 양상으로 열두 가지 형태(三轉十二行相)'를 갖추어서 네 가지 성스러운 진리(四聖諦)를 있는 그대로 알고, 보는 것이 완전하고 청정하지 않았다면, 나는 천인과 마라와 범천을 포함한 세상에서, 사문과 바라문과 왕과 사람을 포함한 세상에서, 사문과 바라문과 왕과 사람을 포함한 무리 가운데서, 스스로 견줄 수 없고, 가장 뛰어나고 완벽한, 부처의 위없는 깨달음을 이해하고, 성취하고, 실현하였음을 선포하지 않았을 것이다.

비구들이여, 내가 이와 같이 '세 가지 양상으로 열두 가지 형태(三轉十二行相)'를 갖추어서 네 가지 성스러운 진리(四聖諦)를 있는 그대로 알고, 보는 것이 완전하고 청정하게 되었을 때, 나는 천인과 마라와 범천을 포함한 세상에서, 사문과 바라문과 왕과 사람을 포함한 무리 가운데서, 위없는 바른 깨달음을 얻었다'고 선포하였다.

그리고 나에게 지견智見이 일어났다. '내 마음의 해탈은 확고부동하며, 이것이 나의 마지막 태어남이며, 더 이상의 다시 태어남은 없다'라는 것을 스스로 알게 되었다.

세존께서 이렇게 말씀을 하시자, 다섯 비구는 기쁨에 차서 매우 흡족해 하며 세존의 말씀을 받아들였다.

이와 같이 법이 설해지고 있을 때 꼰단냐 존자에게 '일어난 법은 그 무엇이든 사라진다'라는 티 없고 때묻지 않은 법의 눈(法眼)이 생겼다."[731] … (이하 생략)

붓다의 깨침에 대해 적고 있는 『초전법륜경』에서 싯다르타, 즉 붓다는 '저열하고 통속적이고 범속하고 성스럽지 못하고 이익을 주지 못하는, 감각적 욕망에 대한 탐닉에 몰두하는 것'과 '괴롭고 성스럽지 못하고 이익을 주지 못하는, 자기 학대에 몰두하는 것'이라는 두 극단을 따르지 않고 중도를 완전하게 깨달았다고 선언하고 있다. 여래가 완전하게 깨달은 중도는 '눈을 만들고', '지혜를 만들며', '고요함'과 '높은 지혜'와 '바른 깨달음'과 '열반으로 인도'하며, 이 중도가 바로 팔정도이고 사성제임을 분명히 선언하고 있다. 이처럼 중도의 실천적

---

731 『초전법륜경』(Dhammacakkapavattana sutta); 마하시 아가 마하 빤디따, 『초전법륜경』, 김한상 역(행복한 숲, 2011), pp.17~25.

인 수행은 팔정도로, 중도의 이론적인 체계는 십이연기로 이루어져 있다.

싯다르타는 중도를 통해 '완전하게 깨달았으며', '눈을 만들고', '지혜를 만들며', '고요함'과 '높은 지혜'와 '바른 깨달음'과 '열반을 얻었다'고 하였다. 즉 그는 "전에 들어보지 못한 법들에 대한 눈이 생기고, 지혜가 생기고, 통찰지가 생기고, 명지가 생기고, 광명이 생겼다"고 분명히 밝히고 있다. 그리하여 싯다르타는 '전에 들어보지 못한 법들'에 대한 '법안'–'지혜'–'통찰지'–'명지'–'광명'이 생겨나 붓다로 탈바꿈하였음을 선언하고 있다. 이처럼 붓다는 실천적인 수행방법으로서 팔정도, 이론적인 사상체계로서 십이연기를 들고 있다. 그 결과 중도는 팔정도이자 십이연기임을 시사해 주고 있다.

2) 사성제와 삼전십이행상

붓다는 『중아함경』「전유경」[732]에서 말룽꺄뿟다(蔓童子)의 열 가지 질문에 대해 침묵(十無記)함으로써 무기의 참다운 의미를 일깨워 주고 있다. 만동자는 네 가지 범주로 열 가지로 질문한다. 1) 세계의 시간적 한계에 관한 질문–① 세간은 영원한가?(世有常), ② 세간은 영원하지 않은가?(世無有常), 2) 세계의 공간적 한계에 대한 질문–③ 세간은 끝이 있는가?(世有底) ④ 세간은 끝이 없는가?(世無底) 3) 생명과 육신의 동이에 관한 질문–⑤ 목숨이 곧 몸인가?(命卽是身) ⑥ 목숨과 몸은 다른가?(命異身異) 4) 여래의 사후에 관한 질문–⑦ 여래는 마침이

---

[732] 『中阿含經』 권60, 「箭喩經」(『대정장』 제1책, pp.804상~805하).

있는가?(如來終) ⑧여래는 마침이 없는가?(如來不終) ⑨여래는 마침이 있기도 하고 마침이 없기도 한가?(如來終不終) ⑩여래는 마침이 있지도 않고 마침이 없지도 않은가?(如來亦非終亦非不終) 이러한 열 가지 질문에 대해 세존은 세 차례나 침묵을 한 뒤 입을 열고 있다.

"나는 (만동자의) 질문에 대해 한결같이(一向) 답변하지 않는다. 무엇 때문에 나는 한결같이 말하지 않는가? 이것은 뜻에 상응(義相應)하지 않고, 법에 상응(法相應)하지 않고, 범행의 근본(梵行本)이 아니고, 지혜로 나아가(趣智)지 않으며, 깨침에도 나아가(趣覺)지 않고, 열반에로 나아가지(趣涅槃) 않는다. 그러므로 나는 이러한 질문에 한결같이 답변하지 않는다(無記)"고 설한다.

그런 뒤에 붓다는 "나는 말할 것은 말했고 말하지 않을 것은 말하지 않았다"고 답변한다. 그러면서 그는 '말하지 않을 것'은 희론戲論, 즉 우리의 현실적 괴로움의 해결에 아무런 도움이 되지 않는 질문이므로 여기에 대해서는 답변하지 않지만 '말할 것'으로 괴로움(苦), 괴로움의 일어남(苦習), 괴로움의 소멸(苦滅), 괴로움의 소멸로 인도하는 길(苦滅道迹)의 네 가지 진리인 사성제를 제시한다.

사성제는 '도의에 상응하고(義相應)', '정법에 상응하고(法相應)', '범행의 근본이고(梵行本)', '지혜로 나아가며(趣智)', '정각에 나아가고(趣覺)', '열반에 나아간다(趣涅槃)'고 말한다.[733] 이처럼 사성제는 수행의

---

[733] 『中阿含經』권60, 「箭喩經」(『대정장』제1책, p.804중). "我不一向說此, 以何等故, 我不一向說此, 此非義相應, 非法相應, 非梵行本, 非趣智, 非趣覺, 非聚涅槃. 是故, 我不一向說此也, … 我一向說此, 以何等故, 我一向說此, 此義相應, 法相應, 梵行本, 趣智, 趣覺, 趣涅槃.是故, 我一向說此也."

여섯 가지 기반이자 목표에 잘 부합하고 있다. 수행의 여섯 가지
기반은 앞의 세 상응과 뒤의 세 취지로 이루어져 있다. 그런 뒤에
붓다는 사성제의 각 성제를 세 가지 양상으로 살폈다.[734]

먼저 그는 '이것이 괴로움의 성스러운 진리다(苦聖諦)', '이 괴로움의
성스러운 진리는 바르게 잘 이해되어야 한다', '이 괴로움의 성스러운
진리는 이미 완전하고 바르게 이해했다.' 이어 그는 '이것이 괴로움의
일어남의 성스러운 진리다(集聖諦)' → '이~는 바르게 잘 버려져야
한다' → '이~는 이미 버려졌다', '이것이 괴로움의 소멸의 성스러운
진리다'(滅聖諦) → '이~는 마땅히 실현되어야 한다' → '이~는 이미
완전히 실현되었다'. 그리고 '이것이 괴로움의 소멸로 인도하는 길의
성스러운 진리다(道聖諦)' → '이~는 마땅히 닦아야 한다' → '이~는

---

734 이것은 四聖諦를 세 가지 양상(三轉)으로 실천하는 '三轉十二行相'이다. '三轉',
즉 '시전示轉 → '권전勸轉' → '증전證轉'의 세 가지 양상은 '이것이 고-집-멸-도
사성제임을 나타내 보이고'(視轉), '괴로움을 알고-괴로움의 원인을 끊고-괴로
움을 소멸시키고-괴로움을 소멸시키는 길을 닦아야 한다-고 권하고'(勸轉),
'스스로 고-집-멸-도 사성제를 증득하는 것을 보여주고 다른 사람들이 고-집
-멸-도 사성제를 깨닫도록 밝혀주는'(證轉) 실천 방법이다. 다시 말해서 이
三轉은 사성제 '고-집-멸-도는 성스러운 진리다'(示轉) → '이~는 바르게 잘
이해되어야/버려져야 한다/ 이~는 이미 완전히 실현되어야 한다/마땅히 닦아야
한다'(勸轉) → '이~는 완전하고 바르게 잘 이해했다/버려졌다/ 이~는 이미
완전히 실현되었다/철저하게 닦았다'(證轉), 이렇게 세 가지 양상으로 전환시켜
열두 가지 실천행으로 전개하고 있다. 그 결과 사성제의 이치를 깨우치고 배운
대로 실천하는 사람들은 모두 아라한의 경지를 체득하고 보살행을 실천하는
단계에 도달할 수 있었다. 초기불교의 이러한 삼전십이행상은 부파불교에서
'四諦十六行相'으로 더욱 구체화되었다.

이미 철저하게 닦았다'고 섬세하게 관찰했다.

'열두 가지 형태'는 고성제에 대한 세 가지 양상 → 집성제의 세 가지 양상 → 멸성제에 대한 세 가지 양상 → 도성제에 대한 '세 가지 양상을 아우른 열두 가지 형태'를 가리킨다. 싯다르타는 각 성제를 세 가지 양상의 단계로 살펴 모두 열두 가지 형태를 조망했다.

이처럼 싯다르타는 각 성제에 대한 세 가지 양상을 살펴서 네 가지 성제를 '있는 그대로 알고' → '보는 것이 완전하고 청정하게 되었을 때' 천인과 마라와 범천을 포함한 세상에서, 사문과 바라문과 왕과 사람을 포함한 무리 가운데서, '위없는 바른 깨달음을 얻었다'고 선포하였다. "그리고 나에게 '지견智見'이 생겨났다"고 밝히고 있다. 여기서 '지견', 즉 지혜로운 안목은 "내 마음의 해탈은 확고부동하며, 이것이 나의 마지막 태어남이며, 더 이상의 다시 태어남은 없다'라는 것을 스스로 알게 되었다"는 것이다.[735]

한 인간의 일생을 밝혀주는 십이연기는 '무명'으로부터 '노사'가 생기는 고통의 발생과정인 유전연기와 '노사'로부터 '무명'을 벗어남으로써 '명지'를 얻을 수 있는 고통의 소멸과정인 환멸연기를 일깨워주고 있다.

---

[735] 『雜阿含經』권15, 382경(『대정장』제2책), 아함경에 근거하여 뒷날 체계화된 교학에서 제행무상諸行無常의 통찰로부터 고성제(즉 一切皆苦)를 알아야 할 것(當解)을 알아야 하고, 십이연기의 順觀을 통해 고집성제(즉 諸法無我)를 끊어야 할 것(當斷)을 알아야 하고, 십이연기의 逆觀을 통해 고집멸성제(諸法無我)를 깨쳐야 할 것(當證)을 알아야 하고, 팔정도의 통찰로부터 고집멸도성제(즉 涅槃寂靜)를 닦아야 할 것(當修)을 알아야 할 것이라 설명하고 있다.

"이것이 있으므로 저것이 있고, 이것이 일어나므로 저것이 일어난다."[736]

"이것이 있으므로 저것이 있고, 이것이 일어나므로 저것이 일어난다. 무명을 인연하여 행이 있고 나아가 생을 인연하여 노사 및 순전하고 커다란 괴로움의 덩어리의 집기(純大苦聚集)와 순전하고 커다란 괴로움의 덩어리의 소멸(純大苦聚滅)이 있다."[737]

"연기법은 내가 만든 것도 아니며, 다른 사람이 만든 것도 아니다. 이 법은 여래가 세상에 출현하거나 출현하지 않거나 법계에 항상 머물러 있다. 여래는 이 법을 스스로 깨달아 등정각等正覺을 이루어 중생을 위하여 분별 연설하리라."[738]

중도, 즉 사성제를 설하는 「초전법륜경」과 「전유경」 그리고 연기와 십이연기를 설하는 「연기법경」과 「십이인연경」 등은 중도와 연기가 무엇인지를 잘 보여주고 있다.[739]

"만일 연기를 보면 곧 법을 보며 법을 보면 연기를 본다."[740]

---

736 『雜阿含經』 권12, 299경 「緣起法經」(『대정장』 제2책, p.85중).

737 『雜阿含經』 권15, 369경 「十二因緣經」(『대정장』 제2책, p.101중).

738 『雜阿含經』 권12, 299경 「緣起法經」(『대정장』 제2책, p.85중).

739 붓다의 중도, 즉 사성제를 설하는 「초전법륜경」과 「전유경」 그리고 십이연기를 설하는 「연기법경」과 「십이인연경」 등은 중도와 연기가 무엇인지를 잘 보여주고 있다.

『잡아함경』「상적유경」에서는 '연기'와 '법', 즉 '진리'의 관계를 동일시하고 있다. 그리고 중도와 연기는 실천과 이론인 상호존중행과 상호의존성의 다른 이름임을 알 수 있다.[741]

붓다는 깨침을 얻고 난 뒤에 사르나트, 즉 녹야원에서 다섯 비구에게 처음으로 진리의 수레바퀴를 굴렸다. 여기서 그는 중도의 가르침을 설하였다.

부처님께서 다시 고하여 말씀하셨다. "세간에는 두 극단이 있으니 응당 가까이하지 말지니라. 첫째는 애욕을 탐하면서도 허물이 없다고 말함이요, 둘째는 사견으로 몸체를 괴롭혀 수도도의 자취를 없앰이다. 이 두 변을 버려야 곧 중도를 얻느니라.[742]

중도는 애욕을 탐하는 허물이 없고, 사견으로 형체를 괴롭혀 수도의 자취가 없앰이 없는 본래 마음(一心之源)이다. 애욕과 고행의 두 변을 버리고 본래 마음인 일심지원(球心)과 우주적 마음(一心)인 일심(遠心)으로 돌아가는 것이다.

---

740 『中阿含經』 권7, 「象跡喩經」(『대정장』 제1책), p.467상).

741 高榮燮, 「깨침 혹은 깨달음이란 무엇인가」, 『불교철학』 제4집, 동국대학교 세계불교학연구소, 2019.4; 고영섭, 『붓다와 원효의 철학』(동국대학교출판문화원, 2021).

742 『五分律』(『대정장』 제22책, p.104중). "佛復告曰, 世有二邊, 不應親近, 一者, 貪著愛欲, 說欲無過, 二者, 邪見苦形, 無有道迹. 捨此二邊, 便得中道."

그때에 세존은 다섯 비구에게 말씀하셨다. "비구들이여, 세상에 두 변이 있으니 출가자는 가까이하지 말지니라. 무엇을 (그) 둘이라 하는가. (첫째는) 여러 욕망을 애욕하고 탐착하는 일은 하열하고 비천하여 범부凡夫의 소행이요, 현성賢聖이 아니고 의에 상응하지 않는다. (둘째는) 스스로 번뇌하고 고뇌하는 일은 괴로움으로서 현성이 아니고 의에 상응하지 않는다. 비구들이여, 여래는 이 두 변을 버리고 애욕과 고행의 두 변을 버린 것이다. 도를 바르게 깨달았느니라.[743]

『율부』에서 중도는 여러 욕망을 애욕하고 탐착하는 일과 스스로 번뇌하고 고뇌하는 일의 두 극단을 버린 본래 마음(一心之源)이며 붓다는 바로 이것을 깨쳤음을 알 수 있다.

"비구여, 출가자는 두 극단을 가까이하지 말 것이니, 즐겨 애욕을 익히거나 혹은 스스로 고행하는 것이다. 현인과 성인의 법이 아니며 심신을 피로하게 하여 능히 행할 바가 아니다. 비구여, 이 두 극단을 제외하고 나서 다시 중도가 있느니라."[744]

『사분율』에서도 중도는 애욕과 고행의 두 극단을 떠난 본래 마음임을 알 수 있다. 본래 마음은 우리들이 지니고 있는 일심인 우주적

---

743 『律部』 권3(『남전대장경』, p.18).

744 『四分律』(『대정장』 제22책, p.788상). "比丘出家者, 不得親近二邊, 樂習愛欲, 或自苦行. 非賢聖法, 勞疲形神, 不能油所辦. 比丘, 除此二邊已, 更有中道."

마음의 근원에 자리하는 마음이다. 그러므로 붓다가 설한 중도는 일심(지원)과 다르지 않음을 알 수 있다. 바로 이런 점에서 중도와 일심(지원)이 동일한 것임을 알게 된다. 원효는 붓다의 중도를 일심(지원)으로 수렴하여 중도일심의 지평을 열었다. 그것은 두 극단에 치우침 없는 존재자의 본래 마음(일심지원)의 다른 표현이었다.

따라서 사념처정 제4선의 끝에 성취되는 무상정無想定과 비상비비상처정 이후에 도달하는 멸진정滅盡定은 분별이 사라진 선정이라고 할 수 있다. 윤회를 벗어나 도달하는 경계가 멸진정 이후의 불계, 즉 부처의 세계라고 할 수 있기 때문이다.

3. 분황 원효의 깨침 – 중도일심

원효 사상의 핵심은 대개 일심, 화쟁, 무애, 부주열반, 무이중도 등의 기호로 이해되어 왔다. 최근에는 '통섭' 개념을 원효 철학의 핵심으로 보려고도 한다.[745] 논자는 원효 철학의 핵어는 일심一心이지만[746] 일심(지원)이 붓다의 중도 개념을 달리 표현했다는 점에서 원효 사상의 핵심 개념을 '중도일심中道一心'으로 파악해 보려 한다.

원효는 자신의 저술에서 붓다의 '중도연기'를 다양하게 변주해 사용하고 있다. 그는 경전을 풀이하며 일심(지원)을 자신의 철학적 기반으로 사용하였다. 그런데 그의 일심(지원)은 양극단의 치우침이 없는

745 박태원, 『원효의 통섭철학: 치유철학으로서의 독법』(세광출판사, 2021).

746 高榮燮, 「분황 원효의 일심사상과 인공지능은 어떻게 만날 수 있는가」, 『문학 사학 철학』 제74호, 대발해동양학한국학연구원 한국불교사연구소, 2023. 9.

존재자의 본래 마음(일심지원)이며 이 본래 마음은 중도의 다른 표현이었다. 따라서 원효 철학의 핵어는 '중도일심'으로 볼 수 있다.

원효는 7세기 중엽에 신라에서 성립된 『금강삼매경』에 대해 그의 대표 저작으로 평가받는 『금강삼매경론』[747]을 펴냈다. 여기에서는 그가 『경』을 풀어낸 『론』에 담긴 중도 개념의 사용과 변주에 대해 살펴보고자 한다. 원효는 중도 개념을 풀어내면서 일중도관, 중도제일의제, 중도제일의제관, 중도일미, 무이중도, 중도법, 중도일실, 중도정혜명 등 다양한 용어를 사용하고 있다.

1) 중도와 일심 – 일중도관과 중도제일의제관

원효는 중도의 개념을 변주하여 '일중도관一中道觀'[748]과 '중도제일의제관中道第一義諦觀'을 사용하고 있다. 이 개념은 앞 시대의 천태 지의(天台智顗, 538~597)가 『보살영락본업경』에 나오는 '중도제일의제'란 개념을 원용하여 거론한 적이 있다. 여기서 일법一法은 동일법同一法, 즉 '하나의 현상' 내지 '하나의 대상'을 가리키는 것이다.

원효는 『대승기신론』의 주석서인 『대승기신론소』에서뿐만 아니라 『금강삼매경』의 주석서인 『금강삼매경론』에서도 방편관과 정관의

---

747 高榮燮, 「분황 원효 『금강삼매경론』의 주요 내용과 특징」, 『불교철학』 제7집, 동국대학교 세계불교학연구소, 2020. 10. 논자는 신라 왕실의 요청에 의해 『금강삼매경』이 편찬하는 과정에 혜공-대안-원효 등이 주역으로 참여했다고 보았다.

748 元曉 『대승기신론소』(『한불전』 제1책, p.622하). "言一法者, 離有無邊, 一中道觀, 以此能離心我執故."

대비 속에서 중도관의 개념을 사용하고 있다. 그는 『금강삼매경』의 "저와 같이 심心과 아我를 떠나게 된 것은/ 일법一法으로 이루어진 것이네/ 모든 같고 다른 행위가/ 다 본각의 이익을 얻게 하여/ 두 가지 상과 견해를 끊게 하네"의 게송에 대해 이렇게 풀고 있다. 앞의 다섯 구절은 '무상의 관을 널리 설명한 것에 읊은 것'이고, 뒤의 두 게송 반은 '일각의 뜻을 널리 해석한 것이다'고 하였다.

이어 원효는 '저 중생들로 하여금 모두 심과 아를 떠나게 하여'라는 구절에 대해 방편관方便觀으로 풀고, 이후의 구절에 대해서는 정관正觀으로 풀고 있다. 아래는 「무상법품」에 나오는 무이중도의 부분이다.

1) '하나의 현상(一法)'[749]이라고 말한 것은 있음(有)과 없음(無)이라는 치우친 견해에서 벗어난 '하나의 중도에 대한 이해(一中道觀)'이니, 이것으로써 마음(心)과 자아(我)에 대한 집착에서 벗어날 수 있기 때문이다.[750]

원효는 십지 이전의 십주·십행·십회향의 지전地前보살의 행을 방편관으로, 지상地上보살의 행을 정관으로 풀어내고 있다. 그리하여 그는 정관이라고 할 수 있는 십지 이상의 보살행을 중도에 대한 이해라고

---

749 박태원, 앞의 책. 여기서 저자는 '一法'을 '하나의 현상'으로, '一實'을 '하나의 사실'로 풀고 있다. 여기서 논자는 상호 토론을 위해 그의 제안을 부분적으로 원용하였다. 나머지 개념들도 필요에 따라 원용할 것이다.

750 元曉, 『金剛三昧經論』(『한불전』 p.622하). "言一法者, 離有無邊, 一中道觀, 以此能離心我執故."

할 수 있는 하나의 중도관으로 풀고 있다. 여기서 원효는 '일중도관'이라는 표현을 사용하고 있다. '일중도관'은 마음과 자아에 대한 집착을 벗어날 수 있는 하나의 중도에 대한 이해라고 할 수 있다.

천태 지의는 『보살영락본업경』에 나오는 중도제일의제中道第一義諦란 개념에 의거해 일체의 존재에 대해 공관空觀·가관假觀·중관中觀의 세 가지 관법을 세웠다. 먼저 생사가 공함을 관찰하고, 이어 열반이 공함을 관찰하여 사혹思惑과 진사혹塵沙惑이 다 없어지면 마음에 치우친 집착이 없어지므로 쌍차雙遮의 방편이 된다. 이렇게 순서대로 공관과 가관을 써서 진제와 속제를 관찰하므로 쌍조雙照의 방편이 된다. 원효는 생사의 공함과 열반의 공함을 관찰하여 쌍차의 방편을 원용하고 공관과 가관을 써서 진제와 속제를 관찰하여 쌍조의 방편으로 쓰고 있다. 이처럼 원효는 천태가 사용한 중도제일의제관을 줄여서 '일중도관'으로 쓰고 있다.

아래 부분은 경전에서 대력보살이 "무엇을 간직하는 작용이라고 하며, 무엇을 관찰한다고 하는 것입니까?"에 대해 부처님이 "마음과 현상이 둘이 아닌 것을 간직하는 작용이라고 하며, '안으로 수행함'과 '밖으로 수행함'에 나오고 들어감이 다르지 않고 하나의 상에 머물지 아니하여 마음에 얻고 잃는 것이 없어서 하나이면서 하나가 아닌 경지에 마음을 깨끗이 하여 흘러들어가는 것을 관찰한다고 한 것이다"고 한 것에 대한 해석이다.

2) '안으로 수행함(內行)' 이하는 보살의 두 번째 질문에 대한 대답으로 관행의 모습을 밝힌 것이다. '안으로 수행함'은 관행으로 들어가

분별의 동요를 그쳐 사실 그대로 이해하는 행위이고, '밖으로 수행
함(外行)'은 관행에서 나와 중생을 교화하는 행위이다. 나오거나
들어가거나 사실 그대로와 만나는 지평인 중도中道를 잃지 않기
때문에 '둘이 아니다(不二)'고 말하였다. 이를테면 『본업경』에서
수행으로 성취한 모든 것을 중생들에게 돌리는 행위의 열 가지
단계(十〔廻〕向)를 설명하는 가운데 "열 번째는 자유자재한 지혜로
써 모든 중생을 교화하는 것이니, 이른바 중도의 궁극적인 관점(中
道第一義諦觀)으로 지혜가 중도中道에 자리 잡아 모든 현상이 둘이
없음을 관찰하여 깨닫는 것이다. 그 지혜가 점점 더 성인의 경지에
들어가기 때문에 서로 비슷한(相似) 제일의제의 관행(第一義諦觀)
이라고 부르지만 아직 참된 중도로서의 궁극적 관점에 대한 이해(中
道第一義諦)는 아니다"고 하면서 자세히 설명하는 것과 같다. '하나
의 모습에 머무르지 않는다(不住一相)'라는 것은 속제적 관점과
진제적 관점으로 이해하기 때문이고, '마음에 얻거나 잃은 것이
없다(心無得失)'라는 것은 모든 것을 평등한 관점으로 이해하기
때문이다. 이 두 가지의 방편관에 의지하여 열 가지 본격적인
수행경지의 첫 번째 경지의 현상이 흐르는 물에 들어가기 때문에
'하나이면서 하나가 아닌 경지에 온전해진 마음으로 흘러 들어간다
(一不一地, 淨心流入)'라고 하였다. 저 『본업경』에서 "세 가지 관행
(三觀)이라는 것은, 임시로 이루어진 것으로부터 공에 들어가는
것(從假名入空)을 두 가지 관행(二諦觀)이라 부르고, 다시 공으로부
터 임시로 이루어진 것(從空入假名)으로 들어감을 평등한 관행(平等
觀)이라고 부르니, 이 두 가지 관행은 수단과 방법이 되는 수행이다.

이 두 가지 관행은 방편도이고, 이 두 가지 이해인 이제관과 평등관으로 인해 중도의 궁극적인 관점에 대한 이해(中道第一義諦觀)로 들어가게 된다. 두 가지 관점을 양쪽 다 이해하여 마음마다 적멸하여 열 가지 본격적인 수행경지(十地)의 첫 번째 경지(初地)의 현상이 흐르는 물로 들어간다"라고 하면서 자세하게 설명하는 것과 같다. 생각건대, 이 가운데 두 가지 관점으로 이해함(二諦觀)이라는 것은 속제를 버리고 진제를 관찰하는 것이니 바로 본연의 온전한 지혜를 얻는 수단과 방법(正體智之方便)이다. 또 모든 것을 평등하게 이해함(平等觀)이라는 것은 진제를 융합해 속제를 이해하는 것이니 바로 근본적인 지혜에 의지하여 대상에 대해 뒤이어 얻어지는 지혜를 얻는 수단과 방법(後得智之方便)이다. 세속이 허깨비와 같은 것이라고 이해하여 얻었거나 잃었다는 생각을 붙들지 않고, 옳다고 함도 없고 그르다고 함도 없기 때문에 평등하다고 하는 것이다.[751]

'중'은 '중정中正'의 뜻으로 두 변의 상대를 끊어 없앤다는 의미이다. 일념一念의 마음을 관찰하여 공空도 아니고 가假도 아니면서 공에 나아가고 가에 나아가는 것을 중中이라고 한다. 일념 가운데에서 보기 때문에 일중一中이 일체중一切中이 되므로 공空이나 가假가 중中이 아닌 것이 없다. 이것은 공·가·중 삼관이 모두 상대를 끊기 때문에 '공'이라고 하면 공空 밖에 다른 법이 없고, '가假'라고 하면 가假 밖에 다른 법이 없으며, '중'이라고 하면 중中 밖에 다른 법이 없으니 세

---

751 元曉, 『金剛三昧經論』(『한불전』 pp.646중~647상).

가지는 모두 곧 원만한 중(圓中)이기에 중관이라고 한다.

중도의 불성을 나타내어 중도를 보기에 하나의 중도관(一中道觀)이라 하고, 중제中諦의 이치를 관찰하여 무명의 번뇌를 끊기에 중도제일의제관中道第一義諦觀이라 한다. 공관空觀에도 집착하지 않고, 가관假觀에도 집착하지 않으며, 공空과 가假가 원융한 대비의 보살행이 일중도관이다. 이 관법을 닦으면 삼혹 가운데에서 무명혹을 끊고, 삼지 가운데에서 일체종지를 얻게 되며, 그 수행의 계위는 별교의 초지에 해당하게 된다.

원효는 있는 것(有)과 없는 것(無)의 치우친 견해에서 벗어난 하나의 중도관(一中道觀)으로서 일법, 즉 동일한 현상을 제시하면서 마음과 자아에 대한 집착에서 벗어날 수 있을 길을 제시하고 있다. 그에게 중도제일의제관은 '일중도관'의 다른 이름이라고 할 수 있다. 그것은 치우침 없는 존재자의 본래 마음인 일심(지원)의 다른 표현이기도 하다. 여기서 중도와 일심의 통섭인 '중도일심'의 개념이 시설된다.

2) 제일중도지와 중도일미

이어 원효는 『본업경』의 십행十行을 설명하는 대목을 원용하여 보살의 삼보를 해명하면서 중도를 '제일중도지第一中道智'와 '중도일미中道一味'라는 표현으로 변주해 쓰고 있다. 아래는 『금강삼매경』에서 대력보살이 "세 가지를 간직하고(存三) 하나를 지켜(守一) 여래선에 들어간다(入如來禪)는 것은 무엇을 말한 것입니까?"라는 「입실제품」의 질문에 대해 대답하면서 나온 무이중도의 부분이다.

1) 이 아래는 두 번째로 방편을 널리 설명한 것으로 세 가지의 문답이 있다. 이 첫째 문답에서는 숫자를 매겨 총괄적인 내용을 제시하였다. '일심의 여여함을 지킨다(守一心如)'라는 것은 다음과 같은 것이다. 일심법一心法에 두 가지 교문이 있는데 지금은 먼저 그 심진여문을 지키는 것이니, 무명無明의 큰 용과 같은 세력을 조복하려는 것이다. 무명이 일심의 여여함을 곧바로 미혹하게 하기 때문이다. 이 가운데 '지킨다(守)'는 것은 선정에 들어갈 때는 일심의 여여한 경지(一如之境)를 고요히 지키고, 선정에서 나와 있을 때는 일미의 마음(一味之心)을 잃지 않는 것이니, 이 때문에 '하나를 지킨다(守一)'고 한 것이다. 이를테면『본업경』에서 이타적 수행의 열 가지(十行)를 설명하는 가운데 다음과 같이 말한 것과 같다. 열 번째는 자유자재로 큰 수레바퀴를 굴리는 것이니 이른바 보살의 세 가지 보배(三寶)이다. 보살이 그때에 제일중도의 지혜(第一中道智)를 깨달음이라는 보배로 삼고, 모든 것에는 생겨나거나 움직이는 것이 없다는 것을 가르침이라는 보배로 삼으며, 언제나 여섯 가지의 미혹세계(六道)를 다니면서 여섯 가지 미혹세계(六道)에서 살고 있는 중생들과 화합하는 것이 승보가 되니, 모든 중생들을 전변시켜 부처의 바다로 흘러 들어가게 하기 때문이다.[752]

여기서 '제일중도지', 즉 제일중도의 지혜에서 '제일'은 상대적인 것이 아닌 절대적인 것을 가리킨다. '중도'는 두 변의 극단과 사집邪執을 떠나 어느 한쪽에 치우치지 않는 중정의 도 혹은 관점 또는 방법이다.

[752] 元曉,『金剛三昧經論』(『한불전』p.645하).

또 '지', 즉 지혜는 옳음과 그름(是非)과 바름과 삿됨(正邪)을 단정하여 취사하는 것이며, 일체의 사물에 대한 도리이다. 원효는 이러한 '제일 중도지'의 개념과 함께 '중도일미'의 개념을 원용하고 있다.

   2) 생각건대, 과거와 현재와 미래에서 중도의 일미(中道一味)를 잃지 않는 것이 곧 이 관행이 하나를 지키는 작용(守一之用)이니, 이러한 관행은 수행의 열 가지 단계의 경지에 있다. 나머지는 뒤에 나올 것이니 여기에서 거론하지 않겠다.[753]

『금강삼매경』에서 "'세 가지를 간직한다는 것(存三者)'은 허공해탈과 금강해탈과 반야해탈의 세 가지 해탈을 간직하는 것이고, '수일守一'은 일심의 여여함을 지키는 것"이라고 하였다. 또 "여래선에 들어간다는 것은 마음의 여여함을 이치대로 관찰하는 것이며, 이와 같은 경지에 들어가면 곧 실제에 들어가게 된다"고 하였다. 이어서 그는 이관理觀, 즉 실상을 관찰하는 행법에 대해 설하고 있다.

   중도일미는 과거와 현재와 미래의 삼시에 중도를 잃지 않는 동일의 의미(同一味)를 일컫는다. 선정에 들어 있을 때는 '일심의 여여한 경지'를 고요히 지키고, 선정에 나와 있을 때는 '일미의 마음'을 잃지 않는 것처럼 관행이 하나를 지키는 작용을 가리킨다. 그러면서 이 관행은 십행의 계위에 있다고 해명한다. 그런 뒤에 원효는 '제일중도지'를 '중도일미'의 의미와 상통시키고 있다.

---

753 元曉, 『金剛三昧經論』(『한불전』 p.645하).

3) 중도법과 중도일실

아래는 「여래장품」에 보이는 '중도법中道法'과 '중도일실中道一實'의
개념이다. 중도는 일이, 상단, 래거, 생멸이라는 극단의 과실에서
벗어나 불일불이, 불상부단, 불래불거, 불생불멸을 통해 무소득의
지혜를 열어준다. 일심의 법을 두 가지 견해로 이해할 수 있는 것이
아니라는 것은, 중도의 법은 있음과 없음의 견해로 볼 수 있는 것이
아님에 상응하는 것이다.

이것은 (8행의 게송으로 이루어진 다섯 부분 가운데) 세 번째인
범행장자梵行長者 스스로 진술한 것이다. '일심의 법은 두 가지
견해로 이해할 수 있는 것이 아니라는 것을 알았다(知法非二見)'는
것은, '중도의 법(中道法)'은 있음과 없음의 견해로 볼 수 있는
것이 아님을 안 것이니, 곧 두 번째 해가 없다고 하는 전도된
생각을 벗어난 것이다. '또한 가운데 의지하여 머물지도 않는다(亦
不依中住)'고 한 것은 비록 두 변을 벗어났으나 중도의 동일한 사실
(中道一實)을 간직하여 물러나지 않는다는 것이니, 곧 첫 번째는
바퀴모양의 형태(毛輪)나 물로 보는 허망함을 벗어난 것이다. 이와
같이 저 있음과 없음의 과실에서 벗어났기 때문에 부처님께서
가르치신 머무름이 없다는 뜻을 이해하였으니, 그러므로 '머무름
이 없는 것으로부터 취한다(故從無住取)'고 하였다.[754]

일심(지원)의 법과 중도의 법은 두 가지 견해로 이해할 수 있는

---

[754] 元曉, 『金剛三昧經論』(『한불전』 pp.664상).

것이 아닌 것이다. 여기서 중도와 일심(지원)의 등가적 의미를 시사받는다. 중도는 두 가지 치우친 견해를 넘어선다는 의미이자 모든 존재자의 치우침이 없는 본래 마음이다. 여기서 중도일심의 의미를 알 수 있게 된다.

대승 이전 불교에서 붓다의 중도는 외도와 범부들의 고행苦行과 낙행樂行을 떠난 실천적 중도인 고락중도와 (자작타작, 일이), 유무, 상단의 두 변을 떠난(非有非無, 非常非斷) 사상적 중도인 유무중도로 나눠볼 수 있다.[755] 삼론종에서는 불생불멸不生不滅과 불상부단不常不斷, 불거불래不去不來, 불일불이不一不異의 팔불八不에 의해 나타나는 불가득不可得의 법을 중도라고 하였다. 법상종에서는 유에도 치우치지 않고 공에도 치우치지 않는 비유비공非有非空을 중도라고 하였다. 천태종에서는 제법의 실상을 중도라고 하고, 화엄종에서는 법계를 중도라고 하였다. 이렇게 본다면 중도는 다양한 개념으로 변주해 왔다는 사실을 알 수 있다.

4) 중도정혜명

아래는 「여래장품」에 보이는 중도정혜명中道正慧命의 개념이다. 원효는 유와 무의 변견을 떠나서 중도의 바른 혜명을 얻는다고 보았다. 그는 경전에서 "이때에 대중이 이러한 뜻을 말하는 것을 듣고서 모두 정명正命을 얻어 여래와 여래의 바다에 들어갔다"는 부분에 대해 아래

---

755 성철은 붓다의 중도를 고락중도와 유무중도로 구분한다. 그는 거문고 비유에서 거문고 줄의 적정함이 고락중도이고, 존재와 실상에 대한 올바른 관점이 유무중도이며 이것을 雙遮雙照라고 했다.

와 같이 풀이하고 있다.

이것은 세 번째 대중이 이익을 얻는 것이다. '정명을 얻는다(得正命)'
고 한 것은 있음과 없음의 가생이를 떠나서 중도의 바른 혜명을
얻은 것(中道正慧命)이다. '여래에 들어간다(入如來)'고 한 것은 이
미 여래지의 분한에 들어간 것이다. '여래장의 바다에 들어간다(入
如來藏海)'고 한 것은 본각의 깊고 넓은 뜻에 들어가는 것이다.[756]

혜명은 법신이 지혜를 생명으로 여기는 것을 의미한다. 여래지는
가장 수승한 무상의 지견을 가리키며 부처만이 가지는 지혜이며 일체
종지에 해당한다. 혜명은 방일하지 않음에 의하여 정법에서 물러나지
않고 바른 지혜를 생명으로 여기는 것이다.

원효 또한 대중이 이익을 얻는 것은 중도의 바른 혜명을 얻는 것이며,
여래에 들어가는 것은 여래지의 분한에 들어가는 것이며, 그리고
여래장의 바다에 들어가는 것은 본각의 깊고 넓은 뜻에 들어가는
것이다고 보았다. 아래는 「입실제품」에 나오는 무이중도의 부분이다.

5) 무이중도와 삼공 - 속제중도와 진제중도와 비진비속무변무중지중도

원효는 그의 대표작인 『금강삼매경론』에서 중도를 '무이중도'의 개념
으로 풀어내고 있다. 무이중도의 개념은 「무상법품」(1회)과 「여래장
품」(2회)에서 보인다. 그는 「무상법품」의 방편관方便觀 설명(1회),[757]

756 元曉, 『金剛三昧經論』(『한불전』 pp.666하).
757 元曉, 『金剛三昧經論』(『대정장』 제34책, 965중).

「여래장품」의 무이중도와 이제二諦 설명(2회)[758] 과정에서 모두 3차례
를 언급하고 있다. 「입실제품」에서는 속제중도와 진제중도를 아우르
는 비진비속무변무중지중도의 개념을 통해 무이중도의 사상적 전개
과정을 보여주고 있다. 아래는 「무상법품」에 나오는 무이중도 부분
이다.

1) 이 아래부터는 바로 널리 설명하는 것이니, 이 중에 두 가지가
있다. 먼저는 무상관無相觀을 밝혀서 상이 없는 이익(無相利)을
널리 설명하였고, 뒤에는 일각의 마음(一覺心)을 나타내어 앞서의
일각의 뜻(一覺義)을 널리 나타내었다. 무상관 중에도 두 부분이
있으니, 첫째는 관행의 상을 바로 설명하였고(直說觀行之相), 둘째
는 왕복하여 모든 의심과 난점을 풀었다(往復決諸疑難). 처음 중에
도 두 가지가 있으니, 먼저는 방편관方便觀이고, 뒤에는 정관正觀을
밝혔다. 방편관 중에 네 구절이 있으니, 처음의 한 구절은 교화하는
사람(能化)을 나타내었고, 나중의 한 구절은 교화의 큼(化大)을
찬탄하였고, 중간의 두 구절은 관행의 상(觀相)을 바로 밝혔다.
'환화의 상에 대하여 마음을 내지 않는다(無生於化)'는 것은 처음
관을 닦을 때에 모든 유의 상을 깨뜨려서 환화의 상에 대하여
그 마음을 내는 것을 없앴기 때문이다. '환화의 상이 없다는 것에
대해서도 마음을 내지 않는다(不生無化)'는 것은 이미 환화의 상을
깨뜨리고 나서 그 다음에 그 공의 상마저 버려서 환화의 상이

758 元曉, 『金剛三昧經論』(『대정장』 제34책, 999상); 元曉, 『金剛三昧經論』(『대정장』
제34책, 999상).

없는 공에 대해서도 마음을 내지 않기 때문이다. 그 까닭은 중생이 본래 마음은 상을 떠난 것임을 모르고 온갖 상을 두루 취하여 생각을 움직이고 마음을 내기 때문에 먼저 모든 상을 깨뜨려 상을 취하는 마음을 없애며, 비록 다시 환화의 유의 상을 깨뜨렸더라도 오히려 환화가 없는 공성을 취하니, 공성을 취하기 때문에 공에 대해서 마음을 내므로 또한 환화가 없는 공성마저 버리는 것이다. 이때에 공을 취하는 마음이 생기지 아니하여 '둘이 없는 중도(無二中道)'를 깨닫게 되어 부처님께서 들어가신 제법의 실상과 똑같아지니, 이와 같이 교화하기 때문에 그 교화가 큰 것이다.[759]

원효는 「무상법품」에서 무상관을 방편관과 정관으로 해명하고 있다. 방편관은 수단이 되는 관행이고 정관은 진실 그대로의 관행이다. 십지 이전의 수행인 방편관에 의해 생멸문에 들어가게 되며, 십지 이상의 수행인 정관, 즉 참된 관행인 진관眞觀에 의해 진여문에 들어가게 된다.

어떤 이는 공성과 가유만을 배워서 중관과 유식에만 집착한다. 하지만 공성에 머문 이는 공성이라는 새로운 유에 집착하고, 가유에 머문 이는 공성을 소홀히 하여 넘어간다. 이 때문에 원효는 공성과

---

759 元曉, 『金剛三昧經論』(『한불전』 p.611중; 『대정장』 제34책, 965중11-15). "雖復已破幻化有相. 而猶取其無化空性. 取空性故於空生心. 所以亦遣無化空性. 于時不生取空之心不得已會無二中道. 同佛所入諸法實相. 如是化故其化大焉." 원효는 방편관을 십지 이전의 수행관으로, 정관을 십지 이상의 수행관으로 해명하고 있다.

가유에서 벗어나고 하나(一)와 두나(二)에서 벗어난 무이중도의 길을 제시한다.

원효는 이러한 중도의 변주를 통섭하면서 '환화의 상에 대해 마음을 내지 않는다'는 것과 '환화의 상이 없다는 것에 대해서도 마음을 내지 않는다'는 것에 대해 방편관으로서 '둘이 없는 중도'로 풀어내고 있다. 다음은 「여래장품」에 나오는 무이중도의 부분이다.

2) 이것은 (8행의 게송으로 이루어진 다섯 부분 가운데) 두 번째인 모든 그릇된 견해를 깨뜨리는 것이다. 그릇된 견해는 비록 많지만 크게 그릇된 것에는 두 가지가 있으니, 매우 심오한 교법에 의하여 말 그대로 뜻을 취하고는 스스로 궁극적 경지라고 여기니 교화하기가 어렵기 때문이다. 첫째는 부처님께서 말씀하신 움직임(動)과 고요함(靜)이 둘이 아니라는 말씀을 듣고서 이것은 하나로서 동일한 사실(一實)이고 동일한 마음(一心)이라고 생각하여 이로 말미암아 이 도리를 비방하는 것이다. 둘째는 부처님께서 말씀하신 비어 있음(空)과 있음(有) 두 가지 교문에 대해 말씀하신 것을 듣고서 두 가지 법(二法)이 있고 동일한 사실(一實)은 없다고 헤아려서 이로 말미암아 둘이 없는 중도(無二中道)를 비방하는 것이다. 이 두 가지 그릇된 견해는 약을 먹다가 병이 난 것이니 치료하기가 매우 어렵다. 이제 저 과실을 드러내니, 이 두 게송 중에서 차례로 나타내었다. 처음에 '만일 법은 하나만 있다고 말한다면(若說法有一)'이라고 말한 것은 앞에서 말한 것과 같이 동일한 사실(一實)이 있다고 생각하여 자신이 생각한 대로 동일한 현상(一法)이 있다고

말하는 것이다.

'이 모습은 바퀴모양의 형체와 같다(是相如毛輪)'고 한 것은 저가 생각한 동일한 현상(一法)의 모습이 마치 눈병 든 자가 보는 모륜毛輪과 같기 때문이다. '마치 아지랑이를 물로 착각하는 것과 같다(如談水迷倒)'고 한 것은 마치 목마른 사슴이 아지랑이를 보고 물이라고 여겨 달려가 구하는 것과 같으니, 다만 착각하는 것이다. 일심이 있다고 생각하는 것도 이와 같다. '모두 허망한 것이다(爲諸虛妄故)'고 한 것은 목마른 사슴이 물이라고 보고, 눈병 든 사람이 모륜이라고 보는 것처럼, 학자가 하나라고 생각하는 이와 같은 모든 생각이 다 허망하기 때문이다. 다음은 없다는 것을 깨뜨리는 것이다. '만일 법이 없는 것이라고 본다면(若見於法無)'이라고 한 것은 앞에서 말한 것과 같이 이제는 있고 일심의 법은 없다고 생각하는 것이고, '이 법이 허공과 같다(是法同於空)'고 한 것은 저가 일심은 공허한 이치와 같고 공허한 이치 이외에 본래 동일한 사실(一實)이 없다고 생각하는 것이다. '마치 맹인이 해가 없다고 하는 전도된 견해와 같다(如盲無日倒)'고 한 것은 마치 태어나면서부터 눈이 먼 가난한 거지가 본래 햇빛을 본 적이 없어서 눈이 있는 사람이 그를 위하여 해가 있다고 이야기해 주어도 눈먼 사람은 없다고 하여 해가 있음을 믿지 않는 것과 같으니, 다만 전도된 것이다. 저가 생각하는 것도 또한 그러하니, 저가 본래 오직 있음과 없음만을 배우고 둘이 없는 중도(無二中道)에 대해 들은 적이 없어서 비록 설명해 주는 사람이 있어도 믿고서 받아들이지 않는다. 해를 중도에 비유한 까닭은, 해는 원만하고 큰 광명이 있어서 오직 눈먼 자를 제외하고는 보지 못하는 사람이 없기 때문이다. 일심도 또한 그러하여 완전하고 크나큰 빛이 있어서 오직 눈먼 사람을 제외하고는 보지 못하는 사람이 없기 때문이다. 일심도 또한 그러하여 두루 원만하고 결함이 없어서 본각과 시각의 큰 광명의 비춤이 있어서 믿지 않는 사람을 제외하고는 들어가지 못하는 사람이 없다. '그 법이 거북 털과 같다(說法如龜毛)'고 한 것은, 저 보지 못하는 사람은 일심의 법에 대해서 말하기를 다만 이름일 뿐 실체가 없는 것이 마치 거북 털과 같다고 하니, 맹인이 해가 없다고 말하는 것과 다르지 않다.[760]

원효는 「여래장품」에서 무이중도와 이제의 도리를 설명하면서 무이 중도의 사상을 천명하고 있다. 그는 그릇된 이해가 매우 많지만 그릇된 이해에는 크게 두 가지가 있다. 부처님의 깊은 가르침을 듣고 문자 그대로를 뜻이라고 착각하여 스스로 다 되었다고 생각하기 때문에 이런 이들은 교화하기 어렵다. 첫 번째는 부처님의 움직임과 고요함의 두 문이 없다(動靜無二)는 가르침을 듣고 '곧 그것은 하나다, 동일한 사실이며 동일한 마음이다'고 생각하여 이제의 도리를 비방하고 배척 하는 것이다. 두 번째는 비어 있음과 있음의 두 문이 있다(空有二門)는 부처님의 말씀을 듣고 '두 가지 현상(二法)이 있고 동일한 사실(一實)이 없다'고 생각하여 무이의 중도를 비방하고 배척하는 것이다[761]고 보 았다.

---

760 元曉, 『金剛三昧經論』(『한불전』 pp.663중~664상).

761 元曉, 『金剛三昧經論』(『대정장』 제34책, 999상).

그는 본래 오직 공성과 가유만을 배우고 일찍이 무이중도에 대해 들은 적이 없어서 비록 설명해 주는 사람이 있어도 믿고서 받아들이지 않는다.[762]

전자는 움직임과 고요함이 둘이 아니다라는 말씀을 듣고 하나의 사실과 하나의 마음이라 여기고 이제의 도리를 배척하는 것이다. 이것은 정관正觀을 비방하고 배척하는 것이다. 후자는 공성과 가유의 두 개의 교문이 있다는 말씀을 듣고 하나의 진실함이 아닌 두 가지 법이 있다고 여겨 무이의 중도를 배척하는 것이다. 이것은 방편관方便觀을 비방하고 배척하는 것이다.

이처럼 원효는 「여래장품」의 두 곳에서 '동정불이 편위시일'하여 이제 도리를 비방하는 것과 '공유이문 개유이법'하여 무이중도를 비방하는 것을 대비하면서 무이중도를 사용하고 있다. 이렇게 본다면 그는 둘이 아니라고 설한 것을 듣고 이것은 하나이며 동일한 사실과 동일한 마음이 있다고 단정하여 이제의 도리를 비방하거나, 둘에 대해 설한 것을 듣고 둘이 있고 하나는 없다고 단정하여 무이의 중도를 비방하는 것을 경계하며 이러한 치우친 견해를 넘어서도록 이끌고 있다.

진여는 공성이니 성품이 공하므로 생긴 지혜의 불길이 모든 번뇌를 불태워 없애고 평등 평등하니, 등각 삼지三地와 묘각 삼신三身이

762 元曉, 『金剛三昧經論』(『대정장』 제34책, 999상).

구식九識 중에 달빛(皎然)처럼 밝고 맑아서 아무 그림자가 없다.[763]

여기서 평등 평등은 평등에도 평등함을 의미하니 평등에도 평등하다는 것은 진제중도의 평등과 속제중도의 평등을 의미하며, 두 중도가 평등하므로 둘이 아닌 무이를 가리킨다. 평등에도 평등하다는 것은 상이 사라져 피차가 없는 평등을 일컬으며 둘이 없는 것을 가리킨다. 상행중도의 중도는 진제중도이고 상행은 실천행으로 속제중도를 뜻하므로 평등 평등은 무이중도를 의미한다고 볼 수 있다.[764]

아래 부분은 「입실제품」에 나오는 무이중도 부분이다. 원효는 『금강삼매경론』의 「입실제품」에서 속제, 진제, 속제중도, 진제중도, 비진비속非眞非俗 무변무중無邊無中을 무이중도無二中道의 뜻이라고 하였다. 원효의 깨침의 경지로 표현된 무이중도는 진여의 근본 체상인 진제중도와 진여를 근본으로 한 작용인 속제중도를 아우른다. 그리고 진제중도는 진제를, 속제중도는 속제를 아우른다.

3) 이 하나의 질문과 대답은 세 가지 공(三空)을 밝힌 것이다. '공상도 공하다(空相亦空)'는 것에서 '공상'이란 것은 바로 속제俗諦를 버려서 진제眞諦를 드러내는 평등한 모습(遣俗顯眞)이고, '또한 공하다(亦空)'라는 것은 바로 진제를 융합해 속제를 삼은 것으로 공공空空의 뜻이니, 마치 진금을 녹여서 장엄구莊嚴具를 만드는

---

763 大安 편집, 『金剛三昧經』(『대정장』 제9책, 371중).

764 김영미, 「『금강삼매경론』의 無二中道 사상 연구」, 『동아시아불교문화』 제30집, 동아시아불교문화학회, p.125.

것과 같다. 이를테면 『열반경』에서 "있는 것이기도 하고 없는 것이기도 한 것을 공공空空이라 하고, 옳은 것이기도 하고 그른 것이기도 한 것을 공공空空이라 한다"고 말한 것과 같으니, 이것은 속제의 있음과 없음, 옳음과 그름이라는 차별의 모습이 바로 공공의 뜻임을 밝힌 것이다. 평등한 공에 대해서도 공하다고 하는 것은 속제의 차별을 드러내는 것이니, 그러므로 이러한 차별을 공공이라고 하는 것이다. '공공도 공하다(空空亦空)'는 것에서 '공공空空'이라는 것은 바로 속제의 차별이고, '역공亦空'이라는 것은 다시 속제의 차별을 녹여서 진제의 평등으로 만드는 것이니, 마치 장엄구를 녹여서 다시 금단지(金瓶)를 만드는 것과 같다. 세 가지 공의 세 번째에서 '소공도 공하다(所空亦空)'라는 것은, 처음 공 가운데에서 공이 드러낸 속제俗諦와 두 번째 공 가운데에서 공이 나타낸 진제眞諦의 두 가지가 다르지 않기 때문에 '또한 공하다(亦空)'고 한 것이다. 이것은 속제와 진제를 융합해 일법계를 나타낸 것이니, 일법계一法界라는 것은 이른바 일심一心이다. 그런데 처음 공의 문에서 내버린 속제(所遣俗者)는 변계소집상이고, 둘째 공의 문에서 융합한 속제(所融俗者)는 의타기상이니, 속제에는 두 가지 양상이 있기 때문에 버리는 것(所遣)과 융합하는 것(所融)은 같은 것이 아니다. 또 처음 문 안에서 속제를 버려서 드러낸 진제(遣俗所顯之眞)와 둘째 문 안에서 속제를 융합해 드러낸 진제(融俗所顯之眞)는, 이 두 문의 진제는 오직 하나이고 둘이 없으니, 진제는 오직 한 가지로서 원성실성이다. 그러므로 버리고 융합해 드러낸 것은 오직 하나이다. 세 번째의 공은 진제도 아니고 속제도 아니며, 다른 것도 아니고 같은 것도 아니다. 또 이 세 가지 공에서 첫 번째의 공은 속제중도俗諦中道를 드러내었고, 두 번째의 공은 진제중도眞諦中道를 드러내었으며, 세 번째의 공은 진제도 아니고 속제도 아니며 가생이(邊)도 없고 가운데(中)도 없는 중도(非眞非俗無邊無中之中道)의 뜻을 드러내었다. '이와 같은 공들(如是等空)'이라고 말한 것은 세 가지 공(三空)을 모두 거론한 것인데, 속제의 모습에 머무르지 않고 진제의 모습에도 머무르지 않으며, 또한 속제와 진제의 둘이 없는 모습에도 머무르지 않기 때문에 '세 가지 모습에 머무르지 않는다(不住三相)'고 하였다. 이와 같이 머물지 아니하여 궁극적으로 진실을 나타내기 때문에 '진실이 없지 않다(不無眞實)'고 하였다. 비록 진실이 없지 않지만, 진실이 있는 것도 아니니, 이와 같기 때문에 말로 나타낼 수 있는 길이 끊어졌다고 하였고, 길이 끊어졌다는 말 또한 붙일 수 없기 때문에 또한 '생각으로 헤아릴 수 없다(不可思議)'고 하였다.[765]

이처럼 원효는 「입실제품」에서 자신의 중도관의 구조를 잘 보여주고 있다. 그는 『금강삼매경』에서 세 가지 공(三空)을 밝히는 대목에서 '공상도 공하다(空相亦空)', '공공도 공이다(空空亦空)', '소공도 공이다(所空亦空)'를 제시하면서 속제, 진제, 속제중도, 진제중도, 비진비속 무변무중의 중도를 전개하고 있다.

원효는 '진금을 녹여서 장엄구를 만들고'(속제, 진제), '장엄구를 녹여서 금단지를 만들며'(속제중도), 이제를 녹여 일법계/일심을 나타내는

---

765 元曉, 『金剛三昧經論』(『한불전』 제1책, 639하~640상).

(진제중도) 일련의 비유를 통해 속제(소집상), 진제(시각의 원성실성), 속제중도(의타상), 진제중도(본각의 원성실성)를 아우르면서 비진비속 무변무중지중도, 즉 무이중도를 제시하고 있다.

이외에도 원효는 '중도실상'(中道實相, 『중변분별론소』), '중도지의' (中道之義, 『열반종요』), '중도무상'(中道無相, 『본업경소』)과 같은 개념을 사용하고 있다. 여기서 그는 유무의 중도, 비유비무의 중도, 공과 불공을 모두 보는 중도, 비진비속의 중도로 풀어내고 있다.

원효가 보여주는 중도는 양극단에 치우침이 없는 존재자의 본래 마음인 일심의 다른 표현이었다. 그리고 이것은 반야 중관의 이제설과 유가 유식의 삼성설의 무이적 통섭이라고 할 수 있다. 이러한 통섭은 일법계, 즉 일심을 나타낸 것이며 이 일심을 중도와 아울러서 '중도일심' 이라고 할 수 있을 것이다.

그러면 붓다의 중도연기를 이은 원효의 중도일심에 대응하는 성철의 중도무심에 대해 살펴보기로 하자.

4. 퇴옹 성철의 깨침 – 중도무심

퇴옹 성철(1912~1993)은 1965년 김용사 대학생불교연합회의 수련법회 법문에서 중도사상을 설한 이래, 그는 1967년 해인사 방장에 취임하여 '백일법문'을 하면서 중도사상을 구체화시켜 자신의 강론 저술인 『백일법문』에 담아내었다. 여기에서 성철은 2가지 비판을 통해 중도사상을 확고하게 세우고 있다.

성철은 먼저 일본학계의 대승비불설 비판을 우이 하쿠쥬(宇井伯壽)

등의 연구에 힘입어 『율장』 속의 '중도대선언'을 근거로 재비판하고 있다. 이어 그는 8종의 대승사상을 모두 용수의 『중론』에서 유일하게 인용한 「가전연경」[766]의 중도설에 입각해 일이관지로 풀어내어 중국 교판가들의 교판을 비판함으로써 초기불교와 대승불교를 모두 살려내고 있다.[767]

그러면 붓다의 '중도연기'와 원효의 '중도일심'을 잇는 성철의 '중도무심'의 기호로 그의 중도사상을 살펴보고자 한다.

1) 중도와 무심 - 오매일여 몽중일여 숙면일여

용수(龍樹, 150?~250?)는 『중론』의 귀경게에서 중도의 의미를 여덟 개념의 부정으로 보여주고 있다.

"나지도 않고 멸하지도 않으며, 항상하지도 않고 단멸하지도 않으며, 동일하지도 않고 다르지도 않으며, 오지도 않고 가지도 않는다.

---

766 「迦旃延經」, 301, 『잡아함경』 제1권(『대정장』 제2책).

767 성철(1912~1993)은 자신의 강론이나 법문에서 元曉를 전혀 인용하지 않았다. 하지만 義湘에 대해서는 인용하고 있다. 그는 동시대를 겹쳐 살았던 萬海(1879~1944)에 대해서도 전혀 언급하지 않고 있으나 洪應明의 『채근담』을 정선한 만해의 『정선강의채근담』(1917)을 새롭게 펴낸 『채근담강의』는 접한 것 같다. 그는 출가 이전에 이 책에서 "나에게 한 권의 책이 있으니(我有一卷經) 종이와 먹으로 만든 것이 아니다(不因紙墨成). 펼쳐 여니 한 자 글자도 없으나(展開無一字) 항상 큰 광명을 비친다(常放大光明)"는 구절의 '부처님과 똑같은 지혜 덕상을 지녔다'는 글자 없는 경, 말하자면 '자아경', 즉 '자기 마음 가운데 있는 경'에서 호기심이 일어나 발심하였다.

능히 이 인연을 설해서 모든 희론을 멸하니 모든 설법자 중에서
제일이신 부처님께 머리 숙여 예배하나이다.[768]

용수는 붓다의 중도 개념을 계승하여 생멸生滅, 상단常斷, 일이一異,
래거來去 여덟 개념의 부정을 통해 양극단에 치우침 없는 중도를 천명하
고 있다.

모든 인연으로 생기는 법을 나는 곧 무(無/空)라고 하고 또한 가명假
名이라고 하며 중도中道의 뜻이라고 한다.[769]

용수는 팔불의 중도를 공·가·중의 세 글자로 더욱 간결하게 요약하
였다. 여기서 '무無'는 격의格義불교 시대의 번역이지만 '공空'의 의미를
지니고 있다. 이 게송은 '제諦'가 세 개인 게송이어서 '삼제게三諦偈'
혹은 '시是'가 세 개인 게송이어서 '삼시게三是偈'라고 한다. 이 게송은
이후 중국에서 성립된 삼론종과 천태종과 화엄종에서 큰 영향을 미
쳤다.

붓다의 중도를 이은 용수의 중도는 고구려의 승랑에 의해 불생불멸不
生不滅의 세제중도, 비불생非不生 비불멸非不滅의 진제중도, '비생멸非
生滅 비불생멸非不生滅'의 이제합명중도설로 제창되고 있다. 신라의

---

768 龍樹, 『中論』(『대정장』 제30책, p.1중). "不生亦不滅, 不常亦不斷, 不一亦不異,
不來亦不去, 能說是因緣, 善滅諸戲論, 我稽首禮佛, 諸說中第一."
769 龍樹, 『中論』(『대정장』 제30책, p.33중). "衆因緣生法, 我說卽是無, 亦爲是假名,
亦是中道義."

원효는 이를 더 정교하게 가공하여 속제, 진제, 속제중도, 진제중도, 비진비속무변무중의 중도로 제창되고 있다.

성철은 평소 '중도'와 '무심'을 강조함으로써 '중도무심'의 개념을 입론하고 있다. 그는 무심을 가짜 무심과 진짜 무심으로 구분하였는데 이것은 그가 창안한 독자적인 용어이다. 이러한 성철의 시도는 의식 속에 아직 티끌이 남아 있는 무심無心과 제8식의 삼세상까지 넘어선 구경무심究竟無心을 거론하기 위함으로 이해된다. 여기서 중도와 무심의 통섭인 '중도무심'[770]의 개념이 시설된다.

그는 오매일여와 몽중일여와 숙면일여에 대해 법문해 오면서 무심을 '가짜 무심'과 '진짜 무심'으로 구분해 왔다. 그는 대혜(宗杲, 1089~1163)가 체험한 오매일여는 몽중일여로 아직 제6식의 영역에 있고, 이를 넘어 제8아뢰야식의 영역에 들어가야 진정한 오매일여인 숙면일여가 된다[771]고 하였다.

---

770 강경구, 『성철선의 이해와 실천을 위한 정본 선문정로』(장경각, 2022), pp.956~957. 퇴옹 성철의 대표작인 『선문정로』의 돈오돈수설의 핵심을 윤원철은 '견성즉불', '무심무념', '3관돌파', '사중득활', '공안참구'에 있다고 보았다. 신규탁은 성철의 또 다른 대표작인 『본지풍광』을 근거로 임제선풍을 잇는 성철선의 특징을 (1) 옛 조사들의 언구를 의심하여 실답게 참구하여 확철대오할 것을 강조, (2) 남의 언구에 매이지 않는 자기 자신의 체험을 중시, (3) 무심사상의 선양으로 정리하였다. 그러면서 신규탁은 '임제선'의 경우는 무심보다는 '돈오'에 대한 강조가 두드러지고, '성철선'의 경우는 '돈오무심사상'을 근간으로 하면서도 '무심사상에 강조점을 두고 있다고 말하면서 성철선의 특징을 한 마디로 돈오무심으로 규정하고 있다. 이와 달리 강경구는 성철선의 성격을 '돈오원각론', '실참실오론', '구경무심론'으로 구분하고 있다 성철이 강조하는 중도와 무심이 통섭될 수 있는 근거도 이러한 논의에서 확인할 수 있다.

또 숙면일여조차 가짜와 진짜로 나누어 6추를 소멸하였지만 아직 아뢰야식의 차원에 머물러 있는 것은 가짜 무심(假無心)이다. 이 차원을 넘어 아뢰야식의 미세분별까지 멸진해야 진짜 무심(眞無心)이다.[772] 이것은 『대승기신론』의 구상九相, 즉 삼세三細 육추상六麤相 중 6추상은 멸했지만 아직 삼세상은 멸하지 못했음을 가리킨다. 그리고 무심은 분별이 없는 무분별심의 다른 표현이다. 보조 지눌(1158~1210)은 이러한 무심, 즉 무분별심을 '진심眞心'이라고 하였다.

성철은 평소에 "지금까지 어느 누구도 나와 같이 부처님의 중도사상으로써 선과 교를 하나로 꿰어서 불교를 설명한 사람은 없을 것이다"[773]고 여러 차례 언급하였다. 그는 중도사상으로 불교의 핵심을 해명하고자 하였다.

또 성철은 평소에 "나는 『선문정로』와 『본지풍광』, 이 두 권의 책으로 부처님께 밥값 했다. 이 두 책을 제대로 터득하고 실천하는 사람이라면 나를 바로 아는 사람일 것이다"고 하였다. 그러면서도 그는 이들 두 책과 『백일법문』에서 '견성'과 '성불'을 동일시하면서 '견성즉불見性卽佛'[774]과 '무념무심無念無心'[775] 그리고 '보임무심保任無心'[776]을 강조하였다. 이러한 점을 고려하고 붓다의 '중도연기'와 원효의 '중도일심'과

771 退翁 性徹, 『백일법문』(장경각, 2014), p.189.
772 退翁 性徹, 위의 책, p.35.
773 退翁 性徹, 앞의 책, pp.371~372.
774 退翁 性徹, 『禪門正路』 제1장 「견성즉불」(평화당, 1982; 장경각, 1992).
775 退翁 性徹, 『백일법문』 제8장 「선종사상」(장경각, 2007, 제11쇄), p.255.
776 退翁 性徹, 『선문정로』 제11장 「보임무심」(장경각, 1992).

관련해 그의 사상을 살펴보면 '중도무심中道無心'의 기호로 명명해
볼 수 있을 것이다.

성철은 『육조단경』의 '무라는 것(無者)'에 대해 풀이하면서 무심과
무념을 달리 해석하고 있다. "어떤 사람이 무심無心을 '마음이 없다',
또 무념無念을 '생각이 없다'고 해석하였는데 '없다'고만 하면 그것은
단견에 떨어지는 것입니다. '없는(無) 마음이요 없는(無) 생각입니다.
일체 진로가 없고 두 가지 상이 없는 생각(念)이니 이 념은 진어의
작용이 됩니다. 즉 무념이라는 것은 양변이 떨어진 진여의 념이니,
이것이 실지로 쌍차쌍조한 중도정각입니다. 그러니 무념이, 즉 중도이
고 중도가 곧 무념이며, 진여가 즉 무념이며 무념이 즉 진여입니다.
다시 강조하면 무란 생멸의 양변을 완전히 떠나서 쌍차가 되고 념이란
쌍조가 되어 항사묘용恒事妙用인 진여대용眞如大用이 여기서 나타나는
것"[777]이라고 강조하였다.

성철이 즐겨 사용하고 있는 쌍차와 쌍조는 『반야경』과 『중론』 등의
반야경론에서 주로 등장하는 개념이다. 하지만 선법의 교학적 토대인
삼론학에서는 이 용어를 자주 원용하고 있다. 여기서 생멸生滅, 상단常
斷, 일이一異, 래거來去 등 상반된 여덟 개의 개념을 모두 부정하는
불생불멸不生不滅, 불상부단不常不斷, 불일불이不一不異, 불래불거不
來不去는 쌍차雙遮의 문구라 할 수 있다. 이와 달리 불생불멸, 불상부단,
불일불이, 불래불거 등 상반된 여덟 개의 개념을 모두 긍정하는 생멸,
상단, 일이, 래거는 쌍조雙照의 문구라고 할 수 있다.

---

777 退翁 性徹, 『백일법문』 제8장 「선종사상」(장경각, 2007, 제11쇄), p.255.

제11장 분황 원효의 중도일심과 퇴옹 성철의 중도무심 541

성철은 선의 교학적 토대인 이들 삼론학의 쌍차와 쌍조 개념을
원용하여 자신의 살림살이를 구축하고 있다. 즉 쌍차와 같이 무無,
불不, 비非 등의 부정어를 수반하는 표현을 중도라고 부른다. 비유비무
와 같이 유와 무의 이변 모두를 부정하는 쌍차의 표현도 중도이지만,
비유, 무생, 부단 등과 같이 어느 한쪽만 부정하는 표현도 중도라고
부른다.[778] 이처럼 중도란 '없다(無)', '않다(不)', '아니다(非)'와 같은
'부정'이고, 유와 무의 이변 모두를 부정하는 '비판'이고, 어느 한쪽만
부정하는 표현인 '반정립'이라고 할 수 있다. 이러한 입장에서 그는
교단 정화淨化를 보았고 선종사상을 이해하였다.

따라서 성철의 중도를 원효의 중도에 견주어 보면 유(有, 속제)와
무(無, 진제), 비유비무(雙遮, 속제중도)와 역유역무(雙照, 진제중도)를
넘어선 차조동시(비진비속)이자 진공묘유(무변무중)의 중도라고 할
수 있다.

2) 가무심과 진무심

성철은 무심을 가무심과 진무심으로 구분하고 의식 속에 아직 티끌이
남아 있는 무심無心을 넘어 제8식의 삼세상까지 넘어선 구경무심究竟無
心을 거론하고 있다. 이러한 인식은 쌍차와 쌍조를 넘어 차조동시와
진공묘유로 중도의 의미를 재천명하기 위해서였다고 이해된다.

'정혜正慧로써 여실히 세간의 집集을 관하는 자에게 이 세간은

---

778 김성철, 『승랑, 그 생애와 사상의 분석적 탐구』(지식산업사, 2010).

무無가 아니다'고 하셨는데, 여기서 '집集'은 사성제의 집제集諦를 말합니다. 연기법의 순관順觀의 입장에서 모든 것이 연기한다는 내용을 '집'이라고 한 것입니다. 쉽게 말하면 모든 것이 일어나 생겨난다는 말입니다. 누구든지 이런 관점으로 세상을 보면 모든 것이 다 생겨나기 때문에 세간에 아무것도 없다는 말은 할 수가 없습니다. 이것을 '여실히 세간의 집集을 관한다(正觀生)'라고 합니다. 생기하는 법을 바로 보면 없다는 견해가 설 수 없기 때문에 결국 '없음이 아닌 것(非無)'입니다. 없다는 견해는 틀렸다는 말입니다. 또 바른 지혜로써 여실히 세간의 없어짐을 보면 결국 있다는 것도 성립되지 않습니다. 이것을 '여실히 세간의 멸을 관한다(正觀滅)'고 합니다. 없어짐을 바로 보면 있음이 아닌 것(非有)이어서 있다는 견해는 틀린 것이 됩니다. 세상 사람들은 모든 것이 없어지는 것을 보고 무견을 가지고, 또 모든 것이 생겨나는 것을 보고 유견을 가집니다. 유견에서 볼 때는 무견이 틀렸고, 무견에서 볼 때는 유견이 틀렸습니다. 그렇다면 왜 세상 사람들은 이런 유견과 무견의 변견에 집착하는가? 그것은 이리저리 생각하는 사량분별 때문입니다. 여기에서는 그것을 방편이라고 했습니다. 이 사량분별에 의지해서 있는 것에 집착하고 없는 것에 집착하면 모든 것에 집착하고 맙니다. 여기에 사로잡히기 때문에 변견이 생깁니다. 그러므로 사량분별에 의한 집착심이 변견의 원인이 됩니다. 세상에 변견이 생기는 것은 사량분별과 집착 때문이므로 부처님 제자라면 집착심을 버리고 모든 사물에 주착住著하지 않아야 합니다. 나(我)라는 아견我見을 고집하는 사량분별을 다 버려야

합니다. 그렇게 모든 분별심을 떠나서 보면 세상은 생기는 것도 아니고 없어지는 것도 아닙니다. 즉, 불생불멸입니다. 고통이 생기면 생긴다고 보고 고통이 없어지면 없어진다고 그대로 봅니다. 이것은 그저 생멸을 본다는 것과는 차원이 다릅니다. 이때의 생멸은 변견의 생멸이 아니기 때문입니다. 세간에서는 분별심으로 생멸을 보지만 여기에서는 집착하는 분별심을 떠나서 보는 것입니다. 이것이 무분별심에서 보는 불생불멸의 생멸입니다.[779]

여기서 '여실히 세간의 집集을 관한다(正觀生)와 '여실히 세간의 멸을 관한다(正觀滅)'에서 볼 수 있는 것처럼, 성철은 사량분별에 의한 집착심을 넘어 바른 지혜(正慧)로 '바로 보면(正觀)' 있음과 없음의 치우친 견해(邊見)를 넘어설 수 있다고 하였다. 그가 무심과 무념을 '마음이 없다'거나 '생각이 없다'는 것과 같이 푸는 것이 아니라 '없는 마음'과 '없는 생각'으로 푸는 것은 '유'의 상대로서의 '무'라는 사량분별을 넘어서기 위해서이다.

성철은 마음이나 생각을 부정하는 '무'를 '없음'이란 명사로 푸는 것이 아니라 '없는'이란 형용사로 풀고 있다. 이렇게 되면 처음부터 '있음'과 '없음'이라는 상대가 끊어진 상위의 '무'가 된다. 그리하여 그는 '모든 분별심을 떠나서 보면 세상은 생기는 것도 아니고 없어지는 것도 아닌' 불생불멸이라고 역설한다. 그 결과 성철은 무분별심에서 보는 불생불멸의 생멸을 강조해 간다.

① '모든 분별에 사로잡히지 않으며 집착하지도 않으면 머물지

---

779 退翁 性徹, 『백일법문』(장경각, 2014), pp.153~154.

않는다'는 것은 모든 것을 부정하기 때문에 쌍차雙遮입니다. ②모든 생멸을 부정하고 나니 생멸을 바로 보는 대긍정, 즉 쌍조雙照가 됩니다. ③머물지도 않고 집착하지도 않으므로 마음이 청정하고, 마음이 청정하면 곧 진공眞空입니다. 여기에서 묘유妙有가 생깁니다. 그래서 '괴로움이 생하면 생한다고 보고 멸하면 멸한다고 본다'고 했습니다. 이것은 변견의 생멸이 아니라 묘유妙有의 생멸이고 중도제일의제中道第一義諦의 생멸입니다. 이것이 마음이 광명光明한 것이니, 쌍차한 쌍조입니다. 차원이 다른 절대적인 견해입니다. '다른 것에 의지하지 않는다'는 것은 부처에도 의지하지 않고 조사에도 의지하지 않아서 오직 무주심無住心, 즉 구경의 반야심만 남았다는 말입니다. 여기에서 바로 정견正見이 나옵니다. 의지함이 없으니 완전한 진공眞空이고, 의지함이 없는 반야가 생겼으니 진정한 지혜가 나타나는데, 이 지혜를 정견이라고 합니다. 정견의 내용 역시 모든 집착심을 버리고 생멸을 바로 보는 것입니다. 그러므로 쌍차한 쌍조, 즉 진공묘유입니다. 이것은 매우 중요한 내용입니다.[780]

성철은 '유'(속제)와 '무'(진제)를 부정하는 '쌍차'(속제중도)와 '유'(속제)와 '무'(진제)를 긍정하는 '쌍조'(진제중도)를 각기 설한 뒤에 다시 이들을 아우르며 나아가 '쌍차한 쌍조'를 차조동시이자 진공묘유로 보고 있다.

---

780 退翁 性徹, 『백일법문』, p.154.

양변을 떠난 것이 중도라는 것은 상식적으로 아는데, 그러나 양변을 다시 쌍조하여 양변이 살아난 것을 지금 학자들도 잘 이해하지 못하고 있습니다. 요즈음 일본에서 연구를 많이 했다는 사람들의 서적을 봐도 양변을 떠난 쌍차는 잘 드러나 있지만 쌍조에 대해서는 부처님이 밀의密意로써 은밀히 말했다고 하면서 확실한 증거를 대지 못하고 있습니다. 그만큼 어려운 부분입니다. 사실은 비밀한 뜻으로써 은밀하게 말씀하신 것이 아니라 부정하신 후에 다시 분명하게 '괴로움이 생기면 생한다고 보고 괴로움이 멸하면 멸한다고 바로 보는 이것이 정견이다'라고 긍정하면서 화반탁출和盤托出로 말씀하셨습니다. 이제 부처님이 다시 또 뒤집어서 이야기합니다. ①모든 것은 있다는 견해, 즉 이 세상 모든 존재는 어떤 실체가 있어서 영원히 존재한다는 세상 사람들의 변견은 한 가지 극단이고 ②모든 것은 없다는 견해, 즉 이 세상 모든 존재는 어떤 실체가 없어서 소멸되어 버리고 만다는 세상 사람들의 변견은 또 다른 극단이라고 하면서 다시 변견의 근본인 유와 무를 들고 있습니다. 그러면 부처님은 어떻게 하시는가? ③부처님은 존재에 영원성이 있다든가 없다든가 하는 양극단의 변견을 떠나서 중도에 대해 설법합니다. 이것이 비유비무非有非無이고 역유역무亦有亦無인데, 역유역무가 바로 역생역멸亦生亦滅입니다. 부처님은 양극단을 떠났습니다. 앞 문장에서 '마음의 의처依處에 집착하거나 계사計使되어서 아我라고 사로잡히지 않으며 집착하지도 않고 머물지도 않는다'는 것이 양극단을 버렸다는 뜻입니다. 이것이 진공이고 쌍차입니다. 그렇게 해서 '고가 생기면 생한다고 보고, 고가 멸하면

멸한다고 보는 것'이 묘유이고 쌍조입니다. 이것을 비유비무이면
서 역유역무라고 표현합니다. 그래서 역유역무를 역생역멸이라고
도 합니다.[781]

성철의 이러한 인식은 원효의 속제(소집상), 진제(시각의 원성실성),
속제중도(의타상), 진제중도(본각의 원성실성), 비진비속무변무중의
중도 다섯 겹으로 전개되는 무이중도와 상통하는 대목이다. 성철은
양변인 유견과 무견을 넘어서서 비유비무와 역유역무의 중도를 제시하
면서 역유역무가 곧 역생역멸임을 강조하고 있다. 그리고 쌍차한
쌍조로서 진공의 묘유를 역설하고 있다.

부처님은 중도를 설명하기 위해서 십이연기를 끌어다 증명하고
있습니다. 이것을 증명중도證明中道라고 합니다. 무명을 연하여
행이 있고 행을 연하여 식이 있다는 방식은 생生을 이야기하는
것입니다. 이것이 역생亦生이고 역유亦有입니다. 또 십이연기를
다 말하고 난 뒤에 '전全 고온苦蘊의 집集'이라고 한 것은, 앞에서
집제를 바로 보는 사람은 무견無見이 없다고 했으므로 비무非無를
말한 것입니다. 집集을 바로 보는 사람은 무견이 없다 했으니
비무이고, 생生을 바로 보는 사람은 역생이니 무견이 없습니다.
역생이 곧 비무이고 비무가 곧 역생입니다. 역생이 곧 역유이니
비무가 내용적으로 역유가 되며, 생을 바로 보는 것이 곧 집을
바로 보는 것인데 그것이 비무입니다. 이것을 잘 이해해야 합니다.

---

781 退翁 性徹, 『백일법문』, pp.154~155.

한 가지 말이 두 가지 뜻을 표현하고 있습니다. 또 멸을 바로 보는 사람은 유견有見이 없다 했으니, 이것이 비유非有입니다. 멸을 바로 보는 것이 비유非有인 동시에 멸을 바로 보는 것이, 역멸亦滅입니다. 지금 여기에서는 연기의 역관逆觀과 순관順觀을 모두 들어서 중도라고 했습니다. 연기의 내용이 비유비무非有非無이면서 또 역유역무亦有亦無라는 것을 표현한 것입니다. 이것은 아주 어렵습니다. 여러 번 설명을 들어봐야 알 수 있지 당장은 해결이 되지 않습니다.[782]

성철은 십이연기의 순관과 역관으로 관찰하여 중도를 설명하는 것을 증명중도라고 하였다. 그는 집성제는 십이연기의 순관이므로 '역생'이고 '역유'이며 '비무'인 반면, 멸성제는 십이연기의 역관이므로 '역멸'이고 '역무'이며 '비유'이다. 그러면서 성철은 「가전연경」을 근거로 십이연기의 역관과 순관 모두를 들어 중도라고 하므로 연기의 내용은 비유비무이면서 역유역무[783]라고 해명하고 있다.

흔히 부처님이 말씀하신 연기를 시간적으로 생사윤회하는 과정으로 해석하는데, 생사윤회하는 과정으로 보는 연기관은 후대의 한 가지 해석은 될 수 있을지언정 부처님이 설하신 연기의 참뜻과는 근본적으로 틀린 해석입니다. 부처님이 말씀하신 연기란, 연기가 곧 중도라는 말입니다. 많은 분들이 연기를 삼세이중인과三世二重

---

782 退翁 性徹, 『백일법문』, pp.156~157.
783 『雜阿含經』 「迦旃延經」(『대정장』 제2책).

因果로 이해하면서 생사윤회하는 시작적인 해석에만 중점을 두고, 지금 내가 이야기하는 것처럼 바르게 해석하는 사람은 별로 없었습니다. 남전이나 북전이나 부처님은 중도를 설하고 난 뒤에는 증명중도證明中道로서 반드시 연기를 들고 있습니다. 어째서 연기를 증거로 삼았는가는 좀 깊은 이야기여서 이해하기 어렵습니다. 불교를 안다는 사람들도 이것이 제일 어렵다고 합니다. 이미 말했지만 연기를 순관에서 보면 생을 바로 본다는 뜻인데 생生을 바로 본다는 것은 무견이 없다(非無)는 말이 되고, 또 연멸緣滅을 한다는 것은 멸滅을 바로 본다는 말인데, 멸을 바로 보면 유견이 없습니다 (非有). 그래서 이것이 비유비무이면서 역유역무입니다. 이것이 바로 중도가 아니겠습니까? 연기는 쌍차쌍조의 근본원리를 표명하고 있습니다. 이렇게 보아야 연기를 바로 보는 것입니다. 시간적으로 삼세양중인과설로 연기를 해석하면 연기를 근본적으로 잘못 보는 것입니다.[784]

성철은 시간적으로 생사윤회를 설명하는 삼세이중인과설을 부정하고 붓다는 중도를 설하고 난 뒤에는 반드시 증명중도證明中道로서 연기를 들고 있다고 하였다. 그는 순관에서는 생을 바로 보기에 무견이 없고(非無), 역관에서는 멸을 바로 보기에 유견이 없다(非有)고 하였다. 그래서 성철은 중도를 비유비무이면서 역유역무이다고 하였다. 연기는 쌍차쌍조의 근본원리로 보아야 연기를 바로 본다고 역설하였다.

---

784 退翁 性徹, 『백일법문』(2014), pp.157~158.

3) 쌍비쌍역과 쌍차쌍조

성철은 『열반경』의 쌍비쌍역을 근거로 유무의 양변을 넘어서는 중도원리인 쌍차쌍조의 시원을 밝히고 있다. 쌍비는 양변을 모두 부정하는 것이고 쌍역은 양변을 모두 긍정하는 것이다. 쌍차는 양변을 막는다는 것이니 양변을 떠나는 것이다. 쌍조는 양변을 비춘다는 것이니 양변이 완전히 융합하는 것이다.

하늘과 구름으로 비유하면 쌍차는 양변을 완전히 떠났기에 하늘에 구름이 걷혔다는 말이다. 이와 달리 쌍조는 양변이 서로 융합하는 것이니 해가 드러나 비치는 것이다. 쌍차는 양변을 막는다는 것이니 이것은 양변을 떠나는 것이다. 쌍조는 양변을 비춘다는 것이니 이것은 양변이 완전히 융합하는 것이다. 그러므로 모든 망견을 다 버리고 나면 자연히 쌍조의 바른 이치가 드러나지 않을래야 않을 수 없고 바른 이치가 드러나면 양변의 일체 망견을 버리지 않을래야 버리지 않을 수 없다[785]고 보았다. 중도는 양변과 같은 모든 변견을 버리는 것이다.

성철은 계속해서 중도원리를 쌍비쌍역, 쌍민쌍존, 쌍차쌍조로 설명한다.

불성은 있는 것도 아니고 없는 것도 아니며, 또한 있기도 하고 없기도 한 것이니, 있는 것과 없는 것이 합하기 때문에 중도라고 한다.[786]

---

785 退翁 性徹, 『백일법문』(2007), p.77.

786 『涅槃經』(『대정장』 제12책). '雙非雙亦'.

천태 지의는 『보살영락본업경』을 원용하여 중도를 표현하는 용어로 쌍차쌍조를 그대로 말하였다. 이후 천태종은 두 변을 다 가리고(雙遮二邊) 두 법을 다 비친다(雙照二諦)라고 하였다. 지의는 "원교란 이 중도를 나타내니 양변을 막는다"[787]고 하였고, "마음이 이미 맑고 깨끗해지면 양변을 다 막고, 바르게 중도에 들어가면 양변을 다 비춘다"[788]고 하였다. 이러한 쌍차쌍조의 개념은 화엄종의 청량 징관이 즐겨 사용하였다.

『보살영락본업경』에서는 쌍차와 쌍조라는 개념 이외에도 이제관, 평등관, 중도제일의제관이라는 세 가지 관법으로 일체 수행상의 견지를 망라하기도 하였다. '가에서 공으로 들어가는 것(從假入空)'을 이제관, '공에서 가로 들어가는 것(從空入假)'을 평등관이라고 하고 이 두 가지 관법을 방편도라고 하였다. 그리고 이 두 공관으로 인해 중도제일의제관을 얻어 이제를 쌍조하여 마음 마음이 적멸하는 것이다고 하였다.

4) 실제중도와 쌍민쌍존

의상은 『화엄경』(60권)의 요지를 210자로 압축한 「법성게」에서 실제중도를 제시하였다. 실제實際는 중도의 다른 표현이기도 하다.

구경에 실제인 중도의 자리에 앉으니/ 예로부터 움직임이 없는 부처라 하네.[789]

---

787 天台 智者. "圓敎者, 此顯中道, 遮於二邊."
788 天台 智者, "心旣明淨, 雙遮二邊, 正入中道, 雙照二諦."
789 浮石 義湘, "窮坐實際中道相, 舊來不動名爲佛."

의상은 「법성게」의 마지막 구절에서 '궁좌실제중도상 구래부동명위불'이라고 하였다. 그의 실제중도관에서 볼 때 실제중도상은 부동불이다. 즉 중도를 성취한 사람이 부처다는 것이다. 이러한 의상의 실제중도와 달리 현수 법장(643~712)은 지의의 쌍차쌍조를 피해 쌍민쌍존으로 즐겨 썼다. 쌍민은 쌍차의 다른 표현으로 모두를 버림, 쌍존은 쌍조의 다른 표현으로 모두를 비춤을 뜻한다.

비춤에 나아가 가리고, 막음에 나아가 비추어, 양변을 다 비추고 양변을 다 막아서, 온전히 밝혀 하나로 꿰면, 이것이 화엄 종취에 들어맞게 된다.[790]

법장은 화엄종의 종취를 '즉조이차'와 '즉차이조'를 넘어 '쌍차쌍조' 하여 '원명일관'하는 것이라고 보았다. 그는 차조에 자재해야 화엄의 종취인 중도에 부합한다고 하였다.

쌍민雙泯은 양쪽이 다 없어졌다는 말이고, 쌍존雙存은 양쪽이 다 있다는 듯입니다. 쌍민쌍존도 쌍차쌍조도 같은 말입니다. 양쪽이 완전히 없어지면 양쪽이 완전히 드러나는데, 드러나면 생멸하는 양변이 완전히 없어져 불생불멸의 절대적인 양변이 성립됩니다. 즉, 전체가 부정이 되면 결국 전체가 긍정이 되는 것입니다. 쌍존이나 쌍조는 두 개가 그대로 드러나는 것입니다. 드러나면 쌍존은 보통 생멸 변견의 쌍존과는 다릅니다. 생멸의 쌍존은 서로 통하지

---

790 淸涼 澄觀. "卽照而遮, 卽遮而照, 雙照雙遮, 圓明一貫, 契斯宗趣."

못하고 상극 그대로입니다. 있는 것은 그대로 있고, 없는 것은 그대로 없습니다. 불은 영원히 불이고 물은 영원히 물입니다. 그러나 쌍민하는 쌍존이나 쌍차하는 쌍조는 양쪽이 완전히 드러난 것입니다. 이것은 서로 통하는 쌍존이어서 두 개가 그대로 있는 것이 아니라 서로 융통하는 것입니다. 그래서 생멸 변견의 쌍존은 유는 유이고 무는 무라고 고집해서 서로 통하지 못하지만, 쌍차한 중도의 쌍조는 유가 곧 무이고 무가 곧 유이며 선이 곧 악이고 악이 곧 선이어서 완전히 서로 상통합니다. 결국 쌍조라 하는 것은 원융무애한 것을 말합니다. 모든 것이 다 융합됩니다. 그러면 물질적으로도 물을 불로도 쓸 수 있고 불을 물로도 쓸 수 있습니다. 사람도 그렇습니다. 서로 상극된 자기의 변견을 고집하면 서로 안 통합니다. 언제든지 내가 옳고 네가 그르다고 합니다. 그렇지만 중도 입장에서 보면 서로 시비를 다 버립니다. 서로 시비를 버리면 완전히 한 덩어리가 됩니다. 한 덩어리가 되면서 서로 융통하게 됩니다. 그러면 모든 상극 모순과 투쟁은 영원히 없어져 버리고 영원한 행복과 평화가 실현됩니다. 영원한 평화라는 것은 싸움을 그친 데서 나오는데, 싸움을 그치려면 양변을 떠난 중도를 실천해야 합니다. 중도를 실천하지 못하면 싸움은 영원히 계속됩니다. 그래서 불교를 화쟁和諍이라고도 합니다. 싸움을 그치고 화합이 근본이라는 말입니다. '중中'이라는 말도 화합이라는 뜻인데, 결국은 그것도 중도를 내포해서 표현한 것입니다. 중도는 쌍차쌍조하고 쌍민쌍존해서 원융무애하게 서로 화합합니다. 이것은 깊고 깊어서 평생 듣는다고 아는 것이 아니고 깨쳐야 압니다. 중도는 선·교를 통해서 일관된 최고 원리라는 것은 누구도 의심할 수 없습니다. 부처님이 평생 동안 설법하신 것도 모두 일관되게 중도에 의지하였습니다.[791]

중도는 '민泯'과 '존存', '차遮'와 '조照' 등으로 양변을 여의는 것인 동시에 양변이 완전히 융합하는 것이다. 성철은 쌍민하는 쌍존, 쌍차하는 쌍조, 쌍차하는 중도의 쌍조로 모순 상극된 상대적인 차별을 다 버리고 모든 것이 융합된 절대 원융자재한 대원리를 중도사상으로 보고 있다. 그는 그래서 이 모순 상극인 현실의 세계를 벗어나 걸림 없는 자유의 세계, 해탈·열반의 세계로 들어가려면 원통자재한 중도에 입각해야 한다고 역설한다.

그리하여 성철은 양변을 떠나 가운데(中)에도 머물지 않는 중도사상 만이 오직 참다운 극락세계를 이 현실에 실현케 할 수 있을 것[792]으로 보았다. 이처럼 그는 붓다가 평생을 일관되게 중도를 설했음을 강조하고 있으며 그 또한 중도를 강조하고 있다.

5) 차조동시 진공묘유

성철은 중도의 근본원리인 바른 이치(正理)에서 보면 일체의 차별 망견이 스스로 없어진다고 하였다. 그렇게 되면 모든 것을 융합하는 쌍조의 중도원리에서 보게 되어 일체의 차별 망견이 스스로 없어진다고 하였다. 그는 양변을 버리는 쌍차와 양변을 완전히 융합하는 쌍조를

---

791 退翁 性徹, 『백일법문』(2014), pp.111~112.
792 退翁 性徹, 『백일법문』(2004), p.76.

넘어 차조동시의 진공묘유가 된다고 하였다.

성철은 현수 법장의 『화엄오교장』(화엄일승교의분제장)에서 "정념情念을 버리니 정리正理가 스스로 나타나고 정리를 버리니 정념이 스스로 없어진다"[793]는 구절을 원용하며 쌍민과 쌍존, 즉 쌍차와 쌍조를 풀어내고 있다. 그는 정념情念을 버리는 것은 '차遮', 즉 막는다, 버린다는 것이며, 정리를 따르는 것은 '표表', 즉 드러난다, 융합한다는 것이라고 보았다. 화엄종에서 '차'와 '표'를 가지고 중도를 표현히듯 '차'는 쌍차를, '표'는 쌍조를 말한다.

성철은 중도원리를 쌍비쌍역, 쌍민쌍존, 쌍차쌍조로 설명하여도 이해하기 곤란하다면, 이를 좀 쉬운 말로 표현하면 진공묘유라고 하였다. 그는 진공이란 쌍차, 쌍민, 쌍비이니, 이 진공이란 유에 상대적인 공이 아닌 공과 유를 다 같이 버리는 것이다. 공과 유를 다 같이 버린다고 하여 단멸공斷滅空에 떨어지면 공에 떨어진 외도(落空外道)가 되고 마니 그것도 변견이다. 그러한 단멸공이 아닌 진공이 되면 상대적인 공과 유를 떠난 묘유가 된다고 하였다. 묘유란 상대적인 공과 유를 버리고 나니 공이 즉 유이고 유가 즉 공으로서 공과 유가 서로 통하여 '색즉시공 공즉시색'의 묘유가 성립된다며 이것이 쌍조, 쌍존, 쌍역이다[794]고 하였다.

성철은 대부정하여 대긍정이 된다 하니 그 긍정을 차별적인 긍정으로 알면 안 된다고 하였다. 그는 묘한 있음은 있는 것과 없는 것이 서로 통하고 마구니와 부처가 서로 통한다. 그러므로 진공이 쌍차이며

---

793 賢首 法藏, 『화엄오교장』(『대정장』 제35책). "反情 理自顯, 據顯理 情自亡."
794 退翁 性徹, 『백일법문』(2004), p.79.

묘유가 쌍조이니 진공 묘유를 바로 알 것 같으면 공과 있음이 서로 융통(雙融)하여 진공하면 묘유요 묘유하면 진공이며, 진공 내놓고 따로 묘유 없으며 묘유 내놓고 따로 진공이 없으니 이것을 차조동시遮照同時라고 한다. 쌍차가 즉 쌍조요 쌍조가 즉 쌍차이며 쌍차하고 쌍조해서 차조동시가 되는 것이 중도의 근본 공식이다. 이렇게 중도에 대한 표현은 달라도 내용은 꼭 같은 것이다[795]고 하였다.

이처럼 성철은 쌍차쌍조하고 차조동시하는 이 중도 원리는 어느 종교나 어느 철학에서도 볼 수 없는 불교만의 독특한 입장이라고 보았다. 이렇게 보면 그는 쌍비쌍역, 쌍차쌍조, 쌍민쌍존, 차조동시, 진공묘유를 통해 붓다의 중도연기와 원효의 중도일심을 이어 자신의 중도무심을 펼쳐갔음을 알 수 있다.

5. 원효와 성철의 중도관

1) 원효의 중도일심

원효는 붓다의 중도연기를 계승하여 중도일심 개념으로 자신의 철학을 보여주었다. 신라 성립의 『금강삼매경』은 반야 중관의 이제설과 유가 유식의 삼성설을 일미적으로 통섭하여 일미관행과 십중법문十重法門의 구도 아래 일심과 본각, 시각과 본각이 둘이 아닌 일각이 되는 과정을 잘 보여주고 있다. 원효는 대승 선관을 담고 있는 이 경전이 중관의 이제설과 유식의 삼성설이 어떻게 접목되는지 잘 보여주는

---

795 退翁 性徹, 『백일법문』(2004), p.80.

경전으로 파악하였다.[796] 그리하여 그는 『금강삼매경론』에서 중관의 이제설과 유식의 삼성설의 통섭 과정을 잘 보여주고 있다.

붓다가 대력보살에게 삼공三空을 밝히는 대목에 대해 원효는 '공상도 공한 것(空相亦空)'이며(진짜 금을 버려 장엄구를 만드는 것), '공공도 공한 것(空空亦空)'이며(장엄구를 녹여 다시 금단지를 만드는 것), '소공도 공한 것(所空亦空)'이다(이제를 녹여 일법계/일심을 나타낸 것)고 하였다. 이 '삼공 이제'를 원효의 삶에 배대하면 그는 속제 가운데에서 진제를 깨쳐 다시 속제로 돌아왔고, 다시 돌아온 속제중도의 삶을 또다시 진제중도의 삶으로 이끌어 나갔다. 그가 도달하고자 했던 '귀일심원'은 진제중도에 상응하고, '요익중생'은 속제중도에 상응한다. 그리고 그는 무이중도의 삶을 제시하여 붓다의 삶을 사는 길을 열어 보였다.[797]

원효는 처음 공의 문 안에서 버린 '속제'의 소집상(所執相, 변계소집성)과 두 번째 공 가운데에서 녹인 '속제'인 의타상(依他相, 의타기성), 처음 문 안에서 속제를 버려 나타난 진제(遣俗所顯之眞, 속제중도)와 두 번째 공 가운데에서 속제를 녹여 나타난 진제(融俗所顯之眞, 진제중도)를 오직 하나이자 둘이 없는 원성실성(唯一無二, 圓成實性)이라 하였다. 그리고 세 번째 공은 진제도 아니고 속제도 아니며, 다르지도 않고 같지도 않은[798] 무이중도의 삶으로 보았다. 이것을 도표로 그려보면 아래와 같다.

---

796 高榮燮, 「분황 원효 『금강삼매경론』의 주요 내용과 특징」, 『불교철학』 제7집, 동국대학교 세계불교학연구소, 2020. 10.

797 高榮燮, 위의 글, 위의 책, 2020.

798 元曉, 『金剛三昧經論』(『한불전』 제1책, 639하~640상).

三空二諦	俗諦(遣俗諦) 眞諦(融俗諦, 空相) (소집상)　(시각의 원성실성)
1. 空相亦空: 진짜 금을 버려 장엄구를 만드 는 것	俗諦中道(遣俗所顯之眞) (의타상)
2. 空空亦空: 장엄구를 녹여 다시 금단지를 만드는 것	眞諦中道(融俗所顯之眞) (본각의 원성실성)
3. 所空亦空: 이제를 녹여 일법계/일심을 나 타낸 것	無二中道(非眞非俗無邊無中)

이처럼 원효는 '속제'(변계소집성)와 '진제'(空相, 시각의 원성실성)의 이제 구도에 다시 '속제중도'(空相亦空, 의타기성)와 '진제중도'(空空亦空, 본각의 원성실성)를 시설하고 여기서 다시 나아가 비진비속무변무중(所空亦空, 非眞非俗無邊無中)의 중도의인 '무이중도'로 나아가는 과정을 열어보였다. 그가 속제의 소집상과 진제의 (시각의) 원성실성, 속제중도의 의타기성, 진제중도의 (본각의) 원성실성, 속제중도와 진제중도가 둘이 아닌 비진비속 무변무중의 무이중도를 배대하고 있는 점[799]은 주목되고 있다.[800]

여기서 무이는 속제(변계소집성)와 진제(시각의 원성실성), 속제중도(의타기성)와 진제중도(본각의 원성실성)를 아우르는 비진비속무변무중의 중도를 가리킨다. 속제는 속제를 버리고 진제를 드러내는 견속현진遣俗顯眞으로, 진제는 진제를 융합해 속제중도를 만드는 융진위속融

---

[799] 元曉, 『金剛三昧經論』 권중(『대정장』 제34책, p.983하).

[800] 김영미, 「원효 『금강삼매경론』의 무이중도 연구」, 동국대학교 박사논문, 2017, pp.270~274 참조.

眞爲俗으로, 속제중도依他起性는 진속이제를 뛰어넘은 평등한 초지 이상의 경지에서 진제중도를 만들며, 진제중도(본각의 圓成實性)는 속제중도를 융합하여 진제중도로 만드는 융속위진融俗爲眞으로 나아 가 무이중도를 실현한다. 이처럼 원효는 '견遺'을 써서 버리고 '현顯'을 써서 드러내 '견'과 '현'에서 자유로운 무이중도를 드러낸다.[801]

붓다의 '쾌락 탐닉의 길과 고행의 길', 양변을 넘어서는 중도연기를 원효는 양극단을 넘어서는 중도와 치우침이 없는 존재자의 본래 마음 인 일심을 결합하여 '중도일심'의 개념으로 입론하였다. 이러한 흐름을 이어 성철 또한 유와 무의 양극단을 넘어서는 중도와 가무심이 아닌 진무심인 구경무심을 결합하여 '중도무심'의 개념으로 자신의 사상을 입론하였다.

2) 성철의 중도무심

성철의 중도무심 개념은 『본지풍광』[802]의 '덕산탁발德山托鉢' 법문의 첫 번째 항목에 나타난 그의 총평적 안목에서 확인할 수 있다. 그는 여기서 중도를 개진하고 있지만 중도가 존재자의 치우침 없는 본래 마음인 일심(지원)이며 그 일심(지원)은 가무심이 아닌 진무심, 즉 구경무심이라는 점에서 중도와 무심의 통섭인 중도무심의 다른 표현으

---

801 高榮燮, 「분황 원효와 인각 일연의 화엄학과 선학 이해」, 『불교철학』 제12집, 동국대학교 세계불교학연구소, 2023. 4.

802 退翁 性徹, 『本地風光』(평화당, 1982. 12);『本地風光·說話: 무엇이 너의 본래면목 이냐』(1997. 10. 20 초판; 2020. 6. 20 개정판 1쇄)는 '덕산탁발'의 제1칙부터 '양기려자'의 제91칙까지 되어 있으며, 落穗法語로 9편을 덧붙이고 있다.

로 이해할 수 있다.

『본지풍광』이 집성하고 있는 성철의 상당법문은 일정한 구성 양식을 보여주는데, 대략 여섯 가지 내용으로 구성된다. 1. 선문의 주요 공안을 주제로 삼아 그 공안에 대한 성철의 총평적 안목을 드러낸다. 2. 공안의 내용을 소개하면서 그에 대한 성철의 안목을 덧붙인다. 3. 해당 공안의 관문을 열거하면서 그 공안의 가치를 평가한다. 4. 해당 공안에 대한 역대 선종 종사들의 안목을 소개하면서 중간 중간 성철 자신의 평가를 간략히 덧붙인다. 5. 해당 공안과 이에 대한 역대 종사들의 안목에 대한 성철 자신의 평을 붙이면서 마무리한다. 필자가 임의로 나누어 본 여섯 항목 가운데 법문에 따라서는 생략된 항목들도 있고 항목의 순서가 바뀌는 경우도 있다.[803] 박태원의 여섯 가지 구성 양식으로 구분해 보면 아래와 같다.

법상法床에 올라 주장자를 잡고 한참 묵묵한 후에 말씀하셨다. ①이렇고 이러하니 하늘이 무너지고 땅이 꺼지며 해와 달이 캄캄하도다. ②이렇지 않고 이렇지 않으니 까마귀 날고 토끼 달리며 가을 국화 누렇도다. ③기왓장 부스러기마다 광명이 나고 진금眞金이 문득 빛을 잃으니, 누른 머리 부처는 삼천리 밖으로 물러서고 푸른 눈 달마는 가만히 고개를 끄덕인다. ④이 도리를 알면 일곱 번 넘어지고 여덟 번 거꾸러지며, 이 도리를 알지 못하면 삼두육비三頭六臂이니 어떠한가? ⑤붉은 노을은 푸른 바다를 뚫고 눈부신 해는 수미산을 도는도다. ⑥여기에서 정문頂門의 정안正眼을 갖추

---

803 박태원, 앞의 책, pp.569~570.

면 대장부의 할 일을 마쳤으니 문득 부처와 조사의 전기대용全機大
用을 보겠지만, 그렇지 못하면 다시 둘째 번 바가지의 더러운
물을 그대들의 머리 위에 뿌리리라.[804]

성철의 상당법문을 그의 중도관에 입각해 여섯 가지 구성 양식으로
정리해 보면 아래와 같다.

① 부정(속제)–쌍비/쌍차/쌍민/비유비무 …
이렇고 이러하니 하늘이 무너지고 땅이 꺼지며 해와 달이 캄캄하
도다.

② 긍정(진제)–쌍역/쌍조/쌍존/역유역무 …
이렇지 않고 이렇지 않으니 까마귀 날고 토끼 달리며 가을 국화
누렇도다.

③ 부정종합(속제중도)–쌍비/쌍차/쌍민/비유비무 …
기왓장 부스러기마다 광명이 나고 진금이 문득 빛을 잃으니, 누른
머리 부처는 삼천리 밖으로 물러서고 푸른 눈 달마는 가만히 고개를
끄덕인다.

④ 긍정종합(진제중도)–쌍역/쌍조/쌍존/역유역무/진공묘유 …

---

804 退翁 性徹, 『본지풍광』(2004), pp.11~12.

이 도리를 알면 일곱 번 넘어지고 여덟 번 거꾸러지며, 이 도리를 알지 못하면 삼두육비三頭六臂[805]이니 어떠한가?

⑤ 여실/정견(비진비속) …
붉은 노을은 푸른 바다를 뚫고 눈부신 해는 수미산을 도는도다.

⑥ 마무리(무변무중) …
여기에서 정문頂門의 정안正眼을 갖추면 대장부의 할 일을 마쳤으니 문득 부처와 조사의 전기대용全機大用을 보겠지만, 그렇지 못하면 다시 둘째 번 바가지의 더러운 물을 그대들의 머리 위에 뿌리리라.

위에 보이는 성철의 중도관을 원효의 중도관에 대응시켜 보면 ① 부정(속제)-쌍비/쌍차/쌍민/비유비무, ② 긍정(진제)-쌍역/쌍조/쌍존/역유역무, ③ 부정종합(속제중도)-쌍비/쌍차/쌍민/비유비무, ④ 긍정종합(진제중도)-쌍역/쌍조/쌍존/역유역무/진공묘유, ⑤ 여실/정견(비진비속), ⑥ 마무리(무변무중)가 될 것이다. 여기서 ⑤ 여실/정견(비진비속)과 ⑥ 마무리(무변무중)는 무이중도로 종합된다고 할 수 있을 것이다.

성철의 중도관을 원효의 중도관에 즉자적으로 대응시키기는 쉽지 않다. 하지만 붓다의 욕망과 고행의 두 극단을 떠난 중도연기를 이은 원효의 중도일심에 견주어 보면 성철의 중도무심도 유무의 양극단을

---

805 八明王 중 不動明王과 愛染明王의 모습을 가리킨다. 이들은 기괴한 형상과 성난 얼굴로 악마를 항복받고 국토와 백성을 수호하는 역할을 한다.

떠난 중도를 제시하고 있다는 점에서 상통한다고 볼 수 있다. 붓다의 중도와 연기가 상통하고 원효의 중도와 일심이 상통하고 성철의 중도와 무심이 상통하듯이 붓다의 중도연기와 원효의 중도일심과 성철의 중도무심도 상통하고 있다.

원효와 성철은 중도의 연속성을 표방하면서도 각기 일심과 무심의 기호를 통해 불연속의 층위를 개척해 감으로써 저마다의 독자성을 보여주었다. 만일 붓다의 중도사상을 원효와 성철이 계승하기만 했다면 이들을 철학자이자 사상가라고 부를 수는 없을 것이다. 원효와 성철은 붓다를 계승하면서도 각기 일심과 무심을 통해 철학하고 사상함으로써 붓다의 중도연기를 이어 중도일심과 중도무심의 세계를 열어갈 수 있었다. 그리하여 이들은 불교사상사를 더욱 풍요롭게 하였다.

6. 중도일심과 중도무심

지금까지 분황 원효와 퇴옹 성철이 천삼백여 년의 간극을 뛰어넘어 고타마 붓다의 중도연기의 가르침을 어떻게 수용하고 어떻게 전개했는지 그리고 이들 사이에 어떠한 연속성과 불연속성이 있는지에 대해 살펴보았다. 고타마 싯다르타는 '중도'를 깨쳐 각자覺者가 되었고 '연기'를 발견해 견자見者가 되었다. 이 때문에 고타마 붓다의 깨침은 '중도연기'라고 할 수 있다. 붓다의 중도는 모든 존재자의 '치우침이 없는 본래 마음'(일심지원)이며, 연기는 모든 존재자의 '치우침이 없는 존재원리'이다.

　분황 원효는 중도 개념을 풀어내면서 일중도관, 중도제일의제, 중도제일의제관, 중도일미, 무이중도, 중도법, 중도일실, 중도정혜명 등 다양한 용어를 제시하고 있다. 원효는 '진금을 녹여서 장엄구를 만들고'(속제, 진제), '장엄구를 녹여서 금단지를 만들며'(속제중도), 이제를 녹여 일법계/일심을 나타낸(진제중도) 일련의 비유를 통해 속제(소집상), 진제(시각의 원성실성), 속제중도(의타상), 진제중도(본각의 원성실성)를 아우르면서 비진비속무변무중지중도, 즉 무이중도를 제시하고 있다. 원효가 보여주는 중도는 양극단에 치우침이 없는 존재자의 본래 마음인 일심(지원)의 다른 표현이었다. 그리고 이것은 반야 중관의 이제설과 유가 유식의 삼성설의 무이적 통섭이라고 할 수 있다. 이러한 통섭은 일법계, 즉 일심(지원)을 나타낸 것이며 이 일심(지원)은 중도와 아울러 '중도일심'이라고 할 수 있을 것이다.

　퇴옹 성철은 『열반경』의 쌍비쌍역을 근거로 하여 유무의 양변을 넘어서는 중도의 원리인 쌍차쌍조의 시원을 밝히고 있다. 쌍비(비유비무)는 양변을 모두 부정하는 것이고 쌍역(역유역무)은 양변을 모두 긍정하는 것이다. 쌍차는 양변을 막는다는 것이니 양변을 떠나는 것이다. 쌍조는 양변을 비춘다는 것이니 양변이 완전히 융합하는 것이다. 성철은 중도의 근본원리인 바른 이치(正理)에서 보면 일체의 차별 망견이 스스로 없어진다고 하였다. 그렇게 되면 모든 것을 융합하는 쌍조의 중도원리에서 보게 되어 일체의 차별 망견이 스스로 없어진다고 하였다. 그는 양변을 버리는 쌍차와 양변을 완전히 융합하는 쌍조를 넘어 차조동시의 진공묘유가 된다고 하였다. 성철은 무심을 가짜 무심과 진짜 무심으로 구분하였는데 이것은 그가 창안한 독자적인 용어이다. 이 용어는 의식 속에 아직 티끌이 남아 있는 무심無心과 제8식의 삼세상까지 넘어선 구경무심究竟無心을 거론하기 위함으로 이해된다. 그는 중도와 무심의 통섭인 '중도무심'의 개념을 통해 자신의 철학사상을 구성하였다.

원효와 성철은 중도의 연속성을 표방하면서도 각기 일심과 무심의 기호를 통해 불연속의 층위를 개척해 감으로써 저마다의 독자성을 보여주었다. 만일 붓다의 중도사상을 원효와 성철이 계승하기만 했다면 이들을 철학자이자 사상가라고 부를 수는 없을 것이다. 원효와 성철은 붓다를 계승하면서도 각기 일심과 무심을 통해 철학하고 사상함으로써 붓다의 중도연기를 이어 중도일심과 중도무심의 세계를 열어갈 수 있었다. 그리하여 이들은 불교사상사를 더욱 풍요롭게 하였다.

참고문헌

『숫타니파타』「彼岸道品」.

『초전법륜경』(Dhammacakkapavattana sutta).

마하시 아가 마하 빤디따, 『초전법륜경』, 김한상 역(행복한 숲, 2011), pp.17~25.

『雜阿含經』「迦旃延經」(『대정장』 제2책).

『五分律』(『대정장』 제22책, p.104중).

『雜阿含經』「迦旃延經」(『대정장』 제2책).

『涅槃經』(『대정장』 제20책).

元曉, 『金剛三昧經論』(『한불전』 제1책, 639하~640상).

賢首 法藏, 『화엄오교장』(『대정장』 제32책).

退翁 性徹, 『본지풍광』(2004), pp.11~12.

退翁 性徹, 『백일법문』(장경각, 2015), p.189.

退翁 性徹, 『선문정로』 제1장 「견성즉불」(장경각, 1992).

김성철, 『승랑, 그 생애와 사상의 분석적 탐구』(지식산업사, 2010).

박태원, 『원효의 통섭철학』(세창출판사, 2021).

고영섭, 『붓다와 원효의 철학』(동국대학교 출판문화원, 2021).

고영섭, 『한국의 불교사상』(박이정, 2022).

강경구, 『성철선의 이해와 실천을 위한 정본 선문정로』(장경각, 2022), pp.956~957.

김영미, 「원효 『금강삼매경론』의 무이중도 연구」, 동국대학교 박사논문, 2017,
　　pp.270~274 참조.

高榮燮, 「깨침 혹은 깨달음이란 무엇인가」, 『불교철학』 제4집, 동국대학교 세계불
　　교학연구소, 2019.

高榮燮, 「분황 원효와 인각 일연의 화엄학과 선학 이해」, 『불교철학』 제12집,
　　동국대학교 세계불교학연구소, 2023. 4.

高榮燮, 「분황 원효의 일심사상과 인공지능은 어떻게 만날 수 있는가」, 『문학 사학 철학』 제74호, 대발해동양학한국학연구원 한국불교사연구소, 2023. 9.

제12장 분황 원효의 일심과 묘공 대행의 한마음

1. 일심과 한마음

붓다(기원전 624~544)는 "마음은 존재들의 근본이며, 마음은 주인으로 마음을 부린다"고 하였다.[806] 이러한 가르침은 붓다의 제자들에 의해 마음 이해의 내포를 단단히 하고 외연을 넉넉히 하였다. 그 결과 불학자들은 세계를 인식하는 근거인 '마음', 즉 '의식'을 심층과 표층의 두 부문으로 나누어 해명하였다.

---

806 『法句經』제1장, 제1구에서는 "心爲法本, 心尊心使", 즉 "마음이 모든 존재의 근본이며, 마음이 주인이 되어 마음을 부린다"고 하였고; 『增一阿含經』권51(『大正藏』제2책, p.827중)에서는 "心爲法本", 즉 "마음이 존재들의 근본이니"라고 하여 "마음에 따라 행이 이루어진다"고 설하였다. Juan Mascaro, *The Dhamma-pada*, England Books Ltd, 1973. 후앙 마스카로는 이 구절을 "삶은 이 마음이 만들어내는 것이니"로 번역하고 있다. 석지현 역, 『법구경: 불멸의 언어』(1994; 1997), 민족사, p.12 참고.

대개 우리는 심층의 마음과 표층의 의식으로 살아간다. 우리의 심층마음은 내 인식과 경험을 저장하는 아뢰야식으로 불리며, 표층의 식은 자아의식이자 사량의식인 말나식과 분별의식이자 요별경식인 제6식 및 감각적 의식인 안이비설신眼耳鼻舌身식인 전5식이라고 할 수 있다. 감각적 의식인 전5식과 이를 총괄하는 제6의식과 사량하는 자아의식인 말라식과 같은 표층의식은 우리의 인식과 경험을 저장하는 심층마음이 드러내는 의식들이다.

붓다 당시에는 이것을 오온의 식온, 6근의 의근, 6식의 의식으로 해명했다. 신라시대의 분황 원효(芬皇元曉, 617~686)는 이러한 심층마음을 '일심지원' 혹은 '일심'이라고 했으며, 대한시대[807]의 묘공 대행(妙空大行, 1927~2012)[808]은 이러한 심층마음을 '한마음 주인공' 혹은 '한마음'이라고 했다. 원효의 일심지원과 일심, 대행의 한마음 주인공과

807 논자는 대한시대(1897~남북한통일)를 조선후기 고종 대에 稱帝建元한 '대한제국(光武/隆熙, 1897~1910)에서부터 국권을 잃었지만 임시정부를 통해 민족의 정체성을 이어갔던 대일항쟁기(1910~1945), 해방공간(1945~1948), 대한민국기(1948~현재)와 조선민주주의인민공화국(1949~현재) 시기를 아우르는 시대구분법으로 사용하고 있다. 1919년에 일어난 「기미독립선언문」에서도 '대한의 이천만 건아들아'라고 일컫고 있듯이 '대한'은 남북한을 아우르는 개념이다. 논자는 한민족이 갈라지기 이전의 조선말엽의 대한제국부터 통일 이전까지의 시대를 '대한시대'로 命名해 쓰고 있다.

808 大行의 사상을 계승하고 선양하는 한마음선원은 安養의 本院을 중심으로 전국(광명/제주/부산/광주/울산/대구/중부경남/진주/공주/포항/청주/강릉/통영/목포/문경)에 15개의 국내지원을 두고 있으며, 미국(뉴욕/시카고/LA/워싱턴), 캐나다(토론토), 브라질(상파울로), 아르헨티나(부에노스아이레스/뚜꾸만), 독일(카알스트), 태국(방콕) 등 6개국에 10개의 국외지원을 두고 있다.

한마음은 마음의 구심과 원심에 대한 표현이라 할 수 있다.

붓다의 깨침인 중도의 일심이 원효의 깨침인 일심지원의 일심으로 표출되었다면 그것은 대행의 한마음 주인공이 일으키는 한마음과도 상통한다고 할 수 있을 것이다. 그리고 원효의 일심지원과 일심은 대행의 한마음 주인공과 한마음과 상응하면서 구심求心의 본래 마음이 원심遠心인 중생심, 즉 우주적 마음으로 이어질 수 있을 것이다. 이 글에서는 불교사상사에서 원효가 사용해온 일심(지원)과 대행이 사용해온 한마음(주인공)의 동처와 부동처에 대해 살펴보고자 한다.

2. 일심과 한마음의 접점

1) 일심 개념과 의미

우리말로 '마음'[809]이라고 하는 '심心'은 범어로 '찌따(citta)'와 '흐리드(hṛd)' 및 '흐리다야(hṛdaya)' 두 갈래의 어원이 있다.[810] 여기서 '찌따'는

---

809 '마음(心)'은 우리말 고어 'ᄆᆞ음'(明衍集, 『念佛普勸文』, 『韓佛全』 제9책, p.54하) 혹은 '마슴'이 변화한 것이며, '삼', '슴'은 '생각' 혹은 '마음'의 어원으로 알려져 있다. '마음'은 여러 지역에서 'citta'(梵), 'hṛdaya'(梵), 'citta'(巴), 'sems-pa'(藏), '心'(漢), 'xin'(中), 'mind'(英) 등으로 번역되었다.

810 高榮燮, 「마음에 대한 고찰」, 『문학 사학 철학』 제15호, 대발해동양학한국학연구원 한국불교사연구소, 2010년, pp.88~135. 앞의 찌따는 '포개어 쌓다'를 나타내는 √ci 혹은 '생각하다'를 나타내는 √cit를 어근으로 한다. 즉 떨어져 있는 대상을 사고(緣慮)하는 주체와 작용을 가리킨다. 찌따는 한자문화권에서 '심법心法' 혹은 '심사心事'로 번역되었고, '지다指多', '질다質多', '질다야質多耶', '질제質帝' 등으로 음역되었다.

마음의 주체인 심왕心王과 마음의 작용인 심소법心所法의 총칭으로 물질(色法) 또는 신체(身)에 대응하는 개념이다. '흐리다야'는 신체의 심장心臟을 가리킨다.

이렇게 보면 정신작용을 뜻하는 '찌따'와 신체의 심장을 뜻하는 '흐리다야'는 전혀 다른 의미 영역을 지닌 개념임을 알 수 있다. 전자는 마음의 주체이자 심리작용의 주체로서 이 세계를 왕과 같이 지배 통솔하는 존재라고 해서 심왕법心王法이라고 한다. 후자는 심장 혹은 염통과 같이 사고 작용을 갖추지 않은 마음을 일컫는다. 여기에서 우리는 심의 의미 영역을 전혀 다른 두 언어로 표현하는 인도문화의 '정신적 경향'과 이들 모두를 '심心'이라는 말로 표현하는 중국문화의 '즉물적 성격'을 확인할 수 있다.[811]

불교사상사에서 '일심'에 대한 정의는 그 스펙트럼이 매우 넓다. 대승경론에서 다양하게 써오고 있다. 대개 인간의 마음은 '일점一點'에서 시작하여 동심원을 그리며 '일원一圓'으로 작용한다. 이때 이 '일점', 즉 '구심'화되어 있는 것이 부처의 마음인 제9아마라식이라면, 이 '일원', 즉 '원심'화되어 있는 것은 진식과 망식이 화합된 아리야식이다. 신라의 원효는 『화엄경』과 『대승기신론』 등의 경론에서 일심 개념을 적출하여 자신의 지형도를 그려나갔다. 그는 기존 경론에서 사용해온 일심 개념을 계승하면서도 일심의 내포를 단단히 하고 외연은 넉넉히 하였다. 원효는 일심을 좁은 의미의 의식을 일컫는 아뢰야식 개념으로 사용하면서도 넓은 의미의 의식을 일컫는 여래장 개념으로 사용하였

---

811 미조구찌 류조 외, 『중국사상문화사전』, 김석근 외 옮김(2003), 민족문화문고, 171; 高榮燮, 앞의 글, 앞의 책, pp.88~135.

다. 또 그는 '여래장으로서 일심'뿐만 아니라 '적멸로서 일심'으로 사용하였으며, 나아가 적멸과 여래장 바깥에 '본법으로서 일심'까지 시설하여 일심의 원천으로서 일심지원의 개념을 제시하였다.

원효는 구역舊譯 경론의 체계 위에서 신역新譯 경론을 수용해 자신의 불학 기반을 수립하였다. 그가 망식인 아뢰야식으로서 일심, 진망화합식인 여래장으로서 일심, 화엄의 진심으로서 일심, 선법의 본법으로서 일심 등으로 이렇게 철저히 일심의 지형도를 그려나갔던 것은 깨침 혹은 깨달음에 대한 치열한 탐구의 과정으로 이해할 수 있다. 이러한 원효의 궁구는 종래의 논사들과 선사들의 탐구 과정과 상통하고 있으며, 그를 일개 '비구' 혹은 일개 '학승'이 아니라 '보살 논사'라고 명명할 수 있는 근거가 되게 하고 있다.[812]

2) 한마음 개념과 의미

대행은 한마음을 '한마음 주인공'과 '한마음'으로 해명한다. 여기서 '한마음 주인공'과 '한마음'은 같기도 하고 다르기도 하다. 일원상의 원심에서 보면 같다고 할 수 있지만, 일원상의 구심에서 보면 달리 볼 수도 있다. 대행은 한마음은 한데 뭉치는 마음이요, 주인공은 뭉친 마음의 중심이라고 보았다. 그는 생명의 근본과 마음의 작용과 육체가 함께 돌아가는 것을 한마음 주인공이라고 하였다.

고요한 마음, 부끄럽지 않은 마음, 온화하고 자비하고 스스로서

---

812 원효의 실천적 삶과 주석에서 보여주는 사상적 안목을 보면 그는 初地 보살 내지 八地 보살이라 할 만하며 또는 그 이상이었다고 볼 수도 있을 것이다.

자비가 나오고, 스스로서 지혜가 나오고, … 내 주인공主人空을
믿고 내 주인공主人空에다가 다 맡겨 놓고 감사하고, 거기서 물러나
지 않는 믿음을 갖고, 그런다면은 들이고 내는 거, 일심一心에서
일체 만법이 나고, 일체 만법이 일심一心으로 드는 데…[813]

여기서 고요한 마음, 부끄럽지 않은 마음이 한마음이라면, 스스로서
자비가 나오고 스스로서 지혜가 나오는 것이 주인공이다. 이 때문에
한마음과 주인공은 나뉠 수 없는 한몸이고 한 체이다. 한마음 주인
공[814]은 한마음과 주인공의 통섭이기도 하지만 한마음 주인공[815]은
한마음이 나온 원천을 의미하기도 한다. 이처럼 우리의 '한 점(一點)'
마음의 근원은 원심을 향해 뻗어나가며 '한 원(一圓)'의 마음으로 작용
한다. 이때 이 '일점'의 '구심화'가 부처의 마음인 제9아마라식이라면,
이 '일점'의 '원심화'가 진식과 망식이 화합된 아리야식이라고 할 수

---

813 대행, 『허공을 걷는 길: 대행법어집 일반법회』1(1999; 2018), 안양: 한마음선원출
   판부, p.359.
814 한마음선원, 『한마음요전』(2016, 7판), 안양: 한마음선원. 대행은 『한마음요전』
   에서 '한마음 주인공'이라는 표현을 제목 '한마음 주인공'과 함께 12차례 사용하고
   있다. 『요전』 원리편 제2장 '한마음 주인공'의 4. 무한량의 자재권 1항, 6항,
   전체이자 공 14항, 제3장 나의 실상의 2 자기 속의 성품 3항, 4항, 4. 사대화합의
   육신의 11항, 제5장 공의 나툼의 1. 오직 나툼이요 공이다 6항, 수행편 제1장
   불법공부의 3 가장 큰 이익 7항, 제7장 관하는 도리의 2. 관 9항, 생활편 제3장
   예경과 기복의 1. 예불 8항, 활용편 제3장 치병과 천도의 1 치병의 도리, 11항
   등 12곳에서 쓰고 있다.
815 대행은 『교리문답』에서도 '한마음 주인공 수행법'에 대한 신도의 질문에 대하여
   '한마음 주인공'이라는 개념으로 답변을 하고 있다.

있다.

이 때문에 대행의 '한마음 주인공'은 원효의 일심지원, 즉 일심의 근원에 상응한다고 할 수 있다. 한마음 주인공과 한마음은 '한마음'이라는 점에서 겹치기도 하지만, '주인공'이라는 점에서 구분되기도 한다. 왜냐하면 붓다와 중생의 상통성을 강조할 때는 우리의 마음은 구심으로 수렴된 부처의 마음(佛心, 佛智) 즉 아라마식에 상응하는 한마음 주인공이 되고, 붓다와 중생의 상이성을 강조할 때는 우리의 마음은 원심으로 확장된 진망화합식 즉 아리야식에 상응하는 한마음으로 볼 수 있기 때문이다.

원효가 『대승기신론』 해석에서 말하는 일심, 즉 진망화합식은 일심이 지닌 진식과 망식의 화합식으로서의 측면이다. 반면 그는 『금강삼매경』 해석에서 말하는 일심지원은 진여문과 생멸문이 결합된 진망화합식의 이제설二諦說을 넘어선 본법으로서 일심의 측면이다. 이것을 균여[816]는 법장의 일심(=진여문)-생멸문의 이제설과 구분되는 원효의 일심(비인비과)-진여문(과)-생멸문(인)의 삼제설이라고 정리하였다.[817] 이것을 도표와 그림으로 그려보면 아래와 같이 그릴 수 있을

---

816 均如의 저술에 인용된 '本法 一心'을 '균여가 원효의 논지를 해석한 것일 뿐'이라고 만 볼 수는 없다. 균여는 많은 부분에서 원효의 논지를 수용하고 있으며 元曉와 法藏과의 차별성을 밝힘으로써 자신의 입장을 분명히 하고 있기 때문이다.

817 均如, 『釋華嚴教分記圓通鈔』 권제3(『韓佛全』 제4책, p.324하). "言有異者, 曉公意, 非因非果, 是本法一心, 章主(法藏)意, 非因非果, 是眞如門故, 有不同也. 何者, 章主意者, 眞如生滅外, 更無一心故, 非因非果, 是眞如門, 曉公意者, 眞如生滅外, 別立本法一心故, 非因非果者, 是本法一心也. 是故章主唯立二諦, 曉師卽三諦也." 원효의 저술을 다수 인용했던 均如는 法藏의 설을 따르면서도 元曉를

것이다.

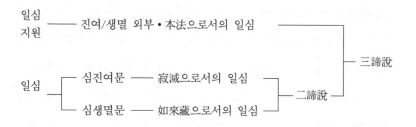

원효는 진여문과 생멸문 이외에 비인비과를 '본법으로서 일심'으로
시설하여 삼제설을 주장한 반면 법장은 진여문과 생멸문 이외에 별도

원용한 그의 입장을 보여주고 있다. 이 구절에 의하면 법장은 '진여와 생멸
이외에 따로 일심이 없다'(一心=眞如, 生滅)는 二諦說을 주장한 반면 원효는
'진여'와 '생멸' 이외에 '본법으로서 일심'을 별립한다'(一心, 眞如, 生滅)는 三諦說
을 주장하였다.

의 일심을 시설하지 않고 비인비과를 곧 진여문으로 건립하여 '일심(=
진여문)-생멸문'의 이제설을 주장하고 있다. 이것은 『능가경』을 원용
하여 적멸로서 일심과 여래장으로서 일심의 구분이라는 기신학의
본의에 충실하면서도 '일심(非因非果)-진여문(果)-생멸문(因)'의 삼
제설을 제시한 원효와 화엄학으로의 지향을 의식해 기신학의 본의를
'일심(非因非果)=진여문(非因非果)-생멸문(因)'의 이제설의 관점 아
래 자의적으로 해석한 법장이 갈라지는 지점이다.[818]

여기서 삼제설을 취하게 되면 법신의 입장에서 본각(일심지원)의
결정성을 강조하게 되고 이제설의 입장에 서게 되면 보신의 입장에서
일심(진여)의 신해성을 강조하게 된다. 일심지원은 진여와 생멸의
바깥에서 삼제설 즉 본각의 결정성을 시설하는 입장에 서 있는 반면,
일심은 진여와 생멸의 안쪽에서 이제설 즉 일심(진여)의 신해성을
시설하는 입장에 서게 된다. 법신의 측면(결정성)에서의 동일본각,
즉 일본각 혹은 일각 또는 본각은 보신의 측면(신해성)에서의 진여
혹은 일심과 상호 관계를 지닌다. 이들 관계 역시 전자의 삼제설과
후자의 이제설의 구도로 대비된다.

이 때문에 붓다와 중생의 차이성을 강조하게 되면 일정한 수행에
이르른 중생은 좀 더 높은 차원의 수행을 하려고 할 것이다. 반면
붓다와 중생의 동일성을 강조하게 되면 일정한 수행에 이르지 못한
중생은 더 이상 수행을 하지 않으려 할 것이다. 7세기 동아시아의
구식九識 논변과 팔식八識 논변은 바로 이것을 해결하기 위해 촉발된

---

818 高榮燮, 「분황 원효의 一心思想」, 『선문화연구』 제23집, 한국선리연구원, 2017.
    12, pp.107~152.

담론이라 할 수 있다. 원효가 바라보는 일심지원과 일심의 관계처럼 대행의 한마음 주인공과 한마음의 관계는 본각과 진여의 관계에 상응한다고 할 수 있다. 그런데 대행은 이 한마음을 '불성'–'한마음 주인공'–'한마음'–'오공'의 관계 속에서 해명해 간다. 이 네 기호는 대행의 사상을 떠받치는 주축으로 이해된다.

대행은 이 한마음을 주인공, 아빠, 엄마, 심주, 평상심, 청수, 청수, 심봉, 한 물건, 본래면목, 한 놈도 없는 그놈, 아미타불, 본존불, 포괄적인 주처인 하느님, 나의 님[819] 등이라고 하였다. 또 "주인공은 무엇이든 다 될 수 있어서 도무지 고정됨이 없다. 주인공은 어버이이자 자녀이며, 가장 높은 이이자 가장 낮은 이이다. 주인공은 이름이 무엇이든 자신을 이끄는 참 자기인 것이다. 주인공은 '나의 나'요 내 '마음의 마음'이다"[820]고 하였다. 이러한 그의 인식은 「선법가」에서도 잘 드러나 있다.

일체 제불의 마음은 내 한마음이다
일체 제불의 법이 내 한마음의 법이며 생활이다
일체 제불의 몸은 일체중생의 몸이다
일체 제불의 자비와 사랑은 일체중생의 자비와 사랑이다
선행하는 것도 악행하는 것도 다 내 한마음에 있다.[821]

---

819 한마음선원, 『한마음요전』(2016, 7쇄), p.364.
820 한마음선원, 『한마음요전』(2016), p.364.
821 한마음선원, 『한마음요전』(2016), p.849. 게송 '일체 제불의 마음'은 선법가로
    작곡되어 널리 불리고 있다.

한마음선원은 여타의 불교신행단체에서 붓다의 지혜와 복덕을 기리는 '찬불가'라고 하지 않고 '선법가禪法歌'라고 부르고 있다. 이것은 대행 선사가 표방한 '한마음선원'의 이름답게 붓다의 '교법'을 기리는 '찬불'이 아니라 붓다의 '선법'을 살리려는 뜻으로 보인다. 동시에 붓다의 말씀인 '교법'을 붓다의 마음인 '선법'으로 받아들이려는 뜻으로 이해된다.

한마음선원의 '선법가'로 잘 알려진 이 노래 가사 또한 한마음의 모습을 잘 드러내고 있다. 내 한마음은 일체 제불의 마음이다. 내 한마음의 법이 일체 제불의 법이자 생활이다. 일체중생의 몸이 제불의 몸이며, 일체중생의 자비와 사랑이 일체 제불의 자비와 사랑이다. 그러므로 내 한 마음에 선행과 악행이 모두 있다. 선행과 악행으로 갈려지기 이전의 그것이 곧 한마음 주인공인 것이다.

선악미분善惡未分, 주객미분主客未分, 체용미분體用未分, 즉 선악과 주객과 체용으로 갈라지기 이전의 상태가 바로 한마음 주인공인 것이다. 포괄적인 것이 한마음이며, 대상화된 것이 주인공이다. 바로 이 대목에서 본래의 마음인 '한마음 주인공'이 자리하게 되는 것이다.

천지의 근본이 마음이요, 태양의 근본이 마음이요 인간이 일체 만법을 운영하고 행하는 것도 마음이 근본이다. 마음이야말로 선악을 초월해서 모든 것을 만드는 천지전능한 창조자이다. …

이 우주의 근본도 인간 마음이요 태양의 근본도 인간 마음이요 세상의 근본도 마음이다. 마음의 씨가 아니라면 어느 것 하나도 형성시키지 못했을 것이다. 〈고로 이 마음을 깨쳐 알 때에 삼세에

공한 마음이 탁 터지게 된다. 그래서 과거도 알고 미래도 알 수 있는 것이다.)[822]

대행에 의하면 마음은 한마음으로 나타나 천지의 근본이 되고 태양의 근본이 된다. 일체 만법을 운영하고 행하며 선악을 초월해 모든 것을 만드는 창조자이다. 그러므로 이 마음을 깨쳐 알 때에 과거 현재 미래에 공한 마음이 탁 터져서 과거와 미래도 알 수 있게 된다. 그런데 이 마음인 불성은 오직 하나라는 의미, 너무나 커서, 전체라서 한마음이 된다.

불성이란 우주를 감싸고 있는 대원리이다. 이 우주 삼라만상에 불성으로부터 비롯되지 않는 것이 없다. 불성은 무시이래로 있어 왔고 지금도 있으며 영원토록 있을 것이다. 불성은 진리요 영원이요 모든 것이다. 불성은 개별적인 것이 아니라 일체의 근본이다. 불성은 오직 하나라는 의미에서 한마음이요, 너무나 커서 한마음이요, 전체라서 한마음이다. 일체 만물이 그로부터 비롯되니 한마음이다. … 한마음은 누구의 것도 아니면서 모든 생명의 것이다. 일체중생의 마음인 것이다. 한마음은 전체이다. 허공같이 원대하고 광활하다.[823]

우주를 감싸고 있는 대원리인 불성은 일체 만물을 낳는 한마음이다.

---

822 한마음선원, 『한마음요전』(2016), p.410.
823 한마음선원, 『한마음요전』(2016), pp.346~347.

또 오직 하나라는 의미에서 한마음이요, 너무나 커서 한마음이요, 전체라서 한마음이며, 일체 만물은 그로부터 비롯되니 한마음이다. 이 때문에 한마음은 누구의 것도 아니면서 모든 생명의 것이다. 동시에 일체중생의 마음이자 전체여서 허공같이 원대하고 광활한 것이다.

> 한마음은 크다 하면 우주를 다 삼키고도 남음이 있을 만큼 크고, 작다 하면 바늘 끝이 넓을 만큼 작다고 할 수 있다. … 한마음은 온 법계를 한 구석도 빈 데가 없이 한 발로 밟았으니 평발이요, 온 세상 하나도 버릴 것 없이 전부 쥐니 평손이요, 높고 낮음 없이 전부 보니 평눈이다. … 한마음은 우주 전체의 힘이며 공덕이다. 마음이 진실로 텅 비어 유무와 호오의 양면을 떠난 중도에서 한마음의 힘은 드러나게 된다.[824]

그런데 한마음은 우주를 다 삼키고도 남음이 있을 만큼 크고, 바늘 끝이 넓을 만큼 작기도 하다. 이 한마음은 온 세상 하나도 버릴 것 없이 전부 쥐기에 평손이며, 높고 낮음 없이 전부 보기에 평눈이다. 나아가 한마음은 진실로 텅 비어 있고 없음, 좋고 나쁨의 양면을 떠나 중도에서 그 힘을 드러낸다. 이처럼 대행의 한마음 주인공과 한마음은 붓다의 중도와 일심에 상응하는 원효의 일심지원과 일심의 관계와 상통하고 있다.[825]

---

824 한마음선원, 『한마음요전』(2016), pp.342~349.

825 논자는 『한마음요전』 7판 1쇄와 그 이전에 판과 쇄에 보이는 '한마음 주인공'의 개념과 '한마음' 그리고 '주인공'의 관계 속에서 논의를 전개하고 있다.

3. 원효 일심의 지형과 구조

1) 일심지원과 일심

앞에서 살펴본 것처럼 인간의 마음은 '일점一點'에서 시작하여 동심원
으로 뻗어나가며 '일원一圓'으로 작용한다. 이때 이 '일점', 즉 '구심'이
부처의 마음인 제9아마라식이라면, 이 '일점', 즉 '원심'은 진식과 망식
이 화합되어 있는 아리야식이다. 원효의 궁극적 지향은 일심지원,
즉 '일심의 원천으로 돌아가는 것(歸一心源)'과 요익중생, 즉 '중생을
풍요롭고 이익되게 하는 것(饒益衆生)'에 있었다. 그것은 이 둘을 화회
시키기 위한 매개항인 화쟁회통和諍會通, 즉 '경문이 서로 다른 것을
조화시켜 상이한 주장을 화해시키고' 중생들로 하여금 '취지가 서로
같은 것을 일깨워서 일심의 원천으로 돌아가게 함으로써' 궁극적으로
는 '중생들 스스로를 풍요롭고 이익되게 하는 것'에 있었다. 이 때문에
화회의 매개항은 일심의 주체와 풍요롭고 이익되게 하는 주체를 중생
들 스스로에게 되돌려주는 것이라고 할 수 있다.[826]

이러한 '주체의 회복'은 『대승기신론』의 심진여문과 심생멸문의
근거로서 일심을 이해하는 원효의 인식 속에서 이미 확인되고 있다.
그의 오도송悟道頌[827]은 이러한 점을 극명하게 드러내 주고 있다. 원효

---

826 高榮燮, 「분황 원효의 화쟁회통 인식」, 『불교학보』 제81집(2017), 동국대학교
　　불교문화연구원, pp.59~92.

827 贊寧, 「唐新羅國義湘傳」, 『宋高僧傳』 권4(1987), 북경: 중화서국, p.76. "어젯밤
　　잠자리는 땅막(土龕)이라 일컬어서 또한 편안했는데(前之寓宿, 謂土龕而且安)/
　　오늘밤 잠자리는 무덤(鬼鄉)이라 내세우니 매우 뒤숭숭하구나(此夜留宵, 託鬼鄉

는 어젯밤 잠자리에서 '마음의 해맑고 깨끗한 상태'와 오늘밤 잠자리에서 '마음의 물들고 때문은 상태'의 대비를 통해 깨달음을 얻었다. 그는 마음의 두 모습을 아우르는 '우주적 마음'인 '일심'의 발견을 통해 새롭게 태어났다.[828]

그런데 원효는 '일심지원一心之源'과 '일심'을 구분해 말하고 있다. 물론 일부 연구자들처럼 '일심지원'에서 '지之'를 '일심'을 가리키는 지시대명사로 보아 '일심 그것의 원천'이라고 볼 수도 있다. 그렇지만 원효의 철학적 기반과 사상적 지향에 입각해 깊이 고려해 보면 '일심지원'은 '일심이 나온 곳'으로서 '일심의 시원始源이라고 보아야 할 것이다. '일심지원'은 '일심의 원천'으로 독해되며, '일심이 생겨난 근거'라는 점에서 '일심의 근원'이라고 할 수 있다.[829] 원효의 대표작인『대승기신론소』에서도 이러한 단초는 보이지만, 그의 만년작인『금강삼매경론』대의문은 일심지원과 삼공지해의 대비를 통해 일심의 근원과 삼공의 바다로 일심관과 일미관을 보여주고 있다.

而多巢)/ 마음이 생겨나므로 갖가지 현상이 생겨나고/마음이 사라지므로 땅막과 무덤이 둘이 아님을 알겠도다!(則知心生故種種法生, 心滅故龕墳不二) / 또 온갖 현실은 오직 내 마음이 만들어내고(又三界唯心), 모든 현상은 오직 내 인식이 만들어낸다(萬法唯識)/ 마음 밖에 현상이 없는데(心外無法)/ 어디에서 따로이 구하랴?(胡用別求)/ 나는 당나라에 들어가지 않겠다(我不入唐)."/ 물러나 바랑을 메고 고국으로 돌아왔다(却携囊返國).

828 高榮燮,「원효 일심의 신해성 분석」,『불교학연구』제20호(2009), 불교학연구회, pp.165~190.

829 高榮燮,「일심지원 혹은 일심이란 무엇인가?─원효 깨침 사상의 구심과 원심」, 『불교철학』제2집(2018), 동국대학교 세계불교학연구소, pp.49~79.

"무릇 일심의 근원(一心之源)은 유무有無를 떠나서도 홀로 맑아
있고(獨淨), 삼공의 바다(三空之海)는 진속眞俗을 원융하여 깊고
고요하다(湛然). 깊고 고요해 두나(二)를 원융하니 하나가 아니요
(不一), 홀로 맑아서 양변兩邊을 떠났지만 환중環中이 아니다(非
中). 환중이 아니지만 양변을 떠났기에 있지 아니한 법(無有之法)이
곧 무無에 머무르지 않으며, 없지 아니한 상(不無之相)이 곧 유有에
머무르지 않는다. 하나가 아니지만 두나(二)를 원융하기에 참되지
않은 사태(事)가 곧 속되지 아니하고, 속되지 아니한 이치(理)가
곧 참되지 아니하다. 두나(二)를 원융하되 하나가 아니기에 진실과
속됨의 성(眞俗之性)이 세워지지 않는 것이 없고, 물듦과 맑음의
상(染淨之相)이 갖춰지지 않는 것이 없다. 양변(邊)을 떠났지만
환중(中)이 아니기에 있음과 없음의 법(有無之法)이 이루어지지
않는 바가 없고, 옳음과 그름의 뜻(是非之義)이 미치어지지 않는
바가 없다. 그러니 깨뜨림이 없으되 깨뜨려지지 않음이 없고,
세워냄이 없으되 세워내지지 않음이 없으니, 이치가 없음의 지극한
이치(無理之至理)요, 그렇지 아니함의 커다란 그러함(不然之大然)
이라고 이를 만하다. 이것이 이 경의 큰 뜻이다. 진실로 그렇지
아니한 커다란 그러함이므로 설명하는 언어로 오묘히 환중環中에
계합하고, 이치가 없음의 지극한 이치이므로 설명되는 종지宗旨의
방외를 더 멀리 넘어선다."[830]

이 대의문은 '일심의 근원'은 존재론적인 유무를 떠나 홀로 맑아

---

830 元曉, 『金剛三昧經論』「無相法品」(『韓佛全』 제1책, p.604중).

있고, '삼공의 바다'는 인식론적인 진속을 원용하여 깊고 고요하다로 시작되고 있다. 먼저 '깊고 고요함(湛然)'과 '홀로 맑음(獨淨)'은 다시 무유지법 즉 '있지 아니한 법'과 불무지상, 즉 '없지 아니한 상'으로 이어진다. 이어 진속지성 즉 '진실과 속됨의 성'과 염정지상, 즉 '물듦과 맑음의 법'으로 대비되면서 '유무지법', 즉 '있음과 없음의 법'과 '시비지의', 즉 '옳음과 그름의 뜻'으로 나아간다.

그런 뒤에 '무리지지리' 즉 '이치가 없음의 지극한 이치'와 '불연지대연' 즉 '그렇지 아니함의 커다란 그러함'으로 마무리된다. 이렇게 불법은 무애하기에 어떤 걸림도 없이 우리를 자유자재하게 하고, 원용하기에 어떤 차별을 분별함 없이 우리를 포괄적으로 평등하게 한다.[831] 따라서 원효의 이 대의문에는 '무애의 자유'와 '원용의 평등'의 행법이 대비되고 있다. 이것이 원효가 바라보는 이문의 일심관[832]이자 이문의 일미관[833]이다. 일심지원과 일심의 관계 또한 마찬가지이다.

2) 본각과 진여

본각本覺이란 '본래 깨침' 혹은 '근본 정각'이며 '우리들이 본래부터 갖고 있는 맑고 깨끗한 본성을 깨닫는 것'이다. 본각은 본래부터 깨달아 있다는 점에서 참으로 그러한 진여眞如에 상응하는 개념이다. 『금강삼

---

831 김형효, 『원효의 대승철학』(2006), 소나무, p.96.

832 高榮燮, 「분황 원효의 和會 論法 탐구」, 『한국불교학』 제71집(2014), 한국불교학회, pp.97~135.

833 高榮燮, 「분황 원효의 和諍 會通 인식」, 『불교학보』 제81집(2017), 동국대학교 불교문화연구원, pp.59~92.

매경』에는 이 본각을 '결정성'[834]이란 개념으로 제9아마라식의 본성을 해명하고 있다. 이것은 보신불의 입장에서 시설된 '성자신해性自神解', 즉 신해성神解性과 달리 법신불의 입장에서 시설된 '결정성지決定性地', 즉 결정성決定性으로 이해된다.

『금강삼매경』에서는 '결정성', '결정성지決定性地',[835] '결정처決定處',[836] '결정요의決定了義',[837] '결정실제決定實際'[838] 등등의 개념을 사용하고 있다. 경전에서 거듭 사용하고 있는 '결정성'이란 '결정의 본성'을 뜻한다.[839] 경전에서는 "진실한 법상(實法相)은 부처가 지은 것도 아니고(非佛所作), 부처가 있거나 부처가 없거나(有佛無佛) 그 성질이 스스로 그러한 것(性自爾)"이라고 설하고 있다.

원효는 『경』에서 "각覺의 이익(利)을 얻은 것은 불가사의하다"고 한 것에 대해 "이미 오는 것도 없고 이르는 것도 없어서 본래 적정하기 때문"이라고 하였다. 동시에 "이미 본각의 이익을 얻어서 자신을 이롭게 하고 남을 이롭게 하기 때문에 큰 보살마하살이다"고 하였다. 그는 다시 『경』에서 "모든 각은 결정성을 훼손하지도 않고 무너뜨리지도 않으니, 공도 아니고 공이 아닌 것도 아니어서 공함도 공하지 아니함도 없다"고 한 것에 대해 "'결정성'이라는 것은, 진여의 자성은 파괴될

---

834 元曉, 『金剛三昧經論』 권중(『한불전』 제1책, p.614상; p.623상; p.625상중).

835 元曉, 『金剛三昧經論』 권중(『한불전』 제1책, p.633상).

836 元曉, 『金剛三昧經論』 권중(『한불전』 제1책, p.623상).

837 元曉, 『金剛三昧經論』 권중(『한불전』 제1책, p.675중).

838 元曉, 『金剛三昧經論』 권중(『한불전』 제1책, p.607중하).

839 高榮燮, 「분황 원효 本覺의 決定性 탐구」, 『불교학보』 제67집(2014), 동국대학교 불교문화연구원, pp.89~113.

수 없는 것으로서 자성이 스스로 그러함을 말한 것이다. '훼손하지 않는다'고 한 것은 유有의 상을 취하여 공空을 손상하지 않는 것이고, '무너지지 않는다'고 한 것은 무無의 자성을 계탁하여 진眞을 손상하지 않는 것이니, 결정성을 훼손하거나 무너뜨리지 않는 것을 말한다"[840]고 하였다.

원효는 또 『경』에서 "저 모든 경계는 자성이 본래 결정성이니, 결정성의 근본은 처하는 곳이 없다"고 한 구절에 대해 "'자성이 본래 결정성'이라고 한 것은 본래 있지 않기 때문에 공의 상이 아님을 밝힌 것이며, '처하는 곳이 없다(無有處所)'고 한 것은 공이 있는 것이 아니기 때문에 공이 없는 것이 아님을 밝힌 것이다"[841]고 하였다. 이처럼 원효는 '공의 상이 아님(非空相)'과 '공이 없는 것이 아님(非無空)'을 통해 본각의 이익에 대해 암마라식의 결정성과 관련시켜 해명해 가고 있다.[842]

이것은 보신불報身佛의 속성인 신해성과 구분되는 법신불法身佛의 속성인 결정성을 보여주는 지점이다. 즉 법신의 측면에서 본 진여문과 생멸문의 바깥에 설정한 본법으로서 일심(지원)과 보신의 측면에서 본 진여문과 생멸문의 구도 아래 시설한 적멸과 여래장으로서 일심의 관계로 이해할 수 있다. 나아가 일심지원과 일심, 본각과 진여의 관계는 법신의 측면과 보신의 측면에서 이루어지는 결정성과 신해성의 관계로 이해할 수 있다. 따라서 본각의 결정성과 진여의 신해성은 진여와 생멸의 상대가 끊어진 절대와 진여와 생멸의 상대가 이어진 상대의

---

840 元曉, 『金剛三昧經論』 권중(『한불전』 제1책, p.631중하).

841 元曉, 『金剛三昧經論』 권중(『한불전』 제1책, p.631하).

842 高榮燮, 『분황 원효의 생애와 사상』(2016), 운주사, p.223.

구도를 잘 보여주고 있다고 할 수 있다.

3) 수일과 일미

선경禪經인 『금강삼매경』은 신라에서 성립된 것으로 알려져 있다. 이 경전에서는 일심과 일미의 관계를 이해할 수 있는 '수일', 즉 '존삼수일存三守一'에 대해 이렇게 설하고 있다. "세 가지를 간직한다는 것(存三)은 세 가지 해탈을 간직하는 것(存三解脫)이고, 하나를 지킨다는 것(守一)은 일심의 여여함을 지키는 것(守一心如)이며, 여래선에 들어간다는 것(入如來禪)은 마음의 여여함을 이치대로 관찰하는 것이니, 이와 같은 경지에 들어가면 곧 실제에 들어가게 된다(入實際)"고 하였다.[843]

원효는 『금강삼매경』의 '존삼수일', 즉 세 가지를 간직하고 하나를 지켜 여래선에 들어간다는 것에 대해 '일심의 여여함을 지킨다'는 측면에서 일심법 가운데 두 가지 문인 심진여문과 심생멸문 중 심진여문을 지켜 무명의 큰 용과 같은 세력을 조복하고자 한다고 해명한다. 그 까닭에 대해 그는 무명이 곧 일심의 여여함을 혼미하게 하기 때문이라고 하였다. 여기서 '지킨다'는 것은 고요함에 들어 있을 때에는 일심의 여여한 경지(一心之境)를 고요히 지키고, 고요함에서 나와 있을 때에는 일미의 마음(一味之心)을 잃지 않는 것이라고 풀이하기에 하나를 지킨다(守一)고 한다고 하였다.

또 원효는 『금강삼매경론』에서 다시 '적멸로서 일심'과 '여래장으로

---

843 元曉, 『金剛三昧經論』 권중(『한불전』 제1책, p.645하).

서 일심'에 대해 이렇게 말하고 있다.

적멸寂滅이라는 것은 일심을 말한 것이고, 일심은 여래장如來藏을 말한다. … 일체의 모든 법은 오직 일심이고, 일체一切의 중생衆生은 곧 하나(一)의 본각本覺이다. 이러한 뜻으로 말미암아 일각一覺이라 부른다. … 여래가 교화하는 바 일체중생은 일심의 유전流轉이 아님이 없기 때문이며, … 일체중생이 본디 일각一覺임을 밝히고자 한다. 다만 무명으로 말미암아 꿈을 따라 유전하는 것이기에 모두 여래의 일미설一味說에 따라서 결국은 일심의 근원(一心之源)으로 돌아가지 않음이 없으니, 일심의 근원(心源)으로 돌아갔을 때 다 얻는 바가 없으므로 일미一味라고 한 것이다.[844]

원효는 일체의 모든 법은 오직 일심이며, 일심은 중생과 여래의 구분 이전의 일심이고 그것은 일각一覺을 가리킨다고 하였다. 여기서 '일각'은 '본각本覺', 즉 '일본각一本覺'이며 일체중생이 본래부터 가지고 있는 '자성청정심自性淸淨心'이다. 그리고 일미는 모든 현상과 본체가 두루 평등하여 차별이 없는 부처의 교법을 가리킨다. 이것은 부처의 교설이 여러 가지로 다양해 보이지만 그 의미(味)는 하나(一)라는 뜻이다. 그러므로 중생과 여래가 모두 일미一味의 뜻으로 수렴되는 것이다.[845]

---

844 元曉, 『金剛三昧經論』 「無相法品」(『韓佛全』 제1책, p.610상).

845 高榮燮, 「분황 원효의 一心사상」, 『선문화연구』 제23집(2017), 한국선리연구원, p.128.

이처럼 원효는『대승기신론소』에서 일심을 '적멸로서 일심'과 '여래
장으로서 일심'으로 해명한다. 그리고 이 일심은 '일체의 모든 법'이고,
'하나(一)의 중생衆生'은 곧 '하나(一)의 본각本覺'인 일각一覺이다. 이
때문에 "제도할 수 있는 중생에게 '모두 일미를 설하였다'는 것은 여래가
설한 일체의 교법은 (중생으로) 하여금 일각의 맛(一覺味)에 들어가게
하지 않음이 없기 때문이다"[846]고 하였다. 여기서 우리는 '일미'는 '일각
미'의 약칭이며 '일미'는 '일각'의 비유적 표현임을 알 수 있다.

이 때문에 원효는 "지금 이 경문에서 말한 '일각'이라는 것은 일체의
제법이 오직 일심일 뿐이고, 일체의 중생은 곧 하나의 본각이다. 이런
뜻으로 말미암아 일각이라 한 것이다"[847]고 하였다. 여기서 '일각'은
'동일본각同一本覺'의 약칭이자 '본각과 시각을 통섭한 일각'이라는
의미이다. 일체중생이 본디 일각一覺이듯이 여래의 일미一味설에 따라
서 결국은 일심의 근원으로 돌아가며, 일심의 근원으로 돌아갔을
때 비로소 얻는 바가 없는 '일미'가 된다. 따라서 '일심의 근원', 즉
'일심지원'은 '일미', 즉 '일각미'이며, '일미'는 '일각'의 비유적 표현이자
원효가 수립한 '본법으로서 일심'을 일컫는다고 할 수 있다.[848] 그것은
곧 인간의 마음은 '일점一點'인 '일각', 즉 '일심지원'이 동심원을 그리며
'일원一圓'인 '일심', 즉 '진여'로 작용하는 것이다. 이때 이 '일점'인
'구심'이 부처의 마음인 제9아마라식이라면, 이 '일점'의 '원심'은 진식

---

846 元曉,『金剛三昧經論』「無相法品」(『韓佛全』제1책, p.610상).

847 元曉, 위의 책, p.610상.

848 高榮燮, 「분황 원효와 삼장 진제의 섭론학 이해」,『불교철학』제3집(2018),
　　동국대학교 세계불교학연구소, pp.43~92.

과 망식이 화합되어 있는 아리야식이다.

4. 대행 한마음의 지형과 구조

1) 한마음 주인공主人空과 한마음

대행은 1973년에 법당에서 불상을 내리고 부처 불자를 걸어 놓았다. 그러다가 1975년 이후로는 일원상—圓相을 법당에 모셨다. 그는 밖으로 구원을 바라는 기복불교의 관념에 젖어 있는 신도들에게 '당신이 바로 여래이고 부처'라는 직설적인 길을 보여주기 위해 이런 과정을 거치면서 무던히도 애를 썼다.[849] 일원상(○)은 불교의 진리를 압축한 상징이자 둥근 깨침을 드러내는 형상이다. 밀교와 선종에서 누누이 써왔던 것이자 진각종과 총지종뿐만 아니라 불법연구회(원기 원년 1916/1924~1948)로 출발(1948)했던 소태산 박중빈(1891~1943)의 원불교(1948~)에서도 '일원상—圓相'을 써오고 있다. 하지만 대행이 쓴 '일원상'은 독창적이고 창의적이다.

대행은 근본의 진리를 표현하는 일원(—, ○)상에 대해, "일—은 물질세계의 법 50%를 뜻하고, 원(○)은 정신세계의 법 50%를 뜻합니다. 가운데 점(·)은 그 둘을 연결하는 것이니 근본으로서 유무를 둘 아니게 포괄하며 본래부터 다 갖추어져 있다는 뜻"이라고 말하였다.[850] 그는 물질세계의 법과 정신세계의 법을 아우르는 '일원상'을 통해 유무를 포괄하는 근본이자, 본래부터 갖추어져 있는 진리를

---

849 한마음선원, 앞의 책(2012), 「당신이 바로 여래이고 부처」, p.13.
850 한마음선원, 앞의 책(2012), p.13.

드러내고자 하였다. 그것은 성불은 출가자나 하는 것이라는 당시 불자들의 의존적 관념을 타파하기 위한 과정에서 더욱 구체화되었다. 우리는 이것을 그의 출가 중심 인식의 극복이자 의존 일변 관념의 해소라고 할 수 있다. 대행의 가르침은 『한마음요전』(이하 『요전』[851])과 『허공을 걷는 길』(16책 간행+10책 예정)[852]에 집약되어 있다.

그런데 대행은 몸체(體)인 한마음에 상응하는 몸짓(用)을 '주인공主人空'이라 하였다. 여기서 주목되는 것은 일반적인 '주인공主人公', 즉 어떤 일에 중심이 되거나 주도적인 일을 하는 이를 일컫는 것이 아니라 '주인공主人空'이라고 쓰는 지점이다. '삼인칭의 그대 공公 자'를 '비어 있음의 공空 자'로 환원한 것이다. 이것은 이전에 어디에서도 찾아보지 못한 독창적인 개념이다. '주인공主人空'이란 표현에는 존재자로서의 자아를 인식자로서의 무아로 되돌린 것이라 할 수 있다.

한편 원효는 구역 유식을 통해 자신의 철학적 체계를 입론하였으면서도 신역 유식의 철학적 체계를 수용하였다. 그는 일심을 제8아리야식의 범주 속에 두면서도 제9아마라식과 소통하고자 하였다. 이 때문에 신라 둔륜의 『유가론기』에 의하면 원효는 제9아마라식인 자성청정심은 제8아뢰야식과 "체는 같지만 뜻은 다르다"고 하였다.[853] 대행의

---

851 한마음선원, 앞의 책(2012), p.13.

852 『허공을 걷는 길』은 정기법회(4책), 일반법회(4책), 국내지원법회(3책), 국외지원법회(3책), 법형제법회(2책) 등이 간행되었고 담선법회(10책)는 출간준비 중이다.

853 遁倫, 『瑜伽論記』 권1상(『한불전』 제2책, p.410중하). "新羅元曉法師云, 自性淸淨心, 名謂阿摩羅, 與第八阿賴耶識, 體同義別."

'한마음 주인공'과 '한마음'(주인공/오공)을 원효의 일심지원과 일심(진여문/생멸문)에 대응시키면 아래와 같게 될 것이다. 물론 원효의 삼제설에 대행의 한마음을 즉자적으로 대응시킬 수는 없다. 다만 일심과 한마음을 대비시켜 논하기 위해 다음과 같은 논의의 구도로 살펴보고자 한다.

〈원효 삼제설 적용〉

    한마음 주인공(非因非果) ── 일심지원

        한마음(體, 果, 眞如門) ┐
                             ├─ 일심
        주인공(用, 因, 生滅門) ┘

〈법장 이제설 적용〉

    한마음 주인공(非因非果) = 한마음(體, 非因非果, 眞如門) – 일심

                          – 주인공(用,   因,   生滅門) – 생멸

반면 법장과 같이 일심과 진여문을 동일시하고 생멸문을 구분하는 이제설로 대행의 한마음 주인공과 한마음(주인공/오공)의 관계에 적용해 보면 어떻게 될까? 위에서 보는 것과 같이 대행의 구도는 원효보다는 사실상 법장의 지향과 더 상통하는 것으로 보인다. 대행은 한마음 주인공과 한마음을 문맥에 따라 동일시하는 측면이 강하기 때문이다.

이렇게 되면 대행은 법장과 같이 한마음 주인공과 한마음을 진여문과 동일시하고 주인공(오공)을 생멸문에 차이화하고 있기 때문이다. 이처럼 대행은 진여=일심과 생멸의 구도를 강하게 보여주고 있어 법장과 긴밀해 보이기 때문이다. 이렇게 본다면 대행은 진여와 생멸을 구분하고 다시 진여와 생멸 바깥에 별도로 본법 일심을 세우는 원효의 지향보다 진여와 일심을 동일시하고 생멸을 구분하는 법장의 관점에 더 부합하는 것처럼 보인다.

그런데 자세히 들여다보면 대행은 '한마음 주인공'과 '한마음'의 관계를 동일시하면서도 이들 개념과 '주인공'은 차이시하는 강하게 보여주고 있다. 그것은 '한마음과 주인공', '한마음(주인공)과 오공'의 관계를 해명할 때 잘 드러나고 있다. 이 때문에 대행의 구도는 연구자에 따라서 '한마음 주인공=한마음-주인공'의 이제설의 관계로 볼 수도 있지만, 한마음 주인공-한마음=주인공/오공의 이제설의 관계로 볼 수도 있을 것이다. 이 부분에 대해서는 불교사상사의 맥락에서 좀 더 엄밀한 논구가 있어야 할 것이다.

그런데 여기서 주목되는 것은 대행이 주인공主人空을 '주主'와 '공空' 사이를 잇는 '인人', 즉 '나(我)'의 관계 속에서 해명해 가는 지점이다.

"주인공은 나의 근원이지만 동시에 모든 것의 근원이다. 주인공은 나의 주인이자 모두의 주인이요, 삼계의 주인이다. '주'한 것은 근본 자리를 말하고, '공'한 곳은 고정됨이 없이 돌아가는 것을 말한다. 주인공 자리엔 무엇 하나를 고정되게 세워서 '나'라고 할 수도 없고 무엇 하나를 세워서 활용이라 할 수도 없고 무엇 하나를 세워서 부처라 할 수도 없고, 무엇 하나를 세워서 늙은이다 젊은이다, 여자다 남자다, 아비다 자식이다 할 수도 없다."[854]

대행은 '주인공'에서 '주'를 근본 자리를 일컫고, '공'은 고정됨이 없이 돌아가는 것이라고 하였다. 주+인+공의 세 음절에서 근본 자리인 '주'가 고정됨이 없이 돌아가는 것인 '공'과 만나는 사이에 '인', 즉 '나'가 있는 것이다. 나의 '근본 자리'가 '고정됨이 없이 돌아가는 것'이다. 여기서 특히 주목되는 지점은 '나의 고정된 실체'는 없지만 '근본 자리로 돌아가는 나'는 있다는 것이다. 그 나가 곧 한마음이고 주인공인 것이다. 그래서 한마음과 주인공은 일심을 지닌 중생심인 것이다.

"주인공이란 생각나기 이전의 마음 중심, 바로 나의 기둥이라 할 수 있다. 그러나 개별적인 기둥이 아니라 전체적인 기둥이다. … 우리 마음의 기둥, 그것은 바로 적멸보궁, 전체 우주를 싸고 돌리는 기둥과 같다. … 우리 마음의 기둥이 심봉이 되어 우주 전체가 돌아간다."[855]

대행은 한마음을 주인공으로 확장해 여러 가지로 해명하고 있다. 즉 한마음은 주인공, 아빠, 엄마, 심주, 평상심, 청수, 청수, 심봉, 한 물건, 본래면목, 한 놈도 없는 그놈, 아미타불, 본존불, 포괄적인

---

854 한마음선원, 『한마음요전』(2016), p.354.
855 한마음선원, 『한마음요전』(2016), pp.351~352.

주처인 하느님, 나의 님[856] 등이라고 했다. 이것은 한마음이 고정된 무엇이 아니지만 모든 것을 포괄하는 것임을 분명히 하는 것이다.

> 주인공은 진리요, 빛이며 영원이요, 생명이며 부처요, 보살이며 청정하며 긍정이다. 주인공은 진리이니 빛보다 더 밝고, 진리이니 행복보다 더 기쁘며, 진리이니 허공같이 크고 영원하며, 진리이니 텅 비고 고요하여 지취도 없다. … 주인공! 하면 거기엔 … 일체의 생명이 다 포섭된다. … 주인공은 일체 만물 만법의 원소이며 핵이며 에너지이다.[857]

이처럼 주인공은 일체 만물 만법의 원소이며 핵이며 에너지이기에 진리가 되고 허공이 되며 영원이 된다. 또 주인공은 생명이 되고 부처가 되며 보살이 되고 청정하며 긍정이 된다. 그런데 대행은 한마음 주인공과 한마음을 구분해 설하기도 했다. 한마음 주인공은 '한마음'과 '주인공'을 동격으로 처리한 '한마음=주인공'이 될 수도 있지만 엄밀한 의미에서 보면 한마음+주인공을 통섭한 개념으로 이해할 수 있다. 이 때문에 '한마음+주인공'은 '한마음인 주인공', 즉 '한마음=주인공' 보다도 개별적인 '한마음'과 '주인공'을 아우른 보다 커다랗고 근본적인 개념으로 이해할 수 있다.

한마음이 모든 것을 포섭할 수 있는 지혜의 마음이라고 한다면, 주인공은 지혜의 마음을 들이고 내는 공간성이라고 할 수 있다. 즉

---

856 한마음선원, 『한마음요전』(2016), p.364.
857 한마음선원, 『한마음요전』(2016), p.352.

주인공은 보이지 않는 각자의 주장자 역할을 하고 있다. 한마음을 일심의 몸체로 본다면, 주인공은 일심의 몸짓에 대비시킬 수 있다. 한마음은 포괄적으로 마음을 지칭할 때 쓰지만, 주인공은 실천수행인 觀을 할 때 관하여 놓는 믿음의 대상으로 쓰인다.[858] 한마음 주인공이 본래 마음이라면 한마음은 여기로부터 나온 중생심이다.

죽어서도 그 의식이 그냥 있어서 자기가 갈 자리를 못가요. 청와대에 들어갈 수도 있는데도 의식이 그래서 자기가 뱃지를 못 달고 그냥 못 들어가죠, 백이 없으니까. 그 의식만 가졌으니까. 그런데 지금 내가 말하는 건, 주인공이다 하는 건, 이 주인공이 과거에 살던 것이 다 입력이 된 컴퓨터와 마찬가지예요. 이게, 여러분 마음이, 수없는 마음이 입력이 돼서 나오는 거거든요. 그게 지금 숙명통에 수많은 입력이, 과거에 살던 하나하나가 자동적으로 입력이 된 겁니다. 지금도 여러분이 사는 거 전부 입력이 되는 겁니다. 그러면 지금 모든 수십억 마리의 의식 자체가 벌써 입력이 돼서 거기에 다 나오는 거고 그렇습니다. 그러면 그 입력이 돼서 나오는 거를 갖다 컴퓨터에 다시 입력해라 이 소리죠. 그럼으로써 물질화된 의식이 다 그냥, 과거의 어리석은 생각, 습으로 인해서 관념으로 인해서 빠져나가지 못한 그 의식이 다 그냥 무너지는 거죠. 선명하게 자기가 당당하게 알 수 있는 그런 선명한 참자기의

858 慧敎(李香淑),「묘공 대행의 주인공 사상과 관법」,『연꽃 피는 세상』(2015), 학고방, p.166. 慧敎尼師가 동국대학교 대학원 불교학과 석사논문을 芸成(金貞子)尼師와 단행본으로 펴내었다.

그것이 탁 나와서 이 모든 거를 자기가 한 생각이면 지배하게끔
돼있거든요. 그러니 얼마나 묘한 도리인지 모릅니다.[859]

여기서 대행이 말하는 주인공이 과거에 살았던 것이 입력된 컴퓨터
와 같다면, 선명하게 자기가 당당하게 알 수 있는 그런 '선명한 참자기'
는 그가 말하는 '한마음 주인공'이라고 할 수 있다. 이 '선명한 참자기'는
원효에 대응해 말하면 '일심지원'에 해당하며 '한마음'은 우주적 마음인
'일심'에 상당한다고 할 수 있다. 이 때문에 한마음 주인공과 한마음은
큰 틀에서는 한마음이라는 범주 속에서 얘기되지만 한마음 주인공과
한마음은 제9아마라식과 제8아리(뢰)야식에 상응하는 것이라고 할
수 있다.

대행이 한마음과 구분되는 '한마음 주인공'의 개념을 12곳에서 들고
있는 것은 '한마음 주인공'이 '한마음'과 상통하면서도 상이한 지점을
인정한 것이 아닐까 한다. 앞뒤 문맥을 따져보면 '한마음 주인공'을
'한마음(주인공)'의 동격 혹은 동어 반복으로 읽히지 않는다. 두 개념
사이에는 진여문과 생멸문 내부의 구도이든 외부의 구도이든 상통점과
상이점이 내재해 있는 것으로 보이기 때문이다.

2) 한마음과 오공五共

한마음과 '오공'의 관계는 한마음과 주인공의 관계와는 또 다른 의미에
서 몸체와 몸짓의 관계로 이해할 수 있다. 오공, 즉 '다섯 가지 공동'의

---

859 대행법어집, 『허공을 걷는 길 국외지원 2』(2002), p.843.

사상은 비교적 후기에 추가된 것으로 이해된다.[860] 공동은 함께 한다는
것이자 더불어 한다는 것이다. 이것은 『요전』에서는 볼 수 없는 개념이
자 사상이기 때문이다. 대행은 오공을 '한마음의 오공'으로 부가하면서
'관법'과도 연결시키고 있다. 대행의 오공은 한마음과 결합되어 실천적
언어로 탈바꿈한다.

> 우리 이 몸체의 세포 하나하나에 생명들이 살고 있습니다. 그
> 생명들의 한데 합친 저, 공생共生 공심共心이 한데 합쳐서 공용共用
> 을 하고 공체共體로써의 이렇게 전부 자기 분야를 맡아가지고
> 지금 돌아가고 있습니다. 그 생명들이 한데 합쳐서 있기 때문에
> 나라는 큰 어떠한 체體가 이렇게 생긴 겁니다.[861]

대행은 오공의 '공共'을 주인공의 '공空'과 유사한 뜻으로 사용하고
있다. 이 때문에 대행에게서 '주인공主人空'은 '주인공主人共'으로도
읽을 수 있을 것이다. 함께하는 '공共'은 혼자 하는 '사私'와 다르며,
텅 비운 '공空'은 함께하는 '공共'으로 환원되기 때문이다. 이것은 존재
자로서의 자아를 인식자로서의 무아로 환원시킨 것으로 볼 수 있다.
다시 말하면 우리 몸체의 세포 하나하나와 같이 사적 영역 혹은 사적
존재를 공적 영역 또는 공적 무아로 되돌린 것이라 할 수 있다.
 이렇게 본다면 우리 몸은 수많은 세포의 생명들로 구성되어 있기에

---

860 1993년 초판 1쇄 『한마음요전』부터 2019년 7판 3쇄에 이르기까지 '五共'은
  표제어는 물론 내용 속에도 없다.
861 대행, 『허공을 걷는 길 담선법회』(1986), p.100.

공체共體이고 공심共心이며 공용共用하고 공생共生 하는 것[862]임이 분명하다. 또 대행은 세포 하나가 머금고 있는 관계망, 즉 인다라망의 네트워크에 대해 역설하고 있다.

> 모든 세포 하나하나의 오장육부에 다 들어 있기 때문에 공생共生이요, 자기 차원에서 따라서 적게 쓰는 마음이나 크게 쓰는 마음이나 나쁜 거나 좋은 거나 한데 합쳐서 '한마음'이라고 그러는 겁니다. 각각의 모습은 다르지만 그 마음 씀씀이냐 어디 둘이겠느냐. … 이 모습 안으로 모습들이 천차만별로 만 개가 들어갔는데도 만 개가 들어갔다는 것도 없는 거예요. 이 공空한 자체에 이 공空한 자체가 모두 들어가면 그냥 공식共食이 왜 버리죠. 그래서 부처도 중생도 둘이 아니다. 보살도 중생하고 둘이 아니다. 벌레하고도 둘이 아니다. 이 모습 아닌 모습, 생명 없는 생명, 마음 아닌 마음, 함이 없는 용…[863]

붓다의 자타불이 사상처럼 원효도 진속불이 사상을 역설하였다. 대행도 오공사상을 통해 자타불이와 진속불이 사상을 역설하고 있다. 대행 또한 "이 공空한 자체에 이 공空한 자체가 모두 들어가면 그냥 공식共食이 왜 버리죠. 그래서 부처도 중생도 둘이 아니다. 보살도 중생하고 둘이 아니다. 벌레하고도 둘이 아니다"며 '공空'을 '공共'이자 '불이不二'로 환치하고 있다. 그리하여 그는 실체가 없는 '공空'을 자아가

---

862 혜교, 앞의 글, 앞의 책, p.150.
863 대행, 「허공을 걷는 길 정기법회」(1999), p.15.

없는 '공共'으로, 나아가 '불생불이佛生不二', '살생불이薩生不二', '충생불이蟲生不二'로 환원시키고 있는 것이다. 이것은 존재자로서 자아를 인식자로서 무아로 되돌린 것이라고 할 수 있다.

한 가지 마음만 쓰고 삽니까? 보는 것도 듣는 것도 말하는 것도 가고 오는 것도 마음먹는 것도 모두가 고정된 게 하나도 없으니까 공空했죠. 그래서 여러분 몸이 공체空體입니다. 공체! 내면에서도 공체空體요 외부에서도 공체空體입니다. 그리고 공심共心이요 공용共用이요 공식共食하고 돌아가는 바로 그 자체인데 내가 있다고 하고 내가 했다고 하고 내가 줬다고 할 수 있겠습니까?[864]

한마음은 한 가지 마음만 쓰지 않고 전체로 쓰기 때문에 어느 하나로 고정될 수 없다. 마음을 먹는 것도 고정될 수 없기에 전체로 함께 쓰는 공생이요 공심이요 공체이며 공용이고 공식이다. 하지만 너무 꽉 차서 헤아릴 수 없으며 고정되어 있지 않고 때에 따라서 찰나찰나 일체와 더불어 나투기 때문에 공체空體이고, 공심空心이며, 공용空用이다.[865] 결국 '나'라고 할 수 없는 '나'와 더불어 공체空體로서 공생共生하면서 공심空心으로 공용共用하기 때문에 일체는 연기된 존재가 되는 것이다.

---

864 대행, 『허공을 걷는 길 국내지원법회 2; 1076』(2005; 2007), 안양: 한마음선원출판부.

865 이균희(혜선), 「'한마음' 사상과 禪修行體系 연구」, 동국대학교 박사학위 논문 (2005), p.94.

누구나가 제각기 자기 모습 속에서 자기를 알게 되면 자기도 공생共生이요, 공심共心이요, 바로 공체共體요, 공용共用이요, 공식共食화하고 우리 모두가 같이 하나로 돌아간다는 걸 알게 됩니다.[866]

일체 제불의 마음이 우리들의 한마음과 공존 공용하니, 만생의 마음이 내가 되고 만물의 몸이 내가 되어 일체가 둘이 아니다.[867]

대행은 자기 모습 속에서 자기를 알게 되면 오공이 이루어지며 우리 모두 하나로 돌아간다는 것을 알게 된다고 하였다. 그는 일체 제불의 마음과 우리들의 한마음이 공존하고 공용하므로 만생의 마음이 내가 되고 만물의 마음이 내가 되어 일체가 둘이 아니라고 하였다. 마치 화엄의 인다라망 세계와 같이 개체와 전체, 하나와 여럿의 관계망을 통해 보면 존재자로서 자아는 인식자로서 무아로 환원된다는 것이다.

개체는 하나인데 공생·공심·공체·공용·공식하고 돌아가지 않습니까? 그래서 공양供養이라고 하고 공덕이라고 하죠. 공양은 한마음이신 부처님께서 공양을 받으신다 이런 겁니다. 한마음으로 둘이 아니게 반야줄을 쥔다면 그게 바로 공덕이 되느니라. 안에도 더불어 같이 한마음이요, 밖에도 더불어 같이 한마음이니 자리마저

---

866 대행, 『허공을 걷는 길 법형제법회 2; 833』(2001; 2007; 2011), 안양: 한마음선원출판부.

867 한마음선원, 『한마음요전』(2016), 「게송·선시편 700」, pp.774~775.

도 한자리이다 이겁니다.[868]

대행은 개체가 오공으로 돌아가듯이 한마음의 반야줄을 쥔다면 그게 공양이자 공덕이 된다고 하였다. 그리하여 그는 안팎이 더불어 같이 한마음이면 자리마저도 한자리가 된다고 역설하였다. 대행은 한마음을 나와 우주의 근본적 총체로 삼고 이를 주체적 주인공으로 구체화시켜 나를 비롯한 일체 제불과 우주의 모든 생명이 근본적으로 직결되어 모두가 한마음인 공생, 공심, 공체, 공용, 공식으로 돌아가고 있다고 하는 실천언어로 되살려 내었다.[869]

따라서 한마음과 오공은 몸체와 몸짓의 관계이며, 화엄의 인다라망 세계가 보여주는 것처럼 하나와 여럿, 개체와 전체, 안과 밖, 자아와 세계의 관계처럼 존재자로서 자아와 인식자로서 무아의 관계망으로 볼 수 있는 것이다.

3) 한마음과 대행선

마음은 우리말 고어인 '마슴'에서 변이하여 '마음'이 되었다. 마음은 '심心'이라고 한역되었고, 심은 다시 '일심一心', '진심眞心', '자심自心', '무심無心', '선심禪心', '조심照心', '유심惟心', '돈심頓心' 등으로 다양화 된다. 그런데 불교의 전통적 개념인 '일심' 등과 달리 국어인 '한마음'은

---

868 대행, 『허공을 걷는 길 법형제법회 2; 789』(2001; 2007; 2011), 안양: 한마음선원출 판부.

869 박소령, 「대행의 한마음사상에 나타난 교리적 근거 고찰」, 『한마음연구』 제1집 (2018), 대행선연구원, p.134.

대행의 독창적 개념이라 할 수 있다. 또 오랫동안 여성의 몸으로
거친 산속의 두타 수행을 해왔던 그의 살림살이는 남종선 이후의
선풍과 달리 북종선의 맥을 이었던 신라 정중 무상(淨衆無相, 680~756;
684~762)의 두타선풍에 맥이 닿아 있다. 젊은 날의 마조 도일(馬祖道一,
709~788) 또한 그의 스승인 정중 무상의 가풍을 닦았다. 특히 무상의
선풍은 인도불교의 원류를 의식하면서 달마 선풍의 구심에 닿고자
했던 신라의 선풍에 그 맥이 닿아 있다.

　대행의 수행은 재래의 법통계승이란 타율적이고 수동적인 인습에
얽매이지 않고, 전통적인 수행의 작법을 뛰어넘어, 자신만의 주체적이
고 자주적인 수행법으로 깨달음을 성취하여 독창적인 대행선풍을
정립[870]하였기에 '대행선'이라고 부를 수 있다. 바로 이 지점에서 '주인공
主人空'은 대행선의 주요 개념이 된다.

　주인공은 무엇이든 다 될 수 있어서 도무지 고정됨이 없다. 주인공
은 어버이지만 자녀이며, 가장 높은 이이자 가장 낮은 이이다.
주인공은 이름이 무엇이든 자신을 이끄는 참 자기인 것이다. 주인
공은 '나의 나'요 내 '마음의 마음'이다. … 자기의 참 부처를 발견하
려면 생각나기 이전의 근본에 부합되어야 하나 말로써 부합시킬
수 없으니 나고 드는 한마음 주인공이라는 하나로 세운 것이다.
… 주인공이라고 하니까 개별적인 '나'로 알면 안 된다. 주인공이라
하면 이미 전체를 의미한다. 일체 법을 감싸고 일체 법을 지탱하며

---

870 이평래, 「한마음을 요체로 한 대행선에 관하여」, 『한마음연구』 제1집(2018),
　　대행선연구원, p.12.

일체 법을 굴리는 그 자리를 주인공이라 하는 것이니 어찌 네 주인공이니 내 주인공이니 나눔이 있겠는가.[871]

대행이 강조하는 주인공은 '자신을 이끄는 참 자기'이고, '나의 나'이며 '내 마음의 마음'이라고 하였다. 동시에 '일체 법을 감싸고 일체 법을 지탱하며 일체 법을 굴리는 그 자리'이며, '어버이이자 자녀'이며, '가장 높은 이이자 가장 낮은 이'이며 '무엇이든지 다 될 수 있어서 도무지 고정된 것이 없는 것'이라 하였다. 이 때문에 '나눌 수 없는 전체'가 이미 주인공이라고 하였다.

이 같은 대행의 주인공 선풍은 산과 숲에서 두타행을 닦은 신라 무상(無相, 680~756; 684~762)에게서 기원하고 있다. 주인공은 '천지와 내가 같은 뿌리(天地與我同根)'이고 '만법과 내가 일체(萬物與我一切)'라는 인식에서 구체화될 수 있기 때문이다. 대행의 선풍은 동아시아에서 무상–마조 이래 한동안 끊어진 두타선풍의 계승이라고 할 수 있다.

두타선풍은 한때 초기 선종의 지엄智儼과 신행信行의 삼계교 등에 의해 시작되었고, 무상–도선–일연–설잠–경허–만해로 이어지던 두타선풍이 대행에 의해 계승되고 재현되고 있다는 점은 선사상적 의미가 적지 않은 부분이라고 할 수 있다. 앞으로 대행선의 사상적 연속성에 대한 탐구는 이러한 점에도 주목해야 할 것으로 생각된다.

---

871 한마음선원, 『한마음요전』(2016), pp.364~365.

5. 일심과 한마음의 접점과 통로

1) 일심의 한 점과 한 뿌리

대개 인간의 마음은 '하나의 점(一點)'에서 시작하여 동심원을 그리며 '하나의 원(一圓)'으로 작용한다. 이때 이 일심지원 즉 일심의 근원이 '일점'인 '구심'이자 부처의 마음인 제9아마라식이라면, 이 일심 즉 '일점'의 '원심'이자 중생의 마음인 제8아뢰야식이다. 유식학에서 망식 인 아뢰야식은 기신학에서는 진식과 망식이 화합되어 있는 아리야식이 라고 한다.

대개 선은 길 없는 길에서 문 없는 문을 찾지만, 교는 길이 끝나는 지점에 문이 있고 문이 끝나는 지점에 길이 닿아 있다. 원효는 선사로서 길 없는 길에서 문 없는 문을 연 수행자라고 할 수 있다. 그렇다면 길이 없는 길에서 문이 없는 문을 어떻게 열 수 있겠는가? 길이 없는 곳에서 문을 열고 문이 없는 곳에서 길을 열어야 할 것인가? 아니면 길 아닌 길에서 문을 열고 문 아닌 문에서 길을 열어야 할 것인가?

일심의 길과 문은 한마음의 길과 문과 어떻게 만날 수 있을까? 살펴본 것처럼 원효의 일심지원과 일심의 길과 문은 대행의 한마음 주인공과 한마음의 길과 문에 서로 닿아 있다.

> 적멸寂滅이라는 것은 일심을 말한 것이고, 일심은 여래장如來藏을 말한다. … 일체의 모든 법은 오직 일심이고, 일체一切의 중생衆生은 곧 하나(一)의 본각本覺이다. 이러한 뜻으로 말미암아 일각一覺이 라 부른다.[872]

원효는 일심을 유식학의 망식인 아뢰야식으로서 일심, 기신학의
적멸/여래장으로서 일심, 화엄학의 진심으로서 일심, 선법학의 본법
으로서 일심[873]으로 나누어 해명하였다. 이것은 원효 일심 이해의
차제성과 그의 수양학의 차제성을 보여주는 것이라고 할 수 있다.
인간의 마음은 '하나의 점(一點)'에서 시작하여 동심원을 그리며 '하나
의 원(一圓)'으로 작용한다. 이때 이 '일점', 즉 '구심'이 부처의 마음인
제9아마라식이라면, 이 '일점', 즉 '원심'은 중생의 마음인 제8아리야식
이자 진식과 망식이 화합되어 있는 의식이다.

원효의 일심학이 일심지원과 일심, 일(각)미와 일심, 본각과 진여
등의 구도로 이루어지듯이 대행선의 가풍도 한마음 주인공과 한마음으
로 이루어지는 일원상으로 구체화된다. 한마음 주인공이 일심의 구심
화인 일원상의 중심이라면, 한마음은 일심의 원심화인 일원상의 원심
이라고 할 수 있다. 이것을 원효의 용어로 바꾸면 우리의 본래 마음인
'한마음 주인공'은 '일심지원'이고, 우주적 마음인 한마음은 '일심'이라
고 할 수 있다.

⋯ 여래가 교화하는 바 일체중생은 일심의 유전流轉이 아님이
없기 때문이며, ⋯ 일체중생이 본디 일각一覺임을 밝히고자 한다.
다만 무명으로 말미암아 꿈을 따라 유전하는 것이기에 모두 여래의

---

872 元曉, 『金剛三昧經論』「無相法品」(『韓佛全』 제1책, 610상).
873 高榮燮, 「동아시아 불교의 보편성과 특수성 − 원효의 유식 기신 화엄 선법의
    일심과 관련하여」, 『문학 사학 철학』 제52-53호(2018), 대발해동양학한국학연
    구원 한국불교사연구소, pp.84~118.

일미설—味說에 따라서 결국은 일심의 근원(一心之源)으로 돌아가
지 않음이 없으니, 일심의 근원(心源)으로 돌아갔을 때 다 얻는
바가 없으므로 일미—味라고 한 것이다.[874]

원효가 해명하는 일심지원과 일심, 일(각)미와 일심, 본각과 진여는
일심 본각의 결정성[875]과일심 진여의 신해성[876]의 관계라고 할 수 있다.
이것은 곧 원효의 일심지원에 상응하는 한마음 주인공은 법신의 입장
에서 일컫는 것이며, 원효의 일심에 상응하는 한마음은 보신의 입장에
서 일컫는 것이다.[877] 법신의 결정성과 보신의 신해성은 부처와 중생의
관계를 평등의 측면에서 볼 것인가 차이의 측면에서 볼 것인가의
문제와도 상통한다. 중생이 부처가 되는 길을 어떻게 열어갈 것인가의
문제이기 때문이다. 바로 이 지점에서 원효와 대행의 일심지원과
한마음 주인공, 일심과 한마음(주인공)은 만날 수 있는 것이다.

2) 한마음의 한 점과 한 뿌리

대행은 길이 없는 곳에서 문을 열고 문이 없는 곳에서 길을 열었다.

---

874 元曉, 『金剛三昧經論』「無相法品」(『韓佛全』 제1책, 610상).

875 高榮燮, 「분황 원효 본각의 決定性 연구」, 『불교학보』 제68집(2013), 동국대학교
   불교문화연구원, pp.89~113.

876 高榮燮, 「분황 원효 일심의 神解性 연구」, 『불교학연구』 제20집(2009), 불교학연
   구회, pp.165~190.

877 高榮燮, 「분황 원효의 一心사상」, 『선문화연구』 제23집(2017), 한국선리연구원,
   107~152; 高榮燮, 「분황 원효와 진제 삼장의 섭론학 이해」, 『불교철학』 제3집
   (2018), 동국대학교 세계불교학연구소, pp.43~92.

동시에 길 아닌 길에서 문을 열고 문 아닌 문에서 길을 열었다. 그것은 한마음 주인공의 문이자 길이었고 한마음의 문이자 길이었다.

이 한마음 주인공이라는 건 내면에서도 한마음이요, 모든 내면세계의 세포 하나하나의 생멸들도 '나' 아님이 없습니다. 외부에서도 모든 것이 한마음으로 돌아갑니다. 그러니까 '한마음 주인공' 하고 세워야 그 끈을 잡고 올라갈 수 있습니다. 그걸 잡고 실험도 할 수 있고 그것 잡고 체험을 할 수도 있는 겁니다.[878]

대행은 '한마음 주인공'은 내면에서도 한마음이고 외부에서도 한마음으로 돌아간다고 하였다. 그래서 그는 '한마음 주인공' 하고 세워야 그 끈을 잡고 올라갈 수 있다고 하였다. 그런데 이 한 마음의 '한 점'이 우주의 근본이며, 태양의 근본이며, 천지의 근본이라는 것이다.

한마음의 한 점은 바로 우주의 근본이며, 태양의 근본이며, 바로 천지의 근본이니 내 한 마음의 한 점이 그렇게 위대하다는 겁니다.[879]

여기서 말하는 한 마음의 '한 점'이 바로 일심지원인 부처의 마음이며 이 한 점이 뻗어나간 것이 바로 일심인 중생심인 것이다. 대행이 말하는 이 한 마음의 '한 점'이 바로 우리의 본래 마음인 '일심지원'이자 대행의 '한마음 주인공'이다. 이 한마음이 한 점으로 수렴될 때가 부처의

---

878 대행, 『허공을 걷는 길 법형제회 1』(2001; 2016), p.159.
879 대행, 『허공을 걷는 길 정기법회 1』(1999; 2017), p.163.

마음인 일심지원이자 한마음 주인공인 것이며, 이 한 점이 한 원으로 확산될 때가 중생의 마음인 일심이자 한마음인 것이다.

  '주인공'이라 하는 것은 한마음을 말하고, 전체, 안과 밖이 하나로 돌아가는 거를 '한마음'이라고 합니다. 그걸 즉, 다시 말해서 주인공 이라고 하는 겁니다. 그런데 마음을 내기 이전 마음은 바로, 다스리 는 마음의 선장입니다.[880]

  여기서 말하는 마음을 내기 이전의 마음이 바로 한마음의 '한 점'이며 다스리는 마음의 '선장'인 것이다. 그것이 바로 원효가 말하는 일심지원 이며 대행이 말하는 한마음 주인공이다.

  주인공은 밝고 영원하고 지극하다. … 주인공을 불성이라고도 하고, 자성이라고도 하고, 또 여러 가지 다른 이름으로 부르기도 하는데 바로 이 주인공이 있음으로써 중생은 노예에서 벗어나 참 자유인이 될 수 있는 것이다. … 주인공은 본디 태어나는 일도 없고 죽는 일도 없다. … 주인공은 다만 하나가 만 개로, 만 개가 하나로 도는 가운데 여여하니 이를 일컬어 또한 부처, 자성불이라 하는 것이다. 그러므로 주인공을 통해 중생과 부처가 만나고, 둘이 아니라 하는 것이다.[881]

---

880 대행, 『허공을 걷는 길 법형제회 1』(2001; 2016), p.480.
881 한마음선원, 『한마음요전』(2016), p.353.

주인공은 밝고 영원하고 지극하여 불성이라고 하고 자성이라고 하고 참 자유인이라고도 한다. 그런데 주인공은 한마음에 딸린 주인공이기도 하지만 한마음과 나뉜 개념이기도 하다. 이 때문에 '한마음 주인공'이라고 할 때는 일심지원, 즉 제9아마라식에 상응하는 개념이 되며, '한마음'이라고 할 때는 일심, 즉 제8아리야식에 상응하는 개념이 된다.

모두 내 주인공의 한마음을, 한 뿌리를 믿고 맡겨 놓으세요. 일체 뿌리가 한 뿌리라면 전체가 연결이 됩니다. 그와 같이 일체 제불의 마음은 내 한 마음에 찰나찰나 나투시니 바로 한마음에 계시다는 것을 생각하시고, 일체 선장의 마음은 한마음이다.[882]

대행은 내 주인공의 한마음, 한 뿌리를 믿고 맡기라고 역설하였다. 일체 뿌리가 한 뿌리에서 시작되듯 이 뿌리는 전체와 연결되기 때문이다. 이처럼 일체 제불의 마음은 내 한마음에 찰나찰나 나타나 한마음 안에 머무르고, 한마음이 일체 선장의 마음이라고 생각하고 거기다가 맡겨 놓으면 일체가 모두 들린다고 하였다.

주인공은 나의 근원이지만 동시에 모든 것의 근원이다. 주인공은 나의 주인이자 모두의 주인이요, 삼계의 주인이다. '주'한 것은 근본 자리를 말하고, '공'한 것은 고정됨이 없이 돌아가는 것을 말한다.[883]

---

882 대행, 『허공을 걷는 길 법형제회 1』(2001; 2016), p.575.

주인공은 불성이기도 하고 참 자유인이기도 하지만 주목되는 것은 '주'와 '공'의 관계 지점이다. '주'는 참 주인이라는 의미이며, '공'은 텅 비었다는 것이다. 이 때문에 주인공은 실체가 아니다. 실체가 아니기에 텅 비었으며 텅 비었기에 모든 것이 될 수 있는 것이다. 주인공은 바로 이러한 비실체의 실체성, 비연속의 연속성과 상통하는 개념이 된다.

한마음으로서 중심을 세우는 것이 바로 주인공입니다.[884]

왜 주인공이냐? 나의 참 주인이니까 주인공이요, 또 텅 비었기에 '빌 공 자' 주인공이다. 주인공이란 뜻은 내가 그것을 근거로 있게 되었다는 의미이다. ⋯ ⟨⋯주인공은 나의 근거이자 동시에 모든 것의 주인이므로 '부처님'이라고 할 수도 있다. 모든 불보살과 일체 선지식과 모든 생명의 근본이 되는 주인공을 깨달아야 참 부처를 알 수 있는 것도 그래서이다.⟩ ⋯ 또 주인공은 마치 허공과 같아 무너지는 일도, 변하는 법도 없으면서 삼계의 모든 것에 나투고 모든 것을 그리고 되돌려 거두어들이기도 한다. ⟨그러므로 주인공엔 나와 너의 나눔이 없다.⟩[885]

대행은 참 주인인 주인공은 텅 비었기에 너와 나의 나눔이 없다고

---

883 한마음선원, 『한마음요전』(2016), p.354.
884 대행, 『허공을 걷는 길 정기법회 2』(1999; 2017), p.538.
885 한마음선원, 『한마음요전』(2016), p.361.

하였다. 그는 너와 나의 불이를 일원상으로 귀결시키며, 텅 비었지만 꽉 찬 일원상 한마음을 일심으로 형상화해 낸다.

주인공은 다 해당될 수 있다. 주인공은 이름이지만 그대로가 우주 법계, 생명의 실상이다. … 내어놓을 수도 없고 쥘 수도 없고 볼 수도 없는 그 근본 자기, 주인공은 어디에 국한된 게 아니라 이 우주의 광대무변한 이치를 모두 포섭하고 있다. … 근본의 주인공은 텅 비었으면서도 말을 하게 되고 생각을 하게 되니 꺼진다 켜진다 하는 말이 붙지 않는 자가 발전소로 비유할 수 있다. … 주인공은 빛깔도 없고 잡을 수도 없고, 그러면서도 여여하게 온다 간다는 말도 없이, 끝도 시작도 없이 돌아가고 있다. 그래서 공이요 무요 나툼일 뿐이다. … 주인공은 다른 곳에 있는 것이 아니라 주인공을 발견코자 하는 그 속에 있다.[886]

진리는 둥글다. 진리는 단순하다. 아름답다는 말이 '알답다'에서 나왔듯이 둥근 알은 가득 찼지만 텅 빈 모습을 형용한다. 대행이 말하는 주인공의 '공'처럼 허공의 텅 빈 모습이며 꽉 찬 모습이다. 대행이 그려 낸 한마음 주인공과 한마음은 길 없는 길에서 문 없는 문을 연 것이자 길 아닌 길에서 문 아닌 문을 연 것이었다고 할 수 있다. 그것은 원효의 일심지원과 일심과 만나는 지점이라고 할 수 있다.

이처럼 인간의 마음은 '한 점(一點)' 혹은 '한 뿌리(一根)'에서 시작하

886 한마음선원, 『한마음요전』(2016), pp.362~363.

여 동심원을 그리며 '한 원(一圓)' 또는 '한 줄기(一幹)'로 작용한다. 이때 이 '일점', 즉 '한 뿌리'가 부처의 마음인 제9아마라식이라면, 이 '일원', 즉 '한 줄기'가 진식과 망식이 화합되어 있는 아리야식이다. 이처럼 일심의 '한 점'인 일심지원과 한마음의 '한 뿌리'는 한마음 주인공은 상통하는 것이다.

따라서 원효와 대행은 본래 마음인 구심의 일심지원과 한마음 주인공, 우주적 마음인 원심의 일심과 한마음 사이는 연속과 불연속의 관계 속에 있다고 할 수 있다. 그 연속의 지점에서는 법신설에 입각한 일심 본각의 결정성의 측면이 드러나고 있으며, 불연속의 지점에서는 보신설에 입각한 일심 진여의 신해성의 측면이 드러나고 있다. 그리하여 원효의 '일심'과 대행의 '한마음'은 한 점인 일심지원과 한 뿌리인 한마음 주인공을 이어주는 매개항이 된다.

6. 일심지원인 아마라식과 일심인 아리야식

인간의 마음은 '한 점(一點)' 혹은 '한 뿌리(一根)'에서 시작하여 동심원을 그리며 '한 원(一圓)' 또는 '한 줄기(一幹)'로 작용한다. 이때 이 '일점' 즉 '한 뿌리'가 부처의 마음인 제9아마라식이라면, 이 '일원', 즉 '한 줄기'는 진식과 망식이 화합되어 있는 아리야식이다. 이처럼 일심의 '한 점'인 일심지원과 한마음의 '한 뿌리'인 한마음 주인공은 상통하고 있다. 신라시대의 분황 원효(芬皇元曉, 617~686)는 심층마음을 '일심지원' 혹은 '일심'이라고 했으며, 대한시대의 묘공 대행(妙空大行, 1927~2012)은 '한마음 주인공' 혹은 '한마음'이라고 하였다. 마음의

'한 점'인 일심지원과 마음의 '한 원'인 일심은 마음의 '한 뿌리'인 한마음 주인공과 '한 줄기'인 한마음에 대한 표현이다.

원효의 일심지원과 일심은 대행의 한마음 주인공과 한마음과 상응하면서 구심의 본래 마음이 원심인 우주적 마음으로 이어지는 것으로 이해된다. 반면 법장과 같이 일심과 진여문을 동일시하고 생멸문을 구분하는 이제설에 대행의 한마음 주인공과 한마음(주인공/오공)을 적용해 보면 대행은 원효보다는 법장과 상통하는 것으로 보인다. 법장의 이제설처럼 대행은 한마음 주인공과 한마음을 동일시하고 이들과 주인공(오공)을 차이화하고 있기 때문이다. 원효는 일심을 좁은 의미의 의식을 일컫는 아뢰야식 개념으로 사용하면서도 넓은 의미의 의식을 일컫는 여래장 개념으로 사용하였다. 또 그는 '여래장으로서 일심'뿐만 아니라 '적멸로서 일심'으로 사용하였으며, 화엄의 진심으로서 일심, 나아가 적멸과 여래장 바깥에 '본법으로서 일심'까지 시설하여 일심의 원천으로서 일심지원의 개념까지 시설하였다. 원효는 구역舊譯 경론의 체계 위에서 신역新譯 경론을 수용해 불학의 기반을 수립하였다. 그가 망식인 아뢰야식으로서 일심, 진망화합식인 적멸/여래장으로서 일심, 화엄의 진심으로서 일심, 선법의 본법으로서 일심 등으로 이렇게 철저히 일심의 지형도를 그려나갔던 것은 깨침 혹은 깨달음에 대한 치열한 탐구의 과정으로 이해할 수 있다.

대행은 이 한마음을 '불성'-'한마음 주인공'-'한마음'-'오공'의 관계 속에서 해명해 간다. 이 네 기호는 대행의 사상을 떠받치는 주축으로 이해된다. 대행은 이 한마음을 주인공, 아빠, 엄마, 심주, 평상심, 청수, 청수, 심봉, 한 물건, 본래면목, 한 놈도 없는 그놈, 아미타불,

본존불, 포괄적인 주처인 하느님, 나의 님 등이라고 했다. 또 대행이 강조하는 주인공은 '자신을 이끄는 참 자기'이고, '나의 나'이며 '내 마음의 마음'이라고 하였다. 동시에 '일체 법을 감싸고 일체 법을 지탱하며 일체 법을 굴리는 그 자리'이며, '어버이이자 자녀'이며, '가장 높은 이이자 가장 낮은 이'이며 '무엇이든지 다 될 수 있어서 도무지 고정된 것이 없는 것'이라 하였다. 이 때문에 '나눌 수 없는 전체'가 이미 주인공이라 하였다. 대행이 여인의 몸으로 거친 산속에서 닦은 두타선풍은 신라 정중 무상(無相, 680~756; 684~762)의 두타행에서 기원하고 있다.

원효의 일심학이 일심지원과 일심, 일(각)미와 일심, 본각과 진여 등의 구도로 이루어지듯이 대행선의 가풍도 한마음 주인공과 한마음으로 이루어지는 일원상으로 구체화된다. 한마음 주인공이 일원상의 구심화라면, 한마음은 일원상의 원심화라고 할 수 있다. 그런데 원효와 대행은 본래 마음인 '한 점'의 일심지원 및 '한 뿌리'인 한마음 주인공과 우주적 마음인 '한 원'의 일심과 '한 줄기'의 한마음은 상통하기도 하고 상이하기도 한다. 그 상통의 지점에서는 법신설에 입각한 일심 본각의 결정성의 측면이 드러나고 있으며, 상이의 지점에서는 보신설에 입각한 일심 진여의 신해성의 측면이 드러나고 있다. 대행의 한마음 주인공과 한마음은 각기 이 두 측면에 입각한 표현이라고 할 수 있다. 그는 '한마음 주인공'과 '한마음'의 관계를 동일시하면서도 이들과 '주인공'을 차이시하는 면을 보여주기 때문이다. 그것은 '한마음과 주인공', '한마음(주인공)과 오공'의 관계를 해명할 때 드러나고 있다.

참고문헌

『法句經』 제1장, 제1구.

『雜阿含經』 2(『大正藏』 제2책, 8상).

『增一阿含經』 권51(『大正藏』 제2책, 827중).

『增支部經典』 I-10, 11-13.

Juan Mascaro, *The Dhammapada*, England Books Ltd, 1973.

석지현 역, 『법구경: 불멸의 언어』(1994; 1997), 민족사, 12.

Anguttara Nikāya I-6, F. L. Woodward 번역, *The Book of the gradual Sayings*(1979), London: Pali Text Society, 5.

元曉, 『金剛三昧經論』 「無相法品」(『韓佛全』 제1책, 610상).

元曉, 『大乘起信論疏』(『韓佛全』 제1책).

元曉, 『大乘起信論別記』(『韓佛全』 제1책).

대한불교조계종 한마음선원, 「태어난 것이 화두」, 『滿空에 핀 꽃은 靑山을 울리고』, 『한마음저널』 제64호 특별판, 2012. 7. 10.

대행, 「허공을 걷는 길 담선법회 1986. 1. 8」.

대행, 『허공을 걷는 길 법형제법회 2; 789』(2000), 안양: 한마음선원출판부.

대행, 『허공을 걷는 길 국내지원법회 2; 1076』(2000), 안양: 한마음선원출판부.

대행, 『허공을 걷는 길: 대행법어집 일반법회, 1986. 03. 07』(1999). 안양: 한마음선원출판부.

대행, 『허공을 걷는 길 국외지원법회 2』(2000), 843.

한마음선원, 『한마음요전』(2016), 안양: 한마음선원, 364.

이균희(혜선), 「'한마음' 사상과 禪修行體系 연구」(2005), 동국대학교 박사학위 논문, 94.

미조구찌 류조 외, 『중국사상문화사전』, 김석근 외 옮김(2003), 민족문화문고, 171.

김형효, 『원효의 대승철학』(2006), 소나무, 96.

高榮燮(1), 「원효, 한국사상의 새벽』(1997), 한길사, 51~91; 『오늘도 나는 길을 간다: 원효, 한국사상의 새벽』(2009), 한길사, 41~82.

高榮燮(2), 『분황 원효의 생애와 사상』(2016), 운주사, 223.

이평래, 「한마음을 요체로 한 대행선에 관하여」, 『한마음연구』 제2집(2009), 안양: 대행선연구원, 12.

남동신, 「원효의 기신론관과 일심사상」, 『한국사상사학』 제22집(2004), 한국사상 사학회, 45~76 참조.

한자경, 「한마음이란 무엇인가」, 『선학』 제44집, 한국선학회, 2016, 207~239.

김원명, 「대행선사의 한마음사상을 중심으로 본 업과 삶」, 『철학논총』 제85집, 새한철학회, 2016. 7, 101~119.

김순원, 「대행스님의 한마음과 원효의 일심사상 비교 고찰」, 『한국사상과 문화』 제92집, 한국사상문화학회, 2018, 192~223.

高榮燮, 「원효 일심의 神解性 분석」, 『불교학연구』 제20호(2009), 불교학연구회, 165~190.

高榮燮, 「분황 원효의 일심사상」, 『선문화연구』 제23집(2017), 한국선리연구원, 107~152.

高榮燮, 「분황 원효의 여래장 인식과 불성 이해」, 『열상고전연구』 제61집(2018), 열상고전연구회, 41~42.

高榮燮, 「동아시아 불교의 보편성과 특수성―원효의 유식 기신 화엄 선법의 일심과 관련하여」, 『문학 사학 철학』 제52-53호(2018), 대발해동양학한국학연구원 한국불교사연구소, 84~118.

高榮燮, 「일심지원 혹은 일심이란 무엇인가?―원효 깨침 사상의 구심과 원심」, 『불교철학』 제2집(2018), 동국대학교 세계불교학연구소, 95~132.

慧敎(李香淑), 「묘공 대행의 주인공 사상과 관법」, 『연꽃 피는 세상』(2015), 학고방,

166.
박소령, 「대행의 한마음사상에 나타난 교리적 근거 고찰」, 『한마음연구』 제12집
(2019), 안양: 대행선연구원, 134.

제13장 분황 원효의 염불관과
무주 청화의 염불선

1. 염불관과 염불선

우리는 종종 이론에 상응하는 '철학'과 실천에 상응하는 '종교'를 분리해 보려고 한다. 이를테면 불교가 철학이냐 종교이냐는 질문처럼 말이다. 그런데 철학이기도 하고 종교이기도 한 불교 내에서도 관법에서의 '관觀'과 선법에서의 '선禪'의 결이 있다. '관'은 일체의 사태를 관찰하는 관법이고, '선법'은 일체의 분별을 넘어서는 행법이다. 일체를 관찰하는 '체계화된 관행觀行'이 '관법'이라면, 일체의 사량을 제거하고 '직관하는 선수禪修'가 '선법'이다. 그리고 불보살의 명호 명자를 생각하는 체계적인 관법이 염불관이라면, 자성불의 지혜 광명을 관조하며 닦아가는 선법이 염불선이다. 이렇게 수행상에서 본다면 염불과 선정은 별개의 것이 아니라 '염불 즉 선정'의 관계를 이루고 있다고 할 수 있다.

분황 원효(芬皇元曉, 617~686)는 일심一心-화회和會-무애無碍의 기
호로 자신의 생평을 펼쳤다. 그는 '일심一心의 몸체를 본각本覺으로
규정하고 무명에 따라서 움직여 생멸을 일으키기 때문에 여래장如來藏
이라고 한다'면서 일심을 여래장과 연결시키고 있다. 원효는 일심지원
一心之源인 본각의 결정성決定性과 일심一心인 여래장의 관계를 설명하
기 위해 일심에 '영묘하게 이해함' 혹은 '신령스레 알아차림'이란 뜻을
지닌 신해神解의 의미를 부여하고 있다. 그리하여 그는 일심에 '신해'
혹은 '신해성神解性'의 의미를 끌어들여 일심의 이해에 탄력성을 부여
하고 있다. 이것은 원효가 일심을 진망화합식인 여래장이라고 하면서
도 또한 망식인 아뢰야식이라고 한 지점에서도 그의 정토관 혹은
염불관을 엿볼 수 있다.

무주 청화(無住淸華, 1923~2003)는 원통불법과 정통선을 아우르는
실상염불선을 통해 순선純禪과 안심安心의 법문을 역설하였다. 그는
시방삼세에 두루한 자성불의 지혜광명을 관조하면서 닦는 선을 염불선
이라 하였다. 청화는 칭명稱名, 관상觀像, 관상觀想, 실상實相의 네
가지 염불 중에서도 실상, 즉 진리를 관조하는 염불을 특히 강조하였다.
그에 따르면 염불선은 실상을 생각하면서 하는 염불이며, 가상을
떠나 실상인 붓다를 생각하면서 염불을 하는 선이다. 즉 청화는 우리
마음을 천지 우주로 해방시켜서 그 가운데 가득 차 있는 그 무엇,
찬란한 그 광명, 이것을 생각하면서 하는 수행을 실상염불이라고
하였다.

이처럼 신라시대의 원효는 염불관을 통해 귀일심원과 지관수행으로
화회和會의 살림살이와 사고방식을 보여준 반면 대한시대(1897~)의

청화는 염불선을 통해 원통불법과 정통선법으로 회통會通의 살림살이
와 사고방식을 보여주었다. 두 사람은 1,300년의 간격을 넘어 살았지
만 우리는 이들이 각기 보여준 염불관과 염불선을 통해 염불 인식과
염불 이해의 접점을 확인할 수 있다. 선행연구에서는 각 시대별 경론별
염불과 선법의 접점과 통로,[887] 순선시대의 염불선의 지형,[888] 원효의
정토관,[889] 무상의 인성염불선,[890] 청화의 염불선[891] 등에 대해서 주로
논구해 왔다. 이 글에서는 원효의 염불관과 청화의 염불선의 동처와

887 조준호, 「선과 염불의 관계−염불선의 기원과 전개에 대한 비판적 고찰」, 『선문화
   연구』 제14집, 한국선리연구원, 2013. 6; 조준호, 「초기·부파불교에 나타난
   염불과 선」, 『염불과 선: 염불선의 성립과 전개』(청화사상연구회, 2014); 박경준,
   「『대지도론』에 나타난 염불과 선」, 『염불과 선: 염불선의 성립과 전개』(청화사상
   연구회, 2014).

888 한태식(보광), 「純禪시대의 염불선에 대한 몇 가지 문제」, 『정토학연구』 제18집,
   한국정토학회, 2012. 12; 조준호, 「달마어록에 나타난 염불선」, 『정토학연구』
   제18집, 한국정토학회, 2012. 12.

889 한보광, 「원효의 정토관련 저술에 나타난 信觀」, 『원효학연구』 제2집, 원효학회/
   원효학연구원, 1997; 장휘옥, 「원효는 왜 定性二乘의 往生을 부정했는가」, 『원효
   학연구』 제5집, 원효학회/원효학연구원, 2000; 후지 요시나리(藤能成), 『원효의
   정토사상 연구』(민족사, 2001); 고영섭, 「동아시아 불교에서 정토학과 원효」,
   『원효학연구』 제13집, 원효학연구원, 2008.

890 고영섭, 「무상과 마조」, 『불교학보』 제44집, 동국대 불교문화연구원, 2006;
   고영섭, 「무상의 무념학」, 『한국불교학』 제49집, 한국불교학회, 2009.

891 이운식, 「청화 염불선 연구」, 동국대학교 불교대학원 불교학과 석사논문, 2005;
   최동순, 「원통불법의 기반으로서 도신의 염불선」, 『정토학연구』 제18집, 한국정
   토학회, 2012. 12; 최동순, 「무주당 청화 스님의 천태교관 이해」, 『염불과 선:
   염불선의 성립과 전개』(청화사상연구회, 2014).

부동처 및 연속과 불연속의 지점을 찾아 오늘 한국불교의 염불사상과
염불수행의 현재를 점검하고 미래를 환기하여 보고자 한다.

2. 염불 즉 선정

염불, 즉 '붓다 아누사띠'(Buddha-anussati, Buddha-anusmṛti)는 붓다를
생각하는 선정 수행이다. 이 수행은 붓다의 모습을 나타내는 32상
80종호와 붓다의 덕성을 가리키는 아홉 가지 혹은 열 가지의 성질을
끊임없이 생각하는 행법이다. 선정 수행의 주요개념인 '아누사띠'는
'념念' 또는 '수념隨念'[892]으로 번역해 왔다. 특히 초기불교에서는 '사
띠'(sati)와 '아누사띠'를 구분하지 않고 '념念'으로 옮겼다. 하지만 일부
경론들에서는 염불을 '붓다 수념' 혹은 '불타 수념佛陀隨念'으로 옮기기
도 하였다. 여기서 수념이란 '붓다에 대한 선정이 끊어지지 않고 이어지
는 모습' 또는 '붓다의 모습과 상호 및 성질 또는 덕성을 끊임없이(無間
斷) 생각 생각(念念)하면서 서로 이어서(相續) 비춰보는(照見) 상태'를
가리킨다.
　'사띠'와 달리 '아누사띠'는 붓다의 아홉 가지 혹은 열 가지 덕성德性을

---

892 초기경전에 의하면 隨念(anussati)에는 ①붓다 수념(Buddhānussati), ②담마
　　수념(Dhammānussati), ③상가 수념(Sanghānussati), ④계율 수념(Sīlānussati),
　　⑤하늘 수념(Devatānussati), ⑥버림 수념(Cāgānussati)의 여섯 가지 수념과
　　⑦죽음 수념(Maranānusati), ⑧육신 수념(Kāyagatāsati), ⑨호흡 수념(Ānāpāna-
　　sati), ⑩고요 수념(Upasamānussati)을 덧붙인 열 가지 수념이 있다. 조준호,
　　앞의 글, p.16 참조.

가리킬 때 주로 사용되었다. 또 사선四禪이나 사무색정四無色淨 이후에 숙명통宿命通을 설명하는 대목에서도 사용되었다. 『디그하 니카야』와 『앙굿따라 니카야』 등에서는 '아누사띠 타나'(anussatiṭṭhāna), 즉 '아누 사띠가 이어지는 장場'에 대해 여섯 가지로 설명하고 있다. ① 전생 기억으로 한 생, 두 생 등의 여러 생에 걸친 전생의 갖가지 모습을 기억하는 장, ② 행복감이 유지되는 제삼선第三禪까지의 장, ③ 낮과 밤이 구별될 수 없을 정도로 명철한 지각상태, 즉 지견知見을 증득할 수 있는 광명상(光明想, ālokasasaññam)의 장, ④ 발끝에서 머리끝까지 왕복하면서 부정관과 백골관을 닦는 염신念身 수행의 장, ⑤ 계분별界 分別이 가능한 제사선第四禪의 장, ⑥ 그대가 가고, 오고, 서고, 앉고, 눕고, 일하는 등의 일련의 행위를 염하여 정념正念 정지正知를 성취할 수 있는 장이다. 이 경전에서는 이들 여섯 장을 모르는 것은 탁월한 마음인 선정(增上心學, adhicitta)을 모르는 것이라고 하였다.[893]

『앙굿따라 니카야』에서는 '붓다 수념'의 목적을 염리(厭離, nibbidā), 이욕(離欲, virāga), 지멸(止滅, nirodhā), 평정(平靜, upasama), 신통지 (神通知, abhiññā) 정등각(正等覺, sambodhi), 열반(涅槃, nibbāṇa)을 성취할 수 있는 수행의 과정으로서 '일법'(一法, ekadhamma), 즉 붓다를 수념하는 불수념佛隨念을 제시하고 있다.[894] 붓다 수념의 내용과 선정 차제는 ① 환열(pāmojja, pāmujja, 歡悅) → ② 큰 희열(pamudita) → ③ 환희로움(pīti) → ④ 몸의 경안(passaddhikāyo, 輕安) → ⑤ 행복 (sukha, 樂) → ⑥ 삼매(samādhi) → ⑦ 여실지견(yathābhūtañāṇadassana,

---

893 조준호, 앞의 글, p.11
894 『앙굿따라 니카야』 Vol.I, p.29.

如實知見) → ⑧염리(nibbidā, 厭離) → ⑨무욕(virāga, 離貪) → ⑩해탈 (vimutti, 解脫) → ⑪멸진지(kyayañāṇa, 滅盡智)로 이어진다.[895] 여기서 '환열'에서 '삼매'까지의 선정 단계는 대부분 '큰 환열'을 제외한 순서로 제시되고 있다. 또 삼매 이후의 선정은 여실지견에서 멸진지의 선정으로 이어지고 있다. 이처럼 삼매의 성취로 이어지는 위빠사나의 여실지견은 해탈과 열반으로 귀결되고 있음을 알 수 있다.

또 『증일아함경』 「십념품」에서 '불수념'은 "마땅히 이 일법을 닦아 행하고 일법을 널리 펴면 곧 신통을 이루고 온갖 어지러운 생각을 버리며, 사문과를 체득하고 스스로 열반을 이룰 것"[896]이라고 하였다. 이 경전에서는 마땅히 수행해야 할 일법'이자 '마땅히 널리 펴야 할 일법'으로서 열 가지의 대상을 제시한다. 즉 경전에서는 '염불念佛', '염법念法', '염중念衆', '염계念戒', '염시念施', '염천念天', '염휴식念休息', '염안반念安般', '염신비상念身非常', '염사念死' 등 열 가지 염에 대해 설하고 있다. 일법으로서 강조되는 염의 대상을 크게 분류해 보면 불보, 법보, 중보의 삼보三寶와 계론, 시론, 생천론의 삼론三論 및 휴식休息, 안반安般, 신비상身非常, 사死이다.[897]

이들 열 가지 일법을 수행하고(修行一法) 널리 일법을 펼쳐내면(廣布一法) 곧 신통을 이루고(便成神通) 온갖 어지러운 생각을 버리며(去衆亂

---

895 SN. ii, p.29; AN. v, pp.1~2. 조준호, 앞의 글, p.22 참조. 붓다 수념의 내용과 선정 차제의 11가지는 四念處와 四禪定 및 37菩提分法과 如來十號 등으로도 이어진다.

896 『增壹阿含經』 「十地品」(『大正藏』 제2책, p.552하).

897 『增壹阿含經』 「十地品」(『大正藏』 제2책, pp.552하~553중).

想) 사문과를 붙잡고(逮沙門果) 스스로 열반에 이를 것(自致涅槃)이라고 하였다. 이 경전에서는 '붓다 수념'을 통해 예류과, 일래과, 불환과, 아라한과의 사문과沙門果를 성취할 수 있다고 하였다. 이처럼 붓다 수념, 즉 염불은 성자의 경지에 들어서서 완성하기까지의 단계를 잘 보여주고 있으며, 붓다 수념의 위상과 그 수행의 결과를 보여주고 있다는 점에서 주목되고 있다.

염불이 선정 수행의 다른 이름이라고 볼 때, 선정 수행은 사마타(Samatha)와 위빠사나(Vipassanā, vipaśyanā), 즉 지관止觀 수행의 다른 이름이라고 할 수 있다. 염불은 붓다의 32상 80종호를 '붓다에 대한 선정이 끊어지지 않고 이어지는 모습' 또는 '붓다의 모습이나 성질 또는 덕성을 끊임없이(無間斷) 생각 생각(念念)하면서 서로 이어서(相續) 비춰보는(照見) 상태'라는 점에서 사마타 수행의 범주에 든다고 할 수 있다.

부파불교의 설일체유부에서 수행의 예비단계로 제시한 오정심관五停心觀 또는 오도관문五度觀門 혹은 오문선五門禪에는 부정관, 자비관, 인연관(계분별관), 수식관과 함께 염불관觀佛觀이 들어 있다. 이때의 염불관, 즉 관불관은 아직 붓다의 명호를 거듭거듭 반복해 부르는 염불은 아니었던 것으로 짐작된다. 신구의身口意 삼업 가운데 칭불 혹은 칭명불은 구행口行의 범주인 반면 염불은 의행意行의 범주로 볼 수 있기 때문이다. 아마도 당시에는 붓다를 상호나 덕성을 수념隨念하는 선정을 하였을 것으로 짐작된다.

대승불교의 대표적인 논사인 용수는 칭명불을 '겁약怯弱 하열下劣한 중생을 위한 신신방편의 이행도易行道로 보았다.[898] 또 그는 ①32상

80종호를 염하는 색신色身염불, ②40 불공법不共法을 염하는 법신法身염불, ③색신과 법신에도 집착하지 않고 공관空觀염불인 실상實相염불, ④여래의 십호를 염하는 최고의 염불인 십호十號염불의 네 가지로 제시하였다. 대승불교의 또 다른 논사인 세친은 신구의身口意의 삼업 중 몸으로 여래의 형상에 예배하는 예배문과 입으로 여래의 이름을 부르는 찬탄문은 오념문 가운데 도입부로 보고 있다.[899] 그 대신 세친世親은 신업의 예배문과 구업의 찬탄문을 넘어 의업에다 지관의 단계로서 염불문을 배대하고 있다. 이러한 관점은 용수를 계승한 중관학통뿐만 아니라 세친을 계승한 유식학통에서도 진정한 의미의 염불을 선정과 지관의 차원에서 해명하고 있음을 보여주는 증좌라고 할 수 있다.[900]

동아시아 불교는 이들 논사들의 문하들이 구축한 중관학과 유식학을 삼론학과 법상학의 체계로서 염불과 선정을 받아들였다. 이 때문에 종래의 동아시아 불교계에서는 염불과 선정의 관계를 병립 또는 양립의 쌍수雙修 혹은 겸수兼修로 보거나 통합 또는 일치를 통한 오염汚染 혹은 발전發展으로 보기보다는 '붓다 수염', 즉 '염불'이 곧 사문과를 성취하는 '선정'이라고 보았다는 사실을 알 수 있다. 그럼에도 불구하고 동아시아 불교에서 염불 수행보다 선법 수행이 우위에 있는 것처럼 보이는 것은 가장 후발 주자였던 선종의 독자성 강조와 우월감에 따른 배타성 때문으로 이해된다. 따라서 우리는 불교의 여러 경전[901]과

---

898 龍樹, 『十住毘婆娑論』(『大正藏』 제26책, p.41중).

899 世親, 『無量壽經優波提捨』(『大正藏』 제26책, pp.231중~232하).

900 조준호, 앞의 글, p.16 참조.

논서[902]를 통해 염불과 선정이 둘이 아니라 '염불이 곧 선정'이라는 근거를 확인할 수 있으며 원효의 염불관과 청화의 염불선에서도 이 사실을 확인할 수 있다.

3. 원효의 염불관

원효가 지은 103(105)부 202(208) 내지 208(214)권의 저술[903] 중 정토관련 저술은 13종에 이른다.[904] 우리는 이들 『정토삼부경』(『無量壽經』 『觀無量壽經』 『阿彌陀經』) 소석疏釋 중에서 오직 하나 남은 완본의 저술[905]인 『불설아미타경소』와 미완본인 『무량수경종요』[906] 및 「미타증

---

901 『雜阿含經』 권제20, 550經(『大正藏』 제2책, p.143중하); 『雜阿含經』 권제33, 931經(『大正藏』 제2책, p.237하); 『增壹阿含經』 권제2, 「廣演品」(『大正藏』 제2책, p.554상); 『增壹阿含經』 권제4, 「一子品」(『大正藏』 제2책, p.566상).

902 『阿毘達磨集異門足論』 권제16, 「六法品」(『大正藏』 제26책, p.433중); 『阿毘達磨法蘊足論』(『大正藏』 제26책, p.460중).

903 高榮燮, 「분황 원효 저술의 서지학적 고찰」, 『한국불교사연구』 제1호, 한국불교사학회/한국불교사연구소, 2012년 가을·겨울호, pp.4~5.

904 高榮燮, 『원효탐색』(연기사, 2001; 200; 2010), pp.297~300. 원효의 정토관련 저술은 현존하는 『無量壽經宗要』와 『佛說阿彌陀經疏』 및 「彌陀證性偈」를 비롯하여 眞僞의 문제가 있는 『遊心安樂道』와 『觀經宗要』, 『彌勒上生經宗要』, 『彌勒上生經疏』, 『阿彌陀經通讚疏』, 『無量壽經私記』, 『無量壽經疏』, 『般舟三昧經疏』, 『般舟三昧經略記』, 『般舟三昧經略議』 등을 총괄하여 대략 13종이 있다. 이들 중 극락정토설과 관련된 현존 저술은 앞의 『무량수경종요』와 『불설아미타경소』 2종과 「미타증성게」가 있다.

905 金煐泰, 『韓國佛敎 古典名著의 세계』(민족사, 1994), p.33.

906 원효의 또 다른 저작인 『무량수경종요』는 大意·宗致·疑惑衆生·就文解釋 등

성게」[907]를 기초로 하여 그의 정토관과 염불관을 살펴볼 수밖에 없다. 원효는 『아미타경소』와 『무량수경종요』를 통해 일심의 증득을 통한 정토의 구현을 역설하였다. 그는 후대의 가탁으로 평가받는 『유심안락도』 이외에 이들 두 정토계통 전적에서 일심—心의 증득을 통해 정토의 왕생往生이 가능하다고 하였다.

원효는 이들 주 저술에서 "예토와 정토는 본래 일심"이며 "생사와 열반은 끝내 둘이 없다"[908]고 하였다. 이것은 일심이 곧 붓다의 지혜 정토임을 역설한 것이었다. 이처럼 원효의 사상적 기호인 일심과 일심의 증득은 원효의 전 교학에서 강조되고 있다. 때문에 그는 일심의 증득으로 서방정토가 아닌 차방정토, 타심정토가 아닌 유심정토를 신라에 구현하고자 하였던 것이다.

원효는 『대승기신론』의 일심에 기초하여 지관止觀에 의한 신심信心의 수습修習을 역설하였다., 즉 그는 시문施門, 계문戒門, 인문忍門, 진문進門, 지관문止觀門이라는 오행五行의 수행修行을 닦음으로써 믿음을 성취한다고 하였다. 그것은 곧 믿음을 성취함으로써 발보리심하여 위로는 불도를 펼치고(上弘佛法) 아래로는 중생을 교화하는(下化衆生) 것이다. 이러한 일련의 체계는 원효의 정토왕생의 논리와 정토수행

4부문으로 구성되어 있으나 마지막의 就文解釋 부분이 실전되어 그 내용을 알 수 없다. 본디 2권으로 된 宗要였던 것을 감안하면 권2는 아마도 就文解釋이었을 것으로 추정된다.

907 「미타증성게」는 7언 4구 28자로 된 게송이다.

908 元曉, 『佛說阿彌陀經疏』(『韓佛全』 제1책, p.562하); 元曉, 『無量壽經宗要』(『韓佛全』 제1책, p.553하). "穢土淨土, 本來一心, 生死涅槃, 終無二際."

의 체계를 보여주는 것이다.

원효는 "아미타불의 이름을 염하는 염불의 힘으로 모든 중생을 남김없이 깨달음에 들게 하겠다"는 아미타불의 본원의 성취를 통하여 정토왕생의 논리와 근거를 마련하였다. 그는 『무량수경』의 종치宗致를 '정토의 과덕'과 '정토의 인행'으로 구분한다. 원효는 '정토의 과덕'에서 『무량수경』에서 설하는 네 가지 정토의 과덕을 정淨/부정不淨문, 일향一向/불일향不一向 상대문, 순順/잡雜 상대문, 정정正定/비정정非正定 상대문의 네 가지 범주로 분류하고 여기에 경증과 논증을 덧붙이고 있다.

즉 ① 『인왕경』에서 설한 것처럼 붓다가 거주하는 곳만을 정토라 하고 금강지 이하의 보살이 머무는 곳은 정토라고 부르지 않고 과보토라 부르고, ②8지, 즉 부동지 이상의 보살이 머무는 곳만을 정토로 하며, ③대지大地, 즉 십지의 높은 지위에 들어간 보살이 태어난 곳만을 정토라 하고, ④정정취만이 사는 곳을 정토라 하며 이승이 섞여 사는 곳은 청정세계라 하지 않는다.[909]

원효는 『인왕경仁王經』·『섭대승론攝大乘論』·『유가론瑜伽論』·『무량수경無量壽經』을 인용해서 이 네 가지 정토를 각각 금강지金剛地 이상 → 팔지八地 이상 → 환희지歡喜地 이상 → 정정취正定聚로 단계를 낮추어서 결국은 이승정위二乘頂位 이상과 보살초발심주菩薩初發心住 이상이면 정정취이고, 이 정정취가 머무르는 곳이면 아비발치(阿毘跋致, Avinivartanīya)의 극락정토라 하였다.[910] '정토의 인행'에서는 본래

909 元曉, 『無量壽經宗要』(『韓佛全』 제1책, p.554상중).
910 安啓賢, 『新羅淨土思想史研究』(현음사, 1987), p.34.

갖춘 인과 왕생의 인연 그리고 왕생의 행상에서 왕생의 정인(隨事발심/順理발심)과 조인(隱密십념/顯了십념/오역죄의 회통)으로 해명하고 있다.

한편 『무량수경』에서는 정토, 즉 무량수국을 네 번째인 정정正定/비정정非正定상대문을 기준으로 하여 정토로 설한 것이라고 하였다. 즉 대승과 소승을 널리 포용하고, 범부와 성인을 함께 인도하여, 더불어 수승한 곳에 태어나, 다 함께 대도에 나아가고자 하기 때문이다고 하였다.[911]

하지만 원효는 『무량수경종요』에서 "위의 4문에서 설한 정토는 모두 여래의 원행願行으로 성취된 곳이며 저곳에 태어난 중생의 자력自力으로 성취된 곳이 아니다. 예토의 바깥 기세계가 중생의 공업으로 이루어진 것과는 같지 않다"[912]고 하였다. 이것은 원효가 정토를 현존하는 세계로 보고 있지 않다는 사실을 보여준다.

그렇다면 그가 '정토와 예토가 하나'라고 한 것은 근기가 높은 이를 위한 설이고, '정토가 서방에 있다'고 한 것은 근기가 낮은 이를 위한 설이라고 할 수 있을 것이다. 여기서 전자는 유심정토설 또는 차방정토설의 근거이며, 후자는 서방정토설 혹은 타방정토설의 근간이 될 것이다. 즉 구원겁 전에 법장보살이 48원을 세워 오랜 세월 동안 수행을 하여 십겁 전에 성불하여 서방 극락세계에 설법하고 있는 아미타불의 근본서원根本誓願인 본원本願 역시 근기가 낮은 이를 위한 별원別願이었다고 할 수 있다. 아미타불의 48원 중 제18원인 염불왕생

---

911 元曉, 위의 책, p.554하.
912 元曉, 앞의 책, p.555상.

원은 염불왕생에 의한 중생의 구제를 보여준다.

설사 내가 부처님이 되어 시방의 중생이 지극한 마음(至心)으로
믿고 즐겨(信樂) 내 나라에 태어나기를 원하여 (나의 이름을) 열
번까지 부르고서도(十念) 태어나지 못한다면 (나는) 정각正覺을
성취하지 않을 것이다. 오직 오역五逆죄를 지은 자나 정법을 비방하
는 자는 제외한다.[913]

원효는 이 십념을 은밀의隱密義의 십념과 현료의顯了義의 십념으로
나누어 해명하고 있다. 그는 『관무량수경』의 하품하생에서의 십념과
『무량수경』의 제18원에 나타나는 십념에 대하여 특별히 주목을 하였
다. 그리하여 그는 정토왕생을 위한 보조적인 수행법으로서 십념十念
의 염불念佛을 『미륵발문경』에 설해진 범부와 이승이 들어가지 않는
초지 이상의 보살만이 순정토純淨土를 구족할 수 있는 은밀隱密의
십념을 제안하였다.
반면 『관무량수경』의 하품하생에게 설한 임종 이후의 왕생보다는
임종 이전의 지심至心 염불을 강조하는 현료顯了의 십념을 제시하였다.
여기에서 우리는 은밀문의 십념과 현료문의 십념의 구분 아래 초지
이상의 보살만이 아니라 임종 이전의 지심 염불을 강조하는 하품하생
의 중생들까지 받아들이는 모습을 통하여 그의 화회논자적 풍모를
엿볼 수 있다.

---

913 『無量壽經』(『大正藏』 제12책, p.268상). "設我得佛, 十方衆生, 至心信樂, 欲生我
國, 乃至十念, 若不生者, 不取正覺. 唯除五逆, 誹謗正法."

알다시피 정토왕생은 아미타불의 본원력에 의해 이루어진다. 하지만 범부와 이승의 정토왕생을 위해서는 이들 자신의 의지와 노력이 전제되어야 한다. 이 때문에 원효는 『무량수경종요』에서 정토왕생을 위한 보조적인 수행법으로서 십념十念 염불을 제시하고 있다. 그는 이 저술에서 『무량수경』의 상배, 중배, 하배에 대한 왕생인을 수용하면서도 한편으로는 십념에 대한 하배인의 왕생수행법에 대해 배려하고 있다. 원효는 하배인을 부정성인과 보살정성으로 분류하여 해명하고 있다. 이 점은 중국의 정토가와 다른 그의 독자적 시각이라고 할 수 있다. 원효는 부정성인에 대해 이렇게 밝히고 있다.

첫째, 가령 여러 가지 공덕을 짓지 못하더라도 마땅히 위없는 보리심을 일으킨다. 이것은 정인正因을 밝힌 것이다.
둘째, 십념十念에 이르기까지 오직 저 부처님을 오로지 생각한다. 이것이 만업滿業을 돕는다.
셋째, 저 국토에 태어나기를 원한다. 여기의 원願과 앞의 행行이 화합하여 정토에 왕생하는 인因이 된다.[914]

이어서 원효는 보살종성의 왕생인에 대해서도 이렇게 밝히고 있다.

첫째, 매우 깊은 법을 듣고 환희하며 믿고 즐거워한다. 이 구절은 발심의 정인正因을 함께 나타낸 것이며, 단지 앞의 사람과 다른 것은 그 깊은 믿음(深心)을 들어 보인 것이다.

---

914 元曉, 앞의 책, 558상.

둘째, 일념一念에 이르기까지 저 부처님을 생각한다. 이것이 만업滿
業을 돕는다. 앞의 사람은 깊은 믿음이 없기 때문에 반드시 십념十念
을 모두 갖추지 않아도 된다는 것을 나타낸 것이다.
셋째, 지성심至誠心으로 저 국토에 태어나고자 원한다. 이 원願과
앞의 행行이 화합하여 정토에 왕생하는 인因이 된다.[915]

이처럼 원효는 부정성인과 보살종성을 '깊은 믿음(深心)'의 소유
여부로 구분하고 있다. 깊은 믿음이 있는 사람은 십념을 갖추지 않아도
되며 오직 일념만으로도 부처를 생각하면 된다. 원효는 매우 깊은
법을 깨닫지 못한 하배중생들을 배려하기 위해 십념 염불의 공덕을
시설하였다. 그는 이 십념 염불의 공덕이 깊은 믿음이 없는 부정성인에
게 특히 중요한 왕생요인이 됨을 역설하고 있다. 이어서 원효는 먼저
은밀문의 십념에 대해 이렇게 해명한다.

그때 미륵보살이 부처님께서 설하신 아미타불의 공덕 이익은 만일
능히 십념十念 상속相續해서 부처를 끊임없이 생각하면 즉시 왕생
을 얻는다. 어찌하여 생각(念)이라고 하는가? 부처님께서 말씀하
시기를 범부凡夫의 생각이 아니고, 불선不善의 생각이 아니고,
결사結使가 섞인 생각이 아니다. 이와 같은 생각을 구족하면 즉시
안락국토安樂國土에 왕생한다. 대강 십념十念이 있는데 무엇으로
열 가지로 삼는가? 첫째는 일체중생에게 항상 자심慈心을 갖는다.
둘째는 일체중생에게 비심悲心을 일으키고, 남은 해로운 생각을

---

915 元曉, 앞의 책, 558상.

없앤다. 셋째는 호법심護法心을 일으키고 일체법에 대해서 신명을 아끼지 않으며 비방하지 않는다. 넷째는 인욕 중에서 결정심決定心을 일으킨다. 다섯째는 심심深心이 청정해서 이양耳痒에 물들지 않는다. 여섯째는 일체종지심一切種智心을 일으키며 나날이 항상 생각하고 폐하거나 잊어버림이 없다. 일곱째는 일체중생에게 존중심尊重心을 일으킨다. 여덟째는 세속의 이야기에 대한 미착味著心을 일으키지 않는다. 아홉째는 깨침에 대한 생각 가까이하여 여러 선근의 인연을 깊이 일으키고 시끄럽게 산란심散亂心을 멀리 여읜다. 열째는 바른 생각으로 부처님을 관하고 모든 감각의 충동을 없앤다.[916]

원효는 이 십념에 대하여 범부와 이승이 들어가지 않는 초지(환희지) 이상의 보살만이 사는 순정토純淨土라고 해명하고 있다. 이렇게 본다면 은밀문의 십념은 범부가 쉽게 접근할 수 있는 수행이 아니다. 초지 이상의 보살만이 갖출 수 있는 것이다. 다만 현료문의 십념을 닦아 물러나지 않는 믿음이 생기게 되면 그 결과로서 가지게 되는 열 가지 마음자세로 이해할 수 있다. 원효는 현료문의 십념에 대해 이렇게 해명한다.

현료의顯了義의 십념十念이란, 네 번째의 정토에 기대어 설하면, 하품하생下品下生이란, 어떤 중생이 선하지 않은 업인 오역죄와 십악업과 여러 선하지 않은 업을 짓다가 목숨이 다할 때에 이르러

---

916 元曉, 『無量壽經宗要』(『한불전』 제1책, p.558하).

선지식을 만나 묘한 법을 듣고 염불의 가르침을 받고도 마음으로 능히 염불하지 못하면 마땅히 무량수불無量壽佛을 부르라. 이렇게 지극한 마음(至心)으로 그 소리가 끊이지 않게 하여 십념十念을 갖추어 나무아미타불南無阿彌陀佛을 부른다면, 무량수불의 이름을 불렀기 때문에 생각 생각 가운데에 팔십 억겁에 지은 생사의 죄가 제거되고 목숨을 마친 뒤에는 곧 왕생하게 될 것이다.[917]

원효는 마음이 겁이 많고(怯) 행이 약한(弱) 사람을 위해 여래의 승承방편方便으로써 정토에 왕생할 수 있다고 하였다. 그는 모든 중생이 평등하게 성불할 수 있는 근거로서 제시한 여래장을 통하여 일심의 근원으로 돌아갈 수 있다고 보았다. 여기서 십념, 즉 10이라는 숫자는 무엇을 의미하는가. 우리들의 손가락이 열 개이듯이, 지상地上보살의 단계가 열 개이듯이 10의 의미는 원만성, 완전성, 구족성을 상징하고 있다. 하지만 더욱 중요한 것은 10번이라는 숫자보다는 '지심至心', 즉 '지극한 마음'으로 부르는 '끊어짐이 없는 염불'의 십념을 나타낸다고 보아야 할 것이다.

구마라집鳩摩羅什의 설에서 말하였다. 비유하면 어떤 사람이 광야에 있다가 나쁜 도적을 만났는데, 창을 휘두르고 칼을 빼들고 쫓아와서 곧 죽이려 할 때, 그 사람이 급히 달아나는데 강이 앞에 있음을 보고 그 강을 건너지 못하면 목숨을 부지하기가 어려운

---

917 『觀無量壽經』(『大正藏』 제12책, p.346상). 원효는 『관무량수경』의 이 구절을 인용해 풀어가고 있다.

것을 직감한 나머지 그는 오로지 일념一念으로 이 강을 건널 방편만 생각하게 된다. 만일 옷을 입고 건넌다면 몸이 헤엄치기가 힘들어 건너지 못할까 걱정이 되고, 만일 옷을 벗고 건너려 해도 옷을 벗을 겨를이 없지 않은가? 오직 마음에 이 생각만 있고 다른 생각은 없으리니, 이는 곧 저 강을 건너려는 한 생각뿐이기 때문이다. 이와 같이 십념十念에 조금도 다른 생각이 섞일 수가 없다. 수행자도 또한 이와 같아서 부처님의 명호를 생각하거나 끊임없이 부처님을 생각하여 십념에 이르러야 하나니 이와 같은 지극한 마음(至心)을 십념이라 한다.[918]

경전에서처럼 법장보살은 여러 중생들이 모두 자기와 함께 깨침을 얻기 전에는 기필코 성불하지 않겠다고 하였다. 그런데 법장보살은 이미 깨침을 얻었기 때문에 그의 근본서원, 즉 본원에 의거하여 중생들은 아미타불의 도움으로 구제받을 수 있게 되어 있다. 법장보살의 본원은 중생들의 근기에 대한 철저한 긍정의 마음을 보여주고 있다. 여기서 십념은 '아미타불'이라는 붓다의 이름을 끊어짐이 없이 칭명하는 선정 수행을 의미한다. 마치 광야에서 어떤 사람이 창을 휘두르고 칼을 빼들고 쫓아와서 죽이려는 나쁜 도적을 만나 달아나다가 맞닥뜨린 강을 일념으로 헤엄쳐 건너가듯이 말이다.

지성심, 즉 지심은 『관무량수경』의 '상품상생'에서 설한 지성심至誠心, 심심深心, 회향발원심廻向發願心의 세 가지 마음 중 하나이다. 이 세 가지 마음 중 중국인 정토가인 담란, 선도 등은 '지성심'을 언급할

---

918 元曉, 『無量壽經宗要』(『韓佛全』 제1책, p.559상).

때 '진실성'에 초점을 두고 있다. 반면 원효가 말하는 '지성심'은 '간절함'에 주안점을 두고 있다. 그는 지성심의 상태를 방법적인 측면에서 매우 상세하게 묘사함으로써 하배인에게 더욱 쉽게 정토왕생할 수 있는 계기를 만들었다고 할 수 있다. 그리하여 원효는 하배인은 지관止觀수행을 못하므로 목숨을 내건 절실한 마음으로 십념 상속하는 가운데 불명佛名을 염念하고 불상佛相을 염念해서 불佛의 본원력의 작용을 받고 승연력에 힘입어 왕생하는 것으로 파악하였다.[919]

　이 때문에 십념은 "아미타불을 '지극한 마음으로' 열 번 부르면"이라는 의미를 지닌다. 즉 '지극한 마음으로' 아미타불의 이름을 열 번 부르면 극락정토에 왕생하게 된다는 것이다. 아미타불에 대한 전적인 신뢰, 즉 지극한 마음으로 아미타불의 나라에 태어나기를 원한다면 성취될 수 있다는 것이다. 이러한 십념관十念觀은 중국의 정토가인 담란曇鸞, 도작道綽, 선도善導에게서도 확인된다. 원효는 이들의 십념관을 수용하면서도 이를 다시 원용하여 주체적으로 변용하였다. 그의 십념관은 주요 특징은 중국 정토사상가들의 칭명염불에 지성심至誠心을 더한 것이다.

　원효는 정토의 인에서 "본래 무루법인 종자를 삼무수겁 동안 닦아 증대시키면 이것이 정토로 변화하여 나타나 정토에 태어나는 원인이 된다"는 성변인成辨因과 달리 상중하배의 변별을 통해 왕생인往生因에 대해 설명하고 있다. 그중에서도 그는 하배인이 갖춰야 할 지성심을 특히 강조하고 있다. '지성심'은 자신의 목숨을 노리는 나쁜 도적을

919 정용미, 「원효의 淨土사상에 있어서 淨土往生의 논리와 수행체계」, 『동아시아불교문화』 제6집, 동아시아불교문화학회, pp.229~230.

피하기 위해 강을 헤엄쳐 건너가려는 지극한 마음과 믿음으로 하는 십념十念이어야 한다.

이 때문에 원효는 왕생은 자신의 업으로 이뤄지는 것이 아니며 오직 여래의 대비원력大悲願力에 의지할 수밖에 없다며 타력他力에 의한 왕생인往生因을 제시하였다. 그는 선근은 연緣이 작용하여 이루어지는 것이지 자신이 닦는 것이 아니며, 중생은 여래의 선근을 이어받기 위해 발보리심하고 지성심으로 염불함으로써 부처의 본원력으로 정토에 왕생할 수 있다고 하였다. 이것은 일심一心의 증득이 곧 정토왕생이라는 믿음 위에서 발보리심과 십념염불의 '자력적 수행'이 여래장사상에 기반한 아미타불의 대비원력이라는 '타력적 염불'과 융합하여 비로소 왕생의 원인이 됨을 강조한 것이라고 할 수 있다.

4. 청화의 염불선

청화는 자신이 지은 저술과 강론한 법어를 채록한 『정통선의 향훈』, 『순선안심법문』, 『원통불법의 요체』, 『마음의 고향』(1~5권), 『실상염불선』 및 『육조단경역주』 및 『정토삼부경편역』을 통해 자신의 살림살이와 사고방식을 보여주었다. 그가 염불선을 펼친 것을 고려하면 『정통선의 향훈』과 『원통불법의 요체』 및 『실상염불선』은 그를 이해하는 대표적 논저라고 할 수 있을 것이다. 청화는 이들 저술을 통해 그의 살림살이와 사고방식을 보여주었다.

청화는 붓다 "법문의 대요는 마음을 편안하게 하는 안심법문安心法門이자 마음을 즐겁게 하는 안락법문安樂法門"이며, "불법은 안심법문이라 공부를 편안하게 해야 할 것"으로 본다.[920] 또 그는 "불법의 대요는 참선에 있다"[921]고 보았다. 그러면서도 청화는 참선을 염불을 통해 설명하였다. 그에게 염불은 선정의 다른 이름이었으며, 선정은 염불의 다른 이름이었다. 이처럼 청화는 불교 수행의 과녁이 안심安心에 있으며 안심을 위한 수행은 선禪이라고 보았다.

청화의 '안심'은 담연湛然의 『지관대의』에서 "마음의 산란을 그치고 지혜를 밝게 하여 마음을 법성에 편안히 머물게 함"과 『속고승전』 제16 「보리달마전」의 "모든 중생이 동일한 진성임을 깊이 믿고 벽관에 머물기를 꾀하여 도와 그윽이 부합함"에서 기원을 삼고 있다.

청화의 '안심'은 '순선純禪'과 만나 '순선안심純禪安心'으로 나아간다. 여기서 '순선'은 달마 때부터 육조 혜능 때까지의 순수한 선을 가리킨다. 그는 종파적 색채가 없는 초기 선종, 즉 보리 달마로부터 마조 도일의 제자들의 활동기까지 선종의 성립기에 주목하였다. 그러면서도 청화는 달마에서 혜능까지의 순선純禪시대의 '안심'에 집중하였다.

그는 순선시대를 명명하면서도 혜능 이후의 선법을 배제한 것은 혜능의 제자였던 하택 신회(荷澤 神會, 684~732)가 활대滑臺의 대운사 大雲寺에서 시설한 무차대회無遮大會에서 제기한 『보리달마남종정시비론』과 규봉 종밀이 기록한 『선문사자승습도』, 그리고 그 이후 당송 시기에 발달했던 선종의 '5가 7종'의 분화와 대립에 대한 그의 부정적 인식에 근거한 것으로 짐작된다.

이것은 청화가 살았던 일제 강점기, 해방공간, 6·25, 4·19, 근대화와

---

920 淸華, 『圓通佛法의 要諦』(성륜각, 2003), pp.13~14.
921 淸華, 위의 책, p.14.

민주화 과정의 대립과 갈등을 원만하게 통섭(圓通)하기 위해 순선에
기반한 안심을 강조한 것으로 짐작된다. 동시에 이것은 청화 선사가
시대적 소명으로서 당시에 겪은 여러 대립과 갈등을 지양하는 '원통불
법'을 주창에서부터 '순선' 채택의 근거[922]를 찾아야 할 것이다.

청화는 염불을 붓다의 명호를 외우는 칭명稱名염불, 붓다의 원만한
상호 즉 32상과 80종호를 관찰하는 관상觀像염불, 붓다의 자비공덕이
나 지혜광명 등을 상상하는 관상觀想염불, 중도실상인 법신을 생각하
는 실상實相염불의 넷으로 나눈다. 이 중에서도 그는 실상염불을 참다
운 본질적인 염불이라고 파악하였다.[923] 그러면서도 칭명, 관상, 관상
염불의 공능을 배제하지 않는다. 이러한 그의 태도는 실상염불을
중심으로 나머지 염불을 '원만히 통섭한 것'으로 이해할 수 있다.

청화는 염불에서 "'염念'이란 사람 사람마다 마음에 나타나는 생각이
며, '불佛'은 사람마다 갖추고 있는 근본 성품"[924]으로 보았다. 또 "생각
생각에 부처를 여의지 않고서 염하는 것이 참다운 상근인上根人의
염불인 것"[925]이라고 하였다. "염불 공부란 우리 눈앞에 좋다 궂다
시비분별하는 여러 가지 생각이 우리 본각本覺의 참 성품을 각오覺悟하
는 것이요, 부처와 내가 본래 하나임을 재확인하는 공부 이것이 곧

---

922 최동순, 앞의 글, 앞의 책, p.114.

923 清華, 『실상염불선』(광륜출판사, 2013), pp.26. 이들 사종 염불 외에도 호흡에
　　맞추어서 하는 數息念佛, 아미타불을 화두로 하여 참구하는 看話念佛 등이
　　있다.

924 清華, 『圓通佛法의 要諦』(성륜각, 2003), p.230.

925 清華, 『圓通佛法의 要諦』, p.231.

참다운 염불"⁹²⁶이라고 보았다.

또 청화는 "염불은 부처와 더불어서 둘이 아니고, 부처를 떠나지 않는 것"이며, "그러나 우리 중생들은 업장 때문에 자꾸만 떠나 버리니까 우리가 떠나지 않기 위해서, 내가 부처임을 재확인하기 위해서 염불을 하는 것"이며 또 "미운 사람이나 고운 사람이나 다 부처란 것을 확인하기 위해서 염불하는 것"⁹²⁷이라고 하였다.

청화는 "염불선도 원래 최상승선 도리"⁹²⁸라고 파악하여 여타의 신사들과 달리 염불선을 최상승선으로 보았다. 이러한 그의 인식은 염불선에서 염불이 수행의 대명사인 '선禪'과 결합한 것이기보다는 초기불교 이래의 '붓다 수념', 즉 '불수념'이 본디 염불선이었음에 대한 환기와 복원으로 이해된다. 그리하여 그는 붓다 수념, 즉 불수념을 순선純禪과 안심安心으로 연결시킨다.

청화는 염불선에 대해 "염불은 따지고 보면 참 나를 생각하는 것"이며, "본래부처가 부처를 생각하기 때문에 역시 선이 된다"⁹²⁹고 보았다. 동시에 "우리가 불명佛名을 외운다 하더라도 꼭 법신자리를 믿어야 참다운 염불이 되는 것이며 이것이 이른바 닦아갈 때 염불인 것"⁹³⁰이라고 역설하였다.

이처럼 청화는 실상염불이 궁극적인 염불이라고 하였다. 그러면서

926 淸華, 위의 책, p.231.
927 淸華, 『실상염불선』(광륜출판사, 2013), p.163.
928 淸華, 앞의 책, p.221.
929 淸華, 앞의 책, p.224.
930 淸華, 앞의 책, p.236.

도 방편의 염불과 하근인의 염불이 지니는 의미를 간과하지 않는다. 그는 "우리가 초심일 때는 역시 뭐라 해도 화두면 화두, 염불이면 염불, 이름을 자꾸만 외우고 하나만 생각해야 마음이 모아진다"[931]고 하였다. 그런데 청화는 염불삼매를 관상觀像, 인因과 과果의 두 경계로 나누어 해명하고 있다. 즉 청화는 "일심으로 불佛의 상호를 관하거나 또는 일심으로 법신의 실상을 관하거나 혹은 일심으로 불명을 칭하는 행법"인 인행因行의 염불삼매와 이것이 성숙되면 마음이 선정에 들어가고 혹은 시방불이 현전하며 혹은 법신의 실상에 계합되는 행법인 과성果成의 염불삼매로 구분한다.

이러한 청화의 인식은 선에 대한 그의 이해에서도 확인된다. 그는 여래선과 조사선의 논쟁에 대해 "괜히 부질없이 싸우는 것"이며 "부처가 말한 것이 옳은가? 조사가 말한 것이 옳은가? 다 옳다. 다만 부처나 조사나 때에 따라 너무 집착하면 집착하지 말라, 또 너무 집착을 안 해서 허무감에 빠져 아무것도 없는 것이라고 무기에 떨어지면 곤란하기 때문에 이럴 때는 이것저것 점차로 닦아야 한다고 나온 것"[932]으로 보고 있다.

그러면서도 청화는 돈오점수와 돈오점수에 대해서도 명쾌하게 회통하고 있다. 즉 "『육조단경』을 보더라도 돈오돈수란 대목이 있고, 돈오점수라고 문자로 표현은 안했지만 그 의미로는 벌써 돈오점수가 나와 있다"고 보았다. 따라서 "개념적인 해석을 잘 해버리면 부질없는 갈등을 할 필요가 없고, 갈등될 필요도 없다"고 하면서 "돈오돈수를 무슨

---

931 淸華, 앞의 책, p.262.
932 淸華, 앞의 책, p.220.

뜻으로 말했던가? 뜻으로 생각할 때는 같은 뜻이 되어 버린다"[933]고
보았다. 여기에서 우리는 청화 자신이 원통불법, 즉 염불선에 입각한
회통론자였음을 알 수 있다.

청화는 안심으로 나아가기 위해 순선에 기초한 '원통', 즉 원융의
논리와 회통의 논법을 원용하였다. 이것은 원효가 일심의 근원으로
돌아가게 하기 위해 사용하는 화쟁和諍의 논리와 회통會通의 논법에
상응하는 것이다. 그는 정토를 구현하기 위해 순신純禪 조사들의 일상
삼매一相三昧와 일행삼매一行三昧에 주목하였다. 그리하여 청화는 일
상삼매와 일행삼매를 사조 도신의 지止와 관觀, 정定과 혜慧에 배대하
여 안심으로 귀결시켰다.

『돈황본단경』에는 일행삼매만을 역설하여 행주좌와와 일체처 일체
시에 순일직심함을 일행삼매라 하였다. 반면『덕이본단경』과『종보본
단경』의 정종분에는 일행삼매를 언급하고 다시「부촉품」에서 보다
구체적으로 일상삼매와 일행삼매를 재차 강조하였다.[934]청화는 사조
도신의『입도안심요방편법문入道安心要方便法門』에 근거하여 "우주법
계가 진여실상이기 때문에 일행삼매라 하고, 생각 생각에 일상삼매를
여의지 않고 참구 수행함을 일행삼매라 한다"[935]는 대목에 의해 정토구
현을 위한 삼매수행을 역설하였다.

그리하여 그는 "선남자 선여인이 오로지 한 부처의 명호를 상속하여
외우면 즉시 염중念中에 능히 과거 미래 현재의 제불諸佛을 볼 수

933 淸華, 앞의 책, p. 220.
934 淸華,『실상염불선』, p. 266.
935 淸華, 위의 책, p. 266.

있으니 그것은 일불공덕과 무량제불의 공덕이 둘이 아니기 때문이
다"[936]는 대목에 근거하여 실상염불선을 육조 혜능의 '최존최상승최제
일最尊最上乘最第一의 수행법'임을 확신하였다.

이처럼 청화는 안심安心-원통圓通-정토淨土의 기호로 자신의 생평
을 펼쳤다. 그에게 '안심', 즉 편안한 마음은 '깨침'에 상응하는 개념이
다. 그의 궁극적 목표는 정토의 구현이며 이것은 대중들이 안심에
이르게 됨으로써 가능하다고 하였다. 또 그는『문수설반야경』에 입각
하여 "부처를 염하는 염불하는 마음이 바로 불이요, 망상하는 마음이
중생이며, 염불念佛은 곧 염심念心이고 구심求心은 곧 구불求佛"이라고
하였다. 나아가 "마음은 본래 모양이 없고, 부처 또한 모양이 없기
때문에 마음과 부처가 둘이 아닌 도리를 알면 바로 이것이 안심이니라"
고 하는 지점에서 안심의 개념을 확고하게 구축하였다. 그의 실상염불
선은 '안심'으로 나아가는 지름길이었다.

5. 원효와 청화의 통로

원효와 청화 모두 염불을 선정의 일환으로 보았다는 점에서 상통한다.
원효는 상중배인의 선정 수행에 대한 관심뿐만 아니라 하배인의 왕생
에 대한 깊은 배려가 있었다. 청화 역시 천태교관의 상좌삼매와 상행삼
매와의 접목을 통해 염불선을 대중화시키고자 하였다. 때문에 '우리
마음의 뿌리인 부처'로 돌아가게 하고자 한 원효의 하배인에 대한

---

936 清華, 앞의 책, p.266.

배려와 청화의 실상염불의 주창은 단순한 접점을 넘어 일정한 통로를 형성하였다.

원효는 염불을 통한 정토왕생은 자신의 업으로 이뤄지는 것이 아니며 오직 여래의 대비원력大悲願力에 의지할 수밖에 없다며 타력他力에 의한 왕생인往生因을 제시하였다. 그러면서도 선근은 연緣으로서 작용되는 것이지 자신이 닦는 것이 아니며, 중생은 여래의 선근을 이어받기 위해 발보리심하고 지성심으로 염불함으로써 부처의 본원력으로 정토에 왕생할 수 있다고 하였다.

반면 청화는 일상삼매와 일행삼매의 실천을 통해 안심, 즉 편안한 마음으로 돌아가고자 하였다. 비록 원효와 청화는 1,300여 년이나 떨어진 시대를 살았지만 발보리심과 십념염불 및 일상삼매와 일행삼매를 통하여 일심, 즉 유심唯心의 정토와 안심, 즉 순선純禪의 정토를 이 땅에 구현하려 했다는 점에서 상통하고 있다고 할 수 있다. 순선의 정토를 실현하기 위해서는 깊고 넓은 가슴을 가진 사람이 만나 편안한 마음을 내올 수 있는 지혜를 모색해야만 한다.

원효는 중생들로 하여금 일심의 근원으로 돌아가게 함으로써(歸一心源) 궁극적으로 그들 스스로를 풍요롭게 이익되게 하고자(饒益衆生) 하였다. 이를 위해 그는 화쟁의 논법과 회통의 논리를 원용하여 '문門'과 '논論'을 시설하여 해소시켰다.[937] 반면 청화는 원통과 정통의 논리와 논법을 통해 염불과 선정의 관계를 환기 복원시켜 실상염불선實相念佛禪을 새롭게 제시하였다. 그리하여 그는 전 불교를 원융무애하게 회통

---

937 高榮燮, 「분황 원효의 화회 논법」, 『한국불교학』 제71집, 한국불교학회, 2014. 9.

시키고자 원통불법을 역설하였으며, 석존과 조사들의 정통적인 선으로써 정통불법을 중흥시키려는 간절한 비원을 지녔다.

원효는 '우리 마음의 뿌리인 부처'로 돌아가는 지름길인 십념을 은밀의隱密義의 십념과 현료의顯了義의 십념으로 나누어 해명하고 있다. 그는 『관무량수경』의 하품하생에서의 십념과 『무량수경』의 제18원에 나타나는 십념에 대하여 특별히 주목을 하였다. 그리하여 그는 정토왕생을 위한 보조적인 수행법으로서 십념十念의 염불念佛을 『미륵발문경』에 설해진 범부와 이승이 들어가지 않는 초지 이상의 보살만이 순정토純淨土를 구족할 수 있는 은밀隱密의 십념으로 제안하였다.

반면 『관무량수경』의 하품하생에게 설한 임종 이후의 왕생보다는 임종 이전의 지심至心 염불을 강조하는 현료顯了의 십념으로 제시하였다. 여기에서 우리는 은밀문의 십념과 현료문의 십념의 구분 아래 초지 이상의 보살만이 아니라 임종 이전의 지심 염불을 강조하는 하품하생의 중생들까지 받아들이는 모습을 통하여 그의 통합사상가로서의 풍모를 엿볼 수 있다.

정토왕생은 아미타불의 본원력에 의해 이루어진다. 하지만 범부와 이승의 정토왕생을 위해서는 이들 자신의 의지와 노력이 전제되어야 한다. 해서 원효는 『무량수경종요』에서 정토왕생을 위한 보조적인 수행법으로서 십념十念 염불을 제시하고 있다. 그는 이 저술에서 『무량수경』의 상배, 중배, 하배에 대한 왕생인을 수용하면서도 한편으로는 십념에 대한 하배인의 왕생수행법에 대해 배려하고 있다. 원효는 하배인을 '깊은 마음(深心)'의 소유 여부에 의해 부정성인과 보살정성으로 분류하여 두 존재를 모두 배려하고 있다. 이 점은 중국의 정토가와 다른 그의 독자적 시각이라고 할 수 있다.

청화는 실상염불은 어렵기는 제일 어려우나 부처의 이름에 가장 합당한 이름이고 염불이라고 하였다. 해서 아미타불이란 이름과 실상과는 거의 계합하고 거의 합당하다고 하였다. 그리하여 우리가 실상염불을 할 때는 우리 마음을 천지우주로 해방시켜서 그 가운데 가득 차 있는 그 무엇, 찬란한 그 광명, 이것을 생각하면서 하는 염불이 실상염불이라고 하였다. 또 염불선이 되려면 자기가 부처의 실상 곧 진리를 상상하면서 해야 된다고 하였다. 나아가 이 염불이 가장 어렵지만 이와 같이 실상을 생각하면서 하는 염불이라야 염불선이 된다고 하였다.[938] 때문에 실상염불은 칭명, 관상, 관상염불과 다른 염불이면서도 동시에 나머지 세 염불을 다 회통하는 염불임을 보여주고 있다.

원효가 일심의 근원으로 돌아가게 함으로써 중생들을 풍요롭게 이익되게 하려고 했다면, 청화는 원통불법의 요체로서 실상염불선을 주창함으로써 정통 불법을 바로 세우고 이를 대중화하고자 하였다. 두 사람은 모두 염불을 통해 '우리 마음의 뿌리인 부처'로 돌아가게 하고자 점, 보다 쉽게 불교를 전하기 위해 적지 않은 저술과 강론을 남긴 점, 나아가 이들이 역설하고 저술한 사상체계가 오늘날까지 지속적으로 연구되고 있는 점에서 우리는 이들 두 사람이 머금고 있었던 시대정신과 역사의식을 읽어낼 수 있다.

---

938 淸華, 앞의 책, pp.171~172.

살펴본 것처럼 원효는 상중배인뿐만 아니라 하배인에 대한 배려가 적지 않았다. 청화도 참선 수행을 염불선으로 주창함으로써 염불 수행의 대중화를 확산시켰다. 이들이 염불관과 염불선을 통해 드러내고자 한 것은 '우리 마음의 뿌리인 부처'로 돌아가게 하고자 하는 자비심이었다. 이들은 보다 많은 사람들이 그 뿌리로 돌아가게 하고자 '염불이 곧 선정'임을 역설하였던 것이다. 따라서 우리는 원효의 염불관과 청화의 염불선이 보여준 '우리 마음의 뿌리인 부처'로 돌아가게 하기 위한 노력을 명료하게 일궈내야만 한다. 그리하여 오늘 한국불교의 염불사상과 염불수행의 현재를 점검하고 미래를 환기해 가는 자량으로 삼아야 할 것이다.

6. 유심의 정토와 순선의 정토

신라시대의 분황 원효(芬皇元曉, 617~686)는 염불관을 통해 일심과 지관의 화회和會의 살림살이와 사고방식을 보여주었다. 반면 대한시대(1897~)의 무주 청화(無住淸華, 1923~2003)는 실상염불선을 통해 원통불법과 정통선법의 회통會通의 살림살이와 사고방식을 보여주었다. 두 사람은 1,300년의 간격을 넘어 살았지만 각기 염불관과 염불선을 통해 염불 인식과 이해의 접점을 보여주고 있다. 종래 동아시아에서는 염불과 선정의 관계를 병립 또는 양립의 쌍수雙修 혹은 겸수兼修로 보거나 통합 또는 일치를 통한 오염汚染 혹은 발전發展으로 보기보다는 '붓다 수염' 즉 '염불'이 곧 사문과를 성취하는 '선정'이라고 보았다. 그럼에도 불구하고 동아시아 불교에서 염불 수행보다 선법 수행이 우위에 있는 것처럼 보이는 것은 가장 후발 주자였던 선종의 독자성의 강조와 우월감에 따른 배타성 때문으로 이해된다.

원효는『아미타경소』와『무량수경종요』에서 정토왕생을 위한 보조적인 수행법으로서 십념十念의 염불念佛, 즉『미륵발문경』에 설해진 범부와 이승이 들어가지 않는 초지 이상의 보살만이 순정토純淨土를 구족할 수 있는 은밀隱密의 십념과『관무량수경』의 하품하생에 설한 임종 이후의 왕생보다는 임종 이전의 지심 염불을 강조하는 현료顯了의 십념을 주장하였다. 그의 십념관은 중국 정토사상가들의 칭명염불에 지성심至誠心을 더한 것이다. 원효는 왕생은 자신의 업으로 이뤄지는 것이 아니며 오직 여래의 대비원력大悲願力에 의지할 수밖에 없다며 타력他力에 의한 왕생인往生因을 제시하였다. 그는 선근은 연緣이 작용하여 이루어지는 것이지 자신이 닦는 것이 아니며, 중생은 여래의 선근을 이어받기 위해 발보리심하고 지성심으로 염불함으로써 부처의 본원력으로 정토에 왕생할 수 있다고 하였다.

청화의 '안심', 즉 편안한 마음은 '깨침'에 상응하는 개념이다. 그의 '안심安心'은 '순선純禪'과 만나 '순선안심純禪安心'으로 나아간다. 여기서 '순선'은 달마 때부터 육조 혜능 때까지의 순수한 선을 가리킨다. 청화는 종파적 색채가 없는 초기 선종, 즉 보리달마로부터 마조도일의 제자들의 활동기까지 선종의 성립기에 주목하였다. 그러면서도 그는 달마에서 혜능까지의 순선純禪시대의 '안심'에 집중하였다. 청화의 궁극적 목표는 정토의 구현이었으며 이것은 대중들이 안심에 이르게 됨으로써 가능하다고 하였다. 그는 일상一相삼매와 일행一行삼매의 실천을 통해 안심, 즉 편안한 마음으로 돌아가고자 하였다.

원효가 일심의 근원으로 돌아가게 함으로써(歸一心源) 중생들을 풍요롭게 이익되게 하려(饒益衆生)고 했다면, 청화는 원통불법의 요체로서 실상염불선實相念佛禪을 주창함으로써 정통 불법을 바로 세우고 이를 대중화하기 위해 헌신하였다. 두 사람 모두 염불을 통해 '우리 마음의 뿌리인 부처'로 돌아가게 하고자 하였고, 보다 쉽게 불교를 전하기 위해 적지 않은 저술과 강론을 남겼다. 나아가 이들이 역설하고 저술한 사상체계가 오늘날까지 지속적으로 연구되고 있는 점에서 우리는 이들 두 사람이 머금고 있었던 시대정신과 역사의식을 읽어낼 수 있다. 따라서 원효와 청화는 시대를 달리 살았지만 발보리심과 십념염불 및 일상삼매와 일행삼매를 통하여 일심, 즉 유심唯心의 정토와 안심, 즉 순선純禪의 정토를 이 땅에 구현하려 했다는 점에서 상통하고 있다고 할 수 있다.

제14장 분황 원효 연구 논저 목록

원효/가산불교문화연구원, 『금강삼매경론』, 가산문고, 1992, 74면.

원효/가은, 『(校訂國譯) 涅槃經宗要』, 원효 사상실천승가회, 2004, 442면

원효/각성, 『金剛三昧經論 상』, 玄音社, 2006, 499면

원효/각성, 『金剛三昧經論 중』, 玄音社, 2010, 463면.

원효/각성, 『金剛三昧經論 하』, 玄音社, 2010, 353면.

원효/강상원, 『元曉 起信論疏: a critical essay』, 敦煌文明出版社, 2021, 917면.

강승환, 『한 권으로 만나는 원효전서』, 운주사, 2022, 279면.

원효/강승환, 『(원효의 눈으로 바라본) 반야심경』, 운주사, 2023, 332면.

원효/공파, 『대승기신론 해동소 혈맥기』 1, 운주사, 2018, 399면.

원효/공파, 『대승기신론 해동소 혈맥기』 2, 운주사, 2019, 421면.

원효/공파, 『대승기신론 해동소 혈맥기』 3, 운주사, 2020, 380면.

원효/공파, 『대승기신론 해동소 혈맥기』 4, 운주사, 2020, 425면.

원효/공파, 『대승기신론 해동소 혈맥기』 5, 운주사, 2022, 464면.

원효/공파, 『대승기신론 해동소 혈맥기』 6, 운주사, 2023, 488면.

원효/공파, 『대승기신론 해동소 혈맥기』 7, 운주사, 2024, 587면.

원효/권희재, 『법화경종요와 간추린 법화경』, 대구: 은명출판사, 2017, 499면.

원효/김달진, 『금강삼매경론』, 열음사, 1986, 403면.

원효/김달진, 『한글대장경 대승기신론소별기』 외, 동국역경원, 1995, 565면.

원효/김덕수 편, 『불교의 철학사상: 대승기신론 원효소·별기 역해 1』, 대전: 평화당인쇄사, 1991, 351면.

원효/김만기, 『유심안락도』, 대구: 삼영출판사, 1972, 131면.

원효/김무득, 『대승기신론과 소와 별기』, 경서원, 1991, 456면.

원효/김성철, 『원효의 판비량론 기초 연구』, 지식산업사, 2003, 464면.

원효/김성철 편, 『원효의 대승기신론 소 별기 대조』, 오타쿠, 2019, 181면.

원효/김성철, 『집일 경론소기』, 동국대학교출판부, 2022, 368면.

원효/김운학, 『유심안락도』, 삼성미술문화재단, 1979, 207면.

원효/김원명, 「元曉의 『涅槃宗要』大義文·因緣文 譯註(번역)」, 『인문학연구』 제10집, 한국외국어대학교 철학문화연구소, 2005, 157~177면.

원효/김재근 편, 『금강삼매경론신강』, 보련각, 1980, 533면.

원효/김천학, 『기신론별기: 쇼묘지소장·가나자와문고관리: 연구·교정·영인』, 동국대학교 출판문화원, 2024, 516면.

원효/김탄허 역해, 『현토역해 기신론·원효소병별기』, 화엄학연구소, 1972, 290면.

원효/김탄허 역해, 『현토역해 기신론』, 교림, 1986, 614면.

원효/김호귀, 『(원효)涅槃經宗要』, 石蘭, 2005, 205면.

원효/김호귀, 『금강삼매경론』, 파주: 한국학술정보, 2010, 537면.

원효/김호귀, 『금강삼매경론』, 동국대학교출판부, 2019, 661면.

워효/도월·활안, 『원효전서(축역)』, 가평: 불교정신문화원, 2012.

동국대학교 불교사학연구실 편, 『원효대사전집』, 삼양사, 1949~1950, 10책.

동국대학교출판부, 『영인판 금강삼매경론』, 동국대학교출판부, 1958, 322면.

동국대학교 한불전편찬위 편, 『한국불교전서 1: 신라시대편 1』, 동국대출판부, 1979, 843면.

원효/동국대학교 불교문화연구원HK연구단, 『『판비량론』의 신역주』, 동국대학교출판부, 2021, 222면.

원효/미천, 『法華宗要』, 大韓佛敎法師會, 2002, 104면.

원효/박인성, 『중변분별론소』, 대전: 주민출판사, 2005, 259면.

원효/박인성·김성철·묘주, 『중변분별론소 제3권 판비량론해심밀경소서』, 동국대학교출판부, 2019, 282면.

원효/박태원, 『중변분별론소: 중도와 치우침을 구분하는 이론에 대한 해석』, 세창출판사, 2022, 491면.

원효/박태원, 『대혜도경종요 외』, 세창출판사, 2023, 499면.

원효/박태원, 『불설아미타경소 외: 미타증성게彌陀證性偈·불설아미

타경소佛說阿彌陀經疏·무량수경종요無量壽經宗要·미륵상생경종
요彌勒上生經宗要』, 세창출판사, 2023, 346면.

원효/박태원, 『범망경보살계본사기와 보살계본지범요기: 대승의 구
도자가 지키는 행위 규범』, 세창출판사, 2023, 503면.

원효/박태원, 『이장의: 삶과 세상을 왜곡·오염시키는 두 가지 장애의
의미에 관한 탐구』, 세창출판사, 2023, 532면.

원효/박태원, 『본업경소』, 세창출판사, 2023, 515면.

원효/박태원, 『(원효의) 십문화쟁론十門和爭論: 번역과 해설 그리고
화쟁의 철학』, 세창출판사, 2013, 255면.

원효/박태원, 원효의 『금강삼매경론』 읽기: 선의 철학, 철학의 선(전자
자료), 교보문고, 2014.

원효/박태원, 원효의 『십문화쟁론十門和諍論』: 번역과 해설 그리고
화쟁의 철학(전자책), YES24, 2016.

원효/박태원·강찬국·김준호·원효학 토대연구소, 『대승기신론 소·
별기. 상』, 세창출판사, 2019, 571면.

원효/박태원·강찬국·김준호·원효학 토대연구소, 『대승기신론 소·
별기. 하』, 세창출판사, 2019, 563면.

원효/박태원·강찬국·원효학 토대연구소, 『금강삼매경론』, 세창출판
사, 2020, 2책.

원효/박태원·강찬국·김준호·원효학 토대연구소, 『열반종요』, 세창
출판사, 2019, 526면.

원효/박태원, 『원효의 『금강삼매경론』 읽기: 선禪의 철학, 철학의
선禪: 큰글자책』, 세창미디어, 2021, 200면.

원효/백용성 역, 임도문 편, 『금강삼매경론』, 대각회, 1971, 198면.

원효/보련각, 『영인판 기신론해동소』, 보련각, 1972, 290면.

불교학동인회 편, 『원효전집』, 동국역경원, 1973, 387면.

불교학연구회 편, 『한국고승집: 신라시대 1』, 경인문화사, 1974, 624면.

원효/서보철, 「『법화종요』의 역주」, 『학술논문집』 제12, 동경: 조선장학회, 1982, 25~39면.

원효/서정형, 『금강삼매경론』, 서울대학교 철학사상연구소, 2006, 94면.

원효/성락훈 외 역, 『한국의 사상대전집 1』, 동화출판공사, 1972, 561면.

원효/성재헌·이평래·김호성·한명숙·이정희, 『미륵상생경종요』, 동국대학교출판부, 2017, 415면.

원효/성재헌·이기운·최원섭·이정희, 『대혜도경종요』, 동국대학교출판부, 2017, 252면.

원효/수진, 『(縮譯) 元曉全書』, 한정섭, 가평: 불교정신문화원, 2012, 822면.

원효/심재열, 『미륵삼부경·종요』, 원각사, 1972, 222면.

원효/심재열, 『미륵삼부경·원효술상생경종요』, 보련각, 1980, 222면.

원효/심재열, 『현토주해 미륵삼부경·원효술상생경종요』, 보련각, 1985, 337면.

원효/안성두, 『이장의』, 동국대학교출판부, 2019, 251면.

원효/역경위원회, 『한글대장경 155; 한국고승 5; 금강삼매경론』 외,

동국역경원, 1975, 675면.

원효/역경위원회,『한글대장경 156; 한국고승 6; 대승기신론소』외, 동국역경원, 1976, 658면.

원효/역경위원회,『한글대장경 금강삼매경론』, 동국역경원, 1985, 573면.

원효/연등국제불교회관 편,『발심수행장』, 연등국제불교회관, 1990, 24면.

원효/연지해회 편집부,『원효대사 정토법보』, 연지해회 서유, 2012, 383면.

원효/오형근,『대승기신론소병별기』, 대승, 2013, 630면.

원효/원순,『큰 믿음을 일으키는 글: 大乘起信論 원효 소·별기』, 法供養, 2004, 554면.

원효전서국역간행위 편,『국역원효성사전서』, 보련각; 대한불교원효종, 1987~1989, 6책.

원효/윤종갑,『원측·원효 스님의 반야심경:『불설반야바라밀다심경찬』과『대혜도경종요』』, 부산: 정인, 2013, 142면.

원효/은정희,『원효의 대승기신론소·별기』, 일지사, 1991, 468면.

원효/은정희,『이장의 = 二障義 = Treatise about two klesa』, 소명출판, 2004, 288면.

원효/은정희,『대승기신론소기회본』, 동국대학교출판부, 2017, 533면.

원효/은정희·김용환·김원명,『원효의 열반경종요』, 민족사, 2017, 496면.

원효/은정희·송진현,『원효의 금강삼매경론』, 일지사, 2000.

원효/이기영,『금강삼매경론』,『한국명저대전집』, 대양서적, 1972,
331면.

원효/이기영,『금강삼매경론』,『한국명저대전집』, 신화사, 1983,
331면.

원효/이기영,『금강삼매경론』, 한국불교연구원, 2000, 648면.

이영무 역,『교정 및 국역 열반경종요』, 대성문화사, 1984, 253면.

이영무 역,『영인판 양권무량수경종요』, 민족사, 1988, 69면.

원효/이평래 옮김,『대승기신론소별기』, 민족사, 2015.

원효/이평래,『열반종요』, 동국대학교출판부, 2017, 270면.

원효/이영무,『보살계본지범요기』,『건대사학』 제3집, 건국대학교
사학회, 1973, 115~144면.

원효/정목,『都露阿彌陀佛』, 경서원, 2001, 1323면.

원효/정목,『원효의 새벽이 온다: 무량수경 종요』, 경서원, 2002, 289면.

원효/정목,『무량수경종요: 종교의 마지막 논서』, 자연과인문, 2009,
352면.

원효/정목,『아미타경소』, 자연과인문, 2011, 264면.

원효/정목,『(원효의) 무량수경종요: 종교의 마지막 논서』, 비움과소
통, 2015, 383면.

원효/정목,『원효의 보살계: 보살계본지범요기』, 금샘, 2019, 206면.

조명기 편,『원효대사전집』, 보련각, 1978, 686면.

원효/조선불교회,『금강삼매경론』, 조선불교회, 1923, 169면.

원효/조수동,『열반종요』, 지식을만드는지식, 2009, 151면.

원효/조수동,『열반종요』, 지식을만드는지식, 2022, 194면.

원효/조용길·정통규,『금강삼매경론.상』, 동국대학교출판부, 2002, 474면.

원효/조용길·정통규,『금강삼매경론.하』, 동국대학교출판부, 2002, 573면.

원효/진원·한명숙,『지범요기조람집』, 동국대학교출판부, 2019, 305면.

원효/최세창,『대승기신론 소·별기』, 운주사, 2016, 668면.

원효/최원섭·이정희,『본업경소 하권』, 동국대학교출판부, 2019, 362면.

원효/탁양현,『금강삼매경론. 제1권』, Pubple(퍼플), 2021, 339면.

원효/하유진·강연경,『(원효의) 대승기신론 소·별기』, 파주: 웅진씽크빅, 2012, 124면.

원효/한명숙,『범망경보살계본사기.상권』, 동국대학교출판부, 2016, 268면.

원효/한명숙,『(집일)금광명경소』, 동국대학교 불교학술원, 동국대학교출판부, 2019, 630면.

한정섭·박미경 문도회,『(신라왕후의 병을 고친) 金剛三昧經論』, (담양군): 묵담·혜은 문도회: (가평군): 불교통신교육원, 2019, 263면.

해인승가학원,『영인판 대승기신론소·기회본』, 합천: 해인승가학원, 1977, 1책.

원효/해주·임상희·최원섭·박보람,『(정선) 원효』, 대한불교조계종 한국전통사상서 간행위원회, 대한불교조계종, 2009, 406면.

원효/혜봉,『유심안락도: 정토와 극락왕생에 대한 원효대사의 명쾌한 법문』, 운주사, 2015, 197면.

원효/황산덕, 『열반종요』, 동국역경원, 1982, 171면.

원효/황성기, 「(원효대사 저) 『발심수행장』 강화」, 『불교사상』 제11
집, 불교사상사, 1962, 78~86면.

원효/황성기, 「(원효대사 저) 『발심수행장』 강화」, 『불교사상』 제12
집, 불교사상사, 1962, 126~138면.

원효, 『대승기신론소: 해동종 불교 철학의 기본원리』(전자책), 블루마
운틴소프트, 2010, 전자책 1책.

원효, 『금강삼매경론: 대승 불교 철학의 대표작이자 한국 불교의 고전』
(전자책), 서울: 블루마운틴소프트, 2010, 전자책 1책.

원효, Muller, A. Charles; Nguyen, Cuong Tu, 『Wŏnhyo's philosophy
of mind』, Honolulu: University of Hawai'i Press, c2012, 403면.

원효 관련 단행본

가노 가즈오(加納和雄)·야마베 노부요시(山部能宜), 『불성·여래장사
상의 형성 수용과 변용』, 금강대학교 불교문화연구소, 씨아이알,
2017, 334면.

강상원, 『元曉神話 論述誤謬 1,400年 만에 밝힌다』, 朝鮮明倫館學術
院, 2015, 791면.

강승환, 『(이야기) 원효 사상』, 운주사, 2009, 268면.

강승환, 『한 권으로 만나는 원효전서』, 운주사, 2022, 279면.

강승환, 『(원효의 눈으로 바라본) 반야심경』, 운주사, 2023, 332면.

강용원, 『인문과 한의학, 치료로 만나다: 원효 사상으로 어루만지는 이 시대의 아픔』, 미래를 소유한 사람들, 2014, 240면.

강정중, 『원효 사상』, 佛敎春秋社, 2001, 327면.

경북대학교 철학과, 『철학의 시선으로 본 갈등과 소통』, 성남: 북코리아, 2023, 2책.

고남식, 「원효元曉의 화쟁和諍사상과 강증산姜甑山의 해원상생解冤相生사상 비교-화和, 일심一心, 해解와 관련하여-」, 『동아시아고대학』 제70호, 동아시아고대학회, 2023, 164~193면.

고마쓰 시게미(小松茂美), 『화엄종사회전: 화엄연기』, 일본 동경: 중앙공론사, 1990, 119면.

고영섭, 『원효, 한국사상의 새벽』, 한길사, 1997, 293면.

고영섭, 『원효탐색』, 연기사, 2001: 2005: 2010, 359면.

고영섭, 『한국의 사상가: 원효』, 예문서원, 2001, 568면.

고영섭, 『한국불학사: 신라시대편』, 연기사, 2005, 395면.

고영섭, 『원효』, 씽크하우스, 2008, 132면.

고영섭, 『나는 오늘도 길을 간다: 원효, 한국 사상의 새벽』, 파주: 한길사, 2009, 286면.

고영섭, 『원효, 중생의 마음속에 심은 부처의 가르침』, 씽크하우스, 2009, 132면.

고영섭, 『원효탐색』, 연기사, 2010, 387면.

고영섭, 『분황 원효: 고영섭 교수의 원효 에세이』, 박문사, 2015, 405면.

고영섭, 『한국불교사탐구』, 박문사, 2015, 831면.

고영섭, 『한국사상사: 불교사상편』, 씨아이알, 2016, 198면.

고영섭,『불학과 불교학: 인문학으로서 불교학 이야기』, 씨아이알, 2016, 638면.

고영섭,『분황 원효의 생애와 사상: 일심(진여)의 신해성과 일심지원(본각)의 결정성을 중심으로』, 운주사, 2016, 459면.

고영섭,『한국불교사궁구.1』, 씨아이알, 2019, 740면.

고영섭,『한국불교사궁구.2』, 씨아이알, 2019, 803면.

고영섭,『붓다와 원효의 칠학』, 동국대학교 출판문화원, 2021, 607면.

고영섭,『한국불교학연구: 한국불교연구 100년 논문선』, 민족사, 2022, 815면.

고익진,『한국고대불교사상사』, 동국대출판부, 1989, 616면.

고은진,『(유식사상으로 보는) 원효의 번뇌론』, 제주: 한그루, 2021, 294면.

공파,『발심수행장: 元曉思想-修行觀』, 불광출판사, 2016, 378면.

곽영순,『인류세와 신물질주의 질적연구 패러다임: 원효, 스피노자, 니체, 베르그송, 퍼스, 하이데거, 들뢰즈 외싸』, 교육과학사, 2023, 353면.

권오민·이병욱·김도공·김성철·배경아,『원효, 불교사상의 벼리: 원효 사상의 새로운 성찰, 인도 및 중국 불교와의 만남』, 운주사, 2017, 333면.

국립경주박물관,『원효대사』, 국립중앙박물관문화재단, 2010, 229면.

국립중앙도서관,『(길 위의 인문학) 원효가 해골물로 깨달은 것은 무엇인가』(연계강연), 조선일보, 교보문고, 국립중앙도서관, 2013, 12면.

국제선도문화연구소,『원효 페스티발: 제3회 國際仙道컨퍼런스 論文集=Wonhyo festival』, 덕수출판사, 2009, 167면.

국제원효학회,『원효전서 영역: 지구촌 시대적 의미와 번역상의 문제점: 제2회 국제원효학회학술논집』, 國際元曉學會, 2002, 271면.

국토통일원 조사연구실,『원효연구논총: 그 철학과 인간의 모든 것』, 국토통일원 조사연구실 편, 국토통일원, 1987, 1096면.

김광채·조준상,『원효대사』, 고양: 한국파스퇴르, 2004, 76면.

김남선,『원효·만해·김시습』, 정토, 1989, 156면.

김남희·우미영,『원효대사 = (The)great priest Wonhyo』, 부천: 교연아카데미, 2007, 121면.

김대은·황영진·박윤호,『원효: 인간시대의 새벽과 그 영광』, 삼장원, 1980, 454면.

김봉룡,『금강산과 원효성역과 통일 그리고 한민족의 슬픈 판타지』, 빛남, 2001, 141면.

김상일,『元曉의 判比量論 비교 연구: 원효의 논리로 본 칸트의 이율배반론』, 지식산업사, 2004, 463면.

김상현,『역사로 읽는 원효』, 고려원, 1995, 341면.

김상현,『원효연구』, 민족사, 2000, 413면.

김선우,『발원: 원효 그리고 요석 2』, 민음사, 2015, 332면.

김성철,『원효의 논리사상과 판비량론』, 오타쿠, 2022, 562면.

김성철,『한국불교학연구: 한국불교연구 100년 논문선』, 민족사, 2022, 815면.

김성철,『원효의 판비량론의 기초 연구』, 지식산업사, 2002, 464면.

김영관, 『원효』, 부크크, 2021, 294면.

김영미, 『신라불교사상사연구』, 민족사, 1995, 440면.

김영사 편집부, 『(new) 서울대 선정 인문고전 60선』, 파주: 주니어김영
   사: 김영사, 2021, 60책.

김영태, 『한국불교 고전명저의 세계』, 민족사, 1994, 415면.

김영태, 『원효연구사료총록』, 장경각, 1996, 201면.

김영태, 『토픽 한국 불교사: 36개 테마로 보는 한국 불교의 스펙트럼』,
   파주: 여문책, 2021, 358면.

김원명, 『원효: 한국불교철학의 선구적 사상가』, 파주: 살림출판사,
   2008, 95면.

김원명, 『원효의 열반론』, 파주: 한국학술정보, 2008, 284면.

김임중, 『(일본국보) 화엄연기연구: 원효와 의상의 행적』, 보고사,
   2015, 337면.

김임중·허경진, 『화엄연기 원효회 의상회: 일본 국보 그림으로 전하는
   화엄종 조사전』, 민속원, 2018, 287면.

김종국, 『(나그네 그림자 따라 새벽길 떠나는) 원효: 설화와 스토리텔
   링의 현장』, 대구: 풍경소리, 2014, 30면.

김제란, 『한 마음 두 개의 문, 원효의 대승기신론소·별기』, 삼성출판사,
   2007, 109면.

김정회, 『원효대사』, 시방문화원, 1991, 419면.

김종국·이동근·정호완, 『삼성현 원효·설총·일연 스토리텔링 연구』,
   경산: 대구대학교출판부, 2010, 84면.

김종욱, 『원효와 하이데거의 대화: 근본의 사유』, 동국대학교출판부,

2013, 390면.

김종의, 『일심과 일미: 원효 스님의 삶과 사상』, 신지서원, 2003, 310면.

김종의, 『원효元曉, 편견을 넘어서다』, 이경, 2012, 355면.

김지견 편, 『원효대사의 철학세계』, 민족사, 1989, 894면.

김학성, 『원효의 대승철학: 삶, 깨어남, 평등. 1권 깨어나는 새벽』, 남해군: 남해산책출판사, 2023, 174면.

김한기, 『웃는 해골: 원효는』, 띠앗, 2007, 157면.

김현아, 『(해골로 깨달음을 얻은) 원효』, 파주: 프뢰벨미디어, 2009, 51면.

김형효, 『원효에서 다산까지』, 성남: 청계, 2006, 625면.

김형효, 『원효의 대승철학』, 소나무, 2006, 504면.

김호기, 『시대정신과 지식인: 원효에서 노무현까지』, 파주: 돌베개, 2012, 280면.

김훈, 『元曉佛學思想硏究』, 八尾: 大阪經濟法科大學出版部, 2002, 258면.

남동신, 『영원한 새벽, 원효』, 새누리, 1999, 396면.

남동신, 『원효의 발견』, 사회평론아카데미, 2022, 496면.

남미선, 『고려가 그린 원효: 2022 삼성현역사문화관 특별기획전』, 경산: 삼성현역사문화관, 2022, 149면.

단국대학교 매장문화재연구소, 『平澤 元曉大師 悟道聖址 學術 調査 報告書』, 평택시: 단국대출판부, 2006, 126면.

박경남, 『원효처럼: 놓아버려라, 그래야 마음이 웃는다』(전자자료), 그린북아시아, 2018, 전자책 1책.

박민경·임진수, 『원효: 한국의 사상가』, 교원, 2002, 85면.

박병기·강수정, 『왜 지금 동양철학을 만나야 할까?: 핵심 개념과 인물로 만나는 동양철학』, 고양: 인간사랑, 2021, 255면.

박상주, 『원효 그의 삶과 사상』, 한국문화사, 2007, 258면.

박상주, 『힘이 부족하면 배를 빌려 저 언덕에 이르라: 원효 나를 찾아가는 여행』, 파주: 이담Books, 2010, 235면.

박상주, 『원효수행십도』, 고양: 좋은땅, 2017, 164면.

박성배, 『한국사상과 불교: 원효와 퇴계, 그리고 돈점논쟁』, 혜안, 2009, 547면.

박성희, 『원효의 한마음과 무애상담』, 학지사, 2016, 217면.

박영호, 『원효의 세계관으로 읽는 오감도: 이상李箱 시 연구』, 대전: 다래헌, 2016, 287면.

박종홍, 『한국사상사: 불교사상편』, 서문당, 1972, 233면.

박찬국, 『원효와 하이데거의 비교 연구: 인간관을 중심으로』, 서강대학교 출판부, 2010, 360면.

박찬국, 『쇼펜하우어와 원효』, 세창, 2020, 319면.

박태순, 『원효대사·다산 정약용』, 스포츠서울, 1990, 253면.

박태원, 『대승기신론사상연구 1』, 민족사, 1994, 270면.

박태원, 『원효와 의상의 통합 사상』, 울산: UUP(울산대학교출판부), 2004, 184면.

박태원, 『원효 사상 1, 『금강삼매경』·『금강삼매경론』과 원효 사상』, 울산: 울산대학교출판부, 2005, 94면.

박태원, 『원효 사상 2, 원효의 화쟁和諍 사상』, 울산: 울산대학교출판부,

2005, 85면.

박태원, 『원효 사상연구』, 울산: UPP, 2011, 335면.

박태원, 『원효: 하나로 만나는 길을 열다』, 파주: 한길사, 2012, 379면.

박태원, 『원효의 십문화쟁론: 번역과 해설 그리고 화쟁의 철학』, 세창
출판사, 2013, 255면.

박태원, 『원효의 화쟁철학: 문 구분에 의한 통섭』, 세창출판사, 2017,
231면.

박태원, 『원효의 화쟁철학: 문門 구분에 의한 통섭通攝』, 세창, 2020,
244면.

박태원, 『원효의 『금강삼매경론』 읽기: 선禪의 철학, 철학의 선禪』,
세창미디어, 2012: 2021, 200면.

박태원, 『원효의 통섭철학: 치유철학으로서의 독법』, 세창, 2021,
587면.

박태원, 『선禪 수행이란 무엇인가?: 이해수행과 마음수행』, 합천군:
장경각, 2024, 599면.

Buswell, Robert E, 『동아시아 속 한국 불교사상가』, 동국대학교출판
부, 2014, 217면.

Lee, (Le) maitro, 『Won-Hyo de Sil-la du VII siecle』, 카톨릭출판사,
1986.

불교전기문화연구소 편, 『원효, 그의 위대한 생애』, 불교춘추사, 1999,
773면.

불교전기문화연구소 편, 『원효 사상의 현대적 조명』1-2, 불교춘추사,
2000, 2책.

불함문화사, 『韓國漢文學論文選集: 補遺篇』, 고양: 불함문화사, 2002, 515면.

불함문화사, 『韓國佛敎學硏究叢書 51-64, 元曉篇』, 고양: 불함문화사, 2003, 14책.

불함문화사, 『元曉의 和諍思想』, 고양: 불함문화사, 2003, 442면.

불함문화사, 『元曉 著述書』, 고양: 불함문화사, 2003, 3책.

불함문화사, 『元曉思想 一般』, 고양: 불함문화사, 2003, 3책.

불함문화사, 『元曉 關聯 資料 目錄 및 傳記類 檢討』, 고양: 불함문화사, 2003, 450면.

불함문화사, 『元曉 著述에 대한 解題』, 고양: 불함문화사, 2003, 459면.

불함문화사, 『元曉 傳記類 檢討』, 고양: 불함문화사, 2003, 459면.

불함문화사, 『元曉의 淨土思想』, 高陽: 불함문화사, 2003, 485면.

불함문화사, 『韓國思想論文選集, 272-279』, 고양: 불함문화사, 2005.

불함문화사, 『韓國佛敎學硏究叢書, 古代佛敎思想 2-5』, 고양: 불함문화사, 2005.

삼성현역사문화관, 『동아시아 불교와 원효대사의 위상: 2017 원효대사 탄생 1400주년 기념 국제학술대회』, 경산: 삼성현역사문화관, 2017, 300면.

삼성현역사문화관, 『시대를 앞서간 고승 원효』, 경산: 삼성현역사문화관, 2021, 227면.

서기남·박수로, 『(만화) 원효 대승기신론소』, 파주: 주니어김영사, 2016, 195면.

서보혁·이도흠, 『한국인의 평화사상.1, 원효에서 안중근까지』, 고양:

인간사랑, 2018, 418면.

서수금, 『우리나라 불교의 큰별 원효』, 통큰세상, 2016, 34면.

서영애, 『신라 원효의 금강삼매경론 연구: 한국 초기 선사상을 구명하기 위한 試論』, 민족사, 2007, 885면.

서울대학교 철학사상연구소, 『마음과 철학: 불교편』, 서울대학교출판문화원, 2013, 473면.

서정욱, 『100인의 인물로 본 우리 역사』, 글통, 2021, 782면.

서철원, 『한국불교시의 기원: 의상과 원효 그리고』, 에피스테메: 한국방송통신대학교출판문화원, 2023, 368면.

석진화·고승학·김종욱, 『고향에서 만나는 원효대사: 2017년 원효대사 탄생 1400주년의 기록』, 경산: 삼성현역사문화관, 2017, 133면.

성홍영, 『붓다여, 새벽의 깨침이어라: 元曉聖師 發心修行章 小考』, 부산: 부다가야, 2010면

성홍영, 『원효 통섭의 길: 소통과 공감이 바로 통섭通攝』, 가담출판사, 2023, 215면.

송재찬, 『원효·의상』, 파주: 파랑새, 2007, 205면.

신성권, 『(청소년이 처음 만나는) 동양 철학사: 동양철학자 15인과 함께하는 동양철학 안내서』, 고양: 피플앤북스, 2021, 183면.

신오현, 『원효 철학 에세이』, 민음사, 2003, 416면.

신옥희, 『일심과 실존: 원효와 야스퍼스의 철학적 대화』, 이화여대출판부, 2000, 312면.

신종석, 『원효 장편소설』, 청어, 2016, 271면.

신현숙, 『원효의 인식과 논리: 판비량론의 연구』, 민족사, 1988, 137면.

심재영, 『元曉思想.2, 倫理觀』, 홍법원, 2002, 522면.

안계현, 『신라정토사상사』, 아세아문화사, 1976, 1책.

안계현, 『신라정토사상사연구』, 현음사, 1987, 387면.

안광석 편, 『화엄연기: 의상회의 주변』, 우린각, 1990, 176면.

안재훈, 『교양을 위한 철학산책』, 안산: 문리사, 2023, 426면.

양은용 편, 『신라원효연구』, 이리: 원광대학교출판국, 1979, 633면.

역사·인물편찬위원회, 『춤추는 광대처럼: 원효』, 역사디딤돌, 2009, 157면.

영산대학교 한국학학술원, 『문화로 읽는 신라·고려시대 인물』, 다운샘, 2019, 355면.

오영봉, 『원효의 화쟁사상연구=Wonhyo's theory of harmonization』, 홍법원, 1989, 503면.

우리역사연구회, 『원효, 백성들에게 불교를 전하다』, 엠엘에스, 2014, 35면.

원효연구원, 『원효 사상』 제1집, 신우당, 1998, 200면.

원효종성전간행회 편, 『원효종성전』, 한국경제문화사, 1967, 685면.

원효학회, 『원효학연구』 1~20, 경주: 원효학회, 1996~2015, 각 280면~505면 내외.

유영소·정다이, 『(원효) 백성 속으로 들어간 새벽 스님』, 자람누리, 2008, 46면.

유영소·정다이, 『백성 속으로 들어간 새벽 스님: 원효』, 그레이트 Books, 2015, 80면.

윤성지, 『니가 그렇게 왔더냐: 자기 가락으로 자기의 춤을 춘 위대한 선각자 원효 이야기』, 대구: 해조음, 2013, 339면.

이강식, 『1일 법문: 원효스님이 아미타여래의 화신이라는 변증: 이강
    식 제3시집』, 경주: 환국, 2023, 311면.

이계선, 『Le Maitre Wonhyo de Silla du VIie Siecle: sa vie, ses
    ecrits, son apos tolat』, 가톨릭출판사, 1986, 204면.

이관수·구들, 『원효대사』, 고양: 한국뻬아제, 한국퍼킨스, 2004, 29면.

이기영, 『한국의 불교사상: 원효 대승기신론소·별기 외』, 삼성출판사,
    1976, 577면.

이기영, 『한국불교연구』, 한국불교연구원, 1982, 620면.

이기영, 『새벽의 햇빛이 말하는 의미: 원효 사상 70강』, 한국불교연구
    원, 1992, 310면.

이기영, 『원효 사상 70강』, 한국불교연구원, 2003, 335면.

이기영, 『원효 사상연구』, 한국불교연구원, 1995, 762면.

이기영, 『원효 사상연구 2』, 한국불교연구원, 2001, 583면.

이기영, 『원효 사상: 세계관』, 뉴턴코리아, 2003, 120면.

이기영, 『원효 사상』, 홍법원, 2003, 110면.

이도흠, 『화쟁기호학, 이론과 실제』, 한양대출판부, 1999, 505면.

이도흠, 『원효와 마르크스의 대화』, 자음과모음, 2015, 839면.

이만용, 『원효의 사상: 화쟁사상을 중심으로』, 전망사, 1983, 142면.

이명수, 『(원효가 들려주는) 한마음 이야기』, 자음과모음, 2008, 183면.

이문영, 『협력형 통치: 원효·율곡·함석헌·김구를 중심으로 = Coo-
    perative governance』, 파주: 열린책들, 2007, 692면.

이병학, 『역사 속의 원효와 『금강삼매경론』』, 혜안, 2017, 271면.

이슬기·한창수, 『원효: 불교 대중화에 힘쓴 큰스님』, 파주: 아이교육, 2003, 31면.

이영일, 『원효어록 100선』, 불교춘추사, 1999, 247면.

이윤옥, 『일본불교를 세운 고대 한국 승려들: 일본 사서에 나타난 고구려, 백제, 신라 승들의 활동을 중심으로』, 운주사, 2020, 368면.

이종익, 『원효대사와 보조국사의 생애와 사상』, 동국문화사, 1990, 90면.

이종익, 『원효의 근본사상: 십문화쟁론 연구』, 동방사상연구원, 1977, 88면.

이종익, 『원효의 근본사상: 십문화쟁론 연구』, 대한불교원효종, 1977, 82면.

이종일, 『선현들, 사회복지를 말하다: 해월·다산·퇴계·율곡·원효·다석·윤노빈의 사회복지사상』, 대구: 이문출판사, 2014, 339면.

이종일, 『선현들, 사회복지를 말하다: 해월·다산·퇴계·율곡·원효·다석·윤노빈의 사회복지사상』, 대구: 이문출판사, 2019, 337면.

이지관, 『역주역대고승비문: 신라편』, 가산문고, 1993, 364면.

이평래, 『신라불교여래장사상연구』, 민족사, 1996, 446면.

임기택, 『동북아 불교철학과 마음의 공간 구축론』, Spacetime(시공문화사), 2023, 230면.

임상호, 『같은 꿈을 꾼 영원한 동반자, 원효 對 의상』, 경산: 삼성현역사문화관, 2016, 111면.

장도빈, 『위인 원효』, 신문관, 1917, 64면, 수양총서 1.

장도빈, 『원효』, 고려관, 1925, 36면.

장도빈, 『원효대사전』, 국사원, 1961, 1책.

장성재·김종옥·김종헌·장영은, 『원효 구도의 길』, 대구: 동국대학교 산학협력단, 2013, 286면.

장휘옥, 『자 떠나자 원효 찾으러』, 시공사, 1999, 226면.

전경숙·김태란 『원효대사』, 교연아카데미, 2003, 1책.

전기철, 『원효: 불교적 신비감과 사랑의 위대함 접목: 전기철 희곡집』, 황금알, 2018, 95면.

전상천·조형기, 『길에서, 원효를 만나다: 1300년 전 원효의 꿈을 좇아 떠난 기행 에세이』, 파주: 형설라이프, 2012, 224면.

전종식, 『대승기신론에 대한 원효와 법장의 주석 비교』, 예학, 2006, 906면.

전종식·대승기신론연구회, 『(大乘起信論에 대한) 元曉註釋의 批判的 硏究.상』, 예학, 2003, 147면.

전종식·대승기신론연구회, 『(大乘起信論에 대한) 元曉註釋의 批判的 硏究.하』, 예학, 2003, 149면.

전용만, 『아미타 염불신앙의 역사와 원효의 정토사상』, 양산: 해동불교 원효선원 총본산, 2006, 207면.

전호근, 『한국 철학사: 원효부터 장일순까지 한국 지성사의 거장들을 만나다』, 메멘토, 2018, 880면.

전호근, 『한국 철학사: 원효부터 장일순까지 한국 지성사의 거장들을 만나다』(전자책), 교보문고, 2016, 전자책 1책.

정경환, 『원효 강의』, 이경, 2015, 198면.

정목, 『한국인의 염불 수행과 원효스님』, 하늘북, 2006, 290면.

정목,『원효 성사』, 금샘, 2019, 229면.

정목,『원효가 설한 법화경: 법화경의 대의. 제명』, 금샘, 2022, 214면.

정병삼,『高僧列傳 傳燈의 歷史』, 가산불교문화연구원, 2014, 319면.

정경,『원효스님! 왜 그러셨어요!: 참선요가 정경스님의 수행담론』, 하남출판사, 2020, 164면.

정기웅·최종석 외『新羅의 佛教思想 2』, 高陽: 불함문화사, 2001, 484면.

정민,『영화극 원효대사』, 정토문화협회, 1960, 193면.

정수일,『춤추는 스님, 원효대사』, 운주사, 2008, 188면.

정진원,『삼국유사, 원효와 춤추다』, 조계종출판사, 2020, 216면.

정호완,『삼성현의 꿈: 일연 설총 원효』, 대구: 유림출판사, 2014, 302면

정호완,『원효의 꿈: 정호완 교수의 역사 인물 이야기』, 한국문학방송, 2015, 214면.

조명기,『신라불교의 이념과 역사』, 신태양사, 1962, 269면.

조소앙·오형근,『신라국 원효대사의 전기와 대승사상 = 新羅國 元曉 大師 傳幷序』, 대승, 2017, 259면.

조수동,『삼성현의 생애와 사상: 원효·설총·일연』, 대구: 이문북스: 이문출판사, 2019, 251면.

채한숙,『원효무애무의 현대적 재현: 화쟁사상을 근거로』, 인문사, 2014, 243면.

최건업,『원효의 수행관』, 정우북스, 2021, 303면.

최연식·김천학 외,『원효, 문헌과 사상의 신지평』, 동국대학교 불교문

화연구원 HK연구단, 동국대학교출판부, 2020, 625면.

최유진, 『원효연구』, 창원: 경남대학교출판부, 1997: 2020, 341면.

최현각, 『한국을 빛낸 선사들: 현각 스님의 테마가 있는 법문』, 한걸음·
　더, 2011, 322면.

후쿠시 지넌(福士慈稔), 『新羅元曉研究』, 東京: 大東出版社, 2004,
　474면.

하일식·송재찬, 『원효·의상』, 파주: 파랑새어린이, 2004, 213면.

이동원, 『원효대사 순례길 사업계획(2010. 7)』, 한국문화체육관광부,
　2010, 253면.

한국불교사연구소, 『분황 원효 연구의 몇 가지 과제들: 한국불교사연
　구소 제3차 집중세미나』, 한국불교사연구소, 2012, 92면.

한정섭, 『반야심경특강: 신라 원효과元曉科 인도 달마송達摩頌 한국
　우경강友耕講』, 가평: 불교대학교재편찬위원회, 불교통신교육원,
　2010, 161면.

한국사상사대계 간행위원회 편, 『원효의 사상과 그 현대적 의미』,
　성남: 한국정신문화연구원, 1994, 367면.

한국어읽기연구회, 『원효:불교를 세상에 널리 알린 스님』, 학이시습,
　2013, 116면.

한국역사연구회, 『한국 고대사 산책: 한국 고대사에 관한 38가지 팩트
　체크』, 고양: 역사비평사, 2021, 464면.

한국정신문화연구원, 『한국문화와 역사인물 탐구: 원효·설총·일연』,
　경산시; 조선일보사, 한국교육방송공사, 성남 한국정신문화연구원,
　2001, 390면.

허인섭·박태원 외, 『新羅의 佛敎思想 3』, 고양: 불함문화사, 2001,
   499면.

황영선, 『원효의 생애와 사상』, 국학자료원, 1996, 509면.

후지 요시나리(藤能成), 『元曉의 淨土思想 硏究』, 民族社, 2001, 385면.

후지 요시나리(藤能成), 『신심의 발자취: 원효와 신란』, 京都: 본원사,
   2004, 95면.

후쿠시 지넌(福士慈稔), 『新羅元曉硏究』, 東京: 人東出版社, 2004,
   474면.

원효 관련 학술 논문

가마타 시게오(鎌田茂雄), 「7세기 동아시아 세계에 있어서의 원효의
   위치」, 김지견, 『원효대사의 철학세계』(민족사, 1989), 669~674면.

가마타 시게오, 「7세기 동아시아 세계에서 원효의 위치」, 『원효, 그의
   위대한 생애』, 원효 사상전집 1(불교춘추사, 1999), 74~85면.

가마타 시게오, 「7세기 동아시아 세계에서 원효의 위치」, 『불교신문
   창간 40주년 기념 국제학술회의: 원효로 돌아가자』(불교신문사,
   2000).

가마타 시게오, 「7세기 동아시아 세계에 있어서의 원효의 위치」, 『원효
   대사의 철학세계』(민족사, 1989), 669~674면.

가마타 시게오, 「7세기 동아시아 세계에서 원효의 위치」, 『원효, 그의
   위대한 생애』, 원효 사상전집 1(불교춘추사, 1999), 74~85면.

가마타 시게오, 「7세기 동아시아 세계에서 원효의 위치」, 『불교신문

창간 40주년 기념 국제학술회의: 원효로 돌아가자』(불교신문사, 2000).

가쓰라기 스에하루(葛城末治), 「신라 「서당화상탑비」에 대하여」, 『청구학총』 제5집, 청구학회, 1931, 151~164면.

가쓰라기 스에하루, 「신라 「서당화상탑비」에 대하여」, 『조선금석고』 (대판옥호서점, 1935), 625~647면.

가쓰라기 스에하루, 「신라 「서당화상탑비」에 대하여」, 양은용 편, 『신라원효연구』(이리: 원광대학교출판국, 1979), 39~52면.

각성, 「원효 사상의 총체적 회통」, 『원효 사상의 현대적 조명』 1, 원효 사상전집 2(불교춘추사, 2000), 12~25면.

강건기, 「원효의 생애와 사상」, 『고시연구』 제13호, 고시연구사, 1986, 105~116면.

강건기, 「원효의 생애와 사상」, 『승진강좌』 제135호, 고시연구사, 1986, 2~13면.

강동균, 「원효전」, 『불교문화』 제29집 1호, 일본 동경 대한불교청년회, 1980,

강동균, 「원효의 정토사상에 있어서의 성문관」, 『인도학불교학연구』 제28집 1호, 일본인도학 불교학회, 1981, 128~129면.

강동균, 「원효의 정토관」, 『석당논총』 제9집, 동아대학교 석당전통문화연구원, 1984, 39~55면.

강동균, 「안심과 평안으로 가는 길: 원효의 정토사상 - 원효 사상의 현대적 조명」, 『민족불교』 제2집, 청년사, 1992, 166~179면.

강동균, 「원효의 자비관」, 『석당논총』 제19집, 동아대학교 석당전통문화연구원, 1993, 95~114면.

강동균, 「원효의 정토사상에서 본 실천행」, 『원효학연구』 제5집, 원효
학연구원, 2000, 141~166면.

강동균·한보광, 「원효 사상에 있어서의 사회복지론」, 『정토학연구』
제7집, 한국정토학회, 2004, 39~56면.

강명진, 「원효의 윤리관」, 『정신개벽』 제4집, 신룡교학회, 1985, 133~
164면.

강명희, 「대승기신론에 나타난 생각(念)과 깨달음(覺)의 관계성」, 『불
교학보』 제57호, 동국대학교 불교문화연구원, 2011, 63~85면.

강명희, 「원효와 세친의 주석서에 나타난 일심의 여래장설」, 『불교철
학』 제3집, 동국대학교세계불교학연구소, 2018, 5~41면.

강미영, 「서울의 원효 답사기행」, 『문학/사학/철학』 제39집, 한국불교
사연구소, 2014, 279~297면.

강정중, 「원효의 인간 구제와 학승으로서의 공적」, 『원효 사상의 현대
적 조명』 1, 원효 사상전집 2(불교춘추사, 2000), 26~41면.

강은혜, 「원효元曉 설화에 나타난 풍류정신」, 『동남어문논집』 제19집,
동남어문학회, 2005, 5~25면.

강은혜, 「인물 설화에서 살펴본 대구, 경북의 문화원류-민족혼을
진작한 원효, 일연, 최제우의 설화를 중심으로-」, 『한민족어문학』
제48집, 한민족어문학회, 2006, 35~72면.

강의숙, 「원효의 열반사상-『열반경종요』를 중심으로」, 『사회사상과
문화』 제5집, 동양사회사상학회, 2002, 172~192면.

강의숙, 「원효의 자유 개념의 논리적 구조에 관한 고찰」, 『사회사상과

문화』제9집, 동양사회사상학회, 2004, 57~80면.

강의숙, 「원효의 공부론」, 『동서철학연구』제31집, 한국동서철학회, 2004, 229~248면.

강찬국, 「원효의 모순 통섭 논리에서 나타나는 연기법의 의미」, 『불교학보』75호, 동국대학교 불교문화연구원, 2016, 131~149면.

강찬국, 「이생문二生門에 대한 원효의 이해에서 나타나는 깨달음의 위상」, 『불교철학』제2집, 동국대학교 세계불교학연구소, 2018, 133~156면.

강찬국, 「소승 37도품 수행에 관한 원효의 포용적 관점」, 『동양철학』제51호, 한국동양철학회, 2019, 81~104면.

경산시 편집부, 「원효, 설총, 일연 3성현의 도시」, 『낙동강연구』제17호, 부산발전연구원, 2010, 30~31면.

고남식, 「원효元曉의 화쟁和諍사상과 강증산姜甑山의 해원상생解冤相生사상 비교-화和, 일심一心, 해解와 관련하여-」, 『동아시아고대학』제70호, 동아시아고대학회, 2023, 164~193면.

고승학, 「원효의 세간관 고찰-『열반종요』를 중심으로-」, 『선문화연구』제20집, 한국불교선리연구원, 2016, 101~131면.

고영섭, 「원효의 통일학: 부정(破·奪)과 긍정(立·興)의 화쟁법」, 김용옥 편, 『삼국통일과 한국통일』1(통나무, 1995), 183~246면.

고영섭, 「원효의 통일학: 부정(破·奪)과 긍정(立·興)의 화쟁법」, 『동국사상』제26집, 동국대학교불교대학, 1995, 79~125면.

고영섭, 「불학의 보편성: 원효의 삶과 생각, 불학하기의 한 모범」, 『미천목정배박사화갑기념논총』(장경각, 1997), 63~100면.

고영섭, 「원효의 화엄학」, 『불교와 문화』 제3집, 대한불교진흥원,
　　1997, 124~132면.

고영섭, 「원효의 보편학: 어디서가 아니라 어떻게」, 『중앙승가대신문』
　　제88~89호, 1998년, 4면.

고영섭, 「원효시대의 동아시아 불교사상가들의 생각틀」, 「원효 사상
　　전집』 제1책(불교춘추사, 1999), 120~145면.

고영섭, 「오늘 왜 원효인가」, 『연극 옴 팔플렛』(완자무늬, 1999).

고영섭, 「7~8세기 동아시아 불학의 스펙트럼: 인식(識)과 마음(心) 패러
　　다임의 긴장과 탄력」, 『동원논집』 제13집, 동국대학교 대학원 학생
　　회, 1999, 65~82면.

고영섭, 「원효의 통일학: 부정(破·奪)과 긍정(立·與)의 화쟁법」, 『원
　　효 사상의 현대적 조명』 1, 원효 사상전집 2(불교춘추사, 2000), 92~
　　160면.

고영섭, 「보살의 모습으로 다가온 원효대사」, 『한국불교인물사상사』
　　(중앙승가대신문, 2000), 88~98면.

고영섭, 「원효의 장애론: 현행의 장애와 잠복의 장애의 치유와 단멸」,
　　『불교학연구』 제1집, 한국종교학회, 2000, 229~260면.

고영섭, 「원효의 화엄학: 광엄과 보법의 긴장과 탄력」, 『원효학연구』
　　제5집, 원효학연구원, 2000, 389~420면.

고영섭, 「원효, 한 마음의 두 모습 혹은 한맛의 두 측면」, 『뉴 휴먼
　　단』 제84호, 한문화사, 2000, 116~119면.

고영섭, 「원효는 어떻게 이해되어 왔는가」, 『오늘의 동양사상』 제4호,
　　예문동양사상연구원, 2001, 173~187면.

고영섭, 「원효의 화엄학: 광엄과 보법의 긴장과 탄력」, 『원효 사상전집』 3(불교춘추사, 2001),

고영섭, 「원효의 공부론: 원효의 삶과 생각, 불학하기의 한 모범」, 『원효 사상전집』 4(불교춘추사, 2001).

고영섭, 「원효의 三昧論: 一心과 三空의 긴장과 탄력」, 『원효학연구』 제11집, 원효학회, 2006, 93~119면.

고영섭, 「"마음의 혁명" 혹은 "존재론적 혁명"으로 푼 원효의 대승철학 ─김형효 저 『원효의 대승철학』(소나무, 2006)을 읽고─」, 『문학/사학/철학』 제8호, 한국불교사연구소, 2007, 159~171면.

고영섭, 「원효 『십문화쟁론』 연구의 지형도」, 『문학/사학/철학』 제10호, 대발해동양학한국학연구원 한국불교사연구소, 2007, 131~165면.

고영섭, 「元曉 一心의 神解性 분석」, 『불교학연구』 제20집, 불교학연구회, 2008, 165~190면.

고영섭, 「동아시아 불교에서 정토학과 원효」, 『원효학연구』 제13집, 원효학연구원, 2008, 39~77면.

고영섭, 「원효 일심의 신해성 분석」, 『불교학연구』 제20호, 원효학연구원, 2008, 165~186면.

고영섭, 「원효의 통합사상─민족통일과 불교통합」, 『문학/사학/철학』 제16집, 대발해동양학한국학연구원 한국불교사연구소, 2009, 40~77면.

고영섭, 「The Reason why Wonhyo bestows the concept of Mysterious UnderstandingNature on One Mind」, 『IJBTC』 Vol 14, 2010.

고영섭, 「분황 원효의 평화 인식——心과 和諍과 無碍를 중심으로—」, 『한국불교학』 제62집, 한국불교학회, 2012, 41~76면.

고영섭, 「분황 원효 저술의 서지학적 검토—교판敎判 인식認識과 학문 學問 방법方法과의 관련을 중심으로—」, 『한국불교사연구』 제2집, 한국불교사연구소, 2013, 4~50면.

고영섭, 「분황 원효와 퇴계 이황의 만남과 대화」, 『한국불교사연구』 제3집, 한국불교사연구소, 2014, 247~280면.

고영섭, 「보조 지눌의 사상 형성에 영향을 끼친 고승-'보조전서' 안팎의 고승들을 중심으로—」, 『보조사상』 제42집, 보조사상연구원, 2014, 13~57면.

고영섭, 「芬皇분황 元曉원효 本覺본각의 決定性결정성 탐구」, 『불교학보』 67호, 동국대학교 불교문화연구원, 2014, 89~113면.

고영섭, 「芬皇 元曉의 和會論法 탐구-'門'과 '論'을 중심으로—」, 『한국불교학』 제71집, 한국불교학회, 2014, 97~135면.

고영섭, 「한국불교의 전통과 원효불학元曉佛學의 고유성」, 『불교학보』 제69집, 동국대학교 불교문화연구원, 2014, 93~118면.

고영섭, (특집논문) 「화엄사상과 통합의 시대-분단과 분열의 시대에 화엄학의 의의-: 분단시대의 극복을 위한 원효의 화엄학적 조망」, 『동아시아불교문화』 제20호, 동아시아불교문화학회, 2014, 29~58면.

고영섭, 「분황 원효 본각의 결정성 연구」, 『불교학보』 제67집, 동국대 불교문화연구원, 2014, 89~113면.

고영섭, 「원효의 화회논법 탐구」, 『한국불교학』 제71집, 한국불교학

회, 2014, 97~135면.

고영섭, 「분단시대의 극복을 위한 원효의 화엄학」, 『동아시아불교문화』 제19집, 2014, 29~58면.

고영섭, 「한국불교의 전통과 원효불학의 고유성」, 『불교학보』 제69집, 동국대불교문화연구원, 2014, 93~118면.

고영섭, 「원효의 염불관과 청화의 염불선」 『불교학보』 제71집, 동국대학교불교문화연구원, 2015, 137~163면.

고영섭, 「분황 원효와 퇴계 이황의 만남과 대화-"귀원요생歸源饒生"과 "궁리거경窮理居敬"을 중심으로-」, 『한국불교사연구』 제6집, 한국불교사연구소, 2015, 247~280면.

고영섭, 「분황 원효의 『十門和諍論』과 『判比量論』의 내용과 사상사적 의의」, 『동악미술사학』19호, 동악미술사학회, 2016, 127~153면.

고영섭, 「철학으로서 불교철학의 지형과 방법」, 『한국불교학』 제77집, 한국불교학회, 2016, 79~120면.

고영섭, 「원효의 삼세육추三細六麤설과 이황의 사단칠정四端七情론의 통로」, 『한국불교사연구』 제11집, 한국불교사연구소, 2017, 70~117면.

고영섭, 「분황芬皇 원효元曉와 현수賢首 법장法藏의 기신학起信學 이해 -심식설心識說 인식과 삼세三細 육추六麤 배대配對를 중심으로-」, 『불교철학』 제1집, 동국대학교 세계불교학연구소, 2017, 141~187면.

고영섭, 「원효의 오도처와 화성 당항성」, 『신라문화』 제50집, 동국대학교 신라문화연구소, 2017, 49~79면.

고영섭, 「분황 원효의 생애와 사상」, 『문학/사학/철학』 제51집, 한국불교사연구소, 2017, 42~63면.

고영섭, 「분황芬皇 원효元曉의 일심사상—心思想—기신학의 일심—心 과 삼매론의 일미—昧와 관련하여—」, 『선문화연구』 제23집, 한국불 교선리연구원, 2017, 107~152면.

고영섭, 「분황芬皇 원효元曉의 화쟁和諍 회통會通 인식」, 『불교학보』 제81호, 동국대학교 불교문화연구원, 2017, 59~92면.

고영섭, 「분황 원효의 여래장 인식과 불성 이해 원효가 한국불교에 미친 영향을 중심으로—」, 『열상고전연구』 제61집, 열상고전연구 회, 2018, 39~81면.

고영섭, 「일심지원 혹은 일심이란 무엇인가?—분황 원효 깨침 사상의 구심과 원심—」, 『불교철학』 제2집, 동국대학교 세계불교학연구소, 2018, 95~132면.

고영섭, 「원통 균여의 현수 법장 사상 수용과 응용—교판론과 법계관 을 중심으로—」, 『열상고전연구』 제65집, 열상고전연구회, 2018, 353~389면.

고영섭, 「동아시아 불교의 보편성과 특수성—원효元曉의 유식唯識·기 신起信·화엄華嚴·선법禪法 일심—心 인식을 중심으로—」, 『문학/사 학/철학』 제53집, 한국불교사연구소, 2018, 84~118면.

고영섭, 「분황芬皇 원효元曉와 삼장三藏 진제眞諦의 섭론학 이해—'삼 무성三無性'론과 '아마라식阿摩羅識'관을 중심으로—」, 『불교철학』 제3집, 동국대학교 세계불교학연구소, 2019, 43~92면.

고영섭, 「깨침 혹은 깨달음이란 무엇인가—고타마 싯다르타의 중도中 道 연기緣起와 분황원효의 일심—心 일각—覺—」, 『불교철학』 제4집,

동국대학교 세계불교학연구소, 2019, 77~150면.

고영섭, 「분황 원효와 문아 원측의 유식학 이해-불성론과 종성론을 중심으로-」,『불교철학』제5집, 동국대학교 세계불교학연구소, 2019, 75~137면.

고영섭, 「분황 원효芬皇元曉와 경허 성우鏡虛惺牛의 구도정신-원효 일심一心과 경허조심照心의 접점과 통로」,『선문화연구』제26집, 한국불교선리연구원, 2019, 241~285면.

고영섭, 「분황 원효『대승기신론소』의 내용과 특징-『대승기신론별기』와『대승기신론이장의』와 관련하여-」,『불교철학』제6집, 동국대학교 세계불교학연구소, 2020, 39~98면.

고영섭, 「분황 원효『금강삼매경론』의 주요 내용과 특징-반야 중관(空性)의 이제설과 유가유식(假有)의 삼성설의 일미一味적 통섭通攝:『기신론소』'일심一心'과『삼매경론』'본각本覺'의 유기적 상관성을 중심으로-」,『불교철학』제7집, 동국대학교 세계불교학연구소, 2020, 119~185면.

고영섭, 「분황 원효의 일심과 묘공 대행의 한마음」,『한국불교학』제94집, 한국불교학회, 2020, 237~279면.

고영섭, 「분황芬皇 원효元曉와 자은慈恩 현장玄奘의 인명학 이해-현량現量과 비량比量 이해를 중심으로」,『문학/사학/철학』제61집, 한국불교사연구소, 2020, 208~240면.

고영섭, 「돌아보다-원효 회고상을 보고」,『시와세계』70호, 시와세계, 2020, 60~60면.

고영섭, 「분황芬皇 원효元曉의 기신사상起信思想-일심一心과 본각本

覺의 접점과 통로-」,『불교학밀교학연구』제1집, 한국밀교학회, 2022, 171~216면.

고영섭, 「분황 원효 승만경소(輯逸)의 중심 내용과 주요 특징」,『불교철학』제10집, 동국대학교 세계불교학연구소, 2022, 69~112면.

고영섭, 「분황 원효『능가경소·종요』(집일)의 중심 내용과 주요 특징」,『불교철학』제11집, 동국대학교 세계불교학연구소, 2022, 161~227면.

고영섭, 「분황 원효와 인각 일연의 화엄학과 선학 이해-각승角乘 가풍과 경초莖草 선풍을 중심으로-」,『불교철학』제12집, 동국대학교 세계불교학연구소, 2023, 117~180면.

고영섭, 「분황 원효의 중도일심과 퇴옹 성철의 중도무심」,『불교철학』제13집, 동국대학교 세계불교학연구소, 2023, 179~244면.

고영섭, 「隋나라 寶貴 등 合譯『合部金光明經』의 호법성과 호국성-元曉『金光明經疏』와 청주고인쇄박물관 소장『합부금광명경』권3과 관련하여-」,『구결연구』제51집, 구결학회, 2023, 65~122면.

고영섭, 「분황 원효의 일심사상과 인공지능은 어떻게 만날 수 있는가?-원효 일심 이해의 심층화와 고도화 및 인공지능의 확장화와 고도화의 중도연기적 공존」,『문학/사학/철학』제74호, 한국불교사학회 한국불교사연구소, 2023, 222~266면.

고영섭, 「『삼국유사』의 원효와 의상-대중 속으로 들어간 '菩薩'(聖師)과 '如來'(法師)-」,『한국불교사연구』제23집, 한국불교사학회 한국불교사연구소, 2023, 95~145면.

고영섭, 「분황 원효『중변분별론소』의 중심 내용과 주요 특징」,『불교철학』 제14집, 동국대학교 세계불교학연구소, 2024, 5~49면.

고영섭, 「분황 원효 대승기신론별기의 중심 내용과 주요 특징, 2」, 『불교철학』 제15집, 동국대학교 세계불교학연구소, 2024, 149~215면.

고은진, 「창작소재로서 원효 이야기의 재구성」, 『열상고전연구』 제49집, 열상고전연구회, 2016, 135~168면.

고은진, 「원효대사와 현대문화 기획의도」, 『열상고전연구』 제61집, 열상고전연구회, 2018, 7~9면.

고은진, 「동반자형 설화 속의 원효─해골바가지 사건의 새로운 해석을 중심으로─」, 『열상고전연구』 제61집, 열상고전연구회, 2018, 11~38면.

고은진, 「원효의 대승 사상과 말나식 고찰─『대승기신론소』, 『별기』를 중심으로」, 『동서철학연구』 제97호, 한국동서철학회, 2020, 29~54면.

고은진, 「원효 이장의 소지장所知障에 대한 유식적 고찰」, 『대동철학』 제94집, 대동철학회, 2021, 1~30면.

고은진, 「원효『이장의』현료문에 나타난 업業과 연기緣起고찰」, 『哲學論叢』 제106집 4호, 새한철학회, 2021, 27~50면.

고은진, 「원효『이장의』은밀문에 나타난 대승 사상 고찰─유식과의 연관성을 중심으로─」, 『불교철학』 제12집, 동국대학교 세계불교학연구소, 2023, 211~246면.

고은진, 「분황 원효 대승기신론 이장의의 중심 내용과 주요 특징」, 『불교철학』 제15집, 동국대학교 세계불교학연구소, 2024, 107~148면.

고익진, 「원효의 기신론소·별기를 통해 본 진속원융무애관과 그 성립 이론」, 『불교학보』 제10호, 동국대학교 불교문화연구소, 1973, 287~319면.

고익진, 「원효 사상의 실천원리: 『금강삼매경론』의 일미관행을 중심 으로」, 『숭산박길진박사화갑기념 한국불교사상사』(이리: 원광대학 교, 1975), 225~255면.

고익진, 「『유심안락도』의 성립과 그 배경: 『유심안락도』는 『무량수경 종요』의 증보개편이다」, 『불교학보』 13호, 동국대학교 불교문화연 구소, 1976, 153~170면.

고익진, 「원효 사상의 사적 의의」, 『동국사상』 제14호, 동국대학교 불교대학, 1981, 49~64면.

고익진, 「Wonhyo and the foundation of korean Buddhism」, 『korea Journal』 21.2(Seoul: Unesco, 1981), 4~13면.

고익진, 「원효의 화엄사상」, 동국대학교 불교문화연구소 편, 『한국화 엄사상연구』(동대출판부, 1982), 88~108면.

고익진, 「Wonhyo's Hua-yen thought」, 『korea Journal』 23.8(Seoul: Unesco, 1983), 30~33면.

고익진, 「원효 사상의 화쟁적 성격」, 『한국의 사상』(열음사, 1984), 77~88면.

고익진, 「『유심안락도』의 성립과 그 배경: 『유심안락도』는 『무량수경 종요』의 증보개편이다, 『한국찬술불서의 연구』(민족사, 1987), 11~36면.

고익진, 「중국 초기 화엄과 원효 사상과의 비교」, 『한국고대불교사상사』(동국대학교출판부, 1989), 11~36면.

고익진, 「원효의 기신론철학과 화엄경관」, 『한국고대불교사상사』(동
　국대학교출판부, 1989), 173~246면.

고익진, 「원효의 진속원융무애관과 성립이론: 『기신론소・별기』를 중
　심으로」, 『고대한국불교교학연구』(민족사, 1989), 255~297면.

고점용, 「원효의 대승기신론소・별기에 나타난 실천덕목」, 『교육논
　총』 제1집, 제주대학교 교육대학원, 1988, 581~626면.

고창수, 「원효대사가 시인에게 한 말」, 『문학/사학/철학』 제3집, 한국
　불교사연구소, 2005, 1~7면.

공종원, 「원효 사상의 현대적 의미」, 『원효 사상의 현대적 조명』 1,
　원효 사상전집 2(불교춘추사, 2000), 84~92면.

곽승훈, 「통일신라시대 승전의 저술과 그 의의」, 『한국학보』 제18집
　4호, 일지사, 1992,

곽승훈, 「신라 애장왕대 『서당화상비』의 건립과 그 의의」, 『국사관논
　총』 제74집, 국사편찬위원회, 1997,

관원독, 「인간 원효론」, 『원효연구논총』(국토통일원, 1987), 839~862면.

관원독, 「인간 원효론」, 김지견 편, 『원효대사의 철학세계』(민족사,
　1989), 675~694면.

관원독, 「인간 원효론」, 『원효, 그의 위대한 생애』, 원효 사상전집
　1(불교춘추사, 1999), 317~360면.

구석봉, 「원효방과 원효의 차생활」, 『원효, 그의 위대한 생애』, 원효
　사상전집 1(불교춘추사, 1999), 522~530면.

권기종, 「원효의 정토사상 연구」, 『불교연구』 제11・12집, 한국불교연

구원, 1995, 401~424면.

권기종, 「원효의 전기연구에 나타난 문제점에 대하여」, 『원효학연구』
　　제1집, 원효학회, 1996, 55~70면.

권서용, 「원효와 법칭의 만남과 대화」, 『불교철학』 제1집, 동국대학교
　　세계불교학연구소, 2017, 31~72면.

권서용, 「앎(識)의 구조에 관한 논쟁－법칭과 원효를 중심으로－」,
　　『한국불교학』 제87집, 한국불교학회, 2018, 111~145면.

권서용, 「원효의 불확정(不定) 원리와 법칭의 선험적 원리에 관한
　　연구－원효의 『판비량론判比量論』 11절을 중심으로－」, 『동아시아
　　불교문화』, 35호, 동아시아불교문화학회, 2018, 323~353면.

권서용, 「원효와 화이트헤드사상의 접점에 관한 비교연구」, 『코기토』
　　제85호, 부산대학교 인문학연구소, 2018, 7~34면.

권서용, 「상위결정에 관하여－원효와 법칭을 중심으로－」, 『동아시아
　　불교문화』 제55호, 동아시아불교문화학회, 2023, 3~38면.

권서용, 「분황 원효 『판비량론』의 중심 내용과 주요 특징」, 『불교철학』
　　제14집, 동국대학교 세계불교학연구소, 2024, 51~94면.

권석우, 「『금강경』의 제상비상과 『반야심경』의 色空의 의미로 둘러
　　보는 원효의 『금강삼매경론』이 우리에게 주는 생사의 의미」, 『인문
　　언어』 제26집 1호, 국제언어인문학회, 2024, 195~214면.

권오민, 「원효교학과 아비달마－화쟁론을 중심으로」, 『동아시아불교
　　문화』 제21호, 동아시아불교문화학회, 2015, 303~351면.

권윤혁, 「화쟁논리의 부흥과 신민족통일이론의 정립」1, 『불교사상』
　　제1집, 불교사상사, 1983, 273~279면.

권윤혁, 「화쟁논리의 부흥과 신민족통일이론의 정립」2, 『불교사상』
　　제2집, 불교사상사, 1984.

권윤혁, 「화쟁논리의 부흥과 신민족통일이론의 정립」3, 『불교사상』
　　제3집, 불교사상사, 1984.

권윤혁, 「화쟁논리의 부흥과 신민족통일이론의 정립」4, 『불교사상』
　　제4집, 불교사상사, 1984, 177~188면.

권윤혁, 「화쟁논리의 부흥과 신민족통일이론의 정립」5, 『불교사상』5,
　　불교사상사, 1984.

권윤혁, 「화쟁논리의 부흥과 신민족통일이론의 정립」, 『원효학연구』
　　제3집, 원효학회, 1998, 221~245면.

권탄준, 「원효의 화엄사상에 나타난 일체법 곧 일법의 이치」, 『원효학
　　연구』 제3집, 원효학회, 1998, 71~87면.

기덕철(우담), 「번뇌장과 소지장에 대한 소고: 원효의 『이장의』를 중심
　　으로」, 『석림』 제21호, 석림회, 1987, 83~95면.

기무라 센슈(木村宣彰), 「원효대사와 열반사상」, 김지견 편, 『원효연구
　　논총』(국토통일원, 1987), 813~837면.

기무라 센슈, 「원효대사의 열반사상−원효 사상의 현대적 조명」, 장휘
　　옥 역, 『민족불교』2(청년사, 1992), 233~253면.

기무라 키요타카(木村淸孝), 「『대승육정참회』의 기초적 연구」, 『한국
　　불교학 세미나』 1(신라불교 연구회, 1985), 25~42면.

기무라 키요타카, 「『열반경종요』의 연구: 천제성불론의 성격에 대하
　　여」, 『아시아공론』 제9집 3호, 아시아공론사, 1980, 97~99면.

기무라 키요타카, 「초기중국 화엄교학과 원효대사: 일천제의 경우를

중심으로 하여」, 『원효연구논총』(국토통일원, 1987), 775~811면.

기무라 키요타카, 「초기중국 화엄교학과 원효대사: 일천제의 견해를 중심으로 하여」, 김지견 편, 『원효대사의 철학세계』(민족사, 1989), 703~734면.

기무라 키요타카, 「동아시아 불교에서의 화엄학과 원효」, 『원효학연구』 제13집, 원효학연구원, 2008, 117~149면.

김강녕, 「원효의 평화사상에 관한 연구」, 『민족사상』 제6집, 한국민족사상학회, 2012, 49~95면.

김강모(운학), 「신라원효의 문학관」, 『신라불교연구』(동경: 산희방불서림, 1973), 111~136면.

김강모(운학), 「원효의 문학관」, 『현대문학』 제19집, 현대문학사, 1973, 234~252면.

김강모(운학), 「원효의 화쟁사상: 한국불교의 和사상 연구」, 『불교학보』 제15집, 동국대학교 불교문화연구소, 1978, 173~182면.

김건표, 「신라 원효의 일생」, 『조선』 제151호, 조선총독부 총무국 문서과, 1930, 66~73면.

김경집, 「원효의 정토사상에 나타난 왕생의 원리」, 『한국불교학』 제23집, 한국불교학회, 1997, 157~182면.

김경집, 「원효의 정토관 연구」, 『보조사상』 제11집, 보조사상연구원, 1998, 367~393면.

김경집, 「원효의 구법행로와 오도처에 대한 재검토」, 『한마음연구』 제2집, 대행선연구원, 2019, 35~77면.

김경호, 「율곡 이이의 불교적 사유방식」, 『한국불교사연구』 제6호,

한국불교사연구소, 2014, 281~329면.

김광주(지운), 「『대승기신론』 주석서의 관점 비교 연구: 원효『소·별기』와 법장『의기』중심」, 『석림』 제23집, 석림회, 1989, 229~267면.

김광지, 「원효의 철학사상」, 『문리대학보』 제33호, 중앙대학교 문리과대학학생회, 1975, 315~324면.

김규영, 「시공해탈심론: 원효의『대승기신론소』에서」, 김지견 편, 『동과 서의 사유세계: 장봉김지견박사화갑기념사우록』(민족사, 1991), 341~354면.

김근배, 「원효 윤리의 공리주의적 '해석 가능성' 검토 헤어(R. M. Hare)의 '두 수준 공리주의(Two-level Utilitarianism)'의 적용을 중심中心으로」, 『한국불교학』 제82집, 한국불교학회, 2017, 131~158면.

김기호, 「원효 오도悟道 설화의 숭고 시학」, 『동아인문학』 제56집, 동아인문학회, 2021, 167~200면.

김기호, 「동해 파도 위의 구도자 원효, 그 숭고한 관음 친견」, 『민족문화논총』 제79집, 영남대학교 민족문화연구소, 2021, 991~1031면.

김기호, 「사복의 애도와 효, 그리고 우리의 참회」, 『청소년과 효문화』 제37집, 한국청소년효문화학회, 2021, 57~91면.

김기호, 「裸女 앞에 선 원효, 그리고 그의 숭고한 체험」, 『嶺南學』 제86호, 경북대학교 영남문화연구원, 2023, 125~158면.

김남윤, 「(인물바로보기 1) 원효－무엇에도 얽매이지 않았던 인물」, 『내일을 여는 역사』 제6집, 내일을 여는 역사, 2001, 155~162면.

김노연, 「원효의 대승적大乘的·창조적 '전인(Holistic)' 실천교육」, 『창조교육논총』 제14집, 창조교육학회, 2012, 1~15면.

김덕원, 「원효와 의상의 여성관에 대한 고찰」, 『한국사학보』 제33호,
  고려사학회, 2008, 43~72면.

김도공, 「원효 일심사상의 체계화 과정 고찰」, 『원불교학』 제4집,
  원불교학회, 1999, 703~731면.

김도공, 「원효, 그 깨달음의 사상체계」, 『원효 사상의 현대적 조명』
  1, 원효 사상전집 2(불교춘추사, 2000), 162~193면.

김도공, 「원효의 지관수행론: 『대승기신론소』를 중심으로」, 『종교교
  육학연구』 제14집, 한국종교교육학연구학회, 2002, 23~36면.

김도공, 「원효의 화쟁사상 형성에 영향을 미친 장자 제물론의 영향」,
  『보조사상』 제24집, 보조사상연구원, 2005, 93~131면.

김도공, 「화쟁 사상에서 본 원효의 차茶정신」, 『한국예다학』 제2집,
  원광대학교 한국예다학연구소, 2016, 65~75면.

김동화, 「원효대사」, 『한국역대고승전』(삼성문화재단, 1973), 112~
  119면.

김두진, 「원효의 유심론적 원융사상」, 『한국학논총』 제22집, 국민대학
  교 한국학연구소, 1999.

김명희, 「원효 화쟁론의 해석학적 접근: 종교대화원리를 중심으로」,
  『원불교사상과 종교문화』 제38집, 원광대학교 원불교사상연구원,
  2008, 121~161면.

김명희, 「교신과 조신의 대승적 믿음을 통해 본 종교간 대화의 해석학
  −원효의 『대승기신론 소·별기』를 중심으로−」, 『종교연구』 제54
  집, 한국종교학회, 2009, 225~268면.

김명희, 「종교 간의 대화를 위한 원효의 화쟁영성=마태오 리치의

적응주의 및 에노미야 라쌀의 신비주의와의 비교분석을 통하여」,
『종교연구』 제76집, 한국종교학회, 2016, 1~50면.

김문선, 「세친의 『정토론』이 원효의 『아미타경소』에 미친 영향―『정
토론』 인용구절을 중심으로」, 『정토학연구』 제34집, 한국정토학회,
2020, 165~199면.

김문선, 「원효의 『무량수경종요』와 『아미타경소』는 어떻게 다른가:
저술 목적과 내용을 중심으로」, 『보조사상』 제60집, 보조사상연구
원, 2021, 117~151면.

김미영, 「원효의 『이장의』 연구에 대한 논평」, 『원효학연구』 제8집,
원효학회, 2003, 194~195면.

김미영, 「"원효학"의 형성과정 고찰―20세기 화쟁담론을 중심으로」,
『국학연구』 제38호, 한국국학진흥원, 2019, 119~151면.

김방룡, 「원효와 지눌의 만남과 대화―지눌에 끼친 원효의 영향을
중심으로―」, 『불교철학』 제5집, 동국대학교 세계불교학연구소,
2019, 169~202면.

김방룡, 「분황 원효와 태고 보우의 만남과 대화」, 『불교철학』 제13집,
동국대학교 세계불교학연구소, 2023, 59~63면.

김범수, 「교토 고산사소장 원효화상 진영의 현상모사」, 『원불교사상
과 종교문화』 제47집, 원광대학교 원불교사상연구원, 2011, 265~
295면.

김병길, 「이광수의 역사소설 『元曉大師』는 어떻게 읽혔는가?」, 『춘원
연구학보』 12호, 춘원연구학회, 37~63면.

김복순, 「원효와 의상의 행적 비교 연구」, 『원효학연구』 제8집, 원효학

회, 2003, 67~87면.

김복인, Wonhyo's One Mind and Theos and Soteria, 『한국사상사: 석산한종만박사화갑기념논문집』(원광대학교출판국, 1991), 371~394면.

김부룡(승원), 「원효元曉의 사교판四敎判과 일승사상一乘思想」, 『한국불교학』 제28집, 한국불교학회, 2001, 217~247면.

김부룡(승원), 「元曉의 普法說에 대한 考察」, 『중앙승가대학논문집』 제10집, 중앙승가대학교, 2003, 275~289면.

김사업, 「원측과 원효의 심의식사상에 대한 소고」, 『석림』 제12호, 석림회, 1987, 145~158면.

김사엽, 「원효대사와 원왕생가」, 『조선학보』 제27호, 일본 천리: 천리대학 조선학회, 1963, 17~61면.

김사엽, 「원효대사와 원왕생가」, 양은용 편, 『신라원효연구』(이리: 원광대학교출판국, 1979), 479~525면.

김상록, 「불안과 훈습: 키에르케고어와 원효 사이에 찾은 대화의 실마리」, 『철학사상』 제74집, 서울대학교 철학사상연구소, 2019, 63~97면.

김상봉, 「해동불교와 물질문명」, 『원효 사상의 현대적 조명』 1, 원효사상전집 2(불교춘추사, 2000), 408~419면.

김상일, 「Wonhyo's transformation of total interpenetration」, 『인도철학』 제2집, 인도철학회, 1992, 221~242면.

김상현, 「성·속을 넘나드는 원효」, 『불교사상』 제34집, 불교사상사, 1986, 37~46면.

김상현, 「원효의 미타증성게」, 『경주사학』 제6집, 동국대학교 경주대
  학 사학과, 1987, 43~55면.

김상현, 「원효 행적에 관한 몇 가지 신자료의 검토」, 『신라문화』 제5집,
  동국대학교 신라문화연구소, 1988, 83~101면.

김상현, 「원효 행적에 관한 몇 가지 신자료의 검토」, 『경산문학』 제8집,
  한국문인협회 경산지부, 1992, 107~126면.

김상현, 「신라 법상종의 성립과 순경」, 『가산학보』 제2집, 가산불교문
  화연구원, 1993, 73~101면.

김상현, 「집일 『승만경소』: 『승만경소상현기』 소인 원효소의 집편」,
  『불교학보』 제30집, 동국대학교 불교문화연구원, 1993, 38~42면.

김상현, 「원효진영에 관하여」, 『신라문화제학술발표회논문집 14: 신
  라불교의 재조명』(경주: 신라문화선양회, 1993), 289~295면.

김상현, 「원효의 제명호고」, 『소헌남도영박사화갑기념 역사학논총』
  (민족문화사, 1993), 61~82면.

김상현, 「고려시대의 원효 인식」, 『정신문화연구』 제17권 1호, 한국정
  신문화연구원, 1994.

김상현, 「원효사 일서 집편: 해제 및 자료」, 『신라문화』 제10·11집,
  동국대학교 신라문화연구소, 1994, 209~232면.

김상현, 「집일 『금광명경소』: 『금광명최승왕경현추』 소인 원효소의
  집편」, 『동양학』 제24집, 단국대학교 동양학연구소, 1994, 259~
  284면.

김상현, 「원효 저술의 일본 유통과 그 의의」, 『한국사상사학』 제7집,
  한국사상사학회, 1995, 291~305면.

김상현, 「원효 화쟁 사상의 연구사적 검토」, 『불교연구』 제11·12집, 한국불교연구원, 1995, 333~362면.

김상현, 「원효진나후신설의 검토」, 『원효 사상』 창간호, 원효연구원, 1998, 99~122면.

김상현, 「원효의 불신론」, 『한국사상사학』 제11집, 한국사상사학회, 1999.

김상현, 「원효의 실천행」, 『원효학연구』 제5집, 원효학연구원, 2000, 9~38면.

김상현, 「서당화상비의 검토」, 『원효연구』(민족사, 2000).

김상현, 「7세기 후반 신라불교의 정법치국론」, 『신라문화』 제30집, 동국대학교 신라문화연구소, 2007, 91~115면.

김상현, 「원효元曉」, 『한국사시민강좌』 제30집, 일조각, 2002, 23~35면.

김상현, 「동서문명東西文明의 소통疏通과 원효元曉의 화쟁사상和諍思想─『문명의 충돌』 및 『통섭』의 문제를 중심으로─」, 『천태학연구』 제11집, 천태불교문화연구원, 2008, 170~189면.

김상현, 「원효元曉의 무애행無碍行과 화쟁사상和諍思想의 현대적 의미」, 『전자불전』 제11집, 동국대학교 전자불전문화콘텐츠연구소, 2009, 1~26면.

김석근, 「화쟁和諍과 일심一心」, 『정치사상연구』 제16집, 한국정치사상학회, 2010, 171~193면.

김선근, 「원효의 화쟁논리 소고」, 『논문집』 제2집, 동국대학교 경주캠퍼스, 1983, 15~28면.

김선중·김기수, 「원효 사상과 구조주의 관점에서의 법주사 건축 특성」, 『대한건축학회 학술발표대회 논문집』 제37집, 대한건축학회, 2017, 331~334면.

김선중·김기수, 「원효 사상으로 본 법주사건축」, 『한국생태환경건축학회 학술발표대회 논문집』 제17집, 한국생태환경건축학회, 2017, 108~109면.

김성룡, 「원효의 글쓰기에 나타난 텍스트적 주체의 문학 사상사적 의의」, 『시대와 철학』 제14집 2호, 한국철학사상연구회, 2003, 409~432면.

김성순, 「한국불교 전적에 나타난 염불선의 계승과 발전」, 『보조사상』 제59집, 보조사상연구원, 2021, 219~253면.

김성옥, 「자심분별에 대한 원효의 입장 『대승기신론소』·『별기』를 중심으로」, 『한국불교학』 제86집, 한국불교학회, 2018, 229~253면.

김성주, 「『합부금광명경』의 구결과 번역의 비교 연구」, 『구결연구』 제48집, 구결학회, 2022, 35~61면.

김성철, 「원효의 『판비량론』」, 『불교원전연구』 제2호, 동국대학교 불교문화연구원, 2001, 1~42면.

김성철, 「원효의 『판비량론』 제9절에 대한 재검토」, 『한국불교학』 제32집, 한국불교학회, 2002, 75~92면.

김성철, 「원효 저 『판비량론』 제10절의 의미분석」, 『불교학보』 제39호, 동국대학교 불교문화연구원, 2005, 77~102면.

김성철, 「원효 저 『판비량론』의 대승불설 논증－勝軍의 대승불설 논증에 대한 玄奘의 비판과 元曉의 改作」, 『불교학연구』 제6집,

불교학연구회, 2003, 7~32면.

김성철, 「원효 저 판비량론 散逸部 연구」, 『한국불교학』 제33집, 한국
　불교학회, 2003, 89~122면.

김성철, 「元曉 著 『判比量論』 제10절의 의미분석」, 『불교학보』 제39
　집, 동국대학교 불교문화연구원, 2005.

김성철, 「원효의 논리사상」, 『보조사상』 제26집, 보조사상연구원,
　2006, 283~319면.

김성철, 「원효의 제7말나식관-원효 초기 저술에 나타난 제7말나식의
　인식대상 논증을 중심으로」, 『불교학연구』 제42집, 불교학연구회,
　2015, 1~28면.

김성철, 「오치아이 소장 『판비량론』 필사본의 교정과 분석」, 『불교학
　보』 제74집, 동국대학교불교문화연구원, 2016, 271~295면.

김성철, 「원효의 『인명입정리론』 주석과 그 특징」, 『불교학보』 제85
　호, 동국대학교 불교문화연구원, 2018, 33~59면.

김성철, 「원효 『기신론』 주석서에 나타난 『능가경』 인용 양상」, 『불교
　학 리뷰』 제25집, 금강대학교 불교문화연구소, 2019, 105~141면.

김성철, 「원효의 『인명입정리론기』에 대한 일본 학승 젠주(善珠)의
　평가」, 『불교학보』 제90호, 동국대학교 불교문화연구원, 2020, 57~
　84면.

김성철, 「원효의 '일심불성'론을 둘러싼 몇 가지 문제」, 『佛敎學報』
　제102호, 동국대학교 불교문화연구원, 2023, 253~278면.

김성철, 「원효의 보살사상-열반의 연기延期 관념과 무주처열반론의
　관계를 중심으로-」, 『불교연구』 제58집, 한국불교연구원, 2023,

59~87면.

김수정, 「원효의 『이장의』 성립 배경에 대한 일 고찰」, 『불교연구』
제39집, 한국불교연구원, 2013, 89~116면.

김순원, 「대행스님의 한마음과 원효의 일심—心 사상 비교 고찰」,
『한국사상과 문화』 제92집, 한국사상문화학회, 2018, 193~223면.

김승찬, 「원효의 문학세계」, 『문리대논문집』 제18집, 부산대학교 문리
과대학, 1979, 21~35면.

김승호, 「원효의 전승담에서 도반의 의미」, 『원효, 그의 위대한 생애』,
원효 사상전집 1(불교춘추사, 1999), 723~756면.

김시연, 「원효의 '발보리심관發菩提心觀' 연구—「원효불기」와 『아미타
경소』를 중심으로—」, 『동아시아불교문화』 제59호, 동아시아불교
문화학회, 2023, 33~64면.

김시연, 「7세기 신라인의 불교 수행 대중화의 원동력」, 『한국불교사연
구』 제25호, 한국불교사학회 한국불교사연구소, 2024, 97~137면.

김시은, 「참관기: 삶에서 마주쳐야 할 것들—"원효와 퇴계에게서 배우
는 삶의 지혜" 수업을 듣고 나서—」, 『문학/사학/철학』 제5집, 한국
불교사연구소, 2006, 182~188면.

김양용, 「원효의 여래장설 연구」, 『대학원논문집』 제11집, 원광대학교
대학원, 1993, 63~76면.

김연강, 「『유심안락도』의 정토관에 대한 고찰」, 『禪文化硏究』 제31집,
한국불교선리연구원, 2021, 281~315면.

김영길, 「원효의 『법화종요』로 본 일승 통일」, 『원효학연구』 제3집,
원효학회, 1998, 57~70면.

김영미, 「원효의 여래장사상과 중생관」, 『선사와고대』 제3집, 한국고
　대학회, 1992, 167~188면.

김영미, 「원효의 아미타신앙과 정토관」, 『가산학보』 제2집, 가산불교
　문화연구원, 1993, 9~37면.

김영미, 「원효의 대중 교화행」, 『불교문화연구』 제9집 1호, 동국대학
　교 불교사회문화연구원, 2008, 313~341면.

김영미, 「원효 『금강삼매경론』의 무이중도 사상」, 『불교문화연구』
　제16집 1호, 동국대학교불교사회문화연구원, 2016, 26~68면.

김영미, 「원효 화쟁사상에 대한 새로운 조망」, 『신라문화』 제48집,
　동국대학교 신라문화연구소, 2016, 127~150면.

김영미, 「삼론학의 不二中道와 원효의 無二中道 고찰」, 『신라문화』
　제50집, 동국대학교 신라문화연구소, 2017, 27~48면.

김영미, 「원효와 혜능의 깨달음과 선禪」, 『불교철학』 제3집, 동국대학
　교 세계불교학연구소, 2018, 167~201면.

김영미, 「如體如用의 觀으로 조망한 원효의 깨달음」, 『신라문화』 제53
　집, 동국대학교 신라문화연구소, 2019, 85~109면.

김영미, 「승랑의 유무상즉과 원효의 생멸상즉」, 『불교철학』 제5집,
　동국대학교 세계불교학연구소, 2019, 5~40면.

김영미, 「원효와 혜능의 사바즉정토娑婆卽淨土」, 『동아시아불교문화』
　제40호, 동아시아불교문화학회, 2019, 303~334면

김영미, 「원효의 대승보살大乘菩薩 수행도-『기신론소』와 『금강삼매
　경론』을 중심으로-」, 『동아시아불교문화』 제43호, 동아시아불교
　문화학회, 2020, 269~300면.

김영미, 「원효의 공空사상-『금강삼매경론』의 수공법修空法-」, 『한
　국불교학』 제97집, 한국불교학회, 2021, 219~250면.

김영미, 「삼론학의 삼종중도三種中道와 원효의 무이중도無二中道 비교
　연구」, 『동아시아불교문화』 제46호, 동아시아불교문화학회, 2021,
　139~172면.

김영미, 「원효 수행 관법에 대한 연구-금강삼매경론 의 무상관無相觀
　과 삼공三空을 중심으로-」, 『韓國佛敎學』 제100집, 한국불교학회,
　2021, 69~100면.

김영미, 「승랑과 원효의 상즉론相卽論의 비교연구」, 『印度哲學』 제62
　호, 인도철학회, 2021, 137~168면.

김영미, 「수행계위修行階位에 따른 일미관행一味觀行의 이해와 구조」,
　『동아시아불교문화』 제47호, 동아시아불교문화학회, 2021, 3~
　35면.

김영미, 「불교 명상의 대중화 방안 연구-『대승기신론』과 『대승기신
　론소』를 중심으로-」, 『불교철학』 제12집, 2023, 281~319면.

김영미, 「원효의 중도 경지와 사상에 대한 연구-일심 사상과 무이중
　도를 중심으로-」, 『동아시아불교문화』 제60호, 동아시아불교문화
　학회, 2023, 3~36면.

김영미, 「元曉의 『無量壽經宗要』 찬술 시기의 재검토: 인용 經論을
　중심으로」, 『불교연구』 제58집, 한국불교연구원, 2023, 341~386면.

김영미, 「원효의 깨달음 여체여용如體如用」, 『동아시아불교문화』 제
　64호, 동아시아불교문화학회, 2024, 35~65면.

김영석, 「원효 『판비량론』의 새로운 발굴」, 『불교학보』 제81호, 동국

대학교 불교문화연구원, 2017, 93~115면.

김영수, 「원효」, 『조선명인전』 상(조선일보사, 1939), 44~51면.

김영일, 「원효의 불성론에 담긴 생태학적 의미」, 『한국불교학』 제36
집, 한국불교학회, 2004, 307~342면.

김영일, 「원효 화쟁의 유형과 구조」, 『문학/사학/철학』 제14집, 한국불
교사연구소, 2008, 169~198면.

김영일, 「원효 화쟁의 판정과 방법」, 『문학/사학/철학』 제15집, 한국불
교사연구소, 2008, 169~197면.

김영일, 「理念葛藤의 해소에 관한 一考察－元曉의 和諍論法을 중심으
로－」, 『불교학보』 제51집, 동국대학교 불교문화연구원, 2009, 189~
210면.

김영일, 「元曉의 空有和諍論」, 『한국불교학』 제64집, 한국불교학회,
2012, 219~241면.

김영일, 「불교와 다른 종교의 관계'에 대한 원효의 입장」, 『보조사상』
제40집, 보조사상연구원, 2013, 14~49면.

김영일, 「원효의 정토사상에 담긴 화쟁의 정신」, 『정토학연구』 제20
집, 한국정토학회, 2013, 57~90면.

김영일, 「원효의 십문화쟁론 불성유무화쟁문 검토」, 『한국불교학』
제66집, 한국불교학회, 2013, 195~221면.

김영일, 「고익진의 한국불교사와 원효연구」, 『한국불교학』 제69집,
한국불교학회, 2014, 71~98면.

김영일, 「원효의 미륵정토사상에 담긴 화쟁의 정신－『미륵상생경종
요』를 중심으로－」, 『정토학연구』 제21집, 한국정토학회, 2014,

37~69면.

김영일, 「원효의 불신화쟁론佛身和諍論 – 보신불의 상주성과 무상성
    –」, 『대각사상』 제23호, 대각사상연구원, 2015, 289~315면.

김영일, 「『금강삼매경』의 존삼수일설 – 원효의 『금강삼매경론』을 중
    심으로 –」, 『대각사상』 제28호, 대각사상연구원, 2017, 299~326면.

김영일, 「도신과 원효의 수행관」, 『불교학보』 제84집, 동국대학교
    불교문화연구원, 2018, 69~92면.

김영일, 「원효와 지눌의 돈점관 – 깨달음과 닦아감을 중심으로 –」,
    『불교연구』 제49집, 한국불교연구원, 2018, 103~131면.

김영일, 「원효의 『십문화쟁론』 「종자화쟁문」 내용 추정」, 『불교학
    리뷰』 제26집, 금강대학교 불교문화연구소, 2019, 159~183면.

김영일, 「원효의 화쟁방법 검토 – 최근 3인의 연구를 중심으로」, 『불교
    학연구』 제60집, 불교학연구회, 2019, 171~197면.

김영일, 「원효의 화쟁방법 연구 – ‘모두 옳다’고 판단한 경우를 중심으
    로 –」, 『보조사상』 제58집, 보조사상연구원, 2020, 9~42면.

김영일, 「원효의 화쟁방법 – ‘옳기도 그르기도 하다’는 경우를 중심으
    로 –」, 『불교연구』 제54집, 한국불교연구원, 2021, 37~65면.

김영일, 「원효의 화쟁과 양자간 협상: ‘의사소통을 통한 갈등해소’
    시도」, 『불교연구』 제56집, 한국불교연구원, 2022, 135~165면.

김영일, 「원효 화쟁론과 현대 소송제도」, 『禪文化硏究』 제33집, 한국
    불교선리연구원, 2022, 235~265면.

김영일, 「「공유화쟁문」 잔존 부분의 연원 – 소위 〈주문〉과 〈이유〉
    부분을 중심으로 –」, 『불교연구』 제60집, 한국불교연구원, 2024,

159~188면.

김영일, 「십문화쟁론 「불성유무화쟁문」 재검토-주제별 내용 이해와 저술 배경 추정을 중심으로-」, 『禪文化硏究』 제36집, 한국불교선리연구원, 2024, 111~144면.

김영일, 「분황 원효 『십문화쟁론』의 중심 내용과 주요 특징」, 『불교철학』 제15집, 동국대학교 세계불교학연구소, 2024, 73~106면.

김영종, 「원효의 화쟁사상에 의한 노사분쟁의 조정」, 『원효학연구』 제7집, 원효학회, 228~261면.

김영주, 「諸書에 現한 원효 『화엄소』 교의」, 『조선불교총보』 제12집, 삼십본산연합사무소, 1918, 9~14면.

김영주, 「성철 법어 '산은 산이요 물은 물이다'에 대한 원효적 해석」, 『지역과 커뮤니케이션』 제10집 1호, 부산울산경남언론학회, 2006, 1~22면.

김영진, 「최남선의 민족불교 모색과 '조선불교'의 발견」, 『동아시아불교문화』 제56호, 동아시아불교문화학회, 2023, 33~59면.

김영태, 「신라불교 대중화의 역사와 그 사상 연구」, 『불교학보』 제6호, 동국대학교 불교문화연구소, 1969, 145~191면.

김영태, 「원효대사와 지성」, 『문화비평』 제3집 2호, 아한학회, 1971, 305~315면.

김영태, 「전기와 설화를 통한 원효 연구」, 『불교학보』 제17호, 동국대학교 불교문화연구소, 1980, 33~76면.

김영태, 「현전 설화를 통해 본 원효대사」, 『원효연구논총』(국토통일원, 1987), 9~36면.

김영태, 「원효의 불성론고」, 『효성조명기박사추모 불교사학논문집』
(동국대학교출판부, 1988), 261~288면.

김영태, 「원효의 불성관」, 『불교문화연구소년보』 제5집, 일본 경도:
불교대학, 1988, 24~52면.

김영태, 「신라의 지성인 원효」, 『불교사상사론』(민족사, 1992), 206~
217면.

김영태, 「원효의 불성론」, 『불교사상사론』(민족사, 1992), 218~244면.

김영태, 「현전 설화를 통해 본 원효대사」, 『불교사상사론』(민족사,
1992), 184~205면.

김영태, 「원효의 소명 서당에 대하여」, 『불교사상사론』(민족사, 1992),
158~183면.

김영태, 「원효의 신라말 이름 '새부'에 대하여: 『기신론별기』 찬자명을
중심으로」, 『불교사상사론』(민족사, 1992), 184~205면.

김영태, 「분황사와 원효의 관계사적 고찰」, 『원효학연구』 제1집, 원효
학회, 1996, 11~54면.

김영태, 「『본업경소』를 통해 본 원효의 信觀」, 『원효학연구』 제2집,
원효학회, 1997, 135~156면.

김영태, 「화회의 도리로 본 원효의 사상」, 『원효의 사상체계와 원효전
서 영역상의 제문제』, 국제원효학회, 1997.

김영태, 「원효의 중심사상: 현존 찬서의 대의를 통하여」, 『경산지역삼
성현유적조사연구』(경산: 경산대학교 국학연구원, 1997).

김영태, 「원효의 『열반경종요』에 나타난 화회의 세계」, 『원효학연구』
제3집, 원효학회, 1998, 89~128면.

김영태, 「원효의 소명 서당에 대하여」, 『원효, 그의 위대한 생애』, 원효 사상전집 1(불 교춘추사, 1999), 148~184면.

김영태, 「원효의 신라말 이름 '새부'에 대하여」, 『원효, 그의 위대한 생애』, 원효 사상전집 1(불교춘추사, 1999), 198~216면.

김영태, 「원효는 감분불이를 깨쳤다」, 『원효, 그의 위대한 생애』, 원효 사상전집 1(불교춘추사, 1999), 428~439면.

김영태, 「원효의 본업경소 연구」, 『원효학연구』 제4집, 원효학회, 1999, 11~92면.

김영태, 「원효의 해심밀경관: 현존 疏序를 통하여」, 『불교문화연구』 제6집, 동국대학교 불교사회문화연구원, 2005, 121~137면.

김영필, 「원효의 자아론에 대한 서양철학적 이해」, 『원효학연구』 제11집, 원효학연구원, 2006, 177~211면.

김영필, 「원효와 야스퍼스의 진리관(신옥희)에 대한 논평」, 『원효학연구』 제12집, 원효학회, 2007, 145~151면.

김영필, 「원효의 자아론에 대한 서양철학적 이해: E. 후설과 W. 제임스의 관점에서」, 『원효학연구』 제11집, 원효학회, 2006, 177~211면.

김영호, 「『법화경』의 일승원리와 종교 다원주의: 원효의 『법화경종요』를 중심으로」, 『(진산한기두박사화갑기념) 한국종교사상의 재조명』 상(이리: 원광대학교출판국, 1993), 43~59면.

김용구, 「원효의 언설사상 1」, 『불교사상』 2(불교사상사, 1984), 315~322면.

김용구, 「원효의 언설사상 2」, 『불교사상』 3(불교상사, 1984), 271~280면.

김용구, 「원효의 언설사상」, 『원효연구논총』(국토통일원, 1987), 37~
67면.

김용구, 「원효의 언설사상」, 김지견 편, 『원효대사의 철학세계』(민족
사, 1989), 581~605면.

김용표, 「Wonhyo's Hermeneutics of scriptural Plurality in the
Taehyedogyongjongyo」, 『원효 사상의 현대적 조명』 1, 원효 사상
전집 2(불교춘추사, 2000), 373~382면.

김용표, 「원효의 반야심경소와 효당의 복원해석학」, 『종교연구』 제46
집, 한국종교학회, 2007, 279~307면.

김용표, 「동서종교사상의 화합과 회통; 원효의 화회和會 해석학을
통해 본 종교다원주의—종교성의 공동기반과 심층적 대화원리—」,
『동서철학연구』 제56집, 한국동서철학회, 2010, 23~57면.

김용환, 「원효의 화쟁회통 담론범례」, 『윤리교육연구』 제23호, 한국윤
리교육학회, 2010, 91~110면.

김우헌, 「원효대사의 천성산 전기와 설화」, 『경남향토사논총』 제2집,
경남향토사연구협회, 1992, 153~162면.

김운학, 「원효의 화쟁사상」, 『불교사상』 제15집, 불교사상사, 1985,
173~182면.

김원명, 「元曉의 涅槃論 小考: 元曉의 『涅槃宗要』에서 열반의 이름과
의미를 중심으로」, 『인문학연구』 제9집, 한국외국어대학교 인문연
구소, 2005, 135~158면.

김원명, 「원효와 정조의 철학적 비교」, 『새한철학회 학술대회 발표논
문집』 제4집, 한국새한철학회, 2005, 71~83면.

김원명, 「현대 문명 위기 극복을 위한 원효와 하이데거의 존재이해」, 『존재론연구』 제15집, 한국하이데거학회, 2007, 353~380면.

김원명, 「원효『기신론해동소』에 나타난 원음圓音의 현대적 이해에 관한 연구」, 『불교학연구』 제19집, 불교학연구회, 2008, 119~149면.

김원명, 「부처의 무기無記와 원효의 존재 이해」, 『철학과 문화』 제17집, 한국외국어대학교 철학과문화연구소, 2008, 145~170면.

김원명, 「원효철학에서 일심一心과 화쟁和諍의 관계」, 『철학과 문화』 제18집, 한국외국어대학교 철학과문화연구소, 2008, 117~138면.

김원명, 「원효의 화쟁 글쓰기」, 『철학논총』 제2집 52호, 새한철학회, 2008, 3~26면.

김원명, 「화쟁의 속틀과 열반의 겉틀, 그리고 '우리'말 이해」, 『현대유럽철학연구』 제18집, 현대유럽철학연구회, 2008, 131~157면.

김원명, 「원효의 비불교적 배경 시론試論」, 『철학논총』 제58집, 새한철학회, 2009, 41~61면.

김원명, 「고향과 말―만해와 원효를 중심으로」, 『존재론 연구』 제24집, 한국하이데거학회, 2010, 155~173면.

김원명, 「원효『열반경종요涅槃經宗要』에 나타난 일심一心」, 『존재론연구』 제32집, 한국하이데거학회, 2013, 163~187면.

김원명, 「원효 일심의 정의와 의미」, 『한국불교사연구』 제2집, 한국불교사연구소, 2013, 87~124면.

김원명, 「원효元曉『열반경종요涅槃經宗要』에 나타난 한중불교학韓中佛教學 교류交流와 소통疏通」, 『한중인문학회 국제학술대회 2017』, 한중인문학회, 2017, 103~103면.

김원명, 「분황 원효 사상의 고유성과 독특성」, 『불교철학』 제9집, 동국대학교 세계불교학연구소, 2021, 5~34면.

김원명, 「남南의 철학자가 본 북北의 원효철학 연구」, 『철학·사상·문화』 제42호, 동국대학교 동서사상연구소, 2023, 20~42면.

김원명, 「북北에서의 원효 화쟁사상 연구－한명환 조선철학전사 (2) (사회과학출판사, 2010)를 중심으로」, 『철학』 제157호, 한국철학회, 2023, 41~66면.

김원명, 「분황 원효 《반야심경소》의 중심 내용과 주요 특징－효당 최범술 《원효성사반야 심경복원소》를 중심으로」, 『불교철학』 제15집, 동국대학교 세계불교학연구소, 2024, 5~34면.

김원명·안효성, 「원효와 정조의 철학적 비교」, 『새한철학회한국불교학』 제16집, 한국불교학회, 1991, 335~365면.

김원영, 「금강삼매경론에서 이입설과 일승」, 『원효학연구』 제3집, 원효학회, 1998, 129~161면.

김원명, 「원효의 참회사상: 『대승육정참회』문을 중심으로」, 『원불교사상과 종교문화』 제53집, 2012, 201~229면.

김원명, 『한중불교학韓中佛敎學 교류交流와 소통疏通』, 『한중인문학회 국제학술대회 2017』 제6호, 한중인문학회, 2017, 103~103면.

김인덕, 「『대해도경종요』에 보이는 포용 통일의 정신 및 논리」, 『원효학연구』 제3집, 원효학회, 1998, 27~55면.

김인환, 「원효의 문장론」, 『한국사상』 제16집, 한국사상연구회, 1978, 173~183면.

김임중, 「원효의 『금강삼매경론』 연기설화: 『화엄연기』 에마키를 중심으로」, 『연민학지』 제21집, 연민학회, 2014, 229~277면.

김임중, 「원효대사元曉大師와 명혜상인明惠上人: 고산사高山寺 관련 자료를 중심으로」, 『연민학지』 제22집, 연민학회, 2014, 87~131면.

김임중, 「일본 화엄종조사 원효: 화엄종조사로 호칭된 유래를 중심으로」, 『연민학지』 제29집, 연민학회, 2018, 113~140면.

김정탁, 「장자 제물론齊物論의 관점에서 본 원효의 화쟁和諍사상—커뮤니케이션 갈등해소를 위한 방법론을 중심으로—」, 『한국소통학회 학술대회 2015집』 제10호, 한국소통학회, 2015, 33~39면.

김정탁·이경열, 「원효의 화쟁사상 관점에서 본 현대 한국인의 의사소통관」, 『한국언론학회 학술대회 발표논문집 2005집』, 한국언론학회, 2005, 379~392면.

김정탁·이경열, 「원효元曉의 의사소통관意思疏通觀」, 『한국방송학보』 제20집, 한국방송학회, 2006, 49~82면.

김정휴, 「원효의 무애와 진여의 세계: 詩와 佛의 길을 가면서 1」, 『현대시학』 제11집, 현대시학사, 1979, 122~132면.

김종명, 「원효와 지눌의 수증론 비교」, 『구산논집』 제3집, 1999, 251~202면.

김종선, 「원효의 무애사상 2」, 『동의』 제15집, 동의대학교, 1988, 313~340면.

김종우, 「민족적 세계관의 탐구: 원효의 화쟁사상을 중심으로」, 『논문집』 제10호, 부산대학교, 1969, 25~40면.

김종욱, 「원효의 대승사상과 존재론적 혁명(김형효)에 대한 논평」, 『원효학연구』 제12집, 원효학회, 2007, 179~181면.

김종욱, 「본체와 현상의 공속」, 『불교학보』 제62호, 동국대학교 불교
　　문화연구원, 2012, 9~43면.

김종욱, 「현대 철학의 경향과 원효의 불교사상」, 『불교학보』 제63호,
　　동국대학교 불교문화연구원, 2012, 281~308면.

김종욱, 「원효 사상의 존재론적 해명: 하이데거의 존재 사건과 원효의
　　진여 일심을 중심으로」, 『철학사상』 제48집, 서울대학교 철학사상
　　연구소, 2013, 3~29면.

김종욱, 「표상인식과 생멸심: 하이데거와 원효의 비교를 중심으로」,
　　『불교연구』 제39집, 한국불교연구원, 2013, 211~244면.

김종욱, 「원효에서 중생심의 이중 구조 고찰」, 『南道文化硏究』 제46
　　호, 순천대학교 남도문화연구소, 2022, 205~230면.

김종의, 「원효와 보살상」, 『민족사상』 제9집 3호, 한국민족사상학회,
　　2015, 85~117면.

김종인, 「원효 전기의 재구성: 신화적 해석의 극복」, 『대각사상』 제4집,
　　대각사상연구원, 2001, 405~429면.

김종인, 「체용과 원효의 화쟁」, 『동양철학연구』 제24집, 동양철학연구
　　회, 2001, 5~29면.

김종인, 「『法華宗要』에 나타난 元曉의 『法華經』이해」, 『정토학연구』
　　제6집, 한국정토학회, 2003, 361~380면.

김종인, 「원효 저술 번역의 현황과 과제」, 『철학사상』 제23호, 서울대
　　학교 철학사상연구소, 2006, 337~350면.

김주후, 「상호작용 관점에서 본 원효의 훈습론」, 『한국불교사연구』
　　제1집, 한국불교사연구소, 2012, 169~205면.

김준형, 「원효의 교판 회통」(상), 『월간법회』 제23호, 한국청년승가회, 1986, 77~81면.

김준형, 「원효의 교판 회통」(하), 『월간법회』 제24호, 한국청년승가회, 1986, 51~55면.

김준형, 「원효의 교육철학」, 김지견 편, 『동과 서의 사유세계』(민족사, 1991), 497~506면.

김준형, 「원효의 교판사상」, 김지견 편, 『동과 서의 사유세계』(민족사, 1991), 211~249면.

김준호, 「원효의 『대승기신론소/별기』의 구문대조와 《신회본新會本》 편찬의 필요성 『대승기신론』 「입의분立義分」을 중심으로」, 『한국불교학』 제80집, 한국불교학회, 2016, 7~27면.

김준호, 「『대승기신론소/별기』의 구문대조에 따른 원효 깨달음관의 분석」, 『大同哲學』 제103집, 대동철학회, 2023, 105~127면.

김지견, 「신라 화엄학의 계보와 사상」, 『학술원논문집』 제12집, 대한민국학술원, 1973, 31~65면.

김지견, 「원효의 『판비량론』」, 『아시아공론』 제9집, 아시아공론사, 1980, 107~109면.

김지견, 「해동사문 원효상 소묘」, 『원효연구논총』(국토통일원, 1987), 113~136면.

김지견, 「소앙선생 찬 「신라국원효대사전병서」고」, 『삼균주의연구논집』 제10집, 삼균학회, 1988, 251~255면.

김지견, 「해동사문 원효상 소묘」, 김지견 편, 『원효대사의 철학세계』(민족사, 1989), 61~81면.

김지견, 「조소앙 찬 신라국원효대사전 병서」, 『여산유병덕박사화갑기념 한국철학종교사상사』(이리: 원광대학교 종교문제연구소, 1990), 877~887면.

김지견, 「동아시아 불교에 있어서 원효의 위상」, 『제6회 국제학술회의 논문집: 한국학의 세계화 1』(성남: 한국정신문화연구원, 1991), 133~152면.

김지견, 「해동 사문 원효상 소묘」, 『원효, 그의 위대한 생애』, 원효 사상전집 1(불교춘추사, 1999), 269~295면.

김지연, 「북미불교의 원효 인식과 이해」, 『불교학연구』 제49집, 불교학연구회, 2016, 59~86면.

김지연, 「중국에서 법장『기신론소』의 유통에 대해서」, 『佛教學報』 제94집, 동국대학교 불교문화연구원, 2021, 61~88면.

김지연, 「『대승기신론』「수행신심분」의 현대적 해석-태공 월주의 사회 활동을 중심으로-」, 『佛教學報』 제99집, 동국대학교 불교문화연구원, 2022, 95~118면.

김지연, 「『대승기신론』 주석서의 차별된 해석과 상호 관계-『대승기신론』「입의분」을 중심으로-」, 『韓國佛教學』 제108집, 한국불교학회, 2023, 67~98면.

김지연, 「『대승기신론별기』 연구의 쟁점爭點과 정향定向」, 『大同哲學』 제104집, 대동철학회, 2023, 109~135면.

김진환, 「신라시대의 정토사상: 원효대사 중심」, 『운경천옥환박사화갑기념논문집』(삼화출판사, 1979), 289~311면.

김징자, 「대자연인 원효대사」, 『원효, 그의 위대한 생애』, 원효 사상전집 1(불교춘추사, 1999), 486~497면.

김창석, 「한국 고대 천태에 대하여」, 『구택대학불교학연구회 연보』 제12집, 구택대학, 1977.

김창석, 「원효의 『법화종요』에 대하여」, 『인도학불교학연구』 27, 일본 인도학불교학회, 1979, 126~127면.

김창석, 「원효의 교판관」, 『대학원불교학연구회연보』 제13집, 일본인 도학불교학회, 1980, 318~320면.

김창석, 「원효의 교판자료에 나타난 길장과의 관계에 대하여」, 『인도 학불교학연구』 제28집, 일본인도학불교학회, 1980, 318~320면.

김창석, 「원효의 『법화종요』에 대하여」, 양은용 편, 『신라원효연구』 (이리: 원광대학교출판국, 1979), 361~362면.

김창언, 「원효의 수행사상: 『성유식론』의 唯識四智와 『기신론소』의 始覺四位 중심으로」, 『宗學研究』 제9집, 동국대학교 종학연구소, 2023, 87~116면.

김창호, 「Wonhyo and Shakespeare: A Way of Intercommunication」, 『셰익스피어 비평』 제49집 4호, 한국셰익스피어학회, 2013, 843~ 862면.

김천학, 「종밀의 『대승기신론소』와 원효」, 『불교학보』 제69집, 동국대 학교 불교문화연구원, 2014, 61~90면.

김천학, 「원효「광명각품소」의 해석상의 특징: 동아시아 화엄사상의 관점에서」, 『이화사학연구』 제51호, 이화사학연구소, 2015, 1~ 31면.

김천학, 「종밀에 미친 원효의 사상적 영향」, 『불교학보』 제70집, 동국대학교 불교문화연구원, 2015, 41~62면.

김천학, 「쇼묘지(稱名寺) 소장·가나자와(金澤)문고 관리 원효『기신론별기』의 기초연구」, 『한국사상사학』제56집, 한국사상사학회, 2017, 245~276면.

김천학, 「元曉『起信論別記·疏』의 전승 조사와 定本化 시도」, 『서지학연구』제73호, 한국서지학회, 2018, 157~178면.

김천학, 「원효와 종밀의 사상적 동이—종밀의 원효문헌 인용을 중심으로—」, 『불교철학』제3집, 동국대학교 세계불교학연구소, 2018, 93~127면.

김천학, 「원효〈판비량론〉의 발굴과 연구사 고찰」, 『불교학보』제89집, 동국대학교 불교문 화연구원, 2019, 9~29면.

김천학, 「『기신론』의 마하연체摩訶衍體와 마하연자체상용摩訶衍自體相用을 둘러싼 원효의 해석과 의의」, 『韓國思想史學』제71호, 한국사상사학회, 2022, 93~121면.

김치온, 「동아시아 불교에서의 인명학과 원효」, 『원효학연구』제13집, 원효학연구원, 2008, 83~111면.

김태수, 「四句解釋에 관한 元曉 和諍論法의 특성: 들뢰즈의 새로운 변증법과의 대비를 중심으로」, 『불교학 리뷰』제22집, 금강대학교 불교문화연구소, 2017, 221~256면.

김태수, 「원효의『涅槃宗要』에 나타난 보신의 상주론과 무상론의 화쟁방식」, 『동북아 문화연구』56호, 동북아시아문화학회, 2018, 23~43면.

김태수, 「원효의『本業經疏』에 나타난 이제 중도설의 구조와 특성」,

『원불교사상과 종교문화』 제77집, 원광대학교 원불교사상연구원, 2018, 291~320면.

김태수, 「원효의 부정방식에 나타난 불교 논리학적 특성: 명사부정과 타자부정(anyapoha)을 중심으로」, 『인문논총』 제47집, 경남대학교 인문과학연구소, 2018, 69~95면.

김태수, 「제법실상諸法實相에 대한 원효의 화쟁방식」, 『동아시아불교문화』 제35호, 동아시아불교문화학회, 2018, 275~300면.

김태수, 「『열반종요涅槃宗要』〈삼사문三事門〉의 불일불이不一不異 화쟁론: 체상·총별·법신 유·무색론法身有無色論에 대한 원효의 논의를 중심으로」, 『동아시아불교문화』 제36호, 동아시아불교문화학회, 2018, 163~192면.

김태수, 「원효의 초기 저작에 나타난 심식 논리-말나식관을 중심으로-」, 『동아시아불교문화』 제48호, 동아시아불교문화학회, 2021, 35~63면.

김태수, 「원효 초기 심식관의 사상적 배경과 회통 논리-유식과 유심 회통을 중심으로-」, 『韓國佛敎學』 제101집, 한국불교학회, 2022, 71~103면.

김태수, 「『열반종요』「삼사문」에 나타난 불일불이론의 특성: 개합론 및 인명론과의 관련을 중심으로」, 『원불교사상과 종교문화』 제94집, 원광대학교 원불교사상연구원, 2022, 77~111면.

김태수, 「『無量壽經宗要』의 '佛智에 대한 의혹' 논의에 나타난 회통 구도-들뢰즈 사유와의 연관을 중심으로」, 『원불교사상과 종교문화』 제91집, 원광대학교 원불교사상연구원, 2022, 291~322면.

김태수, 「원효 화쟁론과 인성교육」, 『원불교사상과 종교문화』 제97집, 원광대학교 원불교사상연구원, 2023, 97~130면.

김태수, 「『判批量論』 제10절 심식 논변 고찰−법상종 해석에 대한 비판을 중심으로−」, 『韓國佛敎學』 제109집, 한국불교학회, 2024, 153~182면.

김태수·김덕삼, 「원효의 정토에 관한 회통−다양성을 조화하는 열린 관계론을 중심으로−」, 『동방문화와 사상』 제15집, 동방문화대학원대학교 동양학연구소, 2023, 303~325면.

김태오·김병희, 「원효 무애행의 교육적 함의」, 『동서철학연구』 제34집, 한국동서철학회, 2004, 253~275면.

김하우, 「삼론과 화엄계(원효·법장계)의 轉悟방식」, 『철학연구』 제7집, 고려대학교 철학회, 1982, 5~31면.

김하우, 「공관에 기한 원효의 화쟁사상 접근」, 『제2회 국제불교학술회의 발표요지』, 한국전통불교연구원, 1979.

김항배, 「『금강삼매경론』을 통해 본 여래장 연구」, 『인천교대 논총』 제1집, 인천교육대학, 1970, 17~48면.

김항배, 「원효 일심사상의 본질과 그 논리적 구조」, 『논문집』 제15집, 동국대학교, 1976, 15~28면.

김항배, 「원효의 일심사상과 그 논리적 구조」, 『아시아공론』 제9집, 아시아공론사, 1980, 109~110면.

김항배, 「원효의 일심사상의 본질과 그 논리적 구조」, 『원효연구논총』 (국토통일원, 1987), 137~165면.

김항배, 「원효의 '일심사상'의 본질과 그 논리적 구조」, 김지견 편,

『원효대사의 철학세계』(민족사, 1989), 555~580면.

김헌선, 「21세기 총체적 사유의 발현-원효와 최한기의 사상계승을 중심으로-」, 『돈암어문학』 제14호, 돈암어문학회, 2001, 1~9면.

김헌선, 「원효 글쓰기의 통불교通佛敎적 독창성」, 『한국사상과 문화』 제100집, 한국사상문화학회, 2019, 945~975면.

김현구, 「원효의 공성과 중도관에 대한 인도 중관학파적 리뷰:『금강삼매경론』을 중심으로」, 『불교철학』 제1집, 동국대학교 세계불교학연구소, 2017, 4~30면.

김현남, 「원효 화쟁사상의 현대적 의의-한국종교의 사회적 역할」, 『한국종교』 제16집, 원광대학교 종교문제연구소, 1991, 327~333면.

김현신, 「돌아보다-원효의 회고상을 보고_고영섭」, 『시와세계』 제71호, 시와세계, 2020, 244~245면.

김현준, 「원효의 참회사상:『대승육정참회』를 중심으로」, 『불교연구』 제2집, 한국불교연구원, 1986, 53~73면.

김현준, 「원효의 참회사상:『대승육정참회』를 중심으로」, 『다보』 제6호, 대한불교진흥원, 1993, 211~224면.

김현희, 「원효의 정토사상과 무애의 아름다움」, 『민족미학』 제10집, 민족미학회, 2011, 15~48면.

김현희, 「元曉의 『判比量論』에서 '五識三相'의 개념」, 『한국불교학』 제71집, 한국불교학회, 2014, 137~166면.

김현희, 「元曉의 『判比量論』에서 '알라야識'의 의미」, 『한국불교학』 제74집, 한국불교학회, 2015, 117~147면.

김현희, 「원효의 정토사상에서 慧와 信의 의미 「무량수경종요」를 중심으로」, 『한국불교학』 제82집, 한국불교학회, 2017, 99~129면.

김현희, 「원효의 화엄적 시간관」, 『한국불교학』 제97집, 한국불교학회, 2021, 251~284면.

김형효, 「원효 사상의 현재적 의미와 한국사상사에서의 위치: 『대승기신론소』 『별기』 및 『금강삼매경론』」, 『원효대사의 철학세계』(민족사, 1989), 641~665면.

김형효, 「원효 사상의 현재적 의미와 한국사상사에서의 위치: 『대승기신론소』 『별기』 및 『금강삼매경론』」, 양은용 편, 『원효연구논총』(민족사, 1989), 641~665면.

김형효, 「텍스트이론과 원효 사상의 논리적 독법」, 한국사상가대계간행위 편, 『원효의 사상과 그 현대적 의미』(성남: 한국정신문화연구원, 1994), 3~122면.

김형효, 「원효의 사유방식의 현대적 의미」, 『한국문화와 역사인물 탐구: 원효·설총·일연』(성남: 한국정신문화연구원, 2001), 3~45면.

김형효, 「元曉의 화쟁적 사유와 대승적 세상보기에 대한 이해」, 『한국학』 제25집 2호, 한국학중앙연구원, 2002, 107~148면.

김형효, 「元曉의 大乘사상과 존재론적 혁명」, 『원효학연구』 제12집, 원효학회, 2007, 153~177면.

김형효, 「원효대사元曉大師의 화쟁和諍사상과 그 철학적 함의含意」, 『천태학연구』 제10집, 천태불교문화연구원, 2007, 190~205면.

김형효, 「구조/탈구조와 우리: 원효, 레비-스트로스, 그리고 데리다」, 『기호학연구』 제24집, 한국기호학회, 2008, 9~27면.

김호성, 「「원효와 일본불교에 대하여」를 읽고」, 『원효학연구』 제8집,

원효학회, 2003, 189~190면.

김호성, 「『보살계본지범요기』의 성격론에 대한 재검토」, 『원효학연구』 제9집, 원효학연구원, 2004, 63~113면.

김호성, 「원효의 『미타증성게』와 보조지눌」, 『불교학연구』 제49집, 불교학연구회, 2016, 1~29면.

김호성, 「원효의 정토시와 대중교화의 관계: 『미타증성게』와 『징성가』를 중심으로」, 『불교학보』 제86집, 동국대학교 불교문화연구원, 2019, 221~240면.

김호성, 「원효의 미타증성게와 징성가는 같은 작품인가?」, 『불교연구』 제50집, 한국불교연구원, 2019, 37~60면.

김호성, 「'소성거사 원효'의 왕생 가능성 - 『무량수경종요』와 관련하여 -」, 『불교연구』 제53집, 한국불교연구원, 2020, 9~40면.

김호성, 「일본 정토불교와 관련해서 본 원효의 정토신앙 - 『삼국유사』 원효불기元曉不羈의 기사를 중심으로 -」, 『불교학보』 제90집, 동국대학교 불교문화연구원, 2020, 85~107면.

김호성, 「원효의 정토사상과 범본 『무량수경』 1 - 왕생자를 중심으로 -」, 『인도철학』 제60호, 인도철학회, 2020, 59~96면.

김호성, 「원효 정토사상의 몇 가지 양상들 - 『불설아미타경소』 오역誤譯 사례를 중심으로 -」, 『보조사상』 제59집, 보조사상연구원, 2021, 109~146면.

김호성, 「원효가 민중들에게 권유한 염불의 정체성: 愛宕邦康의 「元曉撰 『無量壽經宗要』 硏究方法 改革論」 비판」, 『신라문화』 제58집, 동국대학교 신라문화연구소, 2021, 333~355면.

김호성, 「인도 정토사상의 한국적 수용－원효의 『무량수경』 삼배三輩 이해를 중심으로－」, 『남아시아연구』 제28집 3호, 한국외국어대학교 인도연구소, 2022, 1~27면.

김호성, 「원효와 唯心淨土說: 『無量壽經宗要』의 大意를 중심으로」, 『한국문화』 제98호, 서울대학교 규장각한국학연구원, 2022, 433~458면.

김홍미, 「『승만경』 일승장에 대한 원효의 해설」, 『한국불교학』 제80집, 한국불교학회, 2016, 29~58면.

김훈, 「원효의 정토사상」, 『원효 사상』 창간호, 원효연구원(신우당, 1998), 123~143면.

김훈, 「중국불교사에 있어서의 원효의 위상」, 『원효학연구』 제10집, 원효학회, 2005, 81~107면.

김희연, 「6~7세기 신라인의 布薩과 持戒」, 『新羅史學報』 제57호, 신라사학회, 2023, 133~160면.

나가사키 호렌(長崎法潤), 「원효대사와 인명에 대하여: 『판비량론』」, 『원효연구논총』(국토통일원, 1987), 871~895면.

나가사키 호렌, 「원효대사와 인명에 대하여: 『판비량론』」, 김지견 편, 『원효대사의 철학세계』(민족사, 1989), 797~817면.

나카무라 하지메(中村 元), 「원효의 사유방법의 일고찰: 유식무경비량에 대하여」, 『원효연구논총』(국토통일원, 1987), 863~870면.

나카무라 하지메, 「원효의 사유방법의 일고찰: 유식무경비량에 대하여」, 김지견 편, 『원효대사의 철학세계』(민족사, 1989), 695~701면.

남동신, 「원효의 교판론과 그 불교사적 위치」, 『한국사론』 제20집,

서울대학교, 1988, 3~56면.

남동신, 「Wonhyo's ilsim philosophy and mass proselytization move-ment」, 『Seoul Journal of Korean studies』 8, 서울대학교 한국문화연구소, 1995, 143~162면.

남동신, 「원효와 신라중대왕실의 관계」, 『원효 사상』 창간호, 원효연구원(신우당, 1998), 143~188면.

남동신, 「元曉와 芬皇寺 關係의 史的 推移」, 『신라문화제힉술발표논문집』 제20집, 신라문화선양회, 1999, 77~111면.

남동신, 「원효의 계율사상」, 『한국사상사학』 제17집, 한국사상사학회, 2001, 251~282면.

남동신, 「원효와 의상의 행적 비교 연구에 대한 토론 요지」, 『원효학연구』 제8집, 원효학회, 2003, 196~200면.

남동신, 「원효의 기신론관과 일심사상」, 『한국사상사학』 제22호, 한국사상사학회, 2004, 45~76면.

남동신, 「동아시아불교와 원효의 화쟁사상」, 『원효학연구』 제10집, 원효학회, 2005, 53~79면.

노권용, 「『대승기신론』의 일심사상 연구」, 『원광보건전문대학 연구지』 제2집, 원광보건전문대학, 1980, 11~29면.

노권용, 「원효의 『기신론』 사상이 일본불교에 미친 영향」, 『한국종교』, 원광대학교 종교문제연구소, 1988, 125~136면.

노채숙, 「원효의 교판 인식에 대한 연구」, 『천태학연구』 제13집, 천태불교문화연구원, 2010, 370~423면.

다카미네 료슈(高峯了州), 「원효 및 의상과 그 문류」, 양은용 편, 『신라원효연구』(이리: 원광대학교출판국, 1979), 237~243면.

도융, 「원효의 대승 구현:『대승기신론』의 일심을 중심으로」, 『승가학
인』 제2호, 전국승가대학학인연합, 1995, 58~63면.

동국대학교 불교학자료실, 「원효관계연구논저총합색인」, 『다보』 제6
집, 대한불교진흥원, 1993, 27~50면.

Durt, Hubert, 「원효와『열반종요』」, 『불교연구』 제11·12집, 한국불
교연구원, 1995, 225~226면.

Robert E. Buswell Jr., 「The Chronology of Wonhyo's Life and Works:
Some Preliminary Considerations」, 『원효연구논총』, 국토통일원,
1987, 931~964면.

Robert E. Buswell Jr., 「Did Wonhyo write two versions of his
KumgangSammaegyong-Ron?」, 『한국학의 과제와 전망』 2(성남:
한국정신문화연구원, 1988), 585~601면.

Robert E. Buswell Jr., 「The Biographies of the korean Monk Wonhyo
(617~686): A studyin Buddhist Hagiography, ed. by John James
and Peter Lee」, 『Biography as a Genre in Korean Literature』
(Berkeley: Center forKorean studies, 1988).

Robert E. Buswell Jr., 「The Chronology of Wonhyo's Life and Works:
Some Preliminary Considerations」, 『원효대사의 철학세계』(민족사,
1989), 819~839면.

Robert E. Buswell Jr., 「Wonhyo as Cultural and Religious Archetype:
A Study in KoreanBuddhist Hagiography」, 「문화적 종교적 원형으
로서의 원효: 한국불교고승전에 대한 연구」, 『불교연구』 제11·12

집, 한국불교연구원, 1995, 13~172면.

Robert E. Buswell Jr., On Translating Wonhyo, Intrenational Symposium on WonhyoStudies, 1997, International Association for Wonhyo Studies.

류승주, 「원효의 삼종반야관 연구」, 『한국불교학』 제23집, 한국불교학회, 1997, 231~256면.

류승주, 「一心, 如來藏, 阿梨耶識에 대한 元曉의 해석」, 『불교학보』 제39집, 동국대학교 불교문화연구원, 2002, 83~106면.

류승주, 「三細相과 第八識에 대한 元曉의 해석」, 『한국불교학』 제33집, 한국불교학회, 2003, 145~163면.

류승주, 「元曉 佛敎學에서 顯了門과 隱密門의 體系」, 『한국불교학』 제38집, 한국불교학회, 2004, 59~80면.

류승주, 「大谷大學 所藏本 元曉의 『二障義』에 대한 文獻的 硏究」, 『회당학보』 제7호, 회당학회, 2005, 348~385면.

류승주, 「원효의 마음의 철학－마음의 생성과 소멸－」, 『한국철학논집』 제27호, 한국철학사연구회, 2009, 39~61면.

류승주, 「마음을 통해 본 한국철학; 원효의 마음의 철학－마음의 생성과 소멸－」, 『한국철학논집』 27호, 한국철학사연구회, 2009, 39~61면.

류용범, 「원효元曉의 정토사상淨土思想에서 신관信觀에 대한 소고小考」, 『밀교학보』 제12집, 위덕대학교 밀교문화연구원, 2011, 149~194면.

류제동, 「파나(fana)와 공空: 이슬람과 불교의 만남의 가능성에 관하여」, 『종교문화학보』 제3집, 전남대학교 종교문화연구소, 2007, 79~107면.

류제동, 「Baqa and One Mind; 이슬람과 한국불교의 대화가능성에 대한 모색－원효의 대승기신론 주석을 중심으로」, 『한국불교학』 제55집, 한국불교학회, 2009, 301~323면.

류제동, 「원효의 삶이 우리에게 주는 의미」, 『맘울림: 깊고 넓고 맑은 삶을 위하여』 제28집, 신앙인아카데미, 2010, 90~100면.

리영자, 「원효의 지관」, 관구진대 편, 『불교의 실천원리』(일본 동경: 산희방불서림, 1977), 429~446면.

리영자, 「원효의 회통사상 연구」, 『논문집』 제20집, 동국대학교, 1981, 19~44면.

리영자, 「『법화종요』에 나타난 원효의 법화경관」, 『한국천태사상연구』(동국대학교출판부, 1983), 41~100면.

리영자, 「원효의 『법화경』 이해」, 『한국학의 과제와 전망』 2(성남: 한국정신문화연구원, 1988), 518~540면.

리영자, 「원효의 지관」, 리영자, 『한국천태사상의 전개』(민족사, 1988), 73~89면.

리영자, 「원효의 천태회통사상 연구」, 리영자, 『한국천태사상의 전개』(민족사, 1988), 42~72면.

명계환, 「서평: 원효, 역동하는 절망과 희망－고영섭의 『원효탐색』」, 『문학/사학/철학』 제44집, 한국불교사연구소, 2015, 255~278면.

명계환, 「원효元曉 무애무無碍舞와 구야(空也) 오도리넨부츠(踊念佛)의 비교比較 일고一考」, 『불교학보』 93호, 동국대학교 불교문화연구원,

2020, 109~131면.

목우, 「원효성사의 정토사상」, 『실천불교』 제3호, 일월서각, 1985, 91~132면.

목정배, 「원효의 윤리사상」, 한국사상가대계간행위 편, 『원효의 사상과 그 현대적 의미』(성남: 한국정신문화연 구원, 1994), 255~308면.

무공, 「『대승기신론』 중 심생멸 소고: 구상차제의 생기와 환멸과정」, 『승가』 제10호, 중앙승가대학, 1993, 290~296면.

무관, 「원효대사의 발심수행고」, 『원효연구논총』(국토통일원, 1987), 197~25면.

무관, 「원효대사의 발심수행고」, 김지견 편, 『원효대사의 철학세계』(민족사, 1989), 107~131면.

문경현, 「원효의 수도처에 대하여」, 『신라문화제 학술발표회논문집』 제11집, 신라문화선양회, 1990.

문경현, 「서당화상의 수도수학처고」, 『중악지』 제2호, 영남문화동호회, 1992, 11~42면.

문 광, 「원효한류와 불교퀴터제를 꿈꾸며 - "원효읽기"의 읽기: 고영섭 교수의 『원효 한국 사상의 새벽 -』」, 『문학/사학/철학』 제3집, 한국불교사연구소, 2005, 84~101면.

문경현, 「원효한류와 불교퀴터제를 꿈꾸며 '원효읽기'의 읽기: 고영섭 교수의 『원효, 한국 사상의 새벽』」, 『석림』 제40집, 동국대학교 석림회, 2006, 179~198면.

문명대, 「원효계 화엄종 본존불 문제와 삼화사 철노사나불상의 연구」, 『미술사학연구』 제236집, 한국미술사학회, 2002, 69~96면.

문정필, 「양산지역의 불교건축에 나타난 원효 사상: 천성산 미타암을 중심으로」, 『지역사회학』 제21집 1호, 지역사회학회, 2020, 31~58면.

문진영, 「원효의 『본업경소』에 나타난 보살계위에 관한 연구」, 『한국불교학』 제92집, 한국불교학회, 2019, 71~105면.

미야마 모쯔요우(見山望洋), 「신라의 명승 曉湘 二師」, 양은용 편, 『신라원효연구』(원광대학교출판국, 1979), 15~17면.

민영규, 「원효론」, 『사상계』 제1집 5호, 사상계사, 1953, 9~30면.

민영규, 「신라장소록장편: 불분권」, 『백성욱박사송수기념 불교학논문집』(동국대학교, 1959), 347~402면.

민영규, 「원효론」, 『원효, 그의 위대한 생애』, 원효 사상전집 1(불교춘추사, 1999), 296~316면.

박광연, 「원효元曉의 일승관一乘觀과 사상사적 의미—『법화종요法華宗要』를 중심으로—」, 『한국사상사학』 제35호, 한국사상사학회, 2010, 99~128면.

박광연, 「보살계 사상의 전개와 원효『菩薩戒本持犯要記』의 성격」, 『한국고대사연구』 제96호, 한국고대사학회, 2017, 83~112면.

박광연, 「Following in the Footsteps of Wǒnhyo: The Foundation and Development ofthe Haedong School in Koryǒ」, 『Journal of Korean Religions』 Vol.14 No.2, 서강대학교 종교연구소, 2023, 127~154면.

박규태, 「〈17조헌법〉의 화和와 원효의 화쟁和諍—한일문화비교의 인식론적 고찰—」, 『일본사상』 제38호, 한국일본사상사학회, 2020,

103~134면.

박균섭, 「원효와 히지리의 대중교화론」, 『교육철학』 제42집, 한국교육
철학학회, 2010, 53~82면.

박기열, 「세친의 삼성과 원효의 각·불각의 논리적 구조 비교-『삼성
론』과 『기신론소』를 중심으로-」, 『동아시아불교문화』 35호, 동아
시아불교문화학회, 2018, 301~322면.

박기열, 「원효의 외도(tīrthaka) 비판에 관한 고찰-『기신론소기』 중
眞如自性 관련 四句 분석을 중심으로-」, 『인도철학』 제56호, 인도
철학회, 2019, 37~70면.

박미선, 「義湘과 元曉의 관음신앙 비교」, 『한국고대사연구』 제60호,
한국고대사학회, 2010, 197~230면.

박범석, 「깨달음의 실천에 관한 종교교육적 탐구-원효의 무애행을
중심으로-」, 『한국사상과 문화』 제50집, 한국사상문화학회, 2009,
323~343면.

박병기, 「우리의 불교사상에 근거한 새로운 사회윤리의 모색-원효와
만해에 관한 사회윤리 학적 재인식을 중심으로」, 『가산학보』 제10
호, 가산불교문화연구원, 2002, 81~100면.

박병기, 「한국사상과 도덕교육 ; 삶의 의미를 지향하는 도덕교육-원
효의 깨달음(각覺)개념을 중심으로-」, 『한국초등도덕교육학회 학
술대회2011집』, 한국초등도덕교육학회, 2011, 161~170면.

박병기, 「한국불교에서 삶의 의미 문제와 인권人權-원효와 지눌의
깨달음(覺)개념을 중심으로-」, 『윤리교육연구』 제27호, 한국윤리
교육학회, 2012, 203~221면.

박보람, 「원효와 의상의 만남과 헤어짐 - 육상설六相說을 중심으로
－」,『불교철학』제5집, 동국대학교 세계불교학연구소, 2019, 139~
167면.

박상주, 「『華嚴經文義要決問答』에 나오는 원효의 화엄학설」,『구결
연구』제23호, 구결학회, 2009, 165~217면.

박상주, 「원효 무애무의 교육적 소고小考」,『교육철학』제45집, 한국교
육철학회, 2011, 65~94면.

박상주, 「원효의 자아自我 및 자아실현自我實現에 관한 연구-『대승기
신론소』와『금강삼매경론』을 중심으로-」,『교육철학』제84집, 한
국교육철학회, 2022, 157~182면.

박쌍주, 「원효의 훈습설 연구」,『교육학연구』제34집, 한국교육학회,
1996, 23~45면.

박서연, 「분황 원효와 원통 균여의 만남과 대화」,『불교철학』제12집,
동국대학교 세계불교 학연구소, 2023, 85~116면.

박서연, 「분황 원효『보살영락본업경소菩薩瓔珞本業經疏』의 중심 내용
과 주요 특징」,『불교철학』제14집, 동국대학교 세계불교학연구소,
2024, 139~176면.

박성규, 「『원효의 대승기신론소・별기』해제」,『고전번역연구』제4집,
한국고전번역학회, 2013, 247~251면.

박성배, 「원효 사상 전개의 제문제: 박종홍박사의 경우」,『태암김규영
박사화갑기념논문집 동서철학의 제문제』(서강대학교 철학과 동문회,
1979), 60~96면.

박성배, 「교판론을 중심으로 본 원효와 의상」,『신라 의상의 화엄사상:

제3회 국제불교학술회의』(대한전통불교연구원, 1980), 80~83면.

박성배, 「『대승기신론』 연구의 비교: 원효와 법장의 경우」, 『제1회 한국학 국제학술회의 논문집』(성남: 한국정신문화연구원, 1980), 579~597면.

박성배, 「On Wonhyo's Enlightenment」, 『인도학불교학연구』 22, 1(43)(동경: 인도학불교학회, 1980), 470~467면.

박성배, 「원효의 화쟁논리로 생각해 본 남북통일문제: 원효 사상의 현실적 전개를 위하여」, 『동과 서의 사유세계』(민족사, 1991), 365~394면.

박성배, 「원효의 논리」, 『원효의 사상체계와 원효전서 영역상의 제문제』, 국제원효학회, 1997.

박성배, 「원효 사상이 풀어야 할 문제」, 『불교신문 창간 40주년 기념 국제학술회의: 원효로 돌아가자』(불교신문사, 2000).

박성배, 「T'i-Yung in Wonhyo's Thought」, 『원효 사상의 현대적 조명』 1, 원효 사상전집 2(불교춘추사, 2000), 353~372면.

박성배, 「원효, 서양에 가다 그러나 아무도 그를 알아보는 사람이 없다」, 『원효학연구』 제12집, 원효학회, 2007, 7~40면.

박성춘(여연), 「元曉의 彌勒淨土 上生의 信行觀 고찰-『彌勒上生經宗要』를 중심으로-」, 『정토학연구』 제21집, 한국정토학회, 2014, 9~36면.

박성희·이재용, 「원효와 무애상담: 참나(眞我)를 만나 누리기」, 『한국불교상담학회지』 제10집, 한국불교상담학회, 2017, 33~54면.

박영학, 「원효의 언어관 연구」, 『원불교사상과 종교문화』 제42집,

원광대학교 원불교사상연구원, 2009, 197~227면.

박용주, 「원효의 외침에 응답하는 박찬국 =『원효와 하이데거의 비교연구』」, 『한국민족문화』 제56집, 부산대학교 한국민족문화연구소, 2015, 457~464면.

박은희, 「깨침과 일심의 만남-고영섭, 『붓다와 원효의 철학』(동국대학교 출판문화원, 2021)」, 『문학/사학/철학』 제72집, 한국불교사학회 한국불교사연구소, 2022, 295~309면.

박은희, 「분황 원효의 불성 사상」, 『불교철학』 제14집, 동국대학교 세계불교학연구소, 2024, 205~242면.

박재용, 「이장二障에 대한 법상유식의 논의 고찰:『성유식론』과 『대승법원의림장』의 내용을 중심으로」, 『명상심리상담』 제31집, 한국명상심리상담학회, 2024, 27~37면.

박재현, 「해석학적 문제를 중심으로 본 원효의 會通과 和諍」, 『불교학연구』 제24집, 불교학연구회, 2009, 365~401면.

박재현, 「원효의 화쟁사상에 대한 재고: 화쟁의 소통적 맥락」, 『불교평론』 제8호, 불교평론사, 2001.

박정근, 「元曉思想 小考(其一)」, 『인문학연구』 제92집, 한국외국어대학교 철학문화연구소, 2005, 1~22면.

박정근, 「원효의 "고향" 이야기」, 『현대유럽철학연구』 제15호, 한국하이데거학회, 2007, 853~882면.

박종홍, 「원효의 철학사상 1-한국철학사」, 『한국사상』 6(한국사상연구회, 1963. 8).

박종홍, 「원효의 철학사상 2-한국철학사」, 『한국사상』 7(한국사상연구회, 1964. 4).

박종홍, 「원효의 철학사상 - 한국철학사」, 한국사상연구회 편, 『한국
사상사: 고대편』(태광문화사, 1975), 476~505면.

박종홍, 「원효의 철학사상」, 『한국사상사: 불교사상편』(서문당, 1972),
85~127면.

박진영, 「원효처럼 살아간다는 것 - 고영섭, 『분황 원효』(박문사, 2015)
를 읽고-」, 『한국불교사연구』 제13집, 2018, 한국불교사연구소,
166~187면.

박진홍, 「그 사람(其人) - 고영섭의 『나는 오늘도 길을 간다: 원효,
한국 사상의 새벽』을 읽은 뒤의 소설적 상상력-」, 『문학/사학/철
학』 제50집, 한국불교사연구소, 2017, 147~166면.

박찬국, 「쇼펜하우어와 불교의 인간이해의 비교연구 - 쇼펜하우어와
원효의 비교연구를 토대로-」, 『존재론 연구』 제32집, 한국하이데
거학회, 2013, 107~138면.

박태원, 「원효의 언어이해」, 『신라문화』 제3·4집, 동국대학교 신라문
화연구소, 1987, 177~194면.

박태원, 「원효의 기신론관 이해를 둘러싼 문제점 소고: 『별기』 대의문
구절의 이해를 중심으로」, 『동양철학』 제1집, 성균관대학교, 1990,
273~315면.

박태원, 「『대승기신론』 사상을 평가하는 원효의 관점」, 『한국사상사:
석산한종만박사화갑기념논문집』, 원광대학교출판국, 1991, 229~
240면.

박태원, 「원효의 『대승기신론』 『별기』와 『소』」, 『가산이지관스님화

갑기념논총 한국불교문화사상사상』, 가산문고, 1992, 387~408면.

박태원, 「『금강삼매경』·『금강삼매경론』과 원효 사상(1)」, 『원효학연구』 제5집, 원효학연구원, 2000, 347~388면.

박태원, 「『금강삼매경』·『금강삼매경론』과 원효 사상(2): 大乘禪사상과 眞俗不二를 중심으로」, 『원효학연구』 제6집, 원효학회, 2001, 299~327면.

박태원, 「원효와 의상의 통합 사상」, 『철학논총』 제2집 28호, 새한철학회, 2002, 3~30면.

박태원, 「원효의 각覺사상 연구」, 『철학논총』 제34집 4호, 새한철학회, 2003, 59~88면.

박태원, 「원효 화쟁사상의 보편 원리」, 『철학논총』 제4집 38호, 새한철학회, 2004, 23~53면.

박태원, 「원효의 불이不二 사상: 둘 아닌 존재 지평과 실천」, 『철학논총』 제4집 46호, 새한철학회, 2006, 153~173면.

박태원, 「원효의 선禪사상: 『금강삼매경론』을 중심으로」, 『철학논총』 제68집 2호, 새한철학회, 2012, 5~41면.

박태원, 「선불교, 철학적으로 사유하다: 원효 선관禪觀의 철학적 읽기」, 『동아시아불교문화』 제16호, 동아시아불교문화학회, 2013, 3~34면.

박태원, 「원효의 화쟁 논법과 쟁론 치유」, 『불교학연구』 제35집, 불교학연구회, 2013, 99~138면.

박태원, 「화쟁사상을 둘러싼 쟁점 검토」, 『한국불교사연구』 제2집, 한국불교사연구소, 2013, 125~170면.

박태원, 「지적 이해와 원효의 선관禪觀-'이해하기(觀)와 체득하기(行)'」, 『불교학연구』 제39집, 불교학연구회, 2013, 215~249면.

박태원, 「『십문화쟁론』 공/유 화쟁의 해석학적 번역과 논지 분석」, 『불교학연구』 제34호, 불교학연구회, 2013, 147~193면.

박태원, 「『십문화쟁론』 불성 유/무 화쟁의 해석학적 번역과 논지 분석」, 『철학논총』 제72집, 새한철학회, 2013, 147~193면.

박태원, 「원효의 『금강삼매경』6품 해석학」, 『철학논총』 제77집 3호, 새한철학회, 2014, 383~404면.

박태원, 「자기이익 성취와 타자이익 기여의 결합 문제와 원효의 선禪-자리/이타의 결합 조건과 선禪」, 『불교학연구』 제40호, 불교학연구회, 2014, 139~181면.

박태원, 「원효 화쟁철학의 형성과 발전」, 『철학논총』 제90집 4호, 새한철학회, 2017, 239~262면.

박태원, 「'깨달음 담론'의 구성을 위한 둘째 관문 원효의 일심一心과 깨달음의 의미」, 『불교 철학』 제4호, 동국대학교 세계불교학연구소, 2019, 5~76면.

박태원, 「원효의 일심一心-본체론적 해석에 대한 비판과 대안-」, 『철학논총』 제98집 4호, 새한철학회, 2019, 27~54면.

박태원, 「원효와 차이 통섭通攝의 철학-『금강삼매경론』을 중심으로-」, 『철학논총』 제104집 2호, 새한철학회, 2021, 391~440면.

박태원, 「언어, 인간의 새로운 진화-붓다와 원효에 기대어-」, 『동양문화연구』 제35집, 영산대학교 동양문화연구원, 2021, 335~363면.

박태원, 「원효의 원융圓融과 무애無碍-교육 이념과의 접점-」, 『동양문화연구』 제37집, 영산대학교 동양문화연구원, 2022, 373~383면.

박해당, 「원효의 장애이론」, 『태동고전연구』 제8집, 한림대학교 태동고전연구소, 1992, 43~72면.

박호남, 「원효의 발심과 성현의 비고 고찰」, 김지견 편, 『원효대사의 철학세계』(민족사, 1989), 501~530면.

박호남, 「원효의 발심과 성현의 비교고찰」, 『원효연구논총』(국토통일원, 1987), 227~261면.

박희선, 「원효, 그는 누구인가?」, 『원효 사상의 현대적 조명』 1, 원효사상전집 2(불교춘추사, 2000), 70~83면.

방민화, 「김동리의 〈원왕생가願往生歌〉에 나타난 원효의 정토사상淨土思想 연구」, 『문학과종교』 제11권 2호, 한국문학과종교학회, 2006, 105~122면.

방인, 「원효와 다산의 철학사상 비교 - 학문관, 세계관, 처세관을 중심으로」, 『한국불교사연구』 제6집, 한국불교사연구소, 2015, 330~383면.

배경아, 「원효의 진리론 논증」, 『동아시아불교문화』 제25호, 동아시아불교문화학회, 2016 315~342면.

배경아, 「원효의 '바른인식'에 관한 유식학적 이해」, 『동서철학연구』 제101호, 한국동서철학회, 2021, 73~95면.

배금란, 「『삼국유사』「낙산이대성 관음 정취 조신洛山二大聖 觀音 正趣 調信」조條의 원효설화 분석」, 『종교연구, 제78집 3호, 한국종교학회, 2018, 235~262면.

배상식, 「원효의 일심사상과 윤리관: 금강삼매경론을 중심으로」, 『초

등교육연구논총』 제24집 1호, 대구교육대학교 초등교육연구소,
　2008, 1~15면.

배종대, 「원효元曉의 화쟁和諍사상과 형법이론」, 『고려법학, 81호,
　고려대학교 법학연구원, 2016, 251~293면.

Bernard Faure, 「Random thought: Wonhyo's "Life"」, 『불교연구』
　제11·12집, 한국불교연구원, 1995, 173~224면.

Buri. Fritz, 「Encounter with Wonhyo」, 『불교와 제과학: 개교80주년
　기념논총』(동국대학교, 1987), 589~599면.

사재동, 「원효론」, 『나손선생추모논총: 한국문학작가론』(현대문학,
　1991), 24~39면.

사재동, 「"원효불기"의 문학적 연구」, 『배달말』 제15호, 배달말학회,
　1990, 173~212면.

사또 시께끼(佐藤繁樹), 「『금강삼매경론』의 '육바라밀' 사상을 통하여
　본 원효의 진선사상」, 『현대와 종교』 제15집, 현대종교문화연구소,
　1992, 267~300면.

사또 시께끼, 「전관론과 금강삼매경론: 망상과 깨달음, 『철학논총』
　제8집, 영남철학회, 1992, 495~525면.

사또 시께끼, 「원효의 『금강삼매경론』에 있어서의 논리구조의 특
　색: 무이이불수일사상」, 『청학논총』 제9집, 영남철학회, 1993, 327~
　359면.

사또 시께끼, 「원효의 선사상, 그 무주관에 관한 일고찰: 『금강삼매경』
　을 중심으로」, 『(진산한기두 박사 화갑기념) 한국종교사상의 재조
　명』 상(이리: 원광대학교출판국, 1993), 1159~1175면.

사또 시께끼, 「원효에 있어서 화쟁의 논리: 금강삼매경론을 중심으로 본 無二而不守一 사상 구조의 의의」, 『불교연구』 제11·12집, 한국불교연구원, 1995, 363~393면.

사또 시께끼, 「원효는 부처가 되는 장을 어떻게 전달하였는가」, 『원효학연구』 제5집, 원효학연구원, 2000, 273~316면.

사카모토 유키오(坂本幸男), 「원효의 사교론」, 양은용 편, 『신라원효연구』(이리: 원광대학교출판국, 1979), 283~285면.

삼 우, 「Taean and Wonhyo」, 『Spring Wind』 5,4(Toronto: 1986, 3), 91~104면.

상 묵(황상진), 「분황 원효와 탄허 택성의 만남과 대화—기신학을 중심으로—」, 『불교철학』 제13집, 동국대학교세계불교학연구소, 245~284면.

서경보, 「원효, 『금강삼매경론』」, 독서신문사 편, 『한국고전에의 초대』(독서신문사, 1972), 284~291면.

서경수, 「원효대사론」, 『세대』 제1집 6호, 세대사, 1963, 211~217면.

서보철, 「『법화종요』에 있어서의 원효의 화쟁사상」, 『구택대학불교학논집』 제16집, 구택대학, 1985, 351~366면.

서보철, 「『법화종요』의 연구」, 『인도학불교학연구』 제33집, 동경: 인도학불교학회, 1985, 102~103면.

서영애, 「원효의 『법화종요』의 연구」, 『대곡대학대학원연구기요』 제12호, 일본 동경: 1988, 51~73면.

서영애, 「원효의 일심사상 연구」, 『원효학연구』 제6집, 원효학회, 2001, 205~247면.

서윤길, 「원효시대의 신라불교사회」, 『원효학연구』 제1집, 원효학회, 1996, 71~94면.

서재길, 「한국 영화 속에 나타난 원효-『신라성사원효』와 『원효대사』를 중심으로-」, 『열상고전연구』 제61집, 열상고전연구회, 2018, 83~108면.

서철원, 「설화 속 원효 형상에 대한 이중적 시선의 의미」, 『고전문학연구』 제46집, 한국고전문학회, 2014, 103~129면.

서철원, 「원효의 게송偈頌 〈대승륙정참회大乘六情懺悔〉의 표현 방식과 문학적 해석의 가능성」, 『한민족문화연구』 제56집, 한민족문화학회, 2016, 7~41면.

석길암, 「원효元曉 『이장의二障義』의 사상사적 재고」, 『한국불교학』 제28집, 한국불교학회, 2001, 379~400면.

석길암, 「元曉의 十佛과 六相說에 대한 小考」, 『한국불교학』 제31집, 한국불교학회, 2002, 199~228면.

석길암, 「眞如·生滅 二門의 關係를 통해 본 元曉의 起信論觀」, 『불교학연구』 제5집, 불교학연구회, 2002, 125~155면.

석길암, 「吉藏의 三論敎學이 元曉에게 미친 영향」, 『불교학연구』 제8집, 불교학연구회, 2004, 123~144면.

석길암, 「법장 교학의 사상적 전개와 원효의 영향」, 『보조사상』 제24집, 보조사상연구원, 2005, 41~92면.

석길암, 「중국 선종사에 보이는 원효에 대한 認識의 변화 -『金剛三昧經』 및 『金剛三昧經論』과 관련하여-」, 『한국선학』 제15집, 한국선학회, 2006, 365~396면.

석길암, 「원효의 화쟁, 그 현대적 논의에 나타난 문제점」, 『한국불교학
결집대회 자료집』 3집 2권, 한국불교학결집대회 조직위원회, 2006,
169~191면.

석길암, 「일심의 해석에 나타난 원효의 화엄적 관점」, 『불교학보』
제49호, 동국대학교 불교문화연구원, 2008, 169~191면.

석길암, 「원효의 화쟁을 둘러싼 현대의 논의에 대한 시론적 고찰」,
『불교연구』 제28집, 한국불교연구원, 2008, 199~215면.

석길암, 「일심의 해석에 나타난 원효의 화엄적 관점-『기신론소』·『별
기』를 중심으로-」, 『불교학보』 제49호, 동국대학교 불교문화연구
원, 2008.

석길암, 「『金剛三昧經』의 성립과 유통에 대한 재고」, 『보조사상』
제31집, 보조사상연구원, 2009, 1~49면.

석길암, 「원효의 보법普法, 사상적 연원과 의미」, 『보조사상』 제32집,
보조사상연구원, 2009, 1~34면.

석길암, 「불교의 동아시아적 전개양상으로서의 불전재현佛傳再現:
『三國遺事』 「元曉不羈」조를 중심으로」, 『불교학리뷰』 제10호, 금강
대학교 불교문화연구소, 2010, 167~190면.

석길암, 「史實의 記述과 이미지의 記述: 「元曉不羈」조 읽기의 한 방
법」, 『신라문화제학술발표논문집』 제33집, 신라문화선양회, 2012,
243~268면.

석길암, 「한국韓國 화엄사상華嚴思想의 성립과 전개에 보이는 몇 가지
경향성傾向性-지엄智儼과 원효元曉, 지엄智儼과 의상義湘의 대비를
통해서-」, 『동아시아불교문화』 제13호, 동아시아불교문화학회,

2013, 3~29면.

석길암, 「원효의 불교사상과 교육」, 『한국교육철학회 학술발표회 논문집』 제4호, 한국교육철학회, 2015, 1~10면.

석길암, 「起信論과 起信論 註釋書의 阿梨耶識觀」, 『불교학연구』 제45집, 불교학연구회, 2015, 109~136면.

석창훈, 「원효 성사와 성 프란치스코의 종교 사상 비교-"무애행"과 "탁발"을 중심으로-」, 『인문과학연구』 제15호, 대구가톨릭대학교 인문과학연구소, 2011, 141~162면.

석천, 「물에서 시작된 원효의 깨달음」, 『원효, 그의 위대한 생애』, 원효 사상전집 1(불교춘추사, 1999), 388~396면.

선효, 「현시대에 적합한 포교, '뮤지컬 원효'」, 『석림』 제45호, 동국대학교 석림회, 2011, 360~365면.

성기산, 「한국불교의 인간관: 원효를 중심으로」, 『교육사교육철학』 제4집, 한국교육학회교육사교육철학연, 1980, 60~67면.

성목, 「불교문학적 측면에서 본 원효론」, 『승가』 제7호, 중앙승가대학, 1990, 235~246면.

성백인, 「『계초심학인문』, 『발심수행장』, 『야운비구자경서문』 해제」, 『명지어문학』 제10집, 명지대학 국어국문학과, 1972, 219~222면.

소암, 「『발심수행장』을 통해 본 원효의 수행관」, 『원효, 그의 위대한 생애』, 원효 사상전집 1(불교춘추사, 1999), 375~387면.

손영산, 「『梵網經菩薩戒本私記卷上』元曉 진찬여부 논쟁에 관한 재고」, 『한국불교학』 제56집, 한국불교학회, 2010, 195~225면.

손자영, 「분황芬皇 원효元曉 전기傳記의 서지학적書誌學的 고찰考察」,

『문학/사학/철학』 제39호, 한국불교사연구소, 2014, 28~99면.

손지혜, 「近代期의 元曉 再發見者들－鄭晄震, 崔南善, 趙明基, 許永鎬
를 중심으로－」, 『일본사상』 28호, 한국일본사상사학회, 2015, 95~
137면.

손지혜, 「韓國近代における元曉認識と日本の '通仏教論'」, 『東アジア
文化交渉研究』 第5号, 동아시아문화교섭연구회, 2015.

손현, 「동·서양적 사유의 대화가능성을 위한 방법론적 모색－원효,
워즈워스, 미메시스」, 『유럽사회문화』 제16호, 연세대학교 유럽사
회문화연구소, 2016, 154~182면.

송민영·박영만, 「원효元曉의 한마음 교육사상과 J. Millerm의 홀리스
틱 교육사상과의 대화: 홀리스틱 영성교육을 향하여」, 『홀리스틱융
합교육연구』 제5집 3호, 한국홀리스틱교육학회, 2001, 167~202면.

송석구, 「원효와 보조의 염불관 비교 연구」, 『가산이지관스님화갑기
념논총 한국문화사상사』 상(가산문고, 1992), 891~916면.

송원, 「원효 생애에 대한 재검토: 『삼국유사』를 중심으로」, 『승가』
제13호, 중앙승가대학, 1996, 330~351면.

송진현, 「공에서 중도 화쟁으로의 변증적 사유방식」, 『백련불교논집』
제10집, 보조사상연구원, 2000, 147~175면.

송현주, 「현대 종교상황에 비추어 본 원효의 삶과 사상」, 『한국불교사
연구』 제11집, 한국불교사연구소, 2017, 118~165면.

신병삼, 「원효대사 다장르 스토리뱅크」, 『전자불전』 제12집, 동국대학
교 전자불전연구소, 2010, 89~112면.

신성현, 「원효의 보살계 이해」, 『한국불교학』 제31집, 한국불교학회,

2002, 83~106면.

신오현, 「원효의 심리철학: 일심의 자기동일성의 개념을 중심으로」, 『도와 인간과학: 소암이동식선생화갑기념 논문집』(삼일당, 1981), 117~133면.

신오현, 「원효철학의 현대적 조명」, 한국사상가대계간행위 편, 『원효의 사상과 그 현대적 의미』(성남: 한국정신문화연구원, 1994), 125~200면.

신오현, 「원효-불교-철학: 선험-현상학적 해명」, 『원효학연구』 제6집, 원효학회, 2001, 163~203면.

신오현, 「현대철학의 한계와 원효의 화쟁논리」, 『철학연구』 제78집, 대한철학회, 2001, 237~262면.

신옥희, 「원효와 야스퍼스의 인간 이해」, 『신학사상』 제18호, 한국신학연구소, 1977, 629~652면.

신옥희, 「원효의 생애와 사상: 특히 일심을 중심으로」, 『한가람』 제1집, 한가람사, 1977, 62~75면.

신옥희, 「Man in Wonhyo and Karl Jaspers」, 『한국문화연구원논총』 제29집, 이화여자대학교 한국문화연구원, 1977, 289~312면.

신옥희, 「Man in Wonhyo and Karl Jaspers」, 『Korea Journal』 제17호, Seoul: Unesco, 1977, 27~40면.

신옥희, 「일심과 포괄자: 원효와 칼 야스퍼스의 실재관 비교」, 『주제연구』 제3집, 이화여자대학교 한국문화연구원, 1984, 3~51면.

신옥희, 「신라 원효의 『유심안락도』 찬술고」, 『동방학지』 제51집, 연세대학교 국학연구원, 1986.

신옥희, 「일심과 포괄자: 원효와 칼 야스퍼스의 실재관 비교」, 『불교연구』 제3집, 한국불교연구원, 1987, 113~137면.

신옥희, 「원효와 칼 야스퍼스의 종교철학: 비교철학적 접근」, 『철학』 제42집, 한국철학회, 1994, 404~448면.

신옥희, 「원효와 야스퍼스의 진리관: 비교철학적 접근」, 『원효학연구』 제12집, 원효학회, 2007, 99~143면.

신현숙, 「원효의 정토사상에 대하여」, 『아시아공론』 제9집, 아시아공론사, 1980, 99~101면.

신현숙, 「원효, 진나보살후신설의 재검토: 김상현 교수의 논문에 대한 재고찰」, 『한국불교학』 제13집, 한국불교학회, 1988, 33~62면.

신현숙, 「원효『무량수경종요』와 『유심안락도』의 정토사상 비교」, 『불교학보』 제29호, 동국대학교 불교문화연구원, 1992, 159~184면.

신현숙, 「원효의 공관과 화엄돈교」, 『한국불교학』 제17집, 한국불교학회, 1992, 55~75면.

신현숙, 「원효의 화엄연기법계론: 불이론을 중심으로」, 『한국불교학』 제18집, 한국불교학회, 1993, 145~152면.

신현숙, 「원효의 교학관: 사종교판론을 중심으로」, 『불교학보』 제30호, 동국대학교 불교문화연구원, 1993.

심재열, 「원효의 윤리관: 삼취정계관을 중심으로」, 『인간시대』 제11호, 정토회, 1991, 77~82면.

심재열, 「원효의 이해와 돈오점수사상」, 『보조사상』 제5·6집, 보조사상연구원, 1992, 229~251면.

심재열, 「원효의 오도는 보살의 깨달음」, 『원효, 그의 위대한 생애』,

원효 사상전집 1(불교춘추사, 1999), 410~427면.

안각용, 「원효의 정토교와 선도교학과의 비교」, 『속선도교학의 연구』, 동경: 기주선사찬앙회, 1967, 19~38면.

안각용, 「원효의 정토교와 선도교학과의 비교」, 양은용 편, 『신라원효 연구』(이리: 원광대학교출판국, 1979), 567~586면.

안계현, 「원효의 저서에 보이는 인용서의 일정리: 특히 종요관계저서 를 중심으로」, 『동국사학』 제3호, 동국대학교, 1955, 59~67면.

안계현, 「원효의 미타정토왕생사상」 상, 『역사학보』 제16호, 역사학 회, 1961, 551~576면.

안계현, 「원효의 미타정토왕생사상」, 『역사학보』 제17·18집, 역사학 회, 1962, 245~275면.

안계현, 「원효의 미타정토왕생사상」 하, 『역사학보』 제21집, 역사학 회, 1963, 245~275면.

안계현, 「한국불교의 횃불: 원효」, 『인물한국사』 1(박우사, 1965), 258~283면.

안계현, 「신라정토교학의 제문제」, 『숭산박길진박사화갑기념 한국불 교사상사』(이리: 원광대학교, 1975), 305~338면.

안계현, 「일본에서의 원효 연구」, 『한가람』 제1호, 한가람사, 1977.

안성두, 「원효의 『二障義』〈顯了門〉에 나타난 해석상의 특징」, 『불교 연구』 제47집, 한국불교연구원, 2017, 125~157면.

안승대, 「원효의 화쟁사상과 화쟁교육론의 대안교육적 가능성」, 『동 아인문학』 제52호, 동아인문학회, 2020, 217~247면.

안영석, 「종교적 공존과 관용을 위한 시론－원효와 최치원의 사상을 중심으로—」,『유학연구』제46집, 충남대학교 유학연구소, 2019, 475~498면.

안옥선,「원효 사상에 있어서 인권의 기초이념」,『범한철학』제26집, 범한철학회, 2002, 109~135면.

안중철,「해동 천태의 원류」,『논문집』제2호, 중앙승가대학, 1993, 97~120면.

안환기,「원효의 '훈습薰習'과 그 불교심리학적 의미」,『인문사회 21』제13집 4호, 인문사회21, 2022, 1867~1880면.

안효성·김원명,「원효의 화쟁과 정조의 탕평 비교 연구」,『한국철학논집』제45호, 한국철학사연구회, 2015, 9~35면.

안효성·김원명,「和諍과 蕩平은 어떻게 상대주의를 넘어서는가?」,『철학논총』제81집 3호, 새한철학회, 2015, 127~150면.

야나기다 세이잔(柳田聖山),「『금강삼매경』의 연구」,『백련불교논집』제4집, 백련불교문화재단, 1994, 319~328면.

야마다 유키오(山田幸雄),「담란교학과 원효의 정토교사상: 특히 행론을 중심으로 하여」, 양은용 편,『신라원효연구』(이리: 원광대학교출판국, 1979), 529~533면.

야마오리 테츠오(山折哲雄),「元曉と明惠」,『불교연구』제11·12집, 한국불교연구원, 1995, 257~276면.

양광석,「한역불경의 문체와 원효의 문풍」,『논문집』제6호, 안동대학, 1984, 105~116면.

양광석,「원효의 문학사상」,『일정송민호박사고희기념논총 한국문학사상사』(계명문화사, 1991), 135~144면.

양용선(승행), 「원효의『금강삼매경론』의 여래장 해석」,『불교학보』
　　제94집, 동국대학교 불교문화연구원, 2021, 179~202면.

양웨이종, 「元曉"和諍"論與宗密"圓融"說」,『불교학보』제60호, 동국
　　대학교 불교문화연구원, 2011, 85~100면.

양웨이종, 「원효元曉의 "화쟁론和爭論"과 종밀宗密의 "원융설圓融說"」,
　　『불교학보』제60집, 동국대학교 불교문화연구원, 2011, 101~120면.

양은용, 「원효성사연보」, 김지견 편,『원효대사의 철학세계』(이리:
　　원광대학교출판국, 1979), 881~884면.

양은용, 「원효성사연보」, 양은용 편,『신라원효연구』(이리: 원광대학교
　　출판국, 1979).

양은용, 「원효대사관련문헌목록」,『원효연구논총』(국토통일원, 1987),
　　1051~1096면.

양은용, 「한국도참사상사에 있어서의 원효대사」, 양은용 편,『신라원
　　효연구』(이리: 원광대학교출판국, 1989), 153~173면.

양은용, 「한국도참사상사에 있어서의 원효대사」, 김지견 편,『원효연
　　구논총』(민족사, 1989), 153~173면.

양은용, 「원효대사 관련연구문헌총록」, 김지견 편,『원효대사의 철학
　　세계』(민족사, 1989), 843~880면.

엄기표, 「신라 원효대사의 주요 사적과 오도처에 대한 시론」,『한국고
　　대사탐구』제4집, 한국고대사탐구학회, 2010, 179~223면.

엄진성, 「원효元曉의 일심이문一心二門과 주희朱熹의 심통성정心統性
　　情 비교에 대한 논평문」,『새한철학회 학술대회 발표논문집』제5호,
　　새한철학회, 2018, 62~64면.

여승민, 「원효 계율 사상의 도덕 교육적 함의-『보살계본지범요기菩
薩戒本持犯要記』를 중심으로-」, 『윤리철학교육』 제11집, 윤리철학
교육학회, 2009, 126~151면.

열상고전연구회, 「원효대사와 현대문화 학술발표회」, 『열상고전연
구』 제61집, 열상고전연구회, 6면.

에다니 류카오(惠谷隆戒), 「신라 원효의 정토교사상」, 양은용 편, 『신라
원효연구』(이리: 원광대학교출판국, 1979), 599~620면.

예문동양사상편집부, (부록) 「원효·의천·지눌에 관한 연구물 목록」,
『오늘의 동양사상』 제4호, 예문동양사상연구원, 2001, 355~407면.

오강남, 「원효 사상과 현대사회학」, 『불교연구』 제3호, 한국불교연구
원, 1987, 139~152면.

오강남, 「Wonhyo's Buddhist Thought and Contempory Society」,
『종교연구』 제5호, 한국종교학회, 1989, 69~79면.

오경후, 「원효의 척반擲盤설화와 천성산 홍룡사의 불교사적 가치」,
『원불교사상과 종교문화』 제100호, 원광대학교 원불교사상연구원,
2024, 135~161면.

오기성, 「원효 화쟁사상의 평화교육적 함의」, 『평화와 종교』 제4호,
한국평화종교학회, 2017, 103~125면.

오노겐묘(小野玄妙), 「원효의 『금강삼매경론』」, 양은용 편, 『신라원효
연구』(이리: 원광대학교출판국, 1979), 191~192면.

오다 미키지로(小田幹治郎), 「신라의 명승 원효의 비」, 양은용 편, 『신라
원효연구』(이리: 원광대학교출판국, 1979), 21~31면.

오대혁, 「원효 설화의 전승과 수용의식」, 『원효, 그의 위대한 생애』,

원효 사상전집 1(불교춘추사, 1999), 646~722면.

오대혁, 「원효설화와 스토리텔링」, 『전자불전』 제11집, 동국대학교 전자불전연구소, 2009, 27~56면.

오성환, 「『십문화쟁론』의 비교고」, 『아시아공론』 제9집 3호, 아시아공론사, 1980, 104~107면.

오용석, 「분황 원효와 청허 휴정의 만남과 대화」, 『불교철학』 제13집, 동국대학교 세계불교학연구소, 2023, 85~125면.

오장수, 「원효와 의상의 결투」, 『NICE』 제39집 1호, 한국화학공학회, 2021, 68~70면.

오지연, 「원효와 의천의 만남」, 『원효학연구』 제14집, 원효학연구원, 2009, 53~81면.

오지연, 「천태 지의와 원효의 만남—일심삼관一心三觀을 중심으로—」, 『불교철학』 제1집, 동국대학교 세계불교학연구소, 2017, 73~109면.

오카모토 잇페이(岡本一平), 「元曉撰〈判比量論〉の 三種の斷簡」, 『불교학보』 제89호, 동국대학교 불교문화연구원, 2019, 31~53면.

오카모토 잇페이(岡本一平), 「元曉の著作の成立順序について」, 『新羅文化』 제61집, 동국대학교 신라문화연구소, 2022, 157~176면.

오카이 료고(岡井愼吾), 「신라의 명승 「원효의 비」를 읽고」, 『조선휘보』 제65호, 조선총독부, 1920. 6.

오형근, 「원효 사상에 대한 유식학적 연구」, 『불교학보』 제21호, 동국대학교 불교문화연구소, 1979, 77~111면.

오형근, 「원효대사의 유식사상고」, 오형근, 『유식사상연구』(불교사상사, 1983), 453~472면.

오형근, 「원효 사상에 대한 유식학적 연구」, 『유식사상연구』(불교사상
　　사, 1983).

오형근, 「『유가론』과 원효의 구종심주 사상」, 『한국불교학』 제11집,
　　한국불교학회, 1986, 103~130면.

오형근, 「원효의 『이장의』에 대한 고찰」, 『신라문화』 제5집, 동국대학
　　교 신라문화연구소, 1988, 161~179면.

오형근, 「원효의 『이장의』에 대한 고찰」, 오형근, 『유식과 심식사상연
　　구』(불교사상사, 1989), 385~412면.

오형근, 「통일을 지향하는 철학: 민족의 공동체 의식과 화쟁사상」,
　　『국제고려학』 제1호, 일본 대판, 1994, 187~194면.

오형근, 「원효의 대승사상과 칠대성 사상」, 『불교학보』 제32호, 동국
　　대학교 불교문화연구원, 1995, 21~50면.

오형근, 「원효대사와 지눌선사의 청규사상」, 『불교대학원논총』 제3
　　호, 동국대학교 불교대학원, 1996, 21~49면.

오형근, 「원효대사의 신심과 발심관」, 『원효 사상』 창간호, 원효연구
　　원, 1998, 19~64면.

오형근, 「원효의 유식학 연구와 그 실태」, 『원효 사상의 현대적 조명』
　　1, 원효 사상전집 2(불교춘추사, 2000), 216~231면.

오희철·김원명, 「원효 『열반경종요』에 나타나는 부처의 존재론적
　　이해－윌리엄슨(Williamson)의 분석 형이상학적 관점을 중심으로」,
　　『한국불교학』 제81집, 한국불교학회, 2017, 161~185면.

와키야 켄켄(脇谷撝謙), 「신라의 원효 법사는 과연 지상대사의 제자인
　　가」, 양은용 편, 『신라원효연구』(이리: 원광대학교출판국, 1979), 5~

11면.

요르그 플라센, 「중현의 법문－중국불교의 맥락에서 화쟁사상 재평가
하기」, 『동아시아불교사 속의 한국불교』(논산: 금강대학교 불교문화연
구소 국제불교학술회의자료집), 2004.

요르그 플라센, 「동아시아 불교의 화和사상－원효 저술의 독창성에
대한 재고－」, 『천태학연구』 제10집, 천태불교문화연구원, 2007,
84~154면.

요시즈 요시히데(吉津宜英), 「일본의 화엄사상과 원효대사」, 김지견
편, 『원효대사의 철학세계』(민족사, 국토통일원, 1987), 735~762면.

요시즈 요시히데, 「일본의 화엄사상과 원효대사」, 『원효연구논총』(국
토통일원, 1987), 897~930면.

요시즈 요시히데, 「『大乘起信論別記』の位置付け」, 『원효학연구』 제
10집, 원효학회, 2005, 5~24면

요시즈 요시히데, 「원효 『대승기신론별기』의 위치 여부」, 『원효학연
구』 제11집, 원효학연구원, 2005, 5~51면.

요코초 에이치(橫超慧日), 「신라 원효찬 『이장의』 연구 원문」, 『효성조
명기박사추모 불교사학논문집』(동국대학교출판부, 1988), 424~550면.

우메츠 지로(梅津次郎), 「의상·원효회의 성립」, 양은용 편, 『신라원효
연구』(이리: 원광대학교출판국, 1979), 103~117면.

우종인, 「원효와 법장에서 아뢰야식의 문제」, 『남도문화연구』 제30호,
순천대학교 남도문화연구소, 2016, 153~176면.

원명, 「원효 철학과 한국 고대철학」, 『동아시아불교문화』 제51호,
동아시아불교문화학회, 2022, 3~31면.

원영만(정산), 「원효의 불교대중화 일고」, 『정토학연구』 제10집, 한국
　　정토학회, 2007, 385~428면.

원영상, 「원효의 정토사상이 일본 정토불교계에 미친 영향」, 『한국종
　　교』 제57집, 원광대학교종교문제연구소, 2024, 195~222면.

원의범, 「『판비량론』의 인명논리적 분석」, 『불교학보』 제21집, 동국대
　　학교 불교문화연구소, 1984, 11~16면.

원효 사상연구소, 「원효대사연보」, 『다보』 제6호, 대한불교진흥원,
　　1993, 23~26면.

원홍지, 「신라 정토교의 일고찰: 원효의 정토교사상을 둘러싸고」,
　　『불교학연구』 제22호, 일본 경도: 용곡대학 불교학회, 1966, 30~
　　34면.

원홍지, 「신라 정토교의 일고찰: 원효의 정토교사상을 둘러싸고」,
　　『인도학불교학연구』 제15집 1호, 일본 동경: 인도학불교학회, 1966,
　　196~198면.

원홍지, 「조선 정토교의 연구」, 『용곡대학 불교문화연구소기요』 제6
　　호, 경도: 용곡대학 불교문화연구소, 1967, 82~85면.

원홍지, 「신라 정토교의 일고찰: 원효의 정토교사상을 둘러싸고」, 양
　　은용 편, 『신라원효연구』(이리: 원광대학교출판국, 1979), 555~557면.

위베르 듈뜨, 「원효와 열반종요」, 『불교연구』 제11·12집, 한국불교연
　　구원, 1995, 225~256면.

유문무, 「원효 화쟁사상의 현대적 의의」, 『한국학논집』 제68호, 계명
　　대학교 한국학연구원, 2017, 29~60면.

유병덕, 「한국불교의 원융사상」, 『논문집』 제8집, 원광대학교, 1974,

39~62면.

유석형, 「W. B. 예이츠의 시세계에 나타난 상징과 원효 사상 비교연
구」, 『한국예이츠 저널』 제20집, 한국예이츠학회, 2003, 35~56면.

유승무, 신종화, 박수호, 「원효의 화쟁일심 사상과 한국 마음문화의
사상적 기원」, 『사회사상과 문화』 제19집 4호, 동양사회사상학회,
2016, 1~28면.

유영묵, 「원효의 불교철학」, 『한양』 제3집 8호, 일본 동경: 한양사,
1964, 80~83면.

유용빈, 「원효의 이제설에 대한 고찰-삼론학의 수용과 극복을 중심으
로-」, 『한국불교학』 제58집, 한국불교학회, 2010, 247~280면.

유재신, 「Wonhyo and Suzuki on Buddhism」, 『수둔박영석교수화갑
기념 한국사학논총』 상(탐구당, 1992), 1051~1061면.

윤기혁·류강렬, 「원효의 무애행에 내재된 사회복지 가치」, 『사회사상
과 문화』 제23집 3호, 동양사회사상학회, 2020, 117~147면.

윤석효, 「원효元曉, 의상義湘의 사상과 일연一然의 삶」, 『한성사학』
제24집, 한성사학회, 2009, 3~34면.

윤승한, 「선학예술가 설원효」, 『백민』 제3집 6호, 백민문화사, 1947,
48면.

윤용섭, 「기신론소를 통해본 원효의 교육관」, 『원효학연구』 제7집,
원효학회, 2002, 262~286면.

윤종갑, 「원효 사상의 철학적 체계」, 『밀교학보』 제7집, 위덕대학교
밀교문화연구원, 2005, 297~324면.

윤종갑, 「용수 공사상의 한국적 변용과 전개-원효의 『금강삼매경론』

을 중심으로」,『한국철학논집』제21호, 한국철학사연구회, 2007, 271~303면.

윤종갑,「원효의 일심·화쟁사상과 통불교논의」,『민족사상』제3집 2호, 한국민족사상학회, 2009, 87~123면.

윤종갑,「「원효와 정조의 철학적 비교-화쟁과 탕평을 중심으로-」에 대한 논평」,『새한철학회 학술대회 발표논문집』2015, 제4호, 새한 철학회, 2015, 84~86면.

윤종갑,「고대 한국 불교에 있어 법과 정치-원효를 중심으로-」, 『불교학보』제77호, 동국대학교 불교문화연구원, 2016, 173~195면.

율곡학회,「알기쉬운 우리 역사강좌: 원효와 의상은 어떤 인물인가?」, 『밤나무골 이야기』제10집, (사)율곡연구원(구 사단법인 율곡학회), 2003, 48~54면.

은정희,「원효의 저술도량과 성격분석」,『원효학연구』제1집, 원효학 회, 1976, 95~120면.

은정희,「원효의 삼세·아리야식설:『대승기신론』의 경우」,『철학』 제19집, 한국철학회, 1983, 99~116면.

은정희,「원효의 삼세·아리야식설의 창안」, 김지견 편,『원효연구논 총』(국토통일원, 1987), 287~316면.

은정희,「원효의 삼세·아리야식설의 창안」, 김지견 편,『원효대사의 철학세계』(민족사, 1989), 421~448면.

은정희,「원효대사: 회통과 화쟁사상을 정립한 신라의 고승」, 불교신 문사 편,『한국불교인물사상사』(민족사, 1990), 42~50면.

은정희,「원효의 부주열반사상:『대승기신론 소·별기』」,『다보』제2

호, 대한불교진흥원, 1992, 97~104면.

은정희, 「원효의 부주열반사상:『대승기신론 소·별기』−원효 사상의
현대적 조명」, 『민족불교』 제2호, 청년사, 1992, 180~192면.

은정희, 「원효의 윤리사상」, 한국교수불자연합회 편, 『이 시대를 어떻
게 살 것인가』(운주사, 1992), 313~327면.

은정희, 「『대승기신론』에 대한 원효설과 법장설의 비교」, 『태동고전
연구』 제10집, 한림대학교 태동고전연구소, 1993, 627~648면.

은정희, 「원효의 불교사상」, 한국사상가대계간행위 편, 『원효의 사상
과 그 현대적 의미』(성남: 한국정신문화연구원, 1994), 203~252면.

은정희, 「원효의 저술과 사상적 경향」, 『한국불교사의 재조명』(불교시
대사, 1994), 89~97면.

은정희, 「원효의 「대승기신론소·기」에 나타난 信觀」, 『원효학연구』
제2집, 원효학회, 1997, 113~133면.

은정희, 「원효의 『대승기신론소』를 통해 본 일심의 원리」, 『원효학연
구』 제3집, 원효학회, 1998, 163~178면.

은정희, 「원효의 윤리사상」, 『한국사상과 문화』 제11집, 한국사상문화
학회, 2001, 169~194면.

은정희, 「원효의 『二障義』 연구」, 『원효학연구』 제8집, 원효학회,
2003, 59~66면.

은정희, 「원효의 본체·현상 불이관」, 『원효, 그의 위대한 생애』, 원효
사상전집 1(불교춘추사, 1999), 440~466면.

은정희, 「원효元曉의 생애와 사상」, 『한국인물사연구』 제4집, 한국인
물사연구소, 2005, 159~178면.

은정희, 「금강삼매경론의 부주열반설」, 『원효학연구』제11집, 원효학
　　연구원, 2006, 7~24면.

은정희, 「『원효의 대승기신론소·별기』」, 『고전번역연구』제4집, 한국
　　고전번역학회, 2013, 253~292면.

이강옥, 「화쟁과 치유의 국어교육」, 『국어교육연구』제75호, 국어교육
　　학회, 2021, 291~316면.

이거룡, 「元曉와 Ramanuja의 사상에서 一者와 多者의 문제」, 『한국불
　　교학』제31집, 한국불교학회, 2002, 283~304면.

이경원, 「원효와 지눌의 심체론 비교 연구」, 『양명학』제9호, 한국양명
　　학회, 2003, 285~309면.

이광률, 「원효의 정토사상: 『무량수경종요』를 중심으로」, 『논문집』
　　제6호, 대구한의대학, 1988, 143~157면.

이규완, 「삼원적 사유구조-원효『기신론』주석과 이익의『사칠신편』
　　을 중심으로」, 『동아시아 불교문화』제37호, 동아시아불교문화학
　　회, 2019, 295~346면.

이규호, 「불교佛敎와 인권人權-원효 사상을 중심으로-」, 『한국교수
　　불자연합학회지』제26집, 사단법인 한국교수불자연합회, 2020,
　　45~57면.

이근용, 「원효의 화쟁회통和諍會通과 디지털네트워크시대의 소통」,
　　『동양문화연구』제21집, 영산대학교 동양문화연구원, 2015, 281~
　　312면.

이근용, 「원효 화쟁 사상의 현실적 적용」, 『한국소통학회 학술대회
　　제2015』, 한국소통학회, 2015, 115~119면.

이근용, 「원효 화쟁사상의 현실적 적용과 의의」, 『한국소통학보』 제28
집, 한국소통학회, 2015, 154~182면.

이기백, 「신라 정토신앙의 두 유형」, 『역사학보』 제99·100집, 역사학
회, 1983, 105~122면.

이기영, 「원효: 무애에 산 신라인」, 『한국의 인간상』 3(신구문화사,
1965), 47~79면.

이기영, 「원효의 보살계관: 『보살계본지범요기』를 중심으로」, 『논문
집』 제3·4집, 동국대학교, 1967, 85~108면.

이기영, 「열반의 집 자각의 힘: 원효술 『금강삼매경론』 중에서」, 『사상
계』 제16집 3호, 사상계사, 1968,163~171면.

이기영, 「원효의 사상」, 『영대문화』 제2호, 영남대학교 총학생회,
1969, 10~14면.

이기영, 「『대승기신론소』·『금강삼매경론』」, 『한국의 명저』(현암사,
1969).

이기영, 「원효 『금강삼매경론』」, 『한국의 고전백선』(동아일보사, 1969),
49~51면.

이기영, 「Wonhyo's moral concepts」, 『Korea Observer』 1,2(Seoul:
Academy of Korean Studies), 1969, 103~115면.

이기영, 「민족문화의 계승과 발전: 원효의 극락관과 석굴암의 미학」,
『영대문화』 제4호, 영남대학교 총학생회, 1971, 48~59면.

이기영, 「Wonhyo and his thought」, 『Korea Journal』 제11집, Seoul:
Unesco, 1971, 4~9면.

이기영, 「원효 사상」, 『아시아공론』 제2집, 아시아공론사, 1973, 255~

258면.

이기영, 「원효가 본 마·귀·신: 불교의 악마관」, 『서울평론』 제2집, 서울신문사, 1974.

이기영, 「교판사상에서 본 원효의 위치」, 『하성이선근박사 고희기념 논문집 한국학논총』(하성이선근박사고희기념회, 1974), 509~521면.

이기영, 「교판사상에서 본 원효의 위치」, 『동양학』 제4집, 단국대학교 동양학연구소, 1974, 57~74면.

이기영, 「경전인용에 나타난 원효의 독창성」, 『숭산박길진박사화갑기 념 한국불교사상사』(이리: 원광대학교, 1975).

이기영, 「원효」, 『한국의 사상가 12인』(현암사, 1975), 43~72면.

이기영, 「파계의 성자 원효」, 『문학사상』 제31집, 문학사상사, 1975, 414~421면.

이기영, 「원효의 입장에서 본 K. Jasperse das Umgreifende」, 『동국사 상』 제9호, 동국대학교 불교대학, 1976, 11~27면.

이기영, 「Wonhyo and his thought」, 『korean religious tradition』 (Canada Toronto: Univ. of toronto, 1977).

이기영, 「신라불교의 철학적 전개」, 『한국철학연구』(동명사, 1977), 153~216면.

이기영, 「원효의 실상반야관」, 『정신문화』 제6집, 한국정신문화연구 원, 1980, 8~12면.

이기영, 「중국고대 불교와 신라 불교: 원효의 불교이해를 중심으로」, 『한국고대문화와 인접문화의 관계』(한국정신문화연구원, 1981), 152~ 177면.

이기영, 「경전인용에 나타난 원효의 독창성」, 이기영, 『한국불교연구』
　(한국불교연구원, 1982), 359~399면.

이기영, 「교판사상에서 본 원효의 위치」, 이기영, 『한국불교연구』(한국
　불교연구원, 1982), 345~58면.

이기영, 「명혜상인의 생애에 나타난 원효대사의 영향」, 『신라문화제
　학술발표회의논문집』 제3집, 신라문화선양회, 1982,183~201면.

이기영, 「원효의 실상반야관」, 이기영, 『한국불교연구』(한국불교연구
　원, 1982), 401~409면.

이기영, 「원효 사상의 현대적 이해」, 『한국불교연구』(한국불교연구원,
　1982), 431~440면.

이기영, 「원효성사의 길을 따라서」, 『석림』 제16호, 석림회, 1982,
　32~43면.

이기영, 「원효의 미륵신앙」, 『한국불교연구』(한국불교연구원, 1982),
　411~418면.

이기영, 「원효의 입장에서 본 K. Jasperse das Umgreifende」, 『한국불
　교연구』(한국불교연구원, 1982), 440~450면.

이기영, 「『법화종요』에 나타난 원효의 『법화경』관」, 『한국천태사상
　연구』(동국대학교 불교문화연구소, 1983), 41~100면.

이기영, 「원효의 윤리관: 『보살영락본업경소』를 중심으로」, 『동원김
　홍배박사고희기념논문집』(한국외 국어대학교, 1984), 149~182면.

이기영, 「원효의 인간관」, 『철학적 인간관』(성남: 한국정신문화연구원,
　1985), 27~77면.

이기영, 「통일신라시대의 불교사상」, 한국철학회 편, 『한국철학사』

상(동명사, 1987), 159~255면.

이기영, 「원효의 윤리관: 『보살영락본업경소』를 중심으로」, 『원효연구논총』(국토통일원, 1987), 317~367면.

이기영, 「세계의 문화적 현실과 한국불교의 이상: 원효 사상은 21세기 세계를 향해 무엇을 줄 수 있는가?」, 『불교연구』 제4·5집, 한국불교연구원, 1988, 133~216면.

이기영, 「원효의 원융무애사상과 『발심수행장』」, 『수다라』 제4호, 해인승가대학, 1989, 68~81면.

이기영, 「원효의 윤리관: 『보살영락본업경소』를 중심으로」, 김지견 편, 『원효대사의 철학세계』(민족사,1989), 279~325면.

이기영, 「원효에 의한 『반야심경』 신해석」, 『여산유병덕박사화갑기념 한국철학종교사상사』(이리: 원광대학교종교문제연구소, 1990).

이기영, 「원효 사상의 독창적 특성」, 『한국사상사대계』 2(성남: 한국정신문화연구원, 1991), 425~471면.

이기영, 「원효의 『열반종요』에 대하여」, 이기영, 『한국불교연구』(한국불교연구원, 1992), 419~429면.

이기영, 「원효의 윤리사상」, 『다보』 제3호, 대한불교진흥원, 1992, 140~149면.

이기영, 「원효의 윤리사상 – 원효 사상의 현대적 조명」, 『민족불교』 제2호, 청년사, 1992, 130~152면.

이기영, 「원효의 윤리사상」, 『한국인의 윤리사상』(율곡사상연구원, 1992), 201~217면.

이기영, 「현대의 윤리적 상황과 동양철학적 대응: 원효철학의 입장에

서」,『현대의 윤리적 상황과 철학적 대응: 제5회 한국철학자연합대
회』(이리: 대회집행위원회, 1992), 27~38면.

이기영, 「원효 사상의 특징과 의의: 원효 사상 연구노트」, 『진단학보』
제78호, 진단학회, 1994, 25~42면.

이기영, 「명혜상인의 생애에 나타난 원효대사의 영향」, 이기영, 『원효
사상연구』 1(한국불교연구원, 1994), 611~625면.

이기영, 「『법화종요』에 나타난 원효의 『법화경』관」, 이기영, 『원효
사상연구』 1(한국불교연구원, 1994), 13~58면.

이기영, 「원효 사상에 있어서의 궁극적인 것」, 이기영, 『원효 사상연
구』 1(한국불교연구원, 1994), 439~50면.

이기영, 「원효 사상의 독창적 특성: 『금강삼매경론』의 철학을 중심으
로」, 이기영, 『원효 사상연구』 1(한국불교연구원, 1994), 22~278면.

이기영, 「원효성사의 길을 따라서」, 이기영, 『원효 사상연구』 1(한국불
교연구원, 1994), 69~80면.

이기영, 「원효에 의한 반야심경 신해석」, 이기영, 『원효 사상연구』
1(한국불교연구원, 1994), 217~228면.

이기영, 「원효의 법화사상: 『금강삼매경론』과의 관계」, 이기영, 『원효
사상연구』 1(한국불교연구원, 1994), 59~67면.

이기영, 「원효의 사상과 생애 ─ 우리의 사상을 찾아서 1」, 이기영,
『원효 사상연구』 1(한국불교연구원, 1994), 257~286면.

이기영, 「원효의 여래장사상」, 이기영, 『원효 사상연구』 1(한국불교연
구원, 1994), 81~102면.

이기영, 「원효의 원융무애사상과 『발심수행장』」, 이기영, 『원효 사상

연구』 1(한국불교연구원, 1994), 205~216면.

이기영, 「원효의 윤리관:『보살영락본업경소』를 중심으로」, 이기영, 『원효 사상연구』 1(한국불교연구원, 1994), 167~204면.

이기영, 「원효의 윤리사상」, 이기영, 『원효 사상연구』 1(한국불교연구원, 1994), 389~405면.

이기영, 「원효의 인간관」, 이기영, 『원효 사상연구』 1(한국불교연구원, 1994), 309~342면.

이기영, 「Ultimate reality in Won-Hyo: Reflection on the problem of ultimate reality in Buddhism and Christianity 1」, 『원효사상연구』 1(한국불교연구원, 1994), 451~464면.

이기영, 「Won-Hyo's Ideal on peace and Union」, 이기영, 『원효 사상연구』 1(한국불교연구원, 1994), 497~504면.

이기영, 「화쟁사상의 현대적 조명」, 『다보』 제6호, 대한불교진흥원, 1993, 10~15면.

이기영, 「원효 사상의 특징과 의의: 원효 사상 연구 노트」, 『불교연구』 제11·12집, 한국불교연구원, 1995, 307~332면.

이기영, 「원효의 화쟁 사상과 오늘의 통일 문제」, 『불교연구』 제11·12집, 한국불교연구원, 1995, 447~168면.

이기영, 「귀명삼보의 참된 의미와 실천」, 『불교연구』 제11·12집, 한국불교연구원, 1995, 469~476면.

이기운, 「천태의 四一과 원효의 四法」, 『불교학연구』 제11집, 불교학연구회, 2005, 5~30면.

이기운, 「천태의 육근참회와 원효의 육정참회—천태의 법화삼매참의

와 원효의 대승육정참회를 중심으로-」,『동서 비교문학저널』제15
호, 한국동서비교문학학회, 2006, 117~148면.

이도흠, 「화쟁의 이론과 실제」,『월례발표회 자료집』(성철선사상연구
원, 2000).

이도흠, 「원효의 화쟁사상과 생태이론의 비교철학적 연구」,『돈암어
문학』제14호, 돈암어문학회, 2001, 11~33면.

이도흠, 「원효의 화쟁사상과 탈현대철학의 비교연구」,『원효학연구』
제6집, 원효학회, 2001, 249~298면.

이도흠, 「자생적 변혁 이론의 모색: 원효와 마르크스의 종합」,『문학과
경계』제3집 1호, 문학과경계사, 2003, 59~94면.

이도흠, 「원효의 언어관과 포스트모더니즘」,『시와세계』제2호, 시와
세계, 2003, 31~40면.

이도흠, 「자생적 변혁 이론의 모색: 원효와 마르크스의 종합」,『문학과
경계』제3집 1호, 문학과경계사, 2003, 59~94면.

이도흠, 「원효의 언어관과 포스트모더니즘」,『시와세계』2호, 시와세
계, 2003, 31~40면.

이도흠, 「포스트모더니즘 문예이론과 원효元曉 화쟁和諍의 비교 연
구」,『비교한국학(Comparative Korean Studies)』제12집 1호, 국제비
교한국학회, 2004, 137~166면.

이도흠, 「소쉬르 탄신 150주년 기념 학술논문집: 소쉬르의 현재성과
탈현대성; 소쉬르, 하이데거, 원효의 언어관 비교 연구」,『기호학연
구』제21집, 한국기호학회, 2007, 217~253면.

이도흠, 「마음의 깨달음과 정치 참여의 화쟁: 원효와 맑스」,『문화과

학』 제64호, 문화과학사, 2010, 126~149면.

이도흠, 「교체설, 체용론과 원효의 언어관」, 『한국불교사연구』 제2호, 한국불교사연구소, 2013, 51~86면.

이만, 「원효의 『보살영락본업경소』를 통해 본 "一道一果"의 수행관」, 『원효학연구』 제3집, 원효학회, 1998, 179~197면.

이만, 「원효의 『중변분별론소』에 관한 연구」, 『원효학연구』 제4집, 원효학회, 1999, 93~140면.

이만, 「신라 원효의 『勝鬘經疏』에 관한 연구 – 「一乘章 第五」를 중심으로 – 」, 『한국불교학』 제44집, 한국불교학회, 2006, 5~38면.

이명규, 「『발심수행장』에 대한 비교 연구 1: 서봉사판을 중심으로」, 『인문논총』 제11집, 한양대학교, 1986, 35~60면.

이문영, 「통치 패러다임을 위한 원효, 율곡, 함석헌의 기여」, 『민족사상연구』 제12집, 경기대학교민족문제연구소, 2004, 133~159면.

이민성, 「규기의 주장에 대한 원효의 견해, 그리고 원측과의 접점(I)」, 『禪文化硏究』 제32집, 한국불교선리연구원, 2022, 149~178면.

이민성, 「원효와 원측의 관계에 대한 시론적 연구 – 『대혜도경종요』를 중심으로 한 디지털 분석에 기초하여 – 」, 『한국종교』 제54집, 원광대학교 종교문제연구소, 2023, 241~263면.

이민성, 「규기의 반야경 교판教判과 사분설四分說에 대한 원효의 비판적 견해」, 『宗敎敎育學硏究』 제72집, 한국종교교육학회, 2023, 41~61면.

이범홍, 「원효행장 신고, 존의수칙의 시론」, 『논문집』 제4집, 마산대학교, 1982, 291~313면.

이범홍, 「원효의 찬술서에 대하여」, 『철학회지』, 영남대학교 철학과연구실, 1983, 45~80면.

이범홍, 「원효의 『대승기신론소』에 관한 연구: 특히 해동소의 위치를 중심으로 하여」, 『논문집』 제6집, 마산대학교, 1984, 53~75면.

이범홍, 「원효행장 신고」, 김지견 편, 『원효연구논총』(국토통일원, 1987), 369~407면.

이범홍, 「원효행장 신고」, 김지견 편, 『원효대사의 철학세계』(민족사, 1989), 11~44면.

이병욱, 「원효의 일심이문관」, 『(진산한기두박사 화갑기념) 한국종교사상의 재조명』 상(이리: 원광대학교출판국, 1993), 209~226면.

이병욱, 「원효 법화종요의 교리체계 연구」, 『한국불교학』 제23집, 한국불교학, 1997, 207~230면.

이병욱, 「원효 무애행無碍行의 이론적 근거: 『보살계본지범요기菩薩戒本持犯要記』를 중심으로」, 『원효학연구』 제6집, 원효학회, 2001, 329~363면.

이병욱, 「『대혜도경종요大慧度經宗要』에 나타난 원효의 화쟁사상」, 『원효학연구』 제7집, 원효학회, 2002, 287~311면.

이병욱, 「천태의 사상과 원효의 사상의 공통점 연구」, 『선문화연구』 제8집, 한국불교선리연구원, 2010, 195~225면.

이병욱, 「천태사상과 원효 사상의 공통적 요소: 무애행과 정토사상을 중심으로」, 『불교학연구』 제42집, 불교학연구회, 2015, 29~58면.

이병욱, 「원효의 『법화경』 삼거가와 사거가의 논쟁에 대한 관점-『법화종요』를 중심으로-」, 『韓國思想史學』 제68호, 한국사상사학회,

2021, 77~103면.

이병욱, 「원효『법화종요』에 나타난 중국불교 사상가의 영향과 독자적 관점−천태지의의『법화문구』와 길장의『법화유의』를 중심으로−」,『동아시아고대학』제65호, 동아시아고대학회, 2022, 335~372면.

이병욱, 「원효 화쟁사상의 새로운 측면−화쟁 속에서 우열과 비판을 인정하는 관점−」,『동아시아고대학』제68집, 동아시아고대학회, 2022, 93~120면.

이병욱, 「원효『법화종요』에 나타난 중국불교 사상가의 영향과 독자적 관점 −천태지의의『법화문구』와 길장의『법화유의』를 중심으로−」,『동아시아고대학』제65호, 동아시아고대학회, 2022, 335~372면.

이병욱, 「한국불교의 특성에 관한 기초적 이해」,『무형문화연구』제11호, 불교의례문화연구소, 2023, 1~33면.

이병주, 「춘원의『원효대사』」, 김지견 편,『원효대사의 철학세계』(민족사, 1989), 175~197면.

이병주, 「춘원의『원효대사』」,『원효연구논총』(국토통일원, 1987), 409·434면.

이병학, 「원효의 대승보살계사상과 그 의미」,『한국고대사연구』제24집, 한국고대사학회, 2001, 229~260면.

이병학, 「원효의 二覺圓通 사상과 그 사회적 의미」,『한국고대사연구』44호, 한국고대사학회, 2006, 195~228면.

이병학, 「원효의 '六品圓融'사상과 대중교화」,『한국학논총』제34집,

국민대학교 한국학연구소, 2010, 353~389면.

이병혁, 「원효의 이문일심 사상과 라깡의 정신분석학의 구조적 상동성 연구」, 『현대정신분석』 제10집 1호, 한국현대정신분석학회, 2008, 171~190면.

이복규, 「원효와 최치원의 대비적 고찰」, 『국제대학논문집』 제16집, 국제대학, 1988, 47~70면.

이봉춘, 「원효의 승가관」, 『한국불교학』 제9집, 한국불교학회, 1984, 39~60면.

이봉춘, 「원효의 출생지에 대한 고찰」, 『원효학연구』 제1집, 원효학회, 1996, 121~141면.

이봉춘, 「원효의 무애원융과 그 행화」, 『원효학연구』 제3집, 원효학회, 1998, 199~220면.

이부영, 「원효의 신화와 진실: 분석심리학적 시론을 위하여」, 『불교연구』 제3집, 한국불교연구원, 1987, 97~112면.

이부영, 「'일심'의 분석심리학적 조명: 원효의 대승기신론소·별기를 중심으로」, 『불교연구』 제11·12집, 한국불교연구원, 1995, 277~306면.

이부영, 「'Il Shim'(One Mind)-a Jungian interpretation: With the special reference toWon-Hyo's commentaries of mind in the Tai-Sung Ki-Shin-Ron(Book of Awakeninf of Faith in the Maha-yana」, 『불교연구』 제11·12집, 한국불교연구원, 1995.

이부키 아츠시(伊吹敦), 「원효와 「금강삼매경」」, 『원효학연구』 제11집, 원효학회, 2006, 25~56면.

이상민, 「『교적의敎迹義』 텍스트의 변천 연구(2): 원측과 원효의 「증경 교적의」 인용 태도를 중심으로」, 『불교학연구』 제65집, 불교학연구회, 2020, 57~85면.

이상삼, 「원효 전승과 인간상」, 김태준·김승호 편, 『우리 역사 인물 전승』(집문당, 1994), 194~230면.

이상재, 「원효의 화쟁사상과 통일교육」, 『도덕윤리교육연구』 제2집, 청람도덕윤리교육학회, 2003, 196~200면.

이상호, 「원효의 화쟁和諍 사상思想과 통일 정책」, 『중등교육연구』 제27집, 경상대학교 중등교육연구소, 2015, 61~77면.

이수미, 「공유논쟁空有論爭을 통해 본원효元曉의 기신론관起信論觀 재고: 법장法藏과의 비교를 중심으로」, 『한국사상사학』 제50호, 한국사상사학회, 2015, 217~254면.

이수미, 「『金光明經』 三身說에 대한 元曉의 이해: 慈恩基와 淨影慧遠과의 비교 고찰을 통하여」, 『한국불교학』 제82집, 한국불교학회, 2017, 7~34면.

이수미, 「『대승기신론大乘起信論』의 알라야식에 대한 대현大賢의 이해: 원효元曉와 법장法藏과의 비교」, 『동아시아불교문화』 제32호, 동아시아불교문화학회, 2017, 101~129면.

이수미, (원효 탄생 1400주년) 「보편성과 차별성의 공존」, 『지식의 지평』 제23호, 대우재단, 2017, 1~9면.

이수미, 「『대승기신론大乘起信論』의 불이원론不二元論에 대한 두 가지 해석: 법장法藏과 원효元曉의 주석을 중심으로」, 『佛教學報』 제97호, 동국대학교 불교문화연구원, 2021, 77~96면.

이수미, 「일승一乘·삼승三乘의 사상적 관계에 대한 고찰:『범망경梵網
經』주석으로 본 원효와 대현의 사상적 차이」, 『불교철학』제12집,
동국대학교 세계불교학연구소, 2023, 49~83면.

이수미, 「동아시아 유식사상의 다양성: 원효『해심밀경소』인용을
통해 본 일본 법상논사들의 사상적 입장」, 『불교철학』제15집,
동국대학교 세계불교학연구소, 2024, 35~72면.

이숙영(명훈), 「돈황사본『대승기신론광석大乘起信論廣釋』에 미친 원
효元曉의 영향-『起信論疏』와『起信論別記』인용 검토-」, 『佛敎
學報』제103집, 동국대학교 불교문화연구원, 2023, 186~209면.

이승하, 「무애무 추는 원효」, 『(계간) 시작』제9집 4호, 천년의시작,
2010, 138~139면.

이승희, 「일본 교토 高山寺의 원효에마키(元曉繪卷)」, 『불교미술사학』
제20집, 불교미술사학회, 2015, 169~172면.

이영무, 「원효의 인물과 사상」, 『학술지』제10호, 건국대학교 학술연
구원, 1969, 35~52면.

이영무, 「원효대사 저『판비량론』에 대한 고찰」, 『학술지』제14호,
건국대학교 학술연구원, 1973, 17~44면.

이영무, 「원효의 정토사상:『유심안락도』를 중심으로」, 『학술지』제24
호, 건국대학교 학술연구원, 1980, 13~28면.

이영무, 「서평 심재열『원효 사상 2: 윤리관』」, 『법대논총』제21집,
경북대, 1983, 207~210면.

이영무, 「원효 사상에 나타난 인권론:『열반경종요』를 중심으로」,
『인문과학논집』제7집, 건국대학교, 1985, 227~250면.

이영무, 「원효대사의 인물과 사상」, 『한국의 불교사상』(민족문화사, 1987), 91~116면.

이영무, 「원효대사의 정토사상:『유심안락도』를 중심으로」, 『한국의 불교사상』(민족문화사, 1987), 117~136면.

이영무, 「원효대사 저『판비량론』에 관한 고찰」, 이영무, 『한국의 불교사상』(민족문화사, 1987), 165~197면.

이영무, 「원효와 서당설화에 대한 일고찰」, 『원효 사상』 제1집, 원효연구원, 1998.

이영무, 「원효의 서당설화에 대한 일고찰」, 『원효, 그의 위대한 생애』, 원효 사상전집 1(불교춘추사, 1999), 185~197면.

이운주·김진하, 「고등학교 도덕과 교과서의 원효 일심 사상 서술 검토-2015 개정 교육과정을 중심으로-」, 『도덕윤리과교육』 제72호, 한국도덕윤리과교육학회, 2021, 223~249면.

이유진, 「분황 원효와 회암 주희-원효 사상에 입각한 화이론 비판 시도-」, 『한국불교사연구』 제6호, 한국불교사연구소, 2015, 141~214면.

이인석(청동), 「분황 원효『金光明經疏』(輯逸) 三身說의 의미 Ⅱ-『금광명경』 삼신의 극과와 『기신론』 일심이문 논리의 동일성에 대한 원효의 명제에 대한 검증을 중심으로-」, 『불교철학』 제11집, 동국대학교 세계불교학연구소, 2022, 97~159면.

이인석(청동), 「분황 원효 金光明經疏(輯逸) 三身說의 의미」, 『불교철학』 제10집, 동국대학교 세계불교학연구소, 2022, 5~67면.

이인석(청동), 「분황 원효와 영호 정호의 만남과 대화」, 『불교철학』

제13집, 동국대학교 세계불교학연구소, 2023, 127~178면.

이재수, 「불교문화콘텐츠를 활용한 문화관광 활성화 방안－원효대사
　　소재 콘텐츠를 중심으로－」, 『한국교수불자연합학회지』제16집
　　1호, 사단법인 한국교수불자연합회, 2010, 69~98면.

이재수·이선수, 「인터랙티브 맵으로 만나는 원효로드」, 『전자불전』
　　제11집, 동국대학교 전자불전연구소, 2009, 95~131면.

이정모, 「선림사의 고초본 『무량수경종요』와 제본과의 대조 연구」,
　　『불교대학원연구기요』제18호, 일본 경도: 불교대학, 1990, 22~
　　49면.

이정희, 「『십문화쟁론』과 관련된 몇 가지 문제점」, 『제4차 한국불교학
　　결집대회논집』별집, 2008.

이정희, 「원효의 三性說을 통한 空有사상 종합」, 『한국불교학』제78
　　집, 한국불교학회, 2016, 377~413면.

이종대, 「원효대사의 출생지에 관한 소고」, 『향토문화』제4호, 밀양고
　　적보존회, 1988, 33~41면.

이종수, 「지리산권 원효설화의 특징과 문화사적 의미, 『보조사상』
　　제49집, 보조사상연구원, 2017, 325~350면.

이종익, 「신라불교와 원효 사상」, 이종익, 『동방사상논총: 이종익박사
　　학위기념논문집』(보련각, 1975), 198~239면.

이종익, 「원효의 평화사상」, 『아카데미논총』제3집, 세계평화교수아
　　카데미, 1975.

이종익, 「원효의 생애와 사상」, 『한국사상총서』1(한국사상연구회: 태광
　　문화사, 1975), 266~221면.

이종익, 「원효의 『십문화쟁론』 연구」, 『동방사상논총: 이종익박사학 위기념논문집』(보련각, 1975), 209~221면.

이종익, 「원효의 평화사상」, 세계평화교수협의회, 『평화사상의 모색』 (일심, 1983), 136~155면.

이종익, 「원효의 『십문화쟁론』 연구」, 양은용 편, 『원효연구논총』(국토통일원, 1987), 435~476면.

이종익, 「원효의 『십문화쟁론』 연구」, 김지견 편, 『원효성사의 철학세계』(민족사, 1989), 327~365면.

이종익, 「원효의 근본사상: 『십문화쟁론』 복원」, 『고법운이종익박사 논문집』(문창기획, 1994), 44~116면.

이종익, 「원효의 평화세계 건설원리」, 『고법운이종익박사논문집』(문창기획, 1994), 23~43면.

이종익, 「원효의 생애」, 『원효, 그의 위대한 생애』, 원효 사상전집 1(불교춘추사, 1999), 218~268면.

이종찬, 「원효의 시학: 『대승육정참회』를 중심으로」, 『신라문화』 제5집, 신라문화연구소, 1988, 27~47면.

이종찬, 「원효의 시문학」, 『원효, 그의 위대한 생애』, 원효 사상전집 1(불교춘추사, 1999), 532~559면.

이종철, 「선종 전래 이전의 신라의 선 - 『금강삼매경론』에 보이는 원효의 선학 - 」, 『한국선학』 제2집, 한국선학회, 2001, 25~41면.

이주향, 「인간중심적인 대상적 차별을 넘어서 - 니체의 헤라클레이토스와 원효의 일심을 비교하여」, 『니체연구』 제6호, 한국니체학회, 2004, 207~225면.

이죽내, 「원효의 일미사상의 분석심리학적 음미」, 『심성연구』 제17집
　1호, 한국분석심리학회, 2002, 1~14면.

이죽내, 「원효의 지관止觀과 융의 상징적 이해」, 『심성연구』 제23집
　2호, 한국분석심리학회, 2008, 81~92면.

이지향, 「원효의 『금강삼매경』 연구에 나타난 '깨침'과 '닦음'」, 『불교
　철학』 제2집, 동국대학교 세계불교학연구소, 2018, 188~220면.

이지향, 「이 시대의 원효는 누구인가-고영섭의 『분황 원효』를 읽
　고-」, 『한국불교사연구』 제9집, 한국불교사연구소, 2016, 162~
　203면.

이찬석, 「아시아 종교의 불이론不二論-샹카라(Śaṅkara)와 원효元曉를
　중심으로」, 『한국조직신학논총』 제72집, 한국조직신학회, 2023,
　209~247면.

이찬훈, 「입전수수入廛垂手, 요익중생饒益衆生의 길-원효의 계승과
　불교 혁신의 길-」, 『동아시아불교문화』 제32호, 동아시아불교문
　화학회, 2017, 47~73면.

이철헌, 「분황 원효와 나옹 혜근의 서민교화」, 『불교철학』 제12집,
　동국대학교 세계불교학연구소, 2023, 181~209면.

이청, 「원효의 무애행과 현대불교에 미친 영향」, 『원효 사상의 현대적
　조명』 1, 원효 사상전집 2(불교춘추사, 2000), 58~69면.

이충환(법장), 「원효의 『梵網經』 주석서와 天台智顗의 『菩薩戒義疏』
　의 비교연구」, 『한국불교학』 제82집, 한국불교학회, 2017, 35~69면.

이충환(법장), 「『범망경』 주석서에 나타난 계체론 연구」, 『한마음연
　구』 제10집, 대행선연구원, 2023, 447~479면.

이충환(법장), 「분황 원효『범망경보살계본사기』의 중심 내용과 주요 특징」,『불교철학』제14집, 동국대학교 세계불교학연구소, 2024, 96~138면.

이치형, 「원효 '인식론'의 교육학적 함의: 「판비량론」8절을 중심으로」, 『도덕교육연구』제24집 2호, 한국도덕교육학회, 2012, 61~82면.

이치형, 「원효의 유식학적 인식론: 깨달음과 인식의 관련」,『도덕교육 연구』제30집 2호, 한국도덕교육학회, 2018, 67~90면.

이치형, 「칸토어 '무한無限'과의 비교를 통해 본 원효 '부정不定'의 교육 학적 의미」,『교육철학』제75집, 한국교육철학회, 2020, 35~56면.

이치형, 「원효 '삼세·아려야식설' 창안의 교육학적 의미」,『교육철학』 제80집 한국교육철학회, 2021, 135~156면.

이평래, 「대승기신론연구 1: 신라 원효의『대승기신론소』를 중심으로 하여」,『인도학불교학연구』제28집 1호, 동경: 인도학불교학회, 1979, 190~191면.

이평래, 「대승기신론연구 2: 신라 원효의『대승기신론소』를 중심으로 하여」,『대학원불교학연구회연보』제14집, 일본 동경: 구택대학, 1980, 120~131면.

이평래, 「원효의 진여관:『기신론해동소』를 중심으로 하여」,『인도학 불교학연구』제29호 1집, 일본 동경: 인도학불교학회, 1980, 358~ 360면.

이평래, 「대승기신론의 삼심설」,『대학원불교학연구회연보』제15집, 일본 동경: 구택대학, 1981, 61~66면.

이평래, 「여래장설과 원효」,『원효연구논총』(국토통일원, 1987), 477~

503면.

이평래, 「여래장설과 원효」, 김지견 편, 『원효대사의 철학세계』(민족
사, 1989), 367~390면.

이평래, 「신라불교여래장사상연구: 원효의 여래장사상을 중심으로」,
『인문과학연구논문집』, 충남대학교 인문과학연구소, 1989, 179~
207면.

이평래, 「원효철학에서의 환멸문의 구조에 관한 고찰」, 『동방학지』
제76호, 연세대학교 국학연구원, 1992, 1~22면.

이평래, 「인간 원효, 그 구도적 삶」, 『다보』 제6호, 대한불교진흥원,
1993, 16~22면.

이평래, 「인간 원효, 그 구도적 삶」, 『원효, 그의 위대한 생애』, 원효
사상전집 1(불교춘추사, 1999), 362~374면.

이평래, 「元曉聖師의 一心思想: 『大乘起信論』의 佛身說을 중심으로」,
『원효학연구』 제6집, 원효학회, 2001, 9~34면.

이평래, 「원효성사의 일심사상」, 『원효학연구』 제6집, 원효학연구원,
2002, 9~33면.

이평래, 「『열반경종요』의 주석적 연구」(I), 『원효학연구』 제7집, 원효
학연구원, 2002, 165~226면.

이평래, 「『열반경종요』의 주석적 연구」(II), 『원효학연구』 제8집, 원효
학연구원, 2003, 89~158면.

이평래, 「『열반경종요』의 주석적 연구」(III), 『원효학연구』 제9집,
원효학연구원, 2004, 165~201면.

이평래, 「원효元曉의 천태지관天台止觀의 수용受容에 관하여」, 『천태

학연구』 제6집, 천태불교문화연구원, 2004, 142~175면.

이평래, 「여래장을 중심으로 한 원효의 불교학」, 『한국불교학』 제43
집, 한국불교학회, 2005, 1~35면.

이평래, 「『열반경종요』의 주석적 연구」(IV), 『원효학연구』 제10집,
원효학연구원, 2005, 171~201면.

이평래, 「『열반경종요』의 주석적 연구」(V), 『원효학연구』 제11집,
원효학연구원, 2006, 151~175면.

이평래, 「『열반경종요』의 주석적 연구」(VI), 『원효학연구』 제12집,
원효학연구원, 2007, 183~209면.

이평래, 「동아시아 불교에서의 여래장사상과 원효」, 『원효학연구』
제13집, 원효학연구원, 2008, 7~36면.

이한길, 「양양 불교설화 속에 보이는 원효와 의상의 역학관계」, 『구비
문학연구』 제23호, 한국구비문학회, 2006, 391~420면.

이한승, 「원효 사상연구: 화쟁사상을 중심으로」, 『논문집』 제6집,
육군제3사관학교, 1977, 160~173면.

이향숙(혜교), 「원효 일심의 철학적 성찰」, 『원불교사상과 종교문화』
제76집, 원광대학교 원불교사상연구원, 2018, 281~313면.

이해영, 「유식비량唯識比量에 대한 교묘護命의 해석」, 『불교학 리뷰』
제34집, 금강대학교 불교문화연구소, 2023, 75~96면.

이현정, 「문학사적 지형도의 확장을 위한 첫 단추, 고대 불교사상과
고전시가사의 공진共振－서철원, 『한국 불교시의 기원: 의상과 원효
그리고 균여』(에피스테메, 2023)」, 『어문론총』 제98집, 한국문학언어
학회, 2024, 293~304면.

이현중, 「원효불교의 불일불이적不一不二的 철학체계 ─ 금강삼매경
　　론을 중심으로─」, 『인문학연구』 제62집 4호, 충남대학교 인문과학
　　연구소, 2023, 165~189면.

이혜영·김원명, 「원효元曉의 일심이문一心二門과 주희朱熹의 심통성
　　정心統性情 비교 연구」, 『철학논총』 제93집 3호, 새한철학회, 2018,
　　303~325면

이혜영·김원명, 「원효元曉의 일심이문一心二門과 주희朱熹의 심통성
　　정心統性情 비교」, 『새한철학회 학술대회 발표논문집 제2018』 제5
　　호, 새한철학회, 2018, 45~61면.

이효걸, 「원효의 화쟁사상에 대한 재검토」, 『불교학연구』 제4호, 불교
　　학연구회, 2002, 5~34면.

이효걸, 「레비의 가상화와 원효의 화쟁사상」, 『불교학연구』 제27집,
　　불교학연구회, 2010, 557~601면.

이효기, 「동아시아불교에 있어서 원효의 정토관의 특색」, 『원효학연
　　구』 제10집, 원효학회, 2005, 109~169면,

이희재, 「한국 사상의 회통적 특징」, 『원효 사상의 현대적 조명』 1,
　　원효 사상전집 2(불교춘추사, 2000), 274~297면.

이희재, 「현대적 비전으로서의 원효 사상의 핵심적 원리에 관한 한
　　고찰(황용식)에 대한 논평」, 『원효학연구』 제12집, 원효학회, 2007,
　　95~98면.

일공, 「원효의 『법화종요』에 대하여」, 『승가학인』 제2호, 전국승가대
　　학학인연합, 1995, 48~57면.

임상목·이석환, 「원효 공사상의 본체론적 해석」, 『동서철학연구』 제

96호, 한국동서철학회, 2020, 169~187면.

임우식, 「『법화종요』에 있어서의 일승설에 대하여」, 『인도학불교학연구』 제31집 2호, 일본 동경: 인도학불교학회, 1983, 160~173면.

임종우, 「원효의 심식관 연구－『대승기신론소, 별기』를 중심으로－」, 『밀교학보』 제17집, 위덕대학교 밀교문화연구원, 2016, 113~143면.

의림, 「깨달음의 극치, 동굴수행」, 『원효, 그의 위대한 생애』, 원효사상전집 1(불교춘추사, 1999), 397~408면.

장경섭, (만화) 「원효를 기다리며」, 『황해문화』 제52집, 새얼문화재단, 2006, 161~175면.

장동희, 「통일전략구상과 원효,의상의 통합사상」, 『정책과학연구』 제15집, 단국대학교 정책과학연구소, 2005, 25~44면.

장동희, 「21세기 한반도의 통일전략과 원효의 화쟁사상」, 『정책과학연구』 제16집 1호, 단국대학교 정책과학연구소, 2006, 57~76면.

장민석, 「현장의 유식비량에 대한 원효의 반론의 논리적 타당성 검토－원효의 『판비량론』을 중심으로－」, 『철학논구』 제36집, 서울대학교 철학과, 2008, 93~120면.

장석영, 「『대혜도경종요』에 있어서의 원효의 교판관 연구」, 『불교철학』 제2집, 동국대학교 세계불교학연구소, 2018, 157~187면.

장승희, 「불교 지관止觀 명상의 윤리교육적 의미－『대승기신론』과 원효의 지관을 중심으로－」, 『윤리교육연구』 제50호, 한국윤리교육학회, 2018, 1~42면.

장승희, 「불교명상과 윤리교육: 『대승기신론』과 원효의 지관止觀 명상을 중심으로」, 『한국초등도덕교육학회 학술대회 제2018』, 한국초등도덕교육학회, 2018, 45~76면.

장시기, 「원효와 들뢰즈-가타리의 만남」, 『한국선학』 제1집, 한국선
학회, 2000, 373~390면.

장왕식, 「원효와 화이트헤드에 나타난 궁극적 실재: 비교와 비평」,
『종교들의 대화』(사상사, 1992), 136~165면.

장정태, 「화쟁보살 원효의 화쟁사상과 오도송지」, 『韓國思想과 문화』
제105집, 한국사상문화학회, 2022, 135~165면.

장찬익, 「원효의 생애와 교육사상」, 『새교육』 제371호, 대한교육연합
회, 1985, 81~83면.

장휘옥, 「『유심안락도』고」, 『남도불교』 제54호, 일본 나랑: 남도불교
연구회, 1985, 19~50면.

장휘옥, 「원효의 전기: 재검토」, 『동국사상』 제21호, 동국대학교 불교
대학, 1988, 9~26면.

장휘옥, 「신라 광덕·엄장의 왕생설화와 원효」, 『불교학보』 제29호,
동국대학교 불교문화연구원, 1992, 541~550면.

장휘옥, 「원효의 정토사상이 일본에 미친 영향」, 『일본학』 제12집,
동국대학교 일본학연구소, 1993, 77~92면.

장휘옥, 「원효는 왜 정성이성의 왕생을 부정했는가」, 『원효학연구』
제5집, 원효학연구원, 2000, 317~346면.

장휘옥, 「지止의 수행과 마장魔障 퇴치법-원효의 『대승기신론소』를
중심으로-」, 『천태학연구』 제3집, 천태불교문화연구원, 2001, 362
~395면.

전미희, 「원효의 신분과 그 활동」, 『한국사연구』 제63집, 한국사연구

회, 1988, 63~96면.

전성기, 「파동수사학을 위한 원효의 화쟁론 고찰」, 『수사학』 제13호, 한국수사학회, 2010, 55~88면.

전준모, 「원효가 한국 역사에 미친 영향」, 『한국불교사연구』 제11호, 한국불교사연구소, 2017, 37~69면.

전준모, 「원효의 『대승기신론소大乘起信論疏』에 나타난 닦음과 깨침에 대한 고찰」, 『불교철학』 제4집, 동국대학교 세계불교학연구소, 2019, 151~172면.

전치수, 「원효대사의 『판비량론』」, 『민족불교』 제3호, 청년사, 1992, 211~229면.

전헌, 「원효, 서양에 가다 그러나 아무도 그를 알아보는 사람이 없다에 대한 논평」, 『원효학연구』 제12집, 원효학회, 2007, 41~46면.

정기선, 「불교학계의 집단지성들이 펼쳐나가는 불교학의 인문결사―세계불교학연구소총서 『세계의 불교학 연구』를 읽고―」, 『한국불교사연구』 제9호, 한국불교사연구소, 2016, 162~203면.

전호련(해주), 「원효의 화쟁과 화엄사상」, 『한국불교학』 제24집, 한국불교학회, 1998, 155~173면.

정동락, 「원효와 경산―원효 탄생지를 중심으로―」, 『민족문화논총』 제79집, 영남대학교 민족문화연구소, 2021, 79~110면.

정병조, 「원효와 의상―한국의 불교사화」 4, 『불교사상』 36(불교사상사, 1986. 11), 98~106면.

정병조, 「원효의 발심론」, 『한국사상사: 석산한종만박사화갑기념논문집』(이리: 원광대학교출판국, 1991), 213~228면.

정상봉, 「원효元曉 화쟁사상和諍思想과 그 현대적 의의」,『통일인문학』 제53집, 건국대학교 인문학연구원, 2012, 201~222면.

정순일, 「원효의 일미관행 연구:『금강삼매경론』을 중심으로」,『여산 유병덕박사화갑기념 한국철학종교사상사』(이리: 원광대학교 종교문 제연구소, 1990), 357~382면.

정순일, 「참회의 본질은 무엇인가:『대승육정참회』−원효 사상의 현 대적 조명」,『민족불교』제2호, 청년사, 1992, 193~207면.

정영근, 「마음의 장애와 무지의 장애: 이장의」,『민족불교』제2호, 청년사, 1992, 193~207면.

정영근, 「원효의 사상과 실천의 통일적 이해: 기신론의 이문일심사상 을 중심으로」,『철학연구』제47집, 철학연구회, 1999, 161~180면.

정용미, 「원효의 淨土사상에 있어서 淨土往生의 논리와 수행체계」, 『동아시아불교문화』제6집, 동아시아불교문화학회, 2010, 191~ 237면.

정은희, 「『대승기신론』의 이장二障에 대한 원효와 혜원의 해석 비교」, 『동아시아불교문화』제44호, 동아시아불교문화학회, 2020, 131~ 155면.

정제규, 「신라 하대 법상종의 성격과 그 변화」,『사학지』제25호, 단국사학회, 1992, 1~42면.

정중환, 「원효의『발심수행장』에 대하여」,『김종우박사화갑기념논 총』(부산대학교, 1976).

정진규·김원명, 「원효元曉 관점에서 본 트롤리 문제 해결 방안과 새로 운 규범 윤리학 이론 모색」,『동서철학연구』제84호, 한국동서철학

회, 2017, 215~236면.

정천구, 「원효의 『금강삼매경론』 연구」, 『민족사상』 제6집 1호, 한국
　　민족사상학회, 2012, 9~47면.

정천구, 「백성욱 박사의 삶과 수행 정신 ─ 원효대사와의 비교를 중심
　　으로 ─」, 『민족사상』 제14집 2호, 한국민족사상학회, 2020, 135~
　　181면.

정천구, 「부산 지역 원효 설화의 의미 고찰 ─ 『삼국유사』 설화들과
　　비교를 통해 ─」, 『항도부산』 제42집, 부산광역시사편찬위원회,
　　2021, 303~331면.

정철호, 「원효의 정토관」, 『정토학연구』 창간호, 한국정토학회, 1998,
　　105~136면.

정태혁, 「원효의 정토왕생 신앙의 교학적 근거와 특색」, 『정토학연구』
　　창간호, 한국정토학회, 1998, 79~104면.

정태혁, 「원효의 정토왕생 신앙의 교학적 근거」, 『원효 사상의 현대적
　　조명』 1, 원효 사상전집 2(불교춘추사, 2000), 232~259면.

정학권, 「원효대사의 십념의에 대하여」, 『인도학불교학연구』 제25집
　　1호, 동경: 인도학불교학회, 1976, 269~271면.

정현천·성상현, 「원효 사상에 기반한 화쟁적 태도 측정도구 개발
　　연구」, 『조직과 인사관리연구』 제42집 3호, 한국인사관리학회,
　　2018, 97~133면.

정호완, 「원효의 화쟁과 소통」, 『한국소통학회 학술대회 제2013』
　　제2호, 한국소통학회, 2013, 6~8면.

정황진, 「대성화정국사원효저술일람표」, 『조선불교총보』 제13호, 삼

십본산연합사무소, 1918, 14~25면.

정효구, 「한국문학에 그려진 원효元曉의 삶과 사상－소설문학을 중심
　　으로－」, 『한국불교사연구』 제11집, 한국불교사연구소, 2017, 4~
　　36면.

정희경, 「분황 원효『화엄경소』의 내용과 특징」, 『불교철학』 제14집,
　　동국대학교 세계불교학연구소, 2024, 177~204면.

정희숙, 「원효의 '각'과 루소의 '선성'에 조명된 도덕교육적 시각 1」,
　　『교육연구』 제219호, 한국교육생산성연구소, 1987, 23~27면.

정희숙, 「원효의 '각'과 루소의 '선성'에 조명된 도덕교육적 시각 2」,
　　『교육연구』 제220호, 한국교육생산성연구소, 1987, 19~21면.

조광해, 「통일의지와 원효대사」, 『정경문화』 제184호, 정경문화사,
　　1980, 436~445면.

조기룡, 「원효 화쟁의 사회적 실현을 위한 전제 조건 고찰－노사갈등
　　에 대한 화쟁적 이해를 중심으로－」, 『불교학연구』 제43집, 불교학
　　연구회, 2015, 183~215면.

조명기, 「원효종사의 『십문화쟁론』 연구」, 『금강저』 제22호, 일본
　　동경: 조선불교동경유학생회, 1937, 18~36면.

조명기, 「원효의 여성관·화동」, 『불교』 신28호, 불교사, 1940, 14~
　　33면.

조명기, 「원효의 현존저서에 대하여」, 『한국사상』 3(한국사상편집위원
　　회: 고구려문화사, 1960), 125~136면.

조명기, 「한국불교와 화의 사상」, 『자유』 제14호, 일본 동경: 자유사,
　　1972).

조명기, 「원효의 현존저서」, 『한국사상강좌』 1(한국사상연구회: 태광문
　화사, 1975), 280~287면.

조명기, 「원효 사상의 역사와 지위」, 『아시아공론』 제9집 3호, 아시아
　공론사, 1980, 96~97면.

조명기, 「원효 사상의 특질」, 『한국사상과 윤리』(성남: 한국정신문화연
　구원), 1980, 1~42면.

조명기, 「원효의 현존서 개관」, 김지견 편, 『원효연구논총』(국토통일원,
　1987), 537~554면.

조명기, 「원효의 현존서 개관」, 김지견 편, 『원효대사의 철학세계』(민
　족사, 1989), 45~60면.

조명기, 「불교의 총화성과 원효의 근본사상」, 『원효학연구』 제3집,
　원효학회, 1998, 15~26면.

조법종, 「이규보의 〈南行月日記〉에 나타난 고대사 사료검토―普德,
　元曉, 眞表 관련 기록을 중심으로―」, 『한국인물사연구』 제13집,
　(사)한국인물사연구회, 2010, 267~305면.

조소앙, 「신라국원효대사전병서」, 『소앙선생문집』(햇불사, 1979), 359
　~364면.

조소앙, 「신라국원효대사전병서」, 『여산 유병덕박사화갑기념 한국
　철학종교사상사』 상(이리: 원광대학교 종교문제연구소, 1990), 883~
　887면.

조수동, 「원효의 미륵사상에 관한 연구」, 『원효학연구』 제11집, 원효학
　회, 2006, 213~239면.

조수동, 「원효의 불성이론과 화쟁」, 『철학논총』 제58집 4호, 새한철학

회, 2009, 149~171면.

조수동, 「원효의 교판론과 일승설」, 『동아시아불교문화』제5집, 동아시아불교문화학회, 2010, 205~232면.

조수동, 「원효의 본각과 여래장」, 『동아시아불교문화』제10집, 동아시아불교문화학회, 2012, 113~143면.

조수동·최지숭, 「원효의 일미관행과 트랜스퍼스널」, 『철학연구』제102집, 대한철학회, 2007, 343~369면.

주수완, 「원효의 석굴수행과 차茶-부안 원효방을 중심으로-」, 『한국예다학』제11집, 원광대학교 한국예다학연구소, 2023, 37~57면.

주수완, 「불교서사를 활용한 불교문화컨텐츠 개발」, 『전통미술융합연구』제2집, 한국전통미술융합진흥원, 2023, 51~83면.

조순영·임재택, 「원효 사상의 유아교육적 의미 탐색」, 『열린유아교육연구』제14집 3호, 한국열린유아교육학회, 2009, 271~292면.

조승미, 「원효의 경전이해와 해석학과의 대화」, 『한국불교학』제31집, 한국불교학회, 2002, 345~371면.

조윤경, 「원효와 길장의 만남과 대화-『금강삼매경론』의 출입관과 삼론종의 출입관 사이의 연속성과 비연속성에 대하여-」, 『불교철학』제1집, 동국대학교 세계불교학연구소, 2017, 110~140면.

조윤경, 「원효와 혜균의 만남과 대화-원효의 화쟁·회통에 보이는 혜균의 변증법적 논리를 중심으로-」, 『불교철학』제5집, 동국대학교 세계불교학연구소, 2019, 41~74면.

조은수, 「차이와 갈등에 대한 철학적 성찰: 세계화시대의 갈등과 대화; 원효에 있어서 진리의 존재론적 지위」, 『춘계학술대회 제2006』,

한국철학회, 2006, 66~79면.

조은순, 「원효의 여인성불론과 그 의미」, 『한국불교학』 제78집, 한국
불교학회, 2016, 509~536면.

조은순, 「원효의 二乘인식과 성불론-士계층을 중심으로-」, 『보조
사상』 제50집, 보조사상연구원, 2018, 1~40면.

조익현, 「원효의 행적에 관한 재검토」, 『사학지』 제26호, 단국대 사학
회, 1993, 109~126면.

지준모, 「원효대사 저술의 문학성」, 『원효, 그의 위대한 생애』, 원효
사상전집 1(불교춘추사, 1999), 560~578면.

지혜경, 「동아시아 불교의 통합 담론 전개에서 원효의 역할: 지의의
원융사상과 원효의 화쟁사상의 연속성과 불연속성」, 『한국불교학』
제82집, 한국불교학회, 2017, 71~97면.

진성규, 「조선시대 원효 인식」, 『중앙사론』 제14집, 중앙대학교 중앙
사학연구소, 2001, 1~22면.

진성규, 「元曉佛敎에 있어서 唐城의 意味」, 『중앙사론』 제30호, 한국
중앙사학회, 2009, 83~204면.

진월, 「21세기 사회의 종교다원주의적 시각으로 본 원효의 화쟁 요익
중생사상과 삶」, 『원효 사상의 현대적 조명』 1, 원효 사상전집 2
(불교춘추사, 2000), 332~352면.

진지영, 「『대승육정참회』에 보이는 원효의 당시 참회문화 비평」, 『동아
시아불교문화』 제30호, 동아시아불교문화학회, 2017, 279~298면.

차차석, 「원효의 화쟁 사상과 불교생태학의 실천적 대안」, 『보조사상』
제28집, 보조사상연구원, 2007, 293~326면

차차석, 「원효元曉의 『열반종요涅槃宗要』에 나타난 불성佛性의 개념槪
念과 그 현대적現代的 의의意義」, 『한국교수불자연합학회지』 제21
집 1호, 사단법인 한국교수불자연합회, 2015, 175~201면.

찰스뮬러·박상덕(도희), 「"이장二障"에 대한 설명을 위해 혜원에게
도움을 받은 원효」(번역), 『문학/사학/철학』 제44집, 한국불교사연
구소, 2015, 74~93면.

채상식, 「「원효성사의 일심사상」에 대한 논평」, 『원효학연구』 제6집,
원효학회, 2001, 367~371면.

채수한, 「원효의 일미개념의 의미탐구」, 김지견 편, 『원효대사의 철학
세계』(민족사, 1989), 531~554면.

채수한, 「원효의 일미개념의 의미 탐구」, 『원효연구논총』(국토통일원,
1989), 555~581면.

채택수(인환), 「원효元曉의 사상과 설총薛聰의 업적」, 『어문연구』 제29
집 4호, 한국어문교육연구회, 2001, 322~345면.

채택수(인환), 「和의 발심수행장」, 『불교문화』 4,1(일본 동경: 대학불교청
년회, 1972).

채택수(인환), 「원효의 계율사상」, 채인환, 『신라불교계율사상연구』
(일본 동경: 국서간행회, 1977), 273~316면.

채택수(인환), 「신라시대의 정토교학」, 『한국정토사상연구』(동국대학
교불교문화연구원, 1985), 51~116면.

채택수(인환), 「원효대사의 계율사상」, 『원효연구논총』(국토통일원,
1987), 583~613면.

채택수(인환), 「『발심수행장』을 통해 본 원효대사의 계율사상」, 『수다

라』 제4호, 해인승가대학, 1989, 54~67면.

채택수(인환), 「원효대사의 계율사상」, 김지견 편, 『원효대사의 철학세
계』(민족사, 1989), 251~316면.

채택수(인환), 「원효의 계율사상」, 『불교학보』 제32집, 동국대학교
불교문화연구원, 1995, 51~84면.

채택수(인환), 「계율소를 통해 본 원효의 신관」, 『원효학연구』 제2집,
원효학회, 1997, 95~112면.

채한숙, 「무애무無㝵舞 재현 및 가상 무보舞譜 전망－원효元曉의 『십문
화쟁론十門和諍論』을 중심으로」, 『국학연구』 제20호, 한국국학진흥
원, 2012, 51~84면.

채한숙, 「원효의 무애무에 내재된 기본사상」, 『퇴계학논집』 제14호,
영남퇴계학연구원, 2014, 191~214면.

채한숙·손지혜, 「元曉の無㝵舞と空也の踊躍念仏の關聯性について」,
『일본문화연구』 제38집, 동아시아일본학회, 2011, 505~524면.

최다운(지안), 「『관무량수경』의 지성심至誠心 고찰과 지성심을 포용하
는 원효 지심至心」, 『동아시아불교문화』 제61호, 동아시아불교문화
학회, 2024, 3~29면.

최동희, 「원효의 본체관」, 『교육논총』 제13집, 고려대학교 교육대학
원, 1983, 97~112면.

최동희, 「원효의 본체관」, 『철학논문집』(효정채수한박사화갑기념회,
1984), 115~138면.

최동희, 「원효의 본체에 관한 고찰: 일심·진여·생멸의 관계를 중심으
로」, 『원효연구논총』(국토통일원, 1987), 615~639면.

최동희, 「원효의 본체에 관한 고찰: 일심·진여·생멸의 관계를 중심으로」, 『원효대사의 철학세계』(민족사,1989), 479~500면.

최무애, 「원효와 일본불교」, 『원효학연구』 제8집, 원효학연구원, 2003, 5~37면.

최민자, 「수운과 원효의 존재론적 통일사상」, 『동학학보』 제6집, 동학학회, 2003, 251~323면.

최민홍, 「원효의 불교철학 연구」, 『한국철학연구』 제2집, 해동철학회, 1972, 7~30면.

최범술, 「원효대사의 『반야심경』 복원소」, 『동방학지』 제12집, 연세대학교 동방학연구소, 1971, 281~306면.

최범술, 「원효대사의 반야심경복원소」, 『신라불교연구』(일본 동경: 산희방불서림, 1973), 319~358면.

최범술, 「원효대사의 『반야심경』복원소」, 『불교사상』 제1호, 불교사상사, 1973, 39~61면.

최범술, 「『십문화쟁론』 복원을 위한 수집자료」, 『원효연구논총』(국토통일원, 1987), 967~1049면.

최병헌, 「고려 불교계에서의 원효 이해: 의천과 일연을 중심으로」, 『원효대사의 철학세계』(민족사, 1987), 641~664면.

최병헌, 「고려 불교계에서의 원효 이해: 의천과 일연을 중심으로」, 『원효연구논총』(국토통일원, 1987).

최병헌, 「원효불교의 재발견과 한국불교의 방향」, 『불교연구』 제58집, 한국불교연구원, 2023, 9~58면.

최성열, 「원효의 범망경보살계본사기 분석」, 『원효학연구』 제4집,

원효학회, 1999, 141~221면.

최연식, 「원효의 화쟁사상의 논의방식과 사상사적 의미」, 『보조사상』
제25집, 보조사상연구원, 2006, 405~461면.

최연식, 「문초文超의 저술著述과 원효元曉 화엄사상華嚴思想의 관련성
에 대한 검토」, 『한국사상사학』 제39호, 한국사상사학회, 2011,
1~26면.

최연식, 「元曉『二障義』隱密門의 사상적 특징-『大乘義章』煩惱說
과의 비교를 중심으로-」, 『동악미술사학』 제19호, 동악미술사학
회, 2016, 103~125면.

최연식, 「원효의 『대승기신론별기』 성립에 대한 새로운 이해」, 『불교
학연구』 제52집, 불교학연구회, 2017, 85~110면.

최연식, 「원효찬元曉撰 『대승기신론별기』와 색부찬塞部撰 『대승기신
론사기』-현행본 『대승기신론별기』의 성격 재검토-」, 『철학사
상』 제89집, 서울대학교 철학사상연구소, 2023, 65~102면.

최엽, 「원효가 한국 예술에 미친 영향」, 『한국불교사연구』 제11집,
한국불교사연구소, 2017, 66~205면.

최용운, 「분황 원효와 대혜 종고의 만남과 대화」, 『불교철학』 제3집,
동국대학교 세계불교학연구소, 2018, 129~166면.

최원섭, 「불교 주제 구현을 위한 원효 캐릭터 비판」, 『불교학보』 제68
호, 동국대학교 불교문화연구원, 2014, 345~366면.

최유진, 「원효에 있어서의 화쟁과 언어의 문제」, 『철학논집』 제3집,
경남대학교, 1987, 29~50면.

최유진, 「원효의 일심: 화쟁과의 연관을 중심으로」, 『철학논집』 제4집,

경남대학교, 1987, 23~53면.

최유진, 「원효의 화쟁사상」, 『철학논집』 제4집, 경남대학교, 1987.

최유진, 「원효의 화쟁방법」, 『백련불교논집』 제1집, 백련불교문화재
단, 1991, 227~247면.

최유진, 「원효의 열반관」, 『인문논총』 제15, 영남대학교 인문과학연구
소, 2002, 103~116면,

최유진, 「종교다원주의와 원효의 화쟁」, 『철학논총』 제31집 1호, 새한
철학회, 2003, 245~263면.

최유진, 「원효의 불성에 대한 견해-佛性의 體와 有無의 문제를 중심
으로」, 『대동철학』 제20집, 대동철학회, 2003, 161~174면.

최유진, 「원효와 노자」, 『원효학연구』 제9집, 원효학회, 2004, 115~
135면.

최유진, 「원효와 노장사상」, 『보조사상』 제24집, 보조사상연구원,
2005, 133~160면.

최유진, 「금강삼매경론의 심식설」, 『원효학연구』 제11집, 원효학연구
원, 2006, 121~144면.

최유진, 「신라에 있어서 불교와 국가-원효를 중심으로-」, 『한국불
교학』 제55집, 한국불교학회, 2009, 41~68면.

최유진, 「원효의 평화사상」, 『한국불교학』 제60집, 한국불교학회,
2011, 35~63면.

최유진, 「원효의 계율관」, 『불교연구』 제38집, 한국불교연구원, 2013,
123~154면.

최유진, 「원효의 거사불교」, 『가라문화』 제25집, 경남대학교 가라문화

연구소, 2013, 113~131면.

최유진, 「원효의 화쟁과 사회통합」, 『한국교수불자연합학회지』 제21
집 3호, 사단법인 한국교수불자연합회, 2015, 89~106면.

최유진, 「원효와 중국불교」, 『동아시아불교문화』 제36집, 동아시아불
교문화학회, 2018, 83~107면.

최재목, 「원효와 왕양명의 사상적 문제의식과 그 유사성」, 『한국불교
사연구』 제6호, 한국불교사연구소, 2015, 215~246면.

최재목·손지혜, 「원효의 〈무애무無碍舞〉 연구를 위한 기초자료 조사」,
『남북문화예술연구』 제4호, 남북문화예술학회, 2009, 213~245면.

최재목·손지혜, 「일제 강점기日帝强占期(1910~1945) 원효元曉 논의에
대한 예비적 고찰」, 『일본문화연구』 제34집, 동아시아일본학회,
2010, 455~483면.

최재목·손지혜, 「원효와 왕양명의 장애론에 관한 비교」, 『양명학』
제28호, 한국양명학회, 2011, 67~107면.

최재목·손지혜·김은령, 「원효상元曉像의 현대적 재현−제석사의 탱
화를 중심으로」, 『동북아문화연구』 제1집 25호, 동북아시아문화학
회, 2010, 5~26면.

최지승, 「원효의 불성사상」, 『원효학연구』 제11집, 원효학회, 2006,
241~275면.

최지승, 「원효의 一味觀行」, 『철학논총』 제3집 45호, 새한철학회,
2006, 5~38면.

코가쿠 이마쥬(今津洪嶽), 「원효대덕의 사적 및 화엄교의: 『화엄경소』
의 발견」, 양은용 편, 『신라원효연구』(이리: 원광대학교출판국, 1979),

195~207면.

표석환, 「불교 사구와 서구논리학의 비교연구」, 『철학·사상·문화』 제44호, 동국대학교 동서사상연구소, 2024, 189~216면.

하도겸, 「『三國遺事』 塔象 皇龍寺丈六條의 초주 환희사와 원효」, 『한국사학사학보』 제31호, 한국사학사학회, 2015, 97~123면.

하영수, 「『법화경』에 설해진 붓다의 보살행에 대한 주석적 연구 검토」, 『印度哲學』 제62호, 인도철학회, 2021, 41~67면.

하정룡, 「원효의 골품에 대하여」, 『원효학연구』 제8집, 원효학회, 2003, 39~58면.

하정룡, 「『宋高僧傳』 원효 관련기술의 성격」, 『원효학연구』 제9집, 원효학회, 2004, 137~164면.

한기두, 「용수와 원효의 사상: 『중론』과 화쟁사상을 중심으로」, 『한국불교학』 제20집, 한국불교학회, 1995, 67~97면.

한명숙, 「원효 『梵網經菩薩戒本私記』의 진찬여부 논쟁에 대한 연구(1)」, 『불교연구』 제42집, 한국불교연구원, 2015, 187~220면.

한명숙, 「원효 『梵網經菩薩戒本私記』의 진찬여부 논쟁에 대한 연구(2)」, 『불교학보』 제75호, 동국대학교 불교문화연구원, 2016, 151~176면.

한명숙, 「원효 『金光明經疏』 輯逸의 현황과 그에 대한 비판적 검토(I)」, 『보조사상』 제49집, 보조사상연구원, 2017, 259~288면.

한명숙, 「원효 『金光明經疏』 輯逸의 현황과 그에 대한 비판적 검토(II)」, 『보조사상』 제50집, 보조사상연구원, 2018, 117~144면.

한명숙, 「원효 저술에 대한 번역 현황과 그 연구사적 가치 고찰: 불교학

술원 간행『한글본 한국불교전서』100권의 의의와 연계하여」,『불
  교학보』제95호, 동국대학교 불교문화연구원, 2021, 33~56면.

한명숙, 「『보살계본지범요기』의 유가계본·범망계본 중심 논쟁에 대
  한 연구(I)─선행연구에 대한 비판적 검토─」,『禪文化硏究』제31
  집, 한국불교선리연구원, 2021, 237~280면.

한명숙, 「『보살계본지범요기』의 유가계본·범망계본 중심 논쟁에 대
  한 연구(II)─그 화쟁적 의미의 규명─」,『보조사상』제67집, 보조사
  상연구원, 2023, 209~245면

한보광, 「원효의 淨土敎에 있어서 왕생의 문제」,『원효학연구』제7집,
  원효학회, 2002, 23~56면.

한보광·이재수, 「원효대사 다장르 스토리뱅크의 기획과 제작」,『전자
  불전』제11집, 동국대학교 전자불전연구소, 2009, 57~93면.

한상우, 「Ein hermeneutische interpretation des Leben und Denken
  Wonhyo's」,『교수논총』제2집, 한국교원대학교, 1990, 323~354면.

한상우, 「원효와 베르그송의 '생명' 이해」,『종교문화학보』제6집,
  전남대학교 종교문화연구소, 2009, 129~161면.

한승훈, 「원효대사의 해골물: 대중적 원효설화의 형성에 관한 고찰」,
  『종교학연구』제36집, 한국종교학연구회, 2018, 25~48면.

한자경, 「유식불교의 실천론: 二障의 극복으로서의 해탈론」,『동서문
  화』제29집, 계명대 동서문화연구소, 1997.

한종만, 「원효의 현실관: 각 종요서를 중심으로」,『논문집』제13집,
  원광대학교, 1979, 7~24면.

한종만, 「원효의 현실관」,『원효연구논총』(국토통일원, 1987), 665~

693면.

한종만, 「원효의 원융회통 사상」, 『원효학연구』 제2집, 원효학회, 1997, 157~169면.

한종만, 「원효의 각 〈종요서〉에서 본 현실관」, 『원효학연구』 제5집, 원효학연구원, 2000, 243~272면.

한종만, 「『대승기신론』에 대한 원효의 화엄학적 이해」, 『원효학연구』 제6집, 원효학연구원, 2001, 137~161면.

한종만, 「원효는 37조도수행을 어떻게 보았는가: 中邊分別論疏를 中心으로」, 『원효학연구』 제8집, 원효학회, 2003, 160~188면.

한종민, 「『대승기신론』에 대한 원효의 화엄학적 이해」, 『원효학연구』 제6집, 원효학회, 2001, 137~162면.

한태동, 「의상과 원효에 대한 소고: 민족연구의 일단면으로」, 『현대와 신학』 제7집, 연세대학교 연합신학대학원, 1974, 29~49면.

한태식(보광), 「내영원본의 「유심안락도」에 대하여」, 『인도학불교학연구』 제37집 2호, 동경: 인도학불교학회, 1989, 653~657면.

한태식(보광), 「(諸本對註)『내영원본 유심안락도』」, 『불교학보』 제27호, 동국대학교 불교문화연구원, 1990, 321~356면.

한태식(보광), 「내영원본『유심안락도』의 자료적 고찰」, 『불교학보』 제27호, 동국대학교 불교문화연구원, 1990, 185~204면.

한태식(보광), 「송가에 나타난 원효 사상」, 『동국논총』 제31집, 동국대학교, 1994, 1~37면.

한태식(보광), 「신라 원효의 미타증성게에 대하여」, 『인도학불교학연구』 제43집 1호, 동경: 인도학불교학회, 1994, 267~272면.

한태식(보광), 「원효의 정토관계 저술에 나타난 信觀」, 『원효학연구』
제2집, 원효학회, 1997, 75~94면.

한태식(보광), 「원효의 정토교에 있어서 왕생의 문제」, 『원효학연구』
제7집, 원효학회, 2002, 23~55면.

한태식(보광), 「정토학의 일심사상: 원효 정토교의 일심과 여래장에
관한 문제」, 『원효학연구』 제6집, 원효학회, 2001, 85~106면.

한형조, 「부정과 긍정의 변증법: 원효의 언어관」, 『원효연구논총』(국토
통일원, 1987), 695~720면.

한형조, 「부정과 긍정의 변증법: 원효의 언어관」, 김지견 편, 『원효대사
의 철학세계』(민족사, 1989), 607~629면.

한형조, 「원효와 퇴계 사이의 대화」, 『불교철학』 제12집, 동국대학교
세계불교학연구소, 2023, 5~48면.

허경구, 「원효의 미륵상생경관」, 『한국사상사: 석산한종만박사화갑
기념논문집』(이리: 원광대학교출판국, 1991), 241~255면.

Hubert Dürt, 「Colloque Wonhyo」, 『불교연구』 제11·12집, 한국불교
연구원, 1995.

허영호, 「원효불교의 재음미」1, 『불교』 신29, 불교사, 1941, 12~13면.

허영호, 「원효불교의 재음미」7, 『불교』 신35, 불교사, 1942, 8~11면.

허원기, 「원효와 일연의 삶과 그 문학적 거리」, 『동아시아고대학』
제59호, 동아시아고대학회, 2020, 147~178면.

허인섭, 「대승기신론별기에 나타난 원효의 "여래장" 개념 이해」, 『철학
사상』 제9집, 서울대철학사상연구소, 1999.

혜정, 「『대승기신론』의 「수행신심분」에 대한 소고」, 『수다라』 제8호,

해인사승가대학, 1993, 310~322면.

홍재덕, 「元曉大師의 悟道說話에 대한 硏究:『宗鏡錄』과『宋高僧傳』 과『林間錄』의 記事를 中心으로」,『대동문화연구』제86호, 성균관 대학교 대동문화연구원, 2014, 165~194면.

홍재성, 「삼계교의 영향—원효와 행기를 생각한다」,『인도학 불교학 연구』제50집 2호, 일본인도학불교학회, 2002.

홍재성, 「『금강삼매경』의 저자—특히 신방神昉과 관련하여—」,『韓佛 敎學』제99집, 한국불교학회, 2021, 169~196면.

홍정식, 「원효의 진속원융무애론」,『철학사상의 제문제』2(성남: 한국 정신문화연구원, 1984), 353~381면.

황상진(상묵), 「분황 원효와 탄허 택성의 만남과 대화」,『불교철학』 제13집, 동국대학교 세계불교학연구소, 2023, 245~284면.

황용식, 「현대적 비전으로서의 원효 사상의 핵심적 원리에 관한 한 고찰」,『원효학연구』제12집, 원효학회, 2007, 47~93면.

황의돈, 「원측 법사와 원효대사」,『불교사상』제11호, 불교사상사, 1962, 32~35면.

후지 요시나리(藤能成), 「원효에 있어서의 하배왕생에 관한 문제:『양 권무량수경종요』를 중심으로」,『석당논총』제16집, 동아대학교 석 당전통문화연구원, 1990, 21~43면.

후지 요시나리(藤能成), 「원효의 일심사상과 그 불교사상사적 위치」, 『동양철학』제1집, 성균관대학교, 1990, 233~272면.

후지 요시나리(藤能成), 「원효에 있어서의 정토왕생의 의미」,『현대와 종교』제14집, 현대종교문화연구소, 1991, 199~221면.

후지 요시나리(藤能成), 「원효와 新鸞의 信觀 비교」, 『현대 한국에서의 철학의 제문제』(천지, 1991), 493~504면.

후지 요시나리(藤能成), 「원효에 있어서 신성취의 현대적 의미」, 『현대의 윤리적 상황과 철학적 대응: 제5회 한국철학자연합대회』(이리: 대회집행위원회, 1992), 303~316면.

후지 요시나리(富士吉成), 「원효와 신란의 만남과 대화」, 『불교철학』 제1집, 동국대학교 세계불교학연구소, 2017, 188~219면.

후쿠시 지닌(福士慈稔), 「동아시아에 보이는 원효 저술의 영향」, 『불교학연구』 창간호, 한국종교학회, 2000, 307~340면.

후쿠시 지닌(福士慈稔), 「일본 불교에 나타난 원효의 영향」, 『원효 사상의 현대적 조명』 1, 원효 사상전집 2(불교춘추사, 2000), 383~407면.

후쿠시 지닌(福士慈稔), 「원효의 사상을 화쟁사상이라고 묶어두는 것에 대하여」, 『불교학』 제46호, 불교사상학회, 2004.

후쿠시 지닌(福士慈稔), 「元曉와 「和諍」」, 『원효학연구』 제9집, 원효학회, 2004, 39~62면.

후키하라 쇼노부(富貴原章信), 「원효, 『판비량론』의 연구」, 양은용 편, 『신라원효연구』(이리: 원광대학교출판국, 1979), 289~312면.

원효 관련 학위 논문

〈박사학위 논문〉

강상원, 「일미관행에 있어서 중도관에 관한 연구: 『금강삼매경론』을 중심으로」(동국대학교 대학원, 1994), 박사학위 논문.

강영계, 「Prinzip und Methode in der Philo'sophie Wonhyo's」, (Germany: Diss Wii, 1981), 박사학위 논문.

고은진, 「원효 二障義의 번뇌론에 대한 唯識學的 연구」(이화여자대학교 대학원, 2018), 박사학위 논문.

고익진, 「한국고대불교사상사 연구」(동국대학교 대학원, 1987), 박사학위 논문.

김근배, 「元曉倫理思想에 관한 硏究: 윤리학적 성격과 공리주의와의 비교를 中心으로」(동국대학교, 2017), 박사학위 논문.

김도공, 「元曉의 修行體系 硏究: 大乘起信論疏를 中心으로」(전라북도: 원광대학교 대학원, 2001), 박사학위 논문.

김병환(원영), 「원효의 금강삼매경론 연구: 관행을 중심으로」(동국대학교 대학원, 1997), 박사학위 논문.

김상백, 「동작명상치료프로그램이 시설청소년의 부적 정서와 대인관계에 미치는 효과: 원효 무애춤을 중심으로」(동방대학원대학교, 2009), 박사학위 논문.

김수정(법성), 「元曉의 煩惱論 體系와 一乘的 解釋」(동국대학교, 2016), 박사학위 논문.

김영미, 「원효『금강삼매경론』의 無二中道 연구」(동국대학교, 2017), 박사학위 논문.

김영미, 「신라 아미타신앙 연구」(이화여자대학교 대학원, 1991), 박사학위 논문.

김영일, 「元曉의 和諍論法 硏究: 和諍의 實例를 中心으로」(동국대학교

대학원, 2008), 박사학위 논문.

김원명, 「元曉『涅槃經宗要』의 涅槃論 硏究」(한국외국어대학교 대학원, 2006), 박사학위 논문.

김종인, Philosophical Contexts for Wonhyo's Interpretation of Buddhism, Stony Brook University, 2002; Jimoondang, 2004.

김종의, 「원효의 사상체계에 관한 연구」(부산대학교 대학원, 1992. 2), 박사학위 논문.

김준형, 「원효의 교판관 연구」(동국대학교 대학원, 1986. 2), 박사학위 논문.

김태수, 「원효의 화쟁논법 연구: 사구四句 논리를 중심으로」(서울대학교 대학원, 2018), 박사학위 논문.

김현준, 「원효의 심성론에 관한 분석 심리학적 연구」(대구: 경북대학교 대학원, 1994. 2), 박사학위 논문.

김현희, 「원효의 淨土사상과 無礙의 미학」(경상남도: 경상대학교 대학원, 2019), 박사학위 논문.

남동신, 「원효의 대중교화와 사상체계」(서울대학교 대학원, 1995. 8), 박사학위 논문.

Robert E. Buswell Jr., 「Korean origin of The Vajrasamadhi-sutra」(Cal.: Univ. of Cal, Berkeley, 1985), 박사학위 논문.

류승주, 「元曉의 唯識思想 硏究: 心識論과 煩惱論을 중심으로」(동국대학교 대학원, 2002), 박사학위 논문.

박성배, 「Wonhyo's commentaries on the awakening of faith in Mahayana」(Cal.: Univ. of Berkeley, 1979), 박사학위 논문.

박쌍주, 「원효의 陶冶觀 연구」(경산: 영남대학교 대학원, 1996. 8), 박사학위 논문.

박영호, 「李箱의 연작시 〈烏瞰圖〉 연구: 元曉의 세계관을 원용하여」(충청남도: 공주대학교 대학원, 2016), 박사학위 논문.

박태원, 「『대승기신론』사상에 관한 연구: 고주석가들의 관점을 중심으로」(고려대학교 대학원, 1991), 박사학위 논문.

박희서, 「元曉에 있어서 淨土思想 成立과 實現의 意義」(경상북도: 영남대학교 대학원, 2003), 박사학위 논문.

사또 시께끼(佐藤繁樹) 「원효에 있어서 화쟁의 논리: 『금강삼매경론』을 중심으로」(동국대학교 대학원, 1993), 박사학위 논문.

서강현진, 「원효의 통섭通攝철학으로 본 모더니즘 예술의 '차이 미학'」(울산광역시: 울산대학교 일반대학원, 2021), 박사학위 논문.

석길암, 「元曉의 普法華嚴思想 硏究」(동국대학교 대학원, 2003), 박사학위 논문.

손지혜, 「近代日韓仏教の交渉と元曉論」(日本 關西: 關西大學大學院 東アジア文化研究科, 2014), 박사학위 논문.

송연민, 「한국 차문화茶文化와 선禪 연구: 원효 일미一味사상을 중심으로」(동국대학교 일반대학원, 2024), 박사학위 논문.

신옥희, 「Understanding of faith in Wonhyo and Karl Jaspers and its significance for the Christian faith in Korea」(Swis.: Basel Univ., 1976. 1), 박사학위 논문.

신창옥, 「영화 치유와 원효의 화쟁철학: −영화 〈돌아온다〉를 중심으로−」(울산광역시: 울산대학교 일반대학원, 2021), 박사학위 논문.

양성철, 「원효의 열반관으로 본 포스트휴머니즘의 '탈신체성' 연구: 『열반종요涅槃宗要』를 중심으로」(서울대학교 대학원, 2023), 박사학위 논문.

오영봉(법안), 「Wonhyo's theory of harmonization」(N.Y.: New York Univ., 1988), 박사학위 논문.

윤용섭, 「元曉의 心識轉變理論과 그 敎育的 意義」(경상북도: 경북대학교 대학원, 2006), 박사학위 논문.

은정희, 「『기신론소』·『별기』에 나타난 원효의 일심사상」(고려대학교 대학원, 1983. 2), 박사학위 논문.

이경열, 「원효元曉의 의사소통관意思疏通觀: 화쟁론和諍論을 중심으로」(성균관대학교 대학원, 2006), 박사학위 논문.

이범홍, 「신라불교여래장사상연구: 원효의 여래장사상을 중심으로」(동경: 구택대학 대학원, 1989), 박사학위 논문.

이병학, 「元曉의 『金剛三昧經論』 思想 硏究」(국민대학교 대학원, 2009), 박사학위 논문.

이정희, 「元曉의 實踐修行觀 硏究」(동국대학교 대학원, 2007), 박사학위 논문.

이치형, 「원효 불교 수행론의 교육학적 해석: 메타프락시스적 관점」(충청북도: 충북대학교, 2017), 박사학위 논문.

이평래, 「신라불교 여래장사상연구: 원효의 여래장사상을 중심으로 하여」(일본 동경: 구택대학, 1986), 박사학위 논문.

이효령, 「원효의 교육사상에 관한 연구」(건국대학교 대학원, 1996), 박사학위 논문.

임종우, 「元曉의 心識觀 硏究: 『起信論別記』·『起信論疏』 中心으로」
　(경상북도: 위덕대학교 대학원, 2018), 박사학위 논문.

장휘옥, 「신라 정토교의 연구」(일본 동경: 동경대학, 1988), 박사학위
　논문.

정원용, 「元曉의 平和思想과 그 實現方案 硏究」(동국대학교 대학원,
　2008), 박사학위 논문.

정은희, 「元曉 『二障義』의 二門 연구」(동국대학교 대학원, 2024), 박사학
　위 논문.

정지원, 「원효 정토신앙의 배경과 구조에 관한 연구」(전라북도: 원광대
　학교 대학원, 2014), 박사학위 논문.

정진영, 「통일신라 아미타 신앙과 불상 연구」(이화여자대학교 대학원,
　2024), 박사학위 논문.

정철호, 「원효의 정토신앙과 사상에 관한 연구: 『무량수경종요』를
　중심으로」(부산광역시: 동아대학교 대학원, 1997), 박사학위 논문.

정희숙, 「'각'과 '선성'에 대한 교육학적 의미: 원효와 루소를 중심으로」
　(이화여자대학교 대학원, 1985), 박사학위 논문.

조은순, 「元曉의 成佛論과 佛敎大衆化 연구」(중앙대학교 대학원, 2020),
　박사학위 논문.

천병영, 「「大乘起信論疏·別記」에 나타난 元曉의 敎育思想」(경상남도:
　경상대학교 대학원, 2004), 박사학위 논문.

채한숙, 「元曉의 和諍思想에 依據한 無㝵舞의 現代的 再現 硏究」(경상
　북도: 영남대학교 대학원, 2012), 박사학위 논문.

최건업, 「芬皇 元曉의 修行觀 硏究: 一心과 一覺 思想에 의거하여」(동

국대학교, 2020), 박사학위 논문.

최원호, 「존재론의 근거와도 같은 일심: 원효의 대승기신론소별기의 일심에 관한 연구, 해제와 번역」(Paris: EPHE, 2015), 박사학위 논문.

최유진, 「원효의 화쟁사상 연구」(서울대학교 대학원, 1988), 박사학위 논문.

최지승, 「元曉의 一味思想 研究:「金剛三昧經論」을 중심으로」(경상북도: 대구한의대학교 대학원, 2005), 박사학위 논문.

표석환, 「元曉『十門和諍論』의 和諍論 체계 연구:「空有和諍門」 분석을 중심으로」(동국대학교 대학원, 2023), 박사학위 논문.

한태식, 「신라 정토사상의 연구」(일본 경도: 경도불교대학, 1989), 박사학위 논문.

후지 요시나리(藤能成), 「원효의 정토사상 연구」(동국대학교 대학원, 1995), 박사학위 논문.

후쿠시 지닌(福士慈稔), 「元曉著述이 韓·中·日 三國佛敎에 미친 影響」(전라북도: 원광대학교 대학원, 2001), 박사학위 논문.

〈석사학위 논문〉

강옥희, 「원효의 윤리관」(동아대학교 교육대학원, 1985), 석사학위 논문.

강준모, 「『대승기신론』의 상相 연구: 원효와 법장의 상相 이해와 락샤나(laksana)와 니밋따(nimitta) 개념을 중심으로」(한국외국어대학교 대학원, 2023), 석사학위 논문.

고길환, 「원효 인간관의 비교 종교학적 고찰: 에크하르트와의 비교를 중심으로」(울산광역시: 울산대학교 일반대학원, 2007), 석사학위 논문.

고다영(지우), 「선禪 문헌을 통한 『대승기신론』 고찰」(동국대학교 일반
　대학원), 2022, 석사학위 논문.

고점용, 「원효의 『대승기신론 소·별기』에 나타난 실천덕목」(제주:
　제주대학교 교육대학원, 1988), 석사학위 논문.

권태훈, 「원효의 윤리관:『보살계본지범요기』를 중심으로」(고려대학
　교 교육대학원, 1989), 석사학위 논문.

김경섭, 「元曉의 和諍思想 硏究: 宗校多元主義와의 關係를 中心으로」
　(울산광역시: 울산대학교 대학원, 2003), 석사학위 논문.

김경애, 「(대승기신론)의 染心에 대한 硏究－원효의 해석을 중심으
　로」(경상북도: 안동대학교, 2010), 석사학위 논문.

김경집, 「원효의 정토관 연구」(동국대학교 대학원, 1991), 석사학위 논문.

김난영, 「우울증상 치유경험에 대한 자서전적 내러티브 탐구: 원효의
　『대승기신론 소·별기』 공부모임을 중심으로」(동국대학교 대학원,
　2017), 석사학위 논문.

김명숙, 「원효의 『이장의』에 대한 연구」(동국대학교 대학원, 1997), 석사
　학위 논문.

김병열, 「元曉의 和諍思想에 대한 연구」(한국외국어대학교 교육대학원,
　2003), 석사학위 논문.

김병환(원영), 「원효의 『대승육정참회』 연구」(동국대학교 대학원, 1988),
　석사학위 논문.

김부룡(승원), 「원효의 일승사상 연구」(동국대학교 대학원, 1998), 석사학
　위 논문.

김상래, 「원효와 보조의 인간관 비교 연구」(동국대학교 교육대학원,

1992), 석사학위 논문.

김성환, 「원효의 대승사상에 관한 연구」(경희대학교 대학원, 1976), 석사
학위 논문.

김수정(법성), 「이장번뇌에 대한 연구: 원효의 『이장의』와 『기신론소
별기』를 중심으로」(동국대학교 불교대학원, 1994), 석사학위 논문.

김수현, 「元曉의 佛性觀 연구」(동국대학교 대학원, 2018), 석사학위 논문.

김영경, 「『대승기신론』의 아려야식에 관한 연구」(동국대학교 대학원,
1991), 석사학위 논문.

김영석, 「元曉의 和諍思想의 適用에 關한 硏究」(동국대학교 대학원,
2010), 석사학위 논문.

김영숙(일돈), 「원효의 열반종요에 나타난 회통원리에 관한 연구」(동국
대학교 대학원, 1998), 석사학위 논문.

김영희, 「『기신론』 주석서의 제칠말라식에 대한 연구: 원효의 『소』와
법장 『의기』를 중심으로」(동국대학교 대학원, 1989), 석사학위 논문.

김은령, 「원효 설화의 연구」(경상북도: 영남대학교 대학원, 2012), 석사학
위 논문.

김은서, 「원효의 和諍사상과 中道의 관계」(동국대학교 대학원, 2022),
석사학위 논문.

김은영, 「「涅槃宗要」의 和會思想 연구: 宗敎多元主義的 含意와 관련
하여」(동국대학교대학원, 2009), 석사학위 논문.

김재동, 「원효와 하이데거의 윤리관 비교 연구」(동국대학교 대학원,
2017), 석사학위 논문.

김정희, 「원효의 화쟁론에서 본 사회복지사상과 사회복지의 전개방

향」(부산광역시: 부산대학교 대학원, 2003), 석사학위 논문.

김종인, 「중관을 통해 본 원효철학」(서울대학교 대학원, 1994), 석사학위 논문.

김주후, 「원효 薰習論의 분석: 상호작용의 과정과 의미를 중심으로」(동국대학교 대학원, 2012), 석사학위 논문.

김창일(오성), 「대승기신론의 수행체계 연구—지관止觀을 중심으로—」(동국대학교 일반대학원), 2021, 석사학위 논문.

김항배, 「본각과 시각에 대한 연구: 원효의『해동소』를 중심으로」(동국대학교 대학원, 1964), 석사학위 논문.

김현준, 「Bhagavad-Gita와『대승기신론·소』의 비교 연구」(동국대학교 대학원, 1979), 석사학위 논문.

김현철, 「원효의 무애행 연구」(청주: 청주대학교 대학원, 1997), 석사학위 논문.

김형희, 「현존 찬소를 통해 본 원효의『화엄경』관:「소서」와「광명각품소」를 중심으로」(동국대학교 대학원, 1981), 석사학위 논문.

김혜옥(법련), 「원효의 현실정토에 대한 연구」(동국대학교 대학원, 2023), 석사학위 논문.

김회경, 「원효의 윤리 사상 연구」(울산광역시: 울산대학교 교육대학원, 2006), 석사학위 논문.

남동신, 「원효의 교판론과 그 불교사적 위치」(서울대학교 대학원, 1988), 석사학위 논문.

남인현, 「이광수의「원효대사」연구」(동국대학교 교육대학원, 2003), 석사학위 논문.

류승주, 「원효의 반야공관과 중도론에 대한 연구: 『대혜도경종요』를 중심으로」(동국대학교 대학원, 1993), 석사학위 논문.

문철, 「元曉의 眞俗圓融無碍觀 研究: 大乘起信論疏. 別記를 中心으로」(전라북도: 원광대학교 대학원, 2001), 석사학위 논문.

박규보, 「원효의 화쟁론 연구」(동아대학교 대학원, 1996), 석사학위 논문.

박균길, 「원효의 십문화쟁사상에 대한 연구」(동국대학교 교육대학원, 1993), 석사학위 논문.

박민현, 「원효의 미륵사상에 관한 연구」(전라남도: 전남대학교 대학원, 2007), 석사학위 논문.

박은진, 「원효의 화쟁사상 활용 모델에 관한 연구」(울산광역시: 울산대학교 교육대학원, 2006), 석사학위 논문.

박준호, 「원효 화쟁사상의 현대적 활용방안 연구: 남북 문제를 중심으로」(동국대학교 대학원, 2013), 석사학위 논문.

박철용, 「芬皇 元曉의 『般若心經疏』 研究: 崔凡述의 『復元疏』와 圓測의 『贊』과의 비교를 중심으로」(동국대학교 대학원, 2016), 석사학위 논문.

서은자, 「元曉의 一心思想에 關한 研究: 大乘起信論疏를 中心으로」(제주자치시: 제주대학교 교육대학원, 2002), 석사학위 논문.

서재홍, 「『無量壽經宗要』를 통한 元曉의 淨土思想」(부산광역시: 동아대학교 대학원, 2013), 석사학위 논문.

석길암, 「원효 사상의 체계와 실천적 성격에 대한 연구」(동국대학교 불교대학원, 1993), 석사학위 논문.

손지혜, 「원효 무애사상의 예술적 구현: 무애무를 중심으로」(경상북도:

영남대학교 대학원, 2010), 석사학위 논문.

손효숙, 「원효의 커뮤니케이션사상 연구: 화쟁론和諍論을 중심으로」
(서강대학교 언론대학원, 2010), 석사학위 논문.

송진현, 「『대승기신론소』·『별기』에 나타난 원효의 심식사상 연구』
(고려대학교 교육대학원, 1991), 석사학위 논문.

신범식, 「원효 설화 연구」(경상북도: 경산대학교 대학원, 2001), 석사학위
논문.

신영숙, 「원효의 교육사상에 근거한 도덕교사의 역할 탐구」(충청북도:
한국교원대학교 교육대학원, 2014), 석사학위 논문.

안성두, 「원효의 여래장 분립이유에 관한 연구」(성남: 한국정신문화연구
원, 1981), 석사학위 논문.

안종서, 「원효의 윤리사상과 그 실천행에 관한 연구: 보살계본지범요
기를 중심으로」(동국대학교 대학원, 1983), 석사학위 논문.

양예승, 「원효의 교육사상」(광주광역시: 조선대학교 교육대학원, 1983),
석사학위 논문.

양성철, 「지론地論사상의 맥락에서 본 원효元曉의 법계관法界觀 연구」
(서울대학교 대학원, 2014), 석사학위 논문.

여승민, 「원효 계율 사상의 도덕 교육적 함의」(충청북도: 한국교원대학교
대학원, 2009), 석사학위 논문.

염준성, 「元曉의 和諍 思想에 나타난 關係論的 思惟에 關한 연구:
『金剛三昧經論』을 중심으로」(동국대학교 대학원, 2008), 석사학위
논문.

오옥렬, 「원효 사상의 현대윤리적 의미에 관한 연구」(청원: 한국교원대

학교 대학원, 1997), 석사학위 논문.

오윤경, 「元曉의 淨土思想硏究: 『無量壽經鍾要』를 中心으로」(부산광
역시: 동아대학교 대학원, 2002), 석사학위 논문.

오지섭, 「『대승기신론』의 진여훈습설 연구」(서강대학교 대학원, 1986),
석사학위 논문.

울만 파트리크, 「원효의 열반관과 불성관에 대한 연구」(동국대학교
대학원, 1997), 석사학위 논문.

올스턴, 대인, 「원효『大乘起信論疏·別記』의 三大 槪念에 대한 연구」
(서울대학교 대학원, 2004), 석사학위 논문.

웅종인, 「원효와 법장의 아뢰야식관 연구: 대승기신론 소·별기와 대승
기신론의기를 중심으로」(동국대학교 대학원, 2016), 석사학위 논문.

유용빈, 「원효의 이제설 연구: 삼론학의 계승과 극복을 중심으로」(서울
대학교 대학원, 2010), 석사학위 논문.

윤창영, 「元曉의 和諍思想 硏究」(광주광역시: 광주가톨릭대학교 대학원,
2001), 석사학위 논문.

이경원, 「元曉와 知訥의 心體論 比較 硏究」(동국대학교 대학원, 2002),
석사학위 논문.

이길현, 「『금강삼매경론』의 원효의 수행론 연구: 육행六行의 단계적
수행에 대한 부정을 중심으로」(서울대학교 대학원, 2009), 석사학위
논문.

이미령, 「원효·법장의 기신론관 비교연구」(동국대학교 대학원, 1993),
석사학위 논문.

이송곤, 「원효의 대중교화 연구」(동국대학교 대학원, 1988), 석사학위

논문.

이수영, 「원효의 윤리사상에 대한 고찰: 현존 율전을 중심으로」(인천: 인하대학교 대학원, 1989), 석사학위 논문.

이양희, 「원효의 여래장사상 연구」(성남: 한국정신문화연구원, 1983), 석사학위 논문.

이영숙(자심), 「원효의 불교 대중화 연구」(동국대학교 대학원, 2024), 석사학위 논문.

이용수, 「元曉의 一心思想에 관한 硏究」(부산광역시: 동의대학교 교육대학원, 2002), 석사학위 논문.

이유나, 「선禪의 관점에서 본 원효 사상」(제주자치시: 제주대학교 대학원, 2013), 석사학위 논문.

이인석, 「芬皇 元曉의 一心淨土 思想 硏究:『無量壽經宗要』를 중심으로」(동국대학교 대학원, 2019), 석사학위 논문.

이정희, 「원효가 본 이장 체성에 관한 연구:『이장의』를 중심으로」(동국대학교 대학원, 1992), 석사학위 논문.

이지향, 「원효『금강삼매경론』의 大乘觀法 연구」(동국대학교 대학원, 2018), 석사학위 논문.

이진호, 「원효 사상과 현대물리학의 비교연구」(건국대학교 교육대학원, 1985), 석사학위 논문.

이채연, 「원효의 화쟁론에 대하여」(광주: 조선대학교 대학원, 1992), 석사학위 논문.

이행숙(기현), 「원효형型 불교대중화 모델 연구」(경기도: 중앙승가대학교 대학원, 2012), 석사학위 논문.

이혜숙, 「元曉의 一心思想에 대한 硏究」(경기도: 중앙승가대학교 대학원,
    2008), 석사학위 논문.

임상목, 「元曉 空思想의 體用的 理解:『大乘起信論疏』와『金剛三昧經
    論』을 중심으로」(동국대학교 대학원, 2015), 석사학위 논문.

임종우, 「원효의 실천 수행관 연구:『大乘起信論』의 修行原理를 中心
    으로」(경상북도: 위덕대학교 불교대학원, 2008), 석사학위 논문.

임혁, 「과학철학의 신관과 원효의 불교관의 비교연구」(연세대학교 교육
    대학원, 1987), 석사학위 논문.

장은진, 「元曉의『無量壽經宗要』에 나타난 信의 硏究」(동국대학교 대학
    원, 2003), 석사학위 논문.

장휘옥, 「신라 미타정토의 사적 고찰」(동국대학교 대학원, 1981), 석사학
    위 논문.

전미희, 「원효의 신분과 그의 활동」(서강대학교 대학원, 1988), 석사학위
    논문.

전윤주, 「원효의 정토사상에 관한 硏究: 원효의 저작물에 드러난 往生
    因을 중심으로」(동국대학교 대학원, 2012), 석사학위 논문.

정영근, 「覺의 두 가지 장애: 원효의『이장의』를 중심으로」(성남: 한국정
    신문화연구원, 1981), 석사학위 논문.

정용미, 「元曉의 淨土思想: 淨土往生因을 中心으로」(부산광역시: 동의
    대학교 대학원, 2004), 석사학위 논문.

정원용, 「元曉의 力動的 和會思想硏究: 金剛三昧經論을 중심으로」(동
    국대학교 대학원, 2002), 석사학위 논문.

정은희, 「『大乘起信論』三細相의 識位 연구: 曇延·慧遠·元曉의 해석

을 중심으로」(서울시립대학교 일반대학원, 2014), 석사학위 논문.

정판규, 「신라시대 미타정토왕생사상사 연구」(동국대학교 대학원, 1965), 석사학위 논문.

정희숙, 「교육철학적 지평으로서의 원효 사상」(이화여자대학교 대학원, 1981), 석사학위 논문.

조미경, 「원효 사상의 사회적 기능에 대한 고찰: 대중교화활동을 중심으로」(성균관대학교 교육대학원, 1991), 석사학위 논문.

조상희, 「원효의 여래장사상에 관한 연구: 『대승기신론소』・『별기』를 중심으로」(동아대학교 대학원, 1992), 석사학위 논문.

조아영, 「원효元曉의 불신관佛身觀 연구: 법화종요法華宗要・대승기신론소大乘起信論疏를 중심으로」(한국외국어대학교 대학원, 2017), 석사학위 논문.

조은수, 「『대승기신론』에 있어서의 깨달음의 구조」(서울대학교 대학원, 1986), 석사학위 논문.

조은영, 「원효의 일심사상에 관한 연구: 『대승기신론소』・『별기』를 중심으로」(한국외국어대학교 교육대학원, 1992), 석사학위 논문.

조재환, 「『유심안락도』의 현대적 고찰: 『유심안락도』는 신라 불국토 건설의 표석이다」(건국대학교 교육대학원, 1984), 석사학위 논문.

조현길, 「원효의 불성론 연구: 『열반종요』에서 나타나는 삼론학의 영향을 중심으로」(동국대학교 대학원, 2018), 석사학위 논문.

진동길, 「원효의 화쟁사상을 통해 바라본 종교 간 대화 원리에 대한 연구」(인천광역시: 인천가톨릭대학교 대학원, 2008), 석사학위 논문.

천명재, 「원효의 화쟁사상을 통한 도덕교육 연구」(인천광역시: 인천대학교 교육대학원, 2012), 석사학위 논문.

최건업, 「『大乘起信論』의 止觀體系 연구: 元曉의 『大乘起信論 疏·別記』를 중심으로」(동국대학교 대학원, 2014), 석사학위 논문.

최영삼, 「『大乘起信論』의 如來藏緣起說 硏究: 元曉의 『起信論疏·別記』를 중심으로」(동국대학교 대학원, 2013), 석사학위 논문.

최유진, 「원효의 일심사상」(서울대학교 대학원, 1980. 2), 석사학위 논문.

최윤정, 「일심이문에 나타난 인식 양상의 연구: 원효의 『대승기신론소·별기』를 중심으로」(성남: 한국정신문화연구원, 1996), 석사학위 논문.

최재영, 「화쟁사상으로 바라본 원효의 정토사상」(대전광역시: 충남대학교 대학원, 2017), 석사학위 논문.

최화정, 「元曉傳記類에 대한 比較神話學的 硏究」(동국대학교 대학원, 2013), 석사학위 논문.

한경희, 「원효의 미타정토사상 연구: 특히 『유심안락도』를 중심으로」(경산: 영남대학교 대학원, 1974), 석사학위 논문.

한영란, 「원효의 화쟁사상의 현대적 의의에 관한 연구」(청원: 한국교원대학교 대학원, 1994), 석사학위 논문.

한인규, 「元曉의 和諍思想에 관한 硏究: 一心과 하느님 나라」(부산광역시: 부산가톨릭대학교 대학원, 2004), 석사학위 논문.

허경구, 「원효의 미륵신앙 연구: 『미륵상생경종요』를 중심으로」(동국대학교 대학원, 1989), 석사학위 논문.

허웅, 「『이장의』의 수행론과 화쟁론」(성남: 한국정신문화연구원, 2000), 석사학위 논문.

찾아보기

826

고영섭

(한국불교사, 한국불교사상, 동아시아불교사상사 전공)

서울 보성고 졸업
동국대학교 불교학과(불교학, 인도철학) 졸업
동국대학교 대학원 석박사(인도불교, 한국불교) 졸업
고려대학교 철학과 대학원(동양철학, 한국철학) 박사수료
고려대학교 민족문화연구원 연구교수
동국대학교 불교학과 및 불교대학원 불교학과 외래교수
서울대학교 종교학과 및 대학원 종교학과 외래교수
서울시립대학교 시민대학 동양철학 외래교수
한림대학교 철학과 외래교수
강원대학교 철학과 외래교수
미국 하버드대학교 한국학연구소 연구학자 역임
일본 동경대학 대학원 인문사회계연구과 외국인연구원 역임

(사)한국불교학회 회장 겸 이사장 역임
한국불교사학회 회장 겸 한국불교사연구소 소장
동국대학교 세계불교학연구소 소장
동국대학교 불교대학 불교학과 교수(현재)

유튜브: 고영섭교수의 문사철대학, 한국불교사연구소TV 운영

『한국사상사』, 『한국의 불교사상』, 『한국불교사』, 『한국불학사』(3책),
『붓다와 원효의 철학』, 『삼국유사 인문학 유행』, 『분황 원효』, 『한국불
교사연구』, 『한국불교사탐구』, 『한국불교사궁구』(2책), 『한국불교사
참구』 등 한국불교사, 한국불교사상사 관련 논저 다수.

분황원효불교사상사

초판 1쇄 인쇄 2024년 12월 20일 | 초판 1쇄 발행 2024년 12월 30일
지은이 고영섭 | 펴낸이 김시열
펴낸곳 도서출판 운주사

  (02832) 서울시 성북구 동소문로 67-1 성심빌딩 3층
  전화 (02) 926-8361 | 팩스 0505-115-8361
ISBN 978-89-5746-862-3 93220 값 50,000원
http://cafe.daum.net/unjubooks 〈다음카페: 도서출판 운주사〉